FEST

Forschungen und Berichte
der Evangelischen Studiengemeinschaft.
Im Auftrage des Wissenschaftlichen Kuratoriums
herausgegeben von Georg Picht, Wolfgang Huber und
Heinz Eduard Tödt

Band 38

Die Evangelische Studiengemeinschaft e. V. wird getragen von der Evangelischen Kirche in Deutschland und ihren Gliedkirchen, dem Leiterkreis der Evangelischen Akademien und dem Deutschen Evangelischen Kirchentag. Vorsitzender des Wissenschaftlichen Kuratoriums ist Professor Dr. Gerhard Grohs in Mainz. Sie unterhält die Forschungsstätte der Evangelischen Studiengemeinschaft (F. E. ST.) in Heidelberg.

Ludwig Raiser

Vom rechten Gebrauch der Freiheit

Aufsätze zu Politik, Recht, Wissenschaftspolitik und Kirche

Herausgegeben von
Konrad Raiser

KLETT-COTTA

CIP-Kurztitelaufnahme der Deutschen Bibliothek

Raiser, Ludwig:
Vom rechten Gebrauch der Freiheit:
Aufsätze zu Politik, Recht, Wiss.-Politik u. Kirche /
Ludwig Raiser. Hrsg. von Konrad Raiser. –
Stuttgart: Klett-Cotta, 1982.
(Forschungen und Berichte der Evangelischen Studiengemeinschaft; Bd. 38)
ISBN 3-608-93029-9
NE: Evangelische Studiengemeinschaft: Forschungen und Berichte ...

Verlagsgemeinschaft Ernst Klett — J. G. Cotta'sche Buchhandlung
Nachfolger GmbH, Stuttgart

Satz und Druck: Zechnersche Buchdruckerei, Speyer

INHALT

III. Universität und Gesellschaft — hochschulpolitische Texte

IV. Die Verantwortung des Christen für die Kirche — kirchliche Texte

CARL FRIEDRICH VON WEIZSÄCKER

VORWORT

Ludwig Raiser ist am 13. Juni 1980 gestorben. Die Evangelische Studiengemeinschaft, deren Wissenschaftliches Kuratorium er von 1958 bis 1976 geleitet hat, gibt in diesem Band eine Auswahl seiner Aufsätze heraus. In dieser Auswahl liegt das Gewicht nicht auf seinem juristischen Fachgebiet, sondern auf der öffentlichen Verantwortung, auf der Politik im umfassenden Sinn dieses Wortes. Die sachliche Einführung gibt der nachstehende Aufsatz seines Sohnes Konrad Raiser. Mir als einem Mitglied des Kuratoriums vom ersten Tage an fällt es zu, in einem Vorwort den Dank dieser Institution an ihn auszusprechen. Es ist unmöglich, nicht zugleich den Dank der vielen — man ist versucht zu sagen: zahllosen — Menschen und Institutionen anklingen zu lassen, denen er in seinem Leben gedient und geholfen und die er, wenn es nottat, auch zurechtgewiesen hat. Der Dank kann nur darin bestehen, etwas vom Umriß seiner Persönlichkeit nachzuzeichnen, etwas von seinen Gedanken weiterzudenken. Es sei erlaubt, nach über fünfzigjähriger Bekanntschaft, die zur Freundschaft wurde, mit subjektiven Erinnerungen zu beginnen.

Meine erste Erinnerung an ihn ist Musik, sein Cellospiel. Der großgewachsene, schlanke, seines Körpers mächtige, eher dunkelhaarige junge Jurist besuchte seit 1927 öfters mein Elternhaus in Berlin, um mit meiner Mutter zu musizieren. Unvergeßlich sind mir die Cellosonaten von Beethoven und Brahms. Und wenn ich ihm in späteren Jahrzehnten in vielerlei Gremien gegenübersaß, wenn seine männliche Stimme mit nie verlorenem schwäbischen Anklang nüchtern, knapp, zurückgenommen strittige Fragen an ihren Platz rückte, so hörte ich in diesem Klang immer auch den sicheren Strich, den vollen Ton seines Cellos mit. Man konnte seine humane Sachlichkeit sehr viel besser verstehen, wenn man die verborgene Musikalität aus ihr heraushörte.

Hiermit ist schon die zweite subjektive Erinnerung angeklungen. In dem Lebenskreis, in dem ich mich bewegt habe, war er der meistbeschäftigte Vorsitzende von Gremien, er war der mit weitem Abstand fähigste Chairman in der Bundesrepublik. Die Vielzahl solcher Ämter, die ihm aufgedrängt wurden, geht aus dieser Aufsatzsammlung hervor: Zwei Universitätsrektorate, in Göttingen und zwanzig Jahre später in Tübingen, Vorsitz in der Deutschen Forschungsgemeinschaft und dann im Wissenschaftsrat, in der Kammer für öffentliche Verantwortung und in der Synode der Evangelischen Kirche in Deutschland, zuletzt noch in der Europäischen Rektorenkonferenz — das sind die auffallendsten Beispiele. Ich selbst bin ihm noch begegnet als Vorsitzendem des Beratenden Ausschusses beim Bundesminister für Forschung und Technologie und der Mitgliedervertretung der Gothaer Lebensversicherung auf Gegenseitigkeit, ich habe seine Arbeit an der Reorganisation der Firma Krupp wahrgenommen. Er hat sich um keines dieser Ämter gerissen, er hat unter ihnen geseufzt. Aber er war fähiger als Andere, eine Geschäftsordnung so zu Ende zu führen, daß jede Stimme gehört und doch der Termin eingehalten wurde, oder ein Gremium, das zur Diskussion brennender Konflikte zusammengerufen war — eine Streithahn-Kommission — zu allgemeinem Erstaunen mit einem positiven Ergebnis, einem produktiven Kompromiß abschließen zu lassen.

Hinter dieser Fähigkeit aber stand nicht nur Humanität und vielfältiger Sachverstand, sondern auch harte gedankliche Arbeit an grundsätzlichen Fragen. Zeugen dieser Arbeit sind die Aufsätze dieses Buches. Seine Fragen gingen jedoch auch in ihrer grundsätzlichen Fassung nicht aus dem in der traditionellen deutschen Universität so starken Interesse an der Theorie um ihrer selbst willen hervor. Ludwig Raiser gehörte zu den Menschen, die einen praktischen Begriff von Praxis haben. Wollen wir ihn verstehen, so müssen wir ihm in die praktischen Probleme folgen und diese mit ihm in ihrer grundsätzlichen Gestalt anschauen lernen. Dieser Blick auf die Praxis führt uns nun noch einmal zu seiner Person zurück, nämlich zu seiner Handlungsweise im Umgang mit den uns gemeinsamen Sachfragen.

Als Leitwort seines Handelns kann man die von ihm gern benützte Formel verstehen: die politische Verantwortung des Nichtpolitikers. Dies ist, in unserer Zeit, die Formel eines Demokraten. Jeder von uns begegnet im täglichen Leben Problemen, die in Wahrheit politisch sind. Er hat politische Verantwortung, das heißt zunächst: er darf sich nicht darum drücken, die Probleme als politische zu erkennen. Er wird folglich schon im Alltag politisch verantwortlich handeln müssen. Wenn er zum politischen Denken und Handeln begabt ist, so werden ihn diese Probleme wachsend bedrängen. Nun steht er scheinbar vor der Entscheidung: soll ich sie den Berufspolitikern überlassen, oder soll ich selbst Politiker werden? Die Raisersche Formel sagt: keins von beiden. Gewiß gibt es Politik als Beruf. Aber niemals werden die Berufspolitiker heilsam handeln können, wenn ihnen nicht der Chor der politisch verantwortlich denkenden und handelnden Nichtpolitiker zur Seite steht, ohne die in der Demokratie nichts durchzusetzen und nichts Neues anzufangen ist. In unserem gemeinsamen »Tübinger Memorandum« (Nr. 1 dieses Bandes), dessen Formulierung im wesentlichen von ihm stammt, steht: »Einem Politiker, der auf Wählerstimmen angewiesen ist, fällt es nicht leicht, der öffentlichen Meinung entgegen zu handeln. So können Lagen entstehen, in denen die Politiker darauf angewiesen sind, daß auch Staatsbürger, die selbst nicht im aktiven politischen Leben stehen, auf vordringliche politische Notwendigkeiten hinweisen.«

Es lohnt, den besonderen Weg zu betrachten, der ihn dazu geführt hat, diese Verantwortung wahrzunehmen. Einen solchen Weg geht man wohl unter dem zusammenwirkenden Einfluß von vier Faktoren: Berufsschicksal, Sachkompetenz, Menschlichkeit, Ideen.

Sein Berufsschicksal ließ ihn die Politik früh als Quelle von Unglück erfahren (vgl. Nr. 4: »Fünfzig Jahre Juristenleben«). Als zweiter Sohn eines erfolgreichen Versicherungskaufmanns entschied er sich, angezogen vom juristischen Studium, nicht für den naheliegenden Weg ins Versicherungsfach, sondern für die Wissenschaft, für das bürgerliche Recht, insbesondere das Handelsrecht. Das menschliche Motiv seines Interesses an der Juristerei drückte er später aus als die Absicht, »die Vielfalt und Widersprüchlichkeit der Lebensverhältnisse und Vorgänge in der Gesellschaft auf rechtliche Kategorien zu reduzieren, um die Entscheidung von Konflikten zu ermöglichen« (vgl. Einleitung von Konrad Raiser, unten, 27). Das ist ein moralisches Motiv, dem wir später noch gedanklich werden nachgehen müssen. Zunächst führte es zum unvermeidlichen Zusammenstoß mit dem rechtsfeindlichen System des Nationalsozialismus. 1933 wurde ihm die akademische Laufbahn verschlossen. Als er 1945 an der Göttinger Universität zu lehren begann, war er hellwach im Bewußtsein, daß eine erneute Katastrophe politischer Rechtsverachtung vermieden werden müsse. Er wußte auch, daß dies nicht durch bloße Wiederherstellung alter Normen geschehen konnte, sondern durch ihre Erfüllung mit konkretem, neuem Leben. So kann man politisch verantwortlicher Nichtpolitiker werden.

Sachkompetenz ist nicht minder wichtig. Politisches Reden und Handeln ohne Sachkompetenz war ihm ein Greuel. Als Jurist und Administrator durfte er sich die selbstverständliche Kompetenz im Prozeduralen zutrauen, deren Verachtung sich immer rächt. Die Kompetenz in den jeweiligen Sachfragen hat er sich mit Fleiß, Intelligenz und Neugier erworben. Sein Sachhorizont hat sich von Jahrzehnt zu Jahrzehnt erweitert: vom Recht über Hochschulpolitik, Kirchenpolitik und Theologie, nationale Politik bis, zuletzt, zu den europäischen und weltweiten Fragen internationaler Politik.

Menschlichkeit ist ein etwas allgemeines Wort, das man in manche Richtungen verdeutlichen kann. Dazu gehörte bei ihm unter anderem eine manchmal etwas puritanisch verhüllte elementare Lebensfreude, ferner die Fähigkeit, Vertrauen zu geben und zu empfangen, und ganz besonders eine ihm selbstverständliche Gerechtigkeit. Nun haben viele Menschen mit den Juristen in puncto Gerechtigkeit ihre Schwierigkeiten. Ein politisch erfolgreicher Jurist unserer Zeit soll, gewiß nicht ohne Stolz, gesagt haben: »Wenn ein Jurist ein Zimmer betritt, muß die Temperatur dort um ein paar Grad kälter werden.« Jeder, der Ludwig Raiser gekannt hat, würde spontan sagen: »Wenn Raiser ins Zimmer kam, wurde es eher um ein paar Grad wärmer.« Aber auch er wußte die Kühle der Justitia zu schätzen und anzuwenden. Wenn er in die erhitzte Atmosphäre einer Kommission ideologischer Streithähne kam, wurde es in der Tat kühler. Denn keine Leidenschaft konnte *seiner* Gerechtigkeit die Achtung versagen. Ein höchst protestantisches Pflichtbewußtsein war unverkennbar; wer ihn wieder einmal für drei oder fünf Jahre durch ein Amt von seiner ersehnten wissenschaftlichen Arbeit ablenken wollte, mußte es durch einen Appell an die öffentliche Pflicht tun. Aber seine Gerechtigkeit war nicht nur Gehorsam gegen ein Über-Ich, sie war zugleich scheu verborgene Liebe zu den Menschen.

Ideen nenne ich zuletzt. Ludwig Raiser war keiner von denen, die zuerst Ideen kultivieren, um sie dann der Praxis, das heißt den Mitmenschen zuzumuten. Aber er sah die Wichtigkeit begrifflicher Verarbeitung der praktischen Probleme und wandte seinen guten theoretischen Verstand daran: darin haben wir aus diesem Buch von ihm zu lernen. Hier seien nur zwei Fragenkreise wenigstens angeschnitten: der soziale Sinn des Rechts und die langfristige Entwicklung der politischen Formen.

Den sozialen Sinn des Rechts hat er in der oben zitierten Wendung bezeichnet, die Vielfalt der gesellschaftlichen Vorgänge auf rechtliche Kategorien zu reduzieren, um die Entscheidung von Konflikten zu ermöglichen. Die These ist herausfordernd, nach zwei Seiten. Sie ist einerseits die Herausforderung des Menschen, dem es um Gerechtigkeit geht, des in diesem Sinne moralischen Menschen, an den bloßen Formalismus des Rechts, an die Reduktion des Rechts auf Entscheidungstechnik an Hand der positiv gesetzten Normen. Sie geht davon aus, daß jede Gleichbehandlung des Gleichen und Ungleichbehandlung des Ungleichen — eine alte Definition juristischer Gerechtigkeit — insofern fiktiv ist, als es in Strenge gleiche Fälle im menschlichen Leben nicht gibt. Die Gleichsetzung des Ungleichen, die Reduktion auf rechtliche Kategorien, aber hat einen humanen Zweck: sie soll sonst unlösbare Konflikte entscheidbar und durch allgemein anerkannte Entscheidung überwindbar machen.

Die Formel ist andererseits die Herausforderung eines tief moralischen Realisten an die moralischen Fanatiker, an die utopischen Träumer. Sie setzt das Vorhandensein von *Konflikten* als gesellschaftliches Faktum voraus; sie spricht nicht davon, die Konflikte zu *lösen*, sondern sie zu *entscheiden*; sie verlangt dafür die Vielfalt des Lebens auf rechtliche Kategorien zu *reduzieren*. Wer noch die Kritik der moralisch hochmotivierten Neuen Linken von 1968 am Rechtsformalismus im Ohr hat, der weiß, gegen welchen tieferen Irrtum sich Raisers Formel wendet. Raiser spricht hier die *moralische Unentbehrlichkeit der Legalität* aus. Für unsere politische Zukunft ist es unsäglich wichtig, diese uns immer wieder entgleitende Einsicht, eine der größten Errungenschaften europäischen politisch-moralischen Denkens, zu bewahren.
Es sei darum erlaubt, an dieser Stelle den Blick etwas länger auf den vor Raisers eigenem Blick stehenden inhaltlichen Grundentscheidungen ruhen zu lassen, im Gespräch mit einigen der großen Autoritäten und in direkter Auseinandersetzung mit Raisers eigener Position.
Zur lockernden Horizonterweiterung sei zunächst eine Autorität zitiert, die dem Ureuropäer Raiser fernlag. Einer der größten Moralisten der Weltgeschichte, Konfuzius, hat gesagt: »Im Entscheiden von Streitfällen bin ich nicht besser als irgendeiner. Vielleicht verstehe ich besser, dafür zu sorgen, daß keine Streitfälle entstehen.« Wer möchte diesem Vorbild nicht nacheifern! Aber Konfuzius hat ein System von Formalismen hinterlassen, Sitte, Riten, Musik, die alle die Seele auf Rechtlichkeit einstimmen sollen. Das altchinesische Modell, von Mao erschüttert, ist auf die europäische Kultur nicht übertragbar. Ich habe die Äußerung des Konfuzius als knappe Fassung der auch vor uns stehenden Frage zitiert, eine simple, glaubwürdige nicht-abendländische, nicht-christliche Fassung.
Kehren wir nach Europa zurück, so erweist sich das Thema von Legalität und Moralität als ein charakteristisches Thema der Aufklärung. Der wohl größte Denker der Aufklärung, Kant, hat das Verhältnis der beiden klar bezeichnet[1]. Legalität hat eine Handlung, die mit dem Gesetze übereinstimmt, Moralität aber hat eine Handlung, deren »Triebfeder ... die Idee der Pflicht aus dem Gesetze« ist. Das »Gesetz« hier ist das moralische Gesetz, dessen oberste Regel, der kategorische Imperativ, die vernünftige Sozialität jeder persönlichen Handlungsmaxime fordert: die Maxime meiner Handlung soll jederzeit Prinzip einer allgemeinen Gesetzgebung sein können. Hier ist also die Ethik von vorne-

[1] Vielleicht darf ich hier auch auf meine Erläuterung seiner Position verweisen in: Deutlichkeit, München 1978, 12 u. 95—96.

herein auf die Gesellschaft als auf das Zusammenleben vernünftiger Wesen bezogen. Ethische Imperative muß es geben, weil der Mensch zwar der Vernunft fähig ist, aber ihr empirisch meist nicht folgt. Freiheit ist nicht Willkür, sondern sie ist die Kraft, das vernünftige Gesetz anzuerkennen und ihm zu folgen. Eine vernünftige, »bürgerliche« Gesellschaftsordnung schränkt die Willkür eines jeden Bürgers so weit ein, daß jedem Mitbürger das mögliche Maximum eigener Freiheit garantiert wird. Diese Garantie aber kann an den Handlungen der Mitbürger niemals deren Moralität, sondern nur deren Legalität beurteilen. Es ist unmoralische Hybris, ein Urteil über die Moralität der Mitmenschen zur Basis politischen Handelns zu machen; mitbürgerliche Gerechtigkeit soll beurteilen, was sie tun, nicht was sie denken. Wo wir diese Selbstdisziplin nicht mehr üben, geschieht, sei es auch unter moralischem Getöse, der Rückfall in die Barbarei.

Raisers juristische[2] und politische Argumentationen geschahen im Licht dieser Denkweise, die in ihren Grundzügen der europäischen Bildungsschicht, der er entstammte, selbstverständlich war. Er beruft sich kaum auf Kant; zwischen Kant und ihm liegt die Entwicklung des geschichtlichen Denkens. Die Prinzipien gesellschaftlicher Gerechtigkeit sind für ihn nicht aus einem obersten Grundsatz herleitbar, sondern spiegeln in ihrer konkreten Ausprägung geschichtlich gewordene besondere Realitäten. Aber das Grundpathos ist dasselbe. Raiser hält unerschütterlich daran fest, daß nicht alle staatlichen und gesellschaftlichen Ordnungen gleichen Anspruch auf Gerechtigkeit erheben können, sondern daß sie an einem über ihnen stehenden Kriterium von Gerechtigkeit gemessen werden müssen. Er versteht dieses Kriterium nicht »naturrechtlich« im rechtsphilosophisch eingeschränkten Sinn dieses Terminus. In diesem Gebrauch bezeichnet »Natur« zeitlose Vernunftnormen. Bedenkt man aber, daß der Gegensatz von Naturrecht und positivem Recht auf die griechische Gegenüberstellung von »physei« und »thesei« geltenden Normen zurückgeht, indem »Natur« die lateinische Übersetzung von »Physis« und »positiv« die lateinische Übersetzung von »thesei«, durch Thesis, Setzung geltend, ist; bedenkt man weiter, daß Physis Wachstum bedeutet, so gelangt man zur Gegenüberstellung des (sinnvoll) gewachsenen zum (willkürlich) gesetzten Recht, die Raisers Intention näher ist.

Wir berühren damit den zweiten oben genannten Fragenkreis: die langfristige Entwicklung der politischen Formen. Hier hat Raiser mit kla-

---

[2] Vgl. Ludwig Raiser, Die Aufgabe des Privatrechts. Aufsätze zum Privat- und Wirtschaftsrecht aus drei Jahrzehnten (Athenäum-Taschenbücher), Athenäum-Verlag, Kronberg Ts. 1977.

ren Wertentscheidungen Partei ergriffen, und zwar in einer maßvoll fortschrittsoptimistischen Grundstimmung. Er nennt in seinem Lebensrückblick den Empfindungsgegensatz, in den er nach 1919 zu seinem Vater kam. Dem Vater blieb der Zusammenbruch des Bismarckschen Reichs die nie verwundene Katastrophe der politisch-moralischen Identität seiner Lebenswelt; dem Sohn war der Weimarer Staat »sein« Staat, das Versprechen einer neuen Stufe sozialer Gerechtigkeit. Die Rechtsfeindlichkeit des Nationalsozialismus war ihm eine bösartige, von außen kommende Verletzung einer vernünftigen Entwicklung, einer Entwicklung, die er nach 1945 alsbald mit Blick nach vorn, nicht restaurativ, wieder aufzunehmen trachtete. Manche Enttäuschungen dieser Hoffnung, der er alle eigene Kraft gewidmet hatte, in den politischen Entwicklungen seiner letzten zwölf Lebensjahre haben ihn tief betrübt, aber nicht gebrochen.
Die der Aufklärung verpflichtete, im breiten politischen und juristischen Rahmen mögliche Argumentation war jedoch nicht sein letztes Wort. Sprach er nicht bloß aus seiner Welterfahrung sondern aus seinem Herzen, so sprach er christlich. Und da die Pflicht für ihn stets öffentliche Pflicht war, engagierte er sich in wachsendem Maß in der Kirche. Diesem zentralen Bereich seines Denkens haben wir uns zum Abschluß zuzuwenden.
Raiser hat sich in der Kirche mit Betonung als Laie bezeichnet. Er war Jurist, nicht Theologe. Man könnte hier von der theologischen Verantwortung des Nichttheologen sprechen. Biographisch steht dahinter auch sein persönlicher Weg ins kirchliche Engagement. Er war weder ein selbstverständlich Gläubiger noch ein zurückgekehrter verlorener Sohn noch ein flammender Neubekehrter. Er war ein zur konkreten Skepsis fähiger Aufgeklärter, der sich unter der harten Lebenserfahrung, zumal des Kriegs, sein nie verlorenes religiöses Urvertrauen bewußt gemacht hat. Seine intellektuell reflektierende, christlich radikalere Frau hat ihn in diesem Prozeß ständig bestärkt. Aber die Flucht so vieler theologisch geprägter Christen aus dem Schicksal der Skepsis in ein, sei es nun orthodoxes oder fortschrittliches, als Glauben deklariertes Selbstvertrauen hat er nie mitgemacht. Er hatte das Geschenk einer unerschütterten Glaubensfähigkeit ins Leben mitgebracht und bedurfte darum keiner fanatischen Überzeugungen.
Sein Christsein war, seiner Grundhaltung gemäß, kein privates, sondern ein zugleich öffentliches, konkretes und insofern kirchliches Verhalten. Er hatte die geistige Freiheit, die Funktion der Kirche ebensowohl von außen, mit den Augen der säkularen Gesellschaft, wie »von innen«, als überzeugter Christ zu sehen. Erstere Sicht spricht sich zum Beispiel in dem Aufsatz »Trennung von Kirche und Staat« aus, mit

dem charakteristischen Untertitel: »Brauchen wir die Kirche?«. Letztere, seine eigentliche Sicht, ist vielleicht am vollständigsten in dem Vortrag vor der Tübinger Stiftskirchengemeinde von 1965: »Politische Verantwortung des Christen« reflektiert, dem hier noch eine Betrachtung gewidmet sei.

Auch dieser Vortrag beginnt nicht mit allgemeinen Thesen, sondern geht den Weg des Ratsuchenden mitten in der eigenen Geschichte. »Die Frage nach der politischen Verantwortung des Christen ... stellt sich heute mit einer Schärfe ..., die früheren Generationen evangelischer Laien und Theologen fremd war. ... Der Grund dieser Unruhe, die den Protestantismus der Gegenwart erfaßt hat, liegt, wie jedermann weiß, in den geschichtlichen Erfahrungen unserer Generation.« Hier spricht ein Mensch in einer konkreten Situation, der deutsche Protestant nach dem zweiten Weltkrieg; er spricht zu seinesgleichen. Unsere tief beunruhigenden politischen Probleme sind nicht einfach »nach Gesichtspunkten politischer, wirtschaftlicher oder militärischer Zweckmäßigkeit zu entscheiden«. »Indessen entspringt diese Unruhe gerade der Überzeugung, daß politisches Handeln der sittlichen Maßstäbe und Antriebe bedarf, daß es die Vernachlässigung dieser Maßstäbe war, die uns so lange in die Irre hat gehen lassen, und daß Politik, gerade in unserer heutigen Welt, viel zu ernste Fragen an unser Gewissen stellt, als daß wir sie nur Fachleuten zur Besorgung überlassen dürften.«

Raiser bezeichnet nun zuerst »den Grund, ... auf dem jede politische Ethik des Protestantismus allein stehen kann: das Zeugnis der Schrift«. Dieser assertorische Beginn wird ihm aber nicht, wie es so oft geschehen ist, zum Deckmantel falscher Sicherheiten; schon der nächste Satz spricht von den »hier in großer Fülle auftretenden exegetischen Schwierigkeiten«. »Es ist hinlänglich bekannt, daß das Neue Testament nur wenige und offensichtlich für seine Botschaft nicht zentrale, sondern beiläufige Aussagen über die Welt des Politischen enthält.« Ich darf wohl im Sinne von Raisers Intention hinzufügen: Eine machtlose, in eschatologischer Erwartung lebende Minderheit wie die frühe Kirche entwickelt keine Ethik politischer Verantwortung. Die in den Reden Jesu sehr sichtbaren Bezüge auf reale Politik entstammen der Situation des Juden zwischen Anpassung und zelotischem Terrorismus, einer Situation, die der Kirche seit Paulus fremd wurde. Das von der kirchlichen Erwartung her Unwahrscheinlichste geschah seit Konstantin: die Kirche wurde politisch mitverantwortlich in einer unverwandelten Welt. Raiser überspringt die mittelalterlichen Lösungsversuche, die er noch als weltflüchtig versteht, darin wohl der diesseitigen Absicht der scholastischen Aristoteles-Rezeption nicht ganz gerecht werdend.

Er wendet sich zu Luther, zumal seiner Lehre vom Beruf im »Reich Gottes zur Linken«, in der notwendigen Erhaltungsordnung für diesen Äon, in dem wir leben.
»Ich erwähnte schon, daß für Luther der Beruf der Ort ist, an dem der Christ mitten in der Welt das Gebot der Nächstenliebe zu erfüllen hat, der Fürst, indem er gut regiert, die Magd, indem sie fleißig den Hof kehrt.« Ein einziges Luther-Zitat aber wirft uns alsbald aus der naiven Zustimmung zurück in die historische Relativierung. Politische Ordnung und Sozialstruktur haben sich verändert seit der Zeit, in der man Fürst und Magd als evidente Beispiele des Berufs brauchen konnte. Aber Raiser sieht Luthers Grundgedanken von diesem geschichtlichen Fortgang unbetroffen. Paulus rechtfertigte Röm. 13,4 sogar den Gehorsam gegenüber Neros Kaisertum. »Wenn Luther also mit Paulus davon spricht, Obrigkeit sei von Gott verordnet, so kann das nach seinen eigenen Voraussetzungen nicht nur den Fürstenstaat seiner Zeit betreffen, sondern muß auch für die Demokratien und totalitären Staaten gelten in dem Sinne, daß auch das Reich zur Linken Gottes Regiment untersteht und von ihm für diesen Äon erhalten wird. Die Versuche vieler, gerade auch lutherischer Theologen, nur bestimmte Ordnungen für legitime Antworten auf den göttlichen Schöpferwillen zu erklären, widersprechen diesem kühnen Ansatz Luthers. Auf der anderen Seite aber kann nach der recht verstandenen Zwei-Reiche-Lehre von einer ethisch indifferenten Eigengesetzlichkeit politischen Geschehens und damit von einer Legitimierung jeder Art von Staatsraison keine Rede sein.« Hieran schließt eine kritische Würdigung der in Barths, von Luther hier abweichender Tradition direkt aus dem Evangelium argumentierenden politischen Ethik, eine Würdigung, welche so endet: »Der sittliche Ernst der Männer, die diese theologische und kirchenpolitische Gruppe anführen, verdient unsere hohe Achtung. Aber es wäre mir jedenfalls oft sehr viel wohler, wenn ich die politischen Forderungen, für die sie eintreten, nicht theologisch, sondern schlicht politisch begründet sähe nach den Regeln, die nun einmal in Gottes Reich zur Linken gelten.«
Es entspricht der Logik dieser Denkweise, daß Raiser keine weitere theologische Deduktion politischer Ethik unternimmt, sondern sich den konkreten Problemen zuwendet in diesem Vortrag der Lage der Christen 1965 in der DDR und der Bundesrepublik. Aus dieser Art der Zuwendung ist seine wohl größte politische Leistung hervorgegangen: die Vertriebenen-Denkschrift der EKD und damit ein entscheidender Impuls zur Versöhnung mit Polen. Es genügt niemals, sich in allgemeinen Formeln auszusprechen wie Ost-West-Konflikt, Freiheit und totaler Staat, Kapitalismus und Sozialismus, Abschreckung und Friedens-

politik. Politik wie Nächstenliebe werden erst real, wenn man Namen nennen kann; Polen ist ein solcher Name.

Ludwig Raisers Aufsätze erscheinen in einem Augenblick, in dem das politische Klima sich von neuem gewandelt hat. Die Zeit seit 1945 war von wechselnden Formen der Hoffnung bestimmt: zuerst Hoffnung aufs Überleben und auf neue Horizonte, dann Hoffnung auf Wiederherstellung alter Ordnungen und zugleich auf grenzenlosen technischen Fortschritt, auf niedagewesenen Reichtum, dann Hoffnung auf soziale Gerechtigkeit in neuen Formen der Gemeinschaft. Heute wird die Menschheit durch mehrere Krisensymptome daran erinnert, wie tödlich sie sich durch ihr Verhalten selbst bedroht. Raisers maßvoller moralisch bedingter Fortschrittsoptimismus mußte sich mit jeder dieser Hoffnungen kritisch auseinandersetzen; hätte eine Haltung wie die seine die letzten Jahrzehnte bestimmt, die Gefahr wäre heute geringer.
Die Hoffnungen der nun vergangenen Jahrzehnte waren eine Verschärfung, gelegentlich auch eine Banalisierung des jahrhundertealten diesseitigen Optimismus der Neuzeit, der von der Lebensfülle der Renaissance über die vernünftige Moralität der Aufklärung bis zur technischen Eroberung und Verwandlung der Welt reicht. Luther, der tiefer sah als diese Optimismen, gab ihrer Diesseitigkeit ihr Recht in der Lehre vom Reich Gottes zur Linken. Es sollte uns nicht wundern, wenn sich die Kirche in den kommenden Jahren oder Jahrzehnten auf ihren eschatologischen Ursprung besänne. Sie bliebe dabei neuzeitlich in einer diesseitigen Eschatologie, einer eschatologischen Diesseitigkeit: die überlieferten Worte von Gericht und Hoffnung meinen die konkrete Geschichte, auch wo sie sich nur in mythischen Bildern ausdrükken können. Diese eschatologische Unruhe des Herzens war nicht der Kern, aus dem Raiser lebte. Aber auch ihr war er ein notwendiger Partner, der sie daran erinnerte, daß Diesseits diesseitig, Praxis praktisch verstanden werden muß, wenn man sich nicht selbst belügen will. Das ist Glaube.

Konrad Raiser

ZUR EINFÜHRUNG

Immer wieder ist Ludwig Raiser gedrängt worden, eine Sammlung seiner Reden und Aufsätze herauszugeben. Dafür wurden gewöhnlich zwei Gründe genannt. Einerseits war es der Wunsch, den inneren Zusammenhang seiner juristischen, hochschul- und kirchenpolitischen Arbeit deutlicher sichtbar werden zu lassen. Dazu kam die Überzeugung, eine solche Auswahl könnte bestimmte Partien der deutschen Nachkriegsgeschichte beleuchten, die in den späteren Auseinandersetzungen verloren zu gehen drohten.
Zwar hat er sich dann 1977 entschlossen, einen Band mit Aufsätzen zum Privat- und Wirtschaftsrecht aus drei Jahrzehnten unter dem Titel »Die Aufgabe des Privatrechts« herauszugeben. Im Vorwort betont er jedoch ausdrücklich, der Band sei kein erster Schritt zu »Gesammelten Werken«. »Mein höchst fragmentarisches, aus biographischen Gründen mehrfach unterbrochenes rechtswissenschaftliches Lebenswerk, dem Arbeiten zur Hochschul- und Wissenschaftspolitik und zur politischen Ethik im deutschen Protestantismus hinzuzufügen wären, rechtfertigt kein derartiges Unterfangen.«[1]
Die hier getroffene Auswahl bleibt notgedrungen fragmentarisch. Sie wurde zusammengestellt in der Überzeugung, daß die von Ludwig Raiser verkörperte und ethisch begründete »politische Verantwortung des Nichtpolitikers« in der Tat ein Erbe der führenden Generationen der Nachkriegsjahrzehnte ist, das nicht verloren gehen darf. Dieses Auswahlprinzip erfaßt die drei Hauptbereiche des Wirkens von Ludwig Raiser und folgt einer gewissen systematischen Ausrichtung. Zugleich verbindet es sich mit einem biographisch zeitgeschichtlichen Interesse. Daher sollen einige biographische Notizen am Anfang stehen. Die Verknüpfung mit den allgemeinen Entwicklungen insbesondere der deutschen Nachkriegsgeschichte kann hier freilich nicht geleistet werden.

Leben und Wirken

Die in diesem Band zum ersten Mal veröffentlichte autobiographische Skizze, die Ludwig Raiser aus Anlaß seiner Emeritierung am 12. 2.

[1] Die Aufgabe des Privatrechts, Kronberg/Ts. 1977, V.

1973 in Tübingen vorgetragen hat, bietet einen verläßlichen Rahmen. Auch andere, hier abgedruckte Stücke (vgl. Nr. 4 und 15) enthalten autobiographische Elemente. Die Einführung soll der Ergänzung dienen und zugleich die Hauptlinien herausheben, die sein Leben und Wirken geprägt haben. Dafür erwies es sich als hilfreich, daß er in seinen beiden letzten Lebensjahren noch zweimal Reflexionen im Rückblick auf sein Leben formuliert hat: einmal in einem Ende 1979 aufgenommenen und am 9. 3. 1980 gesendeten Interview für den Westdeutschen Rundfunk, dessen Schwerpunkt seine hochschulpolitische Tätigkeit war[2], und dann in Form eines Berichtes über Erfahrungen im Alltag des Dritten Reiches, vorgetragen vor Stuttgarter und Tübinger Freunden kurz vor seinem Tod als Teil einer Reihe von Selbstzeugnissen[3].

Die erste Lebensphase bis Ende 1933 ist anschaulich in der autobiographischen Skizze geschildert. Nur die wesentlichen Daten seien hier wiederholt. Ludwig Raiser wurde am 27. 10. 1904 in Stuttgart geboren und ist dort aufgewachsen. Er war Schüler des humanistischen Eberhard-Ludwigs-Gymnasiums und studierte nach einer Ausbildung als Versicherungskaufmann Rechtswissenschaft in München, Genf und Berlin. Dem Berlin der zwanziger Jahre verdankt er seine geistige, wissenschaftliche und auch politische Bildung. Er hat dort den größten Teil seines Studiums und seiner Referendarausbildung absolviert, war Assistent an der juristischen Fakultät (Prof. Martin Wolff) und an dem 1927 neugegründeten (jetzigen Max-Planck-)Institut für ausländisches und internationales Privatrecht (Prof. Ernst Rabel). Er promovierte 1931 mit einer Arbeit über »Die Wirkungen der Wechselerklärungen im Internationalen Privatrecht«[4]. Nach dem 2. juristischen Staatsexamen folgte ein Studienaufenthalt in Heidelberg zur Vorbereitung der Habilitation, die Ende 1933 noch vor der alten Berliner Juristenfakultät vollzogen werden konnte. Die Ernennung zum Dozenten wurde ihm jedoch aus politischen Gründen verweigert. Im Jahr darauf schloß er sein Buch über »Das Recht der allgemeinen Geschäftsbedingungen« ab, das 1935 erschien (Neudruck 1961)[5].

---

[2] Das Gespräch: Ludwig Raiser befragt von Hermann Rudolph, Westdeutscher Rundfunk,Ms.

[3] Alltag im Dritten Reich. Bandnachschrift eines Vortrages am 28. 5. 1980, Ms.

[4] Die Wirkungen der Wechselerklärungen im internationalen Privatrecht, Berlin und Leipzig 1931.

[5] Das Recht der allgemeinen Geschäftsbedingungen, Hamburg 1935 (Neudruck: Bad Homburg 1961).

Es war charakteristisch für Ludwig Raiser, daß er in den verschiedenen Bereichen seines öffentlichen Wirkens in späteren Jahren immer wieder sehr bewußt an diese frühe Zeit in Berlin anknüpfte. Er hat Berlin als die Hauptstadt und das geistige Zentrum der Weimarer Republik erlebt, die er entschieden als seinen Staat empfand. Seine demokratische Grundhaltung hat hier ihre Wurzeln. Zugleich ist diese Zeit der Ausbildung und Reifung von 1923 bis 1934 gezeichnet vom Aufkommen des Nationalismus. Am Anfang stand der Putsch von Hitler und Ludendorff vor der Feldherrn-Halle in München 1923 — am Ende der Röhm-Putsch 1934. In seinem Bericht über »Alltag im Dritten Reich« beschreibt er seine Reaktion auf die zunehmenden Polarisierungen am Ende der Weimarer Republik: »Ich habe nicht die leiseste Neigung gehabt, mich einer dieser Massenorganisationen anzuschließen. Mein ganzes Leben bis auf den heutigen Tag bin ich allergisch gegenüber solchen Massenveranstaltungen geblieben. Ich habe mich auf Empfehlung eines Freundes einem der mehreren, damals in Berlin bestehenden politischen Clubs angeschlossen. ... Unser Gedanke war, daß wir auf diese Weise die Mitte, die ja von den radikalen Gruppen rechts und links immer mehr ausgehöhlt wurde, stärken konnten. Aber was ich zugleich, spätestens 1933 gelernt habe, war eben dies, daß Diskutieren allein gar nichts nützt, wenn nicht eine Portion Macht dahinter steht, daß Politik eben doch mit Macht zu tun hat. Ich habe vielleicht zu spät gemerkt, daß ich mich als ein machtloser Intellektueller verhalten habe und nicht mehr getan habe, obwohl schwer zu sagen ist, was ich hätte tun können.«

Nach der »Machtergreifung« im Januar 1933 erlebte er im eigenen Umkreis an den sogenannten »Märzgefallenen« die Folgen der Gleichschaltungsaktion mit und beschreibt in dem gleichen Bericht seine Enttäuschung und Verbitterung darüber, »daß sich in der geistig führenden Schicht in Deutschland, insbesondere an den Universitäten, keinerlei gemeinsamer Widerstand dagegen geregt hat .... Es gehörte damals zu meinen Überzeugungen, daß, wenn diese Schicht sich energischer gewehrt hätte, Hitler nicht auf eine so brutale Weise die Obermacht bekommen hätte.« Und im Rückblick auf die Mordserie nach dem Röhm-Putsch fügt er hinzu: »Wer bis dahin etwa noch im Zweifel war über den Charakter dieser Bewegung ... und meinte, sich seinen guten Glauben bewahren zu können, der mußte nach dem damals gefaßten Regierungsbeschluß, mit dem diese Morde nachträglich legitimiert wurden, wissen, woran man war, und was die Stunde geschlagen hatte.«

Der autobiographische Rückblick übergeht die Hintergründe seines Ausschlusses vom akademischen Lehramt. Ludwig Raiser gehörte seit

1931, zusammen mit einer Reihe von Stuttgarter und Berliner Freunden, großen Teils Juristen, zu einem aus der Jugendbewegung hervorgegangenen Kreis, dem Volkacher Bund. Dieser Bund veranstaltete im September 1933 ein wissenschaftliches Arbeitslager auf Schloß Burgberg über »Deutsches und römisches Recht«. Es war die Absicht dieses Unternehmens, der nationalsozialistischen Hetze gegen die Grundlagen der Rechtsstruktur entgegenzuwirken. Das Lager wurde am 16. September von der politischen Polizei ausgehoben. Hausdurchsuchungen schlossen sich an. Am Ende stand ein Bericht der politischen Polizei an das Württembergische Justizministerium vom 22. September 1933, in dem die sofortige Beurlaubung von zwei der verantwortlichen Teilnehmer vorgeschlagen wird. Einer der beiden war Ludwig Raiser. Der Vorgang führte zu Warnbriefen an das Preußische Justizministerium und die Juristische Fakultät in Tübingen und schließlich, verbunden mit anderen Faktoren, zur Verweigerung der Ernennung zum Dozenten.
In dem bereits zitierten Bericht sagt er dazu: »Die Konsequenz, die ich daraus gezogen habe, war zunächst einmal eine Art Trotzreaktion: Ich war bis dahin zum Zweck der Habilitation beurlaubter preußischer Gerichtsassessor gewesen. Jetzt habe ich im Zorn den Staatsdienst quittiert und habe mich als Rechtsanwalt in Berlin niedergelassen.« Die weiteren Schritte sind in dem autobiographischen Rückblick geschildert und können hier übergangen werden. Wichtig war an der Zeit der Tätigkeit in der Versicherungswirtschaft u. a. die Möglichkeit zu ausgedehnten Auslandsaufenthalten in England und Frankreich und später zu Reisen vor allem in die früher zur alten Habsburgischen Monarchie gehörenden Länder Südost-Europas. Ein Einschnitt erfolgte noch einmal, als ihn Ende 1941 ein Ruf an die Universität Straßburg erreichte. Er hat sich die Entscheidung, diesen Ruf anzunehmen, nicht leicht gemacht, aber sie eröffnete die Möglichkeit, in den bewußt gewählten Beruf des Rechtslehrers zurückzukehren. Später hat er sich mehrfach mit verleumderischen Angriffen auseinandersetzen müssen, die aus seiner nominellen Zugehörigkeit zur Straßburger juristischen Fakultät eine politische Belastung ableiteten.
Die ersten Jahre nach 1945 galten dem Wiederaufbau der Universität, speziell in Göttingen, aber bald auch darüber hinaus. Ein anschaulicher Bericht über diese Erfahrungen ist enthalten in dem hier abgedruckten Aufsatz »Wiedereröffnung der Hochschulen — Ansätze zum Neubeginn«. Angesichts der Versuchung bei vielen Studenten und Professoren, sich nach den vorausgegangenen politischen Verirrungen und Erschütterungen auf die unpolitische Tradition der Universität des 19. Jahrhunderts zurückzuziehen, und angesichts des Fehlens einer geisti-

gen Bewegung mit einem in die Zukunft weisenden politischen Gestaltungswillen, sah Ludwig Raiser die Chance und Aufgabe, durch die Wiederherstellung der akademischen Selbstverwaltung eine Art Keimzelle für demokratisches Verhalten und einen Ausgangspunkt für die Wiederbelebung eines allgemeinen politischen Bewußtseins zu schaffen. Zahlreiche Aufsätze in der 1945 von ihm mitbegründeten Göttinger (später Deutschen) Universitätszeitung sind ein beredtes Zeugnis für die Hoffnungen und Auseinandersetzungen dieser Jahre, deren Ertrag er später nüchtern und selbstkritisch als »Restauration« bezeichnete. Als Folge seines Göttinger Rektorates wurde Ludwig Raiser hineingezogen in die Neugründungen der verschiedenen, bis heute bestehenden hochschul- und wissenschaftspolitischen Einrichtungen. Bereits seit 1949 gehörte er der Synode der Evangelischen Kirche in Deutschland an und war bald unmittelbar beteiligt an der Wahrnahme öffentlicher Verantwortung der Kirche. Er berichtet in seinem autobiographischen Rückblick, daß er mehrfach eingeladen worden sei, als Abgeordneter ganz in die Politik zu gehen, und fährt dann fort: »Was mich stattdessen umtrieb, war die politische Verantwortung des Nichtpolitikers ...«. In dem bereits erwähnten Interview für den WDR führt er diese Haltung zurück auf ein Grundverständnis von Demokratie in dem Sinn, »daß auch ... Politiker im Grunde ihre Aufgabe nur erfüllen können, wenn sie sich darauf verlassen können, daß es eben Menschen dieser Art gibt, die diese Mitverantwortung fühlen und sie gelegentlich auch öffentlich zur Sprache bringen, ohne selbst den Ehrgeiz zu haben, politische Ämter wahrzunehmen.«
Aber es war mehr als ein liberales, durch politische Erfahrungen und juristische Schulung vertieftes Verständnis von Demokratie, das ihn bestimmte. An verschiedenen Stellen, so auch in dem genannten Interview, verweist er auf eine religiöse Grundlage, das heißt »Vorstellungen einer politischen Ethik, die für mich im Protestantismus verwurzelt ist und die, wenn ich es mit einem Stichwort andeuten soll, mit der Lutherischen Lehre vom Beruf zusammenhängt, die mich sehr stark bestimmt hat«. Von Hause aus hatte Ludwig Raiser der Kirche eher in liberaler Distanz gegenübergestanden. So hatte er auch keinerlei Beziehung zur Bekennenden Kirche, wobei seine Abneigung gegen gewisse intolerante Züge der »Barthianer« eine Rolle gespielt hat — eine Schwierigkeit, die er auch später stark empfand. Neben der Heirat mit der Tochter eines mecklenburgischen Pfarrers, der theologisch eher zu den religiösen Sozialisten gehörte, führte er seine Zuwendung zum Christentum auf die Erfahrungen der Kriegszeit zurück, die ihn darauf verwiesen haben, »daß ohne ein sicheres religiöses Fundament wir zu leben nicht imstande sind«.

Während seine Arbeit als Präsident der Deutschen Forschungsgemeinschaft von 1951 bis 1955 noch in die Phase des Wiederaufbaus nach dem Krieg fiel, bedeutete der Wechsel auf den Lehrstuhl für Bürgerliches Recht, Handels- und Wirtschaftsrecht an der Universität Tübingen einen nochmaligen Neuanfang. Er fiel zusammen mit einer deutlichen Zäsur im öffentlichen Leben, signalisiert durch das Ende des Besatzungsstatuts, den Beitritt der Bundesrepublik zur NATO, den Beginn der Europäischen Wirtschaftsgemeinschaft etc. An die Stelle der Restauration mußte nun eine bewußte Neugestaltung der öffentlichen Einrichtungen treten, die Bereitschaft zu notwendigen Reformen auch im Hochschulbereich. Nach einer kurzen Periode ruhiger wissenschaftlicher Arbeit, an deren Ende die Neubearbeitung des großen, von seinem Lehrer Martin Wolff herausgegebenen Sachenrechtslehrbuches[6] stand, wurde er erneut in öffentliche Aufgaben hineingezogen. Neben die Tätigkeit im Wissenschaftsrat, zunächst als Vorsitzender der wissenschaftlichen Kommission, dann ab 1961 als Vorsitzender des Gesamtgremiums, traten immer stärker kirchliche Aufgaben. So wurde 1957 durch den Zusammenschluß der Forschungsakademie »Christophorus-Stift«, Hemer, und der bereits seit 1947 bestehenden »Studiengemeinschaft der Evangelischen Akademien« die Evangelische Studiengemeinschaft gegründet mit einer Forschungsstätte in Heidelberg. Ludwig Raiser übernahm den Vorsitz des Wissenschaftlichen Kuratoriums, den er bis 1976 beibehalten hat. Nach der Synode der Evangelischen Kirche in Deutschland in Berlin-Spandau 1958 wurde er zum Vorsitzenden des Ausschusses für Atomfragen berufen. Als 1961 die Synode sowie der Rat der EKD unter Vorsitz von Bischof D. Kurt Scharf neu konstituiert worden war, übernahm er den Vorsitz der Kammer für öffentliche Verantwortung, den er erst 1973 bei seinem Ausscheiden aus den EKD-Ämtern wieder abgab. Die in den späten fünfziger Jahren leidenschaftlich geführten kirchlichen Diskussionen über die Wiederbewaffnung der Bundesrepublik, über den Militärseelsorgevertrag und schließlich die atomare Bewaffnung der Bundeswehr hatten ihn genötigt, die Frage der öffentlichen, politischen Verantwortung der Kirche grundsätzlich und praktisch zu durchdenken. Das Tübinger Memorandum (1961)[7] und die Vertriebenen-Denkschrift der EKD (1965)[8] sind in verschiedener Weise Niederschlag einer ethisch begrün-

---

[6] Enneccerus/Kipp/Wolff, Lehrbuch des Bürgerlichen Rechts, Bd. 3 Sachenrecht, 10. Bearbeitung (in Gemeinschaft mit Martin Wolff), Tübingen 1957.

[7] S. unten, 41 ff.

[8] In : Denkschriften der Evangelischen Kirche in Deutschland, Bd. I/1, Gütersloh 1978, 127 ff.

deten politischen Verantwortung, die ihren Kern im Engagement für Frieden und Versöhnung hatte. Eine Reihe von Aufsätzen in diesem Band dokumentieren die Anstrengungen dieser Jahre, die beiden alten, außerstaatlichen Institutionen Universität und Kirche für neue Aufgaben in kritischer Distanz zum Staat zu öffnen.

Auch die letzte Phase des Lebens von Ludwig Raiser erhält ihr Gepräge durch das Zusammentreffen eines biographischen und eines gesamtgesellschaftlichen Elements. Biographisch stellt der sechsmonatige Studienaufenthalt in den USA im Sommer 1965 den Beginn einer internationalen Öffnung in beiden Bereichen, Universität und Kirche, dar. Durch seine Teilnahme an der Weltkonferenz für Kirche und Gesellschaft, die vom Ökumenischen Rat der Kirchen 1966 in Genf durchgeführt wurde, trat er in eine Phase intensiver ökumenischer Arbeit im internationalen Bereich ein. Sie konfrontierte ihn direkt mit den Fragen sozialer und rassischer Gerechtigkeit und wirkte zurück auf sein Verständnis vom politischen Auftrag der Kirche. Im Bereich der Universität war es die 1965 gegründete Europäische Rektorenkonferenz, die seine Gedanken über Hochschulpolitik und Universitätsreform entscheidend befruchtet hat. Seit 1969 war er Vizepräsident dieser Vereinigung und dann von 1974 bis 1979 ihr Präsident. Sein Hauptinteresse in dieser Zeit galt der Bemühung um eine engere Beziehung zwischen der Europäischen Rektorenkonferenz und den Universitäten Osteuropas.

Das andere prägende Element dieser letzten Phase ist die tiefgehende Veränderung im gesellschaftlichen Leben, für welche die Studentenbewegung am Ende der sechziger Jahre das entscheidende Signal bildete. Nach den vorsichtigen Reformansätzen des vorausgegangenen Jahrzehnts brach nun vor allem auf die Universitäten ein revolutionärer, politischer Veränderungsdruck herein. Für Ludwig Raiser hatten diese Ereignisse eine letzte Serie von öffentlichen Ämtern zur Folge, angefangen vom Tübinger Rektorat 1968/69, über das Amt des Präses der Synode der EKD nach der Auflösung der rechtlichen Einheit mit den Kirchen in der DDR, bis hin zur Präsidentschaft in der Europäischen Rektorenkonferenz. In allen drei Bereichen hat er sich bemüht, frühere Reformvorstellungen, beziehungsweise politische Konzeptionen von Einheit und Versöhnung im gespaltcten Europa, in neue Verfassungsstrukturen umzuprägen. In allen drei Bereichen ist der Versuch gescheitert. So endet sein persönlicher Rückblick mit einer kritischen Bilanz und dem Ausdruck der Sorge um den Bestand der Demokratie und der alten Institutionen Universität und Kirche. Es ist die Sorge dessen, der davon überzeugt war, daß nur, wer bereit ist, zur rechten Zeit zu verändern, auch bewahren kann.

Zum Inhalt dieses Bandes

Die in diesem Band vereinigten Vorträge und Aufsätze stellen eine Auswahl dar. Das Kriterium ist im Titel des Bandes angedeutet, und die vorangegangenen biographischen Notizen sollen der Erläuterung dienen. Es geht um die politische Verantwortung des Nichtpolitikers. Daher stehen auch die Texte von allgemein politischem Interesse an erster Stelle.

Eine vollständige Bibliographie der Schriften von Ludwig Raiser existiert nicht. Die aus Anlaß seines 70. Geburtstages veröffentlichte Festschrift »Funktionswandel der Privatrechtsinstitutionen« enthält eine Zusammenstellung der wichtigsten Veröffentlichungen bis 1974[9]. Sie konzentriert sich freilich vor allem auf die juristischen Publikationen. Bei der Auswahl für diesen Band sind vor allem solche Texte berücksichtigt worden, die entweder bislang unveröffentlicht waren oder an schwer zugänglichen Stellen, wie Festschriften, Sammelbänden und Privatdrucken, publiziert wurden.

Die im *ersten* Teil unter dem Titel »Vom rechten Gebrauch der Freiheit« vereinigten Aufsätze aus zwei Jahrzehnten haben ihren gemeinsamen Bezugspunkt im Nachdenken über die Verfassung unserer Demokratie in der Spannung zwischen freiheitlichem Pluralismus und Wertbindung. Am Anfang stehen das sogenannte »Tübinger Memorandum« vom 6. 11. 1961 und der Aufsatz »Der Wahrheitsanspruch in der Politik«, mit dem Ludwig Raiser am 20. 4. 1962 in der ZEIT die Intentionen des Memorandums erläuterte und auf kritische Einwände antwortete. Der Kreis der Verfasser des Memorandums, zu dem Carl Friedrich von Weizsäcker, Georg Picht, Günter Howe und Klaus von Bismarck gehörten, hatte sich auf Anregung von Bischof Kunst zusammengefunden, um über Neuorientierungen der Politik in der Bundesrepublik nach der Bundestagswahl 1961 nachzudenken. Das ursprünglich nicht zur Veröffentlichung bestimmte Memorandum löste nach seiner Publizierung eine breite Diskussion aus. An der Erläuterung von Ludwig Raiser, der weitere Stellungnahmen anderer Mitunterzeichner in der ZEIT vorausgingen oder folgten, fällt vor allem die Entschiedenheit auf, mit der er einerseits die Rolle des kritisch mitdenkenden Bürgers ohne parteipolitisches Mandat in der Demokratie und andererseits einen moralischen Anspruch an das politische Handeln verteidigt.

Diese Grundauffassung von Demokratie, die getragen ist von einem

[9] Funktionswandel der Privatrechtsinstitutionen, Festschrift für Ludwig Raiser zum 70. Geburtstag, Tübingen 1974, 727–734.

ethischen Grundkonsens und sich in der tätigen Mitverantwortung der Bürger verwirklicht, wird gleichsam zum roten Faden, der sich durch alle späteren Äußerungen hindurchzieht. Dies gilt besonders für die Rede über den »rechten Gebrauch der Freiheit«, gehalten bei der ersten Verleihung des Theodor-Heuss-Preises am 31. Januar 1965 an Georg Picht und die Aktion Sühnezeichen, aber ebenso für den schon mehrfach zitierten autobiographischen Rückblick von 1973. Der Rolle von Selbstverwaltungs-Körperschaften im demokratischen Staatswesen und ihrer Veränderbarkeit geht die Fest-Rede nach, die Ludwig Raiser 1976 beim Empfang des Freiherr-vom-Stein-Preises 1976 über das Thema »Universität und Kirche als Institutionen im Spannungsfeld von Restauration, Revolution und Reform« gehalten hat.

Die beiden letzten Aufsätze dieses Abschnittes nehmen noch einmal die Frage nach dem Spannungsverhältnis zwischen pluralistischem Freiheitsverständnis und ethisch-moralischem Grundkonsens in der Demokratie auf. Hier, wie auch in seiner juristischen Arbeit, zeigt sich die Bemühung Ludwig Raisers um Elemente einer objektiven Ordnung unseres Gemeinwesens, die dennoch für den geschichtlichen Wandel offen ist, das heißt einer praxisbezogenen politischen Ethik[10].

Der *zweite* Teil wendet sich unter dem Titel »Eigentum und Menschenrechte« einigen Aspekten der juristischen Arbeit von Ludwig Raiser zu, die in diesem Zusammenhang von besonderem Interesse sind. Zu seinem Selbstverständnis als Jurist sagte er: »Ich kann Rechtswissenschaft, auch die scheinbar so unpolitische Zivilrechtswissenschaft nicht mehr von ihrem Bezug zu der jeweiligen politischen und gesellschaftlichen Situation lösen.«[11] Ihn hat immer neu die Aufgabe fasziniert, »die Vielfalt und Widersprüchlichkeit der Lebensverhältnisse und Vorgänge in der Gesellschaft und Wirtschaft auf rechtliche Kategorien zu reduzieren, um die Entscheidung von Konflikten zu ermöglichen«. Dazu kam die Freude »an der gestaltenden, durch sinnvolle Ordnung zum Leben helfenden Funktion des Rechts. Sie schließt Machtkontrolle als unerläßliche Voraussetzung ein, aber sie schließt es aus, Recht zum verkrusteten Selbstzweck werden zu lassen und so zu gebrauchen« (aus der Ansprache bei seinem 70. Geburtstag).

Das Spannungsverhältnis zwischen Recht und Macht ist im Wesen des Rechts angelegt. Der Aufsatz über »Gedanken zur Verantwortung der Rechtswissenschaft« geht dieser Beobachtung weiter nach und unter-

---

[10] Vgl. hierzu vor allem die Aufsätze in dem Sammelband: Die Aufgabe des Privatrechts, a. a. O.

[11] S. unten, 73.

sucht die Gefahren, denen die Rechtswissenschaft ebenso wie die juristische Praxis in diesem Bereich ausgesetzt sind[12].

Da die im strengeren Sinn rechtswissenschaftlichen Arbeiten von Ludwig Raiser relativ leicht zugänglich sind, zumal seit der Veröffentlichung des oben genannten Sammelbandes, sind hier fünf Texte zusammengestellt, die für seine Art des juristischen Denkens bezeichnend und zugleich ohne fachwissenschaftliche Voraussetzungen verständlich sind. Die rechtliche Ordnung der Eigentumsverhältnisse steht im Zentrum des Privatrechts. Diesem Thema galt die erste selbständige wissenschaftliche Veröffentlichung von Ludwig Raiser im Rechtsvergleichenden Handwörterbuch 1927. Immer wieder kam er in Aufsätzen auf diese Problematik zurück, vor allem unter dem Gesichtspunkt, wie die Spannung zwischen dem Eigentum als individuellem Freiheitsrecht und der sozialen Funktion des Eigentums im Sinne seiner Sozialpflichtigkeit befriedigend geklärt werden könne. Neben dem Überblicksaufsatz über »Das Eigentum im deutschen Rechtsdenken seit 1945« steht die spezielle Analyse über »Verfassungsrechtliche Eigentumsgarantie und Städtebau«. Gerade im Bereich des städtischen Bodenrechts wird die genannte Spannung besonders akut. Als Mitglied einer vom Bundesminister für Raumordnung, Bauwesen und Städtebau einberufenen Expertengruppe hat Ludwig Raiser in den Jahren 1973 bis 1976 den Fragen einer Bodenrechtsreform intensive Aufmerksamkeit gewidmet[13].

Die beiden Aufsätze über Menschenrechte und soziale Grundrechte sind herausgewachsen aus Arbeiten in der Kammer für öffentliche Verantwortung der EKD, die sich, angeregt durch entsprechende ökumenische Diskussionen, seit 1973 mit der Problematik der Menschenrechte befaßt hatte. Dabei hat Ludwig Raiser immer wieder davor gewarnt, die ohnedies begrenzte Rechtsgeltung der Menschenrechte durch ihre Ausweitung zu Prinzipien einer weltweiten Sozialordnung zu gefährden, so wichtig ihm der ökumenische Einsatz für internationale soziale Gerechtigkeit war. Umgekehrt fand er es notwendig, darüber nachzudenken, wieweit das traditionelle Verständnis der Grundrechte der Verfassung als Freiheits- und Schutzrechte durch die Anerkennung des Rechtes auf soziale Leistungen erweitert werden könnte.

---

[12] Vgl. auch den Aufsatz: Aufgabe und Verantwortung des Juristen in unserer Gesellschaft, in: Die Aufgabe des Privatrechts, a.a.O., 208ff.

[13] Vgl. das sog. »Münchner Gutachten«: Neue und modifizierte Rechtsformen der Bodennutzung, Bundesministerium für Raumordnung, Bauwesen und Städtebau, 1977.

Der letzte Aufsatz in diesem Abschnitt, nur wenige Tage vor seinem Tod abgeschlossen, verknüpft in einer strengen Argumentation die drei Stränge von Menschenrechten, Grundrechten und Eigentum. Er ist herausgewachsen aus einem über längere Zeit geführten interdisziplinären Gespräch mit Kollegen der Tübinger Universität.

Der *dritte* Teil dieses Bandes gilt dem Beziehungsfeld von Universität und Gesellschaft. Wie bereits in den beiden vorangegangenen Teilen steht am Anfang ein Text, der Einblick verleiht in die Grundhaltung von Ludwig Raiser. Der Vortrag über »Wissenschaft als Beruf« wurde am 25. 4. 1964 im Gedenken an Max Webers 100. Geburtstag vor der Stuttgarter Privatstudiengesellschaft gehalten, einer dem Freundeskreis des Volkacher Bundes verwandten Vereinigung, die im Jahr 1946 gegründet wurde. In der für ihn charakteristischen Weise beginnt Ludwig Raiser nicht bei der durch Max Webers Vortrag über das gleiche Thema bestimmten wissenschaftstheoretischen Diskussion, sondern setzt empirisch an bei den soziologischen und strukturellen Veränderungen im Erscheinungsbild von Wissenschaft seit Max Weber. Er fragt dann nach dem Sinn und gesellschaftlichen Nutzen der Wissenschaft als Beruf und setzt sich schließlich unter dem Aspekt der sittlichen Anforderungen und der besonderen Verantwortung des wissenschaftlichen Berufs kritisch mit Max Webers Verständnis der Wahrheitserkenntnis und seiner These von der Wertfreiheit der Wissenschaft auseinander. »Eine ... lebensnotwendig gewordene Wissenschaft kann sich der Mitverantwortung für die von ihr geschaffenen Lebensverhältnisse nicht schlechthin entziehen.«[14]

Ist der folgende, früher bereits erwähnte Text zur »Wiedereröffnung der Hochschulen« weitgehend berichtend, so stellt demgegenüber die Schrift über »Die Universität im Staat« eine grundsätzliche Auseinandersetzung mit der Tradition der Universität als selbständiger Institution im Staate dar. Sie ist ein Plädoyer für eine neuverstandene Autonomie und korporative Selbstverwaltung der Universität. Zur Begründung dient nicht mehr ein idealistisches Verständnis von der Freiheit der Wissenschaft verbunden mit Vorstellungen des politischen Liberalismus vom Wesen des Staates. Vielmehr bedarf die Gesellschaft mehr als je des kritischen Dienstes der Wissenschaft. Diese öffentliche Verantwortung gegenüber Staat und Gesellschaft kann von der Universität nur korporativ und als unabhängige Institution geleistet werden. Dazu sind jedoch entschiedene Reformen der Universitätsverfassung notwendig. — Die hier entwickelten Gedanken haben Ludwig Raiser in

---

[14] S. unten, 225.

seinem hochschulpolitischen Engagement bis in die Auseinandersetzungen der Tübinger Rektoratsjahre hinein geleitet[15].
Die nächsten beiden Texte geben einen Einblick in die konkreten und sehr verzweigten politischen, strukturellen und finanziellen Probleme, mit denen Ludwig Raiser während seiner Tätigkeit in der Deutschen Forschungsgemeinschaft und im Wissenschaftsrat zu tun hatte. Beide sind im Stil pragmatische Berichte, die sich zudem auf eine inzwischen überholte Phase der hochschul- und wissenschaftspolitischen Diskussion beziehen. Ihre Bedeutung liegt darin, daß sie den praktisch-politischen Ansatz dieser Bemühungen deutlich machen. In Auseinandersetzung mit Kritikern hat Ludwig Raiser die hinter diesen Entwürfen stehende Haltung manchmal als »mild konservativ« bezeichnet. Sie hat bewußt auf den Entwurf einer neuen Idee der Universität verzichtet; statt bei Prinzipienfragen zu beginnen, ging es um die Bemühung, die überkommenen Strukturen den Herausforderungen der neuen geschichtlichen Lage zu öffnen und so den Weg zu weiteren Reformen zu bereiten.
Die grundsätzliche Frage nach dem »Bildungsziel der heutigen Universität« wird dann in dem folgenden Text aufgenommen, der die notwendige Wechselbeziehung von Forschung und Lehre neu zu begründen sucht und vor allem zu wichtigen Konsequenzen für die Bestimmung des Ziels von Lehre an der Universität führt. Die Universität hat einen eigenen Erziehungsauftrag: sie macht die Wertbedingtheit alles Forschens bewußt und leitet zur Entscheidung wie zum Eintreten für bestimmte Werte an. Der abschließende Aufsatz dieses Teils präzisiert diese Auffassung von den Aufgaben der Universität anhand eines Vergleichs mit anderen europäischen Ländern. Er ist in diese Auswahl einbezogen worden als Dokument der letzten Phase im hochschulpolitischen Wirken Ludwig Raisers im Rahmen der Europäischen Rektorenkonferenz.
Bei den im *vierten* Teil zusammengestellten kirchlichen Texten muß noch einmal mit Nachdruck der fragmentarische Charakter der Auswahl betont werden. Darüber hinaus sind wichtige Bereiche des kirchlichen Wirkens von Ludwig Raiser literarisch, das heißt durch namentlich gezeichnete Texte, kaum faßbar. Die folgenden Erläuterungen sollen dazu helfen, die hier abgedruckten Texte in ihrem größeren Zusammenhang zu sehen.

---

[15] Vgl. dazu auch den Aufsatz: Universität und Staat im Licht der Tübinger Erfahrungen seit 1945, in: 500 Jahre Eberhard-Karls-Universität Tübingen, Bd. II Wissenschaft an der Universität heute, hrsg. von Joh. Neumann, Tübingen 1977.

Noch eine weitere Vorbemerkung sei angefügt. Ludwig Raiser ist — trotz seiner zahlreichen leitenden Ämter in der evangelischen Kirche — im Grund ein Einzelgänger im Raum der Kirche gewesen und geblieben. Ihm fehlte die Verwurzelung anderer führender Laien in der Bekennenden Kirche oder einer anderen kirchlich-theologischen Gruppierung. Er stand immer zwischen den miteinander streitenden theologischen Schulmeinungen. Abgesehen von dem engen und intensiven Austausch im Rahmen der Evangelischen Studiengemeinschaft in Heidelberg hatte er nur wenige, persönliche Gesprächspartner im kirchlich-theologischen Raum. So sehr er als Laie und Jurist eine Haltung und einen Stil öffentlicher Verantwortung der Kirche geprägt hat, so deutlich war ihm auch die Schwierigkeit bewußt, diese kritische Funktion der Laien in einer Amtskirche durchzuhalten.

Immer wieder hat Ludwig Raiser auf Luthers Lehre vom Beruf verwiesen, wenn er auf die Grundlagen seiner Überzeugung von der politischen Verantwortung des Nichtpolitikers angesprochen wurde. Der erste hier abgedruckte Text, ein Vortrag vor Studenten des Evangelischen Studienwerks Villigst aus dem Jahre 1954, entwickelt die Grundlinien dieser Position als Ausgangspunkt für eine evangelische Sozialethik. In einem Vortrag vor dem Volkacher Bund aus dem Jahr 1959 zum Thema »Wege zur Selbstbehauptung der Person« sagt er: »Die lutherische Berufslehre ... setzt ein Verständnis der Stellung des Menschen in der Welt voraus, das der alten Kirche fremd war. Zwar gibt Luther den eschatologischen Aspekt nicht preis, aber er sieht den Menschen ... zugleich als Bürger der profanen, gefallenen Welt, die ihm überlassen und anvertraut ist, für deren Zustand und rechte Ordnung er daher auch einzustehen hat.«[16]

Die zentrale Funktion dieses Ansatzes für die politische Ethik wird deutlich in dem folgenden Vortrag über die »Politische Verantwortung des Christen«, gehalten 1964 vor der Stiftskirchengemeinde Tübingen. Die hier entwickelte Argumentation hat sich durchgehalten in den vielen späteren Äußerungen zum gleichen Thema. Es war für Ludwig Raiser keine Frage, daß die traditionelle lutherische Obrigkeitslehre überwunden werden müsse, um Maßstäbe aus dem Evangelium für gegenwärtiges politisches Handeln zu finden. In kritischer Auseinandersetzung mit der Theologie Karl Barths hält er jedoch daran fest, daß die lutherische Unterscheidung von Gesetz und Evangelium nach wie vor eine Hilfe sein könne für die Formulierung einer gegenwärtigen politischen Ethik, deren Aufgabe er darin sieht, »die Grenzen staatlicher

[16] Vervielfältigtes Manuskript.

Macht zu bezeichnen ... *und* den Status des gehorsamen Untertanen in den des für das politische Gemeinwesen mitverantwortlichen Bürgers zu verwandeln«. Die Mitverantwortung des Bürgers im Staat ist »nicht ein vom Staat abgeleitetes, sondern ein dem Bürger aus eigenem Recht als Christen übertragenes Amt, das eher umgekehrt dazu bestimmt ist, zu seinem Teil den Staat mitzukonstituieren, also ein Beruf nicht vom, sondern zum Staat«[17].

Diese Überzeugung dient später auch als Grundlage für die Verteidigung des politischen Auftrags der Kirche als korporativer Größe. So schreibt er in einem Aufsatz über »Kirche und Politik« aus dem Jahr 1972: »Der immer wieder unternommene Versuch, zwar dem einzelnen Christen die Verknüpfung von Glauben und vernunftbestimmtem Handeln in der Welt zuzugestehen, der Kirche selbst aber die politische Aktion zu verwehren, kann einer kritischen Prüfung nicht standhalten. Schon die Trennung ist fragwürdig; Kirche ist Gemeinschaft von Gläubigen, nicht eine ihnen gegenüberstehende Heilsanstalt, und sie verwirklicht sich in jeder Gruppe ernsthafter Christen so gut wie in einem kirchenleitenden Organ. Zugleich aber ist die Kirche in einer demokratisch verfaßten Gesellschaft einer der großen sozialen Verbände; ihre politische Abstinenz hätte darum erhebliche politische Wirkung.«[18]

Die öffentliche Verantwortung impliziert jedoch zugleich eine kritische Distanz zu den politischen Mächten. »So schwer der Kirche als Institution nach allen Erfahrungen der Geschichte und bis heute der Machtverzicht fällt und so stark die Neigung der Volkskirche ist, sich mit den jeweiligen nationalen Zielen ihres Volkes zu identifizieren, so notwendig ist ihr doch, wenn sie in ihrem geistlichen Auftrag und in ihrem politischen Dienst glaubwürdig bleiben will, die kritische Distanz zu den politischen Mächten.« (so in einem Vortrag aus dem Jahr 1971)[19]

Auch der nächste Text vermittelt nur einen Ausschnitt aus einer weitverzweigten Diskussion, die durch die Vertriebenen-Denkschrift der EKD von 1965 ausgelöst wurde[20]. Der 1971 in Warschau gehaltene Vortrag formuliert im Rückblick noch einmal die theologische und po-

---

[17] S. unten, 368.

[18] S. Kirche und Politik, in: Jenseits vom Nullpunkt, Stuttgart 1972, 225.

[19] »Kirchlicher Auftrag und politisches Handeln«, Vortrag in der Evangelischen Akademie Tutzing am 27. 1. 1972, Ms.

[20] Vgl. u.a. den Aufsatz: »Deutsche Ostpolitik im Lichte der Denkschrift der evangelischen Kirche«, in: Europa-Archiv 6/1966, 195ff.; Artikel »Versöhnung«, in: Politik für Nichtpolitiker, Bd. 2, Stuttgart/München 1972, 623ff.; auch die Diskussion mit W. Benedyktowicz im Anschluß an den Warschauer Vortrag, in: Junge Kirche 12/1971, 628ff., und 1/1972, 38f.

litische Grundintention der Denkschrift und interpretiert den damaligen Schritt im Zusammenhang der nachfolgenden politischen Entwicklungen und der Bemühungen um eine Friedensethik in der evangelischen Kirche. Die für die politische Ethik von Ludwig Raiser bezeichnende Verschränkung der Argumentationsweisen wird in diesem Zusammenhang besonders deutlich. Auf der einen Seite ging es darum, die starre Verteidigung von Rechtspositionen zu überwinden und den Spielraum für politisches Handeln wiederzugewinnen. Angesichts der Notwendigkeit, den Frieden in Europa zu stabilisieren, »fordert die Denkschrift von Volk und Regierung die bisher immer vermiedene politische Entscheidung, und zwar im Geiste der Versöhnung«[21]. Versöhnung ist eine ethische Kategorie. Aber auch für das Zusammenleben der Völker und Staaten gelten ethische Verhaltensnormen und Maßstäbe, und politisches Friedenshandeln ist ein Teil jener »außerordentlichen moralischen Anstrengung« (C. F. von Weizsäcker), die von uns heute gefordert ist. Versöhnung zielt auf eine Bewußtseinsänderung auf beiden Seiten; diese muß sich in sicht- und fühlbaren Opfern und der vergebenden Anerkennung des Opfers manifestieren.
Ludwig Raiser war überzeugt davon, daß diese Denkweise für eine politische Friedensethik im Weltmaßstab weit über den konkreten Fall der Versöhnung mit den östlichen Nachbarvölkern von entscheidender Bedeutung sei, so zum Beispiel für die weltweiten Konflikte zwischen schwarzen und weißen, zwischen armen und reichen Völkern. »Wir müssen darum unsere Anstrengungen auf einen Frieden im volleren Sinn des Wortes richten, nämlich auf ein politisches System, das Konflikte zwischen Gruppen und Völkern zwar nicht ausschließen kann, vielleicht nicht einmal ausschließen soll, aber die Möglichkeiten eines gewaltlosen und gerechten Ausgleichs schafft und ihren Gebrauch zur ethischen und rechtlichen Norm erhebt. In einem solchen System würde auch der Vorgang der Versöhnung seinen legitimen, ja notwendigen Platz finden und vom geschichtlich seltenen Ausnahmefall zum selbstverständlichen, von der Völkergemeinschaft geachteten, ja geforderten Weg zur Beendigung von Streitfällen werden.«[22]
Die schon am Beispiel der Universität entwickelte Auffassung von der Stellung der großen außerstaatlichen Institutionen gegenüber dem Staat wird in dem Aufsatz über »Trennung von Kirche und Staat. Brauchen wir die Kirchen?« anhand von exemplarischen Feldern gesellschaftsbezogenen Handelns der Kirche weitergeführt. Wiederum

[21] S. Deutsche Ostpolitik, a.a.O., 203.
[22] S. »Versöhnung«, a.a.O., 629f.

geht es um die Wahrung einer distanzierten Freiheit in wechselseitiger Mitverantwortung. Daraus ergeben sich jedoch kritische Anfragen an die Strukturen und die Verfassung der Kirche — wie bereits im Fall der Universitäten. Dieser Aufgabe galten die intensiven — und letztlich erfolglosen — Bemühungen Ludwig Raisers als Vorsitzender des Struktur- und Verfassungsausschusses der EKD in den Jahren 1970–1973. In einem Aufsatz über den Sinn der Arbeit an der neuen EKD-Verfassung schrieb er 1973: »Die lange Nachkriegsperiode eines selbstgenügsamen Landeskirchentums im Schatten eines wohlwollenden Staates und einer mit Wohlstandsmehrung voll beschäftigten Gesellschaft, die das bei ihr unbesetzte Referat ›Seele‹ gerne den großen Volkskirchen überließ, geht zu Ende. Den Kirchen bleibt nur die Wahl, um ihren (nicht bloß rechtlichen) Status zu kämpfen, ... was dann auf ihrer Seite einen Plan, organisatorische Beweglichkeit und viel unbefangene Zuversicht voraussetzt — oder sich schrittweise auf kleine Gruppen zurückzuziehen, die sich die Bewahrung überkommenen Glaubensgutes in ihrem Kreis zum Ziel setzen.«[23]
Der hier abgedruckte Vortrag über »Kirche und Kirchengemeinschaft« aus dem Jahr 1977 ist zwar eine Frucht der Verfassungsüberlegungen, geht jedoch über den rechtlich-organisatorischen Rahmen hinaus und bezieht die innerdeutschen Fragen auf den weltweiten Dialog in der ökumenischen Gemeinschaft der Kirchen. — Der abschließende Text über »Die Denkschriften der Evangelischen Kirche in Deutschland als Wahrnehmung des Öffentlichkeitsauftrages der Kirche« ist hier aufgenommen, da er die wesentlichen Überzeugungen Ludwig Raisers zu einer politischen Ethik an Hand des Instrumentariums erläutert, dessen Ausgestaltung ein entscheidender Teil seiner kirchlichen Tätigkeit war.

Versuch einer Zusammenschau

Ludwig Raiser hat selbst keine zusammenhängende Darstellung oder Interpretation dessen formuliert, was ihn in seinem vielgestaltigen Wirken leitete. Er war jedoch überzeugt, daß die Abfolge der verschiedenen öffentlichen Aufgaben und sein primäres Engagement als Lehrer des Rechts einen einheitlichen Komplex darstellen. So sehr die Einzelheiten biographisch bedingt waren, so deutlich sah er einen inneren Zusammenhang und eine Wechselwirkung zwischen seinen verschiede-

[23] S. »Die Reform zu Ende führen«, in: Evangelische Kommentare 4/1973, 205.

nen Arbeitsfeldern. Immer wieder hat er Erfahrungen und Einsichten aus einem Bereich in den anderen übertragen. Dies wird deutlich in der parallelen Analyse von Universität und Kirche als gesellschaftlichen Institutionen in seiner Rede zur Verleihung des Freiherr-vom-Stein-Preises[24]. Und am Ende seines autobiographischen Rückblicks deutet er eine sehr konkrete Querverbindung an: »Es war in den stürmischen Monaten meines Tübinger Rektorats für mich von erheblicher Bedeutung, daß ich um die gleiche Zeit in den Arbeiten der Kammer für öffentliche Verantwortung der EKD und der Heidelberger Forschungsstätte der Evangelischen Studiengemeinschaft mit Problemen und Erkenntnissen der Konfliktsoziologie und einer christlichen Friedensethik befaßt war.«[25] Sein Rechenschaftsbericht als scheidender Rektor läßt in der Beurteilung der Situation etwas davon erkennen[26].

Fragt man, wo sein primäres Engagement lag, so ist kein Zweifel, daß er sich zunächst als Jurist und als Lehrer des Rechts verstand. Aber die geschichtliche Erfahrung des Nationalsozialismus, der Machtlosigkeit der reinen Intellektuellen, machte ihn mißtrauisch gegenüber einer klassischen Gelehrtenexistenz und verstärkten den in seiner juristischen Schulung angelegten Drang zur praktischen Verwirklichung. So erstaunt es auch nicht, daß sich die wesentlichen Denkfiguren und Maßstäbe, die er in seine verschiedenen öffentlichen Ämter einbrachte, zunächst in seiner juristischen Arbeit als Rechtsdogmatiker herausgebildet haben. Einige Elemente seien daher hier noch stärker hervorgehoben und unterstrichen, als es die in diesem Band abgedruckten juristischen Texte sichtbar machen[27].

Dialektik von Freiheit und sozialer Gerechtigkeit. Seit seiner Göttinger Antrittsvorlesung im Jahr 1946[28] versuchte er ein vom Geist des liberalen Bürgertums des 19. Jahrhunderts geprägtes Verständnis von Bürgerlichem Recht zu öffnen für die Anforderungen der veränderten gesellschaftlichen Wirklichkeit, verkörpert in dem der sozialen Gerechtigkeit verpflichteten sozialen Rechtsstaat. Wie individuelle Freiheit und das Gleichheitsgebot, das er als Forderung der Gerechtigkeit inter-

---

[24] S. unten, Nr. 5.

[25] S. unten, 73.

[26] Vgl. Rechenschaftsbericht über die Rektoratszeit 1. April 1968–30. September 1969, Universität Tübingen Nr. 58/59, 1970, 5–23, bes. 18f.; vgl. ebenso die Ansprache an die neu immatrikulierten Studenten am 4. 11. 1968, in: Ev. Komm. 12/1968, 721ff.

[27] Vgl. hierzu die Aufsätze in dem Sammelband: Die Aufgabe des Privatrechts, a.a.O.

[28] Der Gleichheitsgrundsatz im Privatrecht, a.a.O., 1–21.

pretierte, zu verbinden seien, blieb ein Grundproblem seines juristischen Denkens, über dessen gesamtgesellschaftliche Bedeutung er sich zunehmend klarer wurde[29].

Suche nach Elementen einer objektiven Ordnung. Seine lebenslange Beschäftigung mit der Rechtsform des Vertrages und dessen Funktion in der Gesellschaft führte ihn über die klassischen Rechtsverhältnisse außerstaatlicher Art hinaus zur Suche nach Rechtsinstituten, in denen sich Elemente einer objektiven gesellschaftlichen Ordnung niederschlagen und aus denen sich denn auch verbindliche Kriterien für die Rechtssetzung, für die Kontrolle staatlicher und wirtschaftlicher Macht, sowie für die politische Entscheidung und Konfliktlösung gewinnen lassen[30].

Wertbindung von Recht und Verfassung. Es war für ihn keine Frage, daß die Bewahrung und Fortentwicklung der Rechtsordnung von außerrechtlichen Wertbindungen abhängen. Er verstand den Grundrechtskatalog des Grundgesetzes als Ausdruck einer bewußten Wertentscheidung, die an die Tradition des Liberalismus anknüpft. Hinter der im Grundgesetz ungelösten Spannung zwischen dem Pathos der Freiheitsrechte und dem Sozialstaatsprinzip erkannte er jedoch die noch nicht bewältigte Aufgabe, zu neuen, verbindlichen Leitbildern im Verständnis des Menschen und der gesellschaftlichen Ordnung in einer veränderten geschichtlichen Situation vorzudringen. Die Zukunft des demokratischen Gemeinwesens sah er gefährdet ohne einen solchen Grundkonsens[31].

Diese kurzen Hinweise lassen erkennen, wie eng der Zusammenhang zwischen seinem juristischen Denken und seinem politischen Engagement im weitesten Sinn war. Aber über diese inhaltlichen Elemente hinaus hat er eine Grundhaltung politischer Verantwortung und politischen Handelns verkörpert, die ebenfalls in seinem Rechtsdenken verwurzelt ist.

Dazu gehört die Fähigkeit — wie er es selbst formuliert — »die Vielfalt und Widersprüchlichkeit der Lebensverhältnisse und Vorgänge in der

---

[29] Vgl. außer dem in Anm. 28 genannten Aufsatz die beiden folgenden: »Wirtschaftsverfassung als Rechtsproblem«, a.a.O., 22–37, und »Vertragsfreiheit heute«, a.a.O., 38–61.

[30] Vgl. dazu in dem Sammelband vor allem: »Vertragsfunktion und Vertragsfreiheit«, a.a.O., 62–97; »Der Stand der Lehre vom subjektiven Recht im Deutschen Zivilrecht«, a.a.O., 98–123; »Rechtsschutz und Institutionenschutz im Privatrecht«, a.a.O., 124–144.

[31] Vgl. dazu vor allem »Grundgesetz und Privatrechtsordnung«, a.a.O., 162–189.

Gesellschaft und Wirtschaft auf rechtliche Kategorien zu reduzieren, um *die Entscheidung von Konflikten* zu ermöglichen«[32]. Was hier im Blick auf die Aufgabe des Rechtsdogmatikers gesagt ist, läßt sich ohne Mühe übertragen auf das Feld der politischen Ethik und der Hochschulpolitik. Sein Interesse galt nicht der Geschlossenheit der Theorie sondern den gangbaren Wegen.

Kennzeichnend ist weiter sein besonderer *Umgang mit der Tradition.* Die Achtung vor der gewachsenen Tradition wie vor dem Gefüge des positiven Rechts war Ludwig Raiser als Jurist selbstverständlich. Sie wurde verstärkt durch einen ausgeprägten Sinn für historische Kontinuität. In der von ihm zitierten Maxime des Freiherrn vom Stein, »das Gegenwärtige aus dem Vergangenen zu entwickeln«, hat er sich wohl ohne Vorbehalt wiedererkannt. So sagt er selbst: »Vergangenheit und Zukunft in der rechten Weise und im rechten Augenblick durch Reformen zu vereinigen, ist die schwerste, aber auch die schönste Aufgabe des Politikers.«[33] Aber gerade diese eher konservative Grundhaltung machte es ihm leicht, auch radikale Änderungen zu bejahen und aktiv zu fördern, wo sie um der Bewahrung der Substanz willen notwendig waren. Und er wußte, daß Reformen das »Salz revolutionärer Utopien«[34] brauchen, um gelingen zu können.

Schließlich fällt auf, daß seine Überlegungen zur politischen Verantwortung selbstverständlich bezogen sind auf die *institutionelle* Gestalt von Kirche und Universität und ihr Verhältnis zur politischen und gesellschaftlichen *Macht.* Ein spirituelles, das heißt nicht verleiblichtes Verständnis von Kirche und ein privatisierendes Verständnis wissenschaftlicher Arbeit war ihm fremd. Ihn beschäftigte die korporative Wirklichkeit und ihre innere Dynamik. Als Institutionen bewegen sich Kirche und Universität in dem Raum, wo Macht ausgeübt wird, aber sie sind nicht selber Träger politischer Macht. Politische Verantwortung im Raum dieser Institutionen bedingt eine kritische Distanz zur Macht.

So deutlich also die Parallelität zwischen Universität und Kirche als Umfeldern der Verantwortung ist, und so sehr in beiden Bereichen die Grundelemente eines im Umgang mit dem Recht geschulten Denkens zum Tragen kommen, so gilt auch nach Ludwig Raisers eigenem Zeugnis, daß es letztlich eine ethisch-religiöse Motivation ist, in der seine

---

[32] Zitiert aus dem Manuskript einer Ansprache zu seinem 70. Geburtstag.

[33] S. unten, 77 und 79.

[34] Zitiert aus einem Interview »Die Hochschule im Kreuzfeuer«, in: Evangelische Kommentare 2/1968, 63.

Haltung der politischen Verantwortung wurzelt. Unter Verweis auf Luther nannte er es die Berufung zur Mitarbeit an Gottes weitergehendem Schöpfungshandeln, zum Dienst am Nächsten und an der menschlichen Gemeinschaft. Er hat sich selten ausdrücklich über dieses innere Zentrum seines Denkens und Handelns geäußert. Als er zusammen mit anderen Zeitgenossen gefragt wurde: Warum bleibe ich in der Kirche?, begann er seine Antwort mit dem kurzen Satz: »Auf dankbare Liebe gegründete Treue«. Am Ende seines kurzen Beitrages schreibt er: »Ist es nicht tröstlich zu wissen, daß sich in dieser Welt voll menschlicher Machtgier, Eigennutz und Grausamkeit Institutionen außerhalb des staatlichen Machtapparates finden, die, indem sie die christliche Botschaft verkünden, auch andere als Machtprinzipien für das politische Handeln vertreten? So unvollkommen und oft erfolglos das geschieht, so notwendig ist es doch. Ein rein innerweltlich konzipierter Humanismus kann die von dort ausgehende geistliche Kraft nicht ersetzen.«[35] Dies war die Grundlage für die von ihm verkörperte politische Verantwortung des Nichtpolitikers. Diese Haltung hat er sich bemüht, mehreren Generationen von Studenten weiterzugeben, um so zu ihrer geistigen und menschlichen Reifung beizutragen — einerlei, ob sie es selbst als christliches Erbe anerkannten oder nicht.

St. Luc/VS
1. Oktober 1981 Konrad Raiser

---

[35] Warum bleibe ich in der Kirche?, hrsg. von W. Dirks und E. Stammler, München 1971, 138.

I. DIE POLITISCHE VERANTWORTUNG DES NICHTPOLITIKERS

ZEITGESCHICHTLICH-BIOGRAPHISCHE TEXTE

TÜBINGER MEMORANDUM

Durch eine Indiskretion, deren Urheber uns unbekannt ist, sind Teile eines Memorandums, das wir vor mehreren Monaten für die internen Gespräche mit Bundestagsabgeordneten aller Fraktionen verfaßt haben, in die Öffentlichkeit gebracht worden. Es scheint uns nunmehr richtig, den vollen Text zu veröffentlichen, um Mißverständnissen entgegenzutreten. Wir behalten uns vor, zu Fragen, die aus dieser Veröffentlichung hervorgehen, später im einzelnen Stellung zu nehmen.

24. Februar 1962

Eine neue Bundesregierung tritt in diesen Tagen ihr Amt an. Die außenpolitische Lage ist kritisch. In diesem Augenblick wünschen die Unterzeichner die Aufmerksamkeit verantwortlicher Kreise auf eine Gefahr im inneren politischen Leben der Bundesrepublik zu lenken, die unsere Fähigkeit, diese und künftige Krisen zu bestehen, bedroht.

Der Teil des deutschen Volkes, zu dem wir gehören, lebt schon im zweiten Jahrzehnt nach einer vollständigen und begründeten Niederlage wieder in Freiheit und wirtschaftlichem Wohlstand unter einer rechtsstaatlichen Verfassung. Die Arbeit des Volkes, die Hilfe unserer Verbündeten und die Politik der Regierung haben dazu beigetragen. Wir erkennen dies dankbar an.

Aber mit dem Wohlstand ist in breiten Kreisen des Volkes und seiner Führung die Neigung eingezogen, den Blick vor gesellschaftlichen und politischen Übelständen zu verschließen und harten Entscheidungen auszuweichen. Wir können keine der politischen Parteien von dem Vorwurf freisprechen, daß sie dem Volk die Wahrheit, die es wissen muß, vielfach vorenthalten und stattdessen das gesagt haben, wovon sie meinten, daß man es gern hört. Man hat zu oft fiktive Positionen aufgebaut, sich mit taktischen Erfolgen begnügt und den Ernst unserer Lage am Rande der westlichen Welt verschleiert. Der Vorwurf trifft ebenso einen großen Teil unserer Öffentlichkeit. Einem Politiker, der auf Wählerstimmen angewiesen ist, fällt es nicht leicht, der öffentlichen Meinung entgegen zu handeln. So können Lagen entstehen, in denen die Politiker darauf angewiesen sind, daß auch Staatsbürger, die selbst nicht im aktiven politischen Leben stehen, auf vordringliche

Notwendigkeiten hinweisen. Dieses Ziel hat die Unterzeichner dieses Memorandums zusammengeführt. Jeder von uns kennt in dem Bereich, den er übersieht, gefährliche Beispiele politischer und sozialer Illusionen, mangelnder Planung und fehlender Voraussicht. Wir sind bereit, den politisch Verantwortlichen und der Öffentlichkeit hierüber Rede zu stehen.

Aus der Fülle politischer Aufgaben greifen wir fünf Ziele heraus, deren Erreichung nötig und möglich, aber durch den Zustand unserer öffentlichen Meinung gehemmt ist:

I. Aktive Außenpolitik
II. Militärisch effektive, politisch behutsame Rüstungspolitik
III. Richtig begrenzte, aber energische Maßnahmen zum Bevölkerungsschutz
IV. Unnachgiebige und planvolle Sozialpolitik
V. Durchgreifende Schulreform

Wir erläutern die Ziele in Stichworten.

I. Außenpolitik

Vor uns liegen schwierige internationale Verhandlungen über Deutschland. Niemand wird von der Bundesregierung erwarten, daß sie in einem solchen Augenblick vorzeitig Positionen aufgibt und Ansprüche verschenkt. Der Staatsbürger, der den Inhalt der laufenden, nicht offiziellen Gespräche nur unvollständig erfährt, kann keine Vorschläge machen, wie sie im einzelnen geführt werden müssen. Stellung nehmen kann und muß er aber zu dem, was er sieht: Zu den außenpolitischen Grundkonzeptionen der Regierung und zu der Reaktion der öffentlichen Meinung. Beides erfüllt uns mit Besorgnis. Die Außenpolitik der Regierung erscheint uns zu einseitig defensiv. Die Reaktionen der Öffentlichkeit bewegen sich in der Unwirklichkeit einer Atmosphäre, die mit einer Mischung aus überhöhten Ansprüchen und dumpfer Angst alle Gebiete der Politik durchzieht.

Wir stehen im Kampf um die Freiheit von Westberlin; wir stehen darüber hinaus im Kampf um das Selbstbestimmungsrecht der Deutschen in der DDR. Beide Forderungen gehören zum unabdingbaren Grundbestand jeder überhaupt denkbaren deutschen Politik. Von unseren westlichen Verbündeten erwarten wir, daß sie im Kampf um die Freiheit von Westberlin das Risiko eines nuklearen Krieges auf sich nehmen und daß auch sie die Selbstbestimmung der Deutschen in der DDR langfristig als eines der wichtigsten Ziele der westlichen Politik festhalten. Wir können beide Forderungen nur deshalb erheben, weil wir damit nicht ausschließlich nationale Interessen verfolgen, sondern uns auf die Menschenrechte der Freiheit und Selbstbestimmung berufen dürfen, deren Verteidigung das westliche Bündnis dient. Unser Kampf für eine moralisch und rechtlich unanfechtbare Sache ist aber dadurch erschwert, daß das Vertrauen auch der westlichen Welt zu Deutschland durch Hitlers Machtpolitik und durch den Krieg gänzlich zerstört worden ist. Die großen Erfolge, die Bundeskanzler Adenauer in der Wiederherstellung eines Vertrauensverhältnisses zu unseren westlichen Verbündeten erzielt hat, dürfen nicht darüber hinwegtäuschen, daß das Mißtrauen gegen Deutschland auch in der Politik der Westmächte ein latenter, aber deshalb nicht weniger wichtiger Faktor geblieben ist. Dies lehrt jeder Blick in eine ausländische Zeitung. In dieser Lage war es ein bedenklicher Weg, die auf die Menschenrechte gegründete Forderung nach Aufrechterhaltung der Freiheit in Westberlin und nach der Selbstbestimmung der Deutschen in der DDR mit dem nationalen Anliegen nicht nur der Wiedervereinigung, sondern darüber hinaus der Wiederherstellung der Grenzen von 1937 zu verknüpfen. Die internationale Diskussion der letzten Monate hat gezeigt, daß auch unsere unabdingbaren Rechte durch diese Politik in der Weltöffentlichkeit in ein zweifelhaftes Licht gerückt worden sind. Die deutsche Position in der gegenwärtigen Krise wurde dadurch geschwächt, daß wir an Ansprüchen festgehalten haben, die auch bei unseren Verbündeten keine Zustimmung finden. Wir sagen nichts Neues, wenn wir die Ansicht aussprechen, daß zwar die Freiheit der in Berlin lebenden Menschen ein von der ganzen Welt anerkanntes Recht ist, daß aber das nationale Anliege'e der Wiedervereinigung in Freiheit heute nicht durchgesetzt werden kann, und daß wir den Souveränitätsanspruch auf die Gebiete jenseits der Oder-Neiße-Linie werden verloren geben müssen.

Wir glauben zu wissen, daß politisch verantwortliche Kreise aller Parteien die von uns ausgesprochene Ansicht teilen; aber aus innenpolitischen Rücksichten scheuen sie sich, die Erkenntnis, die sie gewonnen haben, öffentlich auszusprechen. Eine Atmosphäre, die es der politischen Führung unmöglich macht, dem Volk die Wahrheit zu sagen, ist vergiftet. Wir werden den Krisen der kommenden Monate nicht gewachsen sein, wenn es nicht möglich ist, die Öffentlichkeit auf eine Entwicklung vorzubereiten, die schon im Gange ist, und die Schritte erfordert, die unser Volk binnen kurzem wird anerkennen und gutheißen müssen.

Als das wichtigste Beispiel für Möglichkeiten einer aktiven Außenpolitik nennen wir die Normalisierung der politischen Beziehungen zu den östlichen Nachbarn Deutschlands. Ohne sie ist eine dauerhafte Lösung der Grundprobleme der deutschen Politik nicht denkbar. Die Neuordnung der internationalen Politik, die im Gange ist, enthält Chancen für sie. Zu Beginn einer Wiederherstellung des Vertrauens wird ein Bündel von Maßnahmen nötig sein, zu denen gehören können: materielle Wiedergutmachung, Nichtangriffspakte und etwa die Aufforderung an Warschau, geeigneten rückkehrwilligen Deutschen die Rückkehr in die Heimat zu gestatten. Die Anerkennung der Oder-Neiße-Grenze mag in vergangenen Jahren außenpolitisch ein denkbares Handelsobjekt gewesen sein. Heute schließen wir uns der Meinung jener Sachverständigen an, die glauben, daß die öffentliche Anerkennung dieser Grenze im Rahmen eines umfassenden Programms obengenannter Art unsere Beziehungen zu Polen entscheidend entlasten, unseren westlichen Verbündeten das Eintreten für unsere übrigen Anliegen erleichtern und der Sowjetunion die Möglichkeiten nehmen würde, Deutschland und Polen gegeneinander auszuspielen.

II. u. III. Rüstung und Bevölkerung

Die Bundesrepublik muß in der Rüstungspolitik auch unter großen Opfern und Anstrengungen klar zu den von ihr übernommenen Verpflichtungen des westlichen Bündnisses stehen, bis die Politik der großen Mächte eine allgemeine oder regionale Verminderung der Rüstung ermöglicht. Oberster Gesichtspunkt muß heute die möglichst reibungslose Eingliederung in die westliche Rüstungs- und Verteidigungsplanung sein.

Es ist nicht unsere Absicht, in die uns unbekannten Details schwebender rüstungspolitischer Verhandlungen einzugreifen. Allgemein aber läßt sich so viel sagen: Unter den Nationen der Welt breitet sich heute der Wunsch nach dem Besitz von Atomwaffen unter nationaler Souveränität immer mehr aus. Dieser Wunsch ist vielfach mit illusionären Hoffnungen auf eine weltweite Abrüstung verbunden oder wird doch der Öffentlichkeit gegenüber dadurch getarnt. Wir halten es für die Pflicht der politisch Verantwortlichen in der ganzen Welt, den Nebel solcher Illusionen zu zerstören und den Gefahren entgegenzutreten, die eine solche Politik für alle Nationen beschwört.

In besonderem Maße gilt dies für die Bundesrepublik. Zu einer Stunde, in der wir von unseren Verbündeten erwarten, daß sie zur Verteidigung von Westberlin die größten Risiken auf sich nehmen, können wir für uns nicht eine Bewaffnung fordern, durch die eine einheitliche westliche Verteidigungsplanung militärisch nicht gefördert und die Einheit des politischen Handelns der westlichen Welt gefährdet wird.

Da wir dem westlichen Bündnis angehören, können wir ohne Einbuße an militärischer Sicherheit im Felde der Rüstung auf nationale Prestige- und Machtpolitik verzichten. Das ist für uns leichter als für die neutralen Staaten. Der so oft gehörte Satz, wir könnten nicht verantworten, unsere Truppen dem Gegner mit schlechteren Waffen gegenüberzustellen, erscheint uns als ein Ausdruck des Mißtrauens gegen unsere Bundesgenossen, während doch die Befestigung des bestehenden Vertrauensverhältnisses die einzige Garantie unserer Sicherheit ist. Innerhalb des westlichen Bündnisses muß die Verteilung der Bewaffnung auf die verschiedenen Kontingente ausschließlich Sache rationaler militärischer Planung und politischer Zweckmäßigkeit sein. Es ist unbestritten, daß auch heute starke konventionell ausgerüstete Verbände notwendig sind. Daß diese Aufgabe im Rahmen der westlichen Verteidigungsplanung für den Aufbau der nationalen Armeen der europäischen Länder den Vorrang hat, versteht sich von selbst. Das Streben nach einer nationalen oder europäischen Atomrüstung, die uns von Amerika unabhängig machen könnte, scheint uns militärisch illusorisch und politisch gefährlich.

Wie immer die Bundeswehr ausgerüstet wird, jedenfalls ist die Vorbereitung eines Schutzes der Bevölkerung gegen die Gefahren möglicher Kriegshandlungen der Großmächte ein elementares Gebot der Menschlichkeit. Auch der beste Schutz wird unvollkommen bleiben; es wäre aber unverantwortlich, das Volk in dem Glauben zu lassen, Rüstung könnte solchen Schutz ersetzen. Vor allem ist eine umfassende und gründliche Unterrichtung der Bevölkerung über die von ihr selbst zu treffenden Vorkehrungen (zum Beispiel mit Lebensmittelvorräten) und über das Verhalten im Ernstfall nötig. Eine Reihe anderer europäischer Länder, wie Dänemark, die Schweiz u.a., haben dafür ein Beispiel gegeben. Wir begrüßen es, daß jetzt die ersten Schritte in dieser Richtung getan werden. Aber diese Maßnahmen werden nur Erfolg haben, wenn die Regierung ihre volle Autorität dahinter stellt. Wir können den Politikern aller Parteien den Vorwurf nicht ersparen, daß sie den Bevölkerungsschutz durch Jahre hindurch aus Rücksicht auf die öffentliche Meinung vernachlässigt oder doch ohne jeden Nachdruck betrieben, zum Teil sogar positiv gehindert haben.

IV. u. V. Sozialpolitik und Kulturpolitik

Es wäre eine Illusion, zu meinen, die Verteidigung gegen den Kommunismus sei in erster Linie Sache der Außenpolitik und der Rüstung. Die Entscheidung darüber, ob unsere Gesellschaftsordnung der Herausfor-

derung durch den Kommunismus gewachsen ist, fällt auf den Gebieten der Sozialpolitik und der Kulturpolitik, die nur in ihrem wechselseitigen Zusammenhang richtig verstanden und vernünftig geplant werden können. Die sehr komplexen Fragen, um die es hier geht, können hier nicht eingehend erörtert werden; wir beschränken uns auf einige grundsätzliche Bemerkungen.
Es ist der Sozial- und Wirtschaftspolitik der vergangenen Jahre gelungen, in Verbindung mit der allgemeinen Hebung des Lebensstandards ein beträchtliches Maß an individueller Freiheit und sozialer Sicherheit, an Wohlstand und an Wohlfahrt zu erreichen. Aber die soziale Grundordnung ist nicht schon deshalb gesund, weil es im Augenblick den meisten gut geht. Ihr Bestand wird davon abhängen, ob sie die Prinzipien der Selbstverantwortung und der Solidarität klar miteinander zu verbinden weiß. Selbstverantwortung heißt, daß der selbständige Mensch seine Kraft wahrt, den Wechselfällen des Lebens von sich aus zu begegnen. Solidarität bedeutet, daß der Einzelne in der Gemeinschaft klar umrissene Pflichten und einen klar umrissenen Schutz findet. Diese Forderungen lassen sich nur durch eine wohldurchdachte, gerechte und unnachgiebige Wirtschafts- und Sozialpolitik erfüllen. Aber statt einen umfassenden sozialpolitischen Plan aufzustellen und entschlossen auch gegen Widerstände zu verwirklichen, ist die Regierung immer wieder in eine Sozialpolitik der planlosen Wahlgeschenke abgeglitten. Vor der Aufgabe einer Sozialversicherungsreform ist sie zurückgewichen. Die Behandlung der Krankenversicherung war ein böses Beispiel kurzsichtigen taktischen Verhaltens. In der Wirtschaftspolitik ist der Kampf gegen Kollektiv und Einzelmonopol auf halbem Wege steckengeblieben. Die Landwirtschaft erhält hohe Subventionen, die aber im großen Umfang nur der Erhaltung des Bestehenden dienen, während es darauf ankäme, die Hilfe nach sorgfältiger Überlegung darauf zu konzentrieren, daß die notwendige Umstellung auf rationale Betriebsweisen erleichtert wird. Überall drängen sich taktische Konstellationen des Augenblicks zu stark in den Vordergrund. Damit ist der Kampf um die Sicherung unserer Gesellschaftsordnung nicht zu gewinnen.

Im Zusammenhang mit der in vollem Gang befindlichen Umschichtung unserer Gesellschaft hat das technische Zeitalter uns vor neue Bildungs- und Ausbildungsanforderungen gestellt, denen bisher kein Zweig unseres Bildungswesens gewachsen ist. Das öffentliche Bewußtsein hat noch nicht begriffen, daß in der Welt des 20. Jahrhunderts das wirtschaftliche Potential und die politische Selbstbehauptung eines Staates vom Stand seines Bildungswesens abhängig sind. Eine durchgreifende Neuordnung unseres Erziehungs- und Bildungswesens ist heute zu einer politischen Aufgabe ersten Ranges geworden. Sie muß sozial gerechte Methoden der Begabungsauslese einführen, muß der ländlichen Jugend gleiche Bildungschancen eröffnen wie der städtischen und muß es ermöglichen, den steigenden Bedarf an qualifizierten Nachwuchskräften der verschiedenen Bildungsstufen zu befriedigen. Diese Reform droht an der Schwerfälligkeit unseres föderativen Systems der Kulturverwaltung zu scheitern. Sie ist aber als gemeindeutsche Aufgabe so dringlich wie der Ausbau der wissenschaftlichen Hochschulen und Forschungseinrichtungen. Wie dort, müssen darum auch hier neue Wege zur Zusammenarbeit von Bund und Ländern gefunden werden, die eine einheitliche Planung und Entscheidung der Grundsatzfragen ermöglichen.

Tübingen, den 6. November 1961
gez.: Rechtsanwalt Hellmut Becker, Kressbronn
Präses D. Dr. Joachim Beckmann, Düsseldorf
Intendant D. Klaus von Bismarck, Köln
Prof. Dr. Werner Heisenberg, München
Dr. Günter Howe, Heidelberg
Dr. Georg Picht, Hinterzarten
Prof. Dr. Ludwig Raiser, Tübingen
Prof. Dr. Carl Friedrich Freiherr von Weizsäcker, Hamburg

DER WAHRHEITSANSPRUCH IN DER POLITIK

Zur Begründung des Tübinger Memorandums

Der Staub, den die Veröffentlichung des »Tübinger Memorandums« aufgewirbelt hat, hat sich gelegt; andere Themen bewegen die Politiker und besetzen die Schlagzeilen. Die Verfasser waren darauf ebenso gefaßt wie zuvor auf den Staub; ihre Sache halten sie damit nicht für erledigt. Vielleicht ist es an der Zeit, eine Zwischenbilanz zu ziehen und das, was für sie selbst den Kern ihrer Sache ausmacht, noch einmal klarzustellen.

Die Mehrzahl der Kritiker hat es sich leicht gemacht, an diesem Kern vorbeizugehen. Für viele waren die Sätze über die Oder-Neiße-Linie das einzige, was sie so obenhin zur Kenntnis nahmen, denn dagegen ließ sich ohne eigenen geistigen Aufwand mit den altbekannten Vokabeln trefflich und lautstark streiten. In den Zeitungen minderen Ranges und in zahlreichen Zuschriften an einzelne oder alle Unterzeichner klang es noch schriller: Der Schmerz um einen Verlust, der jeden Deutschen, nicht nur die Vertriebenen, bewegt, wird hier ganz unbewältigt umgesetzt in Haß gegen die »Verräter«, denen Gerichtsverfahren oder geradezu Mord angedroht wird.

Niemand sollte sich einbilden, mit solchen Methoden eine Auseinandersetzung verhindern zu können, für die die Zeit reif geworden ist. Aber das Problem ist zu schwer und die Emotionen, die es umgeben, sind zu stark, als daß es nur im Vorbeigehen angeschnitten werden dürfte. Es muß in einem der folgenden Aufsätze von neuem aufgegriffen werden.

Soweit sich die Kritiker nicht mit der indignierten Feststellung begnügten, daß das Memorandum den bundesdeutschen Konformismus durchbrochen habe, waren sie zumeist bestrebt, es zu bagatellisieren. Man bezeichnete die aufgestellten Thesen zur *Außenpolitik* als verfehlt, zu den *Rüstungs- und Bevölkerungsschutzfragen* als überflüssig, weil selbstverständlich, zur *Sozial- und Kulturpolitik* als unpräzis und nichtssagend. Damit glaubte man die lästigen Mahner loszusein.

Wer die inzwischen an dieser Stelle veröffentlichten Beiträge *C. F. v. Weizsäckers* zum Bevölkerungsschutz und *K. v. Bismarcks* zur Sozialpolitik gelesen hat, sollte erkannt haben, daß die Kritiker sich so billig nicht loskaufen können. So billig, das heißt: den »prominenten evangelischen Laien« schulterklopfend zu bestätigen, daß sie vielleicht ehrenwerte Leute, aber eben doch Dilettanten seien, die von Politik nichts verstünden und darum besser geschwiegen hätten. Oder noch schärfer, wie der Fraktionsvorsitzende der CDU/CSU, Heinrich von Brentano, der das Memorandum ein Dokument geistigen Hochmuts nannte und verlangte, auch ernst genommen zu werden, wenn er demnächst ein Buch über Atomphysik schreibe. Wir sind nicht nachtragend und bezweifeln gar nicht, daß der langjährige Außenminister über mehr Konferenzerfahrung, Personen- und Aktenkenntnis verfügt als wir. Aber wir müssen ihn warnen: Zu guten wissenschaftlichen Büchern gehören nicht nur Kenntnisse, sondern auch Phantasie und eigene Gedanken!

Noch ein Wort zu der Rede von den »prominenten evangelischen Laien«. Das Etikett stammt nicht von uns. Der Begriff der »Prominenz« ist in jenen Bereichen der Gesellschaft üblich geworden, zu denen wir uns nicht rechnen. Und wer das Memorandum gelesen hat, wird uns bestätigen, daß es an keiner Stelle die Autorität der evangelischen Kirche oder gar des Evangeliums selbst für sich in Anspruch nimmt. Das Memorandum argumentiert sehr bewußt in der Sprache weltlicher Vernunft, weil nach unserer Überzeugung keine säkulare politische Instanz von ihren Maßnahmen sagen darf, sie seien ihrem Inhalt nach im Glauben geboten, also allein »christlich«.

Richtig ist nur dies: Was die Mehrzahl der Unterzeichner des Memorandums untereinander verbindet, ist neben alten persönlichen Freundschaften die Mitarbeit in Ämtern und an Aufgaben im Raume der evangelischen Kirche, ebenso wie an anderen öffentlichen Aufgaben. Hinter der Bereitschaft zu solcher Arbeit steht die gemeinsame Überzeugung, daß christliche Gemeinde und politisches Gemeinwesen uns nicht einfach als überzeitliche Institutionen gegeben sind, sondern zugleich aufgegeben wurden und in aller weltlicher Verstrickung und Verwirrung nur genauso viel darzustellen vermögen, wie ihre Gläubigen und Bürger ihnen zubringen an Mitarbeit und Mitverantwortung, an sorgender Gewissenserforschung und an Opferbereitschaft.

Ob solche Überzeugung spezifisch protestantischen Ursprungs ist, sei hier ganz offengelassen, da uns kontrovers-theologische Polemik mit Christen anderer Konfessionen oder irgendeine Überheblichkeit gegenüber Mitbürgern, deren politisches Verantwortungsbewußtsein nicht auf christlichem Glauben ruht, ganz fern liegt. Es möge genügen, den Grund zu bezeichnen, auf dem wir stehen, und damit zugleich zu erklären, warum wir es für richtig gehalten haben, uns mit unserem Memorandum zunächst an eine Anzahl evangelischer Abgeordneter zu wenden, bei denen wir voraussetzen durften, daß ihre politische Arbeit auf der gleichen Überzeugung beruht.

Ob es danach richtig ist, uns als »Intellektuelle« abzustempeln und damit abzuschütteln, überlassen wir urteilsfähigen Lesern. *Josef Goebbels* hat aus dem Wort ein Schimpfwort gegen alle die gemacht, die sich der herrschenden »Weltanschauung« nicht kritiklos fügen wollten, und viele deutsche Ohren hören es heute noch so. Da es uns nicht um persönliches Prestige, sondern um die Sache der deutschen Politik geht, werden wir uns in diesem Punkte weder rühmen noch verteidigen. Im übrigen hat, was zum Ruhm und zur Verteidigung des Intellektuellen in der Politik zu sagen wäre, kürzlich an dieser Stelle *Carlo Schmid* mit dem Recht eines Intellektuellen, der die Politik zu seiner Lebensaufgabe gemacht hat, klar und prägnant ausgesprochen.
Es stünde besser um die deutschen Dinge, wenn wir uns von beiden Seiten daran machen würden, den Graben einzuebnen, der bei uns die *Praktiker der Politik* von den geschmähten *Intellektuellen* trennt. Wir respektieren den Praktiker mit seiner Erfahrung in der Aufgabe, die ihm zufällt, aber wir wehren uns gegen ein Zunftdenken, das den Außenseiter ausschließt und den Bürger zum Schweigen zwingt, sofern man ihn nicht gerade zu dem — gleichfalls stummen — Akt des Wählens ruft. Wir meinen auch, daß unsere Parteien nicht nur auf eine anonyme Gefolgschaft angewiesen sein sollten, über deren Stimmungen sie sich mit den Mitteln der Meinungsforschung unterrichten und deren wirkliche oder vermeintliche Interessen sie zu vertreten bestrebt sind, sondern daß sie ebensosehr einer Schicht selbständig denkender Bürger bedürfen, deren Kritik sie sich zu stellen haben. Es ist das Unglück unseres Landes, ohne eine Hauptstadt auskommen zu müssen, also ohne Mittelpunkt des geistigen und gesellschaftlichen Lebens, wo solche Bürger heranwachsen. Das erklärt auch, weshalb der Schritt der Acht in unserer, an politisches Eigenleben außerhalb der Parteien und großen Verbände nicht gewöhnten Öffentlichkeit soviel Aufsehen erregt hat und manchmal geradezu als anstößig empfunden worden ist.
Nach unserer Überzeugung ist es zur Stärkung unserer Demokratie hoch an der Zeit, daß sich unter denen, die in ihrem eigenen Lebensbereich selbständig und verantwortlich zu denken und zu handeln gewohnt sind, Menschen finden, die entschlossen sind, jene in einem Parteienstaat unentbehrliche Funktion wahrzunehmen. Darin liegt kein Angriff auf den Bestand der Parteien, die sich in unserer Gesellschaft ja nicht nur als geschlossene, auf Dauermitgliedschaft beruhende Gruppen oder nur als Interessenverbände verstehen können, sosehr sie eines festen Kerns bedürfen. Es bedeutet auch keine Herabsetzung ihres Ansehens oder eine Behinderung ihrer Arbeit. Kritik, die nicht schmäht, sondern mitdenkt, ist auch da, wo sie scharf wird, nicht Sand in der Maschine, sondern Salz für diese Arbeit.

Ist damit die Haltung klargestellt, die hinter dem Schritt der Acht steht, so sollte es nun auch leichtfallen, über die Sache zu reden. Soweit das Memorandum bestimmte Problemkreise unserer Außen- und Innenpolitik berührte und in ihnen auf Fehler und Versäumnisse hingewiesen hat, wird es nötig sein, deutlicher und ausführlicher, als das in jenem kurzen Schriftstück möglich war, zu sagen, worauf unsere Vorwürfe zielen. Diese, mit den beiden genannten Aufsätzen begonnene Arbeit wird fortgesetzt. Aber darüber sollte man zweierlei nicht aus dem Auge verlieren: Einmal stehen die fünf Problemkreise (zu denen sich weitere fügen ließen) in einem Funktionszusammenhang, der bei der Einzeldiskussion nicht vergessen werden darf. Daß wir in der Sozial-, Wirtschafts- und Kulturpolitik weit hinter dem zurückbleiben, was die geschichtliche Stunde von unserem Volk fordert, ist ein wichtiger Faktor auch zur Beurteilung unserer rein defensiv auf Abwehr des Kommunismus gerichteten Außen- und Rüstungspolitik.

Zum anderen hat das Memorandum deswegen eine größere Zahl von Problemen nebeneinander aufgeführt, weil an ihnen einige allenthalben aufzuweisende Übelstände unseres politischen Lebens beispielhaft deutlich werden, die den eigentlichen Grund unserer Sorge bilden. Gegenstand der Kritik sind also nicht sosehr die Handlungen oder Unterlassungen von Regierung und Parlament in der oder jener Einzelfrage, als vielmehr der in diesen Handlungen und Unterlassungen sich ausdrückende *Stil unserer Außen- und Innenpolitik.*

Das Memorandum spricht mit bewußter Schärfe von einem Mangel an Wahrhaftigkeit im Verhältnis zwischen Parteien und Volk, von fehlender Voraussicht, wo es auf langfristige Pläne ankäme, und von der Neigung, den harten Problemen mit halben Maßnahmen auszuweichen. Man kann es auch den Vorwurf eines in allen politischen Lagern eingenisteten Opportunismus nennen, der das tägliche Spiel auf dem politischen Schachbrett mit Zug und Gegenzug um Einfluß und Erfolg zum Selbstzweck erhebt, und der darüber die großen Ziele, denen das Spiel zu dienen hat, vernachlässigt und sie allenfalls als Aushängeschild in Wahlreden gebraucht.

Es ist begreiflich, daß die öffentlichen Erklärungen von Parteisprechern und Zeitungen zum Memorandum überwiegend bestrebt waren, die Aufmerksamkeit von *diesen* Vorwürfen auf die fünf Sachfragen abzulenken. Aber sie sollten sich nicht täuschen: Die Frage nach der Wahrheit und nach dem Ernst in unserer Politik ist unüberhörbar gestellt und läßt sich nicht mehr billig beschwichtigen. Der Einwand der Praktiker, Politik als die »Kunst des Möglichen« schließe jeden Wahrheitsfanatismus aus und lasse sich nun einmal, vor allem in der heuti-

gen außenpolitischen Situation, nur in der Weise des Pokerspiels betreiben, räumt den Vorwurf nicht aus.
Was notwendig ist, ist nicht ein Fanatismus, der keine Kompromisse kennt. Was wir fordern, ist nicht ein Verzicht auf Taktik als legitimes Mittel, politische Ziele zu erreichen, sondern Wahrhaftigkeit in mehrfachem Sinne. Wahrhaftigkeit als Bereitschaft, geschichtliche Fakten anzuerkennen und sich, auch wo es weh tut, von Illusionen zu lösen, als Mut, dem Volk selbst bittere Wahrheiten zu sagen, als Nüchternheit in der Abschätzung eigener und fremder Kräfte sowie der Erfolgsaussichten und der Gefahr des Scheiterns, als Entschlossenheit, sich den großen und schwierigen Aufgaben zu stellen und um die richtigen Wege zu einer dauerhaften Lösung zu ringen.
Das sind moralische Forderungen, die der Routinier belächeln mag. Aber auch das Vertrauen des Volkes, dessen Regierung und Parlament bedürfen, ist eine moralische Kategorie; es will erworben und pfleglich bewahrt sein. Mißachtung des moralischen Anspruchs an das politische Handeln offenbart immer zugleich eine Verachtung der Menschen, für die der Politiker zu handeln vorgibt.
Gerade weil es also um die moralische Substanz in unserer Politik geht, darf der Vorwurf nicht blindlings verallgemeinert werden. Darum hat das Memorandum konkrete Fälle genannt, in denen die Verfasser ihre Forderungen verletzt sahen, darum hat es auch mit einem Dank für vieles, was Regierung und Parlament seit 1949 geleistet haben, eingesetzt. In der Tat springen in einer geschichtlichen Bilanz große Aktivposten in die Augen: die mutigen Entschlüsse, die Westdeutschland aus wirtschaftlichem Elend und politischer Isolierung herausgeführt haben. Aber es geht jetzt nicht um gerechte Geschichtsschreibung sondern um den Stil unserer Politik hier und heute.
Auch den Gründen für das Überhandnehmen des Opportunismus ist hier nicht nachzugehen; neben der Atmosphäre des Wohlstandes, auf die das Memorandum hinweist, mag das Fehlen sicherer demokratischer Traditionen, die Isolierung des politischen Betriebs in Bonn, der lange Schatten, den die Gestalt Konrad Adenauers wirft, und manches andere eine Rolle spielen. Für jetzt muß es genügen, die wachsenden Schäden und Gefährdungen unseres politischen Lebens zu konstatieren und ihnen den Kampf anzusagen.
Es war der bedrückende Anblick eines um Wohlstandsparolen statt um die echten Probleme der Nation geführten Wahlkampfes, der einige der späteren Unterzeichner im Sommer letzten Jahres dazu brachte, eine öffentliche Kampfansage zu formulieren. Der Schock, den das Ereignis des 13. August unserer auf alle Ostblockfragen so mangelhaft vorbereiteten Öffentlichkeit versetzte, ließ den Atem anhalten. Aber

Regierung und Parteien verharrten in ihrer Passivität; die Wahlen des 17. September boten ein Bild allgemeiner Ratlosigkeit, und der wochenlange Streit um die Regierungsbildung in einer Lage, in der die höchst prekäre Situation Berlins jeden Tag weittragende Entschlüsse zur Abwendung einer Katastrophe fordern konnte, verstärkte das Unbehagen bis zum äußersten Überdruß.
Eine Schweizer Zeitung hat kürzlich, in einer im übrigen klugen Analyse der deutschen Situation, unser Vorhaben als gescheitert bezeichnet. Das ist ein Urteil der Ungeduld. Niemand kann erwarten, mit einem einzigen Aufruf lasse sich das moralische Klima irgendeiner mit vielen materiellen Interessen verknüpften menschlichen Einrichtung ändern und ein Stil- und Kurswechsel der Regierung in wichtigen außen- und innenpolitischen Fragen erzielen. Wir sind im Gegenteil am Anfang einer Aktion, die noch vieler angestrengter Bemühungen bedürfen wird. Ob unsere Kräfte ausreichen, wissen wir nicht — aber unsere Angriffslust ist ungebrochen.
Wir wissen auch, daß wir keineswegs isoliert stehen: Eine Fülle von Zuschriften bekannter und unbekannter Mitbürger bestärkt uns in unserem Vorgehen; sie brachten uns nachdrückliche Zustimmung auch von Männern, die in einzelnen Sachfragen, wie etwa dem schwierigen Problem der Oder-Neiße-Linie, anders denken als wir. Das Unbehagen an den geschilderten Mißständen der bundesdeutschen Politik ist zu stark und zu weit verbreitet, als daß die Parteien es auf die Dauer ignorieren dürften. Die »Lobbyisten der Vernunft«, wie diese Zeitung uns genannt hat, werden darum nicht so bald locker lassen.

ÜBER DEN RECHTEN GEBRAUCH DER FREIHEIT

Als der Parlamentarische Rat vor fünfzehn Jahren unter sehr maßgeblicher Beteiligung von Theodor *Heuss* daran ging, das Grundgesetz für unser aus den Trümmern des Dritten Reiches neu zu formierendes politisches Gemeinwesen auszuarbeiten, einigten sich die in diesem Vorparlament vertretenen politischen Gruppen, wie es scheint ohne große Schwierigkeiten, darauf, daß der neuen Verfassung ein Grundrechtsteil mit starker Betonung der *Freiheitsrechte des Bürgers* gegenüber dem Staat voranzustellen sei. Für Heuss und seine politischen Freunde ging es dabei ohne Zweifel darum, der in der liberalen Tradition entwickelten Gesellschafts- und Staatslehre zu der Wirkung zu verhelfen, die ihr 1848 versagt geblieben war und die sie auch nach 1919 unter den unendlichen innen- und außenpolitischen Schwierigkeiten der Weimarer Republik nur schwach und zunehmend schwächer zu entfalten vermocht hatte, obwohl die von Hugo *Preuß* entworfene, in ihrem Grundrechtsteil noch von Friedrich *Naumann* mitgestaltete Verfassung der liberalen Tradition alle Ehre gemacht hatte. So mochte es den Liberalen von 1949 als eine besondere Gunst dieser geschichtlichen Stunde erscheinen, daß auch die von anderen Traditionen bestimmten politischen Gruppen einer so eindrucksvollen Phalanx von Freiheitsrechten im Eingang der neuen Verfassung zustimmten, weil sie damit am deutlichsten gemeinsam glaubten ausdrücken zu können, was den neuen Staat von den vorausgegangenen Jahren einer totalitären Diktatur trennen sollte.

In der Folge zeigte sich allerdings, daß die aus dem Willen zur Abkehr von der Epoche des Nationalsozialismus und zur Distanzierung von der Staats- und Gesellschaftslehre des Kommunismus gewonnene Basis des Einverständnisses zwischen den großen politischen Parteien der Bundesrepublik zu schmal war, um daraus Inhalt und Grenzen jener Freiheitsrechte sicher zu bestimmen. Es mag mit dieser Abwehrhaltung zusammenhängen, daß das Grundgesetz sich nicht mehr traute, wie die Weimarer Reichsverfassung unbefangen neben die Grundrechte die »Grundpflichten der Deutschen« zu stellen, und nur bei der Eigentumsgarantie die Formel von 1919 wiederholte, daß »Eigentum verpflichtet«. Mißlicher ist für die in Gesetzgebung und Rechtsprechung zu vollziehende Anwendung des Grundgesetzes, daß dieses zwar bemüht war, die Freiheitsrechte so konkret zu umschreiben, daß sie unmittelbare Geltung beanspruchen können, aber von den sozialen Aufgaben eines modernen Industriestaates und ihrem Verhältnis zu den Freiheitsrechten schwieg und sich mit der halb versteckten Aussage begnügte, die Bundesrepublik verstehe sich als Sozialstaat. Der Versuch, das liberale Erbe mit den sozialen Forderungen der Zeit zu vereinigen, der für Heussens politischen Lehrmeister und Freund, Friedrich Naumann, zum Lebensinhalt geworden war, und auf den, gewissermaßen von der anderen Seite her, die deutsche Sozialdemokratie zugeht, ist im Grundgesetz nicht unternommen; es läßt das Freiheits- und das Sozialstaatspostulat *unverbunden* nebeneinanderstehen. Das Bundesverfassungsgericht und die oberen Bundesgerichte sind redlich darum bemüht, ihnen beiden gerecht zu werden, aber sie können die Spannung nicht lösen, die die Verfassung ungelöst gelassen hat.

Handelte es sich bei diesen kritischen Überlegungen nur um die Sorgen der Juristen um eine in sich geschlossene, widerspruchsfreie Auslegung der Verfassung, so könnten die offenen Fragen, so wichtig sie an ihrem Ort sind, hier auf sich beruhen. Indessen geht es uns ja nicht nur um die beschlossene und geschriebene, sondern um die *gelebte Verfassung*, und das heißt auch um die Frage, welche Resonanz jene Postulate in unserem Volk und im politischen Alltag gefunden haben. Da aber zeigt sich, wie unsicher in Wahrheit die ideelle Grundlage ist, auf der man sich 1949 in Bonn geeinigt hat. Populär sind die Freiheitsrechte durchaus geworden, aber doch in erster Linie als *Freiheit* von lästigem Zwang und staatlichem Eingriff in die private Sphäre, nicht oder nur schwach als Freiheit zu eigener *Verantwortung*. Populär ist auch das Sozialstaatspostulat, aber in erster Linie als Quelle von *Ansprüchen* auf staatliche Wohlfahrts- oder Versorgungsleistungen, nicht oder nur schwach als Aufforderung zum *Dienst* für das Ganze. Was in der Verfassung nicht zu einem einheitlichen Wertsystem verschmolzen wurde, klafft in unserem politischen Alltag also in einem offenen und für den Bestand des Staates gefährlichen Riß auseinander. Denn wie kann eine so verstandene Freiheit vom Staat mit der Abhängigkeit dessen vereinbart werden, der staatliche Wohlfahrtsleistungen für sich beansprucht? Wie kann der Bürger, der nach dem Subventions- und Versorgungsstaat ruft, verhindern, daß der Apparat eines solchen Staates seine Selbständigkeit erdrückt? Wie kann ein politisches Gemeinwesen bestehen, dessen Glieder ihm weder gezwungen dienen noch freiwillig Opfer bringen wollen?

Mancher wird diese Feststellung zu einseitig und vor allem zu summarisch finden, wird lieber von Randerscheinungen reden wollen, wie sie in einer großen Industriegesellschaft wohl unvermeidlich seien, zumal in der unseren, die vielleicht etwas zu rasch vom völligen Zusammenbruch zu äußerer Ordnung und materiellem Wohlstand zurückgefunden hat. Nun ist der Hinweis auf Licht und Schatten der besonderen geschichtlichen Situation Westdeutschlands seit 1945 sicher angebracht, um den Sachverhalt zu erklären, stellt diesen Sachverhalt aber nicht in Frage. Auch die Warnung vor vorschnellen Verallgemeinerungen wollen wir beherzigen, dürfen aber auch nicht darüber hinwegsehen, daß das geschilderte Verhalten nicht nur bei einzelnen, durch ein besonderes Schicksal zu Außenseitern der Gesellschaft gewordenen Personen oder Personengruppen auftritt, auch nicht nur bei der alten, seit 1945 politisch verprellten oder nur bei der jungen, politisch noch unerfahrenen Generation, nicht nur bei Unternehmern oder nur bei Arbeitnehmern, nicht nur in den Redaktionsstuben unserer Illustriertenpresse oder nur in Intellektuellenzirkeln: überall ist eine Denkweise verbreitet, die den *Anspruch* auf bindungslose Freiheit ebenso selbstverständlich erhebt wie den gleichzeitigen *Anspruch* auf ein möglichst großes Maß von staatlichen Leistungen zur Sicherung und Wohlfahrt des eigenen Daseins.

Es wäre sicherlich verkehrt, wollte man die Hauptschuld an dieser Denk- und Handlungsweise der vorhin beschriebenen Lücke in unserer geschriebenen Verfassung, also der im Grundgesetz ungelöst gebliebenen Spannung zwischen dem Freiheitspostulat und dem Sozialstaatspostulat zuschreiben. Viel eher tritt damit zutage, daß jene Lücke mehr ist als nur ein von geschickten Juristen leicht zu behebendes Versäumnis. Sie offenbart eine bis heute nicht behobene Verlegenheit gegenüber den geistigen und sittlichen Fundamenten unseres politischen Gemeinwesens. Das Recht kann durch seine Institutionen Freiheitsräume schaffen und ihren Gebrauch ermöglichen und stützen. Es kann auch den Versuchen eines offenen Mißbrauchs der Freiheit mit seinen Mitteln wehren, und es sollte von diesen Mitteln wohl da und dort noch kräftigeren Gebrauch machen, im Wirtschaftsrecht etwa oder im Presserecht. Aber es kann die Gesinnung, den Gemeinschaftsgeist und das *Bewußtsein sittlicher Verantwortung* für andere und für das Ganze nicht schaffen, die die Freiheit des Einzelnen zugleich legitimieren und binden oder begrenzen. Dieser Gemeinschaftsgeist ist jedoch bei uns nach der Überforderung durch den Nationalsozialismus und die Enttäuschung von 1945 zwar nicht erloschen, aber gewissermaßen zurückgekrochen in die vielen, je für sich ihre eigenen Ziele verfolgenden Gruppen. Die Folge dieses Pluralismus nicht nur der Geister, sondern der handfest ihre eigenen Ziele verfolgenden Gruppen ist einmal, daß die Meinungsfreiheit nicht rechtlich, aber faktisch überall da auf harten Widerstand stößt, wo sie den Kollektivinteressen einer dieser Gruppen in die Quere kommt. Die schlimmere Folge ist, daß der Staat in die Rolle des von der Menge bedrängten und je nachdem beklatschten oder ausgepfiffenen Schiedsrichters beim Fußballspiel gedrängt oder nur als Apparat für die Produktion möglichst großer und möglichst viele Gruppen befriedigender Staatsleistungen betrachtet wird. Dem so gesehenen und behandelten Staat gegenüber lassen sich auch Freiheitsanspruch und Wohlfahrtsanspruch ohne Schwierigkeit vereinigen, wenn man davon ausgeht, daß es die jeweils anderen Gruppen sind, die für Unterhalt und Wartung des Apparates aufzukommen haben.

Es ist klar, daß ein auf diese Funktionen reduzierter Staat nur noch ein Zerrbild dessen wäre, was wir als eine Demokratie bezeichnen, wie sie die Männer und Frauen des Parlamentarischen Rates errichten und ordnen wollten. Denn diese Demokratie zieht ihre Lebenskraft aus der tätigen Überzeugung ihrer Bürger, daß sie nicht Nutznießer eines Apparates, sondern selbst die Glieder und *mitverantwortlichen Träger des Gemeinwesens* sind. Gewiß hatten die Gründer der Bundesrepublik recht mit ihrer Überzeugung, daß wahrer Bürgersinn sich nur in der politischen Freiheit entwickeln kann, und daß es darum für den Wechsel von der totalitären Diktatur zur Demokratie entscheidend darauf ankam, diese Freiheitsluft zu schaffen und rechtlich zu sichern. Aber vielleicht haben sie die Bau- und Bindekraft des Freiheitspostulats überschätzt in der optimistischen Erwartung, der freie Mensch werde von selbst in sich die Tugenden der Rücksicht auf andere, der Verantwortungsfreudigkeit, der Opferbereitschaft entwickeln, auf denen jedes Gemeinschaftsleben beruht und ohne die es zerfällt. Es ist dies in der Tat der großartige, geschichtlich eminent wirksam gewordene Optimismus der Aufklärungsphilosophie, von dem die großen westlichen Demokratien, vor allem die Vereinigten Staaten, mit all ihren politischen und gesellschaftlichen Institutionen zehren, und der in die Gesellschaftslehre sowohl des Liberalismus wie des Marxismus eingegangen ist. Wir wissen nicht, ob auch all denen, die vor zwanzig Jahren als christliche Politiker mitberieten, bei solchem Optimismus ganz wohl war, und ob die Parlamentarier bei ihrem Werk die Erinnerung an die Abgründe der menschlichen Natur ganz verscheuchen konnten, die sich uns allen in den Jahren vor 1945 aufgetan hatten.

Indessen sei noch einmal gesagt, daß ich nicht das Verfassungswerk tadeln, sondern nur auf die Lücke aufmerksam machen will, die es lassen mußte, und auf die dahinter sichtbar werdende *Schwäche in seinem sittlichen Fundament*. Diese Schwäche wird durch die Gewährung und die Inanspruchnahme von Freiheitsrechten allein nicht behoben; ja, wir haben Grund zu fürchten, daß Freiheit allein, weil sie keine Maßstäbe für das Handeln setzt, auch dieses Fundament zerstören kann. Wer nicht blind ist für die gesellschaftlichen Vorgänge rings um uns her, im

Verhältnis der Geschlechter und der Generationen zueinander ebenso wie in der Publizistik und im wirtschaftlichen und politischen Leben, der findet genügend Stoff für diese Befürchtung. Andererseits wird damit auch deutlich, daß das Heilmittel nicht allein und nicht in erster Linie darin bestehen kann, an der Freiheit herumzuschnipseln und sie durch rechtliche Verbote einzuengen. Vielmehr müssen wir unsere Kraft daran wenden, an jenem Fundament zu bauen, auf dem eine freiheitliche Gesellschaft und ein freiheitlich verfaßter Staat beruhen. Nur von daher lassen sich Maßstäbe entwickeln, die dem Einzelnen sagen, wie er seine Freiheit recht gebraucht.

Das bedeutet nichts Geringeres, als daß wir die im Notjahr 1949 aus triftigen Gründen nicht zu Ende geführte, sondern vertagte und dann in Restauration und Wirtschaftswunder erlahmte Auseinandersetzung darüber wieder aufnehmen müssen, was unser deutsches Volk aus seiner reichen, aber schweren Geschichte, aus der Erkenntnis seiner heutigen und aus einer Vision seiner künftigen Aufgabe unter den anderen Völkern an kulturellen Gütern, an Werten und an Zielvorstellungen als gemeinsamen Besitz zu erhalten und der nächsten Generation zu tradieren wünscht, als einen Besitz, der jenseits oder unterhalb dessen liegt, was wir als Pluralismus der Gruppen und ihrer Ideologien in unserer Gesellschaft zu bezeichnen pflegen. Denn auch die Toleranz, mit der wir dem Anderen die Freiheit seiner Überzeugungen zugestehen und diese respektieren wollen, ist ethisch und politisch in einem zum Staat verfaßten Volk nur erträglich, wenn wir ausdrücklich oder stillschweigend davon ausgehen, daß es einen *Fundus gemeinsamer Überzeugungen* gibt, der uns alle trägt und unsere je besondere Freiheit rechtfertigt.

Dieser Vorgang der Besinnung auf unsere gemeinsamen geistig-sittlichen Grundlagen ist mühsam und wird lange währen, auch weil wir uns dabei eines Tages in allem Ernst dem Beitrag werden stellen müssen, den der deutsche Volksteil in Mitteldeutschland dazu zu leisten hat. Schon heute aber kommt es darauf an, in der Erziehung der Jugend, aber nicht nur in der jungen Generation, die große, aber namenlose Schar derer zu ermutigen, die entschlossen sind, aus eigener Kraft mutig das Rechte zu tun, das vor ihnen liegt, und damit als Bürger dem Ganzen dienen. Dazu bedarf es der *Vorbilder*. Wenn ich den Zweck der Vereinigung, die uns heute hier zusammengerufen hat, richtig deute, so hat sie sich die Aufgabe gesetzt, unter dem Namen von Theodor Heuss, der selbst für viele ein solches Vorbild war, Männer und Frauen in unserem Volk zu ehren, die durch ihren besonderen, aus freiem Entschluß geleisteten Dienst wieder für andere zum Vorbild werden können.

FÜNFZIG JAHRE JURISTENLEBEN

Was ich in dieser Stunde als Rückblick auf mein Leben berichten will, erhebt keinen Anspruch auf öffentliche Beachtung und Wirkung. Ich hätte es wohl auch für mich selber aufgezeichnet, um mir, und allenfalls meinen Kindern und einigen Freunden Rechenschaft über die Wege, Umwege und vielleicht auch Abwege meines beruflichen Lebensganges zu geben. Daß ich es hier vortrage, entspricht der Anregung einiger Kollegen und dem Vorbild, das Herr Peters vor einem Jahr bei seiner Emeritierung gesetzt hat. Dabei ist die Scheu, eine Stunde lang öffentlich über mich selbst zu reden, nicht ganz leicht zu überwinden. Ich kann nur bitten, mir zu glauben, daß ich es nicht unternehme, weil ich mir selbst wichtig vorkomme, sondern weil ich vermute, daß es manchem von Ihnen, vor allem den jüngeren Hörern, hilfreich sein könnte, in einer geschichtsvergessen schnell dahinströmenden Zeit die deutsche Geschichte unseres Jahrhunderts im Spiegel eines konkreten Einzelschicksals veranschaulicht zu bekommen.
Von fünzig Jahren Juristenleben kann ich nur sprechen, weil ich im Wintersemester 1923/24 das juristische Studium in München begonnen habe, das mich dann nicht mehr losgelassen hat. Doch sollte ich wohl erst mit ein paar Sätzen zurückblenden, um deutlich zu machen, woher ich komme.
Ich bin 1904 in Stuttgart geboren und dort aufgewachsen, habe im Eberhard-Ludwigs-Gymnasium vieles gelernt, wofür ich bis heute dankbar bin, aber auch vieles im naturwissenschaftlichen Bereich nicht gelernt, was ich Jahrzehnte später als Präsident der Deutschen Forschungsgemeinschaft nachholen mußte. Mein Vater war Jurist, in jungen Jahren Rechtsanwalt, dann Unternehmer als Vorstandsmitglied und Vorstandsvorsitzender einer Versicherungsgesellschaft. Die Soziologen werden das eine großbürgerliche Herkunft heißen; für mich ist wichtig, daß wir streng und sparsam, aber zugleich großzügig erzogen wurden und daß ich am Vorbild meines Vaters gelernt habe, was unermüdliche Arbeit bedeutet und was es heißt, öffentliche Pflichten zu übernehmen und Verantwortung für andere zu tragen. Meine Erinnerung reicht noch deutlich genug in die wilhelminische Vorkriegsperiode zurück, von der heute meist nur noch Zerrbilder überliefert werden. So steht mir der letzte König von Württemberg, Wilhelm II., als ein gut, aber unauffällig gekleideter älterer Herr vor Augen, der allein, nur von zwei weißen Spitzen begleitet, in Stuttgart spazieren ging. Wenn wir Buben ihm begegneten, zogen wir die Mütze und sagten:

»Grüß Gott, Herr König!«, und er grüßte freundlich wieder. — Als zehnjähriger Bub habe ich den August 1914 sehr intensiv miterlebt, freilich dann auch im Spiegel des wachsenden Pessimismus meines Vaters die Vorboten des bösen Ausgangs und endlich den militärischen Zusammenbruch und die Revolution vom November 1918, die ihn tief unglücklich machten. Es hat mein erwachendes politisches Bewußtsein stark geprägt, daß ich mich in den folgenden Jahren genötigt fühlte, gegenüber seiner Autorität die Weimarer Republik zu verteidigen, die ich in all ihrer Anfangsschwäche als meinen Staat empfand.

Als ich im Frühjahr 1922, siebzehnjährig, Abitur machte, blühte die Nachkriegsinflation. Mein älterer Bruder studierte; so schlug mein Vater mir vor, erst eine kaufmännische Versicherungslehre durchzumachen. Ich willigte ein und habe eineinhalb Jahre lang die Feuerversicherung von der Pike auf gelernt, daneben mein Cello gepflegt und viel gelesen. Diese Lehrzeit ist mir als Intervall zwischen Schule und Universität und als praktische Vorbereitung auf mein Studium gut bekommen.

Im Oktober 1923, mit der Währungsreform, stand auch mir der Weg zum Studium offen. Die Wahl des Studienfachs war mir nicht zweifelhaft; der Plan war, nach einem kurzen, pragmatisch angelegten juristischen Studium zur Versicherung zurückzukehren. Und da ich nun Distanz zum Elternhaus gewinnen wollte und zum Tübinger Korporationswesen gar keine Lust verspürte, beschloß ich, in München anzufangen. Es war ein seltsames Semester, hungrig und kalt, in einer politisch sehr aufgeregten Atmosphäre zwischen dem Putsch Hitlers und Ludendorffs vor der Feldherrnhalle und dem Prozeß, der Hitler nach Landsberg brachte. Die Universität war voll von alten Soldaten und Freikorpsmännern; hitzige Diskussionen mit Sozialisten und Kommunisten und allerlei Sektierern gingen um. Max Weber war schon tot, aber seine Wirkung noch spürbar. Dazu ein Studium, das mein Bruder programmiert hatte. Er hatte in Tübingen bei Rümelin, Heck u. A. B. Schmidt angefangen und empfahl mir dringend, die ganze, damals noch rituell an den Anfang gestellte Rechtsgeschichte beiseitezulassen. Danach handelte ich mit dem Ergebnis, daß ich zwar im Studium und mein Leben lang aus ursprünglichem Interesse an aller Geschichte viel Rechtsgeschichte gearbeitet, später auch in einer Digestenexegese bei Kunkel und im Seminar bei Ernst Rabel und Ernst Levi die höheren Weihen der Romanistik empfangen, aber nie ein rechtsgeschichtliches Kolleg gehört habe. Volkswirtschaftliche Vorlesungen und Übungen waren mir damals wichtiger. Juristisch lernte ich in München Schuldrecht bei Wilhelm Kisch: gescheit, witzig, klar, aber doch mehr breit als tief, und leider nur wenig Strafrecht bei Frank, dem berühmten Kommentator, der in jeder Stunde Druckbogen verteilte und dann Addenda et Corrigenda diktierte — mit dem Erfolg, daß ich für den Rest meines Lebens für das Strafrecht verloren war und Kohlrausch nur auslachen konnte, als er mich nach dem Referendarexamen fragte, ob ich bei ihm Assistent werden wolle.

An den Winter in München schlossen sich acht Wochen Rekrutenzeit in Ludwigsburg bei der Reichswehr an, die damals, illegal und verschwiegen, Studentenkompanien ausbildete, und danach, nach Art eines erfrischenden Wechselbades, ein Sommersemester in Genf. Heute eine Selbstverständlichkeit, war das damals ein kühnes Unterfangen: seit zehn Jahren das erste Mal, daß wir eingeschlossenen Deutschen mit knappen Devisen wieder ins Ausland gehen konnten, und die französische Schweiz war noch sechs Jahre nach Kriegsende ein ziemlich feindseliges Ausland. Juristisch habe ich dort nicht viel gelernt, aber meinen geistigen und politischen Horizont geweitet und die Freiheit genossen. Dieser Stadt gehört seitdem meine Zuneigung.

Im Wintersemester 1924/25 ging ich nach Berlin, nicht ahnend, daß ich dort für zehn Jahre, meine entscheidende Reifezeit, Wurzel schlagen würde. Das Berlin dieser zwanziger Jahre war eine faszinierende Stadt, kulturell, politisch und wirtschaftlich gleich lebendig und spannungsreich, die Universität und auch ihre juristische Fakultät mit bedeutenden Gelehrten in voller Blüte. Für mich wurde es nun ernst mit der Juristerei — neben Musik und Theater und neben mancherlei Anregungen aus der philosophischen Fakultät und von Nationalökonomen wie Sombart, Schumacher und Sering; Viktor Bruns, bei dem ich in diesem Winter Anfängerübungen im BGB machte, verschaffte mir für das folgende Sommersemester eine Zulassung zu den Vorgerücktenübungen von Martin Wolff; zur Vorbereitung darauf arbeitete ich in den Ferien das Wolff'sche Sachenrecht durch, und daran bin ich Jurist geworden. Bald hockte ich von früh bis spät im Juristischen Seminar, in der »Kommode«, dem Barockbau gegenüber der Universität, einer großartigen Bücherhöhle, und las und las. Von meinen akademischen Lehrern dieser Jahre kann ich nur wenige nennen: außer Wolff besonders Kipp und Titze im Zivilrecht — Josef Partsch habe ich gerade noch vor seinem frühen Tod erlebt, und Ernst Rabel kam erst, als mein Studium zuende ging — dann Kohlrausch und James Goldschmidt im Strafrecht und Prozeßrecht, Triepel und Smend, später auch Erich Kaufmann im öffentlichen und Völkerrecht. Die bedeutenden Germanisten wie Ernst Heymann und Ulrich Stutz habe ich, wie erwähnt, vernachlässigt. Von Wirtschaftsrecht als eigener Disziplin war damals in Berlin noch nicht die Rede, wohl aber erhielt ich kräftige Impulse im

Kartellrecht durch Julius Flechtheim und im Arbeitsrecht durch Kaskel. Im Winter 1926/27, meinem 7. Semester, meldete ich mich zum Referendarexamen beim Kammergericht, wozu ich als württembergischer Staatsangehöriger einer besonderen Genehmigung bedurfte, und schrieb meine 6-Wochen-Hausarbeit; im Mai 1927 war ich mit dem Examen fertig. Einen Repetitor habe ich nie besucht und nie vermißt. Noch im Sommer begann der Referendardienst bei den Berliner Gerichten, in dem ich bei einzelnen Stationen mit guten Richtern viel gelernt habe, aber nur zu einem Bruchteil meiner Arbeitskraft ausgefüllt war. Mein eigener Schwerpunkt lag bei der weiteren wissenschaftlichen Ausbildung. Im Winter 1927/28 wurde ich Korrekturassistent bei Martin Wolff und hielt auch eine Arbeitsgemeinschaft im Handelsrecht; zugleich stellte mich auf Wolffs Fürsprache Ernst Rabel in seinem neu gegründeten Institut für ausländisches und internationales Privatrecht, dem jetzigen Hamburger Max-Planck-Institut, als Assistent an. Die damit begonnenen Jahre meiner Mitarbeit in diesem Institut sind die wichtigsten meiner Lehrzeit geworden. Die Ausweitung des Horizonts durch die Rechtsvergleichung, das Erlernen des Umgangs mit dem anglo-amerikanischen und den romanischen Rechten — das italienische Recht war mir speziell zugeteilt — und mit den Anwendungsproblemen des IRP war von hohem Wert; von noch höherem der ständige wissenschaftliche und menschliche Gesprächskontakt mit den anderen Mitarbeitern, unter denen Max Rheinstein, Fritz Kessler und Eduard Wahl herausragten, und die ständige Konfrontation mit Ernst Rabel, einem ebenso bedeutenden wie eigenwilligen, in seinem Denkstil von Martin Wolff weit unterschiedenen Juristen. Ich hatte bis dahin fleißig allerlei Wissen und einiges Können gesammelt, aber — wie mir jetzt schien — noch wenig verstanden; nun kam der Most zum Gären und Reifen. Daß in diese Zeit meine ersten Veröffentlichungen in der Institutszeitschrift und im Rechtsvergleichenden Handwörterbuch fielen, stärkte mein Selbstvertrauen. Freilich hatte ich Mühe, neben den Referendar- und Institutspflichten auch noch zu promovieren; erst ein Institutsurlaub im Herbst 1930 und die Versetzung zur Anwaltsstation nach Stuttgart ermöglichten es mir, die begonnene Arbeit über »Die Wirkungen der Wechselerklärungen im Internationalen Privatrecht« zuende zu führen. Martin Wolff akzeptierte sie; im Januar 1931 war das Rigorosum und danach die Zeremonie der Disputation über selbstgewählte Thesen unter Kohlrauschs Dekanat. Ein halbes Jahr später schloß ich, lustlos und ohne Glanz, auch die preußische Justizausbildung mit dem Assessorexamen ab.
Lustlos war die Vorbereitung auf dieses Examen auch darum, weil inzwischen am politischen und wirtschaftlichen Horizont schwarze Wol-

ken aufgezogen waren. Die Weltwirtschaftskrise, Zusammenbrüche großer Unternehmen, Arbeitslose auf allen Straßen Berlins, das Anwachsen des rechten und linken Radikalismus und eine Reichsregierung, die sich nur mit Notverordnungen des Reichspräsidenten über Wasser halten konnte — das war keine Luft zu ruhiger Schreibtischarbeit. Berlin hallte wider von Aufmärschen der paramilitärischen Organisationen und von erregten politischen Diskussionen in allen Zirkeln. Einem politischen Klub, der die schwache Mitte zu stärken sich vorgenommen hatte, schloß ich mich an; sein Gründer und Leiter war Theodor Eschenburg.

Unter solchen Umständen an eine Habilitationsschrift zu gehen, war kein leichter Entschluß. Ich konnte ihn nur wagen, weil mein Vater mir finanziell beizustehen versprach. Aber ich wollte, um mehr Ruhe zur Arbeit zu finden, Abstand von Berlin gewinnen und ging von Herbst 1931 an für ein Jahr nach Heidelberg, wo ich im Hause Eugen Ulmers einen freundschaftlichen Stützpunkt, in den Seminaren von Karl Jaspers und Ernst Lewi neue Anregung fand. Im Herbst 1932 kehrte ich nach Berlin zurück und wurde nun Zeuge der letzten Zuckungen der Weimarer Demokratie und des Umschlags im Januar 1933. So habe ich den Fackelzug der SA vor der Reichskanzlei am 31. Januar und die demonstrative Bücherverbrennung vor der Universität mit angesehen. Die Folgen dieser zweiten Revolution meines Lebens brauche ich nicht zu schildern; ich habe sie tief erschüttert und verstört miterlebt, war aber mit meinen Berliner und Stuttgarter Freunden entschlossen, auf kritische Distanz zu gehen und mich dem auch in der Universität rasch wachsenden Druck zum Konformismus zu entziehen. Umso dringlicher wurde es, das Habilitationsverfahren noch unter Dach zu bringen. Darum reichte ich im Sommer die fertigen Teile meiner Arbeit über »Das Recht der Allgemeinen Geschäftsbedingungen« als Habilitationsschrift ein. Die Voten lagen bis Ende des Semesters vor, aber der Dekan Ernst Heymann zögerte lange aus politischer Ängstlichkeit. Endlich, im Dezember 1933, konnten Probevortrag und Kolloquium stattfinden. Noch war es die alte, mir wohlgesonnene Fakultät meiner Lehrer, doch schon durchsetzt mit Carl Schmitt und Graf Gleispach als Gewährsmännern des neuen Regimes. Immerhin, die Habilitation gelang, aber ein inzwischen erlassenes neues Hochschulrecht behielt die Ernennung zum Dozenten dem Ministerium vor und knüpfte sie an die Voraussetzung der Bewährung in einem Dozentenlager. An dieser Ecke bin ich gescheitert. Anfang 1934 erhielt ich eine Ladung zum ersten, derartigen, von der SA veranstalteten Lager in Zossen südlich von Berlin; als ich ankam, wies man mir hohnlachend die Tür: das Kultusministerium habe meine Zulassung gesperrt.

Ich will, was dann an teils läppischen, teils ernsthaften politischen Verdächtigungen aus Stuttgart und Berlin gegen mich herauskam, hier nicht ausbreiten. Denn imgrunde hatten die neuen Herren ja recht: ein Nazi war ich nicht, meine jüdischen Lehrer und Freunde verleugnete ich nicht; irgendwo war ich »aufgefallen«, und damit war alles Rütteln vergeblich. Ein paar Monate versuchte ich es noch, blieb in Berlin und ließ mich als Rechtsanwalt nieder, ohne ernstlich den Aufbau einer Praxis zu betreiben. Ich hielt mich zu Erich Kaufmanns Nikolasseer Diskussionskreis, schrieb mein Buch zu Ende, erlebte die blutigen Folgen des SA-Putsches vom Sommer 1934 und sah schließlich ein, daß ich mir einen neuen, politisch weniger exponierten Beruf suchen mußte. Noch einmal konnte mein Vater helfen. Sein Vorschlag war: zurück in die Versicherungswirtschaft, und zwar zur Magdeburger Versicherungsgruppe, wo einer der großen, alten Männer der deutschen Versicherung, Franz Schäfer, sich meiner annahm.
Anfang 1935 ging ich nach Magdeburg, um noch einmal als Volontär eine Lehre, nur auf höherer Stufe, durchzumachen. Sicher wäre es bequemer gewesen, als Jurist irgendwo in der Rechtsabteilung unterzuschlupfen. Aber Schäfers Plan war, mich für das Rückversicherungs- und Auslandsgeschäft vorzubereiten, und das setzte gründliche Ausbildung in allen Zweigen der Direktversicherung voraus. Ich habe diesen dornigeren Weg nicht bereut. Nach einem Jahr in Magdeburg wurde ich zur weiteren Ausbildung ins Ausland geschickt, erst neun Monate nach England, dann in die Schweiz und nach Frankreich. In London traf ich Martin Wolff wieder, auch andere dorthin emigrierte und inzwischen als Anwälte tätige jüdische Bekannte und habe von ihnen und als häufiger Zuhörer in Gerichtsverhandlungen über die Praxis des englischen Rechts mehr gelernt, als in Büchern zu finden ist.
Im Frühjahr 1937 fand das Nomadenleben ein Ende; zum 1. April trat ich die mir bestimmte Stelle als stellvertretendes Vorstandsmitglied der Magdeburger Rückversicherungsgesellschaft, einer kleinen Tochter der großen Magdeburger Feuer, an. Zwei Tage vorher hatte ich geheiratet — nur zur Hochzeitsreise hatte ich weder Geld noch Urlaub. Magdeburg, wo ich nun sechs Jahre lang das Dritte Reich überwinterte, und wo meine drei Kinder geboren sind, ist keine interessante Stadt. Aber meine berufliche Aufgabe war interessant, als Rückversicherer, als Verwalter des Auslandsgeschäfts, als Berater des Generaldirektors in allen Konzernfragen. Ich war viel unterwegs, bis zum Kriegsausbruch wiederholt in London und Paris, nach dem Anschluß Österreichs oft und lange in Wien, wo ich in den Vorstand einer Tochtergesellschaft entsandt wurde, und von da bei deren Niederlassungen oder Tochtergesellschaften in allen Nachfolgestaaten der alten Habsburgischen Mon-

archie, die damals ja durchweg noch stark unter dem Einfluß deutscher Kultur und österreichischer Verwaltungskunst standen — ein unsichtbares Kapital, das Hitlers Verblendung bald danach zerstört hat. Das Versicherungsrecht, aber auch das Handels- und Gesellschaftsrecht erlebte ich in Aktion; Buchführung und Bilanzierung, Umstellung und Sanierung, Hauptversammlung und Aufsichtsrat waren nicht bloß Begriffe und Normenkomplexe, sondern Realitäten mit vielen wirtschaftlichen und menschlichen Problemen.

Der Kriegsausbruch, lange gefürchtet, hat in mein Leben nicht sogleich eingegriffen. Ich war wehrtauglich, aber als Soldat nicht voll ausgebildet, und so erreichte meine Gesellschaft leicht, mich vor allem im Hinblick auf die schwierigen Sanierungsaufgaben in Wien unabkömmlich stellen zu lassen. Ich sah auch keine moralische Pflicht, mich in ungerechter Sache vorzudrängen. Erst 1943, nach der Katastrophe von Stalingrad, wurde die uk-Stellung aufgehoben. Aber nach einer Grundausbildung wurde ich nicht an die Front, sondern an einen Schreibtisch in Berlin versetzt, zum Wirtschaftsstab Ost, einer militärischen Dienststelle des OKW, die die Militärverwaltungsgebiete im Osten für die Truppenversorgung nutzbar machen sollte. Dieser Dienst war unblutig, wennschon mühsam und mit der ganzen Zivilbevölkerung dem Hunger und den Bombennächten in Berlin ausgesetzt. Nach Rußland kam ich nur auf einigen kurzen, aber eindrucksvollen Dienstreisen. In Berlin habe ich den 20. Juli 1944 miterlebt. Ich habe einige der Beteiligten gekannt, gehörte aber zu keinem der verschiedenen Widerstandskreise. Meine Haltung war eher die der — wie ich zugebe: ruhmlosen — inneren Emigration, da ich offenen Widerstand, jedenfalls als Einzelner, für nutzlosen Selbstmord hielt.

Diese Haltung hat auch 1942 meinen Entschluß mitbestimmt, einen Ruf als ord. Professor an die Universität Straßburg anzunehmen. Freunde hatten schon vorher ein paar Mal versucht, mich zur Universität zurückzuholen, waren aber am Einspruch des NS-Dozentenbundes gescheitert. Die Straßburger, die neu anfingen, waren stark genug, diesen Widerstand zu überwinden, ohne daß ich politische Bekenntnisse abzugeben brauchte. Über das Problematische des Schrittes war ich mir klar, aber problematisch drohte in politischer Hinsicht auch die Magdeburger Existenz zunehmend zu werden. Die Fakultät war gut, und auch mit ihren politisch prononcierten Köpfen, wie Dahm, Schaffstein und E. R. Huber, konnte ich mich darüber einigen, daß es nun darauf ankam, für das Recht einzustehen. So bin ich Professor geworden, habe freilich auf Drängen meines Magdeburger Vorstandes mir erst noch einen Urlaub ausbedungen, um meine dortigen Aufgaben geordnet abzuwickeln. Am Ende dieses Jahres wurde ich Soldat, und da-

nach ging Straßburg wieder verloren. So habe ich keine Vorlesungsstunde dort gehalten.
Das Kriegsende habe ich nicht in Berlin erlebt, da ich drei Monate vorher von dort wegversetzt worden war, zuerst nach Stettin, und dann kurz vor der Kapitulation nach Schwerin in Mecklenburg. So fiel ich auch nicht in russische, sondern in amerikanische und von da in englische Gefangenschaft und habe den Sommer 1945 hungrig in einem der großen Camps in Holstein zugebracht, wo ich mich auch in einer Lageruniversität betätigte. Mit der Entlassung gab es Schwierigkeiten: ich war Professor in Straßburg, also in partibus infidelium; meine Familie war seit meiner Einberufung zu meinem Schwiegervater nach Schwerin i. M. gegangen, das mittlerweile in russische Hände gefallen war, so daß ich über ihr Schicksal nichts wußte, und unsere Wohnung mit allem Hab und Gut stand weiter in Magdeburg, wo gleichfalls die Russen herrschten. Durch eine Verknüpfung von allerlei Zufällen gelang es mir, Verbindung zu Göttingen herzustellen, wo Rudolf Smend, einer meiner Berliner Lehrer, als erster Nachkriegsrektor die Wiedereröffnung der vom Bombenkrieg verschonten Universität betrieb. Er forderte mich von der Besatzungsmacht als Hochschullehrer an. Am 1. Oktober 1945 traf ich in Göttingen ein, ein entlassener Landser wie tausend andere, mit einer alten Uniform und ein paar Habseligkeiten im Rucksack. Zehn Tage später hielt ich meine erste Vorlesung, zwölf Jahre nach der Habilitation.
Meine und meiner Familie Flüchtlingsschicksale in diesen ersten, mühsamen Nachkriegsjahren will ich hier nicht schildern. Was für mich wie für meine Kollegen zählte, war die große Aufgabe, am Neuaufbau der Universität mitzuwirken und den, meist verbittert und enttäuscht aus Krieg und Gefangenschaft heimgekehrten Studenten zu einer akademischen Ausbildung, zum Verständnis des Sinns rechtlicher Ordnung, und darüber hinaus, zu einer geistigen und politischen Orientierung zu verhelfen. An ruhige eigene, wissenschaftliche Arbeit war noch kaum zu denken; ich hatte vollauf damit zu tun, unter schwierigsten äußeren Umständen meinen wissenschaftlichen Rückstand nachzuholen, um meinen täglichen Lehrverpflichtungen gerecht zu werden, für die ich ja auf keinerlei Vorarbeiten zurückgreifen konnte.
Ich habe an dieser, gerade in den Anfangsjahren ziemlich ausgedehnten Lehrtätigkeit rasch große Freude gewonnen und sie bis heute behalten. Schon bald bat mich Martin Wolff, ihn bei einer Neuauflage seines Sachenrechtslehrbuchs zu unterstützen, und lange trug ich mich mit dem Gedanken, ein System des Wirtschaftsrechts zu schreiben, wofür mir zustatten kam, daß ich seit 1948 viele Jahre hindurch dem Wissenschaftlichen Beirat beim Bundeswirtschaftsministerium angehört

habe, der für mich als den — neben Franz Böhm und später E. J. Mestmäcker — einzigen Juristen im Kreise von Wirtschaftswissenschaftlern ein fortlaufendes Seminar in Wirtschaftspolitik darstellte. Aber ich mußte mich zugleich fragen, ob mir nach den Schrecken, die hinter uns lagen und angesichts der jammervollen Lage, in der sich unser Volk nun befand, der Rückzug in die Studierstube erlaubt sei. Ich habe in der Folge den mehrfach an mich herangebrachten Vorschlag, als Abgeordneter ganz in die Politik zu gehen, verworfen: ich fühlte mich dafür nicht geeignet und hing an der so mühsam erkämpften Aufgabe, Lehrer des Rechts zu sein. Was mich stattdessen umtrieb, war die politische Verantwortung des Nichtpolitikers; ihr meinte ich gerade mit der Ordnungs- und Gestaltungskraft des Juristen zunächst einmal in dem Lebens- und Berufskreis, in dem ich stand, also im Aufbau der akademischen Selbstverwaltung, später auch der übergreifenden Hochschul- und wissenschaftspolitischen Einrichtungen gerecht werden zu können. Ich habe keines der vielen im folgenden zu nennenden Ämter, die mir dann zufielen, von mir aus angestrebt, und habe jedesmal den Konflikt, in den ich zwischen den mir angesonnenen Pflichten und den Pflichten meines Lehrstuhls geriet, und den Preis, den ich selbst und erst recht meine Familie für die zusätzliche Belastung zahlen mußten, schwer empfunden. Dennoch war ich überzeugt, daß ich, auch im Gedanken an die Freunde und Altersgenossen, die der Krieg verschlungen oder zu Krüppeln geschlagen hatte, bereit sein mußte, öffentliche Pflichten zu übernehmen. Gleich zu Beginn stellte der Göttinger Senat diese Bereitschaft auf eine harte Probe: er bestellte mich als politisch unbelasteten, von der Göttinger Vergangenheit unberührten Juristen zum Vorsitzenden des Entnazifizierungsausschusses der Universität. Es war klar, daß die Arbeit geleistet werden mußte, nicht nur wegen des Befehls der — in der britischen Zone einigermaßen verständigen — Besatzungsmacht, sondern als ein Akt der Selbstreinigung, um unsere Glaubwürdigkeit gegenüber unseren Studenten, der Öffentlichkeit und der wissenschaftlichen Welt außerhalb Deutschlands zurückzugewinnen. Aber es bedurfte immer neuer Prüfung des eigenen Gewissens, um über dieser Arbeit nicht zum Menschenverächter zu werden. Daß sie mich bei manchen hartgesottenen alten Nazis verhaßt machte, habe ich damals und auch später immer wieder einmal mit verleumderischen Angriffen zu spüren bekommen.

Im Sommer 1947 war ich zu einem Gastsemester in Berlin, der damals noch ungeteilten Stadt, von Hans Peters und Kohlrausch gerufen, und hatte so die etwas schmerzliche Genugtuung, in dem halb zerstörten Universitätsgebäude Unter den Linden, in dem ich als Student so lange aus- und eingegangen und in dem mir damals die Antrittsvorlesung verweigert worden war, nun doch noch Kolleg halten zu können. Als ich im Herbst nach Göttingen zurückkam, wählte mich das Konzil für das am 1. April 1948 beginnende Arbeitsjahr zum Rektor der Georgia Augusta. Rudolf Smend hatte wohl unter den Kollegen für mich, den noch jungen und in akademischer Selbstverwaltung unerfahrenen Mann geworben und jedenfalls mich kräftig am Portepee gefaßt. So geschah es, und da ich im folgenden Jahr wiedergewählt wurde, habe ich das Amt zwei Jahre lang innegehabt und danach noch eineinhalb Jahre lang meinem Nachfolger als Prorektor Beistand geleistet. Es war ein schweres Amt in diesen Nachkriegsjahren. Ein großer Teil der Zeit und Kraft galt den einfachen, durch die Währungsreform vom Sommer 1948 zunächst noch verschärften Existenznöten der Studenten und eines großen Teils des Lehrkörpers. Aber zugleich kam alles darauf an, darin nicht zu versinken, sondern zuversichtlich die Mütze nach vorn zu werfen und diese Zuversicht auch auf Studenten und Kollegen zu übertragen.

Mit zunehmender Stabilisierung der wirtschaftlichen und politischen Verhältnisse, die ja auch durch die Gründung der Bundesrepublik, den Erlaß des Grundgesetzes, die Wahlen zum ersten Bundestag und die Bildung einer Bundesregierung im Herbst 1949 markiert wurde, kamen in meiner Göttinger Rektoratszeit auch viele der Gemeinschaftseinrichtungen der deutschen Wissenschaft wieder in Gang, die das NS-Regime zerstört oder pervertiert hatte. So war es nicht mein Verdienst oder Ehrgeiz, sondern die Gunst oder Last der Stunde, daß ich als Göttinger Rektor an der Neugründung der meisten dieser Einrichtungen mitbeteiligt war: der Westdeutschen Rektorenkonferenz, deren Sekretariat für die ersten Jahre in Göttingen angesiedelt wurde, der Notgemeinschaft der deutschen Wissenschaft, in deren Hauptausschuß ich gewählt wurde, der Studienstiftung des deutschen Volkes, zu deren Kuratorium ich mehr als zwanzig Jahre lang gehört habe, und des Hochschulverbandes, in dessen erstem Vorstand ich kurze Zeit mitarbeitete. Aber es kam noch dicker. Als im Laufe des Jahres 1951 die Notgemeinschaft der deutschen Wissenschaft unter ziemlich dramatischen, hier nicht zu schildernden Umständen zur deutschen Forschungsgemeinschaft mit neuer Satzung umgewandelt wurde, wurde ich zu einem der nebenamtlichen Vizepräsidenten gewählt. Aber da der zum hauptamtlichen Präsidenten gewählte Prof. Flachsbarth, Hannover, wegen schwerer Krankheit sein Amt nicht antreten konnte, mußte ich zu Beginn des Wintersemesters 1951/52 von einem Tag auf den anderen von meinem Lehrstuhl Urlaub nehmen, um die Arbeit in Bad Godesberg, zunächst als Vertreter, dann seit Sommer 1952 als gewählter Präsident anzupakken. In Göttingen konnte Prof. Siebert an meine Stelle rücken; trotzdem bedeutete der neuerliche Verzicht auf eigene Lehre und Forschung für mich ein schweres Opfer. Ich glaubte, es dem nach den Kriegszerstörungen und der finanziellen Auspowerung aller Forschungseinrichtungen dringend nötigen Aufbau einer Selbstverwaltungsorganisation zur Forschungsförderung schuldig zu sein. Die Arbeit war interessant, weil sie einen einzigartigen Überblick über den ganzen Kosmos der Wissenschaften gewährte; sie war dankbar, weil man vielen Forschern, vor allem auch dem wissenschaftlichen Nachwuchs helfen konnte, und sie war politisch reizvoll, weil es darauf ankam, Vertreter der Wissenschaft mit Politikern und Regierungsbeamten aus Bund und Ländern zum gemeinsamen Dienst zusammenzubringen. Die Mittel, die wir von Bund und Ländern dafür bekamen, waren noch sehr bescheiden: 1951, als ich anfing, rund 11 Millionen; 1955, als ich aufhörte, rund 28 Millionen, während es inzwischen bis 1972 etwa 450 Millionen geworden sind. Trotzdem widerstand ich nach vier Jahren allen Versuchungen zu einer Wiederwahl; ich wollte zurück zur Universität. Ich hätte nach Göttingen zurückkehren können, wo ich beurlaubt war; zugleich aber hatte ich Rufe nach Köln, Heidelberg und Tübingen und wählte ohne langes Besinnen Tübingen. Mich zog die heimatliche Landschaft, zogen die alten Stuttgarter Freunde, zog die erhoffte Ruhe der Kleinstadtuniversität, meiner Landesuniversität, an der ich ja nie studiert hatte. So bin ich zum Wintersemester 1955/56 Tübinger Professor geworden.

Aber schon bald wurde die erhoffte Ruhe wieder gestört. 1957 gründeten Bund und Länder durch ein Verwaltungsabkommen den Wissenschaftsrat als Planungsorgan und Instrument gemeinsamer Wissenschaftspolitik; Bundespräsident Heuss berief auch mich zum Mitglied der Wissenschaftlichen Kommission. Dem konnte ich mich nach meiner »Vorbelastung« nicht versagen. 1958 begann die Arbeit, die bald an Intensität zunahm. Den Vorsitz hatte zu meiner Erleichterung Prof. Coing übernommen. Aber als er nach drei Jahren, nach Fertigstellung des ersten großen Gutachtens über die Lage der Hochschulen, sich aus dem Wissenschaftsrat zurückzog, fiel der Vorsitz Anfang 1961 an mich. Zwar war das kein Hauptamt, und ich habe mich nach Kräften bemüht, meine Tübinger Pflichten darunter nicht leiden zu lassen. Aber ich mußte mich doch darauf einstellen, oft viele Wochen hintereinander in der zweiten Wochenhälfte zu Sitzungen oder Besprechungen in Köln, Bonn oder sonstwo unterwegs zu sein. Erst Anfang 1965, nach sieben Jahren Mitgliedschaft, davon vier im Vorsitz, konnte ich mich von dieser Bürde wieder freimachen. Die Leistung des Wissenschaftsrats zu schildern, ist hier nicht möglich. Sicher konnte er keine Wunder bewirken, so wenig wie bis heute irgendeine andere Instanz in unserem vertrackten bildungspolitischen System der zersplitterten und sich gegenseitig blockierenden Zuständigkeiten. Aber er hat Wesentliches dazu beigetragen, unsere Universitäten und sonstigen wissenschaftlichen Einrichtungen wieder leistungsfähiger und modernen Anforderungen gewachsen zu machen. Seit der studentischen Protestbewegung ist auch er ins Gerede gekommen, wie alles, was nach Establishment aussieht, und eine Zeitung hat von der anderen abgeschrieben, erst diese Protestbewegung habe die Hochschulreform in Gang gebracht. Ich kann dazu jetzt nur sagen: ich weiß es besser!

Nach Abgabe dieses Amtes ermöglichte mir ein großzügiges Stipendium der Ford-Foundation im Sommer 1965 einen halbjährigen Studienaufenthalt in den Vereinigten Staaten, der mir viele Einblicke in den amerikanischen Universitäts- und Forschungsbetrieb gewährte, aber auch meine Kenntnis des amerikanischen Rechts mit seinen Einrichtungen und des Standes der amerikanischen Rechtssoziologie erweiterte.

Drei sehr unterschiedliche Folgelasten meiner Wissenschaftsratsarbeit muß ich noch kurz erwähnen: meine Mitarbeit im Gründungsausschuß für die Universität Konstanz, in der wir unter dem Vorsitz meines Freundes Gerhard Hess einiges von unseren Reformvorstellungen verwirklichen wollten, und (von 1967—1971) im Beratenden Ausschuß für Forschungspolitik, den Stoltenberg als Bundeswissenschaftsminister gebildet und Leussink zunächst unverändert von ihm übernommen hat.

Die dritte Folgelast klingt in diesem Zusammenhang überraschend: es ist meine Aufgabe als Rechtsberater des letzten Trägers des Namens Krupp bei der von ihm angestrebten rechtlichen Neuordnung seines industriellen Imperiums. Der Zusammenhang ergibt sich daraus, daß Stoltenberg, mit dem ich für den Wissenschaftsrat mehrfach zu verhandeln hatte, als er noch einfacher Abgeordneter und Mitglied des Haushaltsausschusses des Bundestages war, mich in Essen empfahl und danach auch mich für diese Aufgabe warb. Die Geschichte dieser, über rund fünf Jahre (1963—1968) sich hinziehenden Umwandlungsarbeit mit ihren rechtlichen, wirtschaftlichen und nicht zuletzt menschlichen Implikationen kann ich hier nicht erzählen. Was mich daran gereizt hat, war das gesellschafts- und rechtspolitische Problem, wie ein industrielles Familienvermögen dieses Ausmaßes ohne Erschütterungen von den menschlichen Zufälligkeiten der Familie abgelöst und in eine Rechtsform gebracht werden kann, die das Unternehmen als gewachsene Einheit erhält und die unternehmerische Verantwortung seiner Leitung nicht lähmt, die aber erlaubt, den Unternehmensertrag gemeinnützigen Zwecken zuzuführen. Meine Mitverantwortung beschränkt sich seit Anfang 1968 auf eine Mitgliedschaft im Stiftungskuratorium. Übrigens hat ein ähnliches Problem eine annähernd vergleichbare Lösung im Hause Bosch in Stuttgart gefunden; ich war daran nicht beteiligt, gehöre aber heute auch dort zum Stiftungskuratorium.

Als ich im Herbst 1965 aus Amerika zurückkam, glaubte ich, die vielen Umwege, die ich über dreißig Jahre lang geführt worden war, endgültig hinter mir zu haben und die mir auf meinem Tübinger Lehrstuhl noch verbleibenden acht Jahre nichts anderes als Professor sein zu dürfen. Ich ahnte nicht, daß der Funke der Berkeley-Unruhen und der Civil-Rights-Bewegung, die mich drüben in vielen Gesprächen beschäftigt hatten, so rasch nach Europa und zu unserer politisch zwei Jahrzehnte lang passiv gebliebenen Studentenschaft überspringen würde. Als der Sturm im Sommer 1967 schon losgebrochen war, habe ich mich am Ende dieses Jahres bereitgefunden, die Wahl zum Tübinger Rektor anzunehmen, zwanzig Jahre nach meinem Göttinger Rektorat. Das war menschlich gesehen wahrscheinlich Torheit, jedenfalls nicht Ausfluß von Ehrgeiz, denn daß in dieser Lage kein Ruhm gewonnen, sondern nur verloren werden konnte, war mir klar, schon vor der Wahl. Was mich dazu bestimmte, war die Liebe zu meiner Universität und ein Pflichtgefühl, das durch das Empfinden geschärft wurde, daß ich meine hochschulpolitische Lebensarbeit offenbar noch nicht voll geleistet hatte, wenn nun die innere Struktur der Hochschulen so ins Wanken geriet. Wieviel oder wiewenig ich in den stürmischen eineinhalb Jahren meines Rektorats und dem folgenden, etwas ruhigeren Jahr als Prorektor, in dem ich zugleich den Vorsitz in der Landesrektorenkonferenz führte, ausgerichtet habe, mögen andere beurteilen. Verhindern konnte ich weder, daß sich die neu erwachte politische Leidenschaft der Studenten oft am falschen Ort, mit falschen Argumenten und in blind gewalttätigen Aktionen austobte, noch die unheilvollen Folgen der von einem ahnungslosen Gesetzgeber eingeführten Gruppenuniversität, die die inner-universitären Gegensätze zwar offenlegt, aber zugleich zementiert und mit Machtkämpfen aus gegenseitigem Mißtrauen auflädt. Unter so ungünstigen Voraussetzungen hatte mein Bestreben, die Universität nicht in feindliche Blöcke auseinanderfallen zu lassen, sondern die Brücken für die einer Universität angemessenen Formen der Kommunikation und Diskussion offen zu halten und damit auch ihre Freiheit und Autonomie zu bewahren, nur schwachen Erfolg. Im Blick auf den Zustand anderer deutscher und außerdeutscher Universitäten, den mir meine Mitarbeit in den Organen der Europäischen Rektorenkonferenz ermöglicht, muß ich mich damit abfinden. Wohl aber treibt mich die Sorge um, ob es noch gelingen kann, das kostbare Stück alter gemeineuropäischer Kultur, das die Universität darstellt, durch die tiefgreifenden Veränderungen hindurch, deren Symptome sich in der Unruhe der jungen Generation zeigen, lebenskräftig zu erhalten.

Ich habe geschwankt, ob ich diesem, ohnedies schon sehr lang geratenen Lebensbericht noch einen Abschnitt über meine kirchliche Arbeit anfügen soll. Über Glaubensfragen ist hier nicht zu sprechen, so wichtig mir theologische Besinnung für mein Verhältnis zum Recht geworden ist. Aber da es neben der hochschulpolitischen Arbeit vor allem dieses Feld war, auf dem ich meiner Vorstellung von der öffentlichen Verantwortung des Nichtpolitikers gerecht zu werden versucht habe, sollte ich wohl mit wenigen Sätzen noch andeuten, worin diese Arbeit bestand. Drei Aufgabenbereiche will ich nennen. Der erste hängt am engsten mit meiner wissenschaftlichen Arbeit zusammen: ich bin seit langen Jahren Vorsitzender des Wissenschaftlichen Kuratoriums der Evangelischen Studiengemeinschaft, einer von allen Landeskirchen getragenen Einrichtung, die in Heidelberg ein Forschungsinstitut unter der Leitung von Georg Picht und Heinz Eduard Tödt unterhält. Es nimmt heute in der deutschen Friedensforschung einen führenden Platz ein. Der zweite Arbeitsbereich ergibt sich aus meiner nun schon vierundzwanzig Jahre währenden Mitgliedschaft in der Synode der EKD. Sie hat sich im Sommer 1970, für mich unerwartet und programmwidrig, dadurch intensiviert, daß ich zum Präses, das heißt dem Vorsitzenden dieser Synode gewählt wurde. Daraus ergaben sich zwei schwerwiegende und ebenso arbeits- wie verantwortungsreiche Konsequenzen: ich hatte eine damals von der Synode beschlossene Struktur- und Verfassungsreform über viele Klippen voranzubringen, ohne sie doch ganz abschließen zu können, und ich wurde als Präses zugleich Mitglied des Rates der EKD, des obersten Leitungsorgans. Alle diese Ämter enden noch im Lauf dieses Jahres. Der dritte Arbeitsbereich ist meine Mitgliedschaft, lange Zeit auch der Vorsitz in der Kammer für öffentliche Verantwortung, einem vom Rat der EKD eingesetzten Beratungsorgan für politische Fragen. Als Vorsitzender dieser Kammer hatte ich 1965/66 den Sturm um die von der Kammer verfaßte, vom Rat veröffentlichte Ost-Denkschrift zu bestehen, der mich und meine Frau viel Kraft gekostet hat, weil er uns eine Flut von Schmähbriefen und anonymen Telephonanrufen mit bösartigen Beschimpfungen ins Haus getrieben hat.

Natürlich hängen diese drei genannten Arbeitsbereiche eng miteinander zusammen. Sie haben mich in den fünfziger Jahren tief in die leidenschaftlichen Auseinandersetzungen um die deutsche Wiederbewaffnung und in die ethischen Probleme der Kernwaffen geführt, und sie fordern jetzt meine Aufmerksamkeit für die Möglichkeiten und

Grenzen der kirchlichen Entwicklungshilfe und der Bekämpfung des weißen und farbigen Rassismus, etwa im südlichen Afrika. Wir sprechen heute von »Weltverantwortung« der Christenheit und sind uns bewußt, daß sie, wenn überhaupt, dann nur im Zusammenwirken aller christlichen Kirchen rund um den Erdball wahrgenommen werden kann. Die Teilnahme an mehreren ökumenischen Tagungen, vor allem an der Weltkirchenkonferenz in Uppsala im Sommer 1968 und die Begegnung mit den Vertretern der »jungen Kirchen« aus Afrika, Asien und Südamerika gehört zu den großen, lang nachwirkenden Eindrükken meiner kirchlichen Arbeit.

Ich breche hier ab, um mit wenigen Bemerkungen zu schließen. Ich bin darauf gefaßt, daß dieser Rückblick auf ein ganz gewiß nicht normales Professorenleben bei manchen Hörern den verwirrenden Eindruck einer kaum gebändigten Vielgeschäftigkeit hinterlassen hat. Ich stelle mich solcher Kritik, weil ich sie oft mit mir selber und mit meiner Frau ausgetragen habe. Aber in meiner Sicht stellt die Abfolge von hochschul- und wissenschaftspolitischen Ämtern einen einheitlichen Komplex dar. Der Kreis derer, die zur Übernahme solcher Ämter bereit sind, war im Lager der Wissenschaft aus einsehbaren Gründen nie groß; wer einmal durch Erfahrung und Bewährung bekannt geworden ist, und zumal der zu sachlicher Vermittlung und verläßlichener Administration erzogene Jurist, hat Mühe, auch nur zeitweise aus diesem Kreis wieder auszubrechen. Dazu kommt, daß für mich selbst nach den politischen Umbrüchen, deren mitbetroffener Zeuge ich 1918, 1933 und 1945 gewesen bin, die Aufgaben meines Lehrstuhls, die hochschulpolitischen und die kirchlichen Aufgaben doch kein zufälliges Konglomerat darstellten, sondern in einem inneren Zusammenhang standen und kräftig aufeinander wirkten. Ich kann Rechtswissenschaft, auch die scheinbar so unpolitische Zivilrechtswissenschaft nicht mehr von ihrem Bezug zu der jeweiligen politischen und gesellschaftlichen Situation lösen, und es war in den stürmischen Monaten meines Tübinger Rektorats für mich von erheblicher Bedeutung, daß ich um die gleiche Zeit in den Arbeiten der Kammer für öffentliche Verantwortung der EKD und der Heidelberger Forschungsstätte der Evangelischen Studiengemeinschaft mit Problemen und Erkenntnissen der Konfliktsoziologie und einer christlichen Friedenscthik befaßt war.

Für mich waren diese fünfzig Juristenjahre bei aller Unruhe und Anstrengung reich an Erfahrungen und Einsichten, auch reich an Begegnungen mit Menschen der verschiedensten Herkunft und Stellung. Aber wenn ich mich illusionslos frage, wieviel von dem, was ich erstrebt, oder, wenn es nottat, auch erkämpft habe, so fällt die Bilanz bescheiden aus. Meine wissenschaftliche Arbeit ist notgedrungen Fragment geblieben; ich habe mit dem, was ich publiziert habe, nach meinem Urteil mehr Wechsel unterschrieben als eingelöst. Die ethischen Prinzipien und die Einrichtungen, die ich in meiner hochschul- und wissenschaftspolitischen Arbeit seit 1945 wiederaufzubauen und zu befestigen bemüht war in der Hoffnung, die Trümmer der NS-Epoche wegräumen und der nächsten Generation ein sicheres Fundament für ihre Arbeit bereiten zu können, werden heute eben von dieser Generation radikal infrage gestellt. Ich beobachte es ohne persönliche Bitterkeit, aber doch mit Sorge, mit Sorge auch um den Bestand unseres demokratischen Rechtsstaats, den wir nicht noch einmal aufs Spiel setzen dürfen. Indessen baue ich auf einen, freilich unsichtbaren und nicht bezifferbaren Bilanzposten: den Ertrag der Bemühungen des akademischen Lehrers, jungen Menschen zum Verständnis des Rechts und in dieser Arbeit zur Entfaltung der eigenen geistigen Kräfte zu verhelfen. Diese Aufgabe war es, die mich immer wieder zur Universität zurückgezogen hat und die ich in aller zeitlichen Bedrängnis am wenigsten versäumen mochte, weil sie mir am meisten Freude gemacht hat. Darum will ich diesen Bericht auch mit einem schlichten Dank schließen: an meine Assistenten und nächsten Helfer zuerst, die alle mir auch menschlich nahestanden und meist bis heute stehen, an meine Kollegen, die mir viele Lasten abgenommen haben, an die große Zahl der Doktoranden und Mitglieder meiner Seminare, die im wissenschaftlichen Gespräch auch mich bereichert und herausgefordert haben, an die unübersehbare Reihe der Göttinger und Tübinger Studenten, die mir geduldig zugehört, mich mit Fragen bedrängt und mir häufig noch nach langen Jahren ihre Anhänglichkeit bezeugt haben. Es war schön, ihr Lehrer zu sein.

UNIVERSITÄT UND KIRCHE ALS INSTITUTIONEN IM SPANNUNGSFELD VON RESTAURATION, REVOLUTION UND REFORM

Die Feierstunde, zu der wir hier versammelt sind, weckt in mir, dem sie gelten soll, widersprüchliche Empfindungen. Da ist einmal eine ursprüngliche und unleugbare Freude über die mir widerfahrene Ehrung. Aber daneben meldet sich auch ein Gefühl der Beklemmung. Es mindert nichts an der tiefen Dankbarkeit, die mich bewegt und die ich nur ganz schlicht ausdrücken kann: mit dem herzlichen Dank an die Stiftung und den hinter ihr stehenden hochherzigen Stifter, Herrn Toepfer, an den Stiftungsrat, der die Verleihung des Preises an mich beschlossen hat, und ganz besonders auch an Sie, lieber Herr Lohse, der Sie die heikle Aufgabe der iustificatio et laudatio mit dem besonderen Einfühlungsvermögen des Historikers, des Theologen und des pastoris pastorum erfüllt haben. Aber ich will das leise Erschrecken nicht verschweigen, das mich befiel, als Sie, lieber Herr Kuhnke, mich telephonisch vom Beschluß des Stiftungsrats unterrichteten, und das mir seitdem zu schaffen macht.

In dieses Erschrecken ging zum einen das spontane Unbehagen dessen ein, der öffentlich belobigt werden soll, und zwar als Preisträger in einer Reihe von Männern und Frauen, die vor ihm ebenso ausgezeichnet worden sind, mit deren Lebensleistung und daraus folgendem Rang im öffentlichen Leben er sich aber nicht gleichstellen kann. Sie werden geneigt sein, diesen Satz als Ausdruck wohlanständiger Bescheidenheit leicht zu nehmen. Darum muß ich ihn verstärken, indem ich die zweite Ursache meines Erschreckens nenne: Es ist das Empfinden, daß ich in dem, was ich in den letzten 30 Jahren für das gemeine Wohl beizutragen versucht habe, nicht viele greifbare und dauerhafte Erfolge, wohl aber eindeutige Mißerfolge geerntet habe. Ich will das jetzt nur an zwei Ereignissen aus der jüngsten Vergangenheit belegen: Vor wenigen Wochen hat die Synode meiner heimatlichen Württembergischen Landeskirche der neuen Grundordnung der EKD ihre Zustimmung verweigert und damit eine Verfassungsreform zum Scheitern gebracht, an der ich aus voller Überzeugung von ihrer Dringlichkeit von 1970—1973 an führender Stelle mitgearbeitet habe. Und im Sommer 1975 hat eine Generalversammlung der Europäischen Rektorenkonferenz, deren gewählter Präsident ich seit Herbst 1974 bin, ebenfalls eine von mir mit ausgearbeitete und befürwortete Satzungsreform abgelehnt, deren

Hauptzweck es sein sollte, den Universitäten der sozialistischen Staaten des europäischen Ostens den Beitritt zu erleichtern. Gewiß: jedes der beiden Ereignisse hat seine besondere Geschichte, die hier nicht zu erzählen ist. Aber wenn wir uns darüber einig sind, daß der Freiherr-vom-Stein-Preis kein Trostpreis sein soll, so muß ich mich fragen, ob ich der richtige Preisträger bin.

Indessen will ich mich nicht länger bei einer contra-laudatio aufhalten. Ich bin alt genug geworden, um zu wissen, daß jeder, der irgendwo politisch handeln will, auch Mißerfolge hinnehmen muß und sich nur als ein Glied in einer geschichtlichen Kette verstehen darf, die vor ihm begonnen hat und die andere nach ihm aufnehmen werden. Darum will ich, an diese beiden Exempel anknüpfend, zu dem Thema übergehen, das mir der Name des Freiherrn vom Stein für meinen heutigen Vortrag nahegelegt hat. Ich schlage Ihnen vor, die drei Stichworte aufzunehmen, die die öffentliche Diskussion seiner Epoche ebenso bestimmt haben wie die unserer Zeit, nämlich die Begriffe

Restauration, Revolution oder Reform.

Aber ich bitte, mir im Hinblick auf meine beschränkte Lebenserfahrung eine Eingrenzung des Themas zu gestatten: Gegenstand meiner Untersuchung soll nicht der Staat selber sein, so wenig wir ihn aus dem Blick lassen können, sondern die alten, vor - und überstaatlichen Institutionen Europas, die Universitäten und die Kirchen. Ihnen vor allem, und meist nur durch sie hindurch auch dem Staat, hat ja die politische und organisatorische Arbeit gegolten, die ich in vielen wechselnden Ämtern neben den Aufgaben des Hochschullehrers und Rechtsdogmatikers zu leisten bemüht war und in einigen Ausläufern noch heute bemüht bin. Und da ich von meiner Erfahrung ausgehen will, beschränke ich mich auf die bewegten dreißig Jahre seit dem Ende des 2. Weltkriegs, in denen ich zu handeln hatte.

Im Lebenswerk des Freiherrn vom Stein spielen Universitäten und Kirchen keine Rolle. Aber was mich an diesem Werk für mein Thema fesselt, ist einmal der Umstand, daß er bei der Aufgabe, den unter den Schlägen Napoleons zusammengebrochenen preußischen Staat zu reorganisieren, mit der Städteordnung von 1808 als erstes darauf ausging, unterhalb der Ebene der Staatsorgane Institutionen mit Selbstverwaltungsrechten zu schaffen und dadurch, wie schon ein Jahr zuvor durch das Edikt über die Bauernbefreiung, dem Staat selbständige und eigenverantwortliche Bürger heranzuziehen. Zum anderen reizt mich die Beobachtung, daß Stein mit den von ihm befürworteten, dann nach seiner Entlassung nur teilweise und schleppend ausgeführten Maßnahmen ins Kreuzfeuer der Kritik von entgegengesetzten Positionen geriet. Er wurde von den etablierten restaurativen Mächten des grundbesitzenden Adels und der Beamtenschaft als Jakobiner, das heißt als Revolutionär bekämpft, von den radikalen Neuerern im Geist der französischen Revolution als hochmütiger Reaktionär abgelehnt, während er selbst sich als Reformer verstand und mit dem Sinn für das praktisch Mögliche einen Weg suchte, der nach seinen eigenen Worten darin bestehen sollte, »das Gegenwärtige aus dem Vergangenen zu entwikkeln«. Die Erinnerung daran soll keinen historischen Vergleich provozieren, der der Einmaligkeit geschichtlicher Situationen und der in ihnen handelnden Personen nicht gerecht würde. Aber sie kann am geschichtlichen Beispiel den Spannungsbogen verdeutlichen, in dem die drei Handlungsmaximen, die uns beschäftigen sollen, immer wieder stehen.

I.

Ich bin Ihnen schuldig, in einer ersten Annäherung die Begriffe und die dahinter stehenden Vorstellungen zu erläutern, die in dem von mir gewählten Thema enthalten sind, um damit das Problem genauer zu umschreiben, das ich Ihnen vorlegen will. Ich werde dann im Blick auf dieses Problem die geschichtlichen Erfahrungen zu beschreiben versuchen, die ich in der Arbeit für Universität und Kirche in einem Menschenalter handelnd oder beobachtend gemacht habe, und daran in einem dritten Schritt einige Überlegungen knüpfen, die, wie ich hoffe, das Problem in einem allgemeineren Sinne faßbar machen könnten.

Ich beginne mit einigen Bemerkungen zu dem Satz, mit dem ich Universität und Kirche als alte, vor- und außerstaatliche Institutionen Europas bezeichnet habe. Wesentlich war mir daran einmal die Feststellung, daß beide Einrichtungen sich bis heute auch gegenüber dem modernen Staat eine gewisse Distanz bewahrt haben, eine unterschiedliche, im Laufe einer wechselvollen Geschichte verschieden stark ausgeprägte, zu Zeiten auch nahezu vernichtete, aber dann wiederhergestellte Selbständigkeit gegenüber den Staatsorganen und der Staatsverwaltung. Wir pflegen sie mit den Rechtsbegriffen der Selbstverwaltung oder, weitergehend, der Autonomie zu umschreiben. Wesentlich ist mir aber auch die Bezeichnung als Institutionen, obwohl ich mir darüber klar bin, damit einen in Soziologie und Rechtswissenschaft, in Sozialphilosophie und Theologie heftig umstrittenen und weder innerhalb dieser Disziplinen noch zwischen ihnen einheitlich verstandenen Begriff zu verwenden. Ich kann ihn auch hier nicht voll entfalten und lasse darum offen, wieweit man den Vorschlägen amerikanischer und deutscher Soziologen in der Ausdehnung des Begriffes folgen soll. Die beiden uns beschäftigenden Einrichtungen genügen auch einem engen Institutionsbegriff, insofern sie kooperative Gebilde mit ausgeformter Organisation sind, also ein reales Substrat aufweisen. Wenn ich sie als Institutionen bezeichne, so kommt es mir im Hinblick auf unsere weiteren Überlegungen auf vier Momente an, die in der weitgespannten Diskussion zur Theorie der Institution eine Rollen spielen:

1. Sie sind soziale Systeme, also Strukturelemente der Gesellschaft, und als solche dem geschichtlichen Wandel unterworfen, bedürfen auch zu ihrer Erhaltung der stetigen lebendigen Einordnung der einzelnen Glieder in den Vorgang der Verwirklichung ihrer Aufgaben. Andererseits geht es um mehr als um die Erfüllung eines bestimmten einmaligen Zwecks; sie sind auf Dauer gestellt und darum auf Stabilität angewiesen.

2. Sie sind mehr als nur zweckhafte Organisation, sondern stehen unter einer jenseits der vitalen Bedürfnisse des Menschen liegenden Leit-Idee. Die aus dieser Idee und ihrem Sinnzusammenhang entwickelten Wertvorstellungen begründen den normativen Gehalt der Institution.

3. Der anthropologische Hinweis darauf, daß der Mensch zur Erhaltung seiner ungesicherten Existenz auf den Bestand von Institutionen angewiesen ist, schließt seine Freiheit der Annahme oder Ablehnung bestimmter Institutionen nicht aus. Das gilt offensichtlich auch für die uns beschäftigenden Einrichtungen. Andererseits besteht auch hier das für Institutionen charakteristische Spannungsverhältnis; sie sind, einmal etabliert, dem Einzelnen vorgegeben und unverfügbar, aber der Geltungsanspruch ihrer Leit-Idee erlischt, wenn diese im Bewußtsein der Träger der Institution keine Resonanz mehr findet. Die Folge ist im günstigen Falle ein Funktionswandel, im ungünstigen ein Absterben der Institution.

4. Zu dem unter Juristen umstrittenen Verhältnis von Institution und Recht, das uns in einzelnen Zügen noch näher beschäftigen muß, sei prinzipiell nur soviel vorweg gesagt, daß das Recht die Institution ausgestaltet und durch seinen Schutz ihre Stabilität sichert, so daß insofern der Komplex von Rechtsnormen, den man als Rechtsinstitut bezeichnet, in unserem Falle also die Ausgestaltung von Kirchen und Universitäten als Körperschaften oder als Anstalten öffentlichen Rechts, mit der Institution zur Einheit verschmilzt. Trotzdem wäre es falsch, wie es so oft geschieht, den einen Begriff im anderen aufgehen zu lassen. Es gibt gesellschaftliche Institutionen, die nicht rechtlich gesichert sind, und es gibt Rechtsinstitute von rein rechtstechnischer Zweckbestimmung, die nicht dem Schutz von Institutionen dienen. Das Recht hat in unserer Gesellschaft einen wichtigen Anteil an der

Schaffung neuer Institutionen und, wie wir sehen werden, an ihrer Fortentwicklung, aber es kann auch durch seine Regelung den wesentlichen Gehalt einer Institution verfehlen, die in ihr lebendigen Wertvorstellungen verkennen oder ablehnen und damit ihre Entfaltung unterdrücken.
Ich habe Ihnen diesen theoretischen Exkurs zum Institutionsbegriff zugemutet, um deutlicher zu machen, welche prinzipiellen Probleme die Veränderung von Universität und Kirche durch politisches Handeln stellt. Für dieses Handeln nannte ich drei denkbare und in der Geschichte aufweisbare Maximen: Restauration, Revolution und Reform. Ich möchte diese Begriffe nicht von vornherein affektbesetzt verstanden wissen. Das gilt für das Wort »Revolution«, das in der deutschen Tradition — jedenfalls außerhalb des marxistischen Lagers — mit einem negativen Vorzeichen gebraucht wird, anders als in Frankreich, in England und in den Vereinigten Staaten. Die politologische Theorie entlastet den Begriff auch vom Merkmal des gewaltsamen, blutigen Handelns und versteht Revolution als eine starke, meist jäh einsetzende, auf die Verwirklichung neuer Ideen gerichtete Bewegung, die eine Veränderung der bestehenden Ordnung und der von ihr legitimierten Machtverhältnisse bezweckt. Faßt man den Begriff so, so wird er auch im Bereich der außerstaatlichen Institutionen verwendbar. Ähnlich sollte man den Begriff der Restauration von dem Beigeschmack der Unterdrückung und Verfolgung demokratischer Tendenzen freihalten, der ihm bei uns, ausgehend von der Geschichte des frühen 19. Jahrhunderts, anhängt. Es gibt Zeiten — und wir werden davon zu sprechen haben —, in denen die Wiederherstellung einer zerstörten Ordnung die gebotene Maßnahme ist. Die Situationsbedingtheit, die Wert oder Unwert politischen Handelns wesentlich mitbestimmt, gilt schließlich auch für die — im Vergleich zur Revolution behutsam vorgehenden, die Tradition respektierenden Reformen. Ihre Eigenart ist es, evolutionäre Entwicklungen sei es zu sanktionieren, sei es vorausschauend durch Strukturveränderungen zu ermöglichen. Vergangenheit und Zukunft in der rechten Weise und im rechten Augenblick durch Reformen zu vereinigen, ist die schwerste, aber auch die schönste Aufgabe des Politikers.

II.

Haben wir damit die Begriffe geklärt, so ist der Weg zu der Untersuchung gebahnt, ob und wie Restauration, Revolution oder Reform die Entwicklung von Universität und Kirche in den hinter uns liegenden dreißig Jahren beeinflußt haben. Da eine gemeinsame Behandlung beider Institutionen nur sehr schematische Feststellungen erlauben würde, trenne ich sie und wende mich als erstes den Universitäten zu.

1. Die deutschen Universitäten sind aus der Periode des NS-Regimes mit ihrem Endstadium eines mörderischen, zuletzt Deutschland selbst zerstörenden Krieges schwer angeschlagen hervorgegangen. Ihr Bestand an Gebäuden, an Büchern und wissenschaftlichen Geräten war, von Universität zu Universität unterschiedlich, aber aufs Ganze gesehen in weitem Umfang vernichtet, die Reihen der forschenden und lehrenden Mitglieder waren zuerst durch die politischen Vertreibungen, dann durch die Kriegsverluste stark gelichtet, die Selbstverwaltung durch Staatseingriffe denaturiert. Die Revolution von 1933 hatte sie ungleich stärker in den Sog der Politisierung hineingezogen, als es die von 1918 gewagt hatte.

In dieser Lage haben die Universitäten 1945 die Wiederherstellung in materieller und organisatorischer Hinsicht, also die Anknüpfung an die 1933 unterbrochene Tradition als ihr erstes Ziel angesehen. Das Bedürfnis nach Wiedergewinnung ihrer Identität, auch im internationalen Vergleich, war stärker als die Bereitschaft, den Augenblick zum Abwerfen von Ballast zu nutzen. Rückblickend mag man das kritisieren. Indessen ist die Vorstellung von der fruchtbaren Stunde Null, die neu und ganz anders anzufangen erlaubt, gegenüber alten Institutionen wohl überhaupt eine Illusion; sie hatte jedenfalls für uns, die wir der totalen Niederlage, ja der physischen Vernichtung eben knapp entronnen waren und vom alten Regime nicht durch eine Revolution, sondern durch die fremden Siegermächte befreit worden waren, keinerlei Realitätsgehalt angesichts der drängenden Aufgabe, lebenswichtige Forschung wieder aufzunehmen und den aus Krieg und Gefangenschaft heimgekehrten Soldaten zu einer akademischen Ausbildung zu verhelfen.

Nun schloß diese unabweisbare Restauration, solange sie sich ihrer Vorläufigkeit bewußt blieb und die Tür zu neuen Entwicklungen offen hielt, die Möglichkeit schrittweise einzuführender kleiner und selbst großer Reformen nicht aus. In der Tat hat es in den folgenden zwanzig Jahren nicht an Vorschlägen für Reformen gefehlt. Einzelne Hochschullehrer, private und amtlich eingesetzte Arbeitskreise beteiligten sich an dieser Diskussion. Viele dieser, hier nicht aufzuzählenden Vorschläge fielen freilich zu Boden; nur einige fanden Eingang in das erste große Gutachten des Wissenschaftsrats von 1961, dessen Hauptziel indessen nur die nachhaltige Verbesserung der Arbeits- und Funktionsfähigkeit der Hochschulen war.

Wenn abgesehen von diesen letzten, begierig aufgenommenen Vor-

schlägen die Reformdiskussion auch bei den ersten Neugründungen Anfang der sechziger Jahre über vergleichsweise kleine Schritte nicht hinausgeführt hat, so kann man drei Gründe dafür nennen. Der Hauptgrund liegt darin, daß die für die deutsche Universität seit dem Anfang des 19. Jahrhunderts charakteristische Leitidee der »Bildung durch Wissenschaft« zwar vielfach angezweifelt, im faktischen Vollzug akademischen Unterrichts und moderner Forschung auch weithin außer Kraft gesetzt, aber nicht durch eine neue, von gemeinsamem Konsens getragene Idee ersetzt wurde. Um nur zwei einflußreiche Publikationen zu nennen, so sind sowohl Jaspers' 1946 und noch einmal 1961 erschienene »Idee der Universität« als auch Schelskys »Einsamkeit und Freiheit« von 1963 im Kern, bei aller Kritik an Fehlentwicklungen, rückwärts zu W. v. Humboldt gerichtet. Der zweite Grund liegt darin, daß auch die aus den Zwängen der notvollen Anfänge betriebene Restauration inzwischen unter dem Einfluß der gesamtpolitischen Entwicklung der Bundesrepublik das Bewußtsein der Vorläufigkeit verloren hatte, sich ideologisch bestätigt fühlte. Dazu kommt als dritter Faktor die Schwierigkeit, im deutschen Bildungssystem mit seiner Bindung an ein staatlich verordnetes Prüfungs-, Berechtigungs- und Berufslaufbahnwesen und angesichts seiner Unterwerfung unter ein föderalistisches Verfassungsschema, nach dem sich Bund und Länder immer wieder blockierten, Maßnahmen zur Hochschulreform überhaupt über die rechtlichen und politischen Hürden zu bringen.
Etwa seit Mitte der sechziger Jahre gerieten dann die Universitäten in eine krisenhafte Lage, aus der sie bis heute noch nicht wieder herausgefunden haben. Daß sich dabei die hochschulpolitische Diskussion rasch zu einer allgemeineren, bildungspolitischen ausweitete, war zwar unausweichlich und sachgemäß, aber der hektische Eifer, mit dem diese Diskussion geführt wurde, hat das Ausreifen besonnener und realistischer Reformkonzepte jedenfalls nicht gefördert. Die Krise der Universitäten, die uns hier beschäftigen muß, hat mehrere Ursachen. Die vielleicht wichtigste, wennschon in diesem Zusammenhang nur verhalten diskutierte, ist die Unsicherheit, die über Sinn und Ziel wissenschaftlicher Arbeit, über ihren gesellschaftlichen Stellenwert und damit auch über die Legitimation des hohen finanziellen Aufwands für die Forschung entstanden ist. Es überschreitet mein heutiges Thema, darüber zu philosophieren; aber es ist klar, daß hier die »Idee« der Universität als Institution auf dem Spiel steht. Das ist um so bedrohlicher, als die zweite Krisenursache, nämlich die Überflutung der Universität mit Studenten, sie unter dem Druck der öffentlichen Meinung und der auf sie reagierenden Politiker in eine Richtung drängt, in der statt der alten Formel der Bildung durch Wissenschaft nur noch ein

staatlich reglementiertes System der schulmäßigen Wissensvermittlung als alles beherrschendes Ziel übrig bleibt. Schließlich ist als dritte Krisenursache die studentische Protestbewegung zu nennen. Sie hatte den Charakter einer Revolution, auch wenn sie ihre politischen Ziele nicht erreicht und institutionelle Änderungen nur im Universitätsbereich bewirkt hat. Diese Änderungen jedenfalls greifen tief. Als Ergebnis des Verlangens, ein radikal verstandenes demokratisches Prinzip auf die Universität anzuwenden, hat sich das unglückselige Modell der Gruppenuniversität durchgesetzt. Es weckt oder verschärft gegensätzliche Gruppeninteressen, statt sie abzubauen, und lähmt damit die Entscheidungs- und Handlungsfähigkeit der Organe der akademischen Selbstverwaltung. Daß es dazu kam, ist freilich, wie bei allen Revolutionen, auch eine Folge eigenen Versagens der Universitäten, das heißt der ihre Selbstverwaltung bis dahin bestimmenden Schicht der Professoren. Zwar tragen sie keine spezifische Verantwortung für das Aufkommen und die oft wilden Kampfweisen eines primär nicht auf die Universität, sondern auf Staat und Gesellschaft im ganzen gerichteten, mit marxistischer Ideologie aufgeladenen revolutionären Impetus der jungen Generation. Aber die schon erwähnte, in den ersten Nachkriegsjahren verständliche, dann verfestigte restaurative Haltung der Mehrheit unter den Professoren hat sie auch solche Reformen der eigenen Institution versäumen lassen, die, rechtzeitig und entschlossen vorangetrieben, die Universitäten besser instandgesetzt hätten, den Stürmen der zweiten Hälfte der sechziger Jahre standzuhalten. So gelang es weder, das Studium durch eine Stufengliederung für die Mehrzahl der Studenten stark abzukürzen und damit den anschwellenden Studentenstrom besser zu bewältigen, noch den seit Anfang der sechziger Jahre schnell erweiterten Lehrkörper so in die Organe der Selbstverwaltung zu integrieren, daß er als in sich geschlossene Einheit die Verantwortung für die Universität tragen konnte. Die Initiative für Reformen ging auf die Ministerien und Parlamente der Länder über; die jüngsten, aber sicher nicht letzten Etappen auf dem verschlungenen Weg sind das Kompromißprodukt des Bundeshochschulrahmengesetzes und die mit dem eisernen Besen der Finanzminister erzwungenen Spar- und Rationalisierungsmaßnahmen. Im Ergebnis ist die Abhängigkeit vom Staat und den in ihm herrschenden politischen Gewalten wieder erheblich gewachsen; gerade die von den revolutionären Studenten betriebene Politisierung der Universitäten von unten her hat im Gegenzug zu einer Schwächung der — in Deutschland immer nur relativen — Selbständigkeit der Institution durch Verstärkung der staatlichen Kontrollmittel geführt.

Das Bild wird ein wenig freundlicher, wenn man ihm den Kranz von

Einrichtungen mit Selbstverwaltungscharakter hinzufügt, die rings um die Universitäten herum im Felde der Forschung und der Forschungsförderung nach 1945 in Aufnahme älterer Traditionen aufgebaut werden konnten, so vor allem die Max-Planck-Gesellschaft und die Deutsche Forschungsgemeinschaft. Ihre Entwicklung verlief stetiger; ihre Aufgabe und ihre Verfassung war von außen und von innen weniger angefochten. Indessen sind auch sie, weil finanziell vom Staat nicht viel weniger abhängig als die Universitäten, einem wachsenden politischen Druck ausgesetzt, der hier von den Interessen staatlicher Forschungspolitik ausgeht. Sie behaupten sich, aber sie können nicht verhindern, daß der Staat neben und über ihnen seine eigenen Instrumente der Großforschung, der Forschungsplanung und Forschungsfinanzierung geschaffen hat und weiter ausbaut.

2. Ehe ich daran gehe, aus der geschilderten Entwicklung einige Lehren für unser Thema zu ziehen, wechsle ich nun den Gegenstand der Untersuchung und frage nach Restauration, Revolution und Reform der Kirche im gleichen Zeitabschnitt seit dem Ende des 2. Weltkriegs.

Unter den verschiedenen Bedeutungen, die dem Begriff »Kirche« beigelegt werden, interessiert in unserem Zusammenhang nur der Teilaspekt der korporativ oder anstaltlich verfaßten Institution, die zu den großen, unser gesellschaftliches und politisches Leben bestimmenden Mächten gehört. Bei näherem Zusehen sind es mehrere, nach Konfessionen und auf protestantischer Seite auch nach regionalen Wirkungsbereichen unterschiedene, immerhin dann in der EKD organisatorisch zusammengefaßte Kirchen. Für sie alle gilt besonders deutlich, daß sie als Institutionen nicht rein zweckhafte Gebilde, sondern einem religiösen Sendungsauftrag, einer meist in formulierten Bekenntnissen festgehaltenen »Idee« verpflichtet sind, an der sich ihre Struktur und ihr Handeln orientiert.

Beide großen Kirchen standen in dem uns beschäftigenden Zeitabschnitt vor der Aufgabe, sich zunächst gegenüber dem Zusammenbruch des NS-Regimes und mit ihm des Deutschen Reichs, dann gegenüber dem raschen sozialen Wandel und seinen geistig-seelischen Folgen in ihrer Eigenart, ihrem Auftrag und ihren Wirkungsmöglichkeiten als Volkskirchen zu behaupten. Für die katholische Kirche, deren Entwicklung ich hier nur kurz streifen kann, bildete vermöge ihrer, die nationalen und kontinentalen Grenzen überschreitenden Verfassung das Jahr 1945 keinen tieferen Einschnitt als andere geschichtliche Ereignisse; Papst Pius XII. verkörperte in seiner Person bis zu seinem Tode (1958) in eindrucksvoller Weise die kaum angefochtene Tradition und Kontinuität seiner Kirche. Erst sein Nachfolger, Johannes XXIII., stellte ihr mit dem Losungswort des »aggiornamento« die Aufgabe, jenem inzwischen allenthalben deutlich gewordenen Wandel sowohl in den theologischen Grundlagen wie in der Struktur der Kirche Rechnung zu tragen. Mit der Einberufung des II. Vatikanischen Konzils, das dann von 1962—1965 über seinen Tod hinaus tagte, griff er auch zu dem Instrument, mit dem diese Kirche in ihrer bald zweitausendjährigen Geschichte immer wieder einmal Reformaufgaben aus eigener Kraft bewältigt — oder sich ihnen im Ergebnis versagt hat. Ein voller Erfolg war den auf Reformen drängenden Kräften diesmal nicht beschieden; sie sahen sich schon während des Konzils und sehen sich erst recht in den seitdem vergangenen zehn Jahren den restaurativen Tendenzen ausgesetzt, die von der Kurie und einem Teil des Episkopats ausgehen und auch vom gegenwärtigen Papst gestützt werden. Bewegungen mit revolutionärem Einschlag, die sich bei uns wie in einigen anderen nordeuropäischen Ländern da und dort in kleineren Gruppen geregt haben, vermochten dagegen wenig auszurichten, zumal die Mehrheit des Kirchenvolks sich eher konservativ zu verhalten scheint. Die größere Gefahr für die Kirche — und das gilt für beide großen Kirchen — liegt heute nicht in inneren Erschütterungen, sondern im Absterben des Interesses an ihr in einer säkularisierten Gesellschaft.

Auf evangelischer Seite ist die Entwicklung anders verlaufen. Schon der Kirchenkampf gegen die Eingriffe des NS-Regimes in die kirchliche Autonomie mit seinen unterschiedlichen Folgen für die einzelnen Landeskirchen hatte zu starken innerkirchlichen Spannungen geführt; sie traten auch 1945 zutage, als es nach dem politischen Zusammenbruch darum ging, Wege und Ziele einer kirchlichen Neuordnung festzulegen. Indessen vermochten sich die — vor allem im sogen. Reichsbruderrat lose organisierten — Kräfte, die aus den Erfahrungen des Kirchenkampfs weitgehende theologische und organisatorische Folgerungen gezogen wissen wollten, mit ihren Reformwünschen nicht durchzusetzen. Das Beharrungsvermögen der etablierten Landeskirchen als Amtskirchen mit bürokratischem, den Methoden der Staatsverwaltung angepaßtem Apparat, erwies sich als stärker, auch nachdem die leitenden Personen vielfach gewechselt hatten und neue Kirchenordnungen mit betonter Bezugnahme auf die jeweiligen Bekenntnisgrundlagen in Kraft getreten waren. Zwar gelang ein föderativer Zusammenschluß der Landeskirchen zur EKD über die Grenzen der damaligen Besatzungszonen hinweg, aber nur um den Preis, daß die EKD nach der 1948 beschlossenen Grundordnung rechtlich ein Bund von autonomen Landeskirchen unterschiedlichen Bekenntnisses blieb, zwischen denen noch bis vor wenigen Jahren selbst die Abendmahlsgemeinschaft Schwierigkeiten bereitete, von denen freilich das Kirchenvolk kaum etwas begriff. Wenn sie faktisch in ihren Organen mehr und mehr Gemeinschaftsaufgaben wahrnahm, also nach außen als Institution »evangelische Kirche« auftrat, so blieb sie doch auf die freiwillige Mitwirkung der Landeskirchen angewiesen. Daran hat sich bis heute nichts geändert, nachdem der eingangs erwähnte Versuch einer Verfassungsreform, der 1970, nach dem Ausscheiden der in der DDR gelegenen Landeskirchen aus dem Verband der EKD, unternommen worden war, zuguterletzt am Widerstand einer Landeskirche gescheitert ist. Dabei konnte sich dieser Reformversuch von vornherein nicht vornehmen, am Bestand der etablierten Landeskirchen etwas zu ändern, obwohl dieser Bestand weder dem heutigen politischen Gefüge der Bundesrepublik, noch dem Bewußtsein einer auch im Kirchenvolk mobil gewordenen Gesellschaft entspricht. Hier in Hamburg weiß man ja, welche jahrelangen, schier übermenschlichen Anstrengungen es gekostet hat, auch nur zwei mittelgroße und zwei kleine, benachbarte und konfessionsgleiche Landeskirchen zur Nordelbischen Kirche zu verschmelzen.

Nun wäre es ungerecht, die Reformfreudigkeit oder -unwilligkeit der evangelischen Kirche nur nach diesen Vorgängen zu beurteilen. Einmal ist es immerhin gelungen, für die im deutschen Protestantismus aus geschichtlichen Gründen außerhalb der verfaßten Kirchen entstandenen, meist von privaten Vereinen getragenen vielfältigen Einrichtungen der Diakonie und der Mission jeweils einen gemeinsamen institutionellen Rahmen in Gestalt von sogen. Werken zu schaffen, die mit der EKD verknüpft sind, und damit die Formen dieses Dienstes der Kirche in der Welt wirksam zu reformieren. Sodann, und vor allem, war und ist die Verfassungsreform ja nicht das einzige, auch nicht das wichtigste Ziel der starken Impulse, die im deutschen Protestantismus auf eine Erneuerung der Kirche drängen. Sie haben auch hier in manchen Gruppen zeitweilig revolutionäre Züge angenommen, mit der Folge freilich, daß sich ihnen andere, auf Bewahrung der Tradition gerichtete Kräfte entgegengestellt haben. In diesen inneren, an die theologischen und ethischen Grundlagen des reformatorischen Christseins rührenden Auseinandersetzungen geht es nicht ausschließlich, aber mit besonderer Schärfe um die Frage der öffentlichen Verantwortung der Kirche, der Voraussetzungen und Grenzen einer gesellschaftlichen und politischen Diakonie. So viel hier im einzelnen umstritten ist, so steht heute doch fest, daß sich in diesem Punkt, und zwar nicht nur programmatisch, sondern im faktischen Handeln, die Stellung der Kirche als Institution gegenüber Staat und Gesellschaft seit 1945 wesentlich geändert hat. Den Anstoß dazu hatten die Erfahrungen mit dem NS-

Regime gegeben und der Blick auf die Schrecken des Krieges, zumal eines Krieges mit Atomwaffen. Er läßt seitdem die Frage nach dem Beitrag der Kirche zur Erhaltung des Friedens nicht mehr zur Ruhe kommen. Seit der Mitte der sechziger Jahre tritt dazu das durch die Mitarbeit im Ökumenischen Rat der Kirchen geschärfte Bewußtsein für die Probleme der Dritten Welt. Sie fordern uns heraus zu tätiger Solidarität, die nicht nur in finanzieller Hilfe bestehen kann, aber sie nötigen uns auch, im Dialog mit den zur Selbständigkeit gereiften Kirchen anderer Erdteile die politischen und wirtschaftlichen Strukturen unserer Gesellschaft, aber auch die theologischen und institutionellen Grundlagen der eigenen Kirche kritisch zu überdenken. So leitet der Entschluß der Kirche zur öffentlichen Verantwortung einen Prozeß ein, aus dem sie selbst als Verwandelte hervorgehen wird.

III.

Ich breche auch diese, notgedrungen fragmentarische Skizze der Entwicklung der Kirche seit 1945 hier ab und kehre zur Grundfrage unseres Themas zurück: Führen die mitgeteilten geschichtlichen Erfahrungen im Bereich von Universität und Kirche zu allgemeinen Erkenntnissen über die Voraussetzungen und Wirkungschancen der drei politischen Handlungsmaximen, die uns beschäftigen?

Als erstes gilt es, diese Maximen als mögliche Antworten auf ein Spannungsverhältnis zu begreifen, das Institutionen der geschilderten Art immanent ist. Gerade alte, geschichtlich bewährte Institutionen sind bestrebt, ihre Kontinuität zu bewahren und sich auch im Wandel gesellschaftlicher Verhältnisse als identische zu behaupten. Andererseits sind sie der Geschichte nicht enthoben und stehen in ständiger Wechselwirkung mit den Kräften der sie umgebenden Gesellschaft. Veränderungen dieser sozialen und politischen Umwelt, sei es der realen Verhältnisse und Strukturen, sei es der vorherrschenden Ideen und Wertvorstellungen können daher nicht ohne Einfluß auf die Institutionen sein; diese sehen sich von innen oder von außen zur Änderung gedrängt. Welche der beiden widerstreitenden Tendenzen setzt sich durch, und auf welchem Wege?

Nach dem staatlichen Zusammenbruch von 1945 wurde in beiden Institutionen, wie gezeigt, das restaurative Festhalten am traditionell vorgegebenen Muster zur beherrschenden Parole. Das entsprach nach einer Periode schwerer Gefährdung ihrem Bedürfnis nach Stabilität und Selbstbehauptung. Es entsprach aber auch einem Bedürfnis der gesellschaftlichen Umwelt. Sie hatten den Zusammenbruch überdauert und waren damit weit über den Kreis ihrer Mitglieder hinaus zu Symbolen der Kontinuität und, so besonders die Kirchen, zu Sachwaltern nationaler Belange geworden. In der anschließenden Phase des politischen und wirtschaftlichen Wiederaufbaus befand sich ihre Haltung auch im Einklang mit der politischen Grundhaltung der Bundesrepublik. Aber sie wurde beiden Institutionen in dem Maße gefährlich, in dem sich während der sechziger Jahre das soziale und politische Klima änderte. Die reichlicher fließenden finanziellen Mittel, die bei den Universitäten einen starken Nachholbedarf befriedigten, verdeckten ihnen den Blick auf diese Veränderungen. Infolgedessen traf sie, wie auch den größten Teil des Bürgertums, die mit revolutionärem Pathos geladene Protestbewegung der jungen Generation unvorbereitet, und sie traf naturgemäß die Universitäten besonders hart. Zwar hatte diese Bewegung weder im politischen Raum noch in unseren Institutionen eine reale Aussicht auf raschen und durchgreifenden Erfolg. Aber sie führte zu unerfreulichen und unfruchtbaren Polarisationen zwischen den auf radikale Änderungen drängenden und den auf einem traditionsgeheiligten status quo beharrenden Kräften. In dieser Lage waren Reformen aus eigener Kraft in der Kirche erheblich erschwert, in den Universitäten praktisch ausgeschlossen mit der Folge, daß die Staatsorgane die Reformaufgabe an sich zogen und nach ihren Maßstäben zu lösen unternahmen.

Die entscheidende Frage ist nun freilich, ob und unter welchen Umständen Institutionen dieser Art überhaupt imstande sind, unter Überwindung der ihnen immanenten Beharrungstendenz aus eigener Kraft Reformen ins Werk zu setzen, die mehr sind als organisatorische Korrekturen. Ein Blick auf die Kirchen- oder die Universitätsgeschichte stimmt nicht optimistisch. Allzu oft haben Willigkeit und Kraft leitender Kollegialorgane vor der Aufgabe versagt, bestehende Strukturen und Verhaltensnormen neuen Erfordernissen anzupassen. Dann bedurfte es dazu des Drucks von außen oder der Voraussicht und überlegenen Führungskunst einzelner Männer, denen das Schicksal den richtigen Platz zum Handeln verschafft hatte. In der Geschichte der katholischen Kirche erinnert man sich an die Tatkraft bedeutender Päpste, bis hin zu Johannes XXIII. Im Protestantismus, der ohnedies ein ambivalentes Verhältnis zur Kirche als Institution hat, waren es nach Abschluß der Reformationszeit häufiger die Landesherren als die Konsistorien und Synoden, die Reformen betrieben haben. In der Universitätsgeschichte liegt es nicht anders. Die für ihre Zukunft entscheidende Wende von der mittelalterlichen zur neuzeitlichen Universität kam nicht aus den alten Universitäten selbst; wir verdanken sie den Neugründungen von Halle unter dem Einfluß von Christian Thomasius, von Göttingen unter der sicheren Hand ihres Gründers und ersten Kurators G. A. v. Münchhausen, und dann von Berlin im Geiste von Fichte, Schleiermacher und W. v. Humboldt. Auch meine Tübinger Universität ist aus ihrem nachmittelalterlichen Dämmerzustand erst durch die rücksichtslose Faust des Landesfürsten ins wache 19. Jahrhundert versetzt worden.

Für unser Thema kann man aus diesen Erfahrungen die These ableiten, daß rivalisierende Neugründungen eine wirksame Hilfe darstellen, um auch alte Institutionen reformbereit zu machen. Der Gedanke hat bei zahlreichen Neugründungen von Universitäten in den letzten fünfzehn Jahren die Arbeit der Gründungsausschüsse beeinflußt. Wenn trotzdem das Ergebnis für eine Hochschulreform auf breiter Basis eher bescheiden genannt werden muß, so liegt das nicht an einer Einfallslosigkeit der Gründungsausschüsse, sondern wesentlich daran, daß auch diese neuen Universitäten sich den Zwängen unseres Hochschul- und Bildungssystems mit den auf fest definierte akademische Berufe ausgerichteten Abschlußprüfungen einfügen mußten, und daß sie überdies schon bald nach ihrer Gründung, wie alle alten Universitäten, von der Studentenflut überschwemmt wurden, die manche Reformansätze undurchführbar machte.

Soweit hiernach der Spielraum für Reformen aus eigener Kraft reicht, legt der Zeitgeist den Gedanken nahe, nach dem Ende des Obrigkeitsstaates bedürfe es, wie im politischen Bereich, so auch in allen korporativen Institutionen nur einer entschlossenen Demokratisierung, um fälligen Reformen das Tor zu öffnen. Daran ist soviel richtig, daß eine Demokratisierung dazu dienen kann, die Legitimationsbasis solcher Institutionen zu verbreitern und zu sichern. Sie kann insofern nicht nur als Mittel, sondern als Ziel einer Reform gelten, mit dem Vorbehalt freilich, daß der besondere Auftrag von Universitäten und Kirchen nicht ohne Garantie nach Art der Grundrechte unserer Verfassung dem Mechanismus von Mehrheitsentscheidungen ausgesetzt werden darf. Aber auch wenn es gelingt, dafür und für das den Universitäten eigentümliche Ungleichgewicht der verschiedenen Gruppen ihrer Mitglieder befriedigende Lösungen zu finden, ist es nach den Erkenntnissen der modernen Verbands- und Organisationssoziologie keineswegs ausgemacht, daß eine Demokratisierung als Mittel zu Reformen die ihr zugeschriebene motorische Kraft zu entwickeln vermag. Zur Vorsicht mahnt auch die Beobachtung, daß es den lautesten Rufern oft nicht so sehr um die Idee der Demokratie, sondern schlicht um einen Machtwechsel geht, der dann über die Institution zur Herrschaft im Staate führen soll, letzten Endes also die Selbständigkeit der Institution zerstört. Der gleiche, etwas unruhige Zeitgeist, der sich von einer Demokratisierung einen wirksamen Anstoß für Reformen verspricht, ist geneigt, dem die Institutionen sichernden Recht einen hemmenden Einfluß, bestenfalls eine rein instrumentelle Rolle zuzuschreiben. Es trifft auch zu, daß die Normierung der institutionellen Struktur in Gesetzen oder Grundordnungen als erstes der Aufgabe dient, den Institutionen Stabilität und Dauer zu gewährleisten, Stabilität zum Beispiel auch gegenüber wechselnden politischen Meinungen und Opportunitäten. Aber neben dieser Sicherungs- und Schutzfunktion des Rechts, die nicht nur der Institution als solcher, sondern auch jedem einzelnen Mitglied zugute kommt, steht gerade bei Grundordnungen korporativer Institutionen die schöpferische Aufgabe, Ziele für künftige Entwicklungen festzulegen, Raum für Initiativen und verantwortliches Handeln zu schaffen und das Verfahren für notwendig werdende Änderungen zu ordnen. Voraussetzung ist allerdings, daß die rechtsetzende Instanz der Versuchung zum Perfektionismus widersteht und bewußt offene Strukturen anlegt. Geschieht das, so ist das Recht, wie überall, ein Hindernis für Revolutionäre, aber eine wertvolle Hilfe für besonnene Reformen, denen es den Weg bahnt.

Mit diesen Bemerkungen soll nicht unterstellt werden, daß nur der Staat vermöge seiner Rechtsetzungsgewalt legitimiert und imstande sei, Reformen der uns beschäftigenden Institutionen zu verwirklichen. Gewiß setzt er den rechtlichen Rahmen auch für ihre Existenz. Aber dieser Rahmen war geschichtlich und ist heute für Kirchen und Universitäten verschieden weit gezogen. Das geltende Staatskirchenrecht beläßt den Kirchen die Freiheit, und damit auch die Last, einer weitgehend autonomen Rechtsetzung im eigenen Bereich. Kirchenreform durch den Staat ist hiernach ausgeschlossen. Den Universitäten wird soviel Unabhängigkeit nicht zugestanden; sie sind stärker an den Staat gebunden und seiner Aufsicht unterstellt. Das bedeutet, daß er auch für Reformentscheidungen eine gewichtige Mitverantwortung, kraft seines Zustimmungsvorbehalts sogar die Letztverantwortung trägt. In der deutschen Universitätsgeschichte hat sich das, wie erwähnt, mehrfach heilsam ausgewirkt. Auch die Reformen der letzten zehn Jahre sind in ihren Hauptpunkten staatlich verordnete Maßnahmen. Aber die in dem mühsamen Verfahren eines föderalistisch zersplitterten oder gebremsten Parlamentarismus erzielten Resultate können nicht mehr als »heilsame Reformen«, sondern bestenfalls als Notbehelfe in einer verfahrenen Situation bezeichnet werden. Die Folge ist an den Universitäten heute weithin Resignation. Indessen darf es bei solcher Haltung nicht bleiben. Denn auch der staatliche Zugriff entläßt die Universitäten nicht aus der eigenen Verantwortung für das Schicksal ihrer Institution. Die Idee der Universität in unserer Zeit können sie, allen Einengungen zum Trotz, nur selbst neu formulieren und haben sie auch selbst zu verteidigen. Nicht Rückzug sondern Initiative zur Selbstgestaltung bleibt ihre Aufgabe.

Dieser Appel, der beiden Institutionen gilt, lenkt unsere Gedanken zum Schluß noch einmal auf das Wirken des Freiherrn v. Stein. Er wollte selbstverantwortliche Gemeinden und Gemeindebürger heranbilden, aber er dachte nicht nur an Preußen, sondern sah sie als tragende Glieder eines künftigen deutschen Nationalstaats, der sein eigentliches Ziel war. Wir leben in einer anderen geschichtlichen Stunde und meinen heute zu erkennen, daß das Zeitalter des Nationalstaats abgelaufen ist, auch wenn wir seine Strukturen noch nicht entbehren können. In dieser Lage geht es darum, Universitäten und Kirchen als eigenständige Institutionen im Staat, aber auch über den Staat hinaus zu erhalten und sie dazu zu drängen oder zu erziehen, ihren Platz und ihre Aufgabe nicht nur im nationalen, sondern im weiteren europäischen und ökumenischen Rahmen zu sehen und bewußt neu zu bestimmen. In diesem Geist sind sie aufgerufen, eine alte Tradition so in eine neue Zeit einzubringen, daß sie tragende Glieder einer wachsenden überstaatlichen Gemeinschaft der Völker werden können.

KRISE DER DEMOKRATIE?

Vor wenigen Jahren hat der damalige Vertreter der Vereinigten Staaten bei den Vereinten Nationen, Botschafter Moynihan, in einer Rede, die als Alarmruf gemeint war, auf die beunruhigende Tatsache hingewiesen, daß von den damals 146 Mitgliedstaaten der Vereinten Nationen nicht mehr als 20 bis 25 als Demokratien gelten könnten. Die Zahlen haben sich inzwischen leicht verändert; vor allem haben drei südeuropäische Nationen vermocht, sich ohne Bürgerkrieg aus der Klammer von Diktaturen zu befreien und rechtlich wie faktisch demokratische Verfassungen wiederherzustellen. Trotzdem: Die Demokratie westlicher Tradition befindet sich, weltanschaulich gesehen, seit dem Ausgang des Zweiten Weltkriegs faktisch auf dem Rückzug und hat auch in der westlichen Tradition verpflichteten Ländern Schwierigkeiten, sich zu behaupten.

Der Sachverhalt wird durch den Umstand verschleiert, daß kaum einer der Mitgliedsstaaten der Vereinten Nationen nicht selbst für sich in Anspruch nimmt, als Demokratie oder sogar, wie heute im kommunistischen Herrschaftsbereich, als Volksdemokratie zu gelten. Aber das beweist nur, daß der Begriff der Demokratie im internationalen Sprachgebrauch nahezu konturenlos geworden ist; er enthält ohne nähere Qualifizierung nicht mehr als die Behauptung eines politischen Regimes, seine Herrschaft sei legitim, weil für das Volk und mit Zustimmung des Volkes ausgeübt, aber er besagt nichts über die Kriterien, an denen diese Legitimität zu messen ist. Um diese, den Begriff erst genauer bestimmenden, die heutigen Staatsformen unterscheidenden Kriterien geht der Streit der politischen Doktrinen und der auf sie gestützten Machtbehauptungen.

Statt einer Aufzählung der uns in den Grundzügen geläufigen ideellen und organisatorischen Kriterien einer Demokratie westlicher Prägung sei hier auf die Staatsformen verwiesen, gegen die sie sich behaupten muß und in die sie abzugleiten droht, wenn sie ihrer Aufgabe nicht mehr gewachsen ist: es ist der totalitäre Einparteienstaat auf der einen, die Militärdiktatur auf der anderen Seite. An Beispielen für beide Typen, zwischen denen es auch mancherlei Übergangsformen gibt, ist leider in allen Kontinenten kein Mangel. Ein dritter Typus des oligarchischen, nicht totalitären Einparteienstaats, den man in manchen nachkolonialen Entwicklungsländern vor allem Afrikas antrifft, ist eher eine Vorform als eine Perversion der Demokratie und kann darum hier außer Betracht bleiben. Gemeinsam ist jedenfalls allen drei Typen, daß sie der schwierigen Aufgabe ausweichen, die sich die westliche Demokratie mit ihren zentralen Institutionen des allgemeinen Wahlrechts, der Einsetzung einer Regierung auf Zeit und ihrer Kontrolle durch eine gewählte Volksvertretung gesetzt hat, der Aufgabe nämlich, die mündigen Bürger in der Vielfalt ihrer Meinungen und Interessen an der politischen Willensbildung zu beteiligen.

Die geschichtliche Erfahrung lehrt freilich, daß es zur Bewältigung dieser Aufgabe nicht genügt, Organisationsformen einer demokratischen Verfassung zu schaffen, daß ihr Gelingen vielmehr an eine Reihe ökonomischer, sozialer und kultureller Voraussetzungen gebunden ist, an ein Bündel von Faktoren also, das wir — mit einem Ausdruck Hermann Hellers — in dem Erfordernis eines Mindestmaßes an sozialer Homogenität zusammenfassen können. Wo diese Voraussetzungen fehlen, weil das kulturelle Niveau eines erheblichen Teils der Bevölkerung zu niedrig oder die ökonomischen und sozialen Spannungen zwischen dem Reichtum einer Oberschicht und der Armut der Massen zu groß ist, hat die Demokratie keine Chance, werden sich andere Herrschaftsformen durchsetzen. Ebendies aber ist die Lage in der großen Mehrzahl der Länder der Dritten Welt und darum sollte der Alarmruf Moynihans nicht dem Versagen der Demokratie in diesen Ländern, sondern den Lebensbedingungen ihrer Völker gelten. Auch die auf der Doktrin des Marxismus beruhenden totalitären Herrschaftsformen verstehen sich als Antwort auf ökonomische und soziale Probleme, deren Lösung sie der westlichen, bürgerlichen Demokratie nicht zutrauen, und der Nationalsozialismus wäre in Deutschland nicht zur Herrschaft gekommen ohne die unser Volk mit voller Wucht treffenden Folgen einer politisch nicht gemeisterten Weltwirtschaftskrise.

Für die Lage der Demokratie in der Bundesrepublik bestätigt der Blick auf die Weltsituation als erstes die alte Einsicht, daß Demokratie als eine besonders kunstvolle, gegen Störungen empfindliche Staatsform weder Passepartout noch Perpetuum mobile ist, sondern daß ihre Erhaltung besonderer Bedingungen und beständiger Aufmerksamkeit und Anstrengung bedarf. Aus dem komplexen Postulat der sozialen Homogenität erfordern zwei Aspekte unsere besondere Aufmerksamkeit. Der eine betrifft die sozio-ökonomischen Voraussetzungen. Sie schienen uns in den Aufbaujahren nach 1945 und noch lange darüber hinaus fast problemlos gegeben zu sein; wo soziale Konflikte auftraten, war das Instrumentarium einer rechtsstaatlichen Demokratie ihrer Bewältigung gewachsen. Das kann nun schwieriger werden in dem Maße, in dem wirtschaftliche Stagnation und Arbeitslosigkeit sich nicht als nur konjunkturell, sondern strukturell bedingt erweisen und vor allem die junge Generation hart treffen.

Wirtschaftskrisen erhitzen zugleich unvermeidlich die Diskussion über die Ordnungsprinzipien von Wirtschaft und Gesellschaft, über Marktwirtschaft mit Privateigentum an den Produktionsmitteln oder sozialistische Planwirtschaft. Damit sind wir bei dem zweiten, ideellen Aspekt der geforderten Homogenität. Die Frage, vor die in dieser Hinsicht unsere wie jede andere Demokratie gestellt ist, kann, gerade auch im Hinblick auf die geschichtlichen Erfahrungen im Welthorizont, allgemein so formuliert werden: Wie läßt sich westliche, also nicht totalitäre, sondern freiheitliche pluralistische Demokratie in einer Zeit raschen politischen und gesellschaftlichen Wandels mit dem Erfordernis ideeller, geistig-sittlicher Homogenität vereinbaren?
Die Frage ist im vergangenen Jahr in der Öffentlichkeit der Bundesrepublik unter dem Stichwort der Rolle der »Grundwerte« für die Demokratie viel erörtert worden. Die katholische Kirche hatte sich durch die Entscheidungen des Bundestages zur Strafbarkeit des Schwangerschaftsabbruchs und zur Reform des Eherechts in ihren sittlichen Überzeugungen herausgefordert gefühlt; die Katholische Akademie Hamburg veranstaltete daraufhin eine Vortragsreihe, in der führende Politiker, voran Bundeskanzler Helmut Schmidt, und politisch engagierte Professoren zu Wort kamen. Das Ergebnis war, stark verkürzt gesagt, eine Konvergenz der Meinungen dahin, daß eine Demokratie nur lebensfähig ist, wenn unter den Bürgern ein Konsens über einen Grundbestand an ethischen, auch das politische Zusammenleben prägenden Wertvorstellungen besteht. Die Politiker konnten auch darauf verweisen, daß ihre Parteiprogramme übereinstimmend Freiheit, Gleichheit und Gerechtigkeit oder Solidarität als Zielvorstellungen nennen. Aber die Meinungen gingen auseinander sowohl über die Frage, was Ursprung und Geltungsgrund solcher gemeinsamer Werte ist — naturrechtliches Sittengesetz, soziale, außerstaatliche Normen oder ihre Positivierung in den Grundrechten der Verfassung —, als auch über die Frage, ob und wie sie in einer pluralistischen Demokratie beeinflußt, durch Mehrheitsentscheidungen des Parlaments konkretisiert und damit zugleich fortentwickelt und verändert werden können.
Professor von Campenhausen hat in seinem Hamburger Vortrag mit Recht darauf hingewiesen, daß der evangelischen Ethik die Vorstellungen der katholischen Soziallehre von einem als ius divinum oder als ius naturale allgemein verbindlichen Sittengesetz fremd geblieben sind; sie kann, wie in der Menschenrechtsdoktrin, so auch in der damit eng verwandten Grundwertediskussion, ihre ethischen Prinzipien nicht als konstitutive, sondern eher als kritisch-regulative einführen und darum unbefangen zunächst einmal die geschichtliche Herkunft gesellschaftlicher Wertvorstellungen und den geschichtlichen Charakter des in ei-

nem Kulturkreis über die Verbindlichkeit entsprechender Normen entstandenen Konsenses bejahen. Ohne einen solchen Konsens ist eine Rechtsgemeinschaft nicht bestandsfähig; andererseits halte ich es im Unterschied zu der in Hamburg von Bundeskanzler Schmidt eingenommenen Position nicht für richtig, diesen Konsens ganz in den Bereich außerrechtlicher, sozialer Normen zu verweisen und den Grundrechten nach altliberaler Tradition nur die Funktion von Abwehrrechten zum Schutz individueller Freiheit zuzusprechen.

Es ist der Sinn geschriebener Verfassungen, und es war das ausgesprochene Ziel der Väter des Grundgesetzes, den Konsens über einen Grundbestand gemeinsamer Überzeugungen auch verfassungskräftig festzulegen. Demgemäß sieht das heute in der Verfassungsrechtslehre und in der Rechtsprechung des Bundesverfassungsgerichts vorherrschende Verständnis der Grundrechte in ihnen nicht nur subjektiv-öffentliche Rechte, sondern zugleich Bestandteile einer objektiven Ordnung unseres politischen Gemeinwesens. Allerdings wäre es verfehlt, darin nun eine volle Verrechtlichung jenes geschichtlich gewachsenen Konsenses über Grundwerte zu sehen; das verbietet sich nicht nur wegen der Unvollständigkeit des Grundrechtskatalogs, sondern auch durch die in ihm angelegten Antinomien, die der Behauptung eines geschlossenen Wertsystems im Wege stehen. Die Spannungen zwischen den Freiheitsrechten und dem Gleichbehandlungsgebot, zwischen Individualgrundrechten und Sozialstaatsprinzip, zwischen den beiden Eigentumskonzeptionen der Artikel 14 und 15 des Grundgesetzes sind durch keine harmonisierende Auslegung hinwegzudisputieren, sondern sind Ausdruck fortbestehender Divergenzen in den Wertvorstellungen, auch unterschiedlicher Interessenlagen in den verschiedenen Schichten unseres Volkes. Diese Spannungen lassen sich darum nur fallweise im geschichtlichen Vollzug durch politische Entscheidungen überwinden.

Für die Frage nach der Vereinbarkeit von pluralistischer Demokratie mit geistig-sittlicher Homogenität ergibt sich aus diesem gedrängten Exkurs in die Staatstheorie eine differenzierte Antwort. Versteht man den Konsens über Grundwerte in einem politischen Gemeinwesen nicht als Befolgung eines unverrückbaren Sittengesetzes, so ist er dem geschichtlichen Wandel ausgesetzt, selbst im Verständnis seines Kernbestandes, also etwa der Zehn Gebote oder der in Artikel 1 des Grundgesetzes ausgesprochenen Unantastbarkeit der Menschenwürde. Die Aufnahme einiger Grundwerte in das Verfassungsrecht hat den Konsens stabilisiert und der Veränderung Grenzen gesetzt, hat ihn aber nicht zum geschlossenen, als Rechtsordnung verbindlichen Wertsystem erstarren lassen. So bleibt in dem gesteckten Rahmen Raum für einen

Pluralismus nicht nur der Meinungen über die praktikabelste Lösung von aktuellen Problemen, sondern der politischen Überzeugungen und Zielvorstellungen, wie sie von unseren Parteien vertreten werden. Ihr Ringen darum, für solche Zielvorstellungen entscheidungsfähige Mehrheiten zu gewinnen, bestimmt den dynamischen Charakter der Demokratie.

Diese Skizze macht noch einmal deutlich, wie kunstvoll die demokratische Staatsform gefügt ist, wie leicht sie darum auch Störungen und Gefährdungen ausgesetzt ist. Als ersten Problembereich nenne ich die Rolle des Bundesverfassungsgerichts. Das mag überraschen, da doch nicht nur unter Juristen, sondern in allen Parteien und in der politischen Öffentlichkeit Übereinstimmung darüber herrscht, daß das Grundgesetz mit diesem Gericht eine besonders kostbare Institution der rechtsstaatlichen Demokratie geschaffen habe. Ich teile diese Einschätzung; nachdem das Reichsgericht in der Periode der Weimarer Republik aus einem gewissen Mißtrauen gegenüber dem Parlamentarismus der dritten Gewalt ein Prüfungsrecht auch gegenüber Gesetzgebungsakten auf ihre Verfassungsmäßigkeit zugesprochen hatte und die Väter des Grundgesetzes dahinter nicht mehr zurückgehen wollten, war es ein glücklicher Gedanke, diese Nachprüfung bei einem Gericht von hohem Rang zu konzentrieren. Meine Sorge gilt auch nicht der Qualität der Rechtsprechung dieses Gerichts, die ihm, unbeschadet mancher Kritik, große sachliche Autorität verschafft hat, sondern gilt der politischen Wirkung, die von ihm ausgeht, oder, anders gewendet, der Rolle, in die es von klagenden Parteien und gesellschaftlichen Gruppen gedrängt wird.

Diese Rolle hat unmittelbar zu tun mit dem zuvor erörterten Problem des Verhältnisses zwischen Pluralismus und rechtlich befestigtem Konsens; das Gericht ist — neben anderen, hier nicht zu behandelnden Aufgaben — zum Wächter für die Einhaltung jenes Rahmens bestellt, innerhalb dessen der Pluralismus sich entfalten kann. Nun häufen sich die Fälle, in denen eine politische Partei oder gesellschaftliche Gruppe, die beim Prozeß politischer Willensbildung nicht durchgedrungen ist, die vom Gesetzgeber getroffene Entscheidung wegen Verfassungsverstoß anficht. Dieser Vorgang bedeutet in seiner Häufung schon als solcher eine Schwächung des Ansehens des Parlaments, und in seiner Folge auch eine Schwäche seiner Bereitschaft, politische Verantwortung zu tragen. Der grundrechtliche Normenbestand enthält Spannungen und Antinomien, die auch die rechtliche Beurteilung der Verfassungsmäßigkeit eines Gesetzes erschweren und letzten Endes das Gericht noch deutlicher als bei der alltäglichen richterlichen Rechtsanwendung zur Wertung und Rechtsgüterabwägung zwingen, mit denen es sich an die Stelle der politischen Entscheidung setzt. Die Neigung des Gerichts, selbst konkrete Lösungen zu entwickeln, die der Gesetzgeber statt der für ungültig erklärten hätte treffen sollen, verstärkt diesen Eindruck. Hält dieser Trend an, so muß er die Autorität des Gerichts ebenso beeinträchtigen wie die des Parlaments; den Schaden spürt der Kunstbau unserer Demokratie. Damit das Nebeneinander beider Institutionen ungefährdet bestehenbleiben kann, scheinen mir denkbare organisatorische Änderungen weniger wichtig als ein doppelter Appell zur Zurückhaltung: an das Gericht im Sinne der vom Supreme Court der Vereinigten Staaten entwickelten Haltung des judicial restraint, noch wichtiger an potentielle Kläger, um die drohende Abnützung eines wichtigen, aber sparsam einzusetzenden Rechtsmittels aufzuhalten.

Ein weiteres Problem läßt sich mit den Stichworten einer Überforderung des Parlaments auf der einen Seite, einer wachsenden Ungeduld der Bürger mit unserer Regierungsform und ihren Leistungen andererseits kennzeichnen. Gemeinsame Ursache beider Erscheinungen ist wohl die zunehmende Komplexität der Lebensverhältnisse in einer Industriegesellschaft, die politisch und wirtschaftlich auf Gedeih und Verderb in eine bisher nicht ausreichend organisierte Weltgesellschaft verflochten ist. Die — gewiß nur relative, aber doch dominierende — Autarkie der Nationalstaaten des 19. Jahrhunderts und die aus ihr folgende Überschaubarkeit der Voraussetzungen und Folgen politischer Entscheidungen ist im Grunde schon seit dem Ersten Weltkrieg verlorengegangen, und die Periode kolonialer und imperialer Expansion ist abgelöst durch eine Ära wachsender, mit Heftigkeit vertretener Kompensationsansprüche der politisch unabhängig gewordenen, aber sozio-ökonomisch unstabilen Völker der Dritten Welt. Zugleich wachsen Zweifel am Segen der von Wissenschaft und Technik bestimmten Zivilisation; es wird nun deutlich, welchen Preis an Lebensqualität wir für den erreichten Wohlstand zahlen müssen.

Wie kann und soll unter solchen Umständen eine gewählte Volksvertretung in einem einzelnen Land politische Entscheidungen treffen, wenn die Voraussetzungen, wie im Falle der gegenwärtigen wirtschaftlichen Stagnation und der durch sie verursachten Arbeitslosigkeit, nicht allein von diesem Lande aus beherrschbar sind, oder wenn die Folgen, wie bei den jetzt zu fällenden energiepolitischen Entscheidungen, unwiderruflich künftige Generationen als Heil oder Unheil treffen werden? Ist die Demokratie nicht an die Grenzen ihrer Leistungsfähigkeit gelangt, wenn die Gefahr besteht, daß ein auf Zeit gewähltes Parlament und eine auf Widerruf eingesetzte Regierung mit gleichsam halbgeschlossenen Augen die Perspektiven verkürzen, um wenigstens

kurzfristige Erfolge aufweisen zu können? Befinden wir uns nicht faktisch in einer Verfassung der Technokratie, in der Ministerialbeamte und Sachverständige die ihnen an Sachwissen hoffnungslos unterlegenen Abgeordneten an den Rand drängen?
Die Antwort darf nicht versuchen, diese Fragen und Besorgnisse zu verharmlosen. Man kann für die Zukunft am Existenzrecht des Nationalstaats zweifeln, aber wir können heute auch in Europa noch nicht auf ihn verzichten. Dann aber ist die Freiheit des Bürgers in einem demokratisch verfaßten, also von einem gewählten Parlament kontrollierten Staat bei allen Schwächen immer noch besser gesichert als in einer rein technokratischen Diktatur, die vielleicht als die effizientere Alternative gelten könnte.
Es sollte freilich niemanden verwundern, daß eine so pragmatische, glanzlose Antwort die um ihre Zukunft besorgt und unsicher gewordenen Bürger nicht ganz befriedigt. Unrast und Ungeduld breiten sich aus, weil die politischen und ökonomischen Zusammenhänge, in denen die Regierung zu handeln hat, für den einzelnen Bürger immer schwerer durchschaubar sind. Die bisher wohl markanteste Folge sind die Erscheinungen, die man mit einem Sammelbegriff Bürgerinitiativen nennt. In ihren Anfängen, als spontan gebildete Gruppen vor allem gegenüber kommunalen Verwaltungen örtlich begrenzte Forderungen oder Proteste zu Bau- und Verkehrsfragen, zum Erziehungswesen und zum Umweltschutz anmeldeten, genossen sie in der öffentlichen Meinung allgemeines Wohlwollen; man sah in ihnen erfreuliche Zeichen eines wachen Bürgersinns und einer Bereitschaft zum persönlichen Einsatz in Fragen des Gemeinwohls, also Beispiele von urdemokratischen Tugenden.
Dieses Verdienst darf ihnen auch bis heute nicht abgesprochen werden. Inzwischen sind aber neben den Licht- auch die Schattenseiten dieser Aktionen deutlich geworden: ihr von den Urhebern nicht gewünschtes, aber im außerrechtlichen Charakter der Aktionen liegendes Gefälle zur Anwendung von Gewalt, ihre häufig nicht konstruktive, sondern das Verwaltungshandeln blockierende Wirkung, ihre Anspruchshaltung, die oft nur partikulare Gruppeninteressen verfolgt, allermeist das in ihnen sich äußernde Mißtrauen gegen staatliche oder kommunale Institutionen und eine daraus folgende Unwilligkeit, legale und demokratisch legitimierte Entscheidungen zu akzeptieren, wenn sie den eigenen Vorstellungen zuwiderlaufen.
In unserem Zusammenhang ist dieser letzte Punkt von Gewicht; Demokratie als rechtlich geregeltes Verfahren politischer Willensbildung verliert an Boden, wenn es den zur Teilnahme an diesem Verfahren berufenen Parteien nicht gelingt, solche Strömungen aufzufangen und

sich zu integrieren. Die Kritik an der repräsentativen Demokratie, die im letzten Jahrzehnt vom radikalen Flügel der Sozialisten unter Berufung auf Marx propagiert wird, findet unter solchen Umständen vor allem in der jungen Generation offene Ohren. Mir erscheint die Diskussionsgrundlage paradox; gerät schon ein gewähltes Parlament mit hauptberuflichen Abgeordneten angesichts der Komplexität der zu lösenden Probleme an die Grenzen seiner Leistungsfähigkeit, so ist es bare Illusion zu glauben, eine direkte Rätedemokratie mit imperativem Mandat von der Basis her könne diesen Problemen gewachsen sein. Karl Marx' Freude an der Pariser Kommune von 1871 kann nicht das Losungswort für die von uns heute zu lösenden Aufgaben bilden. Eine andere Frage ist, ob das Grundgesetz mit dem von ihm eingerichteten Parteienmonopol nicht doch zu weit gegangen ist, ob also der Ausschluß von Volksabstimmungen über alle Sachfragen eine weise Entscheidung war. Werden die Parteien des bestehenden Unmuts nicht Herr, sollte an Ventile gedacht werden.

Es gibt die Erfahrung, daß dieser Staat und die ihn tragenden Prinzipien und Institutionen von vielen, vor allem jungen Menschen nicht nur kritisiert, sondern in Bausch und Bogen abgelehnt werden. Es handelt sich offenbar um einen Vorgang der Entfremdung, dessen Verständnis und Bewertung daran hängt, daß man verschiedene Stufen der Intensität klar unterscheidet. Der Unmut, der sich in Bürgerinitiativen äußert, betrifft einzelne Sachfragen und reibt sich am organisatorischen Gefüge der Demokratie, stellt aber den Konsens über die Grundwerte, der ihre Grundlage bildet, nicht in Frage. Dieser Konsens verträgt sich auch noch mit einem tiefer gehenden Dissens über Erhaltung oder Reform der bestehenden Wirtschafts- und Gesellschaftsordnung. Ich erinnere dazu noch einmal an die Antinomien im Normenbestand unseres Grundgesetzes und den hiernach gegebenen Spielraum für politische Entscheidungen. Kritik an der geltenden Ordnung, auch radikale sozialistische Kritik braucht also den Konsens nicht zu sprengen, vorausgesetzt, daß sie ohne Anspruch auftritt, im Besitz der absoluten Wahrheit zu sein, sich also nach den Spielregeln der Demokratie einer offenen Auseinandersetzung stellt, damit auch zur Kenntnis nimmt, was Staat und Wirtschaft heute an sozialen Leistungen erbringen und was die wirtschaftlichen Grundlagen unseres Wohlstandes sind, und vorausgesetzt schließlich, daß sie auf einen freiheitlichen Sozialismus zielt, den zu verwirklichen freilich bisher noch nirgends gelungen ist.

Anders steht es dagegen da, wo die Kritik in eine Haltung des Protestes und der Verweigerung übergeht, wo marxistische Doktrin zum unbezweifelbaren Dogma erhoben und die aggressiven Parolen des Klassenkampfes und der revolutionären Systemveränderung verkündet werden. Hier ist der Konsens über die Grundwerte aufgekündigt, die freiheitliche Demokratie in ihrem Fundament in Frage gestellt und der Rechtsstaat nur als Waffe gegen die Verteidiger der Demokratie mißbraucht. Seit den sechziger Jahren ist deutlich geworden, daß sich ein beträchtlicher Teil der jungen Intellektuellen bürgerlicher Herkunft auf diesen Weg der grundsätzlichen Ablehnung hat verlocken lassen. Im Vordergrund unserer Sorge steht heute die Haltung der zahlenmäßig kleinen Gruppe junger Menschen, die den Verzweiflungsschritt von der Ablehnung zum brutalen, verbrecherischen Terrorismus vollzogen haben oder zu vollziehen bereit sind.

Darum wird auch die öffentliche Diskussion gegenwärtig von der Frage beherrscht, was jetzt zum Schutze des Staats und seiner Bürger geschehen muß und geschehen kann, ohne daß die Demokratie zum Polizeistaat degeneriert. Nicht in diesen Auseinandersetzungen, auch nicht im Terrorismus selbst, der ja in vielen Ländern der Erde auftritt, manifestiert sich eine Krisenlage unserer Demokratie, sondern in dem dahinterliegenden Phänomen jener Entfremdung und Ablehnung, mit denen so viele, vorwiegend junge Menschen, diesem politischen Gemeinwesen gegenüberstehen. Der Verzweiflungsschritt zum Terrorismus ist nur ein extremer, in keinem Sinne zwangsläufiger oder mit Wahrscheinlichkeit zu erwartender Ausdruck dieser Haltung; viel verbreiteter sind andere Formen des Rückzugs aus der Mitverantwortung bis hin zu den Erscheinungen der Wohlstandsverwahrlosung, die wir an unseren Schulen und Hochschulen beobachten.

Wenn wir den Satz in der Erklärung des Rats der Evangelischen Kirchen in Deutschland (EKD) vom 16. September, daß das Aufkommen des Terrorismus in unserem Land auf Versäumnisse und Fehlentwicklungen hinweise, an denen alle Gruppen unserer Gesellschaft beteiligt seien, nicht als Ausweichversuch mißverstehen, sondern ernst nehmen wollen, müssen wir den Ursachen jener Entfremdung in ihrer ganzen Breite nachgehen und müssen nicht nur auf Abwehr gegen den Terrorismus, sondern auf Heilung des Krisenherdes sinnen. Offenbar hat das Übel viele Wurzeln. Da ist das Elend der deutschen Geschichte, das nach 1945 das Bewußtsein verpflichtender Kontinuität und die Bildung eines neuen Nationalbewußtseins so schwergemacht hat. Da war der erfolgreiche wirtschaftliche Wiederaufbau, der dem Wohlstands-, Anspruchs- und Sekuritätsdenken Vorrang vor den Pflichten gegenüber dem Gemeinwohl verschafft hat. Da war bei uns wie in anderen modernen Industriegesellschaften der rasche soziale Wandel, verbunden mit einem Abbau hergebrachter Werthaltungen, aber ohne daß es bisher gelungen wäre, die entstandene Leere und Orientierungslosigkeit, in der nur ein bindungsloses Freiheitsverlangen übrigblieb, durch gemeinsam anerkannte Richtpunkte und Zielvorstellungen neu zu füllen.

Die Aufzählung von Ursachen ließe sich fortsetzen, aber die genannten Faktoren in ihrer Häufung können wohl schon erklären, warum in der Bundesrepublik ein vielfach verschärfter Generationskonflikt entstanden ist, der viele von denen, die nicht mehr an der Wiedererrichtung unserer Demokratie nach 1945 beteiligt waren, bis heute davon abhält, sich mit ihr zu identifizieren und ihr jene kritische Sympathie entgegenzubringen, für die der Bundespräsident in seiner Tübinger Rede geworben hat. Offenbar sind große, im weiteren Sinne erzieherische Anstrengungen nötig, um eine weitverbreitete geistige und moralische Verwirrung zu steuern und den im Ansatz großartigen Impuls dieser jungen Menschen zur Solidarität von den illusionären Fernzielen wieder zurückzulenken zur konkreten Mitverantwortung im Nahbereich und in unserer politischen Gemeinschaft.

Erziehung unter der Kontrolle der Selbstkritik, das müßte auf diesem Felde der Praxis politischer Ethik auch die Aufgabe der evangelischen Kirche sein. Sie verfügt — trotz Gemeinde- und Synodalprinzip — jedenfalls im Luthertum über keine alte Tradition demokratischer Lebensformen. Sie hat andererseits in vielen ihrer nach 1945 maßgebenden Männern die in der vorausgegangenen Kirchenkampfzeit eingeübte Abwehrhaltung gegenüber dem Staat nie ganz überwunden. Darum findet sie schwer zu einer unbefangenen Haltung kritischer Solidarität mit dem heutigen Staat, die auch ihr zukäme. Überdies ist sie bis heute selbst tief verstrickt in den verschärften Generationskonflikt. Aus allen diesen Gründen kann sie dem Staat nicht als die ihm an Umsicht, Erfahrung und Kraft überlegene Institution zur Hilfe kommen.

Aber sie bewahrt in all ihrer Schwachheit einen Schatz an Einsichten in die Voraussetzungen des Menschseins in dieser Welt, die ihre Mitwirkung wertvoll, ja unentbehrlich machen, wenn es darum geht, den Grundwerten einen existentiellen Sinn zu geben, der menschliches Zusammenleben zu tragen vermag.

DER »RADIKALEN-ERLASS«. PRÜFSTEIN EINES DEMOKRATISCHEN RECHTSSTAATS?

Das politische Klima in der Bundesrepublik ist seit einigen Jahren durch einen Unruheherd gestört, der immer wieder hitzige Auseinandersetzungen in der Öffentlichkeit hervorruft, der den seit der studentischen Protestbewegung in der zweiten Hälfte der sechziger Jahre manifest gewordenen Graben zwischen den Generationen unheilvoll zu vertiefen droht und dessen Ursachen und Wirkungen auch wohlwollende ausländische Beobachter unseres politischen Weges besorgt machen. Es ist der Komplex staatlicher Maßnahmen, der mit dem Stichwort des »Radikalen-Erlasses« oder dem von seinen Gegnern erfundenen Kampfwort des »Berufsverbots« nur ungenau und verfälschend bezeichnet wird. Gemeint sind die Maßnahmen, die den Eintritt von Personen in den öffentlichen Dienst oder ihr Verbleiben in diesem Dienstverhältnis vom Ergebnis einer politischen Prüfung abhängig machen, deren Ziel es ist, »Extremisten« von rechts oder links, von denen keine Treue zur Verfassung erwartet werden kann, von diesem Dienst fernzuhalten.

Es kann nicht der Sinn einer Behandlung dieses Themas in dieser Zeitschrift sein, alle politischen und rechtlichen Fragen, die durch diese Maßnahmen aufgeworfen und im politischen Meinungsstreit diskutiert werden, vollständig auszubreiten und zu ihnen allen Stellung zu nehmen. Ich sehe meine, die Stoffauswahl begrenzende Aufgabe darin, diese Vorgänge *als ein die politische Ethik berührendes Exempel einer Konfliktsituation* deutlich zu machen, in die uns der Wille der diesen Staat bis heute tragenden politischen Kräfte geführt hat, eine *pluralistische*, aber *zugleich wertgebundene Demokratie* nach rechtsstaatlichen Grundsätzen zu verwirklichen und zu verteidigen.

Auch in dieser Begrenzung können wir jedoch nicht davon absehen, zunächst einmal den Sachverhalt, um den es geht, in geraffter Kürze zur Kenntnis zu nehmen. Erst dann lassen sich die uns interessierenden Fragen herausarbeiten.

Der Rat der EKD hat Anfang August 1978 eine von der Kammer f. Öffentliche Verantwortung auf Wunsch der Synode ausgearbeitete Stellungnahme zu diesem Fragenkomplex veröffentlicht. Sie sollte in erster Linie den Leitungen der Gliedkirchen als Orientierungshilfe für Gespräche mit den zuständigen Länderbehörden dienen, hat aber durch die Veröffentlichung (in epd-Dokumentation Nr. 34/1978, vom 7. 8. 1978) auch den Charakter eines maßgeblichen kirchlichen Worts erhalten. Es hat als solches wegen seines Strebens nach Versachlichung und Mäßigung bei den großen Parteien überwiegend höfliche Zustimmung, in der weiteren kirchlichen und außerkirchlichen Öffentlichkeit aber auch herbe Kritik erfahren. Auf diese ausführliche Stellungnahme sei hier verwiesen. Ich habe daran als Mitglied der Kammer mitgewirkt und habe keinen Grund, mich von ihr zu distanzieren, meine aber im folgenden einige Akzente etwas anders setzen zu sollen. Auch der Sachverhalt hat sich seitdem in mehrfacher Hinsicht verändert.

I.

Im Januar 1972 beschlossen die Regierungschefs der Länder zusammen mit dem Bundeskanzler (damals *Willy Brandt*) in einer gemeinsamen Besprechung auf Vorschlag der Ständigen Konferenz der Innenminister der Länder, die in den geltenden Beamtengesetzen des Bundes und der Länder übereinstimmend enthaltenen Bestimmungen, die die im Verfassungsrecht festgelegte *Treuepflicht der Beamten* in politischer Hinsicht konkretisieren, künftig schärfer als bisher und nach einheitlichen Grundsätzen anzuwenden. Es sind die Bestimmungen, wonach in das Beamtenverhältnis nur berufen werden darf, »wer die Gewähr dafür bietet, daß er jederzeit für die freiheitliche demokratische Grundordnung im Sinne des Grundgesetzes eintritt«, und wonach Beamte verpflichtet sind, »sich aktiv innerhalb und außerhalb ihres Dienstes für die Erhaltung dieser Grundordnung einzusetzen«. Der Beschluß schuf also nicht neues Recht, wie der Ausdruck »Radikalen-Erlaß« vermuten läßt; dazu wären die Teilnehmer der Besprechung gar nicht befugt gewesen. Er erinnerte in einer Situation, in der die Regierungen fürchteten, daß zunehmend Personen in den öffentlichen Dienst drängten, die als Anhänger »extremistischer« Ideologien verfassungswidrige Ziele verfolgen, an jene im geltenden Beamtenrecht vorgesehenen Schranken und versuchte, durch Aufstellung einiger weniger *Verfahrensgrundsätze* eine gleichmäßige Anwendung jener Beamtenrechtsnormen in Bund und Ländern sicherzustellen.
Die mahnende, die Aufmerksamkeit der verantwortlichen Regierungsstellen und gesetzgebenden Körperschaften aktivierende Funktion des Beschlusses erwies sich als wirksam. Bund und Länder erließen je für sich zur Ausfüllung jener gemeinsamen Grundsätze Verfahrensvorschriften, die vor allem die politische Prüfung als Voraussetzung für die Anstellung im öffentlichen Dienst betreffen. Aber obwohl diese Vorschriften, jedenfalls anfänglich, nahezu gleich lauteten, ergaben sich doch bald deutlich und zunehmend größer werdende Unterschiede in ihrer Anwendung. Diese Unterschiede betreffen Verfahrensfragen, aber auch die maßgebenden Kriterien der Beurteilung, so etwa

die Bewertung von früheren Aktivitäten von Bewerbern während ihrer Studienzeit als Mitglieder oder Mitläufer linksradikaler Organisationen oder demonstrativer Aktionen, also die Frage, ob und unter welchen Voraussetzungen sich daraus Schlüsse hinsichtlich der gegenwärtigen und künftigen Verfassungstreue des Bewerbers ziehen lassen. Umstritten war und ist vor allem bis heute die Frage, ob schon die *Mitgliedschaft in einer kommunistischen Partei* — vor allem der DKP —, deren Ziele nicht mit der vom Grundgesetz gewollten freiheitlichen, pluralistischen und rechtsstaatlichen Demokratie übereinstimmen, die mangelnde Verfassungtreue eines Bewerbers hinlänglich belegt, oder erst ein *aktives öffentliches Eintreten* für die Ziele dieser Partei. Die Frage ist verknüpft mit verfassungsrechtlichen Zweifeln. Art. 21 Abs. 2 GG behält dem Bundesverfassungsgericht die Aufgabe vor, eine politische Partei — auf Antrag eines Bundesorgans nach §§ 43ff. BVerfGG — für verfassungswidrig zu erklären. Für die DKP ist, anders als für die alte KPD, ein solches Parteiverbot bisher nicht beantragt und demzufolge auch nicht ausgesprochen worden. Danach steht es Bürgern unseres Staates, denen die Grundrechte der Glaubens-, Gewissens- und Bekenntnisfreiheit (Art. 4 GG) und der freien Meinungsäußerung (Art. 5 GG) verfassungsrechtlich gewährleistet sind, bis heute frei, passive oder tätige Mitglieder einer solchen, nicht verbotenen Partei zu sein. Wie verhält sich dann die Pflicht der Beamten zur Verfassungstreue zu dieser Freiheit?

Einige der rechtlichen Zweifelsfragen sind inzwischen durch *zwei Entscheidungen des Bundesverfassungsgerichts* von 1975 und 1977 (BVerfGE 39, 334ff. und 46, 43ff.) geklärt worden. So steht nun mit bindender Wirkung jedenfalls für die Gerichte in der zuletzt erwähnten Frage fest, daß die aus dem freiwillig eingegangenen Beamtenverhältnis folgenden besonderen Treuepflichten vor den grundrechtlichen Freiheiten des Bürgers Vorrang haben, und daß insoweit auch die Betätigung für zwar nicht verbotene, aber in ihrer Zielsetzung verfassungswidrige Parteien als unvereinbar mit jenen Treuepflichten gelten kann. In anderen Fragen dagegen sind die Ausführungen des Gerichts — auf die am Ende noch einmal zurückzukommen sein wird — weniger eindeutig, so daß neuer Streit um ihre Auslegung und Tragweite entstanden ist. Die 1974 eingeleiteten Bestrebungen der Bundesregierung und, unabhängig davon, des Bundesrats, also der Länderkammer, durch ein Bundesgesetz wenigstens in den Verfahrensfragen der Überprüfung ein einheitliches Vorgehen in Bund und Ländern zu sichern, scheiterten an einem nicht zu überbrückenden Dissens zwischen der die sozial-liberale Koalitionsregierung tragenden Mehrheit des Bundestages und der von der Opposition, also der CDU/CSU bestimmten

Mehrheit der Stimmen im Bundesrat. Seitdem verstärken sich in wachsendem Maße die Unterschiede in der Überprüfungspraxis für den öffentlichen Dienst, zumal neuerdings in den die sozialliberale Koalition tragenden Parteien, also der SPD und der F.D.P., grundsätzliche Bedenken gegen den bisher eingeschlagenen Weg so stark geworden sind, daß die Bundesregierung und einige von der gleichen Koalition getragene Länderregierungen sich, jeweils für ihren Verantwortungsbereich, zu einschneidenden Änderungen des seit 1972 gehandhabten Prüfungsverfahrens ab 1. April 1979 entschlossen haben. Darauf wird im folgenden noch einzugehen sein.
Keine Einheitlichkeit besteht im Umfang der *Einbeziehung von Angestellten und Arbeitern*, d. h. der öffentlichen Bediensteten ohne Beamtenstatus, und vollends nicht hinsichtlich der Überprüfungspraxis der Gemeinden.

Daß die großen Kirchen, ungeachtet ihrer Rechtsstellung als Körperschaften öffentlichen Rechts, den hier dargestellten Regeln nicht unterliegen, sei nur zur Abwehr eines mehrfach geäußerten Verdachts angemerkt. Auch sie stehen freilich vor der Frage, ob junge Theologen, die sich für den marxistischen Kommunismus entschieden haben, etwa auch der DKP beigetreten sind, als Pfarrer im kirchlichen Gemeindedienst verwendet werden können und sollen. Aber das staatliche Recht ist keine Grundlage für die Antwort der Kirchen; für sie geht es um die Vereinbarkeit nicht mit den Prinzipien unserer Demokratie, sondern mit dem christlichen Glauben und dem Auftrag der Kirche.

— Die Aufgabe, verfassungswidrige Aktivitäten zu beobachten und Material über die daran beteiligten Personen zu sammeln, liegt bei den — von der polizeilichen Exekutive konsequent getrennten — Behörden des *Verfassungsschutzes*. Das 1972 eingeführte, jetzt nicht mehr einheitlich befolgte Prinzip der sogen. *Regelanfrage* bedeutet, daß bei allen Bewerbungen um eine Anstellung im öffentlichen Dienst die Anstellungsbehörde beim Verfassungsschutz anfragt, der mit Hilfe einer EDV-Anlage rasch feststellen kann, ob und wo ein »Vorgang« über den Bewerber gespeichert ist. Liegen »gerichtsverwertbare Tatsachen« vor, so wird die Anstellungsbehörde verständigt, die nun, regelmäßig nach Anhörung des Bewerbers, in einigen Ländern auch nach Stellungnahme einer dafür bestellten Kommission, diese Tatsachen zu bewerten und entsprechend zu entscheiden hat. Lehnt sie die Bewerbung wegen Bedenken hinsichtlich der Verfassungstreue des Bewerbers ab, was nach der von der Bundesregierung beschlossenen Reform jetzt bei Bundesbeamten nur durch den zuständigen Minister geschehen kann, so ist der Bescheid zu begründen. Dem Bewerber steht dagegen der Rechtsweg im Verwaltungsgerichtsverfahren offen.

Die Pflicht aller staatlichen Anstellungsbehörden, alle Bewerber um den öffentlichen Dienst in der geschilderten Weise zu überprüfen, hatte zur Folge, daß die Zahl der Anfragen bei den Verfassungsschutzämtern in die vielen Hunderttausende ging. Die Zahl der Fälle, in denen daraufhin dort gespeicherte »Erkenntnisse« mitgeteilt worden sind, ist regional unterschiedlich groß oder gering; auf das ganze Bundesgebiet bezogen traf es in weniger als 2% der Anfragen zu. Zu Ablehnungsentscheidungen haben sich solche Tatsachen-Mitteilungen wiederum in weniger als 5% dieser Fälle verdichtet. Das heißt, daß im statistischen Durchschnitt auf 10000 Bewerbungen nicht ganz eine Ablehnung aus den hier interessierenden Gründen kommt. Dabei bleibt offen, wie viele dieser Ablehnungen hinterher im Rechtsmittelwege revidiert oder auf andere Weise, etwa durch Übergang in ein anderes Bundesland umgewandelt werden. Erst recht beschränkt sich die Zahl der Entlassungen von Beamten aus dem öffentlichen Dienst wegen verfassungswidriger Betätigung — ein Rechtsakt, der ein förmliches Disziplinarverfahren voraussetzt — auf wenige Einzelfälle.

II.

Stellt man nach den zuletzt mitgeteilten statistischen Daten fest, daß das vor dem Eintritt in den öffentlichen Dienst ausgespannte politische Netz im Verhältnis zur Gesamtzahl der Bewerbungen und Anstellungen nur eine minimale Zahl von Bewerbungen abwehrt, so ist man versucht, entweder das ganze Netz und den dafür eingerichteten Apparat für überflüssig zu erklären oder die Erregung, die darüber in der Öffentlichkeit herrscht, als weit übertriebene Stimmungsmache abzutun. Beide Schlüsse wären falsch. Um das zu begründen, wende ich mich im folgenden zunächst den Argumenten zu, die für das Netz sprechen.

1. Wie die kurze Darstellung des Sachverhalts gezeigt hat, verdeckt das gängig gewordene Stichwort »Radikalenerlaß« zwei wesentliche Fakten. Der Beschluß von 1972 schuf nicht neues Recht, sondern sollte nur die konsequente *Anwendung längst bestehenden Beamtenrechts* anmahnen. Es ging auch nicht darum, bei Angehörigen des öffentlichen Dienstes jede »radikale« politische Gesinnung und eine daraus etwa folgende, auch öffentliche Kritik an staatlichen Einrichtungen, an Regierungen und Parteien zu unterbinden. Sichergestellt werden sollte nur, daß bei solcher Kritik die Grundlagen der Verfassung unseres politischen Gemeinwesens nicht angegriffen, sondern verteidigt werden. Im offi-

ziellen Sprachgebrauch spricht man daher heute nicht von Radikalen, sondern von »Extremisten« als den Gegnern der bestehenden verfassungsmäßigen Ordnung. Damit ist das Problem einer verläßlichen Grenzziehung zwischen Kritik und Angriff auf die Grundlagen natürlich nicht gelöst, aber doch die Richtung des Vorgehens im Sinne einer *Beschränkung der Abwehrmaßnahmen* angedeutet.

Die zitierten beamtenrechtlichen Bestimmungen stammen aus dem Anfang der 50er Jahre, stehen also in einem engen zeitlichen und ideellen Zusammenhang mit den Vorgängen bei der Gründung der Bundesrepublik und der Entstehung des Grundgesetzes. Daß es im früheren Beamtenrecht der Weimarer Republik und, unter anderen Vorzeichen, in dem der NS-Periode vergleichbare Bestimmungen gab, entwertet die jetzt geltenden nicht, denn mit ihnen wurde nicht gedankenlos altes Recht übernommen, sondern eine ebenso bewußte politische Entscheidung getroffen, wie sie auch das Grundgesetz selbst kennzeichnet: Der Parlamentarische Rat und die hinter ihm stehenden Parteien und führenden Politiker wollten nach den bitteren Erfahrungen der vorausgegangenen 30 Jahre den neuen Staat als eine an bestimmte politische Grundwerte gebundene und zu deren Verteidigung fähige, abwehrbereite Demokratie schaffen. Es lag in dieser Linie, daß die erste Bundesregierung unter Adenauer 1951 beim Bundesverfassungsgericht gemäß Art. 21 Abs. 2 GG ein Verbot der KPD und der rechtsextremistischen SRP beantragte und erreichte (BVerfGE 5, 85ff. und 2, 1ff.). Doch schwand allmählich in dem Maße, in dem in der Bevölkerung die Erinnerung an die Jahre der Unfreiheit verblaßte und der Wohlstand zunahm, auch das Bewußtsein, die inzwischen stabilisierte Demokratie gegen innere Gegner schützen zu müssen. Demgemäß fanden auch politische Prüfungen von Bewerbern für den öffentlichen Dienst nur noch ausnahmsweise statt, etwa zur Spionage-Abwehr gegenüber Infiltrationsversuchen vom Osten her.

Im Vergleich mit diesem Zeitabschnitt einer (relativen) Sorglosigkeit im Umgang mit »Extremisten« von rechts oder links bedeutete der Beschluß von 1972, auch wenn er sich auf längst bekanntes altes Recht stützen konnte, nun doch für die Praxis der Einstellung von Bewerbern im öffentlichen Dienst eine einschneidende Änderung. Das Motiv der Politiker waren neu erwachte Befürchtungen für die Stabilität des politischen Systems in der Bundesrepublik. Sie waren ausgelöst durch die *studentische Protestbewegung,* die 1967 bei uns einsetzte, sich zunächst in tumultartigen Szenen innerhalb und außerhalb der Universitäten austobte, dann aber etwa von Herbst 1969 an ihren Charakter änderte, teils weil sich die radikalen politischen Gruppen untereinander zerstritten, teils weil die führenden Kräfte einsahen, daß sie sich mit den bisherigen gewaltsamen Methoden nur von der Bevölkerung isolierten und allenfalls eine Mitbestimmung im Hochschulbereich erkämpfen, aber niemals eine politische Umwälzung erreichen konnten. Ihre Parole war nun, den Weg zur politischen Macht im »langen Marsch durch die Institutionen« zu suchen. Diese Parole rief die Politiker auf den Plan, die lange die Sprengkraft der marxistisch orientierten Bewegung über die Universitäten hinaus nicht hatten wahrhaben wollen. Diesen Politikern waren noch die »legalen Methoden« in Erinnerung, mit denen Hitler 1933 zur Macht gekommen war. Um einer Wiederholung solcher Vorgänge vorzubeugen, entschlossen sie sich, vor den Eintritt in den öffentlichen Dienst, der noch immer das Studienziel eines großen Teils der deutschen Studenten bildet, jenes oben geschilderte politische Netz aufzuspannen, um Extremisten unter den Universitäts-Absolventen den Zugang zu verwehren.

Gegen diese Darstellung läßt sich einwenden, daß die studentische Protestbewegung ja keineswegs auf die Bundesrepublik beschränkt war, sondern die meisten unserer europäischen Nachbarländer (um nur sie zu nennen) erfaßt hat. Warum kommen diese Länder ohne vergleichbare Abwehrmaßnahmen aus?

Eine sorgfältige Antwort müßte von Land zu Land dem Umgang mit diesem Problem nachgehen. Generell läßt sich sagen, daß die nachwirkenden Erfahrungen unserer Geschichte, aber auch die geographische Nachbarschaft zum kommunistischen Herrschaftsbereich in Osteuropa bei uns eine erhöhte Sensibilität in diesen Fragen erzeugt hat, wo andere Länder unbekümmerter politische Risiken eingehen oder, wie Frankreich oder Italien, im Blick auf starke kommunistische Parteien im Lande ein dem unseren vergleichbares Prüfungssystem politisch nicht durchzusetzen vermöchten. Dazu kommt aber, daß das unserer Demokratie eingestiftete Prinzip der Rechtsstaatlichkeit uns dazu nötigt, die Ablehnung eines des Extremismus verdächtigen Bewerbers, die in anderen Ländern mit leichter Hand und ohne Begründung möglich ist, als einen mit Rechtsmitteln anfechtbaren, daher von der Anstellungsbehörde mit beweisbaren Tatsachen zu begründenden Verwaltungsakt aufzufassen, obwohl ein Anspruch auf Anstellung nicht besteht. Diese Doktrin dient dem Schutz des Bewerbers, aber sie führt zugleich zu einer Formalisierung des Verfahrens, das in die langsamen Mühlen der Bürokratie gerät.

2. Das Prinzip der Rechtsstaatlichkeit steht auch hinter dem seit 1972 praktizierten Grundsatz, alle Bewerber um den öffentlichen Dienst ohne Unterschied der angestrebten Stellung dem politischen Prüfungsverfahren zu unterziehen. Man beruft sich dafür auf den Wortlaut der oben wiedergegebenen, in der Tat generell und strikt gefaßten Bestim-

mungen des Beamtenrechts, im übrigen auf das *Gebot der Gleichbehandlung gleicher Tatbestände.* Angesichts der Ausdehnung der Staatstätigkeit auf alle Lebensbereiche, auch in Gestalt von Dienstleistungsbetrieben wie Post, Bahn und dgl., und des Bedarfs nicht nur an verantwortlich leitenden, sondern an einem Heer von unteren und mittleren, ausführenden Bediensteten schwillt dadurch die Zahl der Prüfungsverfahren so an, daß eine Formalisierung und Bürokratisierung vollends unvermeidlich ist. Die mitgeteilten statistischen Daten mit ihrer minimalen »Erfolgsquote« drängen zu der Frage, ob hier nicht nach dem Grad des zu erwartenden Risikos differenziert werden könnte und müßte. Dafür bieten sich zwei Gesichtspunkte als Kriterien an. Behält man im Blick, daß es die studentische Protestbewegung war, die 1972 den Stein ins Rollen brachte, daß also von den Hochschulen die präsumptiv »Belasteten« kommen, während die Ergebnisse aller politischen Wahlen zeigen, daß extremistische Parteien in der Breite der Wählerschaft keinen Anklang finden, so läßt sich an eine *Beschränkung der Verfahren auf den eine akademische Ausbildung voraussetzenden höheren Dienst* denken. Der andere, damit sich teilweise deckende Gesichtspunkt könnte der der politischen Relevanz der Aufgabe sein, für die der Bewerber eingestellt werden soll. Die These, der Rechtsstaat lasse eine solche Differenzierung nicht zu, überzeugt nicht. Sie übersieht, daß man sich bis 1972 in weitem Umfang damit begnügt hat, die Verfassungstreue ohne Prüfung zu vermuten. Selbst das Prüfungsverfahren kommt ohne solche Vermutungen nicht aus. Liegen keine »Erkenntnisse« des Verfassungsschutzes vor und gibt der Bewerber auch nicht auf andere Weise eine verfassungswidrige Gesinnung zu erkennen, so besteht kein Ablehnungsgrund.

Einen anderen Weg zur Einschränkung der Zahl der Prüfungsverfahren schlägt die Anfang 1979 von der Bundesregierung für die Einstellung von Bundesbeamten beschlossene Reform ein, die voraussichtlich auch von den ihr in der politischen Richtung nahestehenden Länderregierungen übernommen werden wird. Sie verzichtet darauf, für alle Bewerber die Regelanfrage beim Verfassungsschutz zu halten, und sieht dessen Einschaltung nur vor, wenn die Einstellungsbehörde selbst glaubt, Anhaltspunkte dafür zu haben, daß an der Verfassungstreue des Bewerbers zu zweifeln ist. Praktisch bedeutet das, wenn schon mit einer Mahnung zu erhöhter Wachsamkeit, die Rückkehr zu dem vor 1972 als Regel befolgten *Prinzip einer positiven Vermutung für Verfassungstreue.*

3. Die eigentliche Crux der politischen Prüfung ist die Aufgabe, verläßliche, objektiv feststellbare *Kriterien* für die vom Gesetz geforderte Verfassungstreue des Bewerbers zu finden. Die Praxis der Einstellungs-

behörden und Gerichte hilft sich damit, daß sie negative, die Treue in Frage stellende Tatsachen aufspießt und es dem Bewerber überläßt, den dadurch erweckten Zweifel auszuräumen. Oft stehen ihm dafür nur verbale Beteuerungen zu Gebote. Er gerät dadurch in eine Lage, wie sie aus den Entnazifizierungsverfahren der Nachkriegsjahre in unerfreulicher Erinnerung steht. Aber es geht ja nicht nur um Beweisschwierigkeiten. Vielmehr läßt sich nicht eindeutig ausmachen, welche Tatsachen für die Beurteilung des Bewerbers relevant sind. Das uns aus dem Strafrecht geläufige rechtsstaatliche Erfordernis klar umschriebener Tatbestände, die als Straftaten zu sühnen sind, kann hier nicht erfüllt werden. Denn Gegenstand der Beurteilung sind nicht, wie dort, in der Vergangenheit liegende, abgeschlossene Handlungen, sondern ist die politische Überzeugung des Bewerbers und eine daraus abzuleitende Prognose seines künftigen Verhaltens. Alle »Erkenntnisse« des Verfassungsschutzes über früheres Verhalten sind nicht mehr als Indizien, Mosaiksteine für ein vom Beurteiler zu gewinnendes Gesamtbild.

Es ist verständlich, daß die Praxis dieser unbequemen Aufgabe auszuweichen versucht und danach strebt, handfeste Kriterien festzulegen. In diesen Zusammenhang gehört der erwähnte politische Streit um die Frage, ob die *Tatsache der Mitgliedschaft* eines Bewerbers in der DKP oder einer anderen K-Gruppe einen absoluten Ablehnungsgrund bilden soll. Die 1972 beschlossenen Grundsätze sagen dazu, eine solche Mitgliedschaft erwecke Zweifel an der Verfassungstreue, die in der Regel eine Ablehnung rechtfertigen. Immerhin müßte es danach möglich sein, die Zweifel auszuräumen. Noch deutlicher bezeichnet das Bundesverfassungsgericht in seiner Entscheidung von 1975 die Mitgliedschaft nur als eines unter mehreren, bei der notwendigen Gesamtbeurteilung der Persönlichkeit des Bewerbers zu berücksichtigenden Elementen. Es spricht ihm also eine absolut wirkende Sperrkraft klar ab und erklärt es auch für verfassungsrechtlich bedenklich, wenn etwa ein Gesetz einzelne konkrete Verhaltensweisen mit einer solchen Sperrwirkung belegen wollte. *Jeder Einzelfall sei gesondert zu entscheiden*, und die Gesamtbewertung könne sich nur »auf eine von Fall zu Fall wechselnde Vielzahl von Elementen und deren Bewertung gründen«. Die Prüfungspraxis hat danach kein leichtes Spiel. Ob übrigens den einzelnen »Elementen« auch im Hinblick auf die von einem Bewerber angestrebte Stellung ein unterschiedliches Gewicht zukommen kann, so daß der kommunistische Ministerialrat anders zu beurteilen wäre als der kommunistische Briefträger, wird vom Gericht nicht erörtert.

Das Bundesverfassungsgericht hat es auch abgelehnt, der Prüfungspraxis bei ihrer Suche nach sicheren Kriterien dadurch zu Hilfe zu kommen, daß es die Feststellung der Verfassungswidrigkeit einer Partei dem oben erwähnten formellen Verbotsverfahren nach Art. 21 Abs. 2 GG vorbehielt. Im Rahmen der vom Gericht für notwendig erklärten »Gesamtbewertung« aller Fakten hat also auch darüber jede Einstellungsbehörde oder das vom Bewerber angerufene Verwaltungsgericht nach eigenem Ermessen zu entscheiden — mit der unvermeidlichen Folge ärgerlicher Unterschiede in den Ergebnissen. Unter Verfassungsrechtlern ist streitig, ob das Gericht damit dem Sinn des Art. 21 gerecht geworden ist. Rechtlich zweifelhaft ist es aber auch, ob die Bundesregierung etwa durch Gesetz ermächtigt werden könnte, die Verfassungswidrigkeit politischer Organisationen mit bindender Wirkung für alle Einstellungsbehörden in Bund und Ländern festzustellen, ohne genötigt zu sein, das politisch wenig bequeme Verbotsverfahren nach Art. 21 GG in Gang zu setzen. Diese im juristischen Schrifttum diskutierten Rechtsfragen müssen hier auf sich beruhen; praktisch wäre übrigens ein politischer Konsens über ein solches Gesetz zwischen den Mehrheiten in Bundestag und Bundesrat gegenwärtig schwerlich zu erreichen. So wird es einstweilen weiterhin bei den berichteten Unterschieden der Beurteilung auch in diesem Punkt bleiben.

4. Zu den Beschwernissen des Prüfungsverfahrens gehört es schließlich, daß der *Zeitpunkt für die Beurteilung* der politischen Einstellung eines Bewerbers beim Eintritt in die Berufsarbeit, also regelmäßig in einem relativ jungen Alter liegt. Als Material für die Beurteilung eines Bewerbers bieten sich dann nur Fakten an, die sein Verhalten während seiner Studien- und Ausbildungszeit betreffen. Alle Lebenserfahrung lehrt aber, daß junge Menschen eine Sturm- und Drangzeit durchlaufen, in der sie auch sehr radikalen politischen Ideologien und Programmen leicht zugänglich sind. Aus solchen, meist stark emotional bestimmten und noch durch wenig Lebenserfahrung korrigierten Ideen, Äußerungen und Aktionen auf ihr künftiges politisches Verhalten im Rahmen einer mit eigener Verantwortung verbundenen Berufsarbeit schließen zu wollen, ist bedenklich. Auch das Bundesverfassungsgericht warnt deshalb davor, solchen Verhaltensweisen während der Jugendjahre ein zu großes Gewicht bei der Beurteilung zu geben. Andererseits läßt sich die Prüfung und Entscheidung nicht bis zum Ablauf einer reichlich bemessenen Bewährungszeit im öffentlichen Dienst aufschieben. Dem steht der Wortlaut jener beamtenrechtlichen Bestimmungen und die Eigenart des deutschen Beamtenrechts im Wege, das schon nach verhältnismäßig kurzer Probezeit eine lebenslängliche Anstellung als Regel vorsieht und selbst den auf Zeit oder Probe angestellten Anwärter im Ausbildungsverhältnis mit dem Status eines Beamten ausstattet. Die Anregung des Bundesverfassungsgerichts, davon

für Referendare im Justizdienst abzugeben, ist bisher vom Gesetzgeber nicht aufgegriffen worden.
Die Bundesregierung hat neuerdings in ihrem Beschluß zur Reform des Prüfungsverfahrens die Regel aufgestellt, daß belastende Tatsachen nur aus den letzten beiden Lebensjahren des Bewerbers und keinesfalls aus der Zeit berücksichtigt werden dürfen, in der der Bewerber noch nicht 18 Jahre alt war. Damit sind für den Geltungsbereich des Reformbeschlusses die genannten Beschwernisse wenn nicht voll behoben, so doch stark abgeschwächt.

III.

Den Gründen, die den Beschluß von 1972 und das seitdem praktizierte Verfahren verständlich machen, stehen nicht nur die geschilderten Schwierigkeiten und Zweifelsfragen gegenüber, die dem Verfahren bei allem Bemühen um rechtsstaatliche Sicherung anhaften, sondern mehr noch die bedenklichen *politischen Folgen*, die daraus entstanden sind. Ihnen müssen wir uns jetzt noch zuwenden.
1. Die Folgen lassen sich nicht allein an der oben berichteten Tatsache ablesen, daß die Zahl der endgültigen Ablehnungen, gemessen an der Gesamtzahl der Bewerbungen für den öffentlichen Dienst, minimal ist. Einmal wurde schon darauf hingewiesen, daß sich eine andere Verhältniszahl ergeben würde, wenn man — was die Statistik nicht ausweist — nur die Bewerbungen um den Eintritt in den höheren Dienst nach einem akademischen Studium in Betracht zöge, oder gar nur die Bewerbungen um die Einstellung als Lehrer an den öffentlichen Schulen aller Stufen des Bildungssystems, auf die die (relativ) größte Zahl der Ablehnungsbescheide entfallen dürfte. Vor allem aber sind für die politisch-psychologische Wirkung, von der hier die Rede sein muß, andere Faktoren von größerer Bedeutung als die (wenig bekannten) statistischen Daten.
Irritierend wirkt auf eine große Zahl junger Menschen schon allein der Zwang, sich vor der Einstellung in den öffentlichen Dienst einer politischen Prüfung unterziehen zu müssen. Niemand weiß im voraus, welche Fakten im eigenen Vorleben ein unbekanntes Verfassungsschutzamt der Beobachtung und Registrierung wert fand. Es kann gar nicht ausbleiben, daß sich abenteuerliche Vorstellungen von der Allgegenwart dieser Ämter bilden und von ängstlichen Gemütern geglaubt werden. Verstärkt wird dieser deprimierende Effekt durch die Erfahrung, daß die Bearbeitung der Prüfungsunterlagen in den Händen einer Bürokratie liegt, die nicht selten nach subalternen Gesichtspunkten urteilt

und jedenfalls das Risiko einer großzügigen Entscheidung mit einem Vorschuß an Vertrauen scheut. Die Folge ist, daß Fehlentscheidungen ergehen, die aus begreiflichem Ärger der Betroffenen in der Öffentlichkeit rasch eine größere Publizität erlangen als die gewiß wesentlich größere Zahl der sachgemäßen und vernünftigen Entscheidungen, von denen niemand spricht. Die Korrektur von Fehlentscheidungen im Rechtsmittelweg ist langwierig und mühsam; auch wenn sie im Ergebnis gelingt, kann sie den entstandenen psychologischen Schaden nicht mehr voll ausgleichen.

2. Das Unglück wollte es, daß der Beschluß von 1972 zeitlich zusammenfiel mit dem Ende einer Periode der wirtschaftlichen Expansion und der Vollbeschäftigung. Eine zäh sich ausbreitende, die Jugend besonders hart treffende *Arbeitslosigkeit* und ungünstige Berufsaussichten auch bei den sog. akademischen Berufen, die Verstopfung der Laufbahnen im öffentlichen Dienst drücken auf die Zukunftserwartungen der jungen Generation. Das gilt in besonderem Maße für die Lehramtsbewerber, für die bei nachlassendem Bedarf nur geringe Möglichkeiten des Ausweichens in andere Berufe bestehen. In dieser Situation ist die politische Prüfung der Mißdeutung ausgesetzt, als Mittel zur Reduktion des Andranges und zur Ausscheidung unbequemer Bewerber zu dienen. Aber auch wer dieser Legende nicht verfällt, sieht in dem ihm bevorstehenden Prüfungsverfahren und der dadurch geschaffenen Abhängigkeit von unwägbaren Ermessensentscheidungen staatlicher Behörden eine zusätzliche Erschwerung des Wegs in einen Beruf.

3. Es gilt also zu sehen, daß für das mit dem Beschluß von 1972 und seiner Verwirklichung angestrebte Ziel, Extremisten vom öffentlichen Dienst fernzuhalten, politisch ein hoher Preis bezahlt werden muß. Dabei interessiert nicht in erster Linie die kleine Zahl der — gerechtfertigt oder fehlerhaft — abgelehnten Bewerber, sondern die in die Breite gehende Wirkung, die das Prüfungsverfahren vor allem bei der jungen Generation hervorgerufen hat. Mit dem Vorbehalt, der gegen jede Generalisierung solcher Beobachtungen angebracht ist, kann man zwei typische Reaktionsweisen nennen, auf die ein aufmerksamer Beobachter vor allem, aber nicht nur an den Hochschulen stößt. Die eine ist die Haltung der auf Deckung bedachten Vorsicht, ja Ängstlichkeit in allen kritischen Äußerungen zu politischen Fragen. Da wird das politische Prüfungssystem als lastender seelischer Druck empfunden; er erzeugt eine rational nicht faßbare Angst, die über die Hochschulen hinaus bis in die Schulen vorkriecht. Resultat ist dann der vorsichtig angepaßte, zu selbständiger Verantwortung und Kritik nicht mehr bereite Staatsbürger und Beamte. Die andere, entgegengesetzte Reaktion ist eine, von den unmittelbar Betroffenen und ihren politischen Gesinnungsge-

nossen beharrlich geschürte, aber wie ein Flächenbrand sich ausbreitende Anklage gegen die Bundesrepublik, sie unterdrücke Grundrechte, treibe Gesinnungsschnüffelei und entwickle sich zum Polizeistaat, um das kapitalistische System zu retten. Wer diesen Parolen Glauben schenkt, wird vollends zur leichten Beute marxistischer Heilslehren.
Gemeinsam ist beiden Reaktionsweisen nicht nur, daß sie sich der Widerlegung mit Vernunftsgründen entziehen, sondern auch der in ihnen zutage tretende Verlust an Vertrauen in die Aufrichtigkeit des Willens der politisch führenden Kräfte zur freiheitlichen Demokratie, für die doch Kritik nicht nur eine widerwillig geduldete Regung ihrer Bürger, sondern ein Lebenselement ist. Die Gefahr ist nicht von der Hand zu weisen, daß die 1972 zum Schutze dieser Demokratie eingeführten Maßnahmen um eines zahlenmäßig sehr begrenzten Erfolges willen dieses für eine Demokratie unerläßliche Vertrauen in wichtigen Teilen der Bevölkerung, denen Sympathie mit Extremisten von Haus aus fernliegt, aufs Spiel gesetzt haben und am Ende gerade das Gegenteil dessen bewirken, was sie erreichen sollten.

IV.

Es war die Sorge vor den zuletzt genannten Gefahren, die die Parteien der sozialliberalen Koalition und die Bundesregierung jetzt veranlaßt haben, das Prüfungsverfahren in der geschilderten Weise zu reformieren, das heißt im praktischen Ergebnis auf Ausnahmefälle zu reduzieren. Aber es muß noch einmal betont werden, daß der Anwendungsbereich dieser Reform einstweilen nur Teile des Beamtenkörpers der Bundesrepublik erfaßt. Die Oppositionsparteien der CDU/CSU, die gegenwärtig die Regierung in sechs Bundesländern stellen, lehnen diese Reform ab und beharren auf dem seit 1972 eingeführten Verfahren, namentlich also der Regelanfrage beim Verfassungsschutz in allen Bewerbungsfällen. Sie schätzen die Gefahr, das Vertrauen der jungen Generation zu verlieren oder sie zu Duckmäusern zu erziehen, geringer ein, andererseits die Gefahr einer kommunistischen Unterwanderung der Beamtenschaft, namentlich im Schulbereich, höher ein als die Koalitionsparteien. Der 1972 in diesen Fragen hergestellte politische Konsens ist also zerbrochen.
Wie meine Ausführungen in Teil III erkennen lassen, teile ich in der Beurteilung der politischen Lage der Bundesrepublik und in der Abwägung zwischen den soeben mit Stichworten gekennzeichneten Gefahren die Auffassung der Parteien der sozialliberalen Koalition, je-

denfalls in den für unser Problem entscheidenden Punkten, und begrüße daher die von der Bundesregierung beschlossene wesentliche Lockerung des Prüfungsverfahrens. Indessen stehen für die vorliegende Untersuchung nicht diese politischen Bewertungsfragen im Vordergrund, die sich zu einem zentralen Streitpunkt der bundesdeutschen Innenpolitik ausgewachsen haben, sondern die die politische Ethik berührende Frage, welche Lehren sich aus den Erfahrungen mit der Ausführung des Beschlusses von 1972 für die Möglichkeit ergeben, eine wertgebundene Demokratie mit rechtsstaatlichen Mitteln zu verteidigen. Auf Grund der bisherigen Ausführungen sei versucht, diese Lehren in wenigen Thesen zusammenfassend zu formulieren:

1. Es entspricht dem *Prinzip der wertgebundenen Demokratie* und der aus der Situation der Bundesrepublik sich ergebenden Notwendigkeit, auf ihre Verteidigung gerade auch nach innen bedacht zu sein, daß die Beamtengesetze die Treue zur Verfassung zur Voraussetzung der Zugehörigkeit eines Bürgers zur Beamtenschaft machen. Dem Rechtsstaatsgebot ist in diesem Zusammenhang genügt, wenn die Entscheidung darüber im Einzelfall gerichtlich nachgeprüft werden kann. Insoweit besteht ja auch weiterhin Einigkeit zwischen Regierungs- und Oppositionsparteien. Das Bundesverfassungsgericht ging sogar soweit, diesen beamtenrechtlichen Bestimmungen Verfassungsrang zuzuerkennen. Auch die Erfahrungen seit 1972 geben keinen Anlaß, an ihnen zu rütteln.

2. Einigkeit besteht auch darüber, daß in Zeiten erhöhter innerer Gefahr für den Bestand der Demokratie erhöhte Wachsamkeit bei der Einstellung von Beamten geboten ist. Auch welche *Mittel* dazu tauglich sind, ob nach Beamtenkategorien differenziert werden soll, ob eine Anfrage beim Verfassungsschutz die Regel oder nur eine Ausnahme bilden soll, ist eine Frage der politischen Opportunität, der trotz des Lärms, der darüber entstanden ist, im Grunde doch nur zweitrangige Bedeutung zukommt. So erwünscht es politisch wäre, darin zu einheitlichen Verfahrensgrundsätzen im ganzen Bundesgebiet zu kommen, so ist doch die *Rechtsstaatlichkeit durch eine Verschiedenheit in der Wahl der Mittel nicht gefährdet*. Das Bundesverfassungsgericht hat denn auch keinen Grund gesehen, die Regierungen in Bund und Ländern in dieser Frage festzulegen.

3. Mißlich ist dagegen unter dem Gesichtspunkt der Rechtsstaatlichkeit der *hohe Grad von Unbestimmtheit der Kriterien*, die eine Verfassungsfeindlichkeit begründen, und sind die aus dieser Unbestimmtheit folgenden Ungleichheiten in der Behandlung von Fällen durch die Einstellungsbehörden und Verwaltungsgerichte. In dieser Hinsicht hat schon der Beschluß von 1972, wie sich bald gezeigt hat, eine Divergenz

der politischen Auffassungen nicht geklärt und entschieden, sondern verdeckt. Auch das Bundesverfassungsgericht ist mit seiner Formel von der Notwendigkeit einer Gesamtbeurteilung aller Elemente der Frage ausgewichen, ob nicht doch einige dieser Elemente einer näheren Präzisierung und einheitlichen Klärung zugänglich sind. Die gewiß zutreffende Feststellung, daß bei der hier geforderten Beurteilung künftigen Verhaltens eines Bewerbers ein Element allein, wie zum Beispiel die Parteizugehörigkeit zur DKP, nicht den Ausschlag geben darf, hätte das nicht ausgeschlossen. Die Folgen dieser Unbestimmtheit sind Rechtsunsicherheit und Ungerechtigkeit durch ungleiche Behandlung gleicher Tatbestände. Hier hat sich also ein beklagenswertes Defizit des Rechtsstaats ergeben. Leider läßt der inzwischen darüber ausgebrochene politische Streit auch nicht erwarten, daß die Lücke nachträglich durch eine Vereinbarung zwischen Bund und Ländern oder, noch besser, durch ein Bundesgesetz geschlossen wird. Solange das nicht gelingt, müssen die aus dem Mangel sich ergebenden politischen Schäden hingenommen werden. Den um den Rechtsstaat besorgten Bürger kann das nicht befriedigen. Aber auch er muß zugeben, daß diese Schäden immer noch geringer sind als die Gefahren, die bei einem Verzicht auf jede Verteidigung der Demokratie an dieser Stelle zu befürchten wären.

II. EIGENTUM UND MENSCHENRECHTE

JURISTISCHE TEXTE

GEDANKEN ZUR VERANTWORTUNG DER RECHTSWISSENSCHAFT

Seitdem die von der naturwissenschaftlichen Grundlagenforschung nicht beabsichtigte, ja nicht einmal geahnte, aber ermöglichte Herstellung von Atomwaffen die militärische und politische Weltlage radikal verändert hat, ist für unsere Generation die Frage nach der Verantwortung der Wissenschaft für die Folgen ihrer Erkenntnisse unüberhörbar gestellt. Keiner, der selbst forschend oder auch nur helfend oder fördernd am Fortgang der Wissenschaft beteiligt ist, kann sich ihr entziehen. Indessen hat die Diskussion der letzten zwanzig Jahre nur ein sicheres Ergebnis erbracht: daß die Frage nicht im raschen Zugriff mit einer einfachen Formel zu beantworten ist. Die Zahl der Glieder in der Kausalkette zwischen Erkenntnisakt und praktischer Anwendung einer Entdeckung ist meist zu groß, als daß eine direkte Zurechnung der Folgen möglich wäre, und solange die Antriebe zur Forschung und zur raschen Verwertung von Forschungsergebnissen im Dienste der Naturbeherrschung den Stil des Denkens und Handelns eines ganzen Zeitalters prägen, läßt sich darüber schlecht mit einzelnen, sei es auch bedeutenden Männern dieses Zeitalters im Tone persönlichen Vorwurfs rechten.

In dieser Lage tut es not, statt mit kurzschlüssigen Forderungen *die* Wissenschaft zu verklagen, behutsam Disziplin für Disziplin daraufhin abzuhorchen, wie sich das Grundproblem gerade ihr stellt, und welchen Beitrag zu seiner Lösung sie etwa leisten könnte. Nur ein Anfang dazu soll mit dem folgenden Versuch gemacht werden. Er ist einem Manne gewidmet, der dem Problem als Unternehmer, als Jurist und als großzügiger Förderer der Wissenschaft begegnet. Vielleicht sind ihm deshalb Gedanken zur besonderen Stellung meiner Disziplin, der Rechtswissenschaft, willkommen.

Auf den ersten Blick scheint es so, als seien die sogenannten Geisteswissenschaften, und mit ihnen die Rechtswissenschaft, von dem angedeuteten Verantwortungsproblem gar nicht betroffen. Entdeckungen neuer Stoffe und Kräfte der Natur oder neuer Möglichkeiten ihrer Nutzung sind nicht ihre Sache, und an der Entscheidung darüber, ob das solchermaßen erweiterte Wissen zum Segen oder Fluch der Menschheit gebraucht wird, sind sie als Wissenschaften nicht beteiligt. Aber der Schein trügt; zum mindesten muß vor einer generellen Entlastung dieser Seite ebenso nachdrücklich gewarnt werden wie vor einer generellen Belastung der reinen oder angewandten Naturwissenschaften. Die weltpolitische Rolle des dialektischen Materialismus etwa zeigt, welche politischen Wirkungen von einer im Gewande streng wissenschaftlicher Erkenntnis der Gesetzmäßigkeiten menschlichen Handelns auftretenden Sozialphilosophie ausgehen können. Auch liegt die Zeit noch nicht weit zurück, in der man uns die Rezeption des römischen Rechts in den Ländern nördlich der Alpen, also einen von rechtsgelehrten Juristen bewußt geförderten Vorgang der europäischen und speziell der deutschen Rechtsgeschichte, als einen verhängnisvollen Verrat an der deutschen Volksseele hat darstellen wollen. Es besteht also Anlaß, die Frage nach der Verantwortung auch außerhalb der Naturwissenschaften ernst zu nehmen.

Verständigen wir uns als erstes darüber, was Rechtswissenschaft ist. So alt die Disziplin ist, so schwer fällt es, ihr Wesen in einem Satz zu bestimmen. Ist es eine, in jahrhundertelanger Denkarbeit verfeinerte, aber im Grunde handwerkliche Kunstlehre, die die Fähigkeit ausbildet, vor Gericht zu argumentieren, Rechtssätze auszulegen, anzuwenden und fortzubilden, Gesetze und Verträge zweckentsprechend zu fassen? Oder eine Summe richterlicher Weisheit, die in intuitiver Erfassung der jeweiligen Situation die hergebrachten Denkformen und Formeln verwendet, um jedem das Seine zuzuteilen? Oder die Theorie des richtigen, wahrhaft gerechten Rechts, oder doch wenigstens eine Theorie der denknotwendigen Figuren, in denen das Recht sich unter Menschen manifestiert? Rechtswissenschaft ist von alledem etwas und manches mehr, was hier beiseite bleiben soll. Sie teilt die Vielgestaltigkeit der Aufgaben und Methoden mit anderen alten Disziplinen, wie etwa der Medizin, die aus den Bedürfnissen eines der in jeder menschlichen Gesellschaft wiederkehrenden, urtümlichen Berufe entstanden sind. Sie ist dem Zuge des abendländischen Geistes zur reinen Theorie gefolgt, kann sich aber nicht von der Aufgabe der Anwendung des jeweils geschichtlich gewordenen Rechts im menschlichen Zusammenleben lösen, kann darum auch nie reine »Professorenwissenschaft« werden. Wie die Medizin ist sie einem Berufsstand anvertraut, der ihre Erkenntnisse, das artikulierte und das unausgesprochene Wissen vom Recht zu bewahren, zu entwickeln und der nächsten Generation zu tradieren hat, und dessen Glieder wohl den kühnen Vorstoß zu neuen Lösungen rechtlicher Probleme wagen dürfen und sollen, aber dann auch gehalten sind, dafür den consensus der Standesgenossen zu erreichen, also durch »herrschende Meinungen« und »ständige Rechtsprechung« wieder für die dem Rechtsleben unentbehrliche Stetigkeit zu sorgen. Noch ein letztes Merkmal wäre zu nennen, das die Rechtswissenschaft von den meisten anderen Disziplinen, nun auch von der Medizin, klar unterscheidet: sie ist nach Gegenstand und Methode nicht Tatsachenwissenschaft — wenngleich sie als Rechtssoziologie und Rechtsgeschichte auch dorthin Wurzeln ausstreckt —, sondern Normwissenschaft; sie untersucht Sollenssätze, Postulate für menschliches Handeln in der Gemeinschaft und erstrebt als oberstes Ziel nicht Richtigkeit ihrer Erkenntnisse im Sinne zeitloser Allgemeingültigkeit, sondern eine im geschichtlichen Fortgang zu verwirklichende gerechte Ordnung des menschlichen Zusammenlebens. Dazu bedarf sie der ständigen Berührung mit den faktischen Lebensverhältnissen auf der einen, der philosophischen Besinnung auf die das Zusammenleben bestimmenden obersten sittlichen Grundsätze auf der anderen Seite, um mit Hilfe der dort gewonnenen Einsichten das geltende Recht in seinem Normengehalt, seinen Rechtsinstituten und Verhaltensregeln systematisch entfalten, aber auch kritisch bewerten und fortbilden zu können.

Für unsere Ausgangsfrage nach der Verantwortung dieser Wissenschaft scheinen mir drei Züge aus dem hier skizzierten Bild bedeutsam. Zunächst der pragmatische Charakter der Jurisprudenz, der sie nötigt, die Anwendung des Rechts im Einzelfall, die konkreten Probleme guter rechtlicher Ordnung nicht aus dem Blick zu lassen, und ihr damit zugleich ein Mittel in die Hand gibt, alle Theorien an der Frage ihrer Bewährung in der Rechtswirklichkeit zu verifizieren. Es hat Perioden der Wissenschaftsgeschichte gegeben, in denen bedeutende Köpfe und ganze Juristenschulen der Versuchung erlegen sind, das Recht als in sich geschlossenes, den Regeln formaler Logik gehorchendes Denksystem zu behandeln, das sich folgerecht aus wenigen Axiomen entwikkeln läßt. So fruchtbar manche dabei gewonnenen Erkenntnisse gewesen sein mögen, so wenig konnte die Wissenschaft dabei stehen bleiben. Die Folgen für das Rechtsleben zu bedenken, ist hier jeder Theorie aufgegeben; die Vorstellung, die Verwirklichung des Rechts gehe die Theorie nichts an, kann sich nicht lange halten. Diesem Sachverhalt entspricht es, daß Rechtswissenschaft niemals wertfreie Wissenschaft sein kann, sondern an Wertentscheidungen gebunden ist und selbst werten muß.

Damit hängt ein zweiter Zug dieser Wissenschaft zusammen: sie zielt nicht nur auf Erkenntnis und Anwendung des jeweils geltenden Rechts, sondern drängt darauf, es selbst mit zu gestalten, fortzuentwikkeln und den sich verändernden Lebensverhältnissen und Wertvorstellungen anzupassen. Dabei ist nicht nur an die beratende Rolle der Wissenschaft bei der Vorbereitung von Akten der Legislative zu denken. Rechtsfortbildung vollzieht sich heute in großem Ausmaß auch auf dem Kontinent durch die rechtsprechende Tätigkeit der Gerichte, deren Ergebnisse die Wissenschaft aufnimmt und kritisch verarbeitet, und in weniger sichtbarer, aber wirksamer Weise in der sogen. Kautelarjurisprudenz, also der Ordnung privater Rechtsverhältnisse durch Verträge, Satzungen und dergleichen. Der Umstand, daß die Wissenschaft auf solchen Wegen an den Gestaltungsaufgaben beteiligt ist und sich ihnen auch nicht entziehen darf, begründet ihre Mitverantwortung ungeachtet der Tatsache, daß die letzte Entscheidung über politisch relevante Sachfragen heute zumeist vom Parlament als Gesetzgeber getroffen wird.

Die dritte Eigentümlichkeit, an die hier zu erinnern ist, ist die Bindung der Rechtswissenschaft an ein berufsständisches Element. Sie ist einer der Gründe für die im Verhältnis zu anderen Fakultäten deutlich verstärkte innere Geschlossenheit der juristischen Fakultäten, aber sie erfaßt nicht nur diese. Sie verbindet den Theoretiker mit dem Praktiker des Rechts im Bewußtsein einer in sich differenzierten, letztlich aber gemeinsamen Aufgabe, der jeder Jurist verpflichtet ist. Zwar fehlt es leider an einer verbindlichen Formulierung dieser Pflicht, wie sie die Ärzte im hippokratischen Eid kennen, nachdem die früheren Promotionseide juristischer Fakultäten abgestorben sind. Das ethische Fundament ist darum schwach, aber es ist da und dient als Grundlage gegenseitiger, korrigierender Kritik und als Rückhalt gegenüber manchen, von außen an den Juristen gestellten Zumutungen.

Der Inhalt der hier gemeinten Pflicht wechselt je nach dem besonderen Funktionsbereich des einzelnen Juristen und je nach der von ihm zu behandelnden Sachfrage. Aber es gibt Grundprobleme des Rechts, die sich in nahezu allen Funktionsbereichen und Sachfragen immer wieder stellen, weil sie im Wesen des Rechts selbst angelegt sind. Zu ihnen gehört das Spannungsverhältnis zwischen Recht und Macht. Zu einer rechtsphilosophischen, soziologischen und historischen Analyse dieses Verhältnisses ist hier nicht der Ort. Ich will nur andeutungsweise beschreiben, wie sich in dieser Spannung die Verantwortung der Rechtswissenschaft konkretisiert.

Politische, ökonomische und gesellschaftliche Macht streben, wo immer sie auftreten, danach, sich das Recht als Instrument der Herrschaft über Menschen dienstbar zu machen. Das gilt für den Staat und die an der politischen Macht beteiligten Gruppen ebenso wie für die machtvollen Verbände und die großen Unternehmen. Solche Macht zu ignorieren oder gar auszulöschen, wie Idealisten das fordern, ist das Recht nicht imstande. Es bleibt eine hintergründige Wahrheit, daß es zu seiner Geltung auf die Hilfe der Macht geradezu angewiesen ist, daß aber auch diese zu ihrer Legitimierung nach dem Recht ruft. Es gibt zudem unzweifelhaft Teile der Rechtsordnung, in denen das Recht sich auf die Aufgabe beschränken darf, eine stabilisierte Machtlage möglichst zweckmäßig zu ordnen, also die ihm zugedachte instrumentale Rolle zu übernehmen. Eigenwert und Würde des Rechts zeigen sich in der Art, wie es gleichzeitig die Macht bändigt und ihr Schranken setzt. Das kann einmal dadurch geschehen, daß die Macht gewissermaßen kanalisiert, nämlich an die Wahrung rechtsstaatlicher Formen und Verfahrenssätze gebunden und richterlicher Kontrolle unterworfen wird. Schon die Verhinderung willkürlichen Machtgebrauchs und vollends ihres Mißbrauchs auf Kosten schutzwürdiger Interessen schwächerer Gruppen ist ja ein Sieg des Rechts. Darüber hinaus aber bleibt es Sache des Rechts, die in der Rechtsgemeinschaft anerkannten Prinzipien materialer Gerechtigkeit der Macht gegenüber zur Geltung zu bringen und zu sichern.

Was hier abstrakt als Zuordnung und Gegensätzlichkeit von Recht und Macht beschrieben wurde, spielt sich in der Wirklichkeit des politischen und wirtschaftlichen Lebens als stille oder offene Auseinandersetzung mit Siegen oder Niederlagen zwischen den Trägern der Macht und den Juristen ab. Die Geschichte kennt seit alters den Juristen als Fürstendiener so gut wie als Richter oder als Fürsprecher der Bedrängten. Die Entstehung neuzeitlicher Rechtswissenschaft an den landesherrlichen, nach dem Vorbild von Bologna oder Padua gegründeten Universitäten und mit ihr die schon erwähnte Rezeption des römischen Rechts in Deutschland war wesentlich durch das Bedürfnis der Fürsten nach solchen geschulten Beratern veranlaßt. Der daraus erwachsene Typus des rechtskundigen Beamten hat sich im deutschen Obrigkeitsstaat so stark durchgesetzt, daß er — im Gegensatz vor allem zu England — selbst den des Richters in sich aufgenommen hat und zum Leitbild des deutschen Juristen schlechthin geworden ist. In dem Maße, in dem in den letzten hundert Jahren die wirtschaftliche Macht der großen Unternehmen und ihrer Verbände selbständig neben die politische Macht getreten ist, haben auch sie Juristen in ihren Dienst genommen; der Syndicus als angestellter Wirtschaftsjurist konnte unschwer jenem Leitbild des beamteten Justiz- und Verwaltungsjuristen nachgebildet werden. Aber auch den Rechtslehrern war und ist solcher Dienst für Staat und Wirtschaft nicht fremd; so lange es juristische Fakultäten gibt, wirken ihre Mitglieder nicht nur intra muros als Gelehrte und Lehrer, sondern ebenso eifrig, oft allzu eifrig daneben als Berater oder Gutachter staatlicher und privater Auftraggeber.

Es wäre töricht, in solchen Verhältnissen der Bindung rechtsgelehrter Juristen an die Träger der Macht schon an sich ein Übel zu sehen, das den Keim der Korruption notwendig in sich berge. So wenig Macht, und zumal staatliche Macht, an sich böse ist, so wenig ist die Aufgabe verwerflich, Macht und Recht zu versöhnen und durch eine gangbare Ordnung zu stabilisieren. Zur Gefahr für das Recht wird die Bindung erst, wenn sie den Juristen dazu verleitet, dem Träger der Macht zuliebe seine handwerkliche Kunst der Auslegung und Anwendung von Rechtssätzen zu mißbrauchen und eine unabhängige richterliche Kontrolle der Macht zu verhindern, oder wenn sie ihn gar dazu bestimmt, jene obersten Grundsätze des Rechts zu verraten, um den Maximen angeblicher Staats- oder Unternehmensräson zu gehorchen. Bittere Erfahrung hat uns allerdings gelehrt, daß das für Deutschland traditionelle Dienstverhältnis des beamteten oder angestellten Juristen geeignet ist, die Wachsamkeit des Juristen gegenüber diesen Gefahren und Versuchungen einzuschläfern. Die Gewissen in diesem Punkte zu schärfen, die Möglichkeiten von Konflikten zwischen Macht und Recht klar durchzudenken und alle Juristen auch darauf geistig vorzubereiten, endlich den von jenen Gefahren und Versuchungen jeweils am stärksten bedrohten Gliedern des Berufsstandes zu Hilfe zu kommen, gehört daher heute zu den ersten und wichtigsten Aufgaben einer Rechtswissenschaft, die sich ihrer Verantwortung bewußt ist.

— Es wäre Vermessenheit, würde die deutsche Rechtswissenschaft sich der auf diesem Felde von ihr errungenen Siege laut rühmen; wer die Geschichte ihres Verhältnisses zur Macht schreiben wollte, müßte dem Licht viel Schatten beigeben. Trotzdem sei es zum Schluß erlaubt, nach dem exemplarischen Wert der hier angestellten Überlegungen für das eingangs erwähnte, uns heute bedrängende Problem der Verantwortung der Naturwissenschaften zu fragen. Statt einer vollen Antwort begnüge ich mich damit, die Aufmerksamkeit auf zwei Punkte zu lenken, die zu denken geben könnten.

Der eine Punkt betrifft die der Rechtswissenschaft wie der Medizin wohlvertraute, ja selbstverständliche Erweiterung ihrer Aufgabe über die forschende Analyse und Erkenntnis ihres Gegenstandes hinaus; sie muß sich der Anwendbarkeit ihrer Ergebnisse stellen und wirkt bewußt gestaltend auf Rechtsordnung und Rechtsleben ein. Die naturwissenschaftliche Grundlagenforschung dagegen rühmt sich bis heute, nur der Erkenntnis um ihrer selbst willen zu dienen. Allein je mehr die Ergebnisse solcher Erkenntnis zur Grundlage der ökonomischen und politischen Existenz der Völker dieser Erde werden, desto weniger kann sich auch diese Wissenschaft der Aufgabe der Mitgestaltung der von ihrer Forschung betroffenen Lebensbereiche entziehen. Es ist nur folgerichtig, daß ihre Vertreter heute schon überall eine beratende Funktion gegenüber den Regierungen einnehmen, ganz ähnlich der der Juristen auf anderen Gebieten. Damit ist aber auch das Problem ihrer Verantwortung in ein neues Stadium getreten.

Als zweites sollte die mehrfach erwähnte Bindung des Juristen an seinen Berufsstand bedacht werden, auf dessen Konsens er auch in der wissenschaftlichen Arbeit angewiesen ist und der ihm zugleich einen Rückhalt gegenüber den Gefahren und Versuchungen der Macht zu geben vermag. Auch der Naturwissenschaftler ist heute solchen Gefahren und Versuchungen ausgesetzt, denen er als Einzelner schutzlos gegenübersteht. Dagegen haben gemeinsame Aktionen von Physikern in USA und in Deutschland beachtliche politische Wirkungen erzielt. Daran ist nicht nur die Erfahrung wichtig, daß politisches Handeln heute zumeist nur als Gruppenhandeln Erfolg verspricht. Es geht ebensosehr um die Einsicht, daß Verantwortung gegenüber Staat und Gesellschaft als ethisches Problem nicht vom isolierten Individuum, sondern nur in der Gruppe gelöst werden kann, die dafür Muster rechten Verhaltens ausbildet und den Einzelnen bindet, ihrer Kritik unterwirft, aber auch trägt. Seitdem naturwissenschaftliche Forschung aus einer völlig zweckfreien geistigen Leidenschaft zu einem gesellschaftlich anerkannten, ja unentbehrlichen Beruf geworden ist, ist die Ausbildung eines auf seine Besonderheiten abgestimmten Berufsethos, das über die den einzelnen Forscher bestimmende Pflicht zur wissenschaftlichen Redlichkeit hinausgeht, möglich, aber auch dringend geworden.

DAS EIGENTUM IM DEUTSCHEN RECHTSDENKEN SEIT 1945

I.

Die Jahreszahl 1945 steht für das deutsche Volk symbolisch für eine der größten Katastrophen in seiner Geschichte: die totale Niederlage nach einem selbstverschuldeten, mörderischen Krieg mit seinen Menschenverlusten und ausgedehnten Zerstörungen der Städte und Industrieanlagen, den Zusammenbruch nicht nur des NS-Regimes, sondern aller staatlichen Strukturen, die Besetzung des ganzen Reichsgebiets durch die fremden Siegermächte mit der Folge der Vertreibung von Millionen von Menschen aus Ostdeutschland und der weiteren Konsequenz einer rasch sich verfestigenden Spaltung Deutschlands, in der sich der nun offen ausbrechende machtpolitische und ideologische Gegensatz der beiden Supermächte unheilvoll auswirkte.
Ich erinnere an diese Ereignisse nicht nur, um zu begründen, warum der folgende Bericht das Jahr 1945 als Anfangsdatum nennt, sich also auf die letzten dreißig Jahre beschränkt. Wichtiger ist mir noch, damit die außergewöhnliche Situation deutlich zu machen, in der sich im westlichen Teil Deutschlands, auf den sich mein Bericht beschränken muß, nach 1945 in mehreren, von den Besatzungsmächten kontrollierten Schritten die Gründung der Bundesrepublik Deutschland vollzog. Ihre Verfassung, das »Grundgesetz« (im folgenden als GG zitiert), wurde am 23. 5. 1949 in Bonn von einer — nicht aus allgemeinen Volkswahlen hervorgegangenen — konstituierenden Versammlung, dem »Parlamentarischen Rat«, beschlossen. Unter solchen Umständen war es keineswegs selbstverständlich, daß die neue Verfassung das Privateigentum als eines der grundlegenden Rechtsinstitute der künftigen Gesellschafts- und Wirtschaftsordnung anerkannte. Die wirtschaftliche Notlage, in der sich große Teile der Bevölkerung befanden, aber auch ideologische, gegen Individualismus und Liberalismus gerichtete Strömungen legten den Versuch nahe, zum mindesten an bestimmten Teilen des Volksvermögens ein sogenanntes Gemeineigentum einzuführen. In einigen der Länder, die schon vor der Gründung der Bundesrepublik von den Besatzungsmächten wiederhergestellt oder neu geschaffen wurden, sind in den ersten Jahren nach 1945 solche Versuche mit dem Ziel einer Sozialisierung von Teilen der Industrie gemacht worden. Doch scheiterten sie entweder, wie in Nordrhein-Westfalen, am Einspruch der Besatzungsmacht oder, wie in Hessen, daran, daß

solches Landesrecht nach Inkrafttreten des Grundgesetzes als unvereinbar mit dem Verfassungsrecht der Bundesrepublik erklärt wurde[1].

Auch das Grundgesetz selbst läßt noch den Zwiespalt erkennen, in dem sich der Parlamentarische Rat in dieser Frage befand. Es enthält einerseits in Art. 14 Abs. 1 die eindeutige Aussage: »Das Eigentum und das Erbrecht werden gewährleistet«, und die Stellung dieser Norm im Grundrechtsteil der Verfassung und in engem Zusammenhang mit den die Menschenwürde und die Freiheitsrechte des Menschen und Bürgers bestätigenden Grundrechten läßt keinen Zweifel daran, daß damit — vorbehaltlich der noch zu erwähnenden Beschränkungen — eine Garantie des Privateigentums im Sinne der Verfassungstradition des 19. Jahrhunderts gemeint war. Andererseits erklärt Art. 15 eine Überführung bestimmter wichtiger Wirtschaftsgüter — Grund und Boden, Naturschätze und Produktionsmittel — in Gemeineigentum zum Zweck der Vergesellschaftung, also eine Sozialisierung dieser Güter für zulässig, allerdings nur durch Gesetz und nur gegen Entschädigung.

Es wäre reizvoll, der verfassungsrechtlichen Bedeutung dieses Zwiespalts im System der Grundrechte und der Tragweite der in Art. 15 dem Gesetzgeber zugestandenen Möglichkeit der Sozialisierung nachzugehen. Indessen sind alle Untersuchungen darüber bis heute nur von theoretischem Interesse. Die gesetzgeberischen Körperschaften, also Bundestag und Bundesrat, haben noch in keinem Fall von der Ermächtigung des Art. 15 Gebrauch gemacht, und darum hatte auch das Bundesverfassungsgericht noch keine Gelegenheit, die Voraussetzungen einer Sozialisierung zu überprüfen. Die politische Entscheidung, die die Antinomie im Grundgesetz verfassungsrechtlich bis heute offenhält, ist faktisch auch hinsichtlich der in Art. 15 genannten Wirtschaftsgüter zu Gunsten des Privateigentums gefallen. Das schließt nicht aus, daß Bund und Länder, Gemeinden und andere Körperschaften oder Anstalten öffentlichen Rechts Eigentümer von Wirtschaftsgütern der in Art. 15 genannten Art sind — sie sind es in großem Umfang, und sie sind, soweit diese Güter Verwaltungszwecken dienen, vielerlei Beschränkungen des öffentlichen Rechts unterworfen. Gleichwohl handelt es sich auch dann nicht um »Gemeineigentum« im Sinne des Art. 15, sondern um Privateigentum der öffentlichen Hand. Die dem fran-

[1] Zu diesen (durch die Rechtsentwicklung inzwischen überholten) Fragen vgl. ausführlich E. R. Huber, Wirtschaftsverwaltungsrecht, [2]1954, Bd. II, 145ff., 180ff.

zösischen Recht geläufige Rechtsform des »öffentlichen Eigentums« taucht zwar neuerdings in einigen Landesgesetzen zum Wasser-, Wege- und Deichrecht auf, hat aber in der Doktrin noch keine volle Anerkennung gefunden[2].
Die Entscheidung zu Gunsten des Privateigentums, auch am Grund und Boden und an den Produktionsmitteln, stand im Einklang mit dem schon 1948 vollzogenen Übergang von der im NS-System angelegten, während des Krieges immer stärker ausgebauten staatlichen Wirtschaftsverwaltung zur marktwirtschaftlichen Ordnung, die das unternehmerische Verfügungsrecht über die Produktionsmittel voraussetzt. Angesichts der offensichtlichen Erfolge dieser marktwirtschaftlichen Ordnung beim Wiederaufbau der deutschen Wirtschaft und der allgemeinen Abneigung gegen das, inzwischen auch im östlichen Teil Deutschlands eingeführte sowjetische Zwangswirtschaftssystem konnte diese Entscheidung mit einer breiten Zustimmung in der westdeutschen Bevölkerung rechnen. Auf den inneren Zusammenhang mit der starken Betonung der individuellen Freiheitsrechte im Grundgesetz, namentlich der Gewährleistung eines jedermann zustehenden »Rechts auf die freie Entfaltung seiner Persönlichkeit« in Art. 2[1] GG habe ich schon hingewiesen. Auch das Bundesverfassungsgericht hat in der Folge mehrfach ausgesprochen, der Sinn der Gewährleistung des Privateigentums liege in dem damit dem Bürger offengehaltenen Freiheitsraum[3]. Zwar ist nicht zu verkennen, daß in der industriellen Gesellschaft privates Vermögen für die große Mehrheit der in einem abhängigen Arbeitsverhältnis stehenden Bevölkerung nicht ausreicht, um ihre wirtschaftliche Existenz zu sichern. Dazu kommt, daß das Wirtschaftsvermögen großer Unternehmen faktisch nicht in der Verfügungsmacht der Aktionäre, sondern der Manager als Verwalter fremden Vermögens steht. Gleichwohl ist kein Zweifel, daß die dem einzelnen Bürger offengelassene Möglichkeit, privates Vermögen zu bilden und darüber zu verfügen, um sein Leben in einem engen oder weiten Rahmen selbst zu gestalten, zu den Grundelementen unserer Gesell-

---

[2] Zum »öffentlichen Eigentum« vgl. Wolff-Bachof, Verwaltungsrecht, [9]1974, Bd. I, §§ 55ff.; Forsthoff, Verwaltungsrecht, [10]1973, § 20. Zur Auslegung des Art. 15 GG ist auf die Kommentare zum GG zu verweisen, bes. Maunz-Dürig-Herzog (1969).

[3] Aus der Rechtsprechung des Bundesverfassungsgerichts vgl. besonders BVerfGE 21, 73ff., 86; 24, 367ff., 389. Dazu Hesse, Grundzüge des Verfassungsrechts, [7]1974, 178f.; W. Leisner, Freiheit und Eigentum, in: Festschrift f. H. Jahrreiß, 1974, 135ff.

schaftsordnung gehört, ebenso wie eine freiheitliche Wirtschaftsordnung an die Voraussetzung geknüpft ist, daß die vom Eigentum an Produktionsmitteln ausgehende wirtschaftliche Macht nicht in der Hand des Staates zentralisiert, sondern unter die miteinander konkurrierenden Unternehmen verteilt ist.

Indessen muß alsbald hinzugefügt werden, daß das Grundgesetz sich nicht damit begnügt hat, eine Eigentumsgarantie im Stile der Verfassungen des 19. Jahrhunderts in Verbindung mit den im Geist des Liberalismus konzipierten Freiheitsrechten auszusprechen. Eine Garantie dieser Art hätte wohl der auch nach 1945 sehr wachen sozialistischen Kritik nicht standgehalten. Schon die Weimarer Reichsverfassung von 1919 hatte in ihrem Art. 153 die Gewährleistung des Privateigentums ergänzt durch die Sätze: »Eigentum verpflichtet. Sein Gebrauch soll zugleich Dienst sein für das gemeine Beste«. Fast gleichlautend damit sagt Art. 14 Abs. II: »Eigentum verpflichtet. Sein Gebrauch soll zugleich dem Wohl der Allgemeinheit dienen«. Darüber hinaus wird den individuellen Freiheitsrechten der Art. 2—13 GG in den Art. 20 und 28 das Postulat der Verwirklichung eines demokratischen, sozialen Rechtsstaats gegenübergestellt. Offensichtlich ist mit diesem Postulat eines Sozialstaats ein Leitprinzip normiert, das in einem Spannungsverhältnis zu den liberalen Freiheitsrechten steht. Aber es ist eine fruchtbare Spannung, die ein dynamisches Element in die Rechtsentwicklung einbringt und die der Gesetzgeber fallweise auszugleichen hat. Eben diese Aufgabe ist ihm auch für die Ausgestaltung des Eigentums gestellt, dessen Inhalt und Schranken er nach Art. 14 Abs. I Satz 2 zu bestimmen hat. Es ist eine Aufgabe, die sowohl die Freiheit wie die soziale Bindung des Eigentümers im Blick behalten muß, oder — nach einer in Rechtslehre und Rechtsprechung üblich gewordenen Ausdrucksweise — sowohl die überwiegende Privatnützigkeit als auch seine Sozialpflichtigkeit berücksichtigen muß[4]. Das eine wie das andere sind Elemente des »Wesensgehalts« des Grundrechts, der nach Art. 19 Abs. 2 GG durch ein einfaches Gesetz nicht angetastet werden darf.

[4] Der Begriff »Privatnützigkeit« als wesentliches Element des von Art. 14 GG gewährleisteten Eigentums stammt von R. Reinhardt, Inhalt und Schranken des Eigentums, in: Reinhardt-Scheuner, Verfassungsschutz des Eigentums, 1954, 14ff.; er ist seitdem (zusammen mit dem Begriff der »Verfügungsfreiheit«) in der Eigentumsdoktrin allgemein anerkannt; vgl. z.B. BVerfGE 24, 367ff., 389; 31, 229, 239.

Damit ist der verfassungsrechtliche Rahmen abgesteckt, innerhalb dessen sich die Eigentumsdoktrin seit 1945 entwickelt hat[5]. Zugleich wird deutlich, daß wesentliche Elemente dieses Rahmens nicht erst nach 1945 neu geschaffen werden mußten, sondern aus dem Verfassungsrecht der Weimarer Republik übernommen werden konnten. In der Tat hat die Zäsur des Jahres 1945, so tief sie in alle Lebensverhältnisse einschnitt, in Westdeutschland doch nicht zu einem völligen Neubau der politischen und ökonomischen Ordnung geführt. Vielmehr gewann schon bald — spätestens mit dem Ausgang der Wahlen zum 1. Bundestag, die zu einem knappen Sieg der CDU über die SPD und zu einer bürgerlichen Regierung unter Konrad Adenauer als Bundeskanzler führten — eine restaurative Tendenz die Oberhand. Sie legte es den Juristen nahe, ihrem ohnedies bestehenden Bedürfnis nach Wahrung rechtlicher Kontinuität zu folgen und auch in der verfassungsrechtlichen Eigentumsdoktrin an den Stand dieser Lehre vor 1933, dem Jahr des politischen Machtwechsels zum Nationalsozialismus, wiederanzuknüpfen. Hier sind vor allem vier Ergebnisse der Entwicklung vor 1933 zu nennen, die nach 1945 erneut anerkannt und seitdem weiterentwickelt worden sind.

1. Während die Verfassungsgarantien des 19. Jahrhunderts den Schutz des Eigentümers nur gegen willkürliche Eingriffe der Exekutive bezweckten, war das Reichsgericht in den 20er Jahren dazu übergegangen, der rechtsprechenden Gewalt auch eine Kontrolle der Gesetzgebung zuzuerkennen, also das Recht, Gesetze des Reichs und der Länder auf ihre Vereinbarkeit mit der Reichsverfassung zu prüfen[6]. Dieses richterliche Prüfungsrecht ist 1949 vom Grundgesetz, das die Grundrechte als »unmittelbar geltendes Recht« bezeichnet (Art. I Abs. 3), in

---

[5] Aus der umfangreichen Literatur zur Entwicklung der verfassungsrechtlichen Eigentumsdoktrin seit 1945 können hier außer dem Hinweis auf die Kommentare zu Art. 14 GG nur wenige Arbeiten beispielhaft genannt werden: W. Weber, Eigentum und Enteignung, in: Neumann-Nipperdey-Scheuner (Hrsg.), Die Grundrechte, Bd. II, 1955, 331 ff.; ders., Das Eigentum und seine Garantie in der Krise, in: Festschr. f. Michaelis, 1972, 316 ff.; Forsthoff, Zur Lage des verfassungsrechtlichen Eigentumsschutzes, in: Festschr. f. Maunz, 1971; Ipsen, Bundesverfassungsgericht und Privateigentum, in: AÖR, 91, 1966, 86 ff.; Stein, Zur Wandlung des Eigentumsbegriffs, in: Festschr. f. Gebh. Müller, 1970, 503 ff.; Leisner, Die Sozialbindung des Eigentums, 1972; E. W. Böckenförde, Eigentum, Sozialbindung des Eigentums, Enteignung, in: Duden u. a. (Hrsg.), Gerechtigkeit in der Industriegesellschaft, 1972, 215 ff.; P. Badura, Eigentum im Verfassungsrecht der Gegenwart, in: Verh. d. 49. Dtsch. Juristentags, Bd. II T, 1972; Rittstieg, Eigentum als Verfassungsproblem, 1975.

[6] So (im Hinblick auf die Aufwertungsgesetzgebung) RGZ III, 320.

der Sache voll anerkannt, nur im Verfahren insofern modifiziert worden, als die Verfassungswidrigkeit eines Bundesgesetzes mit der Folge der Nichtigkeit nur von dem neu geschaffenen Bundesverfassungsgericht ausgesprochen werden kann, dem alle übrigen Gerichte diese Fragen bei einem in einem Rechtsstreit auftauchenden Zweifel zur Entscheidung vorzulegen haben (Art. 93, 100 GG)[7].

2. Gegenstand der Verfassungsgarantie ist nach dem Wortlaut des Art. 14 GG, wie schon des Art. 153 WeimRV, das »Eigentum«. Gemeint war damit nach der Tradition des 19. Jahrhunderts der Schutz des im Zivilrecht, so in den §§ 903 ff. BGB näher ausgestalteten Eigentums an körperlichen Sachen, praktisch vor allem an Grundstücken, gegen staatliche Eingriffe. Demgegenüber hat sich in den 20er Jahren — vor allem dank eines Vorstoßes des Zivilrechtlers Martin Wolff in einem berühmt gewordenen Aufsatz über »Reichsverfassung und Eigentum«[8] — auch in der Judikatur des Reichsgerichts die Auffassung durchgesetzt, daß der Schutz der Verfassung in sinngemäßer Auslegung des Art. 153 WeimRV auf alle privaten Vermögensrechte, also andere dingliche Rechte, Forderungen, Mitgliedschaftsrechte, Urheber- und Patentrechte zu erstrecken sei[9]. Rechtsprechung und Rechtslehre haben diese extensive Auslegung auch für Art. 14 GG übernommen. Auch öffentlich-rechtliche Ansprüche von Privatpersonen, zum Beispiel sozialrechtliche Unterhalts- und Versorgungsansprüche, werden in den Verfassungsschutz einbezogen, jedenfalls dann, wenn sie ein Äquivalent vorausgegangener eigener Leistungen der Berechtigten sind[10]. Mit dieser Ausdehnung des verfassungsrechtlichen Eigentumsschutzes trägt die Doktrin dem Umstand Rechnung, daß in der modernen Industriegesellschaft Sachgüter, auch Grundstücke, ihren früheren Vorrang als Vermögenswerte verloren haben.

3. Auch der liberale Rechtsstaat des 19. Jahrhunderts konnte Eingriffe in das Privateigentum seiner Bürger nicht vermeiden, wenn er Grund-

---

7 Der näheren Ausgestaltung dient das Ges. über das Bundesverfassungsgericht v. 1951. Die Probleme, die die Rechtsstellung und das Verfahren vor diesem Gericht aufwerfen, sind Gegenstand der Arbeiten in der Festschrift zum 25jährigen Bestehen des Gerichts: Bundesverfassungsgericht und Grundgesetz, 1976, 2 Bde.

8 M. Wolff, Reichsverfassung und Eigentum, in: Festschr. f. W. Kahl, 1923. Zur Ausdehnung des Eigentumsschutzes in der Periode der Weimarer Republik vgl. auch die Darstellung von Scheuner, in: Scheuner-Küng, Der Schutz des Eigentums, 1966, 37 ff.

9 RGZ 111, 328; 121, 168; 129, 148; M. Wolff, a. a. O., 23.

10 BVerfGE 1, 264, 277; 13, 225, 229; 22, 241, 253; 24, 220, 225. Dazu Maunz, in: Maunz-Dürig-Herzog, Anm. 32 ff. zu Art. 14.

stücke, seltener auch bewegliche Sachen, für öffentliche Zwecke in Anspruch nehmen mußte, zum Beispiel für den Bau von Wegen, Eisenbahnen und Wasserstraßen oder für Zwecke der Landesverteidigung. Eine Anzahl von Spezialgesetzen regeln seit jeher und bis heute das Verfahren solcher Enteignungen. Auch die verfassungsrechtliche Eigentumsgarantie muß diesem Erfordernis Rechnung tragen. Art. 14 Abs. 3 GG erklärt darum, insoweit übereinstimmend mit Art. 153 WeimRV, Enteignungen für zulässig, sofern sie auf gesetzlicher Grundlage (oder durch ein Gesetz) und zum Wohl der Allgemeinheit vorgenommen werden und gegen Entschädigung erfolgen. Aber diese Entschädigungspflicht hat das Grundgesetz verschärft; konnte nach Art. 153 Abs. 2 WeimRV ein Reichsgesetz Enteignungen auch ohne Entschädigungen zulassen, so kennt Art. 14 Abs. 3 GG solche Ausnahmen nicht mehr und muß jetzt das die Enteignung ermöglichende Gesetz auch gleich Art und Ausmaß der Entschädigung regeln (sogen. Junktim-Klausel).

Diese Verschärfung ist umso bedeutsamer, als die Rechtsprechung schon in den zwanziger Jahren dazu übergegangen war, den Begriff der Enteignung auszuweiten: nicht nur die Entziehung des Eigentums durch Übertragung auf einen Dritten, sondern auch die Belastung oder inhaltliche Beschränkung des Rechts galt als Enteignung oder enteignungsgleicher Eingriff[11]. Rechtslehre und Rechtsprechung haben auch diese Ausweitung nach 1945 bestätigt und weiterentwickelt[12] — ein folgenreicher Schritt, weil nun, anders als nach Art. 153 WeimRV, auch Bundesgesetze, die solche Beschränkungen enthalten, für nichtig erklärt werden müssen, wenn sie keine Entschädigungspflicht vorsehen. Überdies entstand damit eine Abgrenzungsschwierigkeit, die seitdem Rechtslehre und Rechtsprechung immer neu beschäftigt: wenn Art. 14 Abs. 1 S. 2 den Gesetzgeber ermächtigt, Inhalt und Schranken des Eigentums zu bestimmen, und wenn Art. 14 Abs. 2 die Sozialpflichtigkeit des Eigentums betont, so steht der Richter, der die Verfassungsmäßigkeit eines das Eigentum beschränkenden Gesetzes zu prüfen hat, vor der Frage, nach welchen Kriterien sich eine Inhaltsbestimmung, die dem Eigentum Schranken zieht, von einem enteignenden Eingriff unterscheidet, der das Eigentum nicht entzieht, sondern nur seine Ausübung beschränkt. Ich lasse die Antwort hier noch offen; sie führt in

---

[11] So RGZ 111, 226; 112, 191; 116, 272; 140, 283. Anders M. Wolff, a.a.O., 24ff.

[12] BGHZ 6, 270; 30, 338; Maunz, a.a.O., Anm. 69ff. zu Art. 14; Kreft, Aufopferung und Enteignung, 1969; Kröner, Die Eigentumsgarantie in d. Rechtsprechung des BGH, ^{2}1969.

den Kernbereich der seit 1945 über die Tragweite der Verfassungsgarantie des Eigentums geführten Diskussion[13].

4. Noch eine, nach dem ersten Anschein nur theoretische, in Wahrheit aber doch folgenreiche Erkenntnis, die gleichfalls Martin Wolff in dem vorhin erwähnten Aufsatz entwickelt hatte, wurde nach 1945 wieder aufgenommen und dann fortgebildet. Es ist die Einsicht, daß der Sinn der Eigentumsgarantie der Verfassung nicht nur darin besteht, in konkreten Konfliktsfällen die Rechtsstellung eines Eigentümers gegen staatliche Eingriffe zu schützen, sondern daß die Verfassung damit zugleich eine Wertentscheidung zugunsten des Fortbestands des Eigentums als eines zentralen Rechtsinstituts in unserer Gesamtrechtsordnung getroffen hat[14]. Die damit gewonnene Unterscheidung von »Rechtsstellungs-« und »Institutsgarantie« des Eigentums fügt sich heute in ein im Verfassungsrecht allgemein anerkanntes Verständnis der Grundrechte ein, das sie nicht nur im liberalen Sinn als subjektive Abwehrrechte gegenüber dem Staat, sondern zugleich als Elemente objektiver Ordnung, die von der Legislative zu respektieren sind, begreift[15]. Den Folgerungen, die sich aus diesem Grundrechtsverständnis für das gesamte Verfassungsrecht ergeben, ist hier nicht nachzugehen. Für die Eigentumsdoktrin ist wichtig festzuhalten, daß danach der Sinn der verfassungsrechtlichen Gewährleistung sich nicht darin erschöpft, ja nicht einmal primär darauf gerichtet ist, den status quo der Vermögensverteilung in unserer Gesellschaft zu verteidigen. Geschützt wird der Bestand einzelner Vermögensrechte, nicht das Vermögen als solches, das dem Spiel der marktwirtschaftlichen Kräfte, aber auch den Maßnahmen staatlicher Umverteilung, vor allem im Wege der Besteuerung, ausgesetzt bleibt[16]. Aber so stark die Praxis der Gerichte und die kritisch mit ihr befaßte Rechtsdogmatik auf die Frage fixiert sind, wie weit der Schutz bestehender Rechte gegenüber staatlichen Eingriffen im Einzelfall reicht, so liegt doch das politische Gewicht des Art. 14 GG nicht auf diesen, sehr subtilen Auseinandersetzungen, sondern auf der Zusage, daß in der Rechtsordnung der Bundesrepublik auch wei-

---

[13] Dazu unten, Abschnitt IV.

[14] M. Wolff, a.a.O., 5f.; Maunz, a.a.O., Anm. 3f. zu Art. 14; aus der oben angeführten Literatur vgl. bes. die Arbeiten von W. Weber, Böckenförde (215f.) und P. Badura (13f.); BVerfGE 24, 367, 388ff.; 26, 215; 31, 229, 240; 37, 132, 140.

[15] So etwa Hesse, a.a.O. (Anm. 3), 116ff.; Dürig, in: Maunz-Dürig-Herzog, Anm. 96ff. zu Art. 1; BVerfGE 7, 198, 205; 21, 362, 371f.

[16] BVerfGE 4, 7, 16; 19, 119, 128. Zur Verfassungsmäßigkeit von Steuergesetzen vgl. P. Badura, a.a.O. (Anm. 5) mit weiterer Literatur.

terhin ein Rechtsinstitut, das nach seinem Wesensgehalt den Namen Eigentum verdient, einen zentralen Platz einnehmen soll[17]. Daß zu diesem Wesensgehalt des Eigentums nicht nur Freiheit in der Verfügung und überwiegende Privatnützigkeit, sondern auch die Sozialpflichtigkeit gehört, sei noch einmal in Erinnerung gebracht. Und gerade wenn man das politische Gewicht dieser Zusage der Verfassung betont, bleibt die offene Flanke bemerkenswert, die sich aus dem Sozialisierungsvorbehalt des Art. 15 ergibt.

II.

Nach diesem Überblick über die verfassungsrechtlichen Grundlagen der Lehre vom Eigentum im Recht der Bundesrepublik wenden wir uns zunächst der Entwicklung zu, die diese Lehre im Privatrecht erfahren hat. Es ist ja kein Zweifel, daß Privateigentum und Vertragsfreiheit die tragenden Rechtsinstitute einer auf die Selbstverantwortung und Initiative des Bürgers vertrauenden Privatrechtsordnung darstellen; wo sie fehlen oder übermäßig beschränkt werden, verkümmert das Privatrecht.

Das Eigentum, verstanden als Sacheigentum, hat im III. Buch des BGB eine bis heute vom Gesetzgeber nur wenig geänderte, in sich geschlossene Regelung gefunden, die einen einheitlichen Eigentumsbegriff für alle Sachen zugrundelegt, allerdings dann doch in vielen Regelungsbereichen zwischen Grundstücks- und Fahrniseigentum differenziert. Selbst die in der Tradition der kontinental-europäischen Rechtswissenschaft stehende Eingangsnorm des § 903 BGB, die dem Eigentümer das Recht zuspricht, mit der ihm gehörenden Sache »nach Belieben zu verfahren, soweit nicht das Gesetz oder Rechte Dritter entgegenstehen«, ist im Wortlaut bis heute unverändert. Aber sie konnte schon zu Beginn des Jahrhunderts allenfalls für das persönliche Eigentum als Beschreibung eines faktischen Regelzustands gelten. Für landwirtschaftlich oder städtisch genutzte Grundstücke und für die in den Wirtschaftsprozeß einbezogenen Produktionsmittel ließ sich schon damals die Rechtsstellung des Eigentümers nicht allein aus den Bestimmungen des Privatrechts erschließen. Inhalt und Grenzen der Nutzungsbefugnisse werden je nach der wirtschaftlichen Funktion der Eigentumsobjekte in wachsendem Maß durch das öffentliche Recht geregelt, das ge-

---

[17] So schon M. Wolff, a. a. O., 6; die Formel kehrt wieder in den in Anm. 14 angeführten Entscheidungen des BVerfG.

genüber dem Eigentümerbelieben Gemeinschaftsinteressen zur Geltung bringt und damit das Privatrecht weithin überlagert. Heute tritt § 903 BGB hinter Art. 14 GG zurück; er bleibt trotzdem nützlich, weil er am Eigentumsbegriff nicht nur das Ausschließungsrecht, sondern zugleich den positiven Kern, die Verfügungsfreiheit hervorhebt, deren völliger Ausschluß Enteignung bedeuten würde[18]. Man kann dem § 903 eine Vermutung für diese Freiheit entnehmen, muß aber gemäß dem Gebot der Sozialpflichtigkeit hinzufügen, daß die Beschränkungen, die sich aus dem Privat- und öffentlichen Recht ergeben, nicht regelwidrige Ausnahmen von einer »an sich« unbeschränkten Freiheit darstellen, sondern unter den Lebensbedingungen unserer Gesellschaft immanente, das heißt ebenso wie die Freiheit den »Wesensgehalt« (Art. 19 Abs. 2 GG) dieser Rechtsstellung prägende Schranken des Eigentums bilden.

Die Privatrechtswissenschaft hat heute diese Verflechtung von privatem und öffentlichem Recht im Rechtsinstitut des Eigentums durchaus im Blick[19]. Sie kann sich aber dadurch nicht daran hindern lassen, Begriff und Funktion des Eigentums im Privatrechtssystem selbständig zu bestimmen. Auf der Grundlage des BGB steht sie dabei noch immer in der Tradition der Pandektisten, die den Weg einer generalisierenden Abstraktion eingeschlagen haben, um »das Eigentum« als zentrales, absolutes subjektives Recht sowohl den bloß relativen, gegen eine bestimmte Person gerichteten Forderungsrechten, als auch den übrigen dinglichen, aber inhaltlich beschränkten Rechten gegenüberzustellen. Versuche mancher Autoren, die unterschiedliche wirtschaftliche Funktion der als Eigentumsobjekte in Frage kommenden Gegenstände nicht nur für das öffentliche, sondern auch für das Privatrecht unter Verzicht auf einen einheitlichen Eigentumsbegriff zur Geltung zu bringen, haben sich nicht durchgesetzt[20]. Aber auch wenn man an dem, vom BGB vorausgesetzten einheitlichen Eigentumsbegriff festhält, lassen sich in der inhaltlichen Bestimmung des Begriffs noch verschiedene Grade der

[18] Zur Tragweite des § 903 BGB, Wolff-Raiser, Sachenrecht, [10]1957, § 51 II 2; § 52; Baur, Sachenrecht, [9]1977, § 24; Baur, in: Soergel-Siebert, Kommentar, [10]1968, zu § 903.

[19] Eine systematische Darstellung dieser Verflechtung im Grundstücksrecht bringt Baur, Die gegenseitige Durchdringung von privatem und öffentlichem Recht im Bereich des Bodeneigentums, in: Festschr. f. Sontis, 1977, 181 ff. Vgl. dazu auch unten, Anm. 40.

[20] Der bedeutsamste Vorstoß für eine Differenzierung ging aus von der Schrift Wieackers, Wandlungen der Eigentumsverfassung, 1935. Noch weitergehend Schultze-v. Lasaulx, in: AcP, 156, 454 ff.

Abstraktion unterscheiden. Vielfach treibt man sie so weit, daß nur eine formale Definition des Eigentums möglich ist. So bezeichnen einige Autoren das Eigentum als ein Verhältnis der Zuordnung oder der Zugehörigkeit einer Sache zu einer Person[21] — eine Definition, die verkennt, daß das Privatrecht viele Arten solcher Zuordnung entwickelt hat. Lediglich formalen Charakter tragen auch die, schon der Pandektistik vertrauten Definitionen, die auf der Grundlage der sogen. Imperativentheorie, das heißt der Auffassung, daß Inhalt von Rechtsnormen nur Ge- oder Verbote sein können, das Eigentum als das Recht verstehen, anderen Personen die Einwirkung auf eine Sache zu verbieten[22]. In der modernen Rechtstheorie hat diese normlogische Denkweise wieder neue Verteidiger gefunden[23]. Demgegenüber stellt die herrschende Auffassung, meines Erachtens zu Recht, auf ein materiales Moment ab, das sich aus dem Zweck der Zuordnung der Sache oder dem Zweck der Ausschließungsbefugnis ergibt, nämlich die Anerkennung einer Sachherrschaft, die dem Eigentümer die Nutzung der Sache nach seinen Vorstellungen ermöglichen soll[24]. Allerdings ist Sachherrschaft nicht nur in der Rechtsform des Eigentums denkbar. Aber diese Überlegung zwingt nicht dazu, das Eigentum zum Unterschied von anderen Nutzungsrechten als die »an sich« unbeschränkte und unteilbare Form solcher Herrschaft zu bezeichnen[25]; die Erfahrung lehrt, daß Teilungen

---

[21] Von Zuordnung spricht — in Anlehnung an Wieacker, a.a.O., 25 — Westermann, Sachenrecht, [5]1966, § 28 I; von Zugehörigkeit Eichler, Institutionen des Sachenrechts, Bd. I, 1954, 138ff.

[22] Das war im ausgehenden 19. Jahrh. die Auffassung von Thon, Rechtsnorm und subjektives Recht, 1878, 218, 223, 291; Windscheid (-Kipp), Lehrbuch des Pandektenrechts, [9]1906, Bd. I, § 38 Anm. 3; Schloßmann, Über den Begriff des Eigentums, in: Jher. J., 45, 338ff. Ebenso Darmstädter, Der Eigentumsbegriff des BGB, in: AcP, 151, 329. Zur Imperativentheorie Engisch, Einführung in das juristische Denken, [5]1971, 22ff.; kritisch Larenz, Methodenlehre der Rechtswissenschaft, [3]1975, 235ff.

[23] So Bucher, Das subjektive Recht als Normsetzungsbefugnis, 1965, bes. 151ff., 160ff.; Aicher, Das Eigentum als subjektives Recht, 1975; auch J. Schapp, Das subjektive Recht im Prozeß der Rechtsgewinnung, 1977, der (36f.) einen »wirtschaftlichen Begriff« des Eigentums von dem normlogischen Rechtsbegriff ablöst. Kritisch zu diesen rechtstheoretischen Doktrinen jetzt Larenz, Zur Struktur »subjektiver Rechte«, in: Festschr. f. Sontis, 1977, 129ff.

[24] So Wolff-Raiser, Sachenrecht, [10]1957, § 51 II; Baur, Sachenrecht, [9]1977, § 24 I; ders., in: AcP 176, 116ff.; Lent-Schwab, Sachenrecht, [14]1974, § 24 I.

[25] Das war die Lehre Windscheids (-Kipp), a.a.O. (Anm. 22), § 167. So auch E. Wolf, Sachenrecht, 1971, 81. Im gleichen Sinne jetzt Sontis, Strukturelle Betrachtungen zum Eigentumsbegriff, in: Festschr. f. Larenz, 1973, 981ff. Den so

und Beschränkungen nicht auszuschließen sind[26]. So muß es genügen, das Eigentum als die, nicht in bestimmten einzelnen Befugnissen sich erschöpfende, darum — verglichen mit anderen Formen von Sachherrschaft — als die umfassendste der von der Rechtsordnung anerkannten Herrschaftsformen zu bezeichnen. Im Privatrechtssystem hat es die Eigenschaften eines subjektiven Rechts. Aber auch dieser Begriff, der auf die Person als Subjekt alles Rechts verweist, ist das Ergebnis einer Abstraktion; führt man sie auf den realen Erfahrungsgehalt zurück, in dem auch die erwähnte Verflechtung von privatem und öffentlichem Recht wieder zutage tritt, so erweist sich das Eigentum als eine höchst komplexe Rechtsstellung, in der um des genannten Zweckes der möglichst umfassenden Sachnutzung willen eine Fülle von Befugnissen, aber auch Pflichten des Eigentümers zusammengefaßt sind[27].

Die Feststellung, daß das Privatrecht in seiner Eigentumsdoktrin die aus dem 19. Jahrhundert stammende Denktradition ohne scharfen Bruch fortentwickelt hat, bedeutet nicht, daß es nicht imstande gewesen wäre, seine Gestaltungen neuen gesellschaftlichen Bedürfnissen anzupassen. Das sei ohne Anspruch auf Vollständigkeit im folgenden an drei Beispielen verdeutlicht.

1. Um den Wiederaufbau der im Krieg zerstörten Städte zu erleichtern und um dem Wunsch vieler Menschen aus allen Volksschichten nach Erwerb einer eigenen, nicht nur gemieteten Wohnung entgegenzukommen, wurde 1951 das Wohnungseigentumsgesetz erlassen[28]. Während das BGB streng an dem Prinzip superficies solo cedit festhielt, ermöglichte dieses Gesetz die Begründung von »Sondereigentum« an Wohnungen, verbunden mit dem Miteigentum an dem Grundstück und den

---

weit abstrahierten und formalisierten Eigentumsbegriff verteidigt auch Georgiades, Eigentumsbegriff und Eigentumsinhalt, in: Festschr. f. Sontis, 1977, 149ff., indem er zwischen dem (formalen) Begriff und dem (geschichtlich wandelbaren) Inhalt des Eigentums unterscheidet. Gegen diese Trennung wendet sich mit Recht Baur, in: AcP, 176, 117; sie ist methodisch und rechtspolitisch bedenklich.

[26] Vgl. dazu jetzt L. Raiser, Funktionsteilung des Eigentums, in: Festschr. f. Sontis, 1977, 167ff.

[27] Zum Eigentum als komplexe Rechtsstellung s. Wolff-Raiser, a.a.O. (Anm. 24), § 51 II 3; L. Raiser, Der Stand der Lehre von subj. Recht im dtsch. Zivilrecht, in: JZ, 1961, 465ff. (jetzt auch in: Die Aufgabe des Privatrechts, 1977, 98ff., 115ff.). Im gleichen Sinn spricht jetzt Georgiades, a.a.O. (Anm. 25), 159ff., 163ff., vom Eigentum als Rechtsverhältnis. Zu den Eigentümerpflichten vgl. auch unten Anm. 37.

[28] Zum Wohnungseigentum vgl. die Darstellung im Lehrbuch von Baur (Anm. 24) § 29 mit weiterer Literatur.

gemeinschaftlich genutzten Teilen des Gebäudes. Die — nicht ganz einfache — rechtstechnische Durchführung dieses Gedankens in dem Gesetz interessiert hier nicht. Die Wohnungswirtschaft, die Hypothekenbanken und das wohnungsuchende Publikum nahmen das neue Rechtsinstitut in den ersten Jahren nur zögernd auf. Aber seit dem Bau-Boom der sechziger Jahre im Umkreis unserer Städte hat es sich voll durchgesetzt; »Eigentumswohnungen« gehören zum selbstverständlichen Programm aller Bauträger in Wohnsiedlungen und sind ebenso wie die im Einzeleigentum stehenden »Eigenheime« begehrte Vermögensobjekte, übrigens nicht nur zur Deckung des eigenen Wohnbedarfs oder des Bedarfs an Zweitwohnungen in Ferienorten, sondern auch als wertbeständige Kapitalanlagen. Die Finanzierung wird dem Erwerber durch Bausparkassen erleichtert, und eine offenkundige steuerliche Begünstigung des Grundbesitzes (einschließlich der Eigentumswohnungen) verstärkt den Anreiz zu solchem Erwerb. Das mit dieser Gesetzgebung verfolgte politische Ziel, den kleinen Grundbesitz auch in den breiten Mittelschichten der städtischen Bevölkerung populär zu machen und damit die Idee des Privateigentums zu stärken, ist in hohem Maße erreicht worden.

Auch im landwirtschaftlichen Bereich ist diese Stärkung zu beobachten[29]. Die bald nach 1945 auf Drängen der Besatzungsmächte erlassene, landesrechtlich zersplitterte Gesetzgebung zur Bodenreform hatte keine einschneidende Wirkung, zumal da in West-Deutschland landwirtschaftlicher Großgrundbesitz die Ausnahme von der Regel eines bäuerlichen Mittel- und Kleinbesitzes darstellt. Das Flurbereinigungsgesetz von 1953 diente dazu, diese Struktur durch Schaffung geschlossener bäuerlicher Wirtschaften zu verbessern; das Grundstücksverkehrsgesetz von 1961, das die Veräußerung landwirtschaftlich genutzten Bodens an eine behördliche Genehmigung bindet, und die (nur für die norddeutschen Länder geltende) Höfe-Ordnung von 1947 (ergänzt 1964 und 1976), die durch ein Anerbenrecht die Zersplitterung des bäuerlichen Grundbesitzes im Erbgang verhindern soll, haben gleichfalls den Zweck, eine wirtschaftlich erwünschte Agrarstruktur zu sichern. Zwar ist im Laufe der letzten zwanzig Jahre die Zahl der bäuerlichen Betriebe stark zurückgegangen, weil viele Familien durch Industriearbeit ein besseres Auskommen finden, aber die meisten dieser Familien verbleiben im Dorf und halten an ihrem Grundbesitz fest, den die noch aktiven bäuerlichen Betriebe häufig zusätzlich zu ihrem eige-

[29] Auch zur Rechtslage des landwirtschaftlichen Grundeigentums sei hier auf die Darstellung von Baur, a. a. O., § 27, verwiesen.

nen Grundbesitz in Pacht nehmen, um damit ihre Rentabilität zu verbessern. So kann ohne staatliche Lenkung mit den Mitteln des Privatrechts eine produktive Nutzung des landwirtschaftlichen Bodens erreicht werden.

2. Die hohe Bevölkerungsdichte in Westdeutschland, vor allem in den städtischen Ballungsräumen, und die noch zunehmende Industrialisierung haben zu Problemen im Zusammenleben der Menschen geführt, die nicht mehr ohne die ordnende Hand des Staates zu lösen sind. Er versucht ihnen durch planende Maßnahmen der Raumordnung, zu denen neuerdings in wachsendem Maße auch Maßnahmen des Umweltschutzes kommen, gerecht zu werden[30]. Aber auch dem Privatrecht fallen hier Ordnungsaufgaben zu. Das Nachbarrecht, das in einer vor-industriellen Gesellschaft dazu diente, das »freie Belieben« der Eigentümer in der Nutzung ihrer Grundstücke so gegeneinander abzugrenzen, daß sie sich gegenseitig möglichst wenig störten, bedurfte mit zunehmender Industrialisierung einer neuen Konzeption[31]. § 906 BGB hatte in seiner ursprünglichen Fassung die Industrialisierung begünstigt; waren Industriebetriebe in einem Stadtviertel »ortsüblich« geworden, so mußten Nachbarn davon ausgehende Störungen, selbst wenn sie wesentlich waren, ohne Rechtsschutz hinnehmen. Eine vom Reichsgericht Ende der dreißiger Jahre begründete, nach 1945 vom Bundesgerichtshof fortgeführte Rechtsprechung hat diese Norm in zweierlei Hinsicht modifiziert: sie hat das individualistische Prinzip der bloßen Abgrenzung von Interessensphären ergänzt durch den Gedanken eines »nachbarschaftlichen Gemeinschaftsverhältnisses«, aus dem sich nach § 242 Pflichten der Rücksichtnahme und die Selbstbeschränkung der einzelnen Grundstückseigentümer ableiten lassen[32]. Und sie hat in den Fäl-

---

[30] Maßgebend ist das (nur als Rahmengesetz angelegte) RaumordnungsG. des Bundes v. 1965, ergänzt durch Ausführungsgesetze der Länder. Näheres dazu bei Wolff-Bachof, a. a. O. (Anm. 2), § 38 III mit weiterer Literatur. Zum Umweltschutz Straßer (Hrsg.), Privatrecht und Umweltschutz, 1976; Bender-Dohle, Nachbarschutz im Zivil- und Verwaltungsrecht, 1972; E. Rehbinder, Umweltrecht, in: RabelsZ, 40, 363ff.; s. auch unten Anm. 34.

[31] Zur Entwicklung des Nachbarrechts vgl. Baur, a. a. O., § 25 IV mit weit. Lit.; Westermann, Die Funktion des Nachbarrechts, in: Festschr. f. Larenz, 1973, 1003ff.; Mühl, Die Ausgestaltung des Nachbarrechtsverhältnisses, in: Festschr. f. Raiser, 1974, 159ff.

[32] Zum »nachbarrechtlichen Gemeinschaftsverhältnis« vgl. die Übersicht von Mühl, in: NJW, 1960, 1133ff.; Kleindienst, Der privatrechtliche Immissionsschutz nach § 906 BGB, 1964; RGZ 154, 164; 159, 139; 167, 23; BGHZ 28, 110; 28, 225.

len, in denen die Norm des § 906 schwer erträgliche, auch die wirtschaftliche Existenz der Nachbarn bedrohende Beeinträchtigungen ermöglichte, gegen die wegen Ortsüblichkeit der Abwehranspruch ausgeschlossen war, den Nachbarn gegen den Störer zum Ausgleich einen Anspruch auf Entschädigung in Geld zugesprochen[33]. Der Gesetzgeber hat diesen zweiten Lösungsversuch aufgegriffen und den Ausgleichsanspruch 1959 durch eine Änderung des § 906 ins BGB übernommen. Mehr als einen Beitrag zur Lösung der hier entstandenen Probleme kann das Privatrecht freilich nicht leisten; neben seine nachbarrechtlichen Bestimmungen tritt das im Verwaltungsrecht entwickelte »öffentliche Nachbarrecht«, und neuerdings ist ein Immissionsschutzgesetz des Bundes von 1974 bestrebt, dem Umweltschutz, der ja nicht nur den Interessen der Nachbarn dient, zur Durchsetzung zu verhelfen[34].

3. Im Bereich der gewerblichen Wirtschaft hat das Eigentum an Waren neben der Funktion der Nutzung durch Verarbeitung, Verkauf und Verbrauch noch eine weitere, damit oft rivalisierende Funktion erlangt: die der Sicherung von Krediten, die dem Ablauf der Produktion und der Verteilung der Waren dienen[35]. Ein Bedürfnis für die Ausbildung dieser Funktion ergab sich aus dem Umstand, daß das BGB das klassische Rechtsinstitut der Kreditsicherung, nämlich das Pfandrecht, bei beweglichen Sachen aus rechtspolitischen Gründen an die Voraussetzung geknüpft hat, daß der Pfandgläubiger die Sache in Besitz nimmt und behält (§§ 1205, 1253 BGB). Eine Mobiliarhypothek oder ein besitzloses Registerpfandrecht hat unser Privatrecht nicht anerkannt. Für den Warenverkehr und die ihn unterstützende Kreditwirtschaft erwies sich das als schweres Hindernis. Die Praxis hat zwei sich ergänzende Wege entwickelt, um es zu überwinden: der Warenverkäufer pflegt sich bei Vertragsabschluß das Eigentum an den Waren auch nach Lieferung an den Käufer solange vorzubehalten, bis der Käufer den Kaufpreis vollständig bezahlt hat (§ 455 BGB); andererseits lassen sich Banken und andere gewerbsmäßige Kreditgeber als reale Sicherung für Kredite, die sie einem Wirtschaftsunternehmen gewähren, meist dessen Warenlager im Wege des Besitzkonstituts, das den unmittelbaren Besitz

---

[33] RGZ 154, 161; BGH JZ 1954, 613; BGHZ 30, 273; 58,149. Dazu die in Anm. 31 u. 32 angeführte Literatur.

[34] Dazu Baur, a. a. O., § 25 IV; ders., Die privatrechtlichen Auswirkungen des BImSchG, in: JZ, 1974, 657; Walz, Marktbezogener Umweltschutz und privatrechtlicher Immissionsschutz, in: Festschr. f. Raiser, 1974, 185ff.

[35] Zum Folgenden vgl. die Darstellung von Baur, a. a. O., §§ 56—59; Serick, Eigentumsvorbehalt und Sicherungsübereignung, 4 Bde., 1963ff.

beim Kreditnehmer beläßt (§ 931 BGB), übereignen. Beide Rechtsinstitute, die von der Rechtsprechung seit langem anerkannt sind, wurden in der Kautelarpraxis seit 1945 noch wesentlich erweitert und verfeinert. Auf die vielen dabei aufgetauchten juristischen Zweifelsfragen ist hier nicht einzugehen; auch auf den Interessenkonflikt, der nicht selten zwischen Vorbehaltsverkäufer und einer kreditierenden Bank in Bezug auf das von beiden Seiten in Anspruch genommene Eigentum an derselben Ware entsteht, kann ich nur hinweisen. Für uns ist interessant, daß in allen diesen Fällen das Eigentum von den Gläubigern nur zu Sicherungs-, nicht zu Nutzungszwecken in Anspruch genommen wird. Interessant ist weiter, daß im Falle des Eigentumsvorbehalts, bei dem nach der von § 455 BGB aufgestellten Auslegungsregel der Eigentumsübergang unter einer aufschiebenden Bedingung im Sinne der §§ 158 ff. BGB steht, die Rechtsprechung dazu übergegangen ist, auch die Anwartschaft des bereits besitzenden Käufers auf Erwerb des Eigentums als eine selbständige Rechtsstellung anzuerkennen, die vom Käufer weiterübertragen, von seinen Gläubigern gepfändet werden kann. Man spricht von einem eigentumsähnlichen Anwartschaftsrecht und diskutiert darüber, ob hier nicht in Wahrheit eine Funktionsteilung des Eigentums vollzogen wird[36]. Für das deutsche Privatrechtssystem, das bisher in der Nachfolge römischen Rechtsdenkens solche Eigentumsspaltungen, etwa auch bei der Treuhand, abgelehnt hat, ergeben sich daraus bemerkenswerte Perspektiven.

III.

Das dem Gesetzgeber in Art. 14 Abs. I S. 2 GG vorbehaltene Recht, Inhalt und Schranken des Eigentums zu bestimmen, dient heute vor allem dazu, die Sozialbindung des Eigentums zu verwirklichen. Ob sich bestimmte Rechtspflichten des Eigentümers auch unmittelbar aus der in Art. 14 Abs. 2 GG festgestellten prinzipiellen Sozialpflichtigkeit ableiten lassen, ist bis heute im Privatrecht streitig; man könnte etwa die Pflichten aus dem oben erwähnten nachbarrechtlichen Gemeinschaftsverhältnis hierher rechnen[37]. Aber die Frage ist ohne große praktische

[36] Dazu L. Raiser, Dingliche Anwartschaften, 1961; ders., Funktionsteilung des Eigentums, in: Festschr. f. Sontis, 1977, 167 ff.

[37] Oben, Anm. 32. Der Streit geht im wesentlichen darum, ob sich aus Art. 14 Abs. 2 GG außer bloßen Duldungs- auch Handlungspflichten des Eigentümers ableiten lassen. Während Baur, a.a.O., § 24 I 4 davor warnt, halte ich mit M.

Bedeutung, denn der Gesetzgeber ist eifrig bemüht, die generelle »Pflichtigkeit« in konkrete Pflichten zu verwandeln. Überwiegend handelt es sich dabei um Bindungen und Beschränkungen des freien Eigentümerbeliebens, also um Unterlassungs- und Duldungspflichten des Eigentümers. Doch erlaubt Art. 14 Abs. 2 unzweifelhaft auch, ihm Handlungspflichten aufzuerlegen, wie zum Beispiel neuerdings im städtischen Baurecht.

1. Eine ältere Schicht solcher Gesetze dient der Gefahrenabwehr im Sinne des Polizeirechts; sie soll die Allgemeinheit vor Schäden bewahren, die typischer Weise beim Gebrauch bestimmter Gegenstände entstehen können, und beschränkt daher den Eigentümer, indem sie einige oder alle Nutzungsweisen unter einen Genehmigungsvorbehalt stellt oder für regelmäßige Kontrollen der Sicherheit sorgt[38]. Das Recht der Verkehrs-, der Gewerbe- oder der Baupolizei liefert Beispiele dafür, die hier keiner Erläuterung bedürfen. Bemerkenswert ist indessen einmal, daß sich diese Vorschriften in den letzten Jahrzehnten wegen der Zunahme der vom Gebrauch der Technik in dicht besiedelten Gebieten drohenden Gefahren deutlich verschärft haben, zum anderen, daß die neuerdings viel diskutierten Aufgaben des Umweltschutzes und der Erhaltung der Lebensqualität auch für künftige Generationen zu gesetzlichen Vorsorgemaßnahmen führen, die über die polizeirechtlichen Formen punktueller Gefahrenabwehr weit hinausgehen. Ältere Regelungen dieser Art, die nur einzelne Objekte betreffen und ihrer Erhaltung dienen, sind die (dem Landesrecht überlassenen) Gesetze über Natur- und über Denkmalsschutz; moderne Schutzgesetze von erheblicher wirtschaftlicher Bedeutung sind (als Bundesgesetze) das Wasserhaushaltsgesetz von 1957—1976, das Waldgesetz von 1975 und das bereits erwähnte Immissionsschutzgesetz von 1974. In diesen Fällen wird das öffentliche Interesse an der Sicherung natürlicher Lebensbedingungen durch Reinerhaltung von Luft und Wasser oder durch Erhaltung der klimatisch und als Erholungsräume wichtigen Waldbestände eindeutig über das private Nutzungsinteresse der einzelnen Eigentümer gestellt[39].

Wolff, a.a.O. (Anm. 8), 10, diese Folgerung für geboten; Wolff-Raiser, a.a.O., § 52 I 3. Ebenso Kübler, Eigentum verpflichtet, in: AcP, 159, 236ff., und jetzt Georgiades, a.a.O. (Anm. 27), 159ff.

[38] Zum Folgenden vgl. Rudolph, Die Bindungen des Eigentums, 1960; Leisner, Sozialbindung des Eigentums, 1972, und die Übersicht bei Baur, a.a.O., § 26.

[39] Zum Wasserrecht vgl. Wolff-Bachof, a.a.O. (Anm. 2), §§ 55—59; Baur, a.a.O., § 27 V; zum Waldrecht ebd., § 27 VI; zum Natur- und Denkmalschutz ebd., § 26 IV.

2. Ein weiteres Beispiel gesetzlicher Bestimmung des Eigentumsinhalts mit dem Ziel, den Vorrang der öffentlichen vor den Privatinteressen zu sichern, bildet die Entwicklung des Baurechts in den Städten und den zum Umkreis der Städte gehörenden sogenannten Ballungsgebieten[40]. Bis heute rechnet die Doktrin die Befugnis eines Grundstückseigentümers, auf seinem Grundstück nach eigener Initiative und eigenem Ermessen Gebäude zu errichten, also die sogenannte Baufreiheit zum Inhalt des Privateigentums. In der Tat hängt im städtischen Bereich der Wert eines Grundstücks entscheidend davon ab, ob und wie es durch Bebauung benutzt werden kann. Indessen stehen einer solchen Baufreiheit starke öffentliche Interessen gegenüber. In Wahrheit hat darum auch eine unbeschränkte Baufreiheit zu keiner Zeit bestanden. Auch im 19. Jahrhundert, in dem die älteren, die Freiheit stark begrenzenden städtischen und territorialen Bauvorschriften überwiegend beseitigt wurden, blieben die der Sicherheit der Bewohner dienenden baupolizeilichen Vorschriften bestehen; sie gelten bis heute als selbstverständlicher Bestandteil des Baurechts. Dazu kamen aber schon im letzten Drittel des 19. Jahrhunderts, als die Städte mit der zunehmenden Industrialisierung rasch zu wachsen begannen, neue Gesetze, die es den Stadtverwaltungen ermöglichen sollten, durch Festsetzung von Fluchtlinien oder, weitergehend, durch Aufstellung umfassender Bebauungspläne für das ganze Stadtgebiet die private Bautätigkeit an feste Regeln zu binden und unter Kontrolle zu halten. Dieses Bauplanungsrecht war lange dem Landesrecht vorbehalten; es hat erst durch das Bundesbaugesetz von 1960 eine einheitliche Rechtsgrundlage für das ganze Bundesgebiet erhalten. Danach ist das Bauen außerhalb geschlossener Ortschaften generell untersagt; Ausnahmen bedürfen besonderer Genehmigung. Im Stadtgebiet darf nur auf Grundstücken gebaut werden, die vom städtischen Bebauungsplan als »baureif« vorgesehen sind, und die Art der Bebauung — für Wohnungs- oder industrielle Zwecke — muß sich im Rahmen des Planes halten. In den letzten Jahren hat sich die Notwendigkeit ergeben, die danach den Eigentümern als Baufreiheit verbliebene Initiative noch weiter einzuschränken. Das Städtebauförderungsgesetz von 1971 hat den Gemeinden die Möglichkeit verschafft, in Stadtbezirken, die der Sanierung bedürfen, und in sogenannten Entwicklungsbereichen, in denen neue Wohnsiedlungen ange-

[40] Zum Folgenden vgl. die Übersicht bei Baur, a.a.O., § 26 II; Schmidt-Aßmann, Grundfragen des Städtebaurechts, 1972, sowie die Referate von Baur und Badura über Möglichkeiten und Grenzen des Zivilrechts bei der Gewährleistung öffentlicher und sozialer Erfordernisse im Bodenrecht, in: AcP, 176, 97 ff., 119 ff.; ferner die Hinweise von Badura, a.a.O. (Anm. 5), 27 f.

legt werden sollen, auch die Verwirklichung der dafür aufgestellten Pläne in die Hand zu nehmen, den Grundeigentümern entsprechende Verhaltenspflichten durch Modernisierungs-, Bau- und Abbruchgebote aufzuerlegen und notfalls Grundstücke durch Ausübung gesetzlicher Vorkaufsrechte oder Enteignung zu erwerben. 1976 hat eine Novelle zum Bundesbaugesetz dieses verschärfte rechtliche Instrumentarium einer aktiven Entwicklungsplanung den Gemeinden generell, auch außerhalb der im Städtebauförderungsgesetz geregelten besonderen Bereiche, zur Verfügung gestellt. Man kann unter diesen Umständen zweifeln, ob die Baufreiheit heute noch zum Inhalt des städtischen Bodeneigentums gerechnet werden darf[41].

3. Von anderer Art, aber nicht weniger einschneidend, sind die Bindungen, die heute für das in Wirtschaftsunternehmen investierte Vermögen, also das Eigentum an industriellen Produktionsmitteln bestehen. Wie schon eingangs erwähnt, hat sich die Rolle des Eigentums in diesem Bereich seit langem schon dadurch stark verändert, daß die Eigentümer-Unternehmer an Zahl und wirtschaftlichen Gewicht immer mehr hinter den Fällen zurücktreten, in denen das Unternehmen in der Rechtsform einer Kapitalgesellschaft betrieben wird mit der Folge, daß die Verfügungsmacht bei Managern liegt, die jedenfalls von der großen Zahl kleiner Anteilseigner praktisch nicht mehr kontrolliert werden können. Immerhin sollte das Unternehmen im Auftrag und im Interesse der Anteilseigner geführt werden. Aber gerade an diesem Punkt vollzieht sich im deutschen Unternehmensrecht eine tiefgreifende Veränderung: es war das Ziel der Gewerkschaften, den Arbeitnehmern ein Recht auf Mitwirkung und Mitbestimmung nicht nur in sozialen, sondern auch in den wirtschaftlichen Fragen der Unternehmensführung zu erkämpfen, und sie haben mit dieser Forderung beim Gesetzgeber weitgehend Gehör gefunden. Die einzelnen Etappen dieser Entwicklung, die schon nach dem 1. Weltkrieg mit dem Betriebsrätegesetz von 1920 einsetzte und nach dem 2. Weltkrieg mit dem Montan-Mitbestimmungsgesetz von 1951 und dem Betriebsrätegesetz von 1952 neuen Auftrieb erhielt, sind hier nicht zu schildern[42]. Seit dem lange um-

---

[41] Die umfangreiche Literatur zur Reform des städtischen Bodenrechts ist zum großen Teil in den in Anm. 40 genannten Arbeiten angeführt; auf die dort diskutierten Vorschläge, wie z. B. die Spaltung des Bodeneigentums in ein städtisches »Verfügungs-« und ein privates »Nutzungseigentum« (vgl. meine Hinweise in: Funktionsteilung des Eigentums, a. a. O., Anm. 36, 176 ff.) kann ich hier nicht eingehen.

[42] Vgl. die Hinweise von Badura, a. a. O. (Anm. 5), 25 f.; die Entwicklung der Mitbestimmungsdoktrin schildert Raisch, Unternehmensrecht, Bd. II, 1974,

kämpften Mitbestimmungsgesetz von 1976 besteht für praktisch alle Unternehmen in der Rechtsform von Kapitalgesellschaften, die mehr als zweitausend Arbeitnehmer haben, ein Recht dieser Arbeitnehmer auf Mitbestimmung, das durch paritätische Besetzung des Aufsichtsrats mit Vertretern der Anteilseigner und der Arbeitnehmer ausgeübt wird. Auf die Einzelheiten der Regelung, die alle Züge eines mühsam erreichten politischen Kompromisses trägt, kommt es für unsere Darstellung nicht an; deutlich ist jedenfalls, daß damit der Einfluß der Anteilseigner — und nicht nur der Klein- sondern auch von Großaktionären — erheblich zugunsten der Arbeitnehmervertreter zurückgedrängt worden ist. Ob diese Lösung mit der verfassungsrechtlichen Eigentumsgarantie des Art. 14 GG noch vereinbar ist, ist bis heute streitig; das Bundesverfassungsgericht ist durch eine Klage damit befaßt, hat aber noch nicht entschieden.

IV.

Die starke Zunahme der dem Eigentum im öffentlichen Interesse auferlegten gesetzlichen Beschränkungen auf der einen Seite, die oben (I, 3) berichtete Ausweitung des Enteignungsbegriffs und die Verschärfung der Sanktionen gegen Eingriffe von Enteignungscharakter auf der anderen Seite haben eine Rechtsfrage zu einem brennenden Problem werden lassen: welche Beschränkungen durch Gesetz oder — auf gesetzlicher Grundlage — durch Verwaltungsmaßnahmen muß der Eigentümer entschädigungslos hinnehmen, weil sie als nähere Bestimmungen des Eigentumsinhalts (Art. 14 Abs. 1 S. 2 GG) zu gelten haben, und welche sind als enteignende Eingriffe anzusehen, die ihm einen Anspruch auf Entschädigung geben (Art. 14 Abs. 3 GG)? Rechtslehre und Rechtsprechung haben viel Mühe darauf verwendet, die Kriterien dieser Unterscheidung herauszuarbeiten[43]. Der Bundesgerichtshof hat schon 1952 in einem Grundsatzurteil die Unterscheidung ähnlich wie früher das Reichsgericht danach treffen wollen, ob die Beschränkung generellen Charakter hat oder nur einen oder einzelne Eigentümer trifft, also von den Betroffenen ein Sonderopfer im Interesse der Allgemeinheit fordert; nur im zweiten Fall wollte er wegen Verletzung des

71 ff.; Th. Raiser, Komm. z. MitbestG, 1977, Einl., bes. Anm. 40 ff. zur Frage der Verfassungsmäßigkeit.

[43] Einen Überblick darüber gibt Baur, a.a.O., § 24 I 5; dazu die oben, Anm. 12, angeführten Arbeiten von Kreft und Kröner.

Gleichbehandlungsgebots der Verfassung (Art. 3 GG) eine entschädigungspflichtige Enteignung bejahen[44]. Dieser formale Lösungsversuch erwies sich anfangs als hilfreich, aber auf die Dauer nicht als ausreichend; in der Rechtsprechung des Bundesverwaltungsgerichts setzten sich mit Zustimmung des überwiegenden Teils der Rechtslehre materielle Kriterien, also die Unterscheidung nach der Schwere und Zumutbarkeit des Eingriffs durch[45]. Heute werden in der Praxis beider Gerichte diese Kriterien je nach Lage des Einzelfalls kombiniert oder gegeneinander abgewogen, was dem bewertenden Ermessen der Gerichte einen erheblichen Spielraum gibt, damit aber auch Schwankungen in den Ergebnissen dieser Judikatur herbeiführt. Zu den materialen Kriterien, die die Rechtsprechung entwickelt hat, ist auch der Gedanke zu rechnen, daß der Enteignungscharakter eines Eingriffs und damit die Entschädigungspflicht nicht abstrakt, sondern nur im Hinblick auf den bisherigen Verwendungszweck des betroffenen Objekts beurteilt werden kann. So löst ein Bauverbot für ein bisher landwirtschaftlich genutztes Grundstück keine Entschädigungspflicht aus; auch im Stadtbereich müssen zeitlich befristete Bausperren, die der Planung und Aufschließung eines Baugebiets dienen, von den betroffenen Eigentümern hingenommen werden. Der BGH spricht hier von Schranken der Nutzbarkeit, die sich aus der »Situationsgebundenheit« eines Grundstücks ergeben, deren rechtliche Fixierung darum keine Enteignung darstellt[46]. Voraussetzung einer Entschädigungspflicht ist ferner, daß der Eingriff eine rechtlich gesicherte Position beeinträchtigt; die Schmälerung bloßer Gewinnaussichten, etwa durch Verlegung einer Durchgangsstraße, genügt dafür nicht[47]. Die Höhe der Entschädigung, die zum Beispiel dem Eigentümer eines infolge einer Änderung des städtischen Bauleitplans mit Bauverbot belegten Grundstücks im Stadtbereich zu zahlen ist, wird von den Gerichten bisher nach dem Verkehrswert im Zeitpunkt des Urteils bemessen, selbst dann, wenn die Höhe dieses Werts wesentlich dadurch bestimmt ist, daß die Gemeinde zuvor auf ihre Kosten diesen Bereich erschlossen und baureif gemacht hat. Erst die neueste Baugesetzgebung versucht, die Berücksichtigung sol-

---

[44] BGHZ 6, 270; die weitere Entwicklung dieser Judikatur ist zusammengefaßt in: BGHZ 30, 338; s. jetzt auch BGHZ 59, 93 (97).

[45] BVerwGE 5, 143; 7, 297; 11, 68 u.a. In die gleiche Richtung weist auch die Rechtsprechung des Bundesverfassungsgerichts; vgl. bes. BVerfGE 24, 367 ff.

[46] BGHZ 17, 96; 23, 30; 30, 338; BGH NJW, 1964, 202; 1976, 715.

[47] So z.B. BGHZ 23, 235; 45, 150; 48, 58; 48, 340; 55, 261. Im gleichen Sinne BVerfGE 28, 119, 142.

cher, ohne Zutun des Eigentümers eingetretener Werterhöhungen zu beschränken[48].

Im ganzen kann man feststellen, daß die sehr umfangreiche Rechtsprechung unter Führung des Bundesgerichtshofs, unterstützt von der Rechtslehre, sich vor allem im Bodenrecht, auf das sich die große Mehrzahl der Urteile bezieht, zugunsten der Eigentümer bemerkenswert großzügig gezeigt hat. Das gilt sowohl hinsichtlich der Ausdehnung des Enteignungsbegriffs, also des Umfangs der Fälle, in denen für behördliche Eingriffe Entschädigung zuerkannt wird, als auch in Bezug auf die Bemessung der Höhe der Entschädigung. Die Gerichte haben damit dem Verfassungsgebot Rechnung getragen, das Rechtsinstitut des Privateigentums in seinem Wesensgehalt zu schützen. Freilich haben sie damit auch einer Gesinnung des Besitzindividualismus Vorschub geleistet und die administrative und finanzielle Bewegungsfreiheit der Gemeinden in Bezug auf ihre Grundstücks- und Baupolitik fühlbar eingeschränkt[49]. Es ist eine offene Frage, ob nicht aus dem Grundsatz der Sozialbindung des Eigentums, der ja unzweifelhaft heute schon neben dem Grundsatz der Eigentumsfreiheit mit Verfassungsrang gilt, unter den Lebensbedingungen der Zukunft bald weitergehende Folgerungen gezogen werden müssen, die die Rücksicht auf das Gemeinwohl noch stärker als bisher über die Individualinteressen der einzelnen Bürger stellen.

---

[48] Zur Bemessung der Höhe der Entschädigung vgl. etwa BGHZ 11, 156; 25, 225; 39, 198 u.a. Dazu Gelzer, Der Umfang des Entschädigungsanspruchs aus Enteignung und enteignungsgleichem Eingriff, 1969. Zu der im Text genannten, die Entschädigung beschränkenden Gesetzgebung vgl. § 23 Abs. 2 StädtebaufördG und die durch die Novelle von 1976 vorgenommene Neufassung der §§ 40ff., 93ff. BBauG.

[49] Es fehlt darum auch nicht an kritischen Stimmen gegenüber diesem Ausbau der Eigentumsgarantie durch die Rechtsprechung. So von hoher Warte H. Krüger, Allgemeine Staatslehre, ^{2}1966, 421ff., und neuerdings in schärferer politischer Tonart Rittstieg, Eigentum als Verfassungsproblem, 1975, und W. Däubler, Eigentum und Recht in der BRD, in: Däubler u.a. (Hrsg.), Eigentum und Recht. Die Entwicklung des Eigentumsbegriffs im Kapitalismus, 1976, 141ff.

VERFASSUNGSRECHTLICHE EIGENTUMSGARANTIE UND STÄDTEBAU

Zu den großen politischen Aufgaben unserer Generation gehört es in der Bundesrepublik wie in den meisten, von der modernen Industriegesellschaft getragenen Staaten, die aus den Lebensbedingungen in dieser Gesellschaft zu erklärende, seit dem Zweiten Weltkrieg stark zunehmende Tendenz der Menschen, in stadtförmigen Siedlungen zu wohnen und ihrer Berufsarbeit nachzugehen, in geordnete Bahnen zu lenken. Das erfordert die Ausweitung bestehender und die Anlage neuer Siedlungen, aber auch eine tiefgreifende, auf Umbau und teilweise Neubau der alten Stadtkerne zielende Umgestaltung unserer Städte. Dabei ist das Verhältnis von Industrieanlagen, Geschäfts- und Verwaltungszentren und Wohnbereichen neu zu durchdenken, sind Verkehrs- und lebenswichtige Versorgungsfragen zu lösen und die Siedlungsräume gegen die land- und forstwirtschaftlich genützte, zugleich der Erholung der Stadtmenschen dienende Landschaft abzugrenzen. Soll uns die bisher überwiegend den freien gesellschaftlichen Kräften überlassene, nur partiell gesteuerte Entwicklung nicht vollends über den Kopf wachsen mit der Folge, daß das Leben in den Städten für alle zur Qual wird, so bedarf es umfassender staatlicher oder vom Staat autorisierter und unterstützter kommunaler Maßnahmen des Planens, Ordnens, Um- und Neugestaltens. Raum- und Stadtplaner, Architekten und Ingenieure, Wirtschafts- und Sozialwissenschaftler und Praktiker aus Wirtschaft und Verwaltung müssen zusammenwirken, hohe Milliardenbeträge aus Steuermitteln dafür bereitgestellt werden. Nicht zuletzt aber handelt es sich auch um eine Aufgabe rechtlicher Gestaltung. Das in den meisten seiner Rechtsfiguren geschichtlich weit zurückreichende Bodenrecht muß den veränderten Bedürfnissen angepaßt, Individual- und Gemeinschaftsinteressen müssen neu gegeneinander abgewogen und ihre Wirkungs- und Schutzbereiche neu gegeneinander abgegrenzt, neue Rechtsformen im privaten und öffentlichen Recht, die sich auf diesem Feld stark durchdringen, müssen entwickelt werden. Diese juristische Arbeit, die vom Gesetzgeber, aber gleichgewichtig auch von der Rechtsprechung und der Rechtslehre zu leisten ist, hat schon lange eingesetzt, aber noch zu keinen ganz befriedigenden Ergebnissen geführt; sie wird daher noch viel Anstrengung erfordern. Es kann sich im folgenden nicht darum handeln, die Fülle der Rechtsfragen, die bei diesem Bemühen auftauchen und der Lösung bedürfen, hier auszubreiten oder die einzelnen Schritte in Gesetzgebung und

Rechtsprechung der letzten fünfundzwanzig Jahre nachzuzeichnen. Das muß der Diskussion unter den Fachleuten überlassen bleiben — wobei ich zu den mitspracheberechtigten Fachleuten gerade in dieser Sache nicht nur die Juristen, sondern auch alle diejenigen rechne, die es wissenschaftlich oder praktisch mit den Wirkungen getroffener oder versäumter gesetzgeberischer Maßnahmen oder richterlicher Entscheidungen zu tun haben.
Aber alle Bemühungen um eine Fortentwicklung unseres Bodenrechts müssen in unserem Rechts- und Verfassungsstaat von der Gewährleistung ausgehen und bei ihr münden, die Art. 14 unseres Grundgesetzes für »das Eigentum und das Erbrecht« mit Verfassungsrang, also mit bindender Wirkung auch für den Gesetzgeber, nicht nur für die Exekutive ausgesprochen hat. Über Sinn und Tragweite dieser Verfassungsgarantie im Hinblick auf das Bodenrecht nachzudenken ist nicht nur für die Fachleute wichtig; die dahinterstehenden Wert- und Zielvorstellungen und die daraus sich ergebenden Verhaltensnormen bilden ja auch ein jahrhundertealtes Thema christlicher Ethik.

I.

Die verfassungsrechtliche Eigentumsgarantie ist keine Erfindung der Väter unseres Grundgesetzes. Sie steht in einer Tradition, die sich ideell bis zu den Wurzeln des Liberalismus in der englischen politischen Theorie des 17. Jahrhunderts[1] und den sozialphilosophischen und ökonomischen Lehren von Adam Smith und Ricardo im 18. Jahrhundert, aber auch zur Rechtsphilosophie des deutschen Idealismus von Kant bis Hegel verfolgen läßt. Die Déclaration des droits de l'homme et du citoyen von 1789 erklärte das Eigentum zum »droit inviolable et sacré«. Unter ihrem Einfluß und auf das Drängen des zu politischer Mündigkeit gelangten Besitzbürgertums gehörte eine Garantie der Unverletzlichkeit des Privateigentums fortan zum Kernbestand der deutschen Verfassungen im 19. Jahrhundert, so namentlich im Grundrechtsteil der Frankfurter Reichsverfassung von 1848 und, nach dem Vorbild der älteren süddeutschen Verfassungen, auch in der preußischen Verfassung von 1850[2]. Der unter Friedrich Naumanns

[1] Dazu höchst aufschlußreich die Arbeit von C. B. Macpherson, Die politische Theorie des Besitzindividualismus von Hobbes bis Locke, 1962, deutsch bei Suhrkamp 1967.

[2] Näheres bei E. R. Huber, Deutsche Verfassungsgeschichte seit 1789, Bd. II, 1960, 774ff., 780; Bd. III, 1963, 100ff., 110.

Einfluß gestaltete Grundrechtsteil der Weimarer Reichsverfassung von 1919 nahm die Tradition in Art. 153 auf; an diese Norm knüpfte 30 Jahre später der Parlamentarische Rat in Bonn wieder an.
Es ist kein Zweifel, daß für die Theoretiker des frühen Liberalismus und für die Verfassungsgeber des 19. Jahrhunderts die Freiheit und Sicherheit des Grundeigentums im Vordergrund des politischen und ökonomischen Interesses stand; Grundbesitz mit der daran geknüpften politischen und sozialen Geltung stand noch bis zum Ende des 19. Jahrhunderts im Rang privater Vermögensgüter am höchsten. Die Französische Revolution hatte ihre Garantie nicht der aus dem Mittelalter überkommenen, feudalen oder ständestaatlichen Bodenordnung, sondern einem durch revolutionären Akt von allen überindividuellen Bindungen freigesetzten Grundeigentum gewährt; die deutschen Staaten folgten dieser Neuordnung des Bodenrechts im 19. Jahrhundert schrittweise unter Führung der Stein-Hardenbergischen Reform in Preußen mit den Maßnahmen der »Bauernbefreiung« und der Liberalisierung des Grundstücksverkehrs[3]. Wie schon für den Code Civil Napoleons von 1804, so stand auch für das Bürgerliche Gesetzbuch von 1896 fest, daß das freie Belieben des Eigentümers in der Sachnutzung und die freie Verfügungsmacht über das Recht zum normalen Inhalt der Eigentümerstellung, auch und gerade am Grund und Boden gehörten, gesetzliche Beschränkungen demgegenüber nur eine Ausnahme darstellen.
Der so verstandenen, freien und »privatnützigen« Sachherrschaft, insbesondere am Grund und Boden, sollten die Verfassungsgarantien gelten. In der stark gewandelten politischen, sozialen und wirtschaftlichen Situation Deutschlands nach dem Ersten Weltkrieg setzte sich dann aber für die Auslegung von Art. 153 WeimRV die Auffassung durch, daß der Eigentumsbegriff des Verfassungsrechts weiter zu fassen sei als der des Zivilrechts. Zwar nehmen in der heutigen Rechtsprechung zu Art. 14 Grundstücksfälle noch immer einen breiten Raum ein. Aber der Schutz dieser Verfassungsnorm wird nunmehr den Bürgern auch für andere vermögenswerte Rechte zuerkannt, wie zum Beispiel für das (in seinen Konturen bis heute schwer eindeutig bestimmbare) Recht an einem Gewerbebetrieb, neuerdings auch in gewissem Umfang für Rechtsstellungen des öffentlichen Rechts, die dem einzelnen Ansprüche auf öffentliche Leistungen zur Daseinsvorsorge gewähren. Diesen, im einzelnen sehr umstrittenen Fragen ist hier nicht weiter nachzuge-

[3] Die Entwicklung des Bodenrechts im 19. Jahrhundert ist eingehend dargestellt von J. W. Hedemann, Fortschritte des Zivilrechts im 19. Jahrhundert, Bd. II, 1, 1930/35.

hen. Doch sollte vermerkt werden, daß sich damit der Sinn der Verfassungsgarantie verschiebt: ging es im 19. Jahrhundert um die Sicherung der Unabhängigkeit des einzelnen vom Staat, so wird jetzt die Gewährleistung der Teilhabe am staatlichen Leistungssystem immer wichtiger — eine Folge des Funktionsverlustes des Sacheigentums in unserer Wirtschafts- und Gesellschaftsordnung.

Aber nicht nur der Gegenstand, sondern auch Art und Umfang des Schutzes sind in den letzten fünfzig Jahren teils durch eine Verstärkung der Garantie im Verfassungstext, mehr noch durch eine politisch motivierte Interpretation wesentlich erweitert worden. Drei solche Schritte sind hier zu nennen:

1. Die Verfassungsgarantien des 19. Jahrhunderts waren nur als Schutz des Eigentümers gegen willkürliche Eingriffe der Exekutive verstanden worden, während die Gesetzgebung durch sie nicht beschränkt sein sollte. Erst in der Weimarer Republik führte ein gewandeltes Verfassungs- und Grundrechtsverständnis, verbunden mit einem unter den Juristen dieser Zeit weit verbreiteten Mißtrauen gegen die Schwächen der parlamentarischen Demokratie dazu, daß den Grundrechten auch gegenüber Gesetzen der Vorrang zuerkannt und den Gerichten das Recht zugebilligt wurde, Gesetze auf ihre Vereinbarkeit mit den Grundrechten zu überprüfen. Diese — uns heute selbstverständlich gewordene, durch das Bundesverfassungsgericht kontrollierte — Bindung des Gesetzgebers an die Grundrechte hat auch für die Eigentumsgarantie weittragende Folgen. Der Individualschutz des jeweiligen Besitzstandes gegenüber dem Staat wird erheblich verstärkt, und er wird ergänzt durch die Wirkung des Grundrechts als Gewährleistung des Rechtsinstituts »Eigentum« als eines der Pfeiler unserer Gesellschafts- und Wirtschaftsordnung.

2. Klassisches Beispiel des Staatseingriffs in den Besitzstand seiner Bürger ist die Enteignung. Kein Staat, der Straßen, Eisenbahnen und andere öffentliche Anlagen zu bauen hat, kommt ohne dieses Zwangsmittel aus. Die Verfassungen müssen ihm Raum geben; sie haben es aber schon im 19. Jahrhundert nur unter der Voraussetzung zugestanden, daß die Enteignung auf gesetzlicher Grundlage und zum Wohl der Allgemeinheit vorgenommen wird und gegen angemessene Entschädigung erfolgt[4]. Dabei wurde unter Enteignung die Entziehung des Eigentums und seine Übertragung auf einen anderen (Staat, Gemeinde,

[4] Einen weitgespannten rechtsvergleichenden Überblick über die Entwicklung dieses Rechtsinstituts gibt F. A. Mann, Zur Geschichte des Enteignungsrechts, in: Festschr. d. Dtschen. Juristentags, Bd. II, 1960, 219ff.

Bahnunternehmer usw.) verstanden. Seit den zwanziger Jahren nun ging die Auslegung zu Art. 153 WeimRV dazu über, dieser Enteignung im herkömmlichen Sinn auch die Fälle gleichzustellen, in denen der Eigentümer die Sache behält, aber in der Nutzungs- oder Verfügungsmacht beschränkt wird, und zwar (wie Art. 14 III GG jetzt klarstellt) einerlei, ob dies durch Verwaltungsakt oder durch den Gesetzgeber selbst geschieht. Wie dann noch die Grenze zwischen der so verstandenen Enteignung und einer für jedermann geltenden gesetzlichen Änderung des Inhalts und Umfangs der Eigentümerbefugnisse gezogen werden soll, deren Einengung doch unabweisbar geworden ist, ist seitdem bis heute streitig und muß uns noch näher beschäftigen. Festzuhalten ist jedenfalls, daß auch in diesem Punkt der Eigentumsschutz gegenüber Gesetzgebung und Verwaltung wesentlich verstärkt worden ist.

3. Während Art. 153 II WeimRV noch dem Reichs- (nicht einem Landes-) Gesetzgeber gestattete, in Enteignungsgesetzen eine Entschädigungspflicht auszuschließen, hat Art. 14 III GG diesen Weg versperrt; jedes Gesetz, einerlei ob Bundes- oder Landesgesetz, das eine Enteignung (im weiten Sinne) ermöglicht oder selbst bewirkt, muß zugleich Art und Ausmaß der Entschädigung regeln. Es liegt auf der Hand, daß durch dieses »Junktim« die vorhin erwähnte Frage noch brennender geworden ist, an welcher Grenze die Inhaltsbestimmung durch Gesetz aufhört und die entschädigungspflichtige Enteignung beginnt.

Überblickt man diese Entwicklung der letzten Jahrzehnte, deren wesentliche Ergebnisse heute in Rechtsprechung und Rechtslehre, unbeschadet des Meinungsstreits über Einzelfragen, einhellig gebilligt werden, so wird deutlich, daß die verfassungsrechtliche Eigentumsgarantie zugunsten der einzelnen Bürger gerade in der Epoche, in der die nur vom Staat zu lösenden Gemeinschaftsaufgaben immer stärker angewachsen sind, an praktischer Bedeutung ganz erheblich gewonnen hat. Dieses zeitliche Zusammentreffen ist auch kein Zufall. Schon der Rechtsprechung zu Art. 153 WeimRV lag eine Wertvorstellung zugrunde, die nach den Erfahrungen der NS-Zeit und angesichts der anderen Gesellschaftsordnung im sowjetischen Machtbereich auch wieder den Grundrechtsteil des Grundgesetzes bestimmt hat. Es ist die Überzeugung, daß das Recht die Würde und Freiheit des einzelnen inmitten der Zwänge der »Massengesellschaft« zu schützen habe und daß das private, freie Einzeleigentum gerade durch seine Funktion gerechtfertigt werde, dem einzelnen einen Freiheitsraum zu erhalten. Diese Verbindung der Eigentums- mit der Freiheitsgarantie, die zum altliberalen Gedankengut gehört, wird auch vom Bundesverfassungsgericht mehrfach betont und praktisch dazu eingesetzt, um die Grenze zwischen gesetzlicher, den Eigentümer beschränkender Inhaltsbestimmung und Enteignung zu verdeutlichen: Dem Eigentümer soll die ihm durch Art. 2 I GG gewährleistete Handlungsfreiheit zur Selbstgestaltung seiner Lebensverhältnisse erhalten bleiben[5].

Die kritische Frage, ob in unserer heutigen Gesellschaft Freiheit und Eigentum noch so selbstverständlich aufeinander bezogen sind, zumal bei dem nur einem kleinen Teil der Bevölkerung zugänglichen Eigentum am nicht vermehrbaren Boden, sei hier noch zurückgestellt[6]. Immerhin verweist das Grundgesetz selbst, wie vor ihm schon Art. 153 WeimRV, in Art. 14 II mit den Worten »Eigentum verpflichtet. Sein Gebrauch soll zugleich dem Wohle der Allgemeinheit dienen« auf die andere, gemeinschaftsbezogene Seite der Eigentümerstellung[7]. Man nennt sie die »Sozialpflichtigkeit« des Eigentums und sieht darin mit Recht eine Konsequenz aus dem in Art. 20 und 28 aufgestellten Sozialstaatsprinzip unserer Verfassung, das nun freilich zu den Grundrechten liberaler Prägung in einem deutlichen Spannungsverhältnis steht. Da indessen dieser Sozialstaats- und Pflichtgedanke, im Gegensatz zu den Rechten der einzelnen gegenüber Staat und Gesellschaft, in der Verfassung nicht näher ausgeformt ist und da unser traditionelles Rechtsdenken ohnedies stark an der Grundfigur des subjektiven Rechts orientiert ist, hat die Auslegung des Art. 14 durch Rechtsprechung und Rechtslehre bisher den Pflichtgehalt der Eigentümerstellung im wesentlichen dadurch zur Geltung gebracht, daß man Abs. II, der diesen Gehalt normiert, auf Abs. I Satz 2 (»Inhalt und Schranken werden durch die Gesetze bestimmt«) bezieht, also die Sozialpflichtigkeit des Eigentums dahin konkretisiert, daß sich der Eigentümer gewisse, dem Wohl der Allgemeinheit dienende, sein freies Belieben gegenüber den liberalen Vorstellungen einengende Bindungen gefallen lassen muß, die nun den Inhalt seiner Rechtsstellung bestimmen. Doch stehen solche Bindungen immer unter dem Vorbehalt, daß der »Wesensgehalt« der grundrecht-

---

[5] So aus der neueren Rechtsprechung BVerfGE 21, 73 (86); 24, 367 (389); 26, 215 (222).

[6] In der ersten der in Anm. 5 genannten Entscheidungen, die alle Grundstücksfragen betreffen, wird auch diese Besonderheit des Bodens herausgestellt (BVerfGE 21, 73 [82]; ebenso 21, 306) und daraus der erhöhte Pflichtgehalt der Eigentümerstellung begründet.

[7] F. Kübler hat gezeigt (Arch. civ. Pr. 159, 236 ff.), daß sich dieser Rechtsgedanke, der durch Friedrich Naumann in den Grundrechtskatalog der Weimarer Reichsverfassung gekommen ist, auf die Vorstellung der evangelischen Ethik vom Eigentum als »Lehen« und dem Eigentümer als »Haushalter Gottes« zurückführen läßt.

lich verbürgten Eigentümerstellung, den nach Art. 19 II kein Gesetz antasten darf und zu dem die Eigentümerfreiheit gerechnet wird, dadurch nicht aufgehoben wird. Das in der Verfassung selbst nicht gelöste Spannungsverhältnis zwischen individueller Freiheit und Gemeinschaftsbindung bleibt also der situationsbezogenen Handhabung durch Gesetzgebung und Verwaltung und ihrer Kontrolle durch die Gerichte überlassen. Den Ergebnissen dieser Praxis, soweit sie die Entwicklung unseres städtischen Bodenrechts bestimmt haben, müssen wir uns nun zuwenden.

II.

Die Befugnis eines Grundstückeigentümers, auf seinem Boden zu bauen, wird seit der Liberalisierung des Bodenrechts zum Inhalt seines Eigentums gerechnet; Baufreiheit gilt als Teil der Eigentümerfreiheit. Aber auch das liberale 19. Jahrhundert sah sich genötigt, gegenüber dieser Freiheit den Gemeinschaftsvorbehalt geltend zu machen: Wer bauen wollte, war an sicherheits-, feuer- und andere polizeiliche Vorschriften gebunden und bedurfte darum einer baupolizeilichen Genehmigung. Das mit der Industrialisierung einsetzende Wachstum der Städte zwang dann zum Erlaß von Fluchtlinien- und ähnlichen Baugesetzen, die die Eigentümerbefugnis an die Übereinstimmung mit städtischen Bebauungsplänen banden, daher den Gemeinden auch den Erlaß von Bauverboten für bestimmte Flächen ermöglichten, ohne sie durchgängig zu verpflichten, solche Eigentümer zu entschädigen. Es bedeutete einen schweren Schlag für alle Kommunalpolitiker, als das Reichsgericht den erweiterten Enteignungsbegriff auch auf solche Bauverbote anwandte und die Städte für entschädigungspflichtig erklärte, weil nach Art. 153 WeimRV nur ein Reichsgesetz diese Pflicht hätte ausschließen können[8]. Die Pläne, dem durch ein Reichsstädtebaugesetz zu begegnen, scheiterten an der politischen Schwäche von Reichsregierung und Reichstag.

Der Wiederaufbau der im Bombenkrieg zerstörten Städte nach 1945 ging aufgrund der Aufbaugesetze der Länder schon unter den nach Art. 14 GG weiter eingeengten Voraussetzungen städtischer Planung vor sich; jene Gesetze konnten sogenannte Umlegungen, das heißt den Austausch von Grundstücken, aber keine großzügigen Neuplanungen

---

[8] RGZ 128, 18 im Jahre 1930; der Fall betraf einen Fluchtlinienplan der Stadt Berlin aufgrund des Preußischen Fluchtliniengesetzes von 1875.

ermöglichen, weil die Städte die Entschädigungslasten nicht hätten tragen können. Auch das 1960 nach zehnjährigen Bemühungen erlassene Bundesbaugesetz brachte zwar eine nach der bisherigen Rechtszersplitterung höchst erwünschte Vereinheitlichung und Modernisierung des Städtebaurechts, hielt sich aber mit seinem Instrumentarium für eine aktive Boden- und Baupolitik der Gemeinden gleichfalls an die Schranken gebunden, die das Grundgesetz und die zu seiner Auslegung entwickelte Judikatur zum Schutz der Grundstückseigentümer solchen Initiativen zogen und bis heute ziehen. Worin diese Schranken fühlbar werden, soll beispielhaft an zwei wichtigen Punkten gezeigt werden:

1. Die Erweiterung des »klassischen« Enteignungsrechts, das man mit einem im englischen Recht bis heute geläufigen Ausdruck als ein Verfahren des »Zwangskaufs« nennen kann, auf die Fälle einer bloß partiellen Einschränkung der Eigentümerfreiheit durch hoheitliche (gesetzliche oder administrative) Maßnahmen, praktisch also die Einführung einer durchgängigen Entschädigungspflicht auch für solche Maßnahmen, führt, wie gezeigt, zu Schwierigkeiten bei der unerläßlichen Antwort auf die Frage, wie solche entschädigungspflichtigen Maßnahmen von den Vorschriften zu unterscheiden sind, die im Sinne von Art. 14 Abs. 1 S. 2 »Inhalt und Schranken« des Eigentums festlegen, also das Schutzobjekt des Art. 14 überhaupt erst näher bestimmen. Es hat sich in der Diskussion der letzten zwanzig Jahre als unmöglich erwiesen, dafür ein eindeutig klares, allgemein anerkanntes Unterscheidungsmerkmal zu finden.

Der Bundesgerichtshof hat 1952 in einer bis heute nachwirkenden Grundsatzentscheidung[9] das Problem dadurch zu lösen versucht, daß er den Begriff der Enteignung in Art. 14 III mit Hilfe des Gleichbehandlungsgebots in Art. 3 GG interpretierte und damit zugleich die in der Rechtsprechung des Reichsgerichts zu Art. 153 WeimRV entwikkelte Lehre vom »Einzelakt« wieder aufnahm: eine den Eigentümer beschränkende hoheitliche Maßnahme ist dann entschädigungspflichtige Enteignung, wenn sie ihn allein oder stärker als alle anderen betrifft und ihm damit ein Sonderopfer abverlangt. Das Bedürfnis nach Eindeutigkeit des Kriteriums schien mit diesem formalen Rechtsgedanken befriedigt zu sein. Aber schon bald zeigte sich, daß das Kriterium nicht genügte, wenn nicht ein einzelner Eigentümer, sondern eine ganze Gruppe betroffen war. Bedenklich ist auch der Formalismus, der

[9] BGHZ 6, 270; vgl. auch die zusammenfassende Darstellung in BGHZ 30, 338.

den Richter von eigener Wertung des Eingriffs freistellt. Eine verbreitete Lehrmeinung, die sich das Bundesverwaltungsgericht in seiner Praxis zu eigen machte, zieht es deshalb vor, auf den materiellen Gesichtspunkt der Schwere und Tragweite des Eingriffs in das Eigentum, dessen »normaler« Inhalt als durch die Tradition vorgegeben angesehen wird, abzustellen[10]. Im Laufe der Jahre haben sich die verschiedenen Positionen einander in dem Sinne angenähert, daß heute kein Kriterium für sich allein als ausschlaggebend gilt, vielmehr versucht wird, je nach der Lage des Falles das Gewicht der verschiedenen Gesichtspunkte gegeneinander abzuwägen und so die Zumutbarkeit des Eingriffs für den Betroffenen unter Berücksichtigung der Sozialpflichtigkeit besonders des Grundeigentums zu ermitteln[11]. Da damit dem bewertenden Ermessen der Gerichte nun doch ein erheblicher Spielraum gelassen ist, kann von einer strengen Konsequenz in der Behandlung der vielgestaltigen Einzelfälle nicht mehr die Rede sein[12]. Obwohl eine offene Tendenz zur Ausweitung der Entschädigungspflicht in der ziemlich umfangreichen Rechtsprechung des Bundesgerichtshofs nicht erkennbar ist — ein großer Teil der Klagen scheitert schon an der (hier nicht weiterzuverfolgenden) Frage, ob eine Maßnahme überhaupt das Eigentumsrecht des Klägers berührt und nicht nur ungefestigte wirtschaftliche Erwerbsaussichten —, scheint sich die Grenze fast unmerklich weiter zugunsten der von behördlichen Maßnahmen betroffenen Eigentümer zu verschieben. So verdient noch Erwähnung, daß das Gericht in seiner neueren Praxis auf das Erfordernis des gewollten und gezielten hoheitlichen »Eingriffs« verzichtet und es genügen läßt, daß eine hoheitliche Maßnahme unmittelbar Auswirkungen auf das Eigentum eines Betroffenen hat[13].
Eine, gerade für das Bodenrecht wichtige Einschränkung der Entschädigungspflicht hat der Bundesgerichtshof allerdings als Gegengewicht gegen die berichteten Ausweitungen entwickelt: es ist der Rechtsgedanke, daß die Eigentumsfreiheit begrenzt sei durch die Situation, in der sich das Grundstück im Augenblick der behördlichen Maßnahme befindet. Ein Bauverbot für noch unerschlossenes Ackerland gilt

[10] BVerwGE 5, 143; 7, 297; 11, 68 u.a.
[11] Das dürfte auch der Haltung des Bundesverfassungsgerichts entsprechen, das noch keinen Anlaß hatte, zu dieser Frage direkt Stellung zu nehmen. Vgl. etwa BVerfGE 20, 351 (355); 21, 73 (82); 21, 150 (155); 25, 112 (117).
[12] Das zeigen gerade neuere Übersichten über die Rechtsprechung bei Kröner, Die Eigentumsgarantie in der Rechtsprechung des BGH, ^{2}1969; Peter, JurZ 1969, 549; Kreft, Aufopferung und Enteignung, 1968.
[13] So BGHZ 37, 44 im Gegensatz zu BGHZ 23, 235.

darum nicht als entschädigungspflichtige Enteignung des Bauern, ebensowenig ein Abbruchsverbot und Unterhaltungsgebot für den Eigentümer eines unter Denkmalschutz gestellten Gebäudes[14]. Das Gericht erklärt, in diesen Fällen verdichte sich die allgemeine Sozialpflichtigkeit zu einer besonderen, aus der Situation sich ergebenden, durch die behördliche Maßnahme nur noch zu konkretisierenden Pflicht, die bisherige Nutzungsart des Grundstücks beizubehalten, auch wenn eine Änderung wirtschaftlichen Gewinn verspräche. Aus den gleichen Gründen ist es Gemeinden gestattet worden, ohne Entschädigungspflicht zeitlich begrenzte Bausperren für bestimmte Stadtteile zu verhängen, um für den Aufbau nach den Kriegszerstörungen oder für Sanierungsmaßnahmen Leitpläne festlegen zu können[15]. Dementsprechend lassen die §§ 14ff. BBauG Veränderungssperren ohne Entschädigung für längstens vier Jahre zu.

2. Schwierigkeiten bereitet der staatlichen oder kommunalen Boden- und Baupolitik auch die Entwicklung der Rechtsprechung zu der Frage, wie hoch die Enteignungsentschädigung zu bemessen ist. Art. 153 WeimRV sprach von »angemessener Entschädigung«; Art. 14 III S. 3 besagt, sie sei »unter gerechter Abwägung der Interessen der Allgemeinheit und der Beteiligten zu bestimmen«. Nach einer, auf die Enteignungsgesetze des 19. Jahrhunderts zurückgehenden, bis heute auch von der Rechtsprechung anerkannten Tradition ist mit diesen Formeln jedenfalls soviel gemeint, daß die Entschädigung nicht alles zu umfassen braucht, was als Schadensersatz im zivilrechtlichen Sinn (§§ 249ff. BGB) zu leisten wäre. Aber inwiefern und wieweit sie dahinter zurückbleiben kann und darf, ist zweifelhaft. Die — gegenüber Art. 153 WeimRV bewußt deutlicher gewählte — Fassung des Art. 14 III 3 könnte den Gedanken nahelegen, daß im Einzelfall die Dringlichkeit des öffentlichen Interesses gegen die Zwecke abzuwägen wäre, für die der Betroffene das Grundstück erworben und benützt hat. Oder es wäre daran zu denken, unter den für die Bemessung zu berücksichtigenden Wertbildungsfaktoren zwischen denen zu unterscheiden, die sich aus der Planungs- und Erschließungsarbeit der Gemeinde ergeben, und denen, die der Marktlage im übrigen und den besonderen Eigenschaften dieses Grundstücks zu entnehmen sind[16].

---

[14] BGHZ 23, 30; 48, 193; LM Nr. 70 zu Art. 14 GG.

[15] BGHZ 15, 268; 30, 338; LM Nr. 28 zu Art. 14 (Ce) GG.

[16] Das 1953 erlassene, 1960 durch das BBaugesetz wieder aufgehobene Baulandbeschaffungsgesetz hat in § 10 diesen Weg der »Abschöpfung der unverdienten Bodenrente« zu gehen versucht. Der Bundesgerichtshof hat es in BGHZ 31, 238 (242) offengelassen, ob diese Vorschrift mit Art. 14 (wie er ihn interpretiert) vereinbar war.

Der Bundesgerichtshof, der nach der Zuständigkeitsnorm des Art. 14 III Satz 4 in dieser Frage allein als letzte Instanz zu entscheiden und dafür eine sehr umfangreiche, hier aber nicht im einzelnen darzustellende Rechtsprechung entwickelt hat[17], hat von vornherein einen anderen Weg der Interpretation eingeschlagen. Entsprechend seinem Verständnis der Enteignung als eines dem Betroffenen auferlegten Sonderopfers sieht er in der Entschädigungspflicht die (rechnerische) Wiederherstellung der verletzten Gleichheit. Sie hat das Sonderopfer auszugleichen und den Enteigneten so zu stellen, daß er ein gleichartiges Grundstück wieder erwerben könnte[18]. Das bedeutet, daß zwar Liebhaberwerte außer Betracht bleiben, aber der gemeine Wert, in aller Regel also der Verkehrswert des Grundstücks, voll zu ersetzen ist. Die durch das Mißverhältnis von Angebot und Nachfrage auf dem Grundstücksmarkt in den Städten und ihrem Einzugsbereich verursachten und oft in Erwartung städtischer Planungs- und Erschließungsarbeit noch verstärkten Preissteigerungen kommen dadurch bis zum Enteignungsbeschluß voll dem Enteigneten zugute[19]. War die Entschädigung zu niedrig angesetzt und legt der Betroffene dagegen Rechtsmittel ein, so sind auch noch weitere, bis zur letzten mündlichen Verhandlung in der Tatsacheninstanz eintretende Preissteigerungen zu berücksichtigen, um die Wertermittlung möglichst nahe an die Auszahlung heranzurükken[20]. Für die Gemeinden, die ohnedies das wegen seiner Rechtsschutzgarantien langwierige Enteignungsverfahren scheuen, ergibt sich daraus der dringende Rat, benötigte Grundstücke lieber möglichst rasch durch ein großzügiges Angebot freihändig zu erwerben.
Das Bundesbaugesetz hat in seinen §§ 93ff., 141 diese Grundsätze im wesentlichen übernommen. Sie tragen den Interessen der Betroffenen weitgehend Rechnung, aber es ist kein Zufall, daß in der langen Reihe der Entscheidungen von einer Abwägung mit den Interessen der Allgemeinheit, die Art. 14 III wünscht, kaum mehr je die Rede ist[21]. Auch

---

[17] Vgl. dazu außer der Arbeit von Kröner (oben, Anm. 12) bes. Gelzer, Der Umfang des Entschädigungsanspruchs aus Enteignung und enteignungsgleichem Eingriff, 1969. Kritisch zu der Entwicklung Schulthes, Die Höhe der Enteignungsentschädigung, 1965.

[18] So die Leitentscheidungen von 1952/3: BGHZ 6, 270 (295); 11, 156.

[19] »Dazu bes. BGHZ 39, 198 (Bewertung von Bau-Erwartungsland).

[20] Aus der Fülle der Entscheidungen nenne ich außer den schon angeführten: BGHZ 25, 225; 26, 373; 29, 217; 40, 87; 41, 385; 43, 300; 44, 52.

[21] Erst in einer der letzten einschlägigen Entscheidungen, BGHZ 50, 93, (97) taucht der Gedanke wieder auf, um zu begründen, daß § 40 II BBauG, der in gewissen Fällen dem von einem Bebauungsplan betroffenen Eigentümer keinen

führt das Bemühen, den Betroffenen gerecht zu werden, nicht immer zu gerechten Ergebnissen; den Fällen von Enteignungsgeschädigten, denen trotz ordnungsmäßig berechneter Entschädigung mit der Wegnahme ihres Grundstücks eine Wurzel ihrer Existenz abgeschnitten ist, stehen viele Beispiele von Enteignungsgewinnlern gegenüber, etwa in Dörfern am Rande rasch wachsender Städte, denen ohne jedes eigene Verdienst unerwartet hohe Entschädigungen zufließen.

III.

Das Gesamtbild, das sich aus den hier in einem raschen Überblick dargestellten Rechtssätzen ergibt, muß wohl als Ordnung im Geiste eines stark ausgeprägten Besitzindividualismus bezeichnet werden, demgegenüber das Gebot der Sozialpflichtigkeit nur schwach, als Ausnahme von der Regel der vom Recht zu schützenden Privatnützigkeit des Eigentums, zur Geltung kommt. Es wäre freilich verkehrt, dafür die Gerichte allein verantwortlich zu machen, in deren Händen die Rechtsentwicklung vorwiegend lag. Die Konzeption einer sozialgerechten Bodenpolitik zu entwerfen und in die Tat umzusetzen, ist Sache des Gesetzgebers, nicht des Richters, der nur Einzelfälle zu entscheiden hat und dabei, verständlich genug, bewußt oder unbewußt bestrebt sein mag, den einzelnen Eigentümer gegen die übermächtige staatliche oder kommunale Verwaltung zu schützen. Es kommt hinzu, daß diese Rechtsprechung, ungeachtet vieler Kontroversen zu Einzelfragen, in ihrer Grundhaltung den vollen Beifall des größten Teils der Rechtslehre hat[22]. Endlich konnte sich die Rechtsprechung durch die oft er-

---

Anspruch auf Geldentschädigung, sondern auf Übernahme der Fläche durch die Gemeinde gibt, mit Art. 14 III vereinbar ist. — Vor kurzem hat auch das Bundesverfassungsgericht in seiner Grundsatzentscheidung zur Gültigkeit der Hamburger Deichordnung (E 24, 367) die Notwendigkeit einer Abwägung mit dem Ziel eines Interessenausgleichs nachdrücklich betont (a.a.O., 420ff.).

[22] Eine volle Übersicht über die umfangreiche Literatur ist hier nicht beabsichtigt. Grundlegend waren in den fünfziger Jahren die Verhandlungen auf der Göttinger Staatsrechtslehrertagung 1951 über »Enteignung und Sozialisierung« mit Referaten von Ipsen und Ridder, in: VVDStRL, Heft 10, 1952, und die Arbeiten von Reinhardt und Scheuner über »Verfassungsschutz des Eigentums«, 1954, sowie W. Weber, Eigentum und Enteignung, in: Grundrechte II, 1954, 331ff. Für den heutigen Stand der Lehre sei statt aller verwiesen auf die Darstellung von Maunz zu Art. 14 im Grundgesetzkommentar von Maunz-Dürig-Herzog, 1969, mit umfangreichen Literaturhinweisen. — Der abweichende Ansatz von Knoll, Eingriffe in das Eigentum im Zuge der Umgestaltung gesell-

klärte Absicht von Bundesregierung und Bundestag bestätigt fühlen, die Bildung von privatem Eigentum zu fördern.

Der Gesetzgeber selbst hat, wie erwähnt, im Bundesbaugesetz von 1960 den durch die vorherrschende Auslegung des Art. 14 mit ihren Konsequenzen gezogenen Rahmen nicht gesprengt. Auch das seit vielen Jahren unter wechselnden Regierungen vorbereitete Städtebauförderungsgesetz, das soeben vom Bundestag verabschiedet wurde, und vom Bundesrat noch angehalten worden war, nimmt zwar entschlossener als bisher die soziale Pflichtenstellung des Eigentümers in Anspruch, verdient aber gewiß nicht den in der öffentlichen Diskussion erhobenen Vorwurf der Eigentumsfeindlichkeit[23]. Sein Ziel ist Stadtsanierung und Stadtentwicklung. Dafür sucht es den Handlungsspielraum der Gemeinden zu erweitern, die bisher über die Festlegung von Bauleitplänen hinaus aktive Boden- und Baupolitik nur in dem Maße zu treiben vermögen, in dem sie finanzkräftig genug sind, um Grundstücke, sei es freihändig, sei es in Ausübung ihres Vorkaufsrechts (nach § 24 BBauG) oder im Wege der Enteignung, jedenfalls also zu vollen Marktpreisen zu erwerben. Auch die Stadtsanierung wird hohe öffentliche Mittel erfordern (für die das Gesetz Bundeshilfe in Aussicht stellt), aber sie ist nicht ohne Opfer der Eigentümer ins Werk zu setzen, denen unter gewissen Voraussetzungen auch Abbruchs- und Baupflichten, also Handlungs-, nicht bloß Duldungspflichten auferlegt werden sollen[24]. Indessen legt das Gesetz zugleich großes Gewicht darauf, das private Bodeneigentum der Substanz nach zu erhalten oder es nach vollzogener Sanierung in anderen Formen (durch Umlegung, d.h. Grundstückstausch, oder durch Bildung von Mit- und Wohnungseigentum) wiederherzustellen[25].

---

schaftlicher Verhältnisse, in: Arch. öff. R., 79, 1953, 455; 81, 1956, 157, 342, ist überwiegend auf Ablehnung gestoßen. Kritisch gegenüber der herrschenden Auffassung ist H. Krüger, Allgem. Staatslehre, ²1966, 421 ff.; ders., Die Bestimmung des Eigentumsinhalts, in: Hamburger Festschr. f. Schack, 1966, 78.

[23] Das bestätigt im Grunde auch die kritische Auseinandersetzung mit dem Entwurf 1968 in dem Rechtsgutachten von Kimminich zu seinen eigentumsrechtlichen Bestimmungen, veröffentlicht 1969 als Heft 23 der Schriften des Zentralverbands d. Dtsch. Haus- und Grundeigentümer e.V.

[24] Beispiele im Regierungsentwurf 1970: § 13 III (Beseitigung von Bauten); § 16 (Abbruchsgebot); § 17 (Baugebot); § 18 (Modernisierungsgebot). Da der endgültige Gesetzestext noch nicht bekannt ist, wird hier nach dem Regierungsentwurf 1970 zitiert.

[25] So als Grundsatz § 1 IV des Regierungsentwurfs 1970; vgl. ferner § 19 II über die Formen der Entschädigung in natura sowie § 22 über die Veräußerungspflicht der Gemeinden.

So groß und bedeutsam die damit in Angriff genommene Aufgabe ist, so muß doch klar gesehen werden, daß sich auch mit dem hier vorgesehenen Instrumentarium nur ein Ausschnitt aus dem Problemkreis der städtischen Bodenpolitik unserer Zeit wird lösen lassen. Ungelöst bleibt das Problem der Preisbildung auf dem Bodenmarkt, das, wie schon erwähnt, zu hohen Aufwendungen der öffentlichen Hand aus Steuermitteln auf der einen Seite, zu ungerechtfertigten Gewinnen einzelner Grundstückseigentümer auf der anderen Seite führt. Ungelöst ist aber auch das mit dem Preisproblem in engem Zusammenhang stehende Verteilungsproblem; der für Bauzwecke geeignete Boden in Ballungsgebieten — von den landwirtschaftlichen und den übergreifenden Raumordnungsproblemen sei hier nicht die Rede — bleibt entweder als Kapitalanlage und Rentenquelle in den Händen von Eigentümern, die zur Entwicklung nicht imstande sind, oder wandert zu kapitalkräftigen Käufern, während vielen, aus sozial- und siedlungspolitischen Gründen erwünschten Bewerbern der Zugang versperrt bleibt. Auch der aus öffentlichen Mitteln stammende Erschließungs- und Sanierungsaufwand der Gemeinden kommt unter diesen Umständen einem nur zufällig zusammengesetzten, relativ kleinen Kreis von Eigentümern als Wertsteigerung ihrer Grundstücke zugute.
Die erste Ursache beider Probleme liegt in der einfachen Tatsache, daß der Boden im Gegensatz zu anderen Wirtschaftsgütern nicht beliebig vermehrbar und ortsgebunden ist, so daß der in Ballungsgebieten rasch steigenden Nachfrage nur ein notwendig beschränktes Angebot gegenübersteht. Überdies wird dieses Angebot wesentlich von den behördlichen Maßnahmen der Planung und Erschließung von Bauland beeinflußt. Unter solchen Umständen, die einer Marktseite dauernd ein klares Übergewicht verschaffen, kann das marktwirtschaftliche System nicht zu gesellschaftspolitisch befriedigenden Ergebnissen der Bodenverteilung führen; das Steuerungsmittel des Marktpreises vermag das nicht zu leisten[26]. Gleichwohl hat sich die deutsche Nachkriegsgesetzgebung nicht entschließen können, andere Steuerungsmittel zur Korrektur der Ergebnisse des Marktmechanismus einzusetzen, während sie sonstige, im Wirtschaftsleben auftauchende monopolistische Positionen als Wettbewerbsbeschränkungen zu bekämpfen versucht hat. Sie hat zunächst den aus der Kriegswirtschaft überkommenen Preisstopp für Grundstücke fortzuführen gesucht, die letzten Reste davon aber mit dem Erlaß des Bundesbaugesetzes aufgehoben, weil das primitive Mittel infolge vielfältiger Umgehungsmöglichkeiten seinen Zweck immer

[26] Zu diesen ökonomischen Aspekten vgl. die Untersuchung von H. Möller, Der Boden in der politischen Ökonomie, 1967.

weniger erfüllte. Der gleichzeitige Versuch, durch Einführung einer Baulandsteuer einen indirekten Druck auf die Bodeneigentümer zur Vermehrung des Angebots an Bauland auszuüben, wurde schon nach vier Jahren wieder aufgegeben. Andererseits wirken die allgemeine Wirtschaftspolitik, die auf Wirtschaftswachstum und Vollbeschäftigung selbst um den Preis einer »schleichenden Inflation« gerichtet ist, und eine Steuergesetzgebung, die die Grundstückswerte für die Grund- und Vermögenssteuer weit unter den Verkehrswerten ansetzt, als ständiger starker Anreiz zur Erhöhung der Nachfrage nach Grundstücken als Kapitalanlage und umgekehrt zur weiteren Verringerung des Angebots. Aber auch die zuletzt bei der Vorbereitung des Bundesbaugesetzes angestellten Überlegungen, durch Einführung eines »Planungswertausgleichs« diejenigen Wertsteigerungen von Bauland, die durch öffentliche Planungs- und Erschließungsarbeiten eingetreten sind, in Form einer kommunalen Sondersteuer abzuschöpfen, wurden wieder fallengelassen[27]. Es ist angesichts dieser beklagenswerten Apathie des Gesetzgebers gegenüber den offenkundigen Funktionsstörungen auf dem Grundstücksmarkt allzu billig, der Enteignungs- und Entschädigungsrechtsprechung zum Vorwurf zu machen, daß sie die Gemeinden bei Wahrnehmung ihrer Aufgabe einer vorausschauenden Boden- und Baupolitik zu immer höheren Aufwendungen zwinge.
Es ist nicht Aufgabe dieses Aufsatzes, Vorschläge für die hier notwendigen und möglichen wirtschafts- und steuerpolitischen Maßnahmen zu machen. Die Erfahrungen mit der Bewegung für eine radikale »Bodenreform«, die in Deutschland vor und nach dem Ersten Weltkrieg vor allem mit den Namen Adolf Damaschke und Franz Oppenheimer verbunden ist, warnen davor, von einer einzigen Maßnahme die Heilung des ganzen Übels zu erwarten. Aber es gehört zu unserem Thema, die Möglichkeiten einer rechtlichen Hilfe zur Heilung abzutasten[28].

---

[27] Zu diesem Planungswertausgleich vgl. H. Möller, a.a.O. (Anm. 26), 47f.; O. v. Nell-Breuning, Der Planungswertausgleich, in: Schriftenreihe d. Bundesmin. f. Wohnungsbau, Bd. 11, 1958, 18ff. Kritisch dazu (auch unter Verwertung der englischen Erfahrungen) Haman, Bodenwert und Stadtplanung, 1969. — Im Regierungsentwurf eines Städtebauförderungsgesetzes (1970) ist lediglich vorgesehen (§ 20 II), daß bei Ausgleichs- und Entschädigungsleistungen Werterhöhungen nicht zu berücksichtigen sind, die durch die Aussicht auf eine Sanierung, ihre Vorbereitung oder Durchführung eingetreten sind.

[28] Zur rechtlichen Seite der gegenwärtig diskutierten Vorschläge vgl. besonders Ule, Preisstop für Bauland, in: VerwArch, 54, 1963, 345; Bischoff, Rechtliche Aspekte einer Bodenordnung, in: VerwArch, 59, 1968, 33; auch H. Müller, Gedanken über Bodeneigentum u. Städtebau, in: Festschr. f. F. v. Hippel, 1967, 263.

1. Zu den Plänen mancher Bodenreformer hat es gehört, den Bodenmarkt mit seinen störenden Einflüssen auf eine planmäßige Bodenpolitik dadurch auszuschalten, daß der Grund und Boden voll in staatliches oder kommunales Gemeineigentum überführt wird mit der Folge, daß daran nur noch zeitlich und inhaltlich begrenzte Nutzungsrechte der einzelnen bestellt werden können. Das Grundgesetz hat in Art. 15 die Möglichkeit dafür eröffnet[29], sogar entschiedener als Art. 155 WeimRV, aber auch dafür das Junktim der Entschädigungspflicht aufgestellt.

Ob mit dieser Entschädigungspflicht, die die Brücke über den zwischen Art. 14 und Art. 15 bestehenden Graben darstellt, der Weg zu einer totalen oder etwa auf städtische Grundstücke beschränkten Sozialisierung des Grund und Bodens praktisch so verstellt ist, wie meist angenommen wird, hängt davon ab, wie die Entschädigung zu berechnen wäre. Einmal schlagen hier die Konsequenzen aus der Lehre vom Sonderopfer bei der Einzelenteignung nicht in gleicher Weise durch, und zum anderen würde der Masse der Grundstückseigentümer das Nutzungsrecht als Vermögenswert verbleiben, also von der Entschädigung abzusetzen sein. Überdies sind heute schon viele Gemeinden aufgrund einer langfristigen Bodenvorratspolitik Eigentümer eines ansehlichen Teils ihres Gemeindegebiets. Eher ist zu bedenken, daß eine solche Sozialisierung eines wichtigen Teils des Volksvermögens einen tiefen, auf die ganze Wirtschafts- und Gesellschaftsstruktur ausstrahlenden Eingriff bedeutet und daß in einer im übrigen freiheitlich verfaßten Gesellschaft der Gedanke an eine Verteilung der Nutzungsrechte an städtischen Grundstücken durch eine Behörde oder ein politisches Beschlußorgan starkes Unbehagen erweckt. Daher sollte in Anwendung des für Eingriffe des Staats in die Sphäre seiner Bürger durchgängig geltenden Prinzips der Verhältnismäßigkeit der Mittel zum erstrebten Zweck zunächst nach anderen, weniger radikalen Mitteln gefragt werden.

2. Die mit einer Bodensozialisierung erstrebte Verfügungsmacht der öffentlichen Hand soll, bei rechtem Licht besehen, gar nicht vermögensrechtlicher, sondern hoheitsrechtlicher Art sein. Dazu bedarf es aber nicht der Übertragung des Eigentums auf den Staat oder die Gemeinde, sondern nur der Unterstellung der privaten Verfügungsmacht unter die öffentliche Planungshoheit. Ansätze dazu bestehen in Wahr-

[29] Daß Art. 15 nur eine Ermächtigung, nicht (wie z. B. Art. 6 V) einen Auftrag an den Gesetzgeber enthält, hat das Bundesverfassungsgericht in seinem Urteil zur Reprivatisierung des Volkswagenwerks klargestellt; BVerfGE 12, 354 (363).

heit schon heute in den mancherlei Einzelbefugnissen, die zum Beispiel das Bundesbaugesetz den Gemeinden als Instrumente ihrer Leitplanung an die Hand gibt. Einer Ausdehnung dieser Befugnisse, etwa in Richtung auf eine Kontrolle und Regulierung des Grundstücksmarktes (der im übrigen wirtschafts- und steuerpolitisch anders determiniert sein müßte als heute), stehen keine verfassungsrechtlichen Bedenken im Wege: sie bedeuten eine Bestimmung des Inhalts städtischer Grundstücke, auch im Sinne der Rechtsprechung des Bundesgerichtshofs, der je nach der Situation der Grundstücke verschieden weitgehende Bindungen zuläßt. Voraussetzung ist nur, daß die Beschränkungen der Eigentümerfreiheit den Grundsätzen der Verhältnismäßigkeit, Zweckmäßigkeit und Zumutbarkeit entsprechen, gemessen an der Notwendigkeit, in Ballungsgebieten für ein erträgliches Zusammenleben aller Bürger zu sorgen.

3. Die in Ziff. 2 beschriebene Konsolidierung der Planungshoheit der Gemeinden führt ihnen kein »Obereigentum« im gemeinrechtlichen Sinn zu, ist aber geeignet, ein klares Gegengewicht gegen eine traditionell im liberalen Geist verstandene Eigentümerfreiheit zu bilden. Da es an diesem, früheren Jahrhunderten vor der Liberalisierung des Bodenrechts selbstverständlichen Gegengewicht bisher gefehlt hat, konnte es geschehen, daß die Rechtsprechung als Inhalt der Eigentumsgarantie des Art. 14 im wesentlichen jenes traditionelle Bild aufgenommen und die Sozialpflichtigkeit als fallweise zu begründende Ausnahme behandelt hat.

Die Ergebnisse dieser Rechtsprechung sind nicht in dem Sinne Inhalt unseres Verfassungsrechts geworden, daß eine Verschiebung der Akzente nicht mehr möglich wäre. Was das Wohl der Allgemeinheit fordert und welche Pflichten hiernach dem Eigentümer obliegen, welches Gewicht also dem Art. 14 II für die Inhaltsbestimmung des in Abs. 1 gewährleisteten Eigentums zukommt, steht nicht ein für allemal fest, sondern muß im Gang der Geschichte jeweils neu bewertet werden. Das in Art. 14 selbst enthaltene, durch den Kontrast zu Art. 15 noch stärker verdeutlichte Spannungsverhältnis von Freiheit und Bindung läßt also durchaus zu, die Akzente anders zu setzen, als sie die Rechtsprechung bisher gesetzt hat. Der Gesetzgeber kann diesen Spielraum nützen, ohne fürchten zu müssen, damit vor der Kontrolle durch das Bundesverfassungsgericht nicht bestehen zu können[30]. Dabei ist ein

[30] Auf diesen Spielraum für die politische Entscheidung des Gesetzgebers hat auch das Bundesverfassungsgericht selbst vor kurzem verwiesen; E 24, 367 (389).

Blick auf Art. 15 auch insofern wichtig, als dort diejenigen Teile des Volksvermögens aufgezählt sind, an deren Bewirtschaftung das Grundgesetz ein so starkes öffentliches Interesse bejaht, daß es sogar ihre Sozialisierung für zulässig erklärt. Dann kann die Verstärkung des Einflusses der öffentlichen Hand auf ihre Bewirtschaftung durch private Eigentümer in den oben (Ziff. 2) angegebenen Grenzen nicht verfassungswidrig sein.

IV.

Es ist im Gang dieser Untersuchung deutlich geworden, daß die Verfassung dem Juristen für seine wertende Auslegung zwar bindende Orientierungspunkte, aber keine eindeutigen Weisungen gibt. Was die Gebote der Erhaltung persönlicher Freiheit und privaten Eigentums, der Wahrnehmung von Eigentümerpflichten gegenüber der Gemeinschaft, der Gleichbehandlung der Bürger und des Schutzes sozial schwächerer Gruppen fordern, muß vom Gesetzgeber bei der Ordnung typischer Lebenssachverhalte, vom Richter bei der Beurteilung von Konfliktsfällen jeweils neu bedacht und gegeneinander abgewogen werden. Der Gegensatz von Art. 14 und Art. 15 GG macht vollends deutlich, daß das Grundgesetz nicht, wie oft gesagt worden ist, ein geschlossenes Wertsystem fixiert[31], sondern einer Entwicklung unserer Gesellschafts- und Wirtschaftsordnung nach verschiedenen Richtungen Raum gibt. Das heißt zugleich, daß wir geheißen sind, jene Orientierungspunkte auch unter sozialethischen Aspekten immer neu kritisch zu überprüfen. Das soll hier nur noch mit wenigen Bemerkungen in bezug auf das Grundeigentum versucht werden[32].

1. In der evangelischen Sozialethik setzt sich mehr und mehr die Erkenntnis durch, daß Aussagen über Anerkennung oder Verwerfung des Privateigentums wenig hilfreich sind, wenn sie nicht zunächst einmal

---

[31] Die Tendenz zur Harmonisierung gerade in bezug auf die Eigentumsgarantie herrscht auch noch in der verfassungsrechtlichen Studie von E. Stein, Zur Wandlung des Eigentumsbegriffs, in: Festschr. f. Gebh. Müller, 1970, 503, vor.

[32] Aus der Überfülle der Literatur sei hier nur auf einige neuere kritische Beiträge verwiesen: Die Auseinandersetzung mit der Eigentumsdenkschrift der Sozialkammer der EKD von 1962 in: Christ und Eigentum, 1963, mit Arbeiten von Stopp, Wendland, Brakelmann, Weber und Heyde; ferner G. Breidenstein, Das Eigentum und seine Verteilung, 1968. Aus dem Blickfeld der katholischen Sozialethik vgl. W. Dreier, Raumordnung als Bodeneigentums- und Bodenbenutzungsreform, 1968.

der Vielfalt der Eigentumsobjekte und ihrer politischen, wirtschaftlichen und gesellschaftlichen Funktionen in unserer heutigen Gesellschaft Rechnung tragen. Aufs Ganze gesehen ist gerade beim Grundeigentum im Laufe der Jahrhunderte und noch gegenüber der Situation, die Karl Marx vor hundert Jahren vorfand, ein starker Funktionsverlust eingetreten. Es ist ein Vermögensobjekt unter vielen. Überdies kann die Rolle des Eigentums nur im Zusammenhang mit der Frage beurteilt werden, wie Volkseinkommen und Volksvermögen verteilt sind.

2. Eine differenzierende Bewertung, wie sie hiernach geboten ist, sollte sich an den Zwecken orientieren, für die Vermögensgüter bestimmt sind. Meist wird unterschieden zwischen Gütern, die dem persönlichen Gebrauch dienen, und solchen, die für die wirtschaftliche Produktion eingesetzt werden. Die Unterscheidung deutet sich an im Gegensatz zwischen Art. 14 und 15 GG; sie ist voll verwirklicht im Recht der sozialistischen Staaten. Nun kann Bodeneigentum verschiedenen Zwekken dienen; der Boden ist Produktionsmittel in der Landwirtschaft und gehört zum Anlagekapital gewerblicher Unternehmen, er dient persönlichem Gebrauch in der Spannweite zwischen der Wohnlaube, dem Eigenheim und dem Luxusbungalow, endlich kann er als bloße Kapitalanlage dienen und dem Eigentümer eine »Grundrente« abwerfen, die als arbeitsloses Einkommen schon die Sozialphilosophen und Nationalökonomen des 18. und 19. Jahrhunderts beunruhigt hat. Eine einheitliche Zuordnung und Bewertung des Bodeneigentums ist also nicht möglich.

3. Mit der Bewertung je nach den unterschiedlichen Sachzwecken überschneidet sich die Bewertung des Eigentums danach, ob es dem Berechtigten Freiheit und selbstverantwortliche Lebensgestaltung ermöglicht oder Macht über andere verleiht. Die Ambivalenz der Institution in dieser Hinsicht zeigt sich beim Grundeigentum besonders deutlich, weil hier jede Zuteilung zu Eigentum wegen der Unvermehrbarkeit des Bodens notwendig viele andere vom Bodenerwerb ausschließt. Grundeigentum gewährt ein gewisses Maß an Freiheit, aber immer zugleich eine Monopolstellung, also potentiell Macht.

4. Die erwähnten Differenzierungen mahnen auch zur Vorsicht gegenüber der Unbefangenheit, mit der in politischen Programmen, aber auch in richterlichen Urteilen Eigentum und Freiheit der Person aufeinander bezogen werden. Auch wo, wie beim Eigenheim, die Beziehung evident besteht, läßt sich nicht ausschließen, daß sie auf Kosten der Freiheit anderer geht. Jedenfalls ist Bodeneigentum heute nicht das wichtigste und auch kein schlechthin unbedenkliches Mittel, um persönliche Freiheit in unserer Gesellschaft zu verwirklichen.

5. Endlich ist an die dem Eigentümer nach christlichem Verständnis auferlegte Dienstpflicht zu erinnern. Sie ist mehr als tätige, karitative Nächstenliebe, sondern stellt die allzu unbefangene Eigennützigkeit in Frage und nötigt zur Selbstbeschränkung im Gebrauch eigener Freiheit, zur Verzichtsbereitschaft und zur Zusammenarbeit mit anderen, um die schwierigen Lebensbedingungen in modernen Großstädten für alle erträglich zu machen.

Es ist hier wie sonst nicht Aufgabe christlicher Ethik, fertige Rezepte für politisches Handeln zu liefern. Die Vielfalt der Gesichtspunkte, die schon dieser kurze Überblick ans Licht gebracht hat, könnte sogar eher verwirrend wirken. Recht verstanden aber kann und soll diese Vielfalt zu sachgemäßem Handeln ermutigen, indem sie vor allzu eingleisigen, angeblich ethisch vorgegebenen Lösungen warnt. Sie führt weder zwangsläufig zur Verwerfung privaten Bodeneigentums, noch bestätigt sie die undifferenzierten Denkschemata über Rolle und Wert des Privateigentums in unserer Gesellschaftsordnung, die bei uns wegen des politischen und ideologischen Gegensatzes zu den Ostblockstaaten ein zäheres Leben führen als in den Bodenreformdiskussionen anderer, darin unbefangener argumentierender westlicher Länder. Sie gibt vielmehr auch von der ethischen Besinnung her den Weg frei zu einer Gestaltung des städtischen Bodenrechts, die auch neue Rechtsformen entwickelt, um den Ausgleich zwischen Gemeinschafts- und Einzelinteressen und eine differenzierende Anpassung an die verschiedenartigen Bedürfnisse und Notwendigkeiten zu ermöglichen. Das Ziel muß sein, das Zusammenleben in unseren Städten für die Zukunft nicht nur technisch und wirtschaftlich funktionsgerecht, sondern für die Menschen, die darin wohnen und arbeiten sollen, lebenswert, also gerecht und menschenwürdig zu gestalten.

DIE RECHTSGELTUNG DER MENSCHENRECHTE

In der Diskussion über die Möglichkeiten und Aufgaben politischer Diakonie der Kirchen in ihrem weltweiten ökumenischen Verbund spielen seit einem knappen Jahrzehnt die Menschenrechte als unabdingbarer, auch von den Kirchen zu verteidigender, jedem Menschen zukommender Schutzbereich eine rasch wachsende, inzwischen auf einer ganzen Anzahl ökumenischer Konferenzen in den Vordergrund gerückte Rolle[1]. Aus geschichtlichem Abstand wird man den raschen Aufstieg dieser Doktrin zu einem zentralen Thema theologischer Ethik des Politischen erstaunlich finden. In den Lehrbüchern protestantischer Ethik, jedenfalls des deutschen Sprachbereichs, wird sie, wenn überhaupt, dann nur mit stark kritischem Unterton erwähnt[2]. Und der Weltkirchenrat selbst hat zwar durch seinen ersten, in New York residierenden Direktor von CCIA, F. O. Nolde, die Anfänge der Arbeit der Vereinten Nationen und im besonderen die Entstehung der Menschenrechtserklärung vom Dezember 1948 aktiv verfolgt, sich dabei aber doch im wesentlichen auf die Probleme der Garantie der Religionsfreiheit konzentriert — Probleme, die, wie man weiß, bis heute auch innerhalb des ÖRK nicht zur Ruhe gekommen sind[3]. In großer Breite hat der ÖRK die Menschenrechtsdoktrin erst aufgenommen, als er in der zweiten Hälfte der sechziger Jahre anfing, sich mit vollem Ernst den Nöten der jungen Kirchen und ihrer Völker in der Dritten

[1] Erwähnt seien hier nur aus der jüngsten Zeit die vom ÖRK im Oktober 1974 in St. Pölten veranstaltete Konsultation über »Menschenrechte und christliche Verantwortung«, die Verhandlung des gleichen Themas auf der Vollversammlung des ÖRK Ende 1975 in Nairobi (Sektion V; vgl. Bericht aus Nairobi 75, 75ff.), die Menschenrechtskonsultationen des Lutherischen Weltbundes in Genf, des Reformierten Weltbundes in London, beide im Sommer 1976, sowie die vom Zentralausschuß des ÖRK im August 1976 beschlossenen »Empfehlungen zu den Menschenrechten«. — Für St. Pölten und Nairobi hat auch die Kammer f. öffentl. Verantwortung der EKD ausführliche Stellungnahmen erarbeitet.

[2] So etwa H. Thielicke, Theologische Ethik, Bd. II 2, 1958, 82ff., 283ff.; W. Trillhaas, Ethik, ^{3}1970, 463.

[3] Sie traten zutage bei dem vom ÖRK im Juli 1976 in Montreux veranstalteten Kolloquium über die Rolle der Kirche bei der Anwendung der KSZE-Schlußakte; vgl. darüber das dem Zentralausschuß im August 1976 mit einem Bericht des Generalsekretärs vorgelegte Memorandum.

Welt zuzuwenden. Das vielberufene Anti-Rassismusprogramm ist nur ein besonders hervorgehobener, in vielen der »alten« Mitgliedskirchen mit Unbehagen verfolgter Versuch, zeichenhaft deutlich zu machen, daß es der im ÖRK verbundenen Christenheit nicht nur um Religionsfreiheit, sondern an einem zentralen Punkt um Achtung der Menschenwürde schlechthin gehen muß. Daneben sind es die rund um den Erdball sich häufenden gewaltsamen Eingriffe in Leben und Freiheit der Menschen und die deutlicher gewordene Einsicht in Verhältnisse der Unterdrückung und Ausbeutung durch strukturelle Gewalt, die die Forderung nach einem solchen Schutzbereich so dringlich gemacht haben.

Die ethische und politische Dringlichkeit des Bedürfnisses nach einem Schutz des Menschen gegen die sich häufenden vielfältigen Verletzungen der Menschenwürde steht außer Frage; sie macht auch verständlich, daß die Organe des ÖRK sich in ihren letzten Beschlüssen vor allem den Möglichkeiten zugewandt haben, brauchbare Verfahren zur Feststellung solcher Verletzungen und zu einer zum mindesten mit publizistischen Mitteln zu betreibenden Verwirklichung des Schutzes zu entwickeln[4]. Indessen kann uns das nicht der Notwendigkeit entheben, die Fundamente der Menschenrechtsdoktrin und den Umfang des mit ihrer Hilfe zu sichernden Schutzbereichs kritisch zu untersuchen, um die im Eifer des Einsatzes für die Menschenrechte leicht verschwimmende Grenze zwischen dem realistisch begründbaren und erreichbaren und dem allenfalls wünschbaren Schutz deutlich festzuhalten.

Als ein kleiner Beitrag zur Lösung dieser Aufgabe, die viele Denkschritte erfordert, sind die folgenden Bemerkungen zum rechtlichen Fundament des Schutzes gemeint. Auf die Schwierigkeiten, Menschenrechte als Postulate einer philosophischen oder theologischen Ethik auszuweisen, soll also hier nicht eingegangen werden. Zwar kann auch der Jurist die ethische Grundlage rechtlicher Normen nicht vernachlässigen, wenn er den Geltungsanspruch solcher Normen nachprüfen will. Aber dieser Geltungsanspruch erfordert offenbar mehr als nur das ethische Postulat. Und da schon der Ausdruck »Menschen*rechte*« darauf verweist, daß für sie rechtliche Geltung und rechtlicher Schutz in Anspruch genommen wird, verlangt die Frage nach dem Rechtsgrund und der rechtlichen Geltungsweise dieser Rechte nach einer Antwort.

1. Die Antwort ist in den Fällen am klarsten zu geben, in denen der Inhalt der ethischen Postulate auf einem anerkannten Wege der Norm-

---

[4] So die vom Zentralausschuß im August 1976 beschlossenen »Empfehlungen«.

setzung, regelmäßig also durch Gesetzgebung in das Normensystem einer innerstaatlichen Rechtsordnung aufgenommen worden ist. Dieser Vorgang der Umsetzung von Postulaten der Menschenrechtsdoktrin in verfassungsrechtliche Grundrechte zur Sicherung von Freiheit und Eigentum des Bürgers oder in einfache, den Rechtsstaat sichernde Gesetze hat sich ja unter dem Einfluß des amerikanischen und noch mehr des französischen Vorbilds in der Verfassungsgeschichte der meisten europäischen Staaten im Lauf des 19. und 20. Jahrhunderts vollzogen. Zwar blieb es auch dann der unterschiedlichen Rechtsentwicklung in den einzelnen Ländern überlassen, ob die in die Verfassung aufgenommenen Grundrechte nur als Programmsätze an die Adresse des Gesetzgebers oder als unmittelbar wirkende, von jedem Bürger zu seinem Schutz in Anspruch zu nehmende Rechtssätze interpretiert wurden. Aufs Ganze gesehen kann man jedenfalls feststellen, daß in diesem Schutzbereich der »klassischen«, gegen Eingriffe des Staats in den privaten Bereich des Bürgers gerichteten Grundrechte dem einzelnen Bürger ein wirksamer Rechtsschutz durch Zuerkennung »subjektiver« Abwehr- und Klagerechte zur Verfügung gestellt wurde und bis heute zur Verfügung steht.
Schwieriger liegt es mit der Geltungsweise der in der neueren Menschenrechtsdoktrin an Bedeutung zunehmenden Rechte, die auf soziale Leistungen des Staates gerichtet sind. Auch sie haben als »soziale Grundrechte« im modernen Wohlfahrtsstaat Eingang in viele Verfassungen gefunden. Aber auch wo sich die Verfassung nicht wie im Grundgesetz der Bundesrepublik Deutschland mit einer Generalklausel begnügt, die dem Gesetzgeber die Aufgabe stellt, den sozialen Rechtsstaat zu verwirklichen, sondern einzelne Leistungen anführt, wie ein Recht auf Arbeit, auf soziale Versorgung in Notfällen, auf Ausbildung oder ähnliche Lebenshilfen, fällt es schwer, daraus unmittelbar durchsetzbare Leistungsansprüche des einzelnen Bürgers abzuleiten. Voraussetzungen, Art und Ausmaß der von der Verfassung verheißenen Leistungen bedürfen der näheren Ausgestaltung durch eine differenzierte Sozialgesetzgebung, die zugleich auf die wirtschaftliche Leistungsfähigkeit des Staates Rücksicht nehmen muß. Wo es an einer solchen Konkretisierung fehlt, können soziale Grundrechte nicht eingeklagt werden. Doch wäre es falsch, sie deswegen als rechtlich bedeutungslos abzutun. Sie halten die Verpflichtung des Gesetzgebers wach, das verheißene Leistungssystem zu verwirklichen; sie bilden als Rechtsgrundsätze eine wichtige Stütze für die Rechtsanwendung durch die Gerichte, und sie können in manchen Fällen als Einrichtungsgarantien interpretiert werden, die es dem Gesetzgeber verbieten, ein bereits eingeführtes Leistungssystem, etwa der Sozialversicherung oder der

Ausbildungshilfe, ganz abzuschaffen, nur weil eine Parlamentsmehrheit glaubt, wirtschaftlich lohnendere Verwendungsweisen für Steuergelder zu wissen.

2. Die Menschenrechtsdoktrin kann sich nicht damit begnügen, auf die Einverleibung ihrer Postulate in innerstaatliches Verfassungsrecht, also die Verwandlung der Menschenrechte in Grundrechte für Staatsbürger zu hoffen. Sie muß versuchen und hat versucht, Eingang in das Völkerrecht als eine zwischen- und überstaatliche Rechtsordnung zu finden. Das ist jedenfalls in den Fällen gelungen, in denen die Anerkennung von Menschenrechten zum Gegenstand internationaler Verträge gemacht werden konnte. Das trifft zu für die unter den Mitgliedern des Europarates schon 1950 zustande gekommene Europäische Menschenrechtskonvention mit ihren Zusatzprotokollen und ihrer Ergänzung durch die Europäische Sozialcharta von 1961. Es trifft seit kurzem auch zu für die beiden, im Rahmen der Vereinten Nationen ausgearbeiteten, 1966 von der Generalversammlung verabschiedeten sogenannten Menschenrechtspakte, soweit sie von Mitgliedsstaaten unterzeichnet und ratifiziert worden sind[5]. Dem ersten Anschein nach ist damit die Rezeption der Menschenrechte in das Völkerrecht in weitem Umfang gelungen. Indessen muß einmal daran erinnert werden, daß es sich jeweils nur um einen begrenzten Kreis von Signatarstaaten handelt, die sich zur Verwirklichung dieser Verträge verpflichtet haben. Zum anderen bedarf es besonderer Prüfung, was diese Verpflichtung für die Bürger dieser Staaten rechtlich bedeutet.

Das Völkerrecht ist geschichtlich in Europa als Rechtsordnung zwischen Nationalstaaten entwickelt worden, aus der sich darum auch nur für Staaten als solche Rechte und Pflichten ergeben können. Zu seinen Grundsätzen gehört die Anerkennung der Souveränität und Gleichberechtigung jedes Staates und die Pflicht eines Staates, sich der Einmischung in die inneren Angelegenheiten eines anderen Staates zu enthalten. Es verdient vermerkt zu werden, daß diese Grundsätze bis heute von der Sowjetunion auf der einen Seite, von den jungen Staaten der Dritten Welt auf der anderen Seite mit hochgradiger Empfindlichkeit verteidigt werden[6]. Andererseits ist spätestens seit dem Ende des 2. Weltkriegs deutlich geworden, daß sich die politischen und die ideellen Grundlagen des Völkerrechts verändert haben; das Souveränitäts-

---

[5] Auch die Bundesrepublik Deutschland gehört zu den Signatarstaaten.

[6] Sie sind auch — neben der Achtung der Menschenrechte und Grundfreiheiten — unter die 10 Prinzipien aufgenommen worden, die die KSZE-Schlußakte für die Beziehungen der Teilnehmerstaaten aufgestellt hat.

prinzip muß erhebliche Einschränkungen hinnehmen, und hinter der — weiterhin nützlichen, ja unentbehrlichen — Verkehrsordnung zwischen Staaten wird das Bedürfnis nach Grundsätzen materialer Gerechtigkeit in einer Völkergemeinschaft um der in ihr lebenden Menschen willen sichtbar. Der Hinweis auf die notwendige Achtung vor den Menschenrechten und Grundfreiheiten in Art. 1 Ziff. 3 der Charta der Vereinten Nationen und die Verabschiedung der Allgemeinen Menschenrechts-Erklärung durch die Generalversammlung der UN waren bedeutsame Anzeichen für die hier sich vollziehende Wandlung; der Abschluß der Konventionen und Pakte über Menschenrechte markiert weitere Schritte auf diesem Weg[7].

Es ist kennzeichnend für diesen im Gang befindlichen Wandlungsprozeß, daß die hier in Frage stehenden Verträge die Frage nach der dem einzelnen Bürger einzuräumenden Rechtsstellung behutsam und sehr differenziert beantworten. Keiner der Verträge geht so weit, jedem Angehörigen der Vertragsstaaten, der sich in einem Menschenrecht verletzt fühlt, ein Klagerecht gegen seinen, für die Verletzung verantwortlichen Staat vor einem internationalen Forum zu gewähren. Von der Anerkennung einklagbarer subjektiver Rechte des Einzelnen, wie sie in den Grundrechten der innerstaatlichen Verfassungen zu finden sind, ist das Völkerrecht also noch eine Wegstrecke entfernt. Am weitesten in diese Richtung stößt die Europäische Menschenrechtskonvention vor, die zur Verwirklichung der in ihr vereinbarten Menschenrechte ein Rechtsschutzverfahren vor einer Kommission und einem eigens dafür bestellten Gerichtshof vorsieht (Art. 19ff.)[8]. Doch sind als Beschwerdeführer in diesem Verfahren in erster Linie nur die Vertragsstaaten vorgesehen, die die Verletzung von Menschenrechten in einem anderen Vertragsstaat rügen können (Art. 24); Beschwerden des Verletzten selbst können nur behandelt werden, wenn der verantwortliche Staat zuvor sein generelles Einverständnis mit der Zuständigkeit der Kommission für solche Individualbeschwerden erklärt hat (Art. 25). Die Europäische Sozialcharta kennt ein solches Verfahren nicht, sondern nur eine Pflicht der Vertragsstaaten, über die von ihnen bei der Verwirklichung der sozialen Rechte erzielten Fortschritte regelmäßig zu berichten (Art. 21ff.). Ähnliches gilt für den UN-Pakt über wirtschaftliche,

---

[7] Der Wandlungsprozeß ist gut dargestellt von E. Menzel, Das Völkerrecht und die politisch-sozialen Grundstrukturen der modernen Welt, in dem Sammelband »Frieden und Völkerrecht«, 1973, 401ff.

[8] Aus der umfangreichen Literatur zu dieser Konvention sei verwiesen auf K. J. Partsch, Die Rechte und Freiheiten der Europ. Menschenrechtskonvention, 1966, und H. Walter, Die Europ. Menschenrechtsordnung, 1970.

soziale und kulturelle Rechte; er sieht eine Berichtspflicht der Vertragsstaaten vor, die vom Wirtschafts- und Sozialrat der UN (ECOSOC) überprüft wird (Art. 16ff.). Auch der Pakt über bürgerliche und politische Rechte führt in erster Linie eine Berichtspflicht gegenüber einem eigens dafür eingesetzten Ausschuß für Menschenrechte ein (Art. 28ff., 40). Darüber hinaus kann der Ausschuß »Mitteilungen« eines Vertragsstaats über Menschenrechtsverletzungen in einem anderen Vertragsstaat entgegennehmen und prüfen, wenn sowohl der rügende wie der gerügte Vertragsstaat zuvor generell die Zuständigkeit des Ausschusses für solche Verfahren anerkannt haben (Art. 41ff.). Der Ausschuß kann dann ein Vergleichsverfahren vor einer ad-hoc-Kommission einleiten; ein Gerichtshof ist nicht vorgesehen. Endlich steht es den Vertragsstaaten frei, ein Zusatzprotokoll zu unterzeichnen, das das Einverständnis damit enthält, daß der Ausschuß auch »Mitteilungen« von Einzelpersonen, die ihrer Staatsgewalt unterstehen, entgegennimmt und behandelt.
Die Vorsicht in der Ausbildung rechtlicher Sanktionen gegen Verletzungen der vertraglich vereinbarten Menschenrechte entspricht dem geschilderten Zustand des Völkerrechts und seiner Eigenart als »Koordinationsrecht«. Andererseits erlauben es auch diese schwachen Sanktionen, von einer echten Rechtspflicht der Vertragsstaaten zur Verwirklichung der Menschenrechte zu sprechen, auch wenn das Völkerrecht sich noch nicht bereit und in der Lage zeigt, solchen Pflichten entsprechende subjektive Rechte der Menschen anzuerkennen, zu deren Schutz die Verträge geschlossen sind.
3. Damit ist auch eine Antwort auf die Frage vorbereitet, wie es mit der Rechtsgeltung der Menschenrechte außerhalb des Geltungsbereichs der genannten (und etwa weiter zu schließenden) Konventionen steht. Die Allgemeine Menschenrechtserklärung von 1948 hat bewußt davon abgesehen, eine Verbindlichkeit für alle Mitglieder der Vereinten Nationen auszusprechen; die Generalversammlung, die die Erklärung verabschiedet hat, wäre nach Art. 11 und 13 der UN-Charta auch gar nicht kompetent gewesen, mehr als Empfehlungen auszusprechen. Daß es nach Art. 1 Ziff. 3 und Art. 55 c der Charta zu den satzungsmäßigen Aufgaben der UN gehört, die Achtung vor den Menschenrechten und Grundfreiheiten zu fördern und zu festigen, und daß die Mitgliedsstaaten nach Art. 56 verpflichtet sind, zur Erreichung dieses Zieles zusammenzuarbeiten, kann der Erklärung von 1948 noch keine Rechtsgeltung verschaffen.
Anders läge es, wenn man annehmen dürfte, daß der Inhalt der Erklärung, also der Katalog der Menschenrechte, kraft Gewohnheitsrechts zum Bestandteil der — auch ohne vertragliche Grundlage anerkannten

— »allgemeinen Regeln des Völkerrechts«, von denen zum Beispiel Art. 25 unseres Grundgesetzes handelt, geworden ist. Davon kann indessen bis heute keine Rede sein. Gegen diese Annahme brauchte noch nicht zu sprechen, daß Verletzungen von Menschenrechten, auch und gerade im Kernbereich des Personschutzes, rund um den Erdball an der Tagesordnung sind; soweit sie, wie etwa die gehäuften Fälle von Folterungen, heimlich geschehen, lassen sie zugleich erkennen, daß selbst die folternden Gewalthaber sich des Unrechts ihrer Handlungsweise bewußt sind. Aber die Annahme eines Gewohnheitsrechts muß an der Tatsache scheitern, daß der 1948 unterstellte internationale Konsens über Inhalt und Tragweite der Menschenrechtsdoktrin heute nicht mehr besteht. In der Sowjetunion und den von ihr beherrschten Ländern Osteuropas werden die bürgerlichen und politischen hinter den sozialen Menschenrechten zurückgestellt und erscheint es im einen wie im anderen Bereich undenkbar, dem einzelnen Bürger Rechtsschutz gegenüber seinem Staat zuzubilligen. Die Stimmenthaltung, mit der die Sowjetunion 1948 ihre Reserve gegenüber der Allgemeinen Menschenrechtserklärung deutlich gemacht hat, wäre heute eher als klares Nein zu interpretieren und läßt sich nicht in eine nachträgliche volle Zustimmung verwandeln. Andererseits stehen viele Länder der Dritten Welt, die erst nach 1948 ihre Unabhängigkeit errungen haben und Mitglieder der UN geworden sind, der hinter der Erklärung stehenden politischen und geistesgeschichtlichen Tradition Europas fremd und skeptisch gegenüber; für ihre vordringlichen Probleme der Bekämpfung von Not, Hunger und Übervölkerung sehen sie in dem Menschenrechtskatalog von 1948 keine Lösung. Auch wenn man annimmt, daß die Staaten, vorwiegend der westlichen Welt, die den Beschluß von 1948 getragen haben, heute noch voll zu ihm stehen, ist also die Basis dieses Konsenses zu schmal, um daraus die Geltung als völkerrechtliches Gewohnheitsrecht abzuleiten. Die Fortbildung des Völkerrechts zu einem »Humanrecht«[9] ist eingeleitet, aber noch weit von seinem Abschluß entfernt.

Dieses Ergebnis sollte nicht dahin mißverstanden werden, als sei die Erklärung von 1948 rechtlich bedeutungslos. Sie hat Rechtsgrundsätze festgelegt, die als Bewertungsmaßstab für die weitere völkerrechtliche und innerstaatliche Rechtsentwicklung ihr eigenes Schwergewicht hatten und weiterhin haben werden. Aber es geht nicht an, aus diesem Schwergewicht einen unmittelbaren Geltungsanspruch als Rechtsnormen abzuleiten.

---

[9] So E. Menzel, a.a.O. (Anm. 7), 437ff.

4. Die erwähnte kritische Haltung vieler Länder der Dritten Welt gibt noch Anlaß zu einer abschließenden Überlegung. Die Forderung dieser Völker nach sozialer Gerechtigkeit im Weltmaßstab wird von ihren Wortführern, gerade auch im ökumenischen Gespräch, vielfach mit dem Menschenrechtsgedanken begründet. Daß es sich dabei nicht, wie in der europäischen Tradition durchweg, um Individualrechte einzelner schutzbedürftiger Menschen, sondern um Kollektivrechte sozialer Gruppen oder ganzer Völker handeln würde, brauchte ihre Einbeziehung in die Menschenrechtsdoktrin nicht auszuschließen. Die beiden UN-Pakte von 1966 setzen in ihrem (inhaltlich gleichlautenden) Art. 1 ein mit einer Anerkennung des Selbstbestimmungsrechts »aller Völker«. Was das in bezug auf das — in allen Erdteilen heikle — Problem ethnischer Minderheiten praktisch zu bedeuten hat, ist hier nicht zu erörtern; sicher ist jedenfalls, daß damit ein Kollektivrecht in den Katalog rechtlich anerkannter Menschenrechte aufgenommen worden ist. Bedenklich ist jener Ableitungsversuch aus der Menschenrechtsdoktrin vielmehr deswegen, weil es sich nicht um eine Forderung mit klar umschriebenem Inhalt handelt, die durch ein bestimmtes Verhalten des oder der Normadressaten (der »reichen« Industrieländer) oder durch die Schaffung bestimmter Einrichtungen zu erfüllen wäre. Gemeint ist vielmehr die politische, nicht in ein einzelnes Recht zu kleidende Forderung, das ganze Weltwirtschafts- und das damit zusammenhängende gesellschaftliche System grundlegend zu ändern. Daß diese Forderung im Namen der sozialen Gerechtigkeit mit dem Ziel erhoben wird, eine humanere Welt zu schaffen, und daß sie darin ihre Rechtfertigung findet, sei keinen Augenblick bestritten, auch wenn über die — relativ — besten Wege zu diesem Ziel bis heute tiefgehende Meinungsverschiedenheiten bestehen. Aber das humane Ziel rechtfertigt es nicht, diese Forderung den Menschenrechten zuzuzählen. Jede Rechtsordnung, die das Zusammenleben von Menschen und Gruppen regelt, Lebensgüter zuteilt oder versagt und Rechte und Pflichten begründet, wird um der Menschen willen errichtet; gleichwohl wäre es unangebracht, sie in lauter Menschenrechte zerlegen zu wollen. Diese Denkform hat eine bestimmte Funktion innerhalb einer Rechtsordnung; man zerstört diese Funktion, wenn man den Begriff ins Unbestimmte ausweitet. Die Verhandlung über einer neue Weltwirtschaftsordnung sollte also nicht mit der Diskussion über Menschenrechte vermischt werden[10].

[10] Die Notwendigkeit rechtlicher Unterscheidung der Problembereiche schließt selbstverständlich nicht aus, daß der politische Zusammenhang beachtet wird: wer Menschenrechte in der Dritten Welt heimisch machen will, muß sich zugleich um die Strukturen kümmern, die dafür tragfähig sein sollen.

Das Ergebnis dieser kurzen Prüfung der rechtlichen Geltungsweise der Menschenrechte mag manche, gerade auch im kirchlichen Raum, enttäuschen. Es klingt wie ein bitterer Trost, wenn hinzugefügt wird, daß auch ein besser ausgebautes Geltungs- und Sanktionssystem die Inhaber staatlicher Macht noch nicht zwangsläufig davon abhalten würde, zur Behauptung ihrer Macht Menschenrechte zu verletzen. Letzten Endes sieht sich das Recht hier auf seine ethische Grundlage zurückverwiesen. Darum ist die Unterstützung, die die Kirchen auf diesem Felde der Anerkennung der Menschenrechtsdoktrin und der öffentlichen Ächtung ihrer flagranten Verletzungen geben können, auch für die Ausbildung eines humanen Völkerrechts von höchster Bedeutung.

SOZIALE GRUNDRECHTE

I. Grund und Ziel der Überlegungen

1. In der Menschenrechtsdiskussion im Rahmen des Ökumenischen Rates der Kirchen in Sankt Pölten und Nairobi, aber auch in den Vereinten Nationen, liegt unter dem Eindruck der Probleme der Entwicklungsländer das Schwergewicht deutlich auf dem Bemühen, den Gedanken der Menschenrechte für die Herstellung wirtschaftlicher und sozialer Gerechtigkeit im Weltmaßstab fruchtbar zu machen.
Die westlichen Industrieländer stehen hier vor einer doppelten Herausforderung:
a) Was können sie tun, um ein besseres Gleichgewicht in der Verteilung der ökonomischen Güter dieser Erde und der Potenzen zu ihrer Ausnützung und Bewahrung zu erreichen? Das sind die Probleme der »new-economic-order«, die in UNCTAD IV zuletzt verhandelt worden sind und die wir hier nicht weiter zu verfolgen haben.
b) Welchen Beitrag können sie aus der europäischen Tradition leisten, um die Forderungen der Entwicklungsländer geistig und theologisch zu verarbeiten, sie sachgemäß zu artikulieren und ihren Platz im gedanklichen System der Menschenrechte zu bestimmen? Auch wenn man davon ausgeht, daß es sich bei diesem System der Menschenrechte nicht um ein geschlossenes, sondern um ein offenes System handelt, bleibt die Frage, ob es nicht durch die hier versuchte Ausweitung gesprengt, das heißt in seiner Überzeugungskraft, in seiner moralischen Wirkung entwertet wird.
2. Um dieser zweiten Frage nachzugehen, lohnt sich ein Blick auf die Entwicklung der Grundrechtsdiskussion in unserem Verfassungsrecht. Trotz der festzuhaltenden Unterscheidung zwischen Menschenrechten und verfassungsmäßigen, das heißt innerstaatlich mit Rechtsgeltung ausgestatteten Grundrechten besteht doch ein starker geschichtlicher Zusammenhang zwischen beiden mit wechselseitiger Wirkung. Grundrechte rezipieren Menschenrechte (so etwa in unserem Grundgesetz in Artikel 1 Absatz 2), sie formen Menschenrechte nach, aber sie bilden umgekehrt auch vielfach das Reservoir, aus dem die Kataloge der neueren Menschenrechtskonventionen gespeist werden.
3. Aus Gründen der Praktikabilität läßt sich eine Beschränkung auf das Verfassungsrecht der Bundesrepublik Deutschland rechtfertigen mit den unerläßlichen rechtsvergleichenden Hinweisen. Die Beschränkung lohnt sich einmal, weil in keinem anderen europäischen Land die

Grundrechtsdiskussion so rege ist, ausgenommen etwa die Vereinigten Staaten, sodann auch, weil gerade bei uns neuerdings das Interesse an der Anerkennung von »Sozialen Grundrechten« deutlich im Wachsen ist.

II. Was bedeuten Grundrechte?

1. In der europäischen und spezieller der deutschen Verfassungsgeschichte dienen geschriebene Verfassungsurkunden, wie sie im 19. Jahrhundert aufkommen, und die Festlegung von Grundrechten in solchen Verfassungen einerseits der Sicherung der Beteiligung des Bürgertums an der Staatsmacht durch Einrichtung von Volksvertretungen mit Beteiligung an der Gesetzgebung, an der Haushalts- oder der Steuerbewilligung, andererseits dem Schutz von Freiheit und Eigentum der Bürger gegen Eingriffe der staatlichen Exekutive. Es geht also einmal um den »status activus« des Stimmbürgers und dann um den »status negativus« des auf seine eigene Wirtschaftskraft vertrauenden Individuums gegenüber der Staatsmacht.

Die Grundrechte, die den »status negativus« festhalten, sind subjektiv-öffentliche Individualgrundrechte zum Schutz der persönlichen und wirtschaftlichen Freiheitssphäre. Sie sind nicht auf ein aktives Tun, sondern auf ein Unterlassen der Staatsorgane gerichtet und regelmäßig durch Klagerechte prozessual gesichert.

2. In der Periode der Weimarer Republik erfährt der so verstandene rechtliche Gehalt der Grundrechte eine doppelte Ausweitung, vorbereitet in der Doktrin, aber dann schrittweise auch anerkannt in der Rechtsprechung.

a) Die Grundrechte werden als Schutz des Bürgers nicht nur gegenüber der staatlichen Exekutive, sondern auch gegenüber dem parlamentarischen Gesetzgeber anerkannt, dessen auf Wahlen und auf Mehrheitsbeschlüssen beruhender Macht man zu mißtrauen beginnt. Grundrechtswidrige Gesetzesnormen werden von den Gerichten für ungültig erklärt. Das war ein bedeutsamer, dem amerikanischen Verfassungsrecht nachgebildeter Schritt, der keineswegs so selbstverständlich war, wie er uns heute erscheint.

b) Für einige, nicht alle Grundrechte setzt sich der Gedanke durch, daß sie nicht bloß subjektiv-öffentliche Individualrechte gewähren, sondern zugleich bestimmte Einrichtungen des sozio-ökonomischen Lebens in ihrem Bestand gewährleisten. Als Hauptbeispiel kann man anführen die Doppelfunktion des Eigentumsgrundrechtes als Rechtstellungsgarantie und als Institutsgarantie. Ähnliches gilt etwa für die Gewährleistung der Ehe.

Dieser zweite Schritt der Ausweitung des Grundrechtsschutzes war angeregt und zugleich gestützt durch eine weitere Eigentümlichkeit der Weimarer Reichsverfassung. Sie enthielt in ihrem Grundrechtsteil auch größere Abschnitte über die Gestaltung des gesellschaftlichen Lebens: so die Artikel 142 bis 150 über Bildung und Schule, die Artikel 151 bis 165 über das Wirtschaftsleben. Darin waren teils Grundrechte im klassischen Sinn, teils Staatsaufgaben formuliert und hier auch mehrfach so, daß solchen Aufgaben Rechte der Bürger auf entsprechende Leistungen entsprechen sollten (ein Beispiel etwa in Artikel 163 Absatz 2). An einer Stelle, Artikel 162, taucht auch der Begriff der Sozialen Rechte auf. Aber die Doktrin und die Judikatur der Weimarer Zeit haben darin im ganzen nur Programmsätze für den Gesetzgeber, nicht unmittelbar geltendes, im Wege einer Verfassungsklage erzwingbares Recht gesehen.

3. Das Bonner Grundgesetz hat die zuletzt genannten Versuche der Weimarer Reichsverfassung, Bestimmungen über die Ordnung des Kultur- und Wirtschaftslebens zu treffen, nicht fortgesetzt, ist vielmehr in seinem Grundrechtsteil mit besonderem Nachdruck zur klassischen Aufgabe des Freiheits- und Eigentumsschutzes zurückgekehrt. Andererseits ist charakteristisch für das Grundgesetz der Ausbau der Verfassungsgerichtsbarkeit, um die unmittelbare Geltung der Grundrechte auch gegenüber dem Gesetzgeber zu bekräftigen. Die Frage, ob und wieweit die Grundrechte auch Einrichtungsgarantien enthalten, ist Gegenstand einer umfassenden wissenschaftlichen Kontroverse. Die Frage kann nicht generell verneint, aber auch nicht unterschiedslos bejaht werden. Sicher ist, daß das Bundesverfassungsgericht und die herrschende Doktrin in den Grundrechten nicht nur fallweise anwendbare Individualrechte, sondern den Ausdruck eines Wertsystems sieht, das für die ganze Rechtsordnung von grundlegender Bedeutung ist, insofern es die Grundelemente oder Leitprinzipien dieser Ordnung angibt, nach denen sich Auslegung, Anwendung und richterliche Fortbildung des ganzen Rechtes zum Beispiel auch im Privatrecht zu richten haben.

III. Was sind Soziale Grundrechte?

1. Das Bürgertum, das die Verfassungsentwicklung im 19. und weit ins 20. Jahrhundert hinein bestimmte, erwartete vom Staat Rechtsschutz für Leib und Leben, für Freiheit und Eigentum, aber keine Sicherung der wirtschaftlichen Existenz. Das war Sache der eigenen Tüchtigkeit. Der mit der Industrialisierung sich entwickelnde »vierte Stand« der

Arbeiterschaft war darin in einer anderen Lage. Er bedurfte staatlicher Fürsorge zur Existenzerhaltung. Die Verfassungen des 19. Jahrhunderts hatten das ignoriert. Vorschläge in dieser Richtung, die sich bei den französischen Frühsozialisten, den von Marx sogenannten Utopisten, finden, blieben wirkungslos. Auch Marx hat sie abgelehnt. Er setzte auf Selbsthilfe des Proletariats durch Klassenkampf.
Die im letzten Drittel des 19. Jahrhunderts einsetzende, gegen den politischen Sozialismus gerichtete Sozialgesetzgebung der Bismarckzeit bedurfte keiner Stütze in der Verfassung, stieß aber auch nicht wie Roosevelt's »new deal« in den dreißiger Jahren unseres Jahrhunderts auf den Widerstand einer liberal-konservativ orientierten Verfassungsgerichtsbarkeit. Die Weimarer Republik hat dann diese Sozialgesetzgebung konsequent ausgebaut. Die Verfassung hat in den Artikeln 160ff. dazu ermutigt, aber ohne bestimmte Rechte auf soziale Staatsleistungen zu begründen.
2. Die großen politischen Umwälzungen, die der Zweite Weltkrieg ausgelöst hat, haben weltweit das Problem der sozialen Existenzsicherung als politische und damit auch als verfassungsrechtliche Aufgabe stärker als bisher in den Vordergrund gerückt. Nun tauchen Rechte auf derartige Sicherungen auch in Grundrechtskatalogen auf. Wichtige Beispiele sind neben einzelnen Normen dieser Art zum Beispiel in den Verfassungen Frankreichs und Italiens besonders der Katalog der Artikel 22 bis 27 der Allgemeinen Menschenrechtserklärung der Vereinten Nationen von 1948. Dagegen hat die Europäische Menschenrechtskonvention von 1950 davon noch nichts enthalten, dann erst im Zusatzprotokoll von 1952 in Artikel 2 ein Recht auf Bildung anerkannt. Dann die Europäische Sozialcharta von 1961, ein vom Europarat ausgearbeitetes und von den Mitgliedsstaaten des Europarats beschlossenes Vertragswerk; weiter die Menschenrechtskonventionen der Vereinten Nationen von 1966, speziell der Pakt über wirtschaftliche, soziale und kulturelle Rechte, der seit 1976 für die Staaten, die ihn unterzeichnet haben, in Kraft ist. Endlich die meisten Verfassungen der sozialistischen Länder Ost-Europas, so etwa die Artikel 21 bis 38 der Verfassung der DDR von 1968.
3. Soweit hier subjektiv-öffentliche Rechte der einzelnen Bürger festgelegt sind, lassen sich bei vielen Variationen im einzelnen, im wesentlichen drei Gruppen solcher Sozialen Rechte unterscheiden.
a) Ein Recht auf Sicherung der Grundbedürfnisse menschlichen Lebens, also Nahrung, Unterkunft, soziale Sicherung gegen die Wechselfälle des Lebens, wie Krankheit, Invalidität, Alter, Unfälle, Mutter- und Kindes-Schutz usw., Gesundheitsschutz und ärztliche Versorgung.

b) Ein Recht auf Arbeit und gerechte Entlohnung, angemessene Arbeitsbedingungen, Erholung und Urlaub, Sonderschutz für schwächere Gruppen im Arbeitsleben (für Frauen und für Jugendliche), Arbeitslosenunterstützung.
c) Recht auf Erziehung, Bildung, Berufsausbildung, Teilnahme am kulturellen Leben und dergleichen.
4. Die Bundesrepublik hat es auf allen diesen genannten Gebieten seit ihrem Bestehen in Fortsetzung der deutschen Tradition der Sozialgesetzgebung an weiterführenden Maßnahmen nicht fehlen lassen. Es fällt daher auf, daß das Grundgesetz in diesem Punkt sich so spröde verhält. Aber die Lücke ist doch nur scheinbar. Sie wird durch eine Generalklausel ausgefüllt. Als solche gilt nach allgemeiner Rechtsüberzeugung der zweifache Hinweis in Artikel 20 und 28 des Grundgesetzes darauf, daß unser Staat als ein sozialer Bundesstaat bzw. Rechtsstaat zu verstehen ist. Über die Tragweite dieser sogenannten Sozialstaatsklausel hat sich mittlerweile eine umfangreiche Diskussion und Judikatur entwickelt. Das Ergebnis läßt sich nicht in wenigen Sätzen referieren. Doch kann man jedenfalls negativ sagen, daß diese Klausel nicht als ausreichende Grundlage angesehen wird, um für sich allein Leistungsansprüche gegen den Staat, etwa Ansprüche auf Arbeit oder auf Sozialhilfe, zu begründen. Es bedarf dazu jeweils noch einer spezielleren gesetzlichen Grundlage.
Vor kurzem hat der Bundestag nach jahrelangen Vorarbeiten ein Sozialgesetzbuch oder den Allgemeinen Teil eines solchen als Zusammenfassung des unübersichtlich gewordenen Rechtstoffes beschlossen (sogenanntes Sozialgesetzbuch vom 11. 12. 1975). Es enthält in den §§ 2ff. gleichfalls einen Katalog Sozialer Rechte. Aber einmal handelt es sich nicht um verfassungsmäßig gesicherte Grundrechte, sondern nur um ein einfaches Gesetz. Sodann stehen alle diese dort aufgeführten Rechte nach § 2 Abs. 1 unter dem Vorbehalt, daß sie Ansprüche nur gewähren, soweit solche Ansprüche in den jeweils spezielleren Gesetzen anerkannt sind. Dieser Katalog Sozialer Grundrechte hat also in Wahrheit keine zwingende Geltungskraft, sondern nur die Bedeutung eines — freilich zum großen Teil schon verwirklichten — Programms. Demgemäß fehlt es auch in der Rechtslehre nicht an kritischen Stimmen über den Wert dieses Gesetzeswerks.

IV. Die Problematik der Ausformung Sozialer Grundrechte

1. Die Bemerkungen zur Rechtslage nach deutschem Recht haben schon deutlich gemacht, daß die Aufnahme Sozialer Rechte der ge-

schilderten Art in einen Katalog verfassungsmäßig gesicherter Grundrechte oder in eine völkerrechtliche Menschenrechtskonvention auf besondere Schwierigkeiten stößt. Es geht hier ja nicht wie bei den klassischen Freiheits- und Eigentumsschutzrechten um Abwehransprüche gegen Staatseingriffe in die Individualsphäre, sondern um Ansprüche gegen den Staat auf Erbringung sozialer Leistungen.

Dabei ergeben sich vor allem drei Probleme.

a) Der Staat kann die Leistungen eines Gutes nur versprechen, wenn er darüber zu verfügen die Macht hat. Hier sind aber jedenfalls den Staaten westlicher Kultur- und Wirtschaftsordnung deutliche Grenzen gesetzt. So kann unser Staat nicht jedem Bürger Arbeit versprechen, sondern allenfalls Hilfe bei Arbeitslosigkeit.

b) Auch da, wo der Staat über das Gut verfügt, sind seiner Leistungsfähigkeit finanzielle Grenzen gesetzt. So hat das numerus-clausus-Urteil des Bundesverfassungsgerichts ausgesprochen, daß das Recht auf Hochschulzugang nicht so weit geht, den Staat zu verpflichten, immer weitere Hochschulen zu bauen und zu unterhalten.

c) Endlich müssen auch gerade bei Bedarf nach sozialer Sicherung die Voraussetzungen oder der Umfang der geschuldeten Leistung näher und meist ziemlich differenziert geregelt werden. Diese notwendige Konkretisierung kann eine lapidare Verfassungsnorm nicht zureichend vornehmen. Es bedarf also spezieller Gesetze, um praktisch durchsetzbare Ansprüche zu begründen.

2. Natürlich drängt sich bei diesem Befund die Frage auf, wie denn die angeführten völkerrechtlichen Konventions- oder verfassungsrechtlichen Grundrechtsbestimmungen über Soziale Rechte mit diesen Problemen fertig werden.

Die Antwort muß unterscheiden. Im Falle der Europäischen Sozialcharta von 1961 und der UN-Konvention von 1966 handelt es sich um Staatsverträge, die Verpflichtungen der Teilnehmerstaaten begründen, ihr jeweiliges System der Sozialen Gesetzgebung nach den vereinbarten Grundsätzen einzurichten. Aber diese Konventionen gewähren den einzelnen Bürgern dieser Staaten keine Ansprüche auf soziale Leistungen. Und auch das Völkerrecht kennt bisher keinen Rechtszwang gegen Vertragsstaaten, die mit ihrer Gesetzgebung entgegen der übernommenen Verpflichtung säumig sind.

Günstiger liegt es dem ersten Anschein nach da, wo eine Verfassung den Staatsbürgern Grundrechte auf soziale Leistungen einräumt. Mindestens in den sozialistischen Ländern entfällt auch die erste der drei genannten Schwierigkeiten. Hier hat der Staat die volle Verfügungsmacht, zum Beispiel über den Arbeitsmarkt. Demgemäß steht auch das dem Bürger verheißene Recht auf Arbeit keineswegs bloß auf dem Papier. Trotzdem kann von Grundrechten im Sinne unseres westlichen Verfassungsrechtes nicht gesprochen werden, weil ein Rechtsschutz zur Durchsetzung nicht besteht. In Wahrheit sind es also doch nur Programm- oder Staatszielbestimmungen. Das bedeutet, um es noch einmal zu sagen, nicht, daß sie nicht ernstgenommen werden und daß ihre Verwirklichung nicht mindestens angestrebt wird. Aber es schließt jedenfalls aus, sie dem Rechtsgehalt nach den klassischen Grundrechten gleichzustellen.

3. Es kann nach diesen Überlegungen und angesichts der spröden Fassung unseres Grundgesetzes nicht wundernehmen, wenn unsere Verfassungsrechtslehre, ebenso wie die Rechtsprechung des Bundesverfassungsgerichtes, der Aufnahme des Gedankens von Sozialen Grundrechten lange Zeit ziemlich einhellig ablehnend gegenüberstand, und der Gedanke auch heute noch bei gewichtigen Autoren höchstens am Rande auftaucht. Dabei geht es freilich nicht nur darum, daß solche Sozialen Grundrechte wegen der angeführten Schwierigkeiten ihrer Verwirklichung nicht in die aus der Verfassungsgeschichte vertraute Kategorie der Grundrechte als subjektive, anspruchsbegründende Individualrechte passen, oder mit einem Ausdruck der Soziologie, daß sie schlecht operationabel sind.

Ein tieferer Grund des Zögerns der Doktrin liegt vielmehr darin, daß eine Gefahr für die Wirkungskraft der klassischen Grundrechte, vor allem für die Sicherung der individuellen Freiheit des Bürgers befürchtet wird, wenn in der Verfassung selbst ein Katalog von Sozialen Rechten gewissermaßen festgeschrieben wird. Wer, um nur einen Namen für viele zu nennen, mit der Leidenschaft meines Tübinger Kollegen Günter Dürig für den Vorrang der auf die Anerkennung der Menschenwürde in Art. 1 des Grundgesetzes gestützten personalen Freiheit des Bürgers im System der Grundrechte unserer Verfassung eintritt, kann den Katalog der Sozialen Grundrechte in der Verfassung der DDR nur mit Mißtrauen betrachten. Dabei geht es auch für diese Richtung in der heutigen Verfassungsrechtslehre nicht darum, einen altliberalen, individualistisch verstandenen Rechtsstaat gegen die Postulate des Sozialstaates auszuspielen. Die Berechtigung dieser Postulate und ihre fallweise zu belegende Legitimation durch die erwähnte Sozialstaatsklausel des Grundgesetzes wird nicht bestritten. Auch der Anerkennung eines Katalogs näher umschriebener sozialer Gestaltungsaufgaben des Staates in der Europäischen Sozialcharta von 1961 oder des UNO-Paktes von 1966 wird nicht widersprochen. Aber die Sorge bleibt, daß eine verfassungskräftige Ausgestaltung des Netzes sozialer Sicherungen den zentralen Wert des Grundrechtssystems, eben die Freiheit der Person, überwuchern und schließlich ersticken wird.

Die hohe Achtung, die dieser Standpunkt und das ihm zugrundeliegende Ethos verdienen, kann nicht ausschließen, auch kritischen Überlegungen Raum zu geben. So verständlich das Freiheitspathos des Grundgesetzes in der geschichtlichen Situation seiner Entstehung war, so wenig läßt sich der Zweifel abweisen, ob die Verfassung damit dem Bürger der modernen Industriegesellschaft schon gerecht geworden ist. Denn dieser Bürger ist, ob er es will oder nicht, vom Staat und seinen Leistungen tausendfach abhängiger geworden, als es der Bürger der vorindustriellen frühkonstitutionellen Epoche gewesen war. Es geht heute nicht nur um die Sicherung der Freiheit des Bürgers gegenüber dem Staat, sondern ebenso sehr um die Sicherung der ökonomischen Voraussetzungen für die Möglichkeit der Ausübung dieser Freiheit, die jedenfalls für die Masse der lohnabhängigen Bevölkerung nicht ohne Staatshilfe gelingen kann. Diese Hilfe wird heute auch im großen Umfang geleistet, und zwar auf Grund von Gesetzen, die Rechtsansprüche gewähren. Wir sind also gar nicht in der Lage, den Leistungs- und Wohlfahrtsstaat erst schaffen zu müssen. Er besteht längst. Die Frage kann nur sein, ob die Verfassung ihn nicht deutlicher ans Licht bringen und gewährleisten sollte, als das mit der schlichten Sozialstaatsklausel geschieht.

Angesichts der erwähnten Schwierigkeiten könnte der Vorschlag allerdings nicht dahin gehen, Individualansprüche auf soziale Leistungen als Grundrechte festzuschreiben. Wohl aber ließe sich ohne erkennbaren Schaden daran denken, für bestimmte organisatorische Grundlagen unseres Sozialrechtssystems Einrichtungsgarantien von der Art, wie sie die Europäische Sozialcharta enthält, auch in die Verfassung aufzunehmen, in dieser Hinsicht also den schon von der Weimarer Reichsverfassung eingeschlagenen Weg weiterzugehen.

4. Die zuletzt angestellten Überlegungen zielen auf eine Ergänzung des Verfassungstextes. Dafür lassen sich manche politisch-psychologische Gründe anführen, etwa im Sinne der Klarstellung, daß die Bundesrepublik auch als Sozialstaat den Wettbewerb mit den Verfassungen der sozialistischen Länder nicht zu scheuen braucht.

Den Juristen muß aber auch die Frage beschäftigen, ob es denn einer solchen, mit allerlei politischen Risiken verbundenen Verfassungsänderung überhaupt bedarf. Es gibt Tendenzen in der neueren Verfassungsrechtslehre, die, anknüpfend an die Sozialstaatsklausel, den Gedanken Sozialer Grundrechte auch aus dem Normenbestand des geltenden Verfassungstextes heraus zur Wirkung bringen wollen. Zwar kann man diese Tendenzen noch nicht zum gesicherten Bestand unseres Verfassungsrechtes rechnen, aber sie zeigen doch eine mögliche, vielleicht sogar wahrscheinliche Entwicklungsrichtung an.

Es geht einmal um die Neigung, Grundrechte nicht nur im klassischen Sinn als Abwehrrechte und, nach neuerem Verständnis, als Elemente objektiver Ordnung und als Einrichtungsgarantien zu verstehen, sondern ihnen darüber hinaus auch ein Recht auf Teilhabe zu entnehmen. Ein solches Teilhaberecht soll nicht nur wie beim Wahlrecht auf Teilnahme am politischen Willensbildungsprozeß gehen, und nun im Sinne der Mitbestimmung auf Teilnahme an den Entscheidungen im Bereich der Wirtschaft ausgedehnt werden, sondern es soll auch Teilhabe des einzelnen an den Leistungen des Wohlfahrtsstaates gewähren. Ein praktisches Beispiel ist der im numerus-clausus-Urteil des BVerfG anerkannte Gedanke, das in Art. 12 des Grundgesetzes verbürgte Recht des Bürgers auf freie Berufswahl als ein Recht auf Zugang zu den Bildungseinrichtungen und auf Teilhabe an ihren Leistungen zu verstehen — freilich, wie schon erwähnt, unter dem Vorbehalt, daß der Staat zwar die vorhandenen Ausbildungsplätze gerecht zuteilen muß, aber nicht gezwungen werden kann, ohne Rücksicht auf andere Staatsaufgaben so viel Ausbildungsplatz zu schaffen, wie das nach den individuellen Ausbildungs- und Berufswünschen junger Bürger erforderlich wäre.

Dieser Teilhabegedanke wird gestützt und ergänzt durch das Drängen einer Anzahl jüngerer Autoren darauf, das Gleichbehandlungsgebot des Art. 3 des Grundgesetzes stärker als bisher zu aktivieren. Die bis heute herrschende, auch vom BVerfG praktizierte und jüngst von Dürig in einer umfangreichen und eindrucksvollen Kommentierung erneut verteidigte Auslegung will dieses Gebot im wesentlichen auf eine Gleichheit der Rechtsstellung beschränken oder, negativ ausgedrückt, als Verbot willkürlicher Ungleichbehandlung verstehen. Die Norm ist in dieser Auslegung wichtig als eine der Garantien des Rechtsstaates, aber sie hat abgesehen von dem speziellen Gebot der Gleichbehandlung der Geschlechter in Art. 3 Abs. 2 keinen sozialreformerischen, geschweige denn revolutionären Gehalt.

Wer die letzten zehn Jahre in der Bundesrepublik miterlebt hat, kann nicht erstaunt sein zu erfahren, daß es nun Juristen gibt, die diesem Art. 3 einen heißeren Impuls zur Sozialgestaltung einhauchen möchten. Dabei lasse ich den revolutionären Haufen, dem ohnedies der bürgerliche Rechtsstaat nur zum Gespött dient, hier außer Betracht. Aber es gibt sehr ernsthafte, um die Erhaltung unserer Demokratie bemühte Stimmen, die es für angezeigt halten, vom Gebot formaler Rechtsgleichheit fortzuschreiten zum Gebot materialer Chancengleichheit. Sein Hauptanwendungsfall wäre dann das Gebot gleicher Teilhaberechte gegenüber allen sozialen Einrichtungen des Staates. Auf diesem Wege also käme man zur Anerkennung nicht nur einer Bestandsgaran-

tie für diese Einrichtungen, sondern auch subjektiver Rechte der einzelnen Bürger auf ihre Nutzung. Das hieße dann nichts anderes als die Bestätigung Sozialer Grundrechte.
In der Bewertung dieser Tendenzen, die, wie schon gesagt, noch keineswegs herrschende Meinung — also noch nicht Gegenstand eines tragfähigen Konsensus sind —, geraten wir alsbald vor ein Problem, das die Kammer schon zu Beginn der Arbeit am Thema der Menschenrechte beschäftigt hat. Es ist das Problem des Verhältnisses von Freiheit und Gleichheit in unserer Demokratie. Ich sagte schon, daß für die Väter des Grundgesetzes in der Situation, in der es geschaffen wurde, die Hauptsorge der Wiederherstellung der Freiheit galt, und daß es gute Gründe dafür gibt, wenn Kommentatoren wie Dürig bis heute am Vorrang der Freiheit festhalten. Die ernstzunehmende Gegenmeinung postuliert auch nicht einen Vorrang radikal verstandener Gleichheit auf Kosten der Freiheit, will aber ein besseres Gleichgewicht zwischen diesen beiden Grundwerten unserer Demokratie herstellen. Ich will die damit den Juristen, aber nicht nur ihnen, sondern uns allen als Bürgern, gestellte, mit pauschalen Thesen nicht zu lösende Aufgabe hier nur andeuten und lediglich einen Hinweis anfügen. In der neueren Demokratiediskussion, und so auch unter Verfassungsrechtlern, spricht man davon, daß dem 19. Jahrhundert der dritte Grundwert von 1789, der der Brüderlichkeit verlorengegangen ist. Und es gibt Vorschläge, ihn unter dem nüchterneren Namen der Solidarität oder Sozialität wieder aufzunehmen, um damit ein vermittelndes Element in die Spannung zwischen Freiheit und Gleichheit einzuführen.
Es ist der Überlegung wert, ob nicht der spezifisch christliche Beitrag zum Verständnis moderner Demokratie und ihrer verfassungsrechtlichen Probleme darin bestehen könnte, dieses dritte Element, zu dem der Christ vom Liebesgebot her einen eigenen Zugang hat, so zu entfalten, daß die Spannung zwischen individueller Freiheit und Gleichheit etwas von ihrer Schärfe verliert, und das gesuchte Gleichgewicht leichter herzustellen und zu bewahren ist. Die Grenzlinie zwischen Rechtsverwirklichung und Liebestat brauchte dabei nicht verwischt zu werden.
5. Die Einführung des Postulats der Brüderlichkeit und seine Unterstützung durch die christliche Ethik würde auch einen Aspekt unseres Problems neu zur Geltung bringen, der in der verfassungsrechtlichen Grundrechtsdiskussion der letzten fünfundzwanzig Jahre zu kurz gekommen ist, der aber gerade bei der Forderung nach Sozialen Grundrechten unabweislich wird. Ich meine den schlichten Gedanken, daß den Grundrechten, und zumal Grundrechten auf soziale Leistungen des Staates, auch soziale Pflichten des einzelnen gegenüber dem politi-

schen Gemeinwesen entsprechen müssen. In den Anfängen der Diskussion um das Verständnis der Sozialstaatsklausel ist sie von manchen Autoren, zum Beispiel meinem Tübinger Kollegen Fechner, mit einigem Nachdruck so gedeutet worden. Dann aber hat das vom Wohlfahrtsstaat begünstigte Anspruchsdenken diesen Aspekt außer Sicht gebracht. Wenn wir uns heute anschicken, die Sozialen Grundrechte stärker als bisher herauszuarbeiten, so muß im Zeichen der Solidarität auch die Pflichtenseite der Bürgerstellung wieder deutlicher herausgestellt werden. Die Verfassung der Deutschen Demokratischen Republik hat das zum Beispiel als Korrelat des Rechts auf Arbeit getan. Und mit dieser Pflicht zur Arbeit ist, wie wir wissen, in den sozialistischen Ländern nicht zu spaßen. Daß darin auch eine Mißbrauchsgefahr steckt, ist nicht zu leugnen. Aber unser Rechtsstaat sollte imstande sein, wie gegenüber dem Mißbrauch von Rechten, so auch gegenüber einer Übersteigerung des Pflichtgedankens auf die Einhaltung des rechten Maßes zu achten.

V. Soziale Menschenrechte?

Ich sprach eingangs von der Parallelität und Wechselwirkung zwischen der verfassungsrechtlichen Grundrechts- und der völkerrechtlichen Menschenrechtsdoktrin und davon, daß die Menschenrechtsdiskussion heute im Weltmaßstab besonders stark von den Forderungen der Völker der Dritten Welt nach sozialer und ökonomischer Gerechtigkeit bestimmt ist. Ich darf daher zum Schluß der Frage nicht ausweichen, was die in diesem Referat angestellten Überlegungen für den Fortgang unserer Arbeit am Thema der Menschenrechte austragen könnten. Ich werde mich allerdings damit begnügen, wenige Thesen zu skizzieren, wobei ich die von der Kammer in ihren bisherigen Arbeiten zum Thema der Menschenrechte gewonnenen Einsichten voraussetzen kann.

1. Die Artikel 21f. der Allgemeinen Menschenrechtserklärung von 1948 hatten die Funktion, einen Standard für die Bedingungen menschenwürdigen Lebens in der modernen Arbeitswelt zu setzen, einer Welt, die für den größten Teil der Menschheit Existenzsicherung durch abhängige Arbeit erfordert. In dieser Funktion sind die Artikel anzuerkennen und erfüllen sie einen wichtigen Zweck. Aber es ist nicht möglich, daraus unmittelbar durchsetzbare Rechte abzuleiten.

2. Die seitdem abgeschlossenen völkerrechtlichen Verträge, also die Europäische Sozialcharta von 1961, der UNO-Pakt von 1966, verpflichten die Unterzeichnerstaaten zur Sicherung bestimmter sozialer

Einrichtungen. Auch hier fehlt es am Rechtszwang. Und aus den Verträgen sind Individualrechte der Bürger gegen ihre Staaten nicht abzuleiten. Trotzdem sind diese Verträge ein wichtiger Schritt auf dem Wege zur rechtlichen Konsolidierung des Sozialrechts.
3. Ungelöst bleibt bisher die Aufgabe, etwas für die Verwirklichung der in Ziff. 1 genannten Standards in Ländern zu tun, die entweder ökonomisch nicht in der Lage oder deren Regierungen nicht willens oder nicht fähig sind, diese Standards zu erreichen. Das völkerrechtliche Nichtinterventionsprinzip schließt bisher Einwirkungen von außen auf solche Staaten aus. Eine gewiß nur partielle, aber doch nicht ganz bedeutungslose Hilfe könnte es sein, wenn es gelänge, den multinationalen, auch in Entwicklungsländern arbeitenden Unternehmen die Einhaltung der Standards für ihre Arbeitnehmer zur Rechtspflicht zu machen. Aber auch auf diesem Felde der Ausarbeitung eines »code of ethics« für die multinationalen Unternehmen gibt es erst tastende Versuche.
4. Den Versuch, aus Sozialen Menschenrechten ein Programm für eine neue Wirtschaftsordnung abzuleiten, halte ich aus praktischen und aus prinzipiellen Gründen für verfehlt. Praktisch deshalb, weil die oben angeführten Schwierigkeiten, aus Sozialen Grundrechten in einer Verfassung realisierbare Ansprüche auf soziale Leistungen abzuleiten, sich auf internationalem Felde vervielfältigen müßten. Prinzipiell bleibt zu bedenken, daß der Menschenrechtsgedanke, so wichtig er ist, doch nur einen Ausschnitt aus den Rechts- und Ordnungsprinzipien erfaßt, auf denen eine Weltwirtschaftsordnung beruht. Man nimmt dem Menschenrechtsgedanken seine Kontur und seine Überzeugungskraft, wenn man ihn unbestimmt ausweitet.

Literaturhinweise

Theodor Tomandl, Der Einbau sozialer Grundrechte in das positive Recht, Tübingen 1967.
G. Brunow, Die Problematik der sozialen Grundrechte, 1971.
Luzius Wildhaber, Soziale Grundrechte, in: Festschrift für Max Imboden, Basel 1972, 371 ff.
Peter Haeberle/Wolfgang Martens, Grundrechte im sozialen Leistungsstaat, Referate, in: VVDStL, Bd. 30, 1972.
Ulrich Scheuner, Die Funktion der Grundrechte im Leistungsstaat, in: Die öffentliche Verwaltung, 1971, 505 ff.
Helmut Willke, Stand und Kritik der neueren Grundrechtstheorie, Berlin 1975.
Bernd v. Maydell, Die »sozialen Rechte« im Allgemeinen Teil des Sozialgesetzbuches, in: Deutsches Verwaltungsblatt, 1976, 1 ff.
Dazu die Lehrbücher und Kommentare zum Verfassungsrecht.

DAS EIGENTUM ALS MENSCHENRECHT*

Das Bekenntnis zur Unantastbarkeit der Menschenwürde und zu den unverletzlichen und unveräußerlichen Menschenrechten, mit dem Art. 1 Abs. 1 und 2 des Grundgesetzes den Grundrechtsteil der Verfassung einleitet, war wie viele andere Stücke des Grundgesetzes der Bundesrepublik Deutschland dem Bedürfnis entsprungen, unmißverständlich klarzustellen, daß mit dieser Verfassung nach dem Ende des totalitären, menschenverachtenden Systems eine gerade auch in ihren ethischen Grundlagen neue Epoche der deutschen Rechtsentwicklung beginnen sollte. Aber der darauf folgende Art. 1 Abs. 3, der die unmittelbare Rechtsgeltung der im nachfolgenden Katalog aufgeführten Grundrechte anordnet, gibt mit keinem Wort zu erkennen, in welchem Verhältnis die Grundrechte und ihre Rechtsgeltung zu den in Abs. 1 und 2 vorausgeschickten Aussagen stehen. Die Folge dieses Schweigens, aber wohl auch der besonderen Mühe, die es bereitet, jenen feierlichen Aussagen aktuelle Geltung zuzusprechen, ist es, daß in dem inzwischen sehr umfangreich gewordenen Bestand von richterlichen Erkenntnissen und rechtsdogmatischen Äußerungen der Wissenschaft zu Inhalt und Tragweite der Grundrechte der Hinweis auf Abs. 1 und 2 des Art. 1 — mit der rühmlichen Ausnahme der Kommentierung des Art. 1 durch Günter Dürig — nur noch selten und beiläufig auftaucht; sie gelten als Normen für Feiertagsgedanken und Festreden, nicht für die nüchterne Rechtspraxis. Dazu steht nur in scheinbarem Widerspruch, daß manche Autoren die Grundrechte danach einteilen, ob sie nur »allen Deutschen« oder jedermann zugestanden werden, und die zweite Gruppe als Menschenrechte bezeichnen. Denn damit wird der Begriff der Menschenrechte mißbraucht. Alle diese Jedermannsrechte sind Grundrechte, aber ob sie auch als Menschenrechte gelten können, bedarf besonderer Prüfung, da keineswegs alle Grundrechte (zum Beispiel das Jedermannsrecht des Art. 17) Menschenrechtsqualität für sich in Anspruch nehmen können.

Die Wiederbelebung der Menschenrechtsdoktrin, die nach dem 2. Weltkrieg weltweit einsetzte, in den kurzen Hinweisen in der UN-Charta und der Allgemeinen Erklärung der Menschenrechte durch die

* Ludwig Raiser hat diesen Fritz Baur gewidmeten Beitrag auf dem Krankenbett zu Ende diktiert und den Gesamttext unmittelbar vor seinem Tode am 13. 6. 1980 noch selbst durchgesehen. Von der Wiedergabe der fragmentarisch gebliebenen Anmerkungen wurde abgesehen.

Generalversammlung der Vereinten Nationen im Dezember 1948 ihren ersten Ausdruck gefunden hat und in den letzten zehn Jahren zu verstärkter politischer Öffentlichkeitswirkung gelangt ist, zwingt den Juristen nun aber doch dazu, das Verhältnis zwischen den Normengruppen der Menschenrechte und der verfassungsmäßigen Grundrechte zu klären. Das soll im folgenden am Beispiel der Eigentumsgarantie geschehen, deren überragende Bedeutung im System der Grundrechte unserer Verfassung ja außer Zweifel steht.

I.

Einen bedeutsamen Vorstoß zur Klärung gerade dieser Frage hat Günter *Dürig* 1953, also noch in den Anfangszeiten der Grundrechtsdiskussion, in seiner Abhandlung über »Das Eigentum als Menschenrecht« unternommen (ZgesStWiss 109, 326ff.). Aber so wichtig seine Ergebnisse für die Entwicklung der Dogmatik des Art. 14 GG waren, so wenig kann seine Argumentation in der gestellten Kernfrage befriedigen. Er setzt ohne weitere Begründung voraus, daß das Eigentum Teilstück einer vorstaatlichen, überpositiven Rechtsordnung ist, deren Existenz für ihn »religiös-geistige Gewißheit ist«, und folgert daraus, daß die Normierung als Grundrecht lediglich ein »affirmativer, kein konstitutiver Akt« gewesen sei. Die ganze darauf folgende Untersuchung gilt dem Nachweis, daß auch die nähere Ausgestaltung des Grundrechts durch die Verfassung, insbesondere der Gesetzesvorbehalt in Art. 14 Abs. 1 S. 2, diesen bloß affirmativen Charakter nicht in Frage stelle. Seine wichtigste Stütze für diese These ist Art. 19 Abs. 2, in dem für alle Grundrechte auch gegenüber zulässigen gesetzlichen Beschränkungen der »Wesensgehalt« für unantastbar erklärt wird. Dieser Wesensgehalt und der unantastbare Kern der Grundrechte seien, so erklärt er, »nur synonym gebrauchte Ausdrücke für den Menschenrechtsgehalt der Grundrechte« — unbeschadet der auch von Günter Dürig eingeräumten Tatsache, daß es Grundrechte gibt, die keinen Menschenrechtsgehalt haben.

Demgegenüber lehrt ein Blick auf die Geschichte der Menschenrechtsdoktrin, daß von einer so fraglosen Anerkennung des Eigentums als Menschenrecht jedenfalls in der neueren Entwicklung dieser Doktrin nicht mehr die Rede sein kann. Angesichts dieses Sachverhalts kann die Frage nach dem Geltungsgrund und der Geltungsweise der Menschenrechte nicht so offengelassen werden, wie Dürig das glaubte tun zu dürfen, und muß dann auch ihr Verhältnis zu den verfassungsmäßigen Grundrechten neu geprüft werden. Die Aufgabe übersteigt als ganze bei weitem den diesem Aufsatz gezogenen Rahmen. Aber gerade die Eigentumslehre kann einen nützlichen Beitrag zu ihrer Lösung leisten. Vergewissern wir uns also zunächst, welchen Platz sie in der Entwicklung der Menschenrechtsdoktrin einnimmt.

In der im einzelnen sehr verwickelten Geschichte der Menschenrechtsdoktrin kann man, gewiß stark vereinfacht, zwei Hauptstränge unterscheiden. Im einen Strang fragen wir nach den geistigen Ursprüngen und Antriebskräften der Idee universaler Menschenrechte; die stoische Philosophie, das christliche Naturrecht und seine verweltlichte Fortbildung im rationalen Vernunftrecht des 17. und 18. Jahrhunderts haben dazu wesentliche Beiträge geleistet. Im anderen Strang fragen wir nach den geschichtlichen Situationen, in denen die Idee, bezogen auf bestimmte Bedürfnisse einer politischen Gruppe oder Schicht, praktische Bedeutung als Legitimation zur Befriedigung dieser Bedürfnisse erlangt hat.

Für das christliche Naturrecht des Mittelalters stand nach biblischem Zeugnis, nicht zuletzt des Dekalogs, die Anerkennung und der Schutz des Eigentums als einer überstaatlich gültigen Institution außer Frage; faktisch bestätigte es damit die Legitimität der im wesentlichen auf Grundbesitz aufbauenden Feudalordnung dieser europäischen Geschichtsperiode. Die katholische Moraltheologie und Soziallehre hat über allen längst eingetretenen geschichtlichen Wandel hinaus diese Anerkennung bis heute beibehalten. Man darf vermuten, daß auch *Dürig* von dieser Position aus die »religiös-geistige Gewißheit« gewonnen hat, daß das Eigentum Teil einer überstaatlichen Ordnung ist. Allein so wichtig diese kirchliche Bestätigung der Institution war und bis heute ist, so sehr ist Vorsicht geboten bei dem Versuch, daraus eine Stütze für die Anerkennung des Eigentums als Menschenrecht abzuleiten. Das christliche Naturrecht kann nur mittelbar als Quelle dieser Doktrin in Anspruch genommen werden; es hat sich ja nicht bruchlos in das profane Naturrecht des 17. und 18. Jahrhunderts hinein fortgesetzt, sondern hat seine beherrschende Stellung in dem Maße verloren, in dem sich die Überzeugung von der rechtsstiftenden Kraft der autonomen menschlichen Vernunft durchsetzte. Bei diesem Vorgang rückte die Einzelperson in die Mitte des Blickfeldes; ihre Freiheit und Selbständigkeit sollte rechtlich geschützt werden, auch wo sie sich, um diesen Schutz zu erlangen und zu sichern, mit ihresgleichen durch einen Gesellschaftsvertrag zusammenschloß.

Für die Eigentumslehre hat diese Wendung des Vernunftsrechts zum Individualismus besondere Bedeutung und nachhaltige Wirkung erlangt in den Schriften von John *Locke*. Sein Ausgangspunkt war die

These, daß der Mensch im Naturzustand frei und vermöge dieser Freiheit auch »Eigentümer« seiner Person sei. Daraus folgert er, daß auch alles, was dieser Mensch vermöge seiner Kräfte bearbeitet, ihm als Eigentum gebühre. Nur um die so erworbenen Güter zu sichern, schließt er den Gesellschaftsvertrag mit anderen, an der gleichen Sicherung interessierten Eigentümern. Freiheit und Eigentum stehen also von vornherein in einer notwendigen, vorstaatlichen Korrelation; Funktion des Gesellschaftsvertrages ist nicht ihre Schaffung oder Rechtfertigung, sondern ihre Sicherung. Der — offensichtlich auf den Grundbesitz abgestellte — Gedanke, den Eigentumserwerb im Naturzustand nicht durch bloße Okkupation, sondern durch Bearbeitung des Bodens zu legitimieren und zugleich auf den persönlichen Bedarf zu begrenzen, wird allerdings schon von Locke selbst durch den Hinweis auf die Funktion des Geldes als Mittel nicht nur des Tausches, sondern auch der Hortung von Vermögen verwässert. Sein Leitbild ist die durch keine rechtlichen Schranken gehinderte Marktgesellschaft der Besitzenden, die den Staat zu ihrem Schutz auch gegenüber der Macht der Nichtbesitzenden einrichten; die Freiheit, die er erstrebt, ist die eines unverhüllten »Besitzindividualismus«.
John *Lockes* Ideen fanden am raschesten Eingang in den englischen Kolonien Nordamerikas, deren Besiedlung er auch offensichtlich vor Augen hatte, während sie in England selbst und auf dem europäischen Kontinent, wo kein jungfräulicher Boden zur Verfügung stand, erst im Lauf des 18. Jahrhunderts und in Konkurrenz mit anderen Theorien zur Rechtfertigung privaten Eigentums Fuß faßten. Das Bedürfnis nach solcher Rechtfertigung und zugleich Sicherung erwuchs aus einer historisch-politischen Entwicklung: die Verdrängung der feudal-ständischen Ordnung durch das wirtschaftlich und politisch erstarkende Bürgertum. Es war diese soziale Schicht, die im 17. Jahrhundert in England im Verein mit der gentry den Sieg des Parlaments über den Absolutismus der Stuarts erkämpfte, die die Führung in der Besiedlung Nordamerikas innehatte und dann im 18. Jahrhundert die Loslösung von der Vormundschaft durch das englische Mutterland betrieb, und es war der tiers état, der bald danach in Frankreich die große Revolution auslöste und als Gewinner aus ihr hervorging.
Die ideelle und politische Entwicklung in den genannten Ländern im 18. Jahrhundert nachzuzeichnen ist hier nicht der Ort; es genügt die Feststellung, daß sie die vernunftrechtliche Überzeugung nährte, mit der im letzten Drittel dieses Jahrhunderts in den Verfassungsurkunden zunächst der amerikanischen Kolonien, später durch das 5. und das 14. Amendment auch der Union neben der Freiheit und Gleichheit aller Menschen auch das Eigentum als vorstaatliches Menschenrecht aner-

kannt wurde. Der Vorgang wiederholte sich im Zuge der Französischen Revolution in der Erklärung der Menschen- und Bürgerrechte von 1789, die das Eigentum zum droit inviolable et sacré erklärte.
Damit war ein erster und politisch lange nachwirkender Höhepunkt der Menschenrechtsdoktrin erreicht. Wesentlich zu ihrem Verständnis, namentlich auch der engen Verknüpfung von Freiheits- und Eigentumsgarantie, ist die Feststellung, daß sie die Auflösung der feudalen zugunsten einer bürgerlichen und bäuerlichen, aber noch durchaus vorindustriellen Gesellschaft voraussetzte. Pate stand philosophisch die Vorstellung von der sittlichen Autonomie der Einzelperson, wie sie am tiefsten in der Philosophie I. *Kants* begründet wurde, und ökonomisch die liberale Marktlehre von Adam *Smith* und *Ricardo*. Daß »Eigentum« in diesen Verfassungsformeln nicht im engen Sinn des romanistisch gemeinrechtlichen Begriffs des Sacheigentums zu verstehen war, erklärt sich schon im Hinblick auf den wesentlich weiteren Begriff der »property«, von dem die englische Lehre ausging. Andererseits wurden in England und Frankreich Privilegien der Feudalzeit wie selbstverständlich von der Garantie ausgeschlossen, ja in Frankreich im Zuge der Revolution das ganze kirchliche Vermögen vom Staat konfisziert. Die deutschen Territorialstaaten, die von den Wellen der Französischen Revolution nicht überflutet worden waren, hatten größere Mühe, im Bodenrecht den Übergang zum freien Einzeleigentum zu vollziehen; die Doktrin des Schutzes der (wohl)erworbenen Rechte verhinderte die glatte Beseitigung der aus dem grundherrlichen »Obereigentum« folgenden Rechte mit der Folge, daß die »befreiten« Bauern entweder Teile ihres Bodens verloren oder an langwierige Ablösungszahlungen gebunden blieben.
Im 19. Jahrhundert ist es mit dem Ende der vernunftrechtlichen und Aufklärungsphilosophie und dem Übergewicht des politischen Nationalstaatsgedankens um die Menschenrechtsdoktrin stiller geworden. Die Aufgabe, dem Bedürfnis der Bürger nach Sicherung ihrer Freiheit und ihres Eigentums gegenüber Verwaltungswillkür zu genügen, fiel den — meist spärlichen — Grundrechtsbestimmungen der Staatsverfassung zu. Man kann in ihnen die rechtliche Positivierung vorstaatlicher, ethischer Prinzipien sehen, sollte aber ihr Gewicht nicht überschätzen. Einmal gewährten sie nach einhelliger Auffassung der Verfassungsjuristen keinen Schutz gegenüber dem Gesetzgeber; der Sicherung der Besitzenden diente in diesem Punkt die auch nach der — lange keineswegs selbstverständlichen — Einführung des allgemeinen Wahlrechts festgehaltene Differenzierung des Stimmengewichts nach dem Maß von Besitz oder Einkommen. Erst die Revolution von 1918 hat ja in Preußen das Drei-Klassen-Wahlrecht beseitigt. Zum anderen

sah sich mit der nun beginnenden Industrialisierung die undifferenzierte, auch das neu sich bildende Großvermögen anonymer Unternehmen einschließende Eigentumsgarantie den Zweifeln und Angriffen der sozialistischen Bewegungen ausgesetzt, die im Privateigentum an den Produktionsmitteln die Ursache der wirtschaftlichen Ausbeutung der großen Mehrheit der besitzlosen Volksklasse sahen. Es trat nun deutlich zutage, daß Eigentum nicht nur, wie Naturrecht und Menschenrechtsdoktrin es sahen, der Freiheit und Selbstbestimmung des Bürgers dient, sondern auch als Instrument wirtschaftlicher Macht gebraucht und mißbraucht werden kann.

Die Lösungen, die das deutsche Verfassungsrecht in unserem Jahrhundert für diese Probleme entwickelt hat, sind hier nicht im einzelnen darzustellen. Für den Zweck dieser Gedankenskizze genügen wenige Hinweise. Die Eigentumsgarantie findet sich im Grundrechtskatalog sowohl der Weimarer Reichsverfassung (Art. 153) als auch des Bonner Grundgesetzes (Art. 14), und sie hat an Stringenz wesentlich gewonnen, seit Rechtslehre und Rechtsprechung in den zwanziger Jahren dazu übergingen, diesen Grundrechtsschutz auch gegenüber der Legislative durchzusetzen, mit dem Vorbehalt freilich, daß der Gesetzgeber befugt bleibt, Inhalt und Schranken des Eigentums bis zur Grenze der Wahrung des Wesensgehalts des Grundrechts zu gestalten. Art. 14 Abs. 1 S. 2 und Art. 19 II GG legen das nun ausdrücklich fest. Andererseits betont Art. 14 II GG, wie vor ihm Art. 153 III WeimRV, die Sozialbindung des Eigentümers als spezielle Ausprägung des in Art. 20 und 28 GG ausgesprochenen Sozialstaatsprinzips. Dazu kommt, daß Art. 15 GG der Eigentumsgarantie die Möglichkeit gegenüberstellt, Grund und Boden, Naturschätze und Produktionsmittel gegen Entschädigung in »Gemeineigentum« zu überführen — eine bisher politisch stillgelegte Durchbrechung der Garantie als Ergebnis eines Verfassungskompromisses von 1949.

Im marktwirtschaftlichen System der Bundesrepublik nehmen die genannten Verfassungsbestimmungen — mit Ausnahme des obsolet gebliebenen Art. 15 — zusammen mit der Freiheitsgarantie des Art. 2 I einen zentralen Platz ein; dementsprechend ist ihre Auslegung und Anwendung Gegenstand einer umfangreichen Judikatur unter Führung des BGH und in zunehmendem Maße auch des Bundesverfassungsgerichts sowie intensiver Untersuchungen in der Rechtslehre. Über ihre Ergebnisse ist hier nicht zu berichten; sie bestätigen jedenfalls die schon eingangs getroffene Feststellung, daß die Positivierung, also der — in der Rechtsprechung sich fortsetzende — Vorgang der Umsetzung in geltendes Verfassungsrecht die Ursprünge der Eigentumsgarantie im Naturrecht oder der Menschenrechtsdoktrin nicht nur schlicht aner-

kennt, sondern den Norminhalt als integrierenden Teil unserer Staatsverfassung selbständig umprägt.
Diese Feststellung schließt indessen nicht aus, daß die Gerichte zur Rechtfertigung der Garantie auf ihre ideellen Grundlagen zurückgreifen. Das trifft in besonderem Maße für einige Entscheidungen des BVerfG zu, so jüngst in den sorgfältig überlegten, die Ausführungen in früheren Urteilen zusammenfassenden Partien über Art. 14 in dem Urteil vom 1. 3. 1979 zum MitbestimmungsG 1976 (BVerfGE 50, 290, 339): Wörtlich nennt das Gericht dort die Eigentumsgarantie »ein elementares Grundrecht, das im engen inneren Zusammenhang mit der persönlichen Freiheit steht. Ihr kommt im Gesamtgefüge der Grundrechte die Aufgabe zu, dem Träger des Grundrechts einen Freiheitsraum im vermögensrechtlichen Bereich zu sichern und ihm dadurch eine eigenverantwortliche Gestaltung seines Lebens zu ermöglichen; die verfassungsrechtliche Gewährleistung des Privateigentums als Rechtseinrichtung dient der Erfüllung dieser Aufgabe. Das verfassungsrechtlich geschützte Eigentum ist in seinem rechtlichen Gehalt gekennzeichnet durch Privatnützigkeit, d.h. die Zuordnung zu einem Rechtsträger, in dessen Hand es als Grundlage privater Initiative und im eigenverantwortlichen privaten Interesse von Nutzen sein soll, und durch die von dieser Nutzung nicht immer deutlich abgrenzbare grundsätzliche Verfügungsbefugnis über den Eigentumsgegenstand. Der Gebrauch des Eigentums soll zugleich dem Wohle der Allgemeinheit dienen.«
Wichtig ist daran in unserem Zusammenhang, daß das Gericht, wie schon in früheren Entscheidungen, der Tradition der Menschenrechtsdoktrin seit Locke folgend den engen Zusammenhang der Eigentums- mit der Freiheitsgarantie betont und ihn auch zu begründen unternimmt. Im weiteren Fortgang dieses Abschnitts wird daraus auch eine bemerkenswerte Folgerung gezogen: das Gericht unterscheidet hinsichtlich der Intensität des Eigentumsschutzes nach der Funktion des zu schützenden Gegenstandes. Dieser Schutz ist gerade auch gegenüber dem nach Art. 14 I 2 zur Bestimmung von Inhalt und Schranken des Rechts befugten Gesetzgeber streng, soweit der Gegenstand der Sicherung der persönlichen Freiheit des einzelnen dient, während die Bestimmungsbefugnis sich in dem Maße ausweitet, in dem der Gegenstand »in einem sozialen Bezug und einer sozialen Funktion steht«, weil dann das grundgesetzliche Gebot einer am Gemeinwohl orientierten Nutzung stärkeres Gewicht erhält. Wieweit diese Unterscheidung nach der Funktion des Eigentumsobjektes in der Rechtspraxis trägt, bedarf noch genauerer Prüfung; schon eine erste Überlegung zeigt, daß die Funktion in vielen Fällen dem Gegenstand nicht inhärent ist, son-

dern vom Eigentümer bestimmt und auch wieder verändert werden kann. Aber schon der Versuch der Unterscheidung ist bedeutsam, weil er kenntlich macht, daß das Gericht am menschenrechtlichen Ursprung der Eigentumsgarantie festhält — es spricht selbst an späterer Stelle von der »primären Bedeutung der Eigentumsgarantie als Menschenrecht«, aber zugleich der Tatsache Rechnung trägt, daß die Entwicklung der Garantie als Grundrecht im deutschen Verfassungsrecht, das ja nach Art. 19 III GG auch inländischen juristischen Personen zugebilligt wird, inzwischen diesen personalen Rahmen gesprengt hat. Da schon die Verfassungen des 19. Jahrhunderts »das Eigentum« schlechthin garantiert hatten, lag die Ausweitung des Schutzes wohl in der Konsequenz der sich entwickelnden marktwirtschaftlich geordneten Industriegesellschaft; eine Rückkehr zu den Ursprüngen würde heute einen grundlegenden Systemwechsel bedeuten. Aber es verdient im Blick auf die überstaatliche, universale Bedeutung der Menschenrechte vermerkt zu werden, daß das Verfassungsgericht der Bundesrepublik sich der Ausweitung und ihrer möglichen Konsequenzen bewußt geblieben ist.

II.

Das 19. Jahrhundert und die erste Hälfte des 20. Jahrhunderts standen historisch-politisch so stark im Zeichen des Nationalstaatsgedankens, daß die auf überstaatliche universale Geltung gerichtete Menschenrechtsdoktrin hinter den Grundrechten in den nationalen Staatsverfassungen politisch in den Schatten trat; sie war nur noch Gegenstand wissenschaftlich literarischer Aufmerksamkeit. Erst nach den Schrekken des 2. Weltkriegs trat darin eine Wandlung ein: Auf der Suche nach gemeinsamen verbindlichen ethischen Grundlagen für die neu zu gründende weltweite Institution der Vereinten Nationen besann man sich auf dieses ideelle Erbe der europäischen Geschichte und wies der neuen Organisation in Art. 1 S. 3 ihrer Charta die Aufgabe zu, »die Achtung der Menschenrechte und Grundfreiheiten für jedermann ohne Unterschied von Rasse, Geschlecht, Sprache oder Religion zu fördern und zu festigen«. Alsbald machte sich auch eine vom Wirtschafts- und Sozialrat eingesetzte Menschenrechtskommission daran, den in der Völkergemeinschaft anzuerkennenden Bestand von Menschenrechten zu formulieren. Das Ergebnis war die am 10. 12. 1948 von der Generalversammlung der UN beschlossene »Allgemeine Erklärung der Menschenrechte«.

Da Beschlüsse der Generalversammlung nach Art. 10ff. der UNO-Charta rechtlich nur den Charakter vom Empfehlungen haben, ist die Menschenrechtserklärung nicht bindendes Völkerrecht geworden. Zu bedenken ist überdies, daß die UNO 1948 wenig mehr als ein Drittel der heutigen Mitglieder, vor allem nicht die inzwischen aus dem Kolonialstatus in die Souveränität aufgestiegenen Staaten der Dritten Welt umfaßte, und daß die Sowjetunion mit ihren Satelliten durch Stimmenthaltung Vorbehalte gegenüber der Erklärung zum Ausdruck brachte. Trotz alledem ist die Erklärung bis heute ein wichtiges Zeugnis der Wiederbelebung der Menschenrechtsdoktrin geblieben.
Für unser Thema ist von Bedeutung, daß Art. 17 der Erklärung die in der europäischen Tradition verwurzelte Anerkennung des Eigentums übernimmt — allerdings in einer Fassung, die von der bisher üblichen Bestandsgarantie abweicht. Er lautet:
»1. Jeder Mensch hat allein oder in Gemeinschaft mit anderen Recht auf Eigentum.
2. Niemand darf willkürlich seines Eigentums beraubt werden.«
Die Norm ist nicht sehr präzise gefaßt und läßt sich verschieden deuten. Im Vordergrund steht überraschenderweise ein Recht auf Eigentum. Soll damit ein Recht auf Zuteilung von Vermögen gemeint sein, das sich ja dann, wie die sogenannten sozialen Menschenrechte der Art. 22ff., nur als Leistungsanspruch gegen den Staat richten könnte? Doch kann das schon nach der Stellung der Norm im System der Erklärung und angesichts der Unbestimmtheit eines solchen Anspruchs nicht wohl gemeint sein. Der Sinn ist also wohl eher der, daß jedermann freien Zugang zum Vermögenserwerb haben soll. Somit wäre der Zusammenhang mit den in den Art. 18ff. geregelten Freiheitsrechten gewahrt, auf den die Menschenrechtsdoktrin, wie wir sahen, seit *Locke* Gewicht legt. Der Wert solcher Freiheit wird freilich vermindert, wenn sie nur »in Gemeinschaft mit anderen« ausgeübt werden kann — ein Zusatz, mit dem man dem Kollektivismus sozialistischer Systeme Rechnung tragen wollte. Erst der 2. Absatz enthält dann die traditionelle Garantie erworbenen Eigentums, freilich in sehr weicher Fassung, die das einstige droit inviolable et sacré kaum mehr erkennen läßt, da ein Willkürverbot dem Rechtsstaat ohnedies immanent ist und das Eigentum so gegenüber Eingriffen des Gesetzgebers regelmäßig schutzlos bleiben wird.
Indessen sind die Schwierigkeiten, die die Formulierung des Art. 17 der UNO-Kommission offensichtlich bereitete, nur der Anfang einer für die herkömmliche Eigentumsgarantie verhängnisvollen Entwicklung. Schon als die Mitgliedsstaaten des Europarates 1950 daran gingen, für ihren Kreis auf der Grundlage der Erklärung von 1948 eine

völkerrechtlich bindende Konvention zu schließen, bereitete die Einbeziehung der Eigentumsgarantie Schwierigkeiten mit der Folge, daß die Konvention von 1950 diese Garantie nicht aufnahm. Erst ein Zusatzprotokoll von 1952, das besonderer Ratifizierung bedurfte, holte das Versäumte nach, nun in einer Fassung, die das Recht auf Achtung des Eigentums in den Vordergrund stellt, im Duktus also der im 19. Jahrhundert in den europäischen Verfassungen entwickelten Tradition entspricht.

Was demnach für den Bereich des Europarats noch einmal gelang, erwies sich für die Gesamtheit der UN-Mitglieder als unerreichbar: die beiden von der Menschenrechtskommission der UNO ausgearbeiteten und 1966 von der Generalversammlung gebilligten »Pakte«, die dazu bestimmt waren, als völkerrechtlich bindende Konventionen unterzeichnet zu werden, enthalten keine Eigentumsgarantie mehr. Das bedeutet zwar auch für die Staaten, die den Pakten inzwischen beigetreten sind, wie die Bundesrepublik, keine Minderung der Geltungskraft ihrer innerstaatlichen Verfassungsgarantie, hier also des Art. 14 GG. Aber es lehrt, daß ein überstaatlicher, universaler Geltungsanspruch heute nicht mehr behauptet werden kann.

Unter den Gründen für das Fehlen der traditionellen Eigentumsgarantie in den beiden auf weltweite Geltung angelegten UNO-Pakten steht im Vordergrund der ideologische Gegensatz zwischen den Staaten, deren Gesellschafts- und Wirtschaftsordnung marktwirtschaftlich verfaßt ist, in denen demzufolge dem Privateigentum an Wirtschaftsgütern eine zentrale Rolle zukommt, und den Staaten mit sozialistischen Systemen, die ihm eben diese Rolle absprechen. Es gibt Wege, den Gegensatz abzumildern, indem man auf der einen Seite die Sozialpflichtigkeit auch des Privateigentums stark herausarbeitet und andererseits im sozialistischen System versucht, die Konzentration alles Produktivvermögens in der Hand des Staates und seiner allmächtigen Bürokratie zu vermeiden. Aber der fundamentale Unterschied bleibt auch dann bestehen. Eine generelle Eigentumsgarantie würde auch in vielen Staaten, deren Wirtschaft unter einer ungünstigen Besitzverteilung leidet, die längst fällige Agrarreform verhindern. Endlich muß der soziale Wandel bedacht werden, der in den modernen Industriestaaten seit dem 18. Jahrhundert eingetreten ist; nur noch für eine kleine Minderheit der Bürger bildet der Boden oder Wareneigentum, ja selbst Geldvermögen die Grundlage ihrer wirtschaftlichen Existenz, wie das schon Locke für seine »Eigentümergesellschaft« vorausgesetzt hatte. Industriegesellschaften sind für den weitaus größten Teil der Bevölkerung Arbeitnehmergesellschaften; die soziale Sicherung der Bürger wird durch ihren Arbeitsplatz und die mit ihm verbundenen Leistungsansprüche vermittelt. Es ist daher verständlich, daß in der neueren Entwicklung der Menschenrechtsdoktrin die sozialen Rechte stark an Gewicht gewinnen; sie haben schon Eingang in die Allgemeine Menschenrechtserklärung von 1948 (Art. 22ff.) gefunden und bilden nun den Inhalt eines der beiden Pakte von 1966. Im Hinblick auf ihre Sicherungsfunktion sind sie weithin an die Stelle der älteren Eigentumsgarantie getreten.

III.

Die Schwierigkeiten, die es offensichtlich bereitet, heute noch einen internationalen Konsens über Inhalt und Tragweite einer Eigentumsgarantie als Menschenrecht herzustellen, legen die Frage nahe, ob aus dem Schweigen der Pakte von 1966 nicht die Konsequenz gezogen werden sollte, die Eigentumsgarantie aus dem Katalog der Menschenrechte ganz zu streichen und ihren Schutz ausschließlich den nationalen Verfassungen je nach den Voraussetzungen ihrer Grundrechtsnormen zu überlassen. Einheitliche Schutzbestimmungen auf regionaler Basis, wie diejenigen des Zusatzprotokolls zur EurMRK, wären damit nicht ausgeschlossen und sicherlich weiterhin erwünscht. Aufgegeben wäre allerdings der universale Geltungsanspruch als überstaatliches Menschenrecht.

Die Antwort auf die gestellte Frage setzt als erstes voraus, daß man die Unterschiede in den Geltungsweisen der verschiedenen Menschenrechtskataloge klarstellt. Ihrem Ursprung nach handelt es sich um Prinzipien politischer Ethik, die auf Positivierung in geltendes Verfassungsrecht drängen, aber ohne solche Akte der Positivierung noch keine Rechtsnormen darstellen. Wege zur Positivierung sind entweder die direkte Übernahme in einzelstaatliches Verfassungsrecht als Grundrechte, oder der Abschluß einer völkerrechtlichen, also eine Mehrzahl von Staaten einbeziehenden Konvention. Beide Wege haben sich nebeneinander bewährt und sollten weiter begangen werden. Wo die Positivierung gelingt, bedeutet das eine wichtige Bestätigung und Verstärkung der ethischen Prinzipien. Aber es wäre voreilig, daraus umgekehrt zu schließen, daß das Scheitern einer Konvention oder ihre inhaltliche Beschränkung schon ausreicht, die ethischen Prinzipien ihrer Kraft zu berauben. Im Falle der Eigentumsgarantie kann das um so weniger angenommen werden, als sie in einer großen Zahl von Staaten, wenn schon in unterschiedlicher Fassung und Tragweite, zu den Grundrechten ihrer Verfassung gehört. Der völkerrechtliche Dissens, der die Aufnahme der Eigentumsgarantie in die Pakte von 1966 verhin-

dert hat, nötigt uns also nicht, die Garantie aus dem Katalog der Prinzipien zu streichen; Art. 17 der Allg.MRErkl. von 1948 ist damit nicht obsolet geworden. Allerdings aber drängt sich nun die Frage auf, welcher Inhalt dem ethischen Prinzip als einem universalen Grundsatz hiernach noch zugebilligt werden kann.
Offenbar kann es sich nur darum handeln, eine Art von Minimalkonsens über den Inhalt zu suchen, während alle darüber hinausgehenden inhaltlichen Bestimmungen des Eigentumsrechts von den auseinanderstrebenden geschichtlichen und kulturellen Traditionen und heute noch entschiedener von den ideologischen Gegensätzen bestimmt werden, die einen Konsens ausschließen. Dabei kann schwerlich auf die unterschiedlichen Gegenstände der Garantie als Kriterium abgestellt werden. Zwar war Locke bei der Entwicklung seiner Lehre offensichtlich vom Grundeigentum ausgegangen, und es nimmt auch heute noch in der Rechtsprechung etwa zu Art. 14 GG praktisch eine zentrale Rolle ein. Aber es besteht kein Zweifel daran, und wird auch, wie schon angesprochen, durch den in der englischen Rechtssprache verwendeten Begriff »property« ganz deutlich gemacht, daß Vermögensgegenstände jeglicher Art unter diesen Schutz fallen, daß hier also scharfe Abgrenzungen nicht möglich sind. Eher weist ein anderer Gedanke einen Weg zur Lösung. Die Eigentumsgarantie hat, wie vor allem das deutsche Verfassungsrecht herausgearbeitet hat, eine doppelte Funktion: Sie bestätigt das Privateigentum als eines der Fundamente der Privatrechtsordnung und sie schützt die Rechtsstellung des einzelnen Eigentümers gegenüber Eingriffen von hoher Hand. Von diesen beiden Funktionen gehört die erste nicht in den Kontext der Menschenrechtsdoktrin, denn deren Aufgabe ist es nicht, Ordnungssysteme festzulegen, sondern die Person und ihre Würde zu schützen. Zwar stehen die beiden genannten Funktionen gerade im Hinblick auf den Personenschutz in einem gewissen ideellen Zusammenhang, aber sie lassen sich doch deutlich trennen und sollten für die Behandlung der Menschenrechtsdoktrin in dem Sinne getrennt werden, daß für sie nur die zweite Funktion des Personenschutzes von Interesse ist. Wir erinnern uns, daß seit Locke und bis in die Rechtsprechung des Bundesverfassungsgerichts hinein der Gedanke immer wiederkehrt, daß es sich um eine spezielle Ausprägung des Freiheitsschutzes handelt. Nicht Anhäufung und Sicherung von möglichst viel Besitz ist ihre Aufgabe, sondern die Erhaltung eines möglicherweise auch sehr kleinen Freiheitsspielraumes, die voraussetzt, daß der einzelne ein Minimum an materiellen Gütern sein eigen nennen kann. Das ist der klare Sinn des Art. 17 der Allg.MRErkl., und man sollte sich hiernach darüber verständigen, daß sich die Eigentumsgarantie nur insoweit legitimerweise auf die

Menschenrechtsdoktrin als ihre Grundlage berufen kann, während die Bestätigung des Eigentums als Herrschaftsrecht, das Macht über andere verleiht, nicht durch den Menschenrechtsgedanken legitimiert werden kann.

Hat man hiernach die Tragweite der Menschenrechtsdoktrin auf unserem Felde eingeschränkt, so fällt es wohl auch leichter, darüber einen Minimalkonsens herzustellen. Denn die in der Auseinandersetzung zwischen der marktwirtschaftlichen und der sozialistischen Konzeption wesentliche Frage, ob und welche Wirtschaftsgüter Gegenstand privaten Eigentums sein können, spielt für den von uns gesuchten Konsens keine entscheidende Rolle: Auch die sozialistische Ordnung, die den Grund und Boden und die Produktionsmittel dem sog. sozialistischen Eigentum vorbehält, billigt dem einzelnen einen, wenn schon schmalen, Bereich persönlichen Eigentums zu, offenbar, weil auch hier die Einsicht, daß Freiheit und Eigentum zusammengehören, im persönlichen Lebensbereich nicht ganz unterdrückt werden kann. Damit würde es auch übereinstimmen, daß der mehrfach erwähnte Art. 17 in den Vordergrund nicht das Recht auf Verteidigung individuellen Besitzes, sondern den freien Zugang zum Eigentumserwerb stellt. Selbst wenn eine Rechtsordnung diesen Zugang nach der Art der Objekte und nach ihrem Wert beschränkt, bleibt doch ein Rest von Freiheit erhalten. Andererseits sollte die streng personale Bindung dieser Art von Garantie nicht aufgegeben werden. Wenn also die Europäische Menschenrechtskonvention in Art. 25 I die Garantie auch juristischen Personen zuerkennt, so entspricht das zwar der westlichen Tradition im Rahmen marktwirtschaftlicher Ordnungen, hat aber strenggenommen nichts mehr mit der Menschenrechtsdoktrin zu tun.

Das Gesagte schließt natürlich nicht aus, daß nationalstaatliche Grundrechte auch jene erste Funktion der Eigentumsgarantie hervorheben und in ihrer Rechtsprechung entwickeln. Der Bereich der Menschenrechtsdoktrin wird damit jedoch transzendiert.

III. UNIVERSITÄT UND GESELLSCHAFT

HOCHSCHULPOLITISCHE TEXTE

WISSENSCHAFT ALS BERUF

Im wissenschaftlichen Lebenswerk Max Webers, der in diesem Jahr durch die hundertste Wiederkehr seines Geburtstags die Aufmerksamkeit auch einer weiteren Öffentlichkeit auf sich zieht, stellt die kleine Schrift über »Wissenschaft als Beruf« nur eine Gelegenheitsarbeit dar. Sie ist aus einem Vortrag hervorgegangen, den Weber 1919, nicht lange vor seinem frühen Tode, vor Studenten in München gehalten hat, und den er sicherlich selbst, ebenso wie den Zwillingsvortrag über »Politik als Beruf«, eher seiner politisch-publizistischen Wirksamkeit als seiner wissenschaftlichen Produktion zugerechnet hat. Aber die Schrift wirkt doch mit gutem Grund bis heute nach und zieht noch immer viele in ihren Bann, die selbst als Lernende, Lehrende oder Forschende in der Luft einer deutschen Universität leben. Denn hinter ihr steht, für den Leser auch über Jahrzehnte hinweg noch spürbar, die Erfahrung und das leidenschaftliche Temperament eines bedeutenden Mannes, der als Gelehrter zur Wissenschaft wie wenige berufen war. Hinter der Schrift steht aber auch in ihren Ansätzen zu einer Wissenschaftstheorie mehr als der flüchtige Einfall eines geistreichen Vortragsredners. Vielmehr sind seine Thesen über die dem Werturteil auf dem Katheder gezogenen Grenzen der — gewiß durch die Situation des Vortrags geprägte, aber in der Sache ausgereifte — Niederschlag einer jahrzehntelangen Auseinandersetzung Webers mit den methodologischen Grundproblemen der Sozialwissenschaften, Problemen, die bis heute auch unter mehrfach veränderten Voraussetzungen aktuell geblieben sind.
Sehe ich recht, so geht der mir für die heutige Sitzung der Studiengesellschaft erteilte Auftrag nicht dahin, alsbald und ausschließlich den Faden dieses wissenschaftstheoretischen Gesprächs aufzunehmen und fortzuspinnen. Einen solchen Auftrag hätte ich nicht übernehmen dürfen, denn seine Ausführung setzt eine umfassende Kenntnis des Streitstandes in der sozialwissenschaftlichen Problematik voraus, die in Amerika und England und in wachsendem Maße auch bei uns in Deutschland unter dem etwas seltsamen Namen der Wohlfahrts-Ökonomik (Welfare-Economics) und im Zusammenhang mit den Untersuchungen zur sogen. Spiel- und Entscheidungstheorie abgehandelt wird und die ohne das Rüstzeug der Mathematik und der neopositivistischen Logik kaum zugänglich ist — alles Voraussetzungen, über die ich nicht verfüge, und Probleme, über die wir hier nicht mit Gewinn diskutieren können. Vielmehr ist das Ziel meines Referats wie schon das des Weberschen Vortrages, das Berufsbild des Wissenschaftlers zu zeich-

nen, und dabei die Frage der meta-wissenschaftlichen Voraussetzungen und Werturteile nur insoweit einzubeziehen, als sie ein Problem der Berufsethik dieses Standes bildet.

I.

Berufsbild des »Wissenschaftlers« sage ich und verwende damit gleich zu Beginn das unschöne Wort, das Max Weber in seinem Vortrag konsequent vermieden hat. Es ist seitdem unvermeidlich geworden. Das ist kein Symptom von Sprachverfall, sondern von soziologisch wichtigen Veränderungen in der Zusammensetzung und der Aufgabenstellung des Berufsstandes. Max Weber sprach vom Gelehrten oder vom Universitätslehrer. Nun ist Gelehrter zu sein kein Beruf, jedenfalls nicht im modernen, verflachten Sinn dieses Wortes, sondern eine Eigenschaft, die auch von Personen erworben werden kann, die daneben ihr Brot durch ganz andere Tätigkeiten verdienen; das Wort kommt überdies zunehmend in den Geruch des Altmodischen oder zieht sich auf die Bastionen der historisch-philologischen Disziplinen zurück — in einer gewissen Entsprechung zu der englischen Unterscheidung von scholar und scientist. Die Naturwissenschaften sprechen dafür lieber vom Forscher, der damit das Gegenstück zum scientist bildet; aber in diesem Begriff schwingt soviel Neugier zur Naturbeobachtung und Lust zum Experiment mit, daß er für reine Büchermenschen schlecht paßt. So bedarf es eines zusammenfassenden, den Beruf im ganzen kennzeichnenden Oberbegriffs. Dafür aber ist »Universitätslehrer« heute viel zu eng. Einmal ist der in diesem Ausdruck noch vernehmbare Ton des Hochmuts der Universitäten gegenüber den so viel später gekommenen Technischen Hochschulen heute verklungen; »Hochschullehrer« ist zur gemeinsamen Berufsbezeichnung geworden. Aber auch sie umfaßt nicht entfernt mehr den ganzen Stand derer, die Wissenschaft als Beruf gewählt haben. Es ist bemerkenswert, mit welcher Selbstverständlichkeit Max Weber von den ersten Sätzen an als Schauplatz der Wissenschaft nur die Universität, als ihre Tätigkeitsformen Forschung und Lehre und als ihre Akteure nur die drei Typen des Assistenten, des Privatdozenten und des Professors auf dem Katheder und als Chef »seines« Instituts kennt. Was er beschreibt — und das gilt auch für viele andere seiner Feststellungen —, ist der Beruf der Wissenschaft in der wilhelminischen Epoche. Von den Veränderungen, die das halbe Jahrhundert seitdem gebracht hat, interessiert zunächst im Hinblick auf unsere Frage nach dem rechten Berufsbegriff nur die Tatsache, daß sich der Schauplatz der Wissenschaft inzwischen gewaltig erweitert hat,

und daß die Skala möglicher Wissenschaftsberufe sehr viel reicher geworden ist. Außerhalb der Hochschulen gibt es heute in der Bundesrepublik viele Hunderte von Forschungsstätten der verschiedensten Art und Größe, von den großen Kernforschungszentren in Karlsruhe und Jülich über den Kranz von Bundes- und Landesanstalten, Max-Planck-Instituten, Industrielaboratorien, sonstigen freien Instituten aller Fachrichtungen bis zu den Arbeitsstätten des Grimmschen Wörterbuchs oder des Thesaurus linguae latinae; sie alle beschäftigen Tausende von hauptberuflichen, hochqualifizierten und meist fachlich stark spezialisierten wissenschaftlichen Mitarbeitern, die eben diese Tätigkeit zu ihrer Lebensaufgabe gemacht haben, die also namentlich keinerlei Lehrfunktion ausüben oder anstreben, sich darum auch nicht der von Max Weber als Eingangstor zu diesem Beruf geschilderten Habilitation unterziehen. Natürlich gab es auch schon vor 50 Jahren eine Anzahl solcher Institute mit wissenschaftlichem Personal, aber was Max Weber noch bei der Beschreibung seines »Idealtypus« vernachlässigen konnte, hat inzwischen — bei gleichzeitiger starker Vermehrung der Stellen und Stellentypen innerhalb der Hochschulen — soviel Gewicht erlangt, daß der Typ dieser Nur-Forscher als Leiter und Mitarbeiter im größeren Verband heute nicht mehr fehlen darf, wenn Wissenschaft als Beruf beschrieben wird. Das ist es also auch, was — in Ermangelung eines sprachlich schöneren Worts — den Begriff des »Wissenschaftlers« rechtfertigt, aber zugleich erklärt, weshalb mit diesem Wort der Verwaltungssprache so viel schwächere Empfindungen verknüpft sind als mit dem des Gelehrten, des Forschers oder auch des Professors.
Man könnte gegen die mit diesem Begriff anerkannte Ausweitung des Personenkreises derer, die Wissenschaft zu ihrem Beruf gemacht haben, den Einwand erheben, daß doch immer noch in der Vorstellung der Öffentlichkeit und im Herzen aller derer, die während oder am Ende ihres Studiums den Entschluß fassen, bei der Wissenschaft zu bleiben, als Leitbild und als Endstation aller Berufswünsche der Professor erscheine, der zugleich forscht und lehrt, ein Schulhaupt in seinem Fach, ein Führer der Jugend zu geistigen Höhen, ein Herrscher in seinem Institut, ein freier Bürger einer unabhängigen Gelehrtenrepublik. Nun weiß ich wohl, daß dieses Wunschbild bis heute in Deutschland über viele Herzen und Sinne Macht hat, nicht zuletzt bei vielen meiner Kollegen, die mir gram sind, weil ich auf allerlei Weise bemüht bin, dieses Bild als Idol zu entlarven und den aus dem 19. Jahrhundert überkommenen Schein mit der inzwischen längst gewandelten Wirklichkeit in Übereinstimmung zu bringen. Unter uns heute aber sollte von vornherein klar sein, daß dieses Bild, wie es im Grunde auch der Weberschen Schilderung zugrunde liegt, trotz seiner bis heute fortwir-

kenden Kraft einer vergangenen Epoche angehört und jedenfalls für junge Menschen, die sich heute für die Wissenschaft als Lebensaufgabe entscheiden wollen, nicht mehr bestimmend sein kann und darf. Das ist nun freilich mit dem Umstand allein, daß es auch Forschungseinrichtungen und Wissenschaftler außerhalb der Hochschulen gibt, noch nicht hinreichend erklärt und bedarf der Erläuterung.

1. Zunächst ein paar soziologische Hinweise. Die Erneuerung der deutschen Universität zu Beginn des 19. Jahrhunderts im Geiste Humboldts, Fichtes und Schleiermachers fiel geschichtlich zusammen mit dem Ende der ständisch-höfischen Gesellschaft des 17. und 18. Jahrhunderts und dem Übergang zur bürgerlichen Gesellschaft des 19. Jahrhunderts. Sie war in Deutschland dadurch gekennzeichnet, daß der Zugang zur führenden Honoratiorenschicht nicht mehr bloß durch Geburt, aber auch nicht in erster Linie durch selbsterworbenen oder ererbten Reichtum, sondern vorzugsweise durch den Eintritt in den Staatsdienst als Offizier oder Beamter erworben wurde. Der Weg zum Beamten aber führte über das Gymnasium und die Universität. Das gab der Universität, die ja ihrerseits wieder die höhere Schule geistig und personell zu alimentieren hatte, eine Schlüsselstellung im gesellschaftlichen Gefüge; bis heute wirkt in vielen Köpfen, durch Standesdünkel oder Neid verzerrt, die Vorstellung nach, daß, wer in öffentlichen Angelegenheiten mitreden wolle, »Akademiker« im deutschen Sinne dieses Wortes sein, das heißt den formalen Bildungsnachweis eines Hochschulstudiums erbringen müsse.

Daß unsere Universitäten Staatseinrichtungen waren und sind, ist ebenso Ursache wie folgerichtige Auswirkung dieses Systems. Der Hochschullehrer mochte als Gelehrter Ansehen genießen im Kreise seiner Fachgenossen und in dem weiteren, aber zu allen Zeiten vergleichsweise begrenzten Kreise derer, denen kulturelle Güter einen wertvollen geistigen Besitz bedeuten, jedenfalls aber war er als Professor Staatsbeamter und damit der Honoratiorenschicht zugehörig und als Lehrer und Prüfer der Verwalter gesellschaftlicher Chancen seiner Studenten. Der Lehrkörper einer Universität verstand sich auch selbst durchaus als ein Stück Honoratiorengesellschaft, und der Zugang zu diesem corpus academicum war nicht nur durch das wissenschaftliche Ausleseverfahren der Habilitation, sondern durch eine ähnliche gesellschaftliche Auslese geregelt, wie sie der Staat bei der Anstellung von Offizieren und Beamten trieb. Dabei bedeutete gesellschaftliche Auslese nicht Einschätzung nach dem Geldbeutel; man verzeichnet das Bild heute manchmal, wenn man zu stark betont, eigenes Vermögen sei Voraussetzung der Habilitation gewesen. Richtig ist nur, daß der Privatdozent wirtschaftlich auf eigenes Risiko handelte; er war nicht Beamter und hatte bei der sehr begrenzten Zahl von Lehrstühlen, trotz der Freizügigkeit über die Ländergrenzen hinweg, keine Garantie, je durch Berufung auf einen Lehrstuhl Beamter zu werden. Natürlich schreckte das viele ab, aber andere hungerten sich durch. Man kann verschieden darüber denken, ob die Vorteile dieses Ergänzungsprinzips die Nachteile überwogen oder umgekehrt; der von Rosenstock-Huessy 1950 in Göttingen vorgetragene Satz, das Geheimnis der deutschen Universität sei der Privatdozent, ist mir schon beim ersten Hören und auch seitdem bei erneuter Reflexion als geistreiche Übertreibung erschienen. Jedenfalls aber war die Ungesichertheit des noch nicht arrivierten Nachwuchses soziologisch gesehen das notwendige Korrelat zu der rechtlich und gesellschaftlich herausgehobenen Stellung der auf einen Lehrstuhl gelangten Professoren. Der Sprachgebrauch hält dieses Verhältnis trotz der inzwischen eingetretenen Veränderungen dadurch bis heute fest, daß er die Hochschullehrer höchst ungenau in die zwei großen Gruppen der Ordinarien und der (nur durch eine Negation charakterisierten) Nicht-Ordinarien einteilt.

Die Gesellschaftsstruktur des 19. Jahrhunderts erlitt gerade in den Jahren, in denen Max Weber seinen Vortrag hielt, den ersten entscheidenden Stoß mit dem Übergang vom Obrigkeits- und Beamtenstaat zur parlamentarischen Demokratie; der Nationalsozialismus, die Katastrophe von 1945 und die allmähliche Konsolidierung der Bundesrepublik haben, jeweils auf verschiedene Weise, aber im ganzen in die gleiche Richtung weitergewirkt. Ich verzichte darauf, den vielen, jedermann bekannten Analysen des heutigen Zustandes eine weitere hinzuzufügen; mir erscheint dieser Zustand eigentümlich amorph und von einem ungeschlichteten Pluralismus nicht nur der Werte, sondern auch der für ganz verschiedene Ziele und Haltungen einstehenden sozialen Gruppen gekennzeichnet. Dabei sind die in allen modernen Industrienationen wirksamen Kräfte, die auf Abbau traditioneller Schranken, auf Mobilität und Nivellierung drängen, ebenso im Spiel wie die besonderen Faktoren unserer Situation eines geteilten Volkes ohne tonangebende, gesellschaftsbildende Hauptstadt. In dieser Umwelt haben sich die Universitäten und anderen wissenschaftlichen Einrichtungen, trotz mancher braunen Flecke auf ihrer jüngsten Vergangenheit, als Institutionen ganz gut behauptet; sie könnten sogar als Zentren geistigen Lebens in korporativer Form selbst tonangebend wirken, wenn ihre Glieder die moralische Kraft dazu aufzubringen vermöchten. Daß das nicht gelingt, ist aber doch wohl symptomatisch für die wahre Lage: es gibt keine führende Honoratiorenschicht mehr, der die Professoren von Standes wegen als Beamte oder als Gelehrte angehörten, sie bilden aber auch nicht als irgendwie geschlossene Gruppe oder als Individualitäten eine eigene, gesellschaftlich herausgehobene und ihrer Besonderheiten bewußte Schicht, sondern sie teilen eben als je Einzelne in den verschiedensten Schattierungen die Vorzüge und Unarten, die Meinungen und die Vorurteile des bundesrepublikanischen Bürgertums, mit einem dem Habitus des großverdienenden Unternehmers sich anpassenden Flügel auf der einen und einem wesentlich kleineren, den nonkonformistischen Intellektuellen zugehörigen Flügel auf der anderen Seite.

Es bleiben, außer den erwähnten allgemeingeschichtlichen Ursachen dieser Veränderung noch einige gewissermaßen endogene Gründe zu nennen, die freilich mit jenen Ursachen eng zusammenhängen. Da ist einmal die starke Vermehrung nicht nur der Wissenschaftler insgesamt, sondern auch der Professoren an unseren Hochschulen. Die Zahl der Lehrstühle an den wissenschaftlichen Hochschulen des Deutschen Reiches betrug 1900 rund 2100, 1910 rund 2500, 1920 rund 2800 und sank dann bis 1938 wieder auf 2500. In der kleineren Bundesrepublik betrug sie 1953 rund 2200, dagegen zehn Jahre später, also 1963, an 31 wissenschaftlichen Hochschulen schon 3900, von denen allerdings nur rund 3200 besetzt waren. Die Zahl der Wissenschaftler insgesamt ist einstweilen schwierig zu schätzen; einen gewissen Anhaltspunkt mag die Tatsache bieten, daß bei den letzten, 1963 abgehaltenen Wahlen zu den Fachausschüssen der Deutschen Forschungsgemeinschaft mehr als 9000 fertig ausgebildete, in Forschungseinrichtungen außerhalb der Industrie oder selbständig tätige Wissenschaftler stimmberechtigt waren. Die Max-Planck-Gesellschaft hatte 1963 in ihren Instituten und Forschungsstellen insgesamt rund 1100 Planstellen für Wissenschaftler; im Kernforschungszentrum Karlsruhe sind gegenwärtig etwa 2300 Personen, davon je rund ein Drittel Wissenschaftler und Techniker, beschäftigt. Die Zahlen mögen, absolut genommen und im Vergleich mit anderen Berufsständen, noch immer klein erscheinen; sie werden aber schon ganz stattlich, wenn man die lange Ausbildungszeit und die hohen Qualifikationsanforderungen bedenkt, und sie belegen wenigstens am Beispiel der Hochschulen, die aber darin hinter der allgemeinen Entwicklung eher zurückgeblieben sind, die starke Expansion seit dem zweiten Weltkrieg. Das bedeutet aber, daß nicht nur der Wissenschaftler überhaupt, sondern auch der Professor, unbeschadet seiner wissenschaftlichen Leistung, seinen gesellschaftlichen Seltenheitswert einbüßt, zumal der Titel nicht auf die Wissenschaftlichen Hochschulen beschränkt geblieben ist. Es bedeutet weiter, daß der vorhin erwähnten allgemeinen Tendenz zur sozialen Nivellierung das Bedürfnis der Hochschulen und anderen Forschungseinrichtungen entgegenkommt, ihren wachsenden Bedarf an Wissenschaftlern aus sehr viel breiteren

Bevölkerungsschichten zu decken, als sie das früher jedenfalls durchschnittlich taten. Es besteht kein Grund, das zu beklagen; wir sind im Gegenteil darauf angewiesen, wie überhaupt für die höhere Bildung so auch für die Wissenschaft, alle Begabungsreserven in unserem Volk zu mobilisieren und deshalb auf alle anderen als die streng sachgebundenen Auslesekriterien zu verzichten. Aber das Ergebnis der personellen Ausweitung, das sich nach meinem Eindruck schon heute klar abzeichnet, läßt sich bildlich so beschreiben: Schon die Statur der meisten unserer Professoren verwehrt es uns, sie alle auf kleine Feldherrenhügel zu stellen; auch sie gehören in die große Schlachtreihe der für die Wissenschaft streitenden Armee, in der es gewiß Unterschiede der Funktion, des Ranges und des Ansehens, aber keine so scharfe Zweiteilung gibt, wie sie ehemals in der Grenze zwischen Ordinarien und Nichtordinarien gesehen wurde. Die rechtliche Verfassung unserer Hochschulen als Selbstverwaltungskörperschaften trägt diesem Wandel einstweilen nur in geringem Maße Rechnung, weil der zähe Konservativismus dieser wie aller derartigen alten Korporationen das erschwert, aber er findet heute schon einen deutlichen Ausdruck in den Besoldungs- und Versorgungsverhältnissen: der hungernde, nur auf Kolleggelder angewiesene Privatdozent gehört der Vergangenheit an, und die akademische Laufbahn ist zwar noch nicht zur Ochsentour erstarrt, bei der man sich Beförderungen nach dem Prinzip des Dienstaltervorrangs ersitzt, aber sie bietet jedenfalls auch dem, der kein Ordinariat erreicht, genügend andere Möglichkeiten einer gesicherten Lebensstellung.

2. Es wird hohe Zeit, den soziologischen Aspekt, unter dem ich die seit Max Weber eingetretenen Veränderungen bisher betrachtet habe, durch einen zweiten zu ergänzen, der eine ebenso wirksame Ursache bloßlegt: es sind die veränderten Bedingungen wissenschaftlicher Arbeit, die einen anderen Arbeitsstil erzwingen und dadurch auch die Stellung des einzelnen Professors verwandeln. Sie lassen sich mit drei, auch in der breiteren Öffentlichkeit bekannten und erörterten Stichworten bezeichnen: Spezialisierung, Großbetrieb, Gruppenarbeit (team-work). Die beiden ersten sind schon bei Max Weber erwähnt, doch mehr im Sinne unentrinnbarer Zukunft als schon gegenwärtiger notvoller Wirklichkeit. Sie wirken am stärksten im Bereich der Naturwissenschaften und ihrer Anwendungen, dringen heute aber auch schon kräftig in die Sozialwissenschaften ein und tauchen wenigstens am Rande auch vieler Geisteswissenschaften auf. Um das Wichtigste nur kurz anzudeuten: Wissenschaftliche Disziplinen, die in der Generation unserer Lehrer und Väter noch als so einheitlich galten, daß sie von einem Lehrstuhlinhaber als Fachvertreter voll beherrscht und in ihren wechselnden Fragestellungen wissenschaftlich gefördert werden

konnten, lösen sich mehr und mehr in eine Anzahl von Teildisziplinen mit so speziellen Fragestellungen und diesen angepaßten Methoden, experimentellen Techniken und Erfahrungen auf, daß sie nur von Wissenschaftlern beherrscht werden können, die ihre Arbeit darauf beschränkt haben. Immer deutlicher zeigt sich aber auch, daß die neu entstandenen Teilfächer eines alten Hauptgebietes, aber auch diese Hauptgebiete untereinander, auf enge Zusammenarbeit angewiesen sind, also etwa moderne Biologie ohne Hilfe der Chemiker und Physiker nicht vorangebracht werden kann. Man kann von einer der Spezialisierung gegenläufigen Tendenz zur gegenseitigen Ergänzung und Befruchtung sprechen. Sie nötigt dazu, nicht nur fremde Forschungsergebnisse aus anderen Disziplinen zur Kenntnis zu nehmen und für die eigene Arbeit zu verwerten — was es zu allen Zeiten gegeben hat —, sondern den fremden Spezialisten an der eigenen Fragestellung, der Anlage und Durchführung des Experiments zu beteiligen. Endlich aber erfordern Experimente selbst da, wo sie sich innerhalb der Grenzen eines einzelnen Faches abspielen, heute vielfach, vor allem im Bereich der Physik, Geräte von einer Größe und Kompliziertheit, daß jeder Versuch die Mitarbeit einer vorzüglich ausgebildeten und gut aufeinander eingespielten Mannschaft voraussetzt. Das alles gipfelt schließlich in der Arbeitsweise der großen Forschungszentren, in denen »big science« betrieben wird: Das in Karlsruhe verfolgte Projekt, einen besonderen Typ von Kernreaktor, den sogenannten »schnellen Brüter«, zu entwickeln, erfordert die auf Jahre hinaus sorgfältig geplante Zusammenarbeit der dort vereinigten Institute verschiedener Fachrichtungen mit ihrem Stab von Wissenschaftlern und Technikern.
Ich will diese Schilderung nicht weiter ausspinnen und auch nicht auf die heute unter uns viel diskutierte Frage eingehen, welche Organisationsformen diesen Arbeitsweisen adäquat sind; die Amerikaner werfen uns vor, daß das zu lange Festhalten an dem traditionellen deutschen Typus des hierarchisch organisierten Instituts ein Hauptgrund sei für das Zurückbleiben der deutschen Forschung im internationalen Wettbewerb. Es genügt für unseren Gedankenzusammenhang, festzustellen, daß die geschilderten Arbeitsweisen auch einen anderen Typus des Wissenschaftlers erfordern. Ich will es noch einmal an einem militärgeschichtlichen Vergleich verdeutlichen: Die Griechen und Trojaner vor Ilion, aber auch noch die mittelalterlichen Ritterheere fochten ihre Kämpfe so aus, daß die großen Herren auf beiden Seiten sich im Zweikampf maßen, während über Namen und Taten der Wagenlenker, der Schildknappen und des einfachen Fußvolkes Sage und Geschichte schweigen. Der moderne Krieg dagegen erfordert eine Truppe, in der es auf Geschicklichkeit und Zähigkeit, auf Selbständig-

keit und Beweglichkeit jedes einzelnen Mannes ankommt, aber doch so, daß seine Kampfkraft mit seinem Gerät allein nichts ausrichtet, wenn er nicht im Verband operiert und sein Sturmtrupp sich nicht auf genau geplante Vorbereitung und Deckung durch Artillerie, Panzer und Luftwaffe verlassen kann. Nun, auch die Wissenschaft hat das Heldenzeitalter hinter sich gelassen, in dem nur die Geheimräte und Institutskönige zählten und die Assistenten namenlos blieben. Der Professor ist der Offizier eines Sturmtrupps, der das von Situation zu Situation je nach den Fortschritten der Nachbarverbände wechselnde Ziel bestimmt, aber genau weiß, daß er jeden seiner Männer mit dessen spezifischem Können braucht, um es zu erreichen.
Ich sagte schon, daß der Zwang zu einer so veränderten Arbeitsweise sich bisher nicht in allen Disziplinen in gleicher Stärke geltend macht. Es gibt im Bereich der Geisteswissenschaften noch viele Gelehrte, die allein in stiller Studierstube über ihre Arbeit gebeugt sitzen, Bücher schreiben oder mit geringer Hilfe Editionen und Wörterbücher herausbringen, und wir haben allen Grund, sie darin hoch zu achten und zu stärken. Ich wies auch schon darauf hin, daß die Verfassung unserer Hochschulen, und mehr noch das traditionsbestimmte Selbstverständnis eines großen Teils der deutschen Ordinarien, der hier sich vollziehenden Entwicklung einstweilen noch Bremsen anlegt. Aber wir haben nach meiner Überzeugung nur die Wahl, uns ohne Empfindlichkeit den Arbeitsmethoden anzupassen, die die jeder Disziplin gestellte Aufgabe fordert, oder in der Erfüllung dieser Aufgaben zu versagen.

II.

Ich habe mit diesen letzten Bemerkungen schon einen Gedanken aufgenommen, der nun in einem zweiten Teil meines Referats genauer überlegt werden soll. Es ist die Frage nach der der Wissenschaft gestellten Aufgabe oder, da uns Wissenschaft als Beruf beschäftigt, die Frage nach Sinn, Notwendigkeit und gemeinem Nutzen dieses Berufs.
Der Historiker Hermann Heimpel bezeichnete einmal in einem Vortrag den Wissenschaftler als einen Mann, der dafür bezahlt wird, daß er sein Hobby zu seiner Lebensaufgabe gemacht hat. Das Scherzwort kann uns bei dem Versuch helfen, eine Antwort auf unsere Frage zu finden.
1. Niemand wird so humorlos sein, Heimpel streng beim Wort zu nehmen. Natürlich wird nicht Herr Jedermann dafür bezahlt, daß er eines Morgens beim Rasieren beschließt, irgendein ihm gerade als merkwür-

dig aufgefallenes Phänomen unserer natürlichen oder geistigen Welt zu studieren. Allerdings ist diese Art von Wißbegier, die Merkwürdiges nicht stumpf hinnimmt, sondern beachtet, und die nicht ruht, bis sie eine Erklärung dafür hat, ohne Zweifel die wichtigste Antriebskraft aller Wissenschaft, und wer sie nicht in sich spürt, sollte die Finger davon lassen. Aber ihre Betätigung wird in unserer Leistungsgesellschaft nicht als Beruf honoriert, der seinen Mann ernährt. Das 17. und 18. Jahrhundert war voll von solchen wißbegierigen Leuten; sie gründeten wissenschaftliche Gesellschaften oder Akademien, legten Sammlungen an, tauschten Nachrichten über vielerlei Curiosa aus und diskutierten über Erklärungsversuche. Sie waren auch überzeugt, nicht nur der eigenen Unterhaltung und Belehrung, sondern der Menschheit zu dienen. Aber es wäre ihnen nicht in den Sinn gekommen, davon leben zu wollen; sie brachten im Gegenteil materielle Opfer für ihre noble Passion. Universitäten dagegen entstanden nicht aus solcher Wißbegier, sondern als Schulen für Kleriker, Fürstendiener und Ärzte, die nur einen schon bekannten, an alten Texten orientierten Wissensstoff der nächsten Generation tradieren sollten, und nur für solchen Unterricht wurden die Professoren bezahlt. Daß man an Fürstenhöfen auch an Astrologie und Alchimie interessiert war und dafür Männer besoldete, die den Grund zu wissenschaftlicher Astronomie und Chemie legten, oder daß aufgeklärte Fürsten außer Musikern, Malern und Dichtern auch Humanisten und Philosophen an ihren Hof zogen, konnte der Wissenschaft keine stabile materielle Grundlage verschaffen.

Es wäre reizvoll, aber zu langwierig, hier zu schildern, wie es kam, daß seit dem Ausgang des 18. Jahrhunderts Unterrichts- und Forschungsaufgabe zusammenwuchsen, so daß in der Bezeichnung Universitäts- und Hochschullehrer zwar noch immer die Lehraufgabe dominiert, es aber als Axiom gilt, daß diese Aufgabe ohne eigene Forschung des Lehrenden nicht erfüllt werden könne. Jedenfalls hat nun jeder, der diesen Beruf ausübt, wegen der Doppelaufgabe mit dem Hobby seine liebe Not. Max Weber hat sie nicht ertragen und sich während der besten Jahre seines Lebens von der Universität zurückgezogen, um als Privatgelehrter zu arbeiten. Auch heute fliehen viele begabte Köpfe die Universität, weil ihnen die mit der Vermehrung der Zahl und der Veränderung des Normaltyps der Studenten sehr viel schwerer gewordene Last der Unterrichts-, Prüfungs- und Erziehungspflichten unerträglich und für ihre wissenschaftliche Produktivität tödlich erscheint. Ich kann dem Dilemma, vor dem die Hochschule hier steht, und seinen Lösungsmöglichkeiten jetzt nicht nachgehen und begnüge mich damit, zu bestätigen, daß der Beruf des Hochschullehrers dem zur Hölle werden kann, der keine Lust am Lehren hat. Zum Glück ist diese Lust ein menschlicher Urtrieb und das Lehren einer der Urberufe in unserer Gesellschaft; so ist nicht zu befürchten, däß die Nachfrage nach Lehrberufen abstirbt.

2. Indessen meint Heimpel mit dem Hobby ja nicht das Lehren, sondern das Forschen, und wir sind noch die Antwort darauf schuldig, wie dies allein zum Beruf werden konnte. Wir müssen dazu einer zweiten Antriebskraft neben der ursprünglichen Wißbegier nachgehen, die die Wissenschaft zu dem stattlichen Bau gemacht hat, als der sie heute dasteht: es ist die Hoffnung auf praktische Verwendbarkeit der Erkenntnisse, die planmäßiges Vorgehen erwarten läßt. Das gilt im Grunde schon für die mittelalterliche Theologie und Jurisprudenz, deren Interpretations- und Systementwürfe den Versuch darstellen, die als wahr und verbindlich vorgegebenen Sätze denkend nachzuvollziehen, um sie als zusammenhängendes und widerspruchsfreies Ganzes einsichtig und zur Lebenshilfe verwendbar zu machen. Vor allem aber ist an dem steilen Aufstieg der Naturwissenschaften seit dem 16. Jahrhundert nicht nur die von traditionellen Glaubensschranken mehr und mehr sich emanzipierende Wißbegier, sondern auch das wachsende Bedürfnis beteiligt, der handwerklichen Technik durch rationales Denken und experimentierendes Untersuchen zu größerer Wirkungskraft zu verhelfen. Das gleiche gilt für die Medizin, die sich von Galen befreit und die Anatomie des menschlichen Körpers zu studieren beginnt, und für die Anfänge der Sozialwissenschaften in den Schriften zur Regierungskunst des 16. und 17. Jahrhunderts oder in den kameralistischen Traktaten des 18. Jahrhunderts.

Ich will auch jetzt der Wissenschaftsgeschichte nicht weiter nachgehen, denn es ist ohnedies evident, daß dieser auf die praktische Verwertbarkeit des Wissens gerichtete Antrieb zur Wissenschaft nicht nur in den alten pragmatischen Disziplinen der Medizin und der Jurisprudenz, sondern auch in den Natur- und den auf das gesellschaftliche Handeln gerichteten Wirtschafts- und Sozialwissenschaften seit ihren Anfängen nicht verkümmert, sondern kräftig wirksam geblieben ist, ja oft den bloßen Wissenstrieb zu überwältigen und zu ersticken droht. Zwar galt bei uns in Deutschland noch bis in die jüngste Zeit hinein die sogenannte reine, zweckfreie Forschung auch im Bereich der Naturwissenschaften als die eigentliche Forschung, die auch allein als akademiefähig anerkannt war, sozusagen die Kavallerie unter den Wissenschaften. Aber dieses, wohl stark von unserer humanistischen Bildungstradition und der Philosophie des Idealismus beeinflußte Wertungsschema verblaßt mehr und mehr vor der nüchternen Einsicht, daß reine und angewandte Forschung schon dem Begriff nach, vor allem aber im praktischen Vollzug nicht streng voneinander zu trennen sind, sondern ineinander übergehen und sich gegenseitig unauflösbar ergänzen. Besonders die auf die Ausführung großer Projekte gerichtete Großforschung (big science) liefert immer wieder überraschende Beispiele für diese Verflochtenheit.

In unserem Zusammenhang ergeben sich daraus zwei wichtige Einsichten. Einmal wäre diese Verflochtenheit nicht möglich, wenn nicht die beiden Antriebskräfte neuzeitlicher Wissenschaft, sei es unabhängig voneinander, sei es in gegenseitiger Beeinflussung, ein und dieselbe Haltung des Menschen gegenüber der ihn umgebenden Welt geprägt — oder als Voraussetzung vorgefunden — hätten, eine Haltung, die seitdem nicht nur die Wissenschaftsgeschichte, sondern die europäische, ja die Menschheitsgeschichte schlechthin bestimmt hat. Es ist die Haltung des bedingungslosen Wissenwollens, die alle Gegebenheiten und Vorgänge einer rationalen Analyse unterwirft, keine Voraussetzung des Erkennens ungeprüft übernimmt, sich keiner dogmatischen Beschränkung unterwirft, aber auch die Frage nach einer mythischen oder religiösen Bedeutung von geschichtlichen oder Naturvorgängen als wissenschaftlich unerheblich ausklammert. Es ist eine in ihrer inneren Konsequenz und der von ihr ausgehenden Denkenergie imponierende, aber durchaus einseitige Erkenntnishaltung, die keineswegs allgemein menschlich genannt werden kann. Weder die hohen Kulturen des Orients noch auch die für uns als geistige Ahnen so wichtigen Griechen haben sie in gleicher Weise entwickelt. Heute müssen wir sie zu den als selbstverständlich akzeptierten Grundlagen nicht nur unseres Wissenschaftsbetriebs, sondern unseres gesamten gesellschaftlichen Daseins rechnen. Wer nicht bereit oder imstande ist, sie sich zu eigen zu machen, taugt nicht zum Beruf der Wissenschaft, wie wir sie verstehen.

Die zweite Einsicht aus der Verflochtenheit der beiden Antriebskräfte und dessen, was wir heute als reine und angewandte Forschung bezeichnen, ist die Feststellung, daß die so verstandene und betriebene Wissenschaft nicht als eine esoterische, nur für einen engen Kreis von Eingeweihten bestimmte Weisheitslehre betrieben und von Generation zu Generation tradiert werden kann, sondern daß sie nach außen, zur Verwirklichung im menschlichen Dasein drängt. In der Tat hat die beschriebene Haltung wissenschaftlichen Erkennenwollens im Laufe der letzten vierhundert Jahre zunächst im europäischen Kulturkreis, in dem sie entstanden ist, aber von da ausstrahlend in immer weiterem Umkreis eine Umgestaltung aller Lebensverhältnisse herbeigeführt, wie sie ähnlich nur den großen Religionen zugeschrieben werden kann. Man pflegt vom Siegeszug der Technik zu sprechen und daran im Bildungsbürgertum meist allerlei kulturkritische Bemerkungen zu knüpfen, gegen die uns dann die Wortführer der Technik alle die Wohltaten und Annehmlichkeiten vorrechnen, die wir ihren Errungenschaften verdanken. Statt in diesen, selten mit Geist geführten Streit einzutreten, sollten wir uns einmal klarmachen, daß die Technik nur eine Folge der beschriebenen Erkenntnishaltung und des schon in ihren Ursprüngen enthaltenen Drangs zur Verwertung des gewonnenen Wissens ist, der alle Naturkräfte prinzipiell als verfügbar, alle gesellschaftlichen Verhältnisse als rationaler Gestaltung zugänglich ansieht. Zum anderen steht es zwar jedem von uns frei, für seine Person auf gewisse Annehmlichkeiten zu verzichten. Aber er wird nicht nur bald erkennen, daß die technischen Dienste, auf die er allenfalls verzichten kann, Bagatellen sind gegenüber denen, auf die er als Glied unserer Gesellschaft angewiesen bleibt, sondern er muß sich überdies darüber belehren lassen, daß diese Gesellschaft, ja die Menschheit im ganzen nicht mehr verzichten kann, ohne ihre Existenz aufs Spiel zu setzen. Es genügt, als Stichwort die Lawine der Bevölkerungszunahme auf unserer Erde zu nennen. Sie ist eine Folge nicht erhöhter Fruchtbarkeit der Menschheit, sondern der von der Wissenschaft erfolgreich verbesserten Bedingungen zur Erhaltung von Leben. Nun muß die Wissenschaft wieder helfen, entweder die Fruchtbarkeit einzudämmen oder die vervielfachte Zahl von Menschen mit Lebensmitteln, Rohstoffen, Energie usw. zu versorgen.

Man mag einwenden, mit alledem sei vielleicht der handgreifliche Sinn der Natur- und wohl auch der Sozialwissenschaften einschließlich der ihnen zugeordneten Techniken dargetan, aber um den Preis einer Abwertung der alten Geisteswissenschaften als nutzloser Lebenskünste. Ich will darauf nicht mit einer rasch gezimmerten Trostformel antworten, sondern nur darauf hinweisen, daß die zunehmende Verfügbarkeit der Umwelt den Menschen nicht seiner selbst sicherer, sondern desto ungewisser und desto bedürftiger macht, auf sich als geistiges Wesen zu reflektieren, nach dem Woher und dem Wohin und den Möglichkeiten des Menschseins zu fragen. Der Wert der Geisteswissenschaften, die darauf zwar keine ein- für allemal gültige Antwort bereit haben, aber jeder Generation neu helfen, die für sie gültige Antwort zu finden, ist also in Wahrheit nicht gesunken, sondern gestiegen. In dem großen Gebäude der Wissenschaften dürfen sie darum nicht fehlen. Im übrigen bereitet es heute zwar eigentümliche Schwierigkeiten, die Einheit und Zusammengehörigkeit aller Wissenschaften aus der Vorstellung eines geschlossenen Systems heraus deduktiv zu begründen, seit uns mit der idealistischen Philosophie auch deren Kraft zur Systembildung für die geistige Welt verloren gegangen ist. Aber die Erfahrung lehrt uns immer wieder, daß sich zwischen scheinbar entlegenen Disziplinen un-

vorhergesehene Verbindungslinien ergeben, und daß es daher selbst unter rein utilitaristischen Gesichtspunkten verfehlt wäre, die wissenschaftliche Arbeit auf die Felder zu beschränken, die in kurzer Frist einen verwertbaren Ertrag versprechen.
Ist damit die Wissenschaft als Ganzes nicht nur gerechtfertigt, sondern als notwendig, ja als lebenswichtig für unsere Gesellschaft und alle ihre Glieder dargetan, so kann auch nicht zweifelhaft sein, daß sie nicht nur als Lehre, sondern ebensosehr als Forschung zu einer gesellschaftswichtigen Funktion und damit zum Beruf geworden ist. Jeder moderne Staat muß zur Erfüllung seiner Aufgaben dafür sorgen, daß eine hinreichende Zahl leistungsfähiger und mit gut ausgebildeten Wissenschaftlern besetzter Forschungseinrichtungen vorhanden und in Arbeit ist, und jeder größere Wirtschaftszweig, ja jedes größere Produktionsunternehmen ist auf die Hilfe der Forschung angewiesen. Zwar sind zum Glück auch die gelehrten Sammler und Tiftler aus privater Leidenschaft, die Lehrer, Pfarrer und Geschäftsleute, die in ihrer freien Zeit Inschriften entziffern, Archive durchstöbern, seltene Pflanzen oder Insekten sammeln und ordnen, nicht ausgestorben, und es gibt Disziplinen, die ohne die Hilfe solcher Originale verkümmern müßten. Aber aufs Ganze gesehen ist ihr Beitrag zum Fortgang der Wissenschaft heute verschwindend gering, schon weil ihnen die technischen Hilfsmittel, sei es an Büchern, sei es an Geräten, fehlen, ohne die heute keine Disziplin mehr auskommt.
3. Die Heimpelsche These vom Beruf der Wissenschaft als einem Hobby hat damit einen schweren Schlag erhalten. Einen zweiten Schlag müssen wir hinzufügen, wenn wir Hobby als eine Beschäftigung verstehen, in der Lust und Laune den Einsatz von Zeit und Kräften regieren. Schon die Ausbildung des Wissenschaftlers ist so lang, anstrengend und mühevoll wie bei kaum einem zweiten Beruf; die volle Selbständigkeit ist, von wenigen Ausnahmen abgesehen, schwerer und später zu erreichen, und nur die Spitzenstellungen in einigen Disziplinen verhelfen ihren Inhabern zu wirklich hohen Einkommen. Vor allem aber erfordert die wissenschaftliche Arbeit selbst, ganz gleich in welcher Disziplin, einen hohen Grad von geistiger Konzentration, Ausdauer und Genauigkeit. Jede Disziplin hat ihre eigenen Handwerksregeln, die selbst das Genie nicht ohne Schaden für die von ihm verfochtene Sache und für seinen Ruf vernachlässigt, und über deren Einhaltung die Kritik der Fachgenossen streng zu wachen pflegt. Der Grund ist nicht Neid der kleineren Geister, vielmehr folgt aus dem Prinzip der Wissenschaftlichkeit, wie die Tradition es versteht, der Zwang für den Wissenschaftler, die Allgemeingültigkeit eines Ergebnisses durch den Nachweis zu sichern, daß auch jeder andere es auf dem beschriebenen

Weg erreichen kann. Das Ergebnis muß also beweisbar sein; bloße Evidenz aus künstlerischer oder phänomenologischer Schau genügt dafür nicht.
Indessen käme die Wissenschaft mit solchen Tugenden über ein Feststellen, Sammeln, Ordnen und Registrieren beliebiger Fakten nicht hinaus. Zwar ist ein erheblicher Teil der Wissenschaftler in untergeordneten Funktionen mit nichts anderem beschäftigt, aber der Ertrag für das Ganze wäre letzten Endes nur ein steriles Alexandrinertum. Wer mehr zuwege bringen will, darf sich zwar für das Handwerk nicht zu schade sein, muß aber noch mehr einzusetzen haben: die schöpferische Phantasie, die dem nach Handwerksregeln beschafften Material der vielleicht nur an einem winzigen Punkt den normalen Erwartungen nicht entsprechenden Serie von Experimenten eine neue Fragestellung abgewinnt, und die Leidenschaft, die nicht ruht, bis die so konzipierte Hypothese im Glücksfall verifiziert, im ebenso häufigen Unglücksfall als unhaltbar abgetan ist, in den allermeisten Fällen sich nach allerlei Irrwegen, Fehlschlägen und vielen Modifikationen zuletzt als ein kleines Schrittchen voran erweist.
Max Weber hat diese seltsame Mischung von Pedanterie und Phantasie, die den Wissenschaftler ausmacht, höchst anschaulich geschildert. Er hat auch von dem Rauschzustand, in dem der neue Gedanke aufleuchtet und nun auch um den Preis sehr hoher Opfer verfolgt werden muß, gesprochen und mit Recht hinzugefügt, daß er der künstlerischen Eingebung wesensverwandt ist, auch wenn er sich davon nach Gegenstand und Intention weit unterscheidet. Ich will dem nur die eine Bemerkung hinzufügen, daß hier, an diesem Punkte, endlich auch das Heimpelsche Paradoxon zu seinem Recht kommt: der Wissenschaftler ist ein Mann, von dem erwartet wird, daß er seinen Beruf nicht bloß um des Geldes willen mit Pflichteifer und Gewissenhaftigkeit, sondern um der Erkenntnis willen mit Phantasie und Leidenschaft wahrnimmt, oder der, anders gewendet, sich mit Phantasie und Leidenschaft einem selbstgewählten Erkenntnisziel zuwendet und fast verwundert feststellt, daß ihm das, was er tun muß, auch als Beruf angerechnet und honoriert wird. Dabei steht dann freilich hobby als Deckwort für etwas viel Ernsteres, alle Kräfte Verzehrendes. Wer davon gepackt ist, ist oft ganz und gar kein liebenswerter Zeitgenosse, wird vielmehr egozentrisch, rücksichtslos, empfindlich und eitel, vernachlässigt Frau und Kinder, vergewaltigt Mitarbeiter und Kollegen um der Sache willen, die er zu der seinen gemacht hat und die vielleicht für andere herzlich gleichgültig ist. Wissenschaft kann, weil nicht auf Menschen gerichtet, zum unmenschlichen Beruf werden. Sie kann es werden, aber sie muß es nicht. Es gibt genügend tröstliche Beispiele von der Selbstlosigkeit und Be-

scheidenheit gerade bedeutender Männer im Reich der Wissenschaft, und im übrigen wird man jedenfalls der großen Leistung in diesen wie in anderen Berufen manches nachsehen. Immerhin ist diese charakteristische Gefahr für mich ein Grund mehr, am Prinzip der Verbindung von Forschung und Lehre festzuhalten, die den Bezug der wissenschaftlichen Arbeit zum Menschen wiederherstellt.

III.

Mein Thema wäre unvollständig behandelt, wenn ich nicht, über die zuletzt erwähnten charakterlichen Gefährdungen hinaus, die sittlichen Anforderungen bedenken würde, die an den Beruf des Wissenschaftlers zu stellen sind. In diesem Zusammenhang einer Berufsethik wird uns dann auch die These Max Webers von der Pflicht, Werturteile auf dem Katheder zu vermeiden, beschäftigen müssen.

1. Wissenschaftlich arbeiten heißt, die Wahrheit über die untersuchten Sachverhalte ergründen zu wollen. Nun sind die Mächte dieser Welt nicht zu jeder Zeit und nicht immer in der gleichen Weise daran interessiert, die Wahrheit selbst zu erfahren oder sie anderen bekannt werden zu lassen. Wer also im Geruch steht oder von sich selbst behauptet, der Wahrheit auf der Spur zu sein, muß mit der Möglichkeit rechnen, mit einer oder mehreren dieser Mächte in Konflikt zu geraten oder, umgekehrt, von einer von ihnen ausschließlich in ihren Dienst genommen zu werden mit der Verpflichtung, allen anderen gegenüber davon zu schweigen.

Die Geschichte weiß von vielen Konflikten dieser Art. Im heroischen Jugendalter der Naturwissenschaften waren es die Zusammenstöße mit der Kirche, die ihre Lehre mit dem traditionellen Weltbild verbunden glaubte. In unserem Zeitalter sind es die Diktatoren, die für sich in Anspruch nehmen, über die Wahrheit zu verfügen, und die wissenschaftlichen Nichtkonformisten als Häretiker verfolgen. Ich brauche die Beispiele nicht aufzuzählen und kann auch darauf verzichten, Regeln für das rechte Verhalten gegenüber solchem Druck zu entwickeln; es gibt Fälle, wo offener Widerstand oder Emigration geboten ist, und andere, wo es genügt, zu schweigen, die kritischen Fragestellungen zu vermeiden oder die offizielle Position so lange zu unterwandern, bis sie bröckelt und fällt. Der Wissenschaftler, dessen Fach gerade politisch »dran« ist, ist so lange in einer gefährdeten, aber in keiner prinzipiell anderen Situation als jeder redliche, um Wahrheit und Gerechtigkeit bemühte Bürger in Zeiten der Diktatur.

Schwieriger zu erkennen, aber gleichfalls von erheblichem Gewicht sind die Gefahren, die der wissenschaftlichen Wahrheit von den Mächten des Geldes und der wirtschaftlichen Interessen drohen. Das von der interessierten Partei bestellte und honorierte Gutachten, das ein bestimmtes, der Partei günstiges Ergebnis wissenschaftlich begründen soll, ist seit vielen Jahrhunderten ein Problem der Juristen, heute auch vieler anderer anwendungsnaher Disziplinen. Ähnliche Versuchungen tauchen auf bei den von der Industrie erteilten Forschungsaufträgen oder bei den Mitarbeiterverträgen, die dem Geldgeber die Vorhand auf alle ihn interessierenden Forschungsergebnisse sichern. Verbindungen dieser Art, die heute an unseren Hochschulen eine bedeutende Rolle spielen, sind moralisch deswegen schwer zu beurteilen, weil meist für den Wissenschaftler mehr als nur private Vorteile im Spiele sind: die Verbindung verschafft ihm Zugang zu Material und zu Fragestellungen, die ihm sonst verschlossen wären, oder sie ermöglicht ihm die Anschaffung von Apparaten und anderen Forschungsmitteln, die Anstellung von Mitarbeitern, die Ausführung von Forschungsreisen, was alles ihm vielleicht sein vom Staat bereitgestellter Institutsetat nicht erlauben würde. Dem steht die zunehmende Abhängigkeit vom Geldgeber gegenüber, den man nicht verstimmen darf, nach dessen Wünschen man sein Forschungsprogramm einrichten, auf dessen Interessen man bei Publikationen und dergleichen Rücksicht nehmen muß, der oft die Arbeitskraft so in Anspruch nimmt, daß darüber andere dringliche Forschungsaufgaben, vor allem aber die Pflichten gegenüber Studenten, Doktoranden, Assistenten zu kurz kommen. Wo liegt unter solchen Umständen die Grenze des Zulässigen? Ich kann nur mit Kummer feststellen, daß es in Deutschland bisher nicht gelungen ist, dafür allgemein anerkannte Maßstäbe zu entwickeln.
Geldgeber der Forschung ist im übrigen ja nicht bloß die Wirtschaft, sondern in erster Linie der Staat, und auch ihm gegenüber ergeben sich daraus Probleme der Abhängigkeit, die an Schärfe in dem Maße zunehmen, in dem der Mittelbedarf der modernen Forschung rapide ansteigt, andererseits auch das unmittelbare Interesse des Staates an bestimmten Forschungsarbeiten zunimmt. Soweit es hier überhaupt möglich ist, durch institutionelle Sicherungen die Gefahren einer politischen Abhängigkeit der Forschung vom geldgebenden Staat zu mildern, haben wir in der Bundesrepublik durch die Zwischenschaltung von Selbstverwaltungskörpern der Wissenschaft verhältnismäßig gut vorgesorgt. Besondere Schwierigkeiten tauchen aber schon bei uns — und erst recht bei den militärischen Großmächten unserer Zeit — auf den Forschungsgebieten auf, die militärisch interessant sind und die darum mit einem Kordon von Geheimhaltungspflichten umgeben wer-

den. Wie verträgt sich der spezifisch politische Dienst, in den die Forscher auf diesen Gebieten genommen werden, mit ihrer Aufgabe, die Wahrheit zu suchen und auszusprechen? Läßt sich eine Rangfolge der Loyalitäten mit allgemeiner Gültigkeit feststellen? Eine ähnliche Frage begegnet uns auch in anderem Zusammenhang: Haben wir ein Recht, einen Wissenschaftler mit moralischem und anderem Druck an sein Heimatland zu binden, wenn er anderswo bessere Arbeitsbedingungen zu finden glaubt und dorthin auswandern will? Seitdem es zum politischen Prestige der Nationen gehört, mit guten Forschungsergebnissen der eigenen Mannschaft, mit Nobelpreisen und Raumflügen auftrumpfen zu können, sieht sich der erfolgversprechende Nachwuchs hier wie im Sport umworben und werden ganz private Entscheidungen zu öffentlichen Ereignissen. Für das moralische Klima, dessen die Wissenschaft bedarf, ist das kein Glück.

2. Max Weber hat keine der bisher behandelten Möglichkeiten eines Konflikts zwischen der Pflicht des Wissenschaftlers zur Wahrhaftigkeit und einer in seiner gesellschaftlichen Stellung und seinem Bedarf an Forschungsmitteln begründeten Abhängigkeit von anderen Mächten erwähnt, — vermutlich weil ihm, der noch in der Luft des liberalen Zeitalters lebte, die Gefahrenzone weit weggerückt schien. Ihm lag eine andere Gefahr für die Wahrheit am Herzen, nämlich die der Verfälschung wissenschaftlicher Urteile zu politischen Zielsetzungen und des Mißbrauchs des Katheders zu Aussagen, die er Prophetie nannte. Mit diesem nicht erkenntnistheoretischen, sondern ethischen Aspekt, mit der eindringlichen Mahnung zur »intellektuellen Redlichkeit« gehört die Werturteilsproblematik unzweifelhaft in unseren Zusammenhang. Die Frage ist, ob wir uns Webers Thesen vorbehaltlos zu eigen machen können.

Wir können die an die damalige akademische Jugend gerichtete Warnung vor Erlebnishunger, vor Persönlichkeits- und Führerkult beiseite lassen; nach allem, was inzwischen daraus geworden ist, wären solche Warnungen an die heutige, sehr viel nüchterner denkende Jugend verschwendet. Zeitlos gültig ist dagegen seine Mahnung zu intellektueller Redlichkeit in dem Sinne, daß die wissenschaftliche Feststellung von Sachverhalten und die Klärung von Vorgängen und Kausalzusammenhängen, wie sie die Historiker, aber auch der Sozialwissenschaftler betreibt, wenn er mögliche Handlungsabläufe mit Hilfe konstruierter Modelle analysiert, keinen Schluß darauf zulassen, wie diese Sachverhalte und Vorgänge zu bewerten sind. Habe ich das Geflecht von religiösen, geistigen, wirtschaftlichen und rein machtpolitischen Triebkräften freigelegt, die die deutsche Geschichte im 16. und 17. Jahrhundert bestimmten, und habe ich danach verstanden, warum die Reformation

halb geglückt und halb steckengeblieben ist, so kann ich daraus kein Urteil darüber ableiten, ob sie dem deutschen Volke Segen oder Unheil gebracht hat. Habe ich am Modell verstanden, wie die Preisbildung im marktwirtschaftlichen System funktioniert, so kann ich auftretende Funktionsstörungen als solche erkennen und Vorschläge für eine systemgerechte Abhilfe machen, aber daraus kein Urteil darüber ableiten, ob und welche sozialen Elemente unserer Marktwirtschaft beizumischen sind. Die Nationalökonomie kann die besten Wege zu gegebenen wirtschaftspolitischen Zielen angeben, oder sie kann die Vor- und Nachteile der verschiedenen, in unserer Situation denkbaren Wirtschaftssysteme herausarbeiten, aber sie kann Regierung und Parlament nicht die politische Entscheidung darüber abnehmen, welche Ziele anzusteuern sind oder in welchem System das Gewicht der erwarteten Vorteile das der befürchteten Nachteile am weitesten übersteigt. Die Wissenschaft kann das — so darf man Weber ergänzen — um so weniger, als in unserer pluralistischen Gesellschaft verschiedene Wertetafeln miteinander um Anerkennung ringen, daher der politische Akt der Legislative von Fall zu Fall den Ausschlag geben muß.
Verdient Weber insoweit also auch heute Zustimmung und Dank für sein Bemühen um Sauberkeit der wissenschaftlichen Argumentation, so muß doch zugleich gesagt werden, daß einmal diese Problematik nur die Sozial- und einen Teil der Geisteswissenschaften, dagegen nicht die Naturwissenschaften und ihre Anwendungen berührt, also gar nicht die prinzipielle Relevanz hat, die Weber ihr zuschreibt. Aber auch und gerade in dem von ihr getroffenen Bereich zweifle ich, ob es der Wissenschaft erlaubt und möglich ist, sich im Sinne Webers auf die Feststellung der Fakten und eine Kausalanalyse zur Klärung von Grund-Folge-Verhältnissen oder, in die Zukunft gerichtet, von bloßen Wenn-Dann-Relationen zu beschränken. Impliziert nicht die Wahrheit, der Weber mit dieser Selbstbeschränkung dienen will, mehr als nur die Richtigkeit solcher Ermittlungen? So notwendig es ist, die verschiedenen Stufen im Prozeß der Wahrheitsfindung voneinander zu unterscheiden und sich über die Voraussetzungen und Maßstäbe eigener Wertungen streng Rechenschaft zu geben, so wenig kann die These Webers überzeugen, Wissenschaft müsse um der Wahrheit willen bei der ersten Stufe stehen bleiben. Nicht nur der Student, der lernen soll, sich ein kritisches Urteil zu bilden, sondern auch der Leser etwa einer Geschichte der Reformation erwarten vom Historiker mehr als nur eine Aufzählung angeblicher bruta facta oder eine sorgfältig belegte Kausalanalyse: sie erwarten eine Deutung, die ohne Wertung nicht zu gewinnen ist. Wer unsere heutige Wirtschaftsordnung untersucht, braucht nicht zu verbergen, welcher Zielvorstellung sein Herz gehört,

sofern er nur die Gründe dafür anzugeben weiß und dabei die unbequemen Fakten, von denen Weber spricht, nicht unterschlägt. Gewiß kann eine nicht durch strenge Selbstkritik gezügelte Leidenschaft für eine Sache blind machen, aber ebensosehr gilt, daß gerade das Engagement für ein Problem Möglichkeiten des Verstehens eröffnet, die dem nicht für die Sache erwärmten Verstand verschlossen sind. Wahrheit hat — über die widerspruchsfreie Richtigkeit hinaus — Bezug auf die Person; sie ist für mich und dich, und wer sie erfassen will, darf nicht nur, sondern muß sich selbst mit hineingeben.

3. Die Bedenken gegen die Webersche Position und den ihr zugrunde liegenden Wahrheitsbegriff treten noch schärfer hervor, wenn ich darangehe, diese Position mit dem härtesten ethischen Problem zu konfrontieren, das den Wissenschaftlern unserer Generation gestellt ist, nämlich der Frage nach ihrer Verantwortung für die Konsequenz ihres Tuns. Es ist die Frage, die seit Hiroshima die Atomphysiker nicht mehr losläßt, die aber auch den Chemikern, in rasch wachsendem Maße den Biologen und im Grunde jeder Disziplin für ihren Bereich gestellt ist.

Max Weber hat an diese Frage keinen Gedanken gewendet. Das mag gerade bei ihm verwunderlich erscheinen, da er es doch war, der in der gleichzeitigen Schrift über »Politik als Beruf« so eindringlich gemahnt hat, über die bloße Gesinnungs- zur Verantwortungsethik vorzudringen. Doch wäre es ungerecht, ihm das Versäumnis vorzuwerfen; wissenschaftliches Erkennen und praktisches Handeln lag für seine Zeit noch nicht so nah beieinander wie für die unsere, und gerade im Bereich der Naturwissenschaften herrschte noch ein ungebrochener Fortschrittsglaube. Gewichtig scheint mir allein der Vorwurf, daß von seiner Position aus auch kein Weg zu der hier gemeinten Verantwortungsethik geführt hätte. Denn wenn er die von der Wissenschaft zu erhebende Wahrheit auf die Richtigkeit beschränkt und die Frage nach dem Sinn des Erkannten für das individuelle oder gesellschaftliche Leben ausdrücklich als unzulässig abweist, so können sich auch nicht von dieser Sinnfrage her Grenzen für den Erkenntniswillen des Menschen ergeben. Es bleibt dann das Geschäft der Wissenschaft, mit allen ihr zu Gebote stehenden Erkenntnismitteln eine prinzipiell unbegrenzte Menge an Wissensstoff zu produzieren, und sie darf es getrost der so belehrten Menschheit, den Völkern und ihren Regierungen überlassen, ob und welchen Gebrauch sie davon machen. Das ist, ins Praktische gewendet und damit vergröbert, das Fazit aus Max Webers Wissenschaftslehre. Aber noch einmal muß ich mit Vorwürfen zurückhalten: Es ist die Haltung, die bis heute von der weit überwiegenden Mehrheit unserer Wissenschaftler, vor allem der Naturwissenschaftler, eingenommen wird. Die Zeit ist auch offensichtlich noch nicht reif dafür, diese Haltung prinzipiell zu erschüttern. Das Verantwortungsproblem ist noch ungelöst, und es kann sich einstweilen nur darum handeln, den Blick für die rationes dubitandi und das Gefühl für die Regungen des eigenen Gewissens gegenüber den Folgen solcher Haltung offenzuhalten.

Am deutlichsten sind bisher begreiflicherweise die rationes dubitandi da aufgetreten, wo Forschungsarbeit für vorgegebene, aber politisch und ethisch fragwürdige Zwecke gefordert wird. Einstein und die amerikanischen Physiker haben in der letzten Phase des Krieges die Anwendung des Kernspaltungsverfahrens zur Herstellung von Atombomben sittlich gebilligt, während Oppenheimer einige Jahre später sich der Herstellung der Wasserstoffbomben versagt hat, und wieder einige Jahre später deutsche Atomphysiker in der Göttinger Erklärung für die deutsche Nachkriegssituation ebenfalls Nein zu sagen den Mut fanden. Aber so wichtig diese Signale waren, so lassen sich damit noch keine Kriterien gewinnen, um der reinen, aus ursprünglichem Wissenstrieb gespeisten Forschung Grenzen zu setzen. Hätte Otto Hahn seine Radium-Experimente vorzeitig einstellen sollen? Kann man der heutigen, das Geheimnis des Lebens angreifenden Molekularbiologie untersagen, auf ihrem Wege fortzuschreiten? Wie könnte ein Forscher, der sich selbst Einhalt gebieten wollte, verhindern, daß ein anderer, minder skrupelloser, die bedenklichen Ergebnisse vollends zutage fördert? Überdies: Welche Ergebnisse sind bedenklich? Die Kernspaltung wird schon in der nächsten Generation zur unentbehrlichen Energiequelle werden; es war nur ein historischer Zufall, daß sie zuerst für Kriegszwecke verwendet wurde. Es gibt auch genug Beispiele für den umgekehrten Fall, daß eine zunächst ausschließlich als segensreich empfundene Entdeckung, zum Beispiel im Bereich der Medizin, erst nachträglich unerwartete, schädliche Folgen an anderer Stelle zeitigte.

Das alles mahnt zur Vorsicht gegenüber vorschnell und allzu grob zurechtgezimmerten ethischen Postulaten, aber es erlaubt nicht, das Problem zu leugnen. Eine, wie wir vorher feststellten, lebensnotwendig gewordene Wissenschaft kann sich der Mitverantwortung für die von ihr geschaffenen Lebensverhältnisse nicht schlechthin entziehen. Die Frage ist, wie sie ihr gerecht werden kann.

Der radikalste unter den denkbaren Auswegen bestünde in einer grundsätzlichen, nicht nur in Einzelfällen praktizierten und dann kaum durchzuhaltenden Abkehr von jener Haltung des bedingungslosen Wissenwollens, die, wie wir sahen, als eine ungewöhnlich wirksame, aber nur der neuzeitlichen europäischen Kultur eigentümliche Kraft unserem Wissenstrieb zugrunde liegt. Dazu bedürfte es freilich nicht nur des Protestes einiger, noch so bedeutender Köpfe, sondern einer Änderung der Grundlagen unserer Kultur, die nicht durch bloßen Willensakt, sondern allenfalls durch einen neuen religiösen Ausbruch zu bewirken sein würde. Ein Ansatz dazu ist heute nirgends zu sehen. Überdies wären die Folgen für die heutige, auf den Fortgang der Wissenschaft angewiesene Bevölkerung der Erde kaum schrecklicher als das, was sie von einem ungezügelten Wissenstrieb zu erwarten hat.

Ein zweiter, gleichfalls schwieriger, aber weniger radikaler und darum vielleicht eher gangbarer Ausweg besteht darin, nicht der Forschung in den Arm zu fallen, aber die Umsetzung ihrer Ergebnisse in praktisches Handeln unter strenge Kontrolle zu nehmen, die dann wohl von Wissenschaftlern und Politikern gemeinsam auszuüben wäre. C. F. von Weizsäcker wird nicht müde, für dieses Ziel zu werben, indem er die infantile, sittlich unreife Art anprangert, in der wir heute darin wetteifern, jede wissenschaftliche Erkenntnis alsbald bis zu den Grenzen ihrer Möglichkeiten technisch zu verwirklichen. Ob freilich der neuzeitliche Mensch noch zu solcher Selbstdisziplin fähig ist, bleibt abzuwarten; es befriedigt auch nicht ganz, daß damit das Gewicht der Verantwortung von den Schultern der »reinen« auf die der »angewandten« Disziplinen verlagert wird, und die Lösung versagt in den sehr häufigen Fällen, in denen neue Erkenntnisse zu ambivalenten Wirkungen führen. Trotzdem ist kein Zweifel, daß dieser Weg zwar das Problem nicht aus der Welt schafft und der Wissenschaft ihr gutes Gewissen nicht zurückgibt, aber die Aufgabe an einer wichtigen Stelle wenigstens anzupacken erlaubt. Darum verdienen der sittliche Ernst und die Autorität Weizsäckers jede Unterstützung.

Einstweilen ist schon viel damit gewonnen, wenn der blinde und naive Fortschrittsoptimismus einer nachdenklicheren, auf Wachsamkeit und Vorsicht, wenn nicht Skepsis gestimmten Haltung unter den Wissenschaftlern Platz macht. Sie braucht die Freude an der wissenschaftlichen Arbeit und die Leidenschaft für sie nicht zu dämpfen, aber sie muß ihr die moralischen Gewichte beimengen, die sich aus der Wirkung der Wissenschaft für unser Dasein nun einmal ergeben. Indem sie uns instand setzt, die uns umgebende Welt, vor allem die Natur in ihren vielfältigen Erscheinungsformen, zu beherrschen, führt sie zu einer tiefgehenden Änderung dieser Umwelt; an die Stelle eines natürlichen, aber vom Menschen gestörten, tritt ein immer komplizierteres, nie vollkommen gelingendes künstliches Gleichgewicht der Kräfte. Jede wissenschaftliche Arbeit enthält in sich den Keim zu partieller Hilfe, aber immer auch zu neuer Störung, die dann wieder aufgefangen werden muß. Wer Wissenschaft zu seinem Beruf machen will, darf die Augen davor nicht verschließen und muß bereit sein, mit Hand anzulegen, um neues Unheil zu verhindern. Nur so ist ihm erlaubt, als ein Wissender unter uns zu leben und Wissen zu vermehren.

4. Ein letzter Hinweis sei mir noch erlaubt. Angesichts der Zweifel und Konflikte, denen der Wissenschaftler in seinem Beruf nach dem Gesagten ausgesetzt sein kann, drängt sich die Frage auf, ob es angeht, die Entscheidung über sein Handeln als die Privatsache jedes Einzelnen zu behandeln, die er mit seinem empfindlichen oder robusten Gewissen ausmachen mag, oder ob es nicht möglich und notwendig ist, dafür gemeinsam verbindliche Regeln zu entwickeln, die dem Wissenschaftler den rechten Weg weisen. Es handelt sich also um die Frage, ob sich die individuelle Berufsethik zur Standesethik ausbilden läßt. Um zu verdeutlichen, was ich meine, sei an den hippokratischen Eid als Bestandteil ärztlicher Standesethik erinnert — so kräftig oder schwach er heute im Zeitalter der Ärztestreiks noch fortwirken mag.

Was ich im ersten Teil meines Referates über die Veränderungen des Berufs unter soziologischen Gesichtspunkten berichtet habe, zeigt, daß die Voraussetzungen für eine Standesethik nicht eben günstig sind, da mit der Vermehrung der Zahl und der Typen die Grenzen der Zugehörigkeit undeutlich werden und das Bewußtsein innerer Bindung sich abschwächt. Allenfalls die Hochschullehrer bilden auch heute noch einen übersehbaren, sogar organisierten Stand, und in diesem Kreis müßte es bei gutem Willen auch gelingen, die etwas erschlaffte moralische Kraft wieder so zu stärken, daß sich für die zuerst behandelten berufsethischen Probleme festere Regeln einer verbindlichen Standessitte entwickeln lassen. Dagegen ist dem so unendlich vielgestaltigen und einstweilen schwer auszulotenden Verantwortungsproblem, das auch nicht nur die Hochschullehrer angeht, so nicht beizukommen. Hier werden wir uns wohl noch auf lange hinaus von Situation zu Situation weitertasten müssen. Aber auch hier ist Gruppenbildung hilfreich zur gegenseitigen Beratung und, wo es not tut, zu gemeinsamem öffentlichen Auftreten. Der Göttinger Appell deutscher Atomphysiker war auch in dieser Hinsicht ein Signal dafür, daß der Beruf des Wissenschaftlers in unserer Generation in eine neue Epoche eingetreten ist.

WIEDERERÖFFNUNG DER HOCHSCHULEN
ANSÄTZE ZUM NEUBEGINN

Meine Legitimation für den mir erteilten Auftrag, zu Ihnen über die Wiederbelebung der deutschen Universitäten nach dem Kriegsende zu sprechen, beruht auf nicht viel mehr als auf der Tatsache, daß ich zu denen gehöre, die dabeigewesen sind. Nun wissen zwar Historiker und Juristen den Augenzeugen zu schätzen, aber sie kennen auch den beschränkten Wert seines Zeugnisses: Der Erfahrungshorizont eines einzelnen Mannes ist notwendig begrenzt, und was sich ihm als Erlebnis eingeprägt hat, ist von allerlei schwer kontrollierbaren subjektiven Faktoren abhängig. Die eigene Erinnerung müßte also aus anderen Quellen ergänzt und berichtigt werden. Indessen fehlt es an zulänglichen Geschichtsdarstellungen für den Wiederbeginn des Lebens, und zumal des akademischen Lebens in Deutschland in den Jahren von 1945 bis 1950. Darum muß ich Sie bitten, mit meiner, gewiß sehr subjektiven und unvollkommenen Darstellung vorlieb zu nehmen.
Dafür bin ich Ihnen schuldig, den Standort zu nennen, an dem ich meine Erfahrungen gesammelt habe. Es war die Georg-August-Universität zu Göttingen. Am 1. Oktober 1945 kam ich, aus englischer Kriegsgefangenschaft in Holstein entlassen, in dieser Stadt an, die ich bis dahin nur flüchtig gekannt hatte. Zehn Tage später hielt ich meine erste Vorlesung, zunächst als Lehrbeauftragter und Vertreter eines vakanten Lehrstuhles, einige Monate darauf als ordentlicher Professor, im grauen, verschlissenen Rock der entlassenen Soldaten wie alle Studenten unter meinem Katheder. Gelesen habe ich sehr nüchtern und hausbakken über Erbrecht und Wertpapierrecht, also Gegenstände, die für Jurastudenten durch die Jahrhunderte hindurch gleich viel und gleich wenig interessant sind, dazu eine Übung im bürgerlichen Recht, für die ich mir zeitgerechte Fälle von einstürzenden Hausruinen, im Brandschutt verlorenen Schmuck und verworrenen Eheverhältnissen heimkehrender Soldaten ausdachte. Meine Familie lebte, wie bei vielen meiner Studenten, noch in der russischen Besatzungszone, die ja nur wenige Kilometer östlich von Göttingen begann; ein Grenzgängerstudent brachte mir eines Tages die seit vielen Monaten erste Nachricht von Frau und Kindern. Ich aß, wie alle, aus dem Blechnapf in der Mensa und hatte ein Zimmer, für das ich mir aus einem alten Militärdepot ein Bettgestell und einen Strohsack organisiert hatte. Zu Weihnachten zog ich mit meinem wesentlich älteren, wissenschaftlich hochgeachteten Kollegen Eberhard Schmidt, der ähnlich lebte wie ich, zu

Fuß über die grüne Grenze, jeder zu seiner Familie. Ich schaffte es, auf ziemlich abenteuerliche Weise meine Frau und unsere drei noch kleinen Kinder herüberzuholen, mit so viel Gepäck, als wir eben tragen konnten. Fortan lebten wir als Flüchlinge in zwei, später drei Dachkammern bei der freundlichen Familie eines mathematischen Kollegen. Die abendliche Kollegvorbereitung für den anderen Tag war ein Hindernisrennen mit den Resten eines noch glühenden Briketts im Ofen und den unversehens einsetzenden, unbestimmt lange dauernden Stromsperren, die die Arbeit lahmlegten. Der Vorlesung ist das, fürchte ich, ebenso schlecht bekommen wie die dira necessitas, immer wieder umschichtig mit meiner Frau von fünf Uhr morgens an beim Bäcker um Brot anzustehen.

Ich will nicht fortfahren, Geschichten zu erzählen, die ja nur an einem zufälligen, aber in vieler Hinsicht typischen Beispiel anschaulich machen sollen, was Wiedereröffnung der Hochschulen im Winter 1945/6 in Göttingen und anderwärts bedeutet hat. Zur Kennzeichnung meines Standorts in diesen Jahren muß ich nur noch hinzufügen, daß ich im Sommersemester 1947 auf Einladung meiner alten Berliner Universität als Gastprofessor hier Unter den Linden gelehrt habe und im Spätherbst dieses Jahres nach meiner Rückkehr in Göttingen, dreiundvierzigjährig und unerfahren, zum Rektor der Georgia Augusta gewählt worden bin. Ich habe das Amt infolge einer Wiederwahl zwei Jahre, vom Frühjahr 1948 bis Frühjahr 1950 innegehabt, dadurch also auch meinen Gesichtskreis in Hochschulfragen in dieser Zeit wesentlich erweitert.

I.

Versuchen wir nun, in einiger Ordnung die Umstände kennenzulernen, unter denen sich die Wiedereröffnung unserer wissenschaftlichen Hochschulen vollzog, nachdem am 8. Mai 1945 mit der Kapitulation der blutige Krieg ein Ende gefunden hatte und die deutsche Niederlage besiegelt war.

1. Die Notwendigkeit, den aus Krieg und Gefangenschaft heimkehrenden Soldaten ein akademisches Studium zu ermöglichen und damit den Weg in bürgerliche Berufe zu öffnen, erzwang praktisch bei allen deutschen Hochschulen vom Wintersemester 1945/6 an die Wiederaufnahme des im vorausgegangenen Winter zum Erliegen gekommenen Lehrbetriebs. Dabei hatten Hochschulen in unzerstörten Städten und mit einem im wesentlichen intakt gebliebenen Gebäudebestand, wie zum Beispiel Göttingen, Erlangen und Tübingen, einen klaren Vor-

sprung vor denen, die sich mühsam in Trümmern einrichten mußten, wie zum Beispiel Kiel, Münster, Würzburg oder Freiburg. Im ganzen rechnet man, daß von den 16 Universitäten, 8 Technischen Hochschulen und 8 sonstigen Wissenschaftlichen Hochschulen im späteren Bundesgebiet und in West-Berlin nur noch 6 annähernd intakt waren; weitere 6 konnten zu mehr als der Hälfte und 8 wenigstens zu 25 bis 30% benützt werden, während die übrigen 12 fast ganz zerstört waren. An vielen Hochschulen mußten sich die Studenten die Zulassung zum Studium durch monatelange Hilfsarbeit beim Aufräumen der Trümmer, beim Steineklopfen, bei Maurer-, Gipser- und Dachdeckerarbeiten verdienen. Aber auch die »intakten« Hochschulen waren kein Paradies. Es konnte ihnen passieren, daß, wie in Göttingen, die zentralen Vorlesungs-, Instituts- oder Verwaltungsgebäude von der Militärregierung für ihre Zwecke beschlagnahmt waren; man saß hungernd und frierend, oft bei Dunkelheit im Hörsaal, es fehlte an Büchern und Schreibmaterial, und naturwissenschaftliche Experimente waren ein Luxus, den man sich nur tropfenweise leisten konnte, wenn nicht überhaupt die Apparate dazu fehlten. Alles in allem also war es ein kümmerlicher Notbetrieb, der an die Arbeitsfreudigkeit, die Ausdauer, die Entbehrungsbereitschaft und die Improvisationskunst von Professoren und Studenten hohe Anforderungen stellte. Eigene Forschungsarbeit der Professoren war daneben einstweilen nur in sehr bescheidenem Umfang möglich, sie war überdies im Bereich der Naturwissenschaften mit einer Berichtspflicht gegenüber der Militärregierung und auf einer Reihe wichtiger, für den Fortschritt der Forschung besonders interessanter Gebiete durch das Kontrollrats-Gesetz Nr. 25 mit einem Forschungsverbot belastet.

2. Ein Wort zur Stellung der Militärregierungen der vier Besatzungsmächte sei schon hier angefügt, weil es auch zum Verständnis des Folgenden beiträgt. Mit dem Zusammenbruch des Deutschen Reichs und dem Ende einer Reichsregierung war auch die oberste Instanz staatlicher Hochschulverwaltung im Reichskultusministerium in Berlin entfallen; entsprechende Länderinstanzen bildeten sich erst allmählich, vor allem in den von den Besatzungsmächten neu zurechtgeschnittenen Ländern. Zunächst aber waren die Besatzungszonen und ihre den freien Austausch von Personen und Wirtschaftsgütern stark erschwerenden Grenzen die wichtigste politische Realität auch in Westdeutschland. Das Schwergewicht staatlicher Autorität lag eben nicht bei den Regierungen der Länder, sondern bei den Militärregierungen, und es verlagerte sich auch in den drei Westzonen auf die 1949 gegründete Bundesrepublik erst in dem Maße, in dem das sogenannte Besatzungsstatut 1949 erlassen, 1951 revidiert und 1954 aufgehoben wurde. Für

die Hochschulen waren diese Machtverhältnisse dadurch direkt fühlbar, daß die Militärregierungen zu jeder Hochschule einen Universitätsoffizier als Kommissar mit Aufsichts- und Weisungsrecht auch gegenüber den Selbstverwaltungsorganen entsandten. Sie machten von diesem Recht vor allem in Personalfragen Gebrauch, respektierten im übrigen aber Lehrfreiheit und akademische Selbstverwaltung, wenn die Rektoren und Senate sich darum wehrten, und waren überwiegend verständige, in den vielen praktischen Nöten dieser ersten Jahre oft sehr hilfreiche Männer. Wer mit diesem Aufsichtssystem in der britischen Besatzungszone zu tun hatte, wird vor allem einem Mann, der einige Jahre lang als cultural advisor des britischen Militärgouverneurs an seiner Spitze stand, nämlich Robert Birley, ein herzliches und dankbares Andenken bewahren. Aber auch die Ermutigung zu eigenem Handeln, die von ihm ausging, konnte die Grenzen nicht verrücken, die unserem Handeln nun einmal rechtlich und faktisch gezogen waren.

3. Zu diesen Grenzen gehörten außer den bereits geschilderten Notständen die bis zur Währungsreform rasch wachsende Unordnung im Geldwesen und in dem aus der Kriegswirtschaft überkommenen Bewirtschaftungssystem, die jede Beschaffung von Gerät und Material zum Problem machte. Nach der im Sommer 1948 etwas roh durchgeführten Währungsreform trat eine plötzliche Ebbe nicht nur in den privaten Geldbeuteln von Studenten und Professoren, sondern auch in den öffentlichen Kassen ein, die das Elend der unzulänglichen Finanzierung von Wissenschaft und Forschung in Deutschland erst recht deutlich machte. Als wir 1949 mit Hilfe der Länder die Notgemeinschaft der deutschen Wissenschaft wieder gründeten, schätzten wir uns glücklich, 2,7 Mill. DM als Forschungsbeihilfen verteilen zu können, während die Deutsche Forschungsgemeinschaft heute dafür etwa das Fünfzigfache zur Verfügung hat — und bitter nötig braucht!

Zu den Grenzen unseres Handelns gehörten aber damals auch sehr fühlbar die von politischen Faktoren bestimmten personellen Schwierigkeiten. Ihnen muß ich mich noch etwas ausführlicher zuwenden. Sie betrafen Studenten und alle Angehörigen des Lehrkörpers.

4. Die Besatzungsmächte stellten das ganze deutsche Bildungswesen unter das Vorzeichen der reeducation, in den drei Westzonen also der Umerziehung von autoritären zu demokratischen Gewohnheiten und Institutionen. Aber sie handelten ohne Verständnis für die Lebensbedingungen eines Volkes unter einer Diktatur, ohne Geduld und darum selbst autoritär — mit bedenklichen Folgen für das Erziehungsziel. Gegenüber den aus dem Krieg heimgekehrten, zum Studium drängenden Soldaten wirkte sich das so aus, daß ihre Zulassung von einer meist

sehr summarischen politischen Überprüfung durch besondere Ausschüsse, in Göttingen aus Professoren und Bürgern der Stadt bestehend, abhängig gemacht wurde. Gefährlich waren ihnen ehemals höhere Chargen in der HJ oder sonst einer Parteigliederung, anfangs nach Weisung der Militärregierung auch schon ein Offiziersrang in der Wehrmacht. Mindestens das zweite Hindernis stellte in seiner Generalisierung ein grobes Unrecht dar. Den meisten Zulassungsausschüssen gelang es, in diese Barriere, aber auch in die erste mit Duldung des Universitätsoffiziers mehr oder weniger breite Breschen zu schlagen, und wer nicht sogleich ankam, konnte auf eine allmähliche Lockerung der Bestimmungen bauen. Dabei ist zu berücksichtigen, daß an allen Hochschulen eine von der Militärregierung festgesetzte Höchstgrenze für alle Zulassungen, d. h. ein genereller numerus clausus bestand, daß also die angeblich oder wirklich politisch Belasteten nur ein Teil derer waren, die abgewiesen werden mußten. Die Auslese aller übrigen war den Hochschulen in eigener Verantwortung überlassen, und jede Hochschule, jede Fakultät und jedes Fach entwickelten dafür eigene Grundsätze und Verfahrensweisen, bis sich dieses Zulassungssystem jedenfalls an den Universitäten Anfang der Fünfzigerjahre mit einzelnen Ausnahmen, deren wichtigste die Freie Universität blieb, erübrigte oder doch auf wenige Fächer reduzierte. Zum Schutz der nur sehr unvollkommen arbeits- und aufnahmefähigen Hochschulen war der numerus clausus sicher wohltätig, aber ob es uns gelungen ist, die richtige Auswahl unter den Anwärtern zu treffen, wird niemand, der daran beteiligt war, aus voller Überzeugung mit Ja beantworten wollen. Dabei muß bedacht werden, daß es ein anderes ist, Abiturienten nach normal durchlaufener Schulzeit oder Soldaten mit Fronterfahrung, aber oft sehr unregelmäßigem Schulgang für ein Studium auszulesen. Jedenfalls aber schlossen es alle diese beengenden Maßnahmen in ihrer Gesamtheit schlechthin aus, daß von der Rückkehr der Kriegsteilnehmer zur Hochschule ein so kräftiger Impuls zur Demokratisierung unseres Bildungswesens ausging, wie das in den Vereinigten Staaten mit Hilfe der großzügigen sogenannten G.I.-Bill geschehen ist. Aber woher sollte eine so vernichtend geschlagene Nation noch im Schatten der Niederlage die Mittel und den Mut dazu hernehmen? Predigten doch nicht nur die Morgenthaus und Stalins, sondern auch besonnene Deutsche im tiefen Pessimismus, das deutsche Volk müsse sich auf Generationen hinaus damit begnügen, statt Akademikern Bauern und Handwerker auszubilden.

5. Ein Ausleseprozeß anderer Art und Schärfe, aber gleichfalls mit unbefriedigendem Ergebnis vollzog sich beim Lehrkörper der Hochschulen. Man nannte ihn Entnazifizierung, und ihr Bild schwankt bis heute

im Urteil der Öffentlichkeit. In den Fünfzigerjahren gehörte es in der Bundesrepublik zum guten Ton, sie als verfehlte Maßnahme zu schmähen; seit den Sechzigerjahren beginnt sich die junge Generation für sie zu interessieren und schmäht die »braune Universität«, die sich nicht entschlossen genug von Verführern und Mitläufern getrennt habe. Beide Urteile sind in ihrer summarischen Einseitigkeit verkehrt, aber die Wahrheit ist, schon mangels aller Aktenpublikationen, zuverlässig nicht zu rekonstruieren. Wiederum bin ich also auf die eigene Erfahrung angewiesen, aber sie legt Befangenheit meines Urteils nahe, da ich in meinen ersten beiden Göttinger Jahren als Jurist den Vorsitz in dem aus Professoren und Bürgern bestehenden Unterausschuß zu führen hatte, der für den städtischen Hauptausschuß die Mitglieder des Lehrkörpers vorzuprüfen hatte. Ich begnüge mich also bewußt damit, wenige Fakten und Gesichtspunkte zum weiteren Nachdenken mitzuteilen. Dabei kann uns hier nur die Reinigung der Hochschulen interessieren[1].

Als erstes steht allen summarischen Urteilen über die Entnazifizierung das Faktum im Wege, daß sie zwar im Kern auf einem Kontrollratsgesetz beruhte, im übrigen aber in ihren Rechtsgrundlagen, im Verfahren und in der praktischen Handhabung auch in den drei westlichen Zonen, und zumal für die Hochschulen, starke Unterschiede aufwies. In der britischen und der französischen Zone war man zurückhaltender und maßvoller, eben darum aber vielleicht auch politisch wirksamer als in der amerikanischen. Der amerikanischen Besatzungsmacht blieb auch die Torheit vorbehalten, von Millionen von kleinen Mitläufern Sühnezahlungen zu verlangen, was in der Bevölkerung unausweichlich als Strafe für ein ex post mißbilligtes politisches Verhalten aufgefaßt wurde — mit bösen, bis heute fortwirkenden Folgen für unsere Demokratie.

Eine zweite Überlegung betrifft die Lage an den Hochschulen. Wie immer man über Sinn oder Unsinn der Entnazifizierung in anderen Lebensbereichen denken mag, von denen hier nicht zu sprechen ist, so kann wohl nicht bestritten werden, daß die Hochschulen einer Reinigung ihrer geistigen Luft durch Wechsel im Lehrkörper bedurften. Denn hier stand in einem mehrfachen Sinn ihre Glaubwürdigkeit auf dem Spiel. Die enttäuscht und verbittert aus dem Felde heimkehrende

[1] Eine ausführlichere Darstellung dieses Vorgangs im Blick auf die Verhältnisse in der amerikanischen Besatzungszone hat mein Tübinger Kollege Otto Bachof in einer Vortragsreihe der Universität Tübingen gegeben: Bachof, Die Entnazifizierung, in: Deutsches Geistesleben und Nationalsozialismus, Tübingen 1965, 195ff.

Jugend durfte im Hörsaal nicht allen den Professoren wiederbegegnen, die sich zuvor zum Sprachrohr einer ins Verderben führenden Ideologie gemacht hatten. Und die für den Fortbestand der deutschen Wissenschaft — und damit letzten Endes für die Existenz des deutschen Volkes — notwendige Wiederherstellung des geistigen Austauschs mit der uns inzwischen weit vorausgeeilten Forschung anderer Länder konnte nur glücken, wenn wir uns deutlich von den Vertretern des Ungeistes unter uns trennten. Auch ohne die Besatzungsmächte — und besser sogar ohne sie aus eigenem Entschluß — hätten die Hochschulen diese Trennung vollziehen müssen. Das war nicht möglich, da sich 1945 ja keine Revolution aus eigener Kraft, sondern nur eine von den Siegermächten gelenkte Änderung des politischen Systems vollzogen hatte. Aber die Hochschulen mußten wenigstens an der für sie lebenswichtigen Reinigung mitbeteiligt werden, um sicherzustellen, daß nicht irgendwelche Organisationszugehörigkeiten den Ausschlag gaben, sondern das Verhalten in Forschung und Lehre, in Publikationen und in den Organen der akademischen Selbstverwaltung. Wo das Verfahren so praktiziert werden konnte, was leider nicht überall gelang, war man nach meiner bis heute nicht erschütterten Überzeugung jedenfalls auf dem richtigen Weg. Das schloß schwere Fehler im einzelnen, also falsche Härte oder falsche Milde nicht aus, die wegen der Unvollkommenheit des Beweisverfahrens kaum zu vermeiden waren. Schon die Rücksicht auf die von den Militärregierungen zunächst einmal nach formalen Kriterien summarisch entlassenen Hochschullehrer und auf die dadurch in ihrer Arbeitsfähigkeit schwer gestörten Hochschulen zwang die Ausschüsse zur Beschleunigung des Prüfungsverfahrens auch auf Kosten der Genauigkeit.

Eine dritte Überlegung: Wenn es zutrifft, daß es damals nicht um Bestrafung, sondern um Wiederherstellung der Glaubwürdigkeit der Hochschulen ging, so ist es möglich, ja notwendig, den damals auf einzelne Hochschullehrer gelegten Bann auch wieder von ihnen zu nehmen und sie voll zu rezipieren, wenn sie, gereift und geläutert, sich von den autoritären Denkformen und ihrer weltanschaulichen Verbrämung befreit haben und zu kritisch-wissenschaftlichem Geist zurückgekehrt sind. Gerade weil ich die Entnazifizierung der Jahre 1945 bis 1948 an unseren Hochschulen trotz aller begangenen Fehler für notwendig hielt, ist mir die heute von manchen Unberufenen auf eigene Faust nur unter Hinweis auf halb vergilbte Papiere betriebene zweite Entnazifizierung ein Ärgernis.

Über den praktischen Verlauf der Entnazifizierung an den Hochschulen und ihre Ergebnisse zusammenfassend zu berichten ist aus den angeführten Gründen der starken Unterschiedlichkeit und des Mangels an ausreichender Dokumentation nicht möglich. Sicher ist, daß sie in den Anfangsjahren für viele ein Vorgang von heilsam befreiender Wirkung, für die Betroffenen freilich, und auch für die verantwortlichen Hochschulorgane ein Faktor schwerer Unruhe und Unsicherheit an den Hochschulen war. Festzustellen ist weiter, daß sie auf halbem Wege stecken blieb, weil die Besatzungsmächte ihre Haltung änderten, infolgedessen auch die Spruchkammern zusehends milder wurden. Im weiteren Verlauf hat das vom Bundestag 1951 zur Ausführung des Art. 131 GG erlassene Gesetz viel zur Verwischung der Ergebnisse beigetragen. Es regelte die Pflicht zur Unterbringung der aus den Ostgebieten und aus Mitteldeutschland vertriebenen, aber auch der angeblich von ihrer Stellung »verdrängten« Beamten, und nötigte die Fakultäten jahrelang, bei Berufungen auf vakante Lehrstühle in erster Linie die auf einer dafür aufgestellten Warteliste stehenden Hochschullehrer zu berücksichtigen. Im Denken des Gesetzgebers und der Ministerien, vor allem der Finanzverwaltungen gewann der Versorgungsgedanke die Oberhand über das Reinigungsprinzip, und die Fakultäten hatten nicht immer die Kraft, sich dem zu widersetzen. Es ist ungerecht, sie allein für die Folgen verantwortlich zu machen.

6. Zum Verständnis der damaligen Vorgänge muß ich noch ein eben verwendetes Stichwort erläutern: Die Unterbringung der aus den verlorenen Hochschulen vertriebenen oder aus Mitteldeutschland geflüchteten Hochschullehrer an den westdeutschen Hochschulen. Ich habe für die Ausmaße und Schwierigkeiten dieser Aufgabe zwar eine Fülle von Erinnerungen, aber wieder keine Dokumente und Zahlenangaben zur Hand. Von Königsberg, Danzig und Breslau, von Straßburg, Posen, Prag und Brünn, aber auch von Berlin und den mitteldeutschen und österreichischen Hochschulen waren deutsche Professoren, Dozenten und Assistenten vor oder nach Kriegsende in die drei westlichen Besatzungszonen ausgewichen und warteten darauf, hier wiederverwendet zu werden. Den westdeutschen Hochschulen kam dieses Angebot zu Anfang recht erwünscht, um die Lücken aufzufüllen, die der Krieg und dann die ersten politischen Entlassungen in ihren Lehrkörpern gerissen hatten. Auch der Erfolg der Hochschulneugründungen der ersten Nachkriegsjahre, also der Universitäten in Mainz und Saarbrücken und der Freien Universität in Berlin beruht unmittelbar oder mittelbar auf den Möglichkeiten, die dieses noch ungenützte Reservoir hochqualifizierter Kräfte bot, und kann daher gerechterweise mit den personellen Schwierigkeiten der heutigen Neugründungen nicht verglichen werden. Aber als die erste Welle der Lehrstuhlbesetzungen vorbei war, wurde die Unterbringung der vielen, die dabei von Glück und Zufall nicht begünstigt gewesen waren, zunehmend schwieriger. Die Fakultä-

ten mochten sich die Freiheit ihrer Wahl und der Bewertung nach streng wissenschaftlichen Maßstäben nicht beschneiden lassen und fürchteten auch für die Chancen ihrer eigenen, allmählich wieder heranreifenden Nachwuchskräfte. Eine Vermehrung der Planstellen, wie sie in den letzten Jahren auf Empfehlung des Wissenschaftsrates überall vorgenommen worden ist, hätte das Problem gelöst, aber sie lag in jenen Jahren ganz außerhalb aller politischen und finanziellen Möglichkeiten der Länder. Erst auf der Grundlage des erwähnten 131er-Gesetzes, unter geduldiger Mithilfe des Hochschulverbandes und einer eigens dafür beim Bundesinnenministerium eingesetzten Vermittlungsstelle ist es im Laufe der Fünfzigerjahre vollends gelungen, das Problem aus der Welt zu schaffen. Einen ganz guten Geschmack auf der Zunge hat es wohl bei keinem der daran näher Beteiligten hinterlassen; in der Enge der deutschen Nachkriegsverhältnisse traten hier wie bei der Entnazifizierung die menschlichen Schwächen unseres Standes oft peinlich in Erscheinung.

7. Ich kann diesen Überblick über die personellen Schwierigkeiten und Probleme nicht abschließen, ohne an die Lücken zu erinnern, die in den zwölf Jahren nationalsozialistischer Herrschaft im personellen Bestand der deutschen Wissenschaft entstanden sind. Eine große Zahl angesehener Gelehrter, in manchen Fächern die Mehrzahl der maßgebenden Fachvertreter, hatte Deutschland verlassen, mit ihnen eine noch größere Zahl von in Deutschland ausgebildeten, zukunftsreichen Nachwuchskräften. Andere aus der jungen Generation hatten die Hochschullaufbahn aufgegeben, weil sie sich ihren politischen Voraussetzungen nicht anpassen mochten, und Tausende, die die Fackel hätten weitertragen können, hat der Krieg verschlungen. Erst in dem Maß, in dem sich nach 1945 der Nebel über Deutschland lichtete, erkannten wir voll, wie arm wir auch in diesem Betracht geworden waren. Einen dem Wirtschaftswunder der deutschen Industrie vergleichbaren Aufschwung konnte die deutsche Wissenschaft zum Teil aus finanzieller Beengung, allermeist aber deswegen nicht erreichen, weil sich die Wunden so schwerer personeller Verluste und der dadurch erzwungenen mehrfachen Unterbrechung der Kontinuität wissenschaftlicher Arbeit erst ganz allmählich heilen lassen. Die ungeduldige Frage vieler ausländischer Beobachter, warum die deutsche Wissenschaft ihren alten Rang noch nicht wieder erreicht habe, findet nach meiner Überzeugung, wenn alle organisatorischen und finanziellen Gründe ausdiskutiert und mit ihrem vollen Gewicht bewertet sind, ihre letzte und gültige Antwort in diesen Verlusten.

II.

Ich habe bisher nur die Grenzen bezeichnet, auf die alle wissenschaftliche und hochschulpolitische Arbeit in jenen ersten Jahren ringsum stieß, und muß jetzt noch etwas über die Ziele sagen, die wir uns für diese Arbeit gesteckt haben.

1. Das erste, und unsere Kräfte nahezu voll verzehrende Ziel war durch die Aufgabe bestimmt, die auch zu einer möglichst raschen Wiedereröffnung der Hochschulen gezwungen hatte: den aus Krieg und Gefangenschaft heimkehrenden Soldaten zu einem Studium und in der weiteren Folge zum Eintritt in einen akademischen Beruf zu verhelfen. Man kann es das handgreiflich praktische Ziel einer Lehranstalt nennen, die unterrichtet, examiniert und Berechtigungsscheine für berufliche Laufbahnen ausgibt. Das war es, was diese ersten Nachkriegsstudenten an unseren Universitäten suchten. Es ist mißlich, den Einheitstypus dieses Studenten zeichnen zu wollen, denn jeder von uns erinnert sich vieler, und dann meist menschlich und für das Lehrgespräch besonders interessanter Abweichungen von einem angenommenen Typus. Mit diesem Vorbehalt aber wage ich zu sagen, daß es eine für jede geistige Hilfe und Förderung dankbare, lernhungrige und fleißige, ganz und gar unsnobistische, aber zugleich sehr nüchterne, auf einen raschen Abschluß des Studiums ohne viel zeitraubende geistige Umwege erpichte Generation war. Diese Studenten waren nach Fakten und fertigem Wissensstoff begierig, wurden dagegen unruhig, wenn man ihnen ungesicherte Theorien und ideologische Spekulationen vortrug. Überdies hatten die Kriegserlebnisse und die vorausgegangene Überforderung durch die Gemeinschaftsparolen des Nationalsozialismus sie zu mißtrauischen Realisten und Individualisten gemacht, die auf jede Zumutung gemeinschaftlicher Aktionen im gesellschaftlichen oder politischen Bereich fast allergisch reagierten. Es war schön, mit so ernsten und aufnahmewilligen Studenten zu arbeiten, aber natürlich wirkte ihre nüchterne Sachlichkeit auch auf den Stil des akademischen Unterrichts zurück. Dazu kam, daß auch wir Professoren, einerlei ob Kriegsteilnehmer oder nicht, doch jeder auf seine Weise von den zurückliegenden Ereignissen und persönlichen Erlebnissen erschüttert und gezeichnet, in völliger Ungewißheit über die Zukunft von Volk und Vaterland, das fast unwillkürliche Bestreben hatten, uns zunächst einmal wieder an einem Stück verläßlicher Arbeit zu sammeln und durch sie gewissermaßen in den Alltag eines Lebens in der und für die Wissenschaft zurückzufinden. Es war verführerisch, unter diesen Umständen die Abkehr von der nationalsozialistischen Parole der »politischen Universität« durch eine Rückkehr zum Stil der unpolitischen

Universität des 19. Jahrhunderts zu vollziehen, und es war Gegenstand vieler Diskussionen unter Studenten und Professoren, welcher Weg aus dieser falschen Alternative herausführte. Eine neue, phrasenlose Bereitschaft zur Verantwortung über den engsten eigenen Bereich hinaus konnte gegen manche Widerstände erst langsam wieder wachsen.

2. Man hat gelegentlich schon damals, sehr viel häufiger aber später, als das Leben in der Bundesrepublik in den Fünfzigerjahren wieder ganz in die gewohnte Bürgerlichkeit eingemündet war, von der »Gnade des Nullpunktes« gesprochen, an dem dieses Leben 1945 begonnen habe. Gewöhnlich geschah es dann im Tone des Vorwurfs gegen die, die diese deutsche Sternstunde, in der es noch möglich gewesen wäre, alles einmal anders als bisher zu machen, aus Trägheit des Geistes oder Willens versäumt haben. Demgegenüber gebe ich als erstes zu bedenken, daß die Vorstellung, man könne zu irgendeinem günstigen Zeitpunkt im Leben eines Volkes und seiner geschichtlich gewachsenen Institutionen »alles neu machen«, utopisch ist. Auch die großen Revolutionen der Weltgeschichte, die französische von 1789 und die russische von 1917, haben sich in ihrem Fortgang dem Weiterleben der Vergangenheit in der Gegenwart nicht zu entziehen vermocht. Der Handlungsraum ist also selbst für einen revolutionären Reformwillen begrenzt. In Deutschland aber ist 1945 ein Herrschaftssystem ohne Revolution als Folge eines verlorenen Kriegs zusammengebrochen. Es gab keine geistige Bewegung mit einem zündenden Programm und einem in die Zukunft weisenden politischen Gestaltungswillen, die nun die Führung hätte übernehmen können. Überdies lag auf Deutschland die Hand der Besatzungsmächte, lastete besonders schwer und drückend auf ganz Mittel- und Ostdeutschland der militärische und politische Druck Sowjetrußlands und seiner Vasallen.

Ich brauche hier von den Möglichkeiten politischer Neugestaltung in Westdeutschland nicht zu sprechen und habe vollends keine Neigung, den Vorgang gesellschaftlicher Restauration zu verteidigen, der sich bei uns seit der Währungsreform von 1948 vollzog. Die Hochschulen jedenfalls, die äußerste Mühe hatten, ihre Einrichtungen und ihren personellen Bestand soweit zu konsolidieren, daß sie überhaupt arbeitsfähig waren, betrachteten es unter diesen Umständen als fast selbstverständlich, daß sie zunächst einmal zu den Verfassungsgrundsätzen und Arbeitsmethoden zurückkehrten, die bis 1933 ihre innere Ordnung und den Stil von Lehre und Forschung bestimmt hatten. Das bedeutete vor allem die Wiederherstellung der vollen Selbstverwaltungsrechte von Rektor und Senat auf der einen, von Dekanen und Fakultäten auf der anderen Seite, und ebenso die Wiederbelebung demokratisch verfaßter studentischer Vertretungsorgane im Rahmen der

Universität. Sicherlich hat der in allen alten Institutionen lebende zähe Traditionalismus diesen Weg begünstigt. Aber wir sahen in ihm doch mehr. Die akademische Selbstverwaltung war für uns Ausdruck des Entschlusses, die wiedergewonnene Freiheit von Forschung und Lehre nach den bitteren Erfahrungen der vorausgegangenen Epoche ernst zu nehmen und besser zu verteidigen. Darüber hinaus galt sie uns als ein politisches Prinzip, das den Hochschulen als korporativen, in sich vielfach gegliederten Einheiten einen bestimmten Platz und eine eigene Aufgabe in unserem erst langsam aus dem völligen Zusammenbruch sich erhebenden und neu konstituierenden politischen Gemeinwesen zuwies. Es wäre verfehlt, solche Gedanken im Lichte unserer heutigen parlamentarischen Demokratie als Ausfluß einer ständestaatlichen Ideologie abzutun. Denn in den ersten Jahren gab es ja weder politische Parteien noch gewählte Parlamente und von ihnen bestellte Regierungen, und unser Ziel war nicht, solche Einrichtungen auf die Dauer zu ersetzen, sondern zuerst einmal gewissermaßen Kristallisationskerne für eine neue gesellschaftliche und politische Integration zu schaffen. Man wird nur fragen müssen, ob wir nicht auch dafür unsere eigene Kraft und die von deutschen Universitäten ausgehende, klärende und einigende Wirkung überschätzt haben. Es lohnt sich, dieser Frage nach zwei Richtungen noch ein wenig nachzugehen.

3. Wenn Selbstverwaltung mehr bedeuten sollte als ein Organisationsprinzip, so mußte es darauf ankommen, den inneren Zusammenhalt der Glieder der akademischen Korporation zu festigen und zu stärken. Die Voraussetzungen dafür waren, trotz der geschilderten personellen Umschichtungen und Schwierigkeiten, nicht schlecht. In der allen gemeinsamen äußeren Not entfaltete sich auch die einfache menschliche Tugend der gegenseitigen Hilfsbereitschaft, und zwar ebenso zwischen Professoren und Studenten wie zwischen Professorenfamilien. Meine Göttinger Universität wird schwerlich die einzige gewesen sein, in der der Senat nach der Währungsreform, die für viele Studenten, aber auch für viele, nicht auf vollen Planstellen beschäftigte Mitglieder des Lehrkörpers und für die Familien der aus politischen Gründen Entlassenen akute Notstände schuf, aus freiwilligen Beiträgen der vollen Gehaltsempfänger eine Dozentenhilfskasse einrichtete und sich um Mittagstische für Studenten kümmerte. Wo Kriegsschäden an Instituten ausgebessert werden mußten, packten Professoren, Assistenten und Studenten die Handarbeit gemeinsam an. Und endlich waren wir alle als die wunderbarerweise noch einmal davongekommenen, aber unserer Zukunft ungewissen Nachkriegsdeutschen auf geistigen Austausch über alle Fachgrenzen hinweg angewiesen und zu ihm schon darum bereit, weil es den zwischen Tagungsreisen, Gutachteraufgaben und Fest-

schriftenbeiträgen hin- und hergerissenen Professor damals noch nicht gab. In Göttingen erschien schon im Dezember 1945 die erste Nummer der Göttinger Universitätszeitung als wichtiges Ausspracheorgan, das lange Jahre hindurch von Professoren und Studenten gemeinsam redigiert wurde.

Aus dem Wunsche, die innere Einheit der Hochschule als Voraussetzung ihrer gesellschaftlichen und politischen Wirkungskraft zu stärken, entsprangen auch die Bemühungen, das studentische Gemeinschaftsleben enger an die Hochschule heranzuziehen, als das der deutschen Tradition des studentischen Korporationswesens entsprach. Anfangs, gegenüber den gemeinschaftsverdrossenen alten Soldaten, bedurfte es vielfacher Hilfe, um die für die studentische Selbsterziehung wichtige Gruppenbildung überhaupt in Gang zu bringen. Mitglieder des Lehrkörpers stellten sich als Vertrauensdozenten für die neuen Gruppen zur Verfügung, und die Hochschulen kümmerten sich, im Rahmen ihrer freilich meist sehr beschränkten eigenen Möglichkeiten, um Räume für Zusammenkünfte. Aber der Pflanzgarten gedieh aus mancherlei Gründen nicht. Die alten Korporationen mit ihrem nicht der Hochschule, sondern der bürgerlichen Gesellschaft zugewandten Eigenleben erstarkten wieder, und die durch eine Reihe von Jahren fortgesetzten Versuche der Hochschulen, diese Entwicklung einzudämmen, fanden weder das Verständnis dieser Gesellschaft noch die Billigung unserer Gerichte. Im übrigen würde die heutige Studentengeneration, auch soweit sie nicht in Korporationen alten Stils gebunden ist, Bemühungen von der Art, wie wir sie damals anstellten, kaum viel freundlicher aufnehmen. Die Aufgabe, die Studenten mehr als nur formal in den korporativen Verband der Hochschule einzugliedern, ist in Deutschland noch nicht befriedigend gelöst.

4. Nach außen, gegenüber den politischen Gewalten, hatten die Hochschulen mit ihrem Drang nach Selbstbehauptung anfangs leichtes Spiel. Das im deutschen System der Staatsuniversität angelegte Widerlager der akademischen Selbstverwaltung, also die staatliche Hochschulverwaltung war zunächst, vor allem in den neugebildeten Ländern, politisch und administrativ schwach, und beide Seiten unterstanden letztlich der Besatzungsmacht. Es ist ein Zeichen dieses Gleichgewichts der Kräfte und des Bewußtseins gemeinsamer Verantwortung, daß in der britischen Besatzungszone Ende 1945 ein gemeinsames ständiges Beratungsorgan der Hochschulrektoren und Kultusminister in Gestalt der »Nordwestdeutschen Hochschulkonferenz« gegründet wurde, das bis 1948 Bestand hatte. Der »Süddeutsche Hochschultag« der amerikanischen Zone bestand demgegenüber von Anfang an nur aus Rektoren, und dieses Trennungsprinzip setzte sich mit dem Erstar-

ken der staatlichen Seite und der Verschmelzung der drei Westzonen allgemein durch. 1948 traten Kultusministerkonferenz und Westdeutsche Rektorenkonferenz auseinander, und es hat rund zehn Jahre gedauert, bis sich, unter ganz anderen Voraussetzungen, im Wissenschaftsrat wieder eine Gemeinsamkeit des Beratens und Planens herstellen ließ.
Ist demnach die dem Selbstverwaltungsprinzip anfangs zugedachte, unmittelbar politische, staatsbürgerliche Bedeutung schon bald verblaßt, so wuchs umgekehrt gegenüber dem erstarkenden Staat seine Funktion als Garantie der Freiheit von Forschung und Lehre auch in der parlamentarischen Demokratie. Es verdient daher vermerkt zu werden, daß die Länder dieses Prinzip nicht nur bei den Hochschulen selbst respektierten, mehrfach auch in den Länderverfassungen gewährleisteten, sondern ihm auch sonst in unserem wissenschaftlichen Leben Raum gaben. Eine Reihe von zentralen Einrichtungen dieses Bereichs, die bis 1933 bestanden hatten, während des Dritten Reiches aber teils untergegangen waren, teils erhebliche Einbußen an Selbständigkeit hatten hinnehmen müssen, wurden damals noch vor oder bald nach der Währungsreform mit staatlicher Finanzhilfe, aber mit rechtlicher und faktischer Eigenverantwortung wieder errichtet. Ich nenne die Max-Planck-Gesellschaft, die seitdem die Tradition der 1911 gegründeten Kaiser-Wilhelm-Gesellschaft fortführt, die Notgemeinschaft der Deutschen Wissenschaft, die sich 1951 zur Deutschen Forschungsgemeinschaft weiterentwickelte, und die Studienstiftung des Deutschen Volkes. Ich brauche ihre Bedeutung nicht zu schildern; sie gehören in dieses Bild, weil sie durch ihre Existenz mittelbar auch die Selbständigkeit der Hochschulen stützen. Zu erwähnen ist schließlich unter den Gründungen dieser Jahre neben der Westdeutschen Rektorenkonferenz auch die Standesvertretung der Hochschullehrer im Hochschulverband.
5. In all den geschilderten hochschulpolitischen Maßnahmen, die die Rektoren und Senate jener ersten Jahre beschäftigten, ist nun freilich ein restaurativer Zug nicht zu verkennen; fast durchweg ging es darum, zum status quo ante zurückzukehren. Dafür gab es, wie ich zu zeigen versucht habe, gute Gründe, so daß sich das Geschehene gegen den Vorwurf der Sterilität verteidigen läßt. Das Unbehagen entsteht mit der Frage nach der versäumten Hochschulreform, die ich zum Schluß noch einmal aufnehmen muß.
Ich habe schon darauf hingewiesen, daß der in materieller Hinsicht unsäglich mühsame Neubeginn des deutschen Volkes nach dem Ende des mörderischen Krieges ideell nicht im Zeichen eines geistigen Frühlings stand. Zu Reformen großen Stils in unserem Bildungswesen fehlten

nicht nur die finanziellen Mittel und angesichts der Parzellierung Deutschlands nach Zonen und Ländern das politische Vermögen, sondern auch die geistige Kraft. Die Zukunft war verhangen, die Gestalt der Gesellschaft, der unsere Bildungseinrichtungen künftig dienen sollten, noch unbekannt. Auch in unserem politischen Leben war der Kurs ja, und zwar je länger desto deutlicher, auf Rückkehr zum Gewohnten eingestellt, so daß von daher wenig Unterstützung für tiefergehende Reformen zu erwarten war. In dieser Lage war von der Diskussion über Reformen zum Entschluß und zur Tat ein weiter Weg. Ein Eingriff in die Hochschulen, nur um einen gewissermaßen abstrakten Reformwillen zu betätigen, wäre Torheit gewesen. Es mußte fürs erste darauf ankommen, dem kulturellen Erbe, das wir zu bewahren hatten, das alte Gefäß zu erhalten, um uns von da zu neuen Möglichkeiten vorzutasten.

Das heißt nicht, daß wir für Schwächen im Gefüge unserer Hochschulen blind waren. Vielmehr kam das Reformgespräch bald lebhaft in Gang. Ich will nur zwei bemerkenswerte Zeugnisse gemeinsam erarbeiteter Reformpläne aus jenen Jahren nennen: ein vom Länderrat der amerikanischen Zone 1947 eingesetzter Arbeitsausschuß von Rektoren und Verwaltungsbeamten legte die »Schwalbacher Richtlinien« für die Reform der Hochschulverfassungen vor, und eine von der britischen Militärregierung eingesetzte deutsche Sachverständigenkommission erarbeitete 1948 ein Gutachten zur Hochschulreform, das sogenannte »Blaue Gutachten«, das die Hochschulprobleme auf einer wesentlich breiteren gesellschaftspolitischen Grundlage anpackte, und dessen Vorschläge eine lebhafte Diskussion auslösten. Sie konnten sich damals nicht durchsetzen, aber ihre anregende Kraft war stark genug, daß sie noch bis in die Empfehlungen des Wissenschaftsrates hinein fortwirkte.

Das Tor zur Reformdiskussion war also aufgestoßen, und es sollte sich auch nicht mehr schließen. Aber die Kraft zur Verwirklichung tiefgreifender Reformen fehlte noch auf lange Jahre hinaus. Wir traten in eine Periode der vielen kleinen Reformschritte ein, die ich hier nicht mehr zu schildern habe. Das hat sich insofern bewährt, als wir vielleicht erst heute den vollen bildungspolitischen und gesellschaftspolitischen Horizont übersehen, vor dem auch eine Hochschulreform zu leisten ist. Erst wenn diese Bewegung einmal zu einem gewissen Abschluß gekommen ist, wird sich abschätzen lassen, welchen Beitrag jene ersten Impulse zum ganzen Werk geleistet haben. Sie sind jedenfalls nicht erloschen, und vielleicht liegt ihr größtes Verdienst eben darin, daß sie zu jeder Zeit über allen personellen Wechsel hinweg in den für die deutsche Hochschulpolitik maßgebenden Männern die selbstkritische

Unruhe wachgehalten haben. Niemand konnte und kann sich seitdem der Frage entziehen, ob wir genug getan haben, um den Hochschulen in der Spannung zwischen den Anforderungen unserer Generation und den in anderem Zeitmaß sich ändernden Aufgaben der Wissenschaft die richtige Gestalt zu geben.

DIE UNIVERSITÄT IM STAAT

Einleitung

Die nachfolgende Schrift ist aus einem Referat für den Hofgeismarer Kreis hervorgegangen, das die Hochschulautonomie behandelte. Sie wird in hochschulpolitischer Absicht, nicht als wissenschaftliche Untersuchung zum geltenden Hochschulrecht veröffentlicht. Zwar habe ich mir als Jurist dankbar die Erkenntnisse zunutze gemacht, die die Rechtswissenschaft im letzten Jahrzehnt zur Klärung der Rechtslage der wissenschaftlichen Hochschulen des Bundesgebiets erarbeitet hat. Aber mein Ziel war nicht, das Fachgespräch über rechtsdogmatische Fragen hier fortzusetzen, sondern nach der Rechtfertigung der bestehenden Organisationsformen zu fragen und ihrer Umgestaltung den Boden zu bereiten. Ich habe darum auch auf jeden gelehrten Apparat verzichtet.

Gegenstand der Untersuchung ist das Verhältnis der Universität zum Staat und ihre Selbstverwaltung. Das ist nur ein Ausschnitt aus den bei einer Hochschulreform zu bedenkenden Fragen. Die Stellung der Universität in der modernen Gesellschaft, besonders auch ihre Beteiligung an den Aufgaben der sogenannten Erwachsenenbildung, aber auch die Fragen einer Lehrkörper- und Studienreform sind hier bewußt übergangen; sie bedürfen gesonderter Überlegungen.

Das Referat ist auf mehreren Arbeitstagungen des Hofgeismarer Kreises besprochen worden. Der gründlichen, ganz offenen Erörterung aller Fragen in diesem Kreis erfahrener Hochschullehrer aus vielen Fakultäten verdanke ich eine wesentliche Bereicherung meiner eigenen Sicht der Dinge. Ohne den Rückhalt an einer solchen auf verwandten Gesinnungen sich gründenden Gemeinschaft hätte ich mich schwerlich entschlossen, diese Arbeit zu veröffentlichen. Die wissenschaftliche und politische Verantwortung für ihren Inhalt trägt indessen nicht der Kreis als solcher, dessen Mitglieder keineswegs alle in allen Fragen einer Meinung mit mir sind; sie fällt mir allein zu.

* *
*

Das Verhältnis der Hochschule zum Staat, besonders Inhalt und Grenzen der Selbständigkeit der wissenschaftlichen Hochschulen gegenüber dem Staat sind seit dem zweiten Weltkrieg oft untersucht worden. Die politischen und geistesgeschichtlichen Faktoren, die den heutigen Zustand bewirkt haben, und das rechtliche Fundament, das ihn trägt, sind in ihren sicheren und ihren unsicheren Momenten wissenschaftlich hinreichend geklärt worden. Auch hat es in den ersten Jahren nach dem Zusammenbruch und Neubeginn von 1945 nicht an Reformvorschlägen gefehlt, die zum Teil darauf abzielten, das Verhältnis grundlegend zu ändern und die Hochschule möglichst vollständig vom Staat zu lösen. In dem Maße freilich, in dem die Erinnerung an das totalitäre Regime der NS-Zeit verblaßte, die Staatsautorität und die Leistungsfähigkeit der staatlichen Bürokratie wieder erstarkten, die finanzielle Abhängigkeit der Hochschule vom Staat deutlicher wurde, aber auch die Fähigkeit und die Bereitschaft des Staates zur Finanzierung der Wissenschaft wuchsen, verstummten solche radikalen Forderungen. Noch einmal, im Januar 1953, stellte die Westdeutsche Rektorenkonferenz eine Reihe von Thesen auf, die die Selbständigkeit der Hochschulen auf den umstrittenen Gebieten der Lehrstuhlbesetzung und der Wirtschaftsverwaltung stärken sollten. Aber was darauf folgte, war nicht Sieg oder Niederlage, sondern nur eine Fortsetzung des Stellungskrieges, der das Miteinander und Gegeneinander von Staat und Hochschule im Alltag kennzeichnet. Wo noch von Reform des Verhältnisses die Rede ist, bleiben meist nur Vorschläge von vergleichsweise untergeordneter organisations- oder rechtstechnischer Art übrig. In den Hochschulreformgesprächen, die auf den Hochschultagungen in Hinterzarten (1952) und in Bad Honnef (1955) sowie auf der Tagung der Westdeutschen Rektorenkonferenz in Frankfurt (1956) geführt wurden, traten die Fragen der Autonomie und Selbstverwaltung der Hochschulen ganz hinter anderen Reformproblemen zurück.

Danach könnte es so scheinen, als bedürfe unser Thema keiner neuen Untersuchung mehr, sondern als gelte es nur, eine überall anerkannte und bewährte Verfassungslage durch den Wandel der Zeiten hindurch zu erhalten. In Wahrheit weiß jeder, der je am Zusammenspiel der Hochschulen und der staatlichen Hochschulverwaltungen verantwortlich mitgewirkt hat oder gar ihr Verhältnis in Gesetzen oder Verfassungen neu festzulegen genötigt war, wie unsicher der Grund geworden ist, der das Verhältnis trägt, wie wenig es befriedigt, die Tradition als einzigen Leitstern des Handelns anzurufen, und wie brüchig viele hergebrachte Einrichtungen unserer Hochschulverfassungen geworden sind oder mehr und mehr zu werden drohen. Diese Erfahrung, nicht Reformeifer um jeden Preis ist es, die dazu zwingt, sich wieder auf Sinn, Voraussetzungen und Inhalt der Selbständigkeit der Hochschulen in unserer Zeit zu besinnen. Nur sollte man sich dabei nicht alsbald auf ideologische Positionen festlegen, sondern sich zunächst einmal so nüchtern und unbefangen wie möglich darum bemühen, auf Grund der

Erfahrungen der letzten zwölf Jahre die heutige Wirklichkeit der Hochschule und des Staates zu erkennen, damit deutlich wird, wo die Ideologien auf sicherem Boden, und wo sie auf Sand ruhen. Dann erst läßt sich überschlagen, wo eine Reform nötig und wie sie möglich ist.
Damit ist der Gang der Untersuchung angedeutet. Vorweg ein Wort zur Terminologie. Das Erfahrungsbild, das den folgenden Überlegungen zugrunde liegt, ist im wesentlichen aus der Anschauung der Universitäten gewonnen. Auch sind es seit jeher vor allem die Probleme der öffentlichen Stellung der Universitäten und ihrer Verfassung, an denen sich die hochschulpolitische Diskussion entzündet und entwikkelt hat. Darum sind die Universitäten in dieser Schrift in den Mittelpunkt der Erörterung gestellt. Das gilt namentlich für die praktischen Reformvorschläge in Teil III; es bedürfte besonderer Überlegung, wie weit sie sich auf die Technischen Hochschulen und die übrigen wissenschaftlichen Hochschulen im Bundesgebiet erstrecken lassen. Dagegen stehen die Universitäten in den grundsätzlichen Erörterungen der Teile I und II weithin als pars pro toto; Selbständigkeit gegenüber dem Staat auf der einen, politische Verantwortung auf der anderen Seite sind Grundprinzipien unseres gesamten Hochschulwesens.
Wenn hier von Selbständigkeit der Universität gesprochen wird, so ist damit bewußt ein möglichst neutraler, rechtlich und politisch noch nicht allzu fest geprägter Ausdruck gewählt. Im Schrifttum wird sie meist als »Autonomie« oder als »Selbstverwaltung« bezeichnet, vielfach ohne klare Scheidung beider Begriffe. Rechtlich bedeuten sie aber Verschiedenes: Verbandsautonomie heißt die Gewalt, für das innere Leben der Gruppe selbständig Recht zu setzen; sie kann nicht nur genossenschaftlich, sondern auch herrschaftlich verfaßten Verbänden (der Kirche, ehemals auch einer hochadeligen Familie) zukommen, fehlt andererseits vielfach selbst da, wo einem Verband Selbstverwaltung zugestanden ist. Diese bezeichnete das Recht, die eigenen Angelegenheiten durch eigene, selbst bestellte Organe wahrzunehmen. Seitdem der Freiherr vom Stein in Preußen die Selbstverwaltung der Gemeinden in politischer Absicht wiederhergestellt hatte, verbinden wir mit diesem Begriff den Gedanken tätiger Mitwirkung und Mitverantwortung der Glieder eines Gemeinwesens an seiner Willensbildung und seinem Handeln. In diesem historisch-politischen Sinn soll auch hier von Selbstverwaltung der Hochschulen die Rede sein. Dabei darf nicht verkannt werden, daß die Selbstverwaltung der Gemeinden oder anderer öffentlich-rechtlicher Körperschaften rechtlich anders ausgestaltet ist als die der Universitäten, so daß rechtliche Analogien nur mit großer Vorsicht gezogen werden können. Auf den politischen Sinn des Begriffs wird aber noch zurückzukommen sein.

I. Das gegenwärtige Verhältnis der Universität zum Staat

Die Gegebenheiten, die die heutige Lage im Verhältnis der Universität zum Staat bestimmen, lassen sich ungeachtet ihrer inneren Verflechtung unter vier verschiedenen Gesichtspunkten ordnen.

Ein Blick auf die *Geschichte* des deutschen Bildungs- und Unterrichtswesens im ganzen und die Geschichte der deutschen Universitäten im besonderen zeigt, daß nur wenige Universitäten in die ältere, gemeineuropäische Schicht der mittelalterlichen Korporationen nach dem Muster von Bologna oder Paris hinaufreichen. Die meisten deutschen Universitäten sind Fürsten- oder Staatsgründungen, und die Aufgabe, durch wissenschaftlichen Unterricht geschickte Staatsdiener auszubilden, ist ihnen schon in die Wiege gelegt worden. Auch in den folgenden Jahrhunderten ist es nur selten zu ausschließlich oder vorwiegend außerstaatlichen Hochschulgründungen gekommen; wo solche Hochschulen heute im kirchlichen Bereich bestehen, sind sie nicht als »wissenschaftliche Hochschulen« anerkannt. Bis heute herrscht in Deutschland der Typus der Staatsuniversitäten vor. Sie sind vom Staat gegründet oder jedenfalls anerkannt und mit den Vorrechten einer Anstalt oder Körperschaft öffentlichen Rechts ausgestattet, die auch dem Lehrkörper Beamtenstatus verschaffen; sie werden vom Staat finanziell unterhalten und beaufsichtigt. Daß geschichtlich ein anderer Weg denkbar gewesen wäre, zeigen die Universitäten Englands und Amerikas. Aber die deutsche Geschichte läßt sich nicht mehr umkehren. Die nach 1945 gelegentlich aufgetauchten Vorschläge, die Universitäten radikal zu entstaatlichen, jagten einer Illusion nach. Ungeachtet aller Schwierigkeiten, die sich immer wieder aus der Bindung an den Staat ergeben, ist hier ein unverrückbares Datum gesetzt.

Es ist unverkennbar, daß diese geschichtlich und rechtlich unlösbare Hinordnung der Universität zum Staat das Selbstbewußtsein der Staatsorgane gegenüber der Universität zu stärken, umgekehrt das der Universität zu schwächen geeignet ist. Leider gibt uns die Geschichte auch zu der nun vordringlichen Frage, wie im Rahmen einer Staatsuniversität deren Selbständigkeit gegenüber dem Staat zu wahren ist, zwar reichen Anschauungsunterricht über die Fülle möglicher Formen der Freiheit und ihrer Beschränkung, aber hier wie sonst nicht den Rückhalt einer ungebrochen festen Tradition, die dem Staat ein für allemal eine unsichtbare Grenzlinie zu ziehen vermöchte. Autonomie und Selbstverwaltung der Universitäten sind, geschichtlich gesehen, in Deutschland keine Selbstverständlichkeiten. Der Polizeistaat des 18. Jahrhunderts, der Obrigkeitsstaat des 19. Jahrhunderts, die totalitäre

Diktatur des 20. Jahrhunderts haben ihre deutlichen Spuren am Gesicht der Universität hinterlassen. Die Verwirklichung der Freiheit ist nicht ein für allemal gesichert, sondern jeder Generation unter wechselnden politischen Bedingungen immer neu aufgegeben.

2. Auch im geltenden *Hochschulrecht* schlägt sich die vielverzweigte, mehrfach gebrochene deutsche Geschichte deutlich nieder. Es ist — bis auf die gleich zu erwähnende Grundrechtsbestimmung des Grundgesetzes — nicht Reichs- oder Bundes-, sondern Landesrecht und weist wesentliche Unterschiede zwischen dem ehemals preußischen Rechtsgebiet und den süddeutschen Ländern auf, übrigens ohne daß sich deshalb in der Verwaltungspraxis gegenüber den Hochschulen im Süden ein freiheitlicherer, minder obrigkeitsstaatlicher Geist zeigte als im Norden. Die verschiedenen Perioden deutscher Verfassungsgeschichte vom 18. bis zur Mitte des 20. Jahrhunderts lassen sich an dem ganz unterschiedlichen Charakter der heute noch nebeneinander gültigen Bestimmungen ablesen. Denn nirgends ist das Hochschulrecht bisher auch nur annähernd vollständig aus einem Guß gesetzlich durchgeformt worden; es gibt nur Teilregelungen in Gelegenheitsgesetzen, Verordnungen, Erlassen und Satzungen. In die Lücken tritt selbst bei so wichtigen Fragen wie der Regelung des Berufungsverfahrens ein keineswegs in allen Punkten einheitliches und gesichertes Herkommen.

So ärgerlich dieser Zustand für eine auf eindeutige Klarheit und Rechtssicherheit bedachte Rechtsgesinnung sein muß, so dürfen doch auch seine Vorteile nicht verkannt werden. Die Rechtslage ist auf diese Weise nicht ein für allemal starr fixiert, sondern schmiegsam und wandelbar; Staat und Hochschule sind in ihren unvermeidlichen Gegensätzen immer wieder auf Verständigung angewiesen. Angesichts der Machtüberlegenheit des Staates könnte daraus freilich eine für die Hochschule sehr bedrohliche societas leonina werden, wenn es nicht wenigstens eine unverbrüchliche Grundnorm gäbe, die die Hochschule gegenüber der Allmacht des Staates sichert. Es war ein wesentlicher Fortschritt in der Entwicklung des deutschen Hochschulrechts, als sich schon unter der Herrschaft der Weimarer Reichsverfassung die Einsicht durchsetzte, daß die dort in Art. 142 enthaltene Garantie der Freiheit der Wissenschaft und ihrer Lehre mehr war als nur ein Programmsatz, aber auch mehr als nur eine individuelle Freiheitsgarantie für diejenigen, die Wissenschaft treiben und lehren, sondern daß hier der Sachbereich der Wissenschaft von obrigkeitlicher Einwirkung freigestellt und zugleich im Zustande der Freiheit unter den Schutz des Staates gestellt worden ist. Art. 5 Abs. 3 des Bonner Grundgesetzes garantiert von neuem die Freiheit von Kunst und Wissenschaft, Forschung und Lehre, und es besteht kein Zweifel darüber, daß damit abermals eine solche institutionelle Garantie für den Sachbereich der Wissenschaft und für die Hochschulen als die wichtigsten Stätten von Forschung und Lehre gemeint ist. Eine Anzahl von Landesverfassungen haben diese Garantie gleichfalls aufgenommen, zum Teil auch auf das Selbstverwaltungsrecht der wissenschaftlichen Hochschulen ausgedehnt. Aber auch wo die Länderverfassungen schweigen oder die Garantie einschränken, gilt jedenfalls der Grundrechtssatz des Bundesrechts. Er bedarf gewiß der Konkretisierung durch das Hochschulrecht der Länder, aber er setzt dem Staat im Gebrauch seiner Macht gegenüber den auf ihn angewiesenen Hochschulen eine unverrückbare, heute übrigens auch im Bewußtsein aller Beteiligten anerkannte Schranke.

3. Die realen Bestimmungsfaktoren für das Verhältnis der Hochschule zum Staat sind mit dem Blick auf Recht und Geschichte noch nicht voll erfaßt. Sie treten deutlicher hervor, wenn wir uns den Zustand vergegenwärtigen, in dem sich die beiden Partner heute jeweils selbst befinden. Zwar kann es nicht Aufgabe dieser Studie sein, die politisch-soziologische Realität dessen, was heute *Staat* bedeutet, voll zu analysieren. Aber einige, für die Hochschulen besonders wichtige Momente dieser Realität lassen sich doch hervorheben.

Verhandlungspartner der Hochschulen auf Seiten des Staates und Träger der Hochschulaufsicht ist die Ministerialbürokratie, als deren verlängerter Arm am Hochschulort gelegentlich noch ein Kurator fungiert. Ein hochqualifizierter, bis zur Spitze in sich geschlossener Beamtenkörper war im 19. Jahrhundert das eigentliche Rückgrat des Staates. Inzwischen hat sich die Stellung der Bürokratie geändert. Sie ist mit der im Wohlfahrtsstaat ständig zunehmenden Komplizierung der Verwaltungsgeschäfte so unentbehrlich wie je, aber sie ist nicht mehr Herr ihrer Entschlüsse. In der parlamentarischen Demokratie stehen an der Spitze der Ministerien regelmäßig nicht Fachbeamte, sondern Politiker; auch leitende Stellen in den Ministerien werden nach politischen Rücksichten besetzt. Wichtigere Entscheidungen in Personal-, Organisations- und Finanzfragen bedürfen der Zustimmung des Kabinetts, wenn nicht des Parlaments und seiner Ausschüsse, die meist bestrebt sind, die Kontrolle über die Exekutive weit auszudehnen. Im Zusammenspiel der politischen Gewalten pflegt nun die Stellung des Kultusministers, zu dessen Ressort die Hochschulangelegenheiten gehören, besonders schwach zu sein. Sein Bereich hat in den Ländern den höchsten Haushaltsbedarf und die geringsten Einnahmen; daher lastet der Druck des Finanzministers und des Finanzausschusses des Parlaments schwer auf ihm. Von großer Bedeutung ist weiter für die Hochschulen, daß »Staat« für sie in der Regel — von gewissen, allerdings langsam an Zahl und Bedeutung zunehmenden Ausnahmen abgesehen — nicht die Bundesrepublik und ihre Organe sind, sondern die einzelnen Länder ihres Sitzes. Das hat unzweifelhaft Vorteile der größeren räumlichen und stimmungsmäßigen Nähe, der Rücksicht auf Tradition und Prestige der Universität, der Bereitschaft zu individueller Fürsorge. Aber es hat den schweren Nachteil der im Format der Länder liegenden Gefahr, daß für eine großzügige und weitsichtige staatliche Hochschulpolitik die finanziellen Mittel oft zu knapp und die geistigen Horizonte zu eng sind.

Auf den ersten Blick könnte es scheinen, als sei das Joch eines so gebauten demokratischen Staates leichter zu ertragen als das einer monokratisch organisierten Aufsichtsinstanz. Allein die hohe Beamtenschaft alten Stiles, selbst nach Herkunft und Ausbildung der Universität verbunden, war auch ihrem geistigen Klima näher, als es die heutigen leitenden Männer im Staat und in den Parteien zu sein pflegen. Im politisch-taktischen Spiel der Machtfaktoren innerhalb und außerhalb des Parlaments erweisen sich die Wortführer der Hochschulen als unerfahren und ungeschickt; sie können weder pressure-groups bilden noch Lobbyisten anstellen. Mißlich ist ferner für die dem Staatsapparat nicht voll eingegliederte Hochschule, daß die behördlichen Entscheidungen, auf die sie angewiesen ist, oft nur in einem langsamen, allerlei Zufällen ausgesetzten Verfahren zu erzielen sind. In erhöhtem Maße gilt das von solchen Maßnahmen, die nicht von einem Land allein, sondern nur im Zusammenwirken aller Hochschulländer getroffen werden können. Das alles führt dazu, daß die Abhängigkeit faktisch drückender geworden ist oder jedenfalls von den Hochschulen und ihren Gliedern als drückender empfunden wird als früher.

Ein zweites Moment wirkt im Ergebnis in die gleiche Richtung. Der moderne Staat ist Wohlfahrts- und Versorgungsstaat. Formen und Intensität der durchgängigen Tendenz wechseln; an der Verwirklichung dieses Ziels aber und daran, daß die heutige Bevölkerung, die man als industrielle Massengesellschaft zu bezeichnen pflegt, vom Staat mehr erwartet, als daß er das Recht schützt, Ordnung und Sicherheit gewährleistet und das nationale Prestige hütet, kann kein Zweifel sein. Er soll einen erträglichen materiellen Lebensstandard für jedermann schaffen, soll die dazu notwendigen öffentlichen Dienste unterhalten und Versorgungsleistungen aller Art gewähren. Um diese ihm von der Gesellschaft gestellte Aufgabe erfüllen zu können, muß der Staat seinen Verwaltungsapparat immer weiter vergrößern und benötigt dazu ebenso wie die neben diesem Apparat stehenden Verbände und Großunternehmen qualifizierte, akademisch ausgebildete Kräfte. Vor allem

aber muß er versuchen, mit den ihm von der Wissenschaft gebotenen Mitteln die vorhandenen Rohstoff- und Energiequellen so rationell wie möglich auszunützen, neue zu erschließen und auch alle biologischen und wirtschaftlichen Lebensvorgänge kontrollierend in die Hand zu bekommen. Die Erfordernisse der modernen Kriegsrüstung und Kriegsführung verschärfen diesen Zwang noch weiter, die Staatstätigkeit nach allen Richtungen auszudehnen.
Der Sachverhalt ist so oft geschildert worden, daß er hier nur angedeutet zu werden braucht. Worauf es ankommt, ist, seine Folgen für das Verhältnis des Staates zur Universität zu sehen. Sie sind doppelter Art. Der Drang nach Verbesserung des Lebensstandards in breiten Schichten der Bevölkerung auf der einen Seite, die starke Erhöhung des Bedarfs an akademisch ausgebildeten Kräften auf der anderen Seite überschwemmen die Hochschulen mit Studenten. Die Universität wird, ohne es zu wollen und vielfach bis zur Erstickung ihrer Forschungsarbeit, Unterrichtsanstalt für die künftigen Funktionäre in Staat und Gesellschaft. Von den aus der Überfüllung sich ergebenden Schwierigkeiten und den Wegen, sie zu überwinden, soll hier nicht die Rede sein. Jedenfalls aber hat sich die Ausbildungsaufgabe, die ja schon in die Wiege unserer Staatsuniversitäten gelegt worden war, nunmehr wieder so in den Vordergrund gedrängt, daß im Bewußtsein der Öffentlichkeit die dienende Rolle der Universität und ihre Einordnung in den Staat zur Selbstverständlichkeit geworden ist. Die Wirkungen der 1957 eingeführten staatlichen Studienförderung nach dem »Honnefer Modell« lassen sich heute noch nicht voll übersehen, doch besteht aller Grund zu der Vermutung, daß sie die hier angedeutete Tendenz weiter verstärken wird.
Nicht anders liegt es aber auch bei der Forschungsarbeit der Universitäten, an deren Ergebnissen Staat und Gesellschaft in wachsendem Maße interessiert sind. Auch in dieser Hinsicht wird der Dienst der Universitäten als selbstverständlich erwartet und in Anspruch genommen. Darin liegt für die Universität eine gewisse Chance, aber auch eine Gefahr. Eine Chance insofern, als nun aus ihrer bisher einseitigen Abhängigkeit ein Verhältnis werden könnte, in dem beide Teile aufeinander angewiesen sind. Für die Selbständigkeit der Universität und ihre rechtliche Sicherung könnte das, richtig genützt, einen wichtigen Gewinn bedeuten. Gefährlich aber ist, daß es nicht die ganze Wissenschaft und die ihr dienende Universität ist, deren Staat und Gesellschaft so dringlich bedürfen oder zu bedürfen glauben, sondern nur bestimmte Teilbereiche, die wegen der unmittelbaren Verwertbarkeit ihrer Resultate für die genannten Staatszwecke im Vordergrund des Interesses stehen. Dadurch verschiebt und verzerrt sich das innere

Gleichgewicht der Universitäten; die ehemals führenden Geisteswissenschaften treten im Urteil der Öffentlichkeit als »nutzlose Künste« in den Schatten der Naturwissenschaften und ihrer technischen Anwendungen. Das hat finanzielle Folgen, von denen gleich noch zu sprechen sein wird; es verstärkt aber zugleich den streng funktionalen Charakter der Universität im Gefüge unserer Gesellschaft.

4. Auch die innere Struktur der heutigen *Universität* hat sich weit von dem Leitbild entfernt, das die Gründer der Berliner Universität 1810 vor Augen hatten. Schon allein das Größenwachstum erzeugt organisatorische Probleme, die den inneren Zusammenhalt und die kollegiale Selbstverwaltung ungemein erschweren. Aber es ist mehr geschehen. Seitdem nach der Theologie auch die Philosophie aufgehört hat, die gemeinsame Grundlage aller Einzelwissenschaften zu bilden, ist der Universität die geistige Mitte verlorengegangen. Die unaufhaltsam fortschreitende Spezialisierung der Disziplinen untergräbt in den einzelnen Gliedern das Bewußtsein von der Einheit des Ganzen und damit auch das Gefühl, Mitträger dieses Ganzen zu sein. Die meisten naturwissenschaftlichen und technischen Fächer erfordern den Großbetrieb der Institute, die dann ihr Eigenleben neben der Universität führen und bei Leitern und Mitarbeitern eine Tendenz zur Absonderung erzeugen, die die Universität lähmt. Die Verwaltung der großen Institute und Kliniken bindet soviel Kräfte ihrer Leiter, daß für die gemeinsamen Selbstverwaltungsaufgaben der Universität vielfach weder Zeit noch Kraft noch irgendwelche Freudigkeit verbleibt. Davon wird noch zu sprechen sein; hier muß es genügen, auf die deutlichen Zerfallstendenzen hinzuweisen. Sie gefährden auch das einheitliche Auftreten der Universität gegenüber dem Staat und erleichtern es ihm oder nötigen ihn oft geradezu dazu, den einzelnen Lehrstuhlinhaber, Instituts- oder Klinikdirektor als seinen (wesentlich schwächeren, weil durch die Beamtenstellung gebundenen) Verhandlungspartner zu betrachten.

Ein zweites Kennzeichen der heutigen Lage ist der chronische Geldhunger der Hochschulen. Die modernen Forschungsmethoden erfordern in allen Natur- und technischen Wissenschaften apparative Einrichtungen mit dem zugehörigen Bedienungspersonal, deren Umfang gar keinen Vergleich mehr mit den Forschungsmitteln erlaubt, die noch um die letzte Jahrhundertwende durchaus genügt hatten. Infolgedessen sind die Investitions- und Unterhaltungskosten für solche Forschungsstätten stark angestiegen. Ob und wann diese aufwärts weisende Kostenkurve einmal einen Kulminationspunkt erreichen wird, ist noch nicht abzusehen. Die Lage ist in Deutschland wesentlich erschwert durch den riesigen Nachhol- und Wiederherstellungsbedarf nach dem Stillstand und den Zerstörungen der NS-Zeit und des Krieges. Aber

auch Länder, die davon verschont geblieben sind, unterliegen diesem Druck der ständig steigenden Forschungskosten.
Die Frage, wie dieses Finanzierungsproblem am besten zu lösen ist, bedarf gesonderter Untersuchung und kann hier nur gestreift werden. In unseren Zusammenhang gehört aber die Feststellung, daß damit das Verhältnis zwischen der Universität und dem Staat als ihrem Unterhaltsträger, aber auch die akademische Selbstverwaltung einer schweren Belastungsprobe ausgesetzt worden sind. Gewiß liegt die finanzielle Abhängigkeit vom Staat im Wesen der Staatsuniversität. Sie kann aber in Perioden eines annähernd gleichbleibenden oder nur langsam steigenden Geldbedarfs durch Zuweisung eigener Fonds an die Universität oder durch Aufnahme ihres Bedarfs in den im ganzen kontinuierlichen Staatshaushalt erträglich gehalten werden. Bei so rasch und hoch ansteigendem Bedarf dagegen versagen nicht nur alle Bemühungen, die Universitäten aus eigenem Vermögen oder aus Stiftungsmitteln zu finanzieren; auch der Staatshaushalt verträgt nur schwer derartig stürmische Ausweitungen. Als Ausweg findet sich in Deutschland wie in anderen Ländern die behelfsmäßige Finanzierung einzelner Investitionen oder Forschungsvorhaben von Fall zu Fall aus besonderen, unständigen Forschungsfonds. Das kann als ergänzende Hilfe befriedigen, wenn die Verteilung der Mittel in die Hände unabhängiger Gremien gelegt wird. Aber es führt zu neuen und höchst bedenklichen Abhängigkeiten, wenn ganze Institute und Forschungseinrichtungen im wesentlichen von der fortgesetzten Zuteilung solcher unständiger Mittel leben müssen, und wenn die Entscheidung darüber im Ermessen der jeweiligen, den Fonds verwaltenden Regierungsstelle steht. Beratende Sachverständigenausschüsse, wie sie in solchen Fällen da und dort bestehen, ändern wenig an der Sachlage, solange sie nicht verantwortlich mitentscheiden oder das Ermessen der vergebenden Regierungsstelle rechtlich kontrollieren können. Zugleich wird der innere Zusammenhalt der Universität gelockert, wenn die Aufteilung der zu knappen Haushaltsmittel zum Kampf der Fakultäten, Institute und Lehrstuhlinhaber untereinander führt, von denen jeder gute Gründe für die Dringlichkeit seines Erhöhungsbedarfs vorbringen kann, oder wenn der Empfänger unständiger Mittel, um den Anforderungen und Erwartungen des Geldgebers zu genügen, seine Arbeitskraft mehr und mehr von den gemeinsamen Aufgaben der Universität abzieht. Endlich ist schon oben auf die Störungen im inneren Gleichgewicht der Universität hingewiesen worden, die eintreten müssen, wenn nur einzelne Fächer wegen ihrer wirtschaftlich unmittelbar wichtigen Forschungsergebnisse den Zugang zu ergiebigeren Finanzierungsquellen finden, während andere verkümmern.

II. Die Rechtfertigung der Selbständigkeit

Das Bild von der gegenwärtigen Lage des Verhältnisses der Universität zum Staat, das sich aus den bisher ermittelten Daten ergibt, ist der Selbständigkeit der Universität im ganzen nicht günstig. Trotz der Freiheitsgarantie des Grundgesetzes, und obwohl den staatlichen Instanzen ein bewußter Verstoß gegen Wortlaut und Geist dieser Garantie nicht vorgeworfen werden kann, besteht eine starke und ständig wachsende Abhängigkeit der Universitäten vom Staat. Wer dieser fast unausweichlich erscheinenden Entwicklung entgegentreten will, muß schon gewichtige Gründe für die Erhaltung der Selbständigkeit ins Feld führen können. Im Hinblick auf manches Mißverständnis in der Öffentlichkeit, aber auch gegenüber einem nicht ganz selten in den eigenen Reihen der Hochschullehrer anzutreffenden, allzu bequemen Konservativismus muß gesagt werden, daß es dafür nicht genügt, Autonomie und Selbstverwaltung als ein, durch das bloße Herkommen gerechtfertigtes Privileg der Universitäten und ihrer Angehörigen zu verteidigen. Wir sahen schon, daß es mit der geschichtlichen Kontinuität der Einrichtung schlecht bestellt ist. Die vielfach gebrochene deutsche Geschichte erlaubt uns schlechterdings nicht, mit der Unbefangenheit glücklicherer Völker das Bestehende schon darum für gut zu halten, weil es geworden ist. Andererseits lassen sich unter dem Gesichtspunkt nüchterner Zweckmäßigkeit eine Fülle von Gründen dafür anführen, die komplizierte und ungemein schwerfällige Maschinerie der akademischen Selbstverwaltung zugunsten einer rational durchdachten, straff geführten bürokratischen Organisationsform aufzugeben oder doch ihren Wirkungsbereich auf ein Minimum zu beschränken. Das sachlich Notwendige wäre rascher getan, Zeit und Kraft der Hochschullehrer für Forschung und Lehre freigestellt. Wir müssen also tiefer graben, um die Selbständigkeit zu rechtfertigen.

1. Die bis heute von den Wortführern der Universitäten zumeist vorgetragene Begründung lautet kurz so: Die Universität ist für die Wissenschaft in Forschung und Lehre bestimmt und eingerichtet. Forschung heißt, in der Erkenntnis des Seienden nach der für alle gültigen Wahrheit suchen; die Lehre soll dem Lernenden in der Übermittlung des Erkannten und in der Einführung in die Weisen des Erkennens den Weg zur Wahrheit zeigen. Beides ist also Dienst an der Wahrheit und läuft Gefahr, davon abgezogen und verfälscht zu werden, wenn es daneben anderen, fremdbestimmten Zwecken dienen soll. Darum können Forschung und Lehre sich nur in Freiheit entfalten. Diese Freiheit gilt es organisatorisch und rechtlich zu sichern; um der Wahrheit willen muß die Universität ihre Selbständigkeit gegenüber dem Staat wie gegen-

über der Kirche und gegenüber allen außerstaatlichen politischen, gesellschaftlichen und wirtschaftlichen Mächten behaupten. Auf diesen Grund stellt die deutsche Universität ihre Forderung nach Autonomie und Selbstverwaltung; auf diesem Grund steht auch die Garantie der Freiheit der Wissenschaft in Art. 5 Abs. 3 des Grundgesetzes.
Es ist altliberales, von der Philosophie des deutschen Idealismus geprägtes Gedankengut, das in diesen Sätzen enthalten ist. Die dahinter auftauchende, unsere Generation beunruhigende Problematik des dort vorausgesetzten Begriffs der Wahrheit seit hier nur angedeutet, nicht verfolgt. Wir bekennen uns zu diesen Sätzen, insofern sie ausschließen, daß Wissenschaft an ein vorgegebenes, ihrer Kritik entzogenes Denksystem gebunden wird, wie es die mittelalterliche Kirche forderte und wie es der orthodoxe Marxismus fordert, und zumal insofern sie sich gegen die Unterwerfung der Wissenschaft unter die Ziele einer politischen Diktatur wenden. Freiheit der Wissenschaft ist für uns kein leeres Wort, mit dem man in Festtagsreden die Vergangenheit beschwört; wer sich zu ihr bekennt, bezieht eine klare Position in dem gegenwärtigen, die Welt umspannenden Kampf der Geister und der großen Mächte. Dennoch, oder eben darum, sind wir genötigt, jene Sätze kritisch zu überprüfen. Zwei Vorbehalte sind dagegen anzumelden.
Der eine Vorbehalt betrifft das idealistische Wissenschaftsverständnis. Die Überzeugung, vermöge einer philosophisch begründeten, wissenschaftlichen Erkenntnis noch einmal die Ganzheit der Welt und die Stellung des Menschen in ihr begreifen und einsichtig machen zu können, ist uns verlorengegangen. Wir meinen nüchterner zu sehen, wo die Grenzen dessen liegen, was Wissenschaft für den Menschen zu leisten vermag. Sie orientiert ihn, aber sie trägt ihn nicht. Auf der anderen Seite haben die hundertfünfzig Jahre, die uns von der Philosophie des deutschen Idealismus trennen, eine damals ungeahnte Entwicklung der reinen und angewandten Naturwissenschaften, aber auch der Sozialwissenschaften gebracht und durch die so gewonnenen Erkenntnisse völlig neue Möglichkeiten der Naturbeherrschung und der rationalen Gestaltung von Wirtschaft und Gesellschaft eröffnet. Der Gelehrte, der dieses Wissen verwaltet, erweitert und lehrt, ist zwar weit von der Rolle des Priesters oder Weisen der alten Kulturen entfernt, aber er ist zum Träger realer, politisch und wirtschaftlich nutzbarer Chancen der Machtausübung geworden. Er ist damit ein unentbehrlicher Helfer des Staates, der zur Erfüllung seiner Aufgaben immer stärker auf wissenschaftliche Erkenntnisse und Methoden angewiesen ist. Das gilt nicht nur für die Bereiche der Technik und der materiellen Daseinssicherung und -vorsorge; es gibt kein Feld der Tätigkeit des Staates, auf dem er nicht des Rates, der Anregung, der Warnung der Wissenschaft bedürf-

te. Indem sie geschichtliche Zusammenhänge und politische oder wirtschaftliche Gesetzmäßigkeiten aufhellt und deutet, ermöglicht sie es dem Politiker, statt nur auf Tagesereignisse taktisch zu reagieren, die Linien auszuziehen und mit längerem Atem zu planen. Bei dieser Sachlage kann und darf sich die Wissenschaft zwar immer noch als »rein« in dem Sinne verstehen, daß ihr die Erkenntnis Selbstzweck, nicht von politischen oder wirtschaftlichen Zielen her bestimmt ist. Sie muß daher auch vom Staat fordern, daß ihr in ausreichender Distanz von den Inhabern politischer Macht ein Raum freier Selbstbestimmung gewahrt bleibt, weil jede Einwirkung von außen die wissenschaftliche Erkenntnis zu trüben und die Ergebnisse zu verfälschen droht. Aber sie kann nicht erwarten, daß Staat und Gesellschaft sich ihr gegenüber neutral verhalten und sie wie die Kunst nur als geistig und sittlich läuternde Kraft verehren und pflegen. Sie muß sich vielmehr bewußt sein, daß sie Machtchancen verwaltet und fortentwickelt, auf die Staat und Gesellschaft nicht verzichten können. Sie kann sich darum auch ihrerseits nicht neutral unbeteiligt von Staat und Gesellschaft abwenden, sondern trägt, auch ohne es zu wollen, mit an der geschichtlichen Verantwortung für deren Zukunft.

Der zweite Vorbehalt betrifft das aus dem politischen Liberalismus des 19. Jahrhunderts stammende Verständnis von Wesen und Aufgaben des Staates und von der Stellung des einzelnen zum Staat. Wer im Staat nur das dürre Gerippe rechtlicher Organisationsnormen zur Wahrnehmung gemeinsamer Angelegenheiten der Bürger, nur die Ordnungsmacht und den nach außen und innen unentbehrlichen Zwangsapparat sieht, muß ihm rundweg das Recht abstreiten, sich mit den geistigen Gütern der Menschheit anders als im Wege einer vorsichtig zu dosierenden Verwaltungs- und Finanzhilfe zu befassen. Freiheit der Wissenschaft heißt dann wie bei allen altliberalen Freiheitsrechten Freiheit der ihrer selbst mächtigen, sich selbst verantwortlichen Einzelpersönlichkeit von staatlicher Einwirkung, damit sie ihre geistigen Anlagen voll entfalten kann, und folgerichtig auch Autonomie der Einrichtungen, in denen sich diese Entfaltung vollzieht. Das Erlebnis des totalen Staates, der sich zum Herrn auch über Gedanken und Gewissen der ihm unterworfenen Menschen aufzuschwingen versucht, oder auch der Überdruß am Alltagsgesicht des Staates als Verwaltungsapparat haben in den letzten zwölf Jahren bei uns weithin die Rückkehr zu den alten Parolen der Freiheit vom Staat bewirkt. Das Bonner Grundgesetz ist in seinem Grundrechtsteil dieser Versuchung wohl allzu stark erlegen. Dabei muß schon stutzig machen, wie selbstverständlich die gleiche, vom Staat enttäuschte Generation die sozialen Wohlfahrts- und Versorgungsleistungen des Staates fordert und in Anspruch nimmt. Jedenfalls aber können wir auch hier die Geschichte der letzten hundertfünfzig Jahre, die Entwicklung der modernen Demokratie in der industriellen Massengesellschaft nicht ignorieren. Dann erscheint der Staat nicht nur als obrigkeitlicher Zwangsapparat, sondern als die Zusammenfassung aller, der vitalen wie der geistigen Kräfte eines Volkes, getragen von seinen Bürgern, die seine Gestalt und sein Handeln gemeinsam zu verantworten haben. So gesehen vollzieht sich auch Wissenschaft wie alles geistige Leben nicht außerhalb, sondern innerhalb des Staates, nicht um damit seinen Machtzielen dienstbar zu werden, sondern um der in ihm gebildeten Gemeinschaft geistigen Rang zu verleihen, ihm die Aufgabe der Daseinsfürsorge zu ermöglichen und seinem Handeln immer neu den Spiegel der Erkenntnis vorzuhalten. Er bedarf dieser unterstützenden und kritischen Funktion der Wissenschaft genau so, wie sie auf seine rechtliche Sicherung und materielle Hilfe angewiesen ist. Sie kann darum auch nicht Freiheit vom Staat schlechthin fordern, sondern nur Freiheit im Staat, die sie allein befähigt, diese Funktion zu erfüllen.

2. Wenn wir hiernach die Freiheit der Wissenschaft bejahen, aber Wesen und Funktion der Wissenschaft wie des Staates anders sehen als etwa die Gründer der Berliner Universität, so muß sich aus dieser veränderten Sicht auch eine veränderte Begründung für Autonomie und Selbstverwaltung der Universität ergeben.

Die Selbständigkeit der Universität dient dazu, der Wissenschaft in Forschung und Lehre den Raum freier Selbstbestimmung zu sichern, dessen sie bedarf, um unvoreingenommen Erkenntnis zu gewinnen und damit dem Staat und allen außerstaatlichen Mächten auch kritisch gegenübertreten zu können. Der Sinn ist nicht Abkehr vom Staat, sondern ein besonderer Dienst im Staat. Zwar wäre es unrichtig zu behaupten, unvoreingenommene, kritische Forschung sei nur in autonomen Forschungseinrichtungen möglich. Es gibt allenthalben staatliche und industrielle Forschungsinstitute, deren Forschungsarbeit dem Rang nach nicht hinter der der Hochschulen zurückbleibt, und man würde sich die Kritik am sowjetischen System unverantwortlich leicht machen, wollte man Rang und Wert der an den dortigen Anstalten getriebenen Forschung leugnen. Aber alle geschichtliche Erfahrung lehrt, daß die Versuchung für den Staat als Machthaber zu groß ist, die Forschungsergebnisse zu beeinflussen und die wissenschaftliche Kritik zu unterdrücken. Wie der demokratische Rechtsstaat des Rechtes bedarf, um in Ehren leben zu können, und dennoch die Rechtsprechung unabhängigen Gerichten anvertraut, so muß von ihm um seiner Existenz willen gefordert werden, daß er den Universitäten als den hauptsächlichen Trägern der Wissenschaft, deren Haltung den Maßstab setzt für alle übrigen Forschungseinrichtungen des Landes, diejenige Selbständigkeit gibt und rechtlich sichert, die es ihnen ermöglicht, ihren Dienst im und am Staat frei auszurichten. Wie weit diese Selbständigkeit reichen muß und kann, wird noch im einzelnen zu prüfen sein; hier kommt es nur darauf an, den Grundsatz festzulegen, der die Einzelentscheidungen beherrschen muß.

Der Grundsatz der Distanz zur Staatsgewalt läßt die Frage offen, wie die Universität selbst aufgebaut sein soll. Schon anläßlich der einleitenden Klärung der Begriffe sagten wir, daß Autonomie im Verhältnis zum Staat auch ohne genossenschaftliche Selbstverwaltung denkbar ist. Die Beobachtung, daß gerade in Deutschland vielfach große Forschungsinstitute außerhalb wie innerhalb der Hochschulen streng hierarchisch aufgebaut sind, könnte auch Zweifel an der Richtigkeit des oft gehörten Satzes erwecken, es liege im Wesen der wissenschaftlichen Arbeit, daß sie keine Überordnung des einen Gelehrten über den anderen vertrage, sie führe also von selbst zur genossenschaftlichen Struktur. Wohl aber helfen uns hier die vorhin gewonnenen Einsichten über das Wesen von Wissenschaft und Staat. Wenn die Universitäten als unabhängige Institutionen nicht neben dem Staat, sondern in ihm stehen, so tragen auch sie zu ihrem Teil und mit eigener Verantwortung den Staat mit. Dann aber kann uns trotz aller Verschiedenheit der Aufgaben und der dafür ausgebildeten Rechtsformen im einzelnen der Vergleich mit der Selbstverwaltung der Gemeinden einen Fingerzeig geben. Wie dort, soweit die Gemeinden nicht aus mangelnder Einsatzbereitschaft ihrer Bürger zu bloßen bürokratischen Amtsstellen oder zu Clearinghäusern für Interessentenwünsche abgesunken sind, täglich »Staat geschieht«, wie dort auch und gerade in der ständigen Auseinandersetzung mit den staatlichen Verwaltungsbehörden der Staat als Lebensform der Gemeinschaft sich immer neu verwirklicht, so dient auch die Selbstverwaltung der Universitäten nicht nur dazu, die Staatsverwaltung von Aufgaben zu entlasten oder die Hochschulautonomie gegen sie zu verteidigen. Vielmehr soll sie die personellen und ideellen Kräfte der Glieder der körperschaftlich verfaßten Universität zu ihrem besonderen Dienst am Staat aktivieren und seinen geistigen Gehalt mit formen helfen. Zu einem besonderen Dienst, der die Hochschule also nicht in eine Reihe stellt mit den zahlreichen, unser heutiges öffentliches Leben kennzeichnenden Verbänden und Gruppenorganisationen, die Anteil an der politischen Macht begehren oder ihre Gruppeninteressen gegenüber rivalisierenden Machtgruppen durchzusetzen versuchen. Es bleibt der Dienst der Wissenschaft, der nur in Ausnahmesituationen den Hochschulen eine im engeren Sinn politische Funktion zuweist, wie etwa nach dem staatlichen Zusammenbruch von 1945 oder im Protest der Universität Göttingen gegen die Bestallung Schlüters zum Kultusminister. Nicht die »politische Universität« ist also das Ideal, nicht Teilhabe an der Macht oder Rechtfertigung der Macht das Ziel. Wohl aber hat die Universität eine eigene, öffentliche Verantwortung gegenüber Staat und Gesellschaft, die von ihren Gliedern nur gemeinsam getragen werden kann. In Wahrheit liegt auch darin ein eminent politischer Dienst, der der Gemeinschaft Kräfte zuführt, die für politische Aufgaben im engeren Sinne nicht zur Verfügung stünden. Er kann mithelfen, die für den Bestand des heutigen Staates entscheidende Frage zu lösen, ob wir lebendige, in sich sinnvoll strukturierte Gruppen gegen die unsere Gesellschaft bedrohenden Gefahren des »Apparats« und der »Masse« zu setzen verstehen.

Daß die öffentliche Verantwortung der Universität von ihren Gliedern nur gemeinsam getragen werden kann, liegt auch im gegenwärtigen Zustand der Wissenschaft begründet. Wir sprachen von dem zunehmenden Zerfall ihrer Einheit und damit auch der Geschlossenheit der Universität durch die Spezialisierung der Fächer und den Partikularismus der Institute. Das sind keine guten Vorbedingungen für die Erfüllung gemeinsamer Selbstverwaltungsaufgaben. Der Zustand bedeutet aber zugleich, daß kein einzelnes Fach mehr die Führung für sich in Anspruch zu nehmen, also auf die Fragen von Staat und Gesellschaft die Antwort der Wissenschaft zu geben vermag. Und er bedeutet umgekehrt, daß jedes Fach, ja im Grunde jeder Gelehrte in eine Vereinzelung gedrängt wird, die für seine wissenschaftliche Leistung, jedenfalls aber für sein Verhalten gegenüber den Anforderungen der Öffentlichkeit bedenkliche Folgen hat. Es ist hier nicht der Ort, zu untersuchen, wie die Einheit der Wissenschaft theoretisch heute noch konstituiert werden kann. Immerhin zeigen alle Beobachtungen, daß es eine gegenseitige Befruchtung selbst scheinbar weit auseinander liegender Disziplinen in der Methodik, den Fragestellungen und den Ergebnissen gibt, die der Spezialisierung entgegenläuft. Sie findet eine wesentliche Stütze im organisatorischen Zusammenhang der Universität, auch im Miteinander der an sich wissenschaftsfremden Tätigkeiten der akademischen Selbstverwaltung. Fast noch wichtiger aber ist es, daß sich nur in diesem tätigen Zusammenwirken der Gruppengeist entwickeln und die ethischen Maßstäbe für das Verhalten gegenüber den Anforderungen von Staat und Gesellschaft ausbilden können, an denen jedes einzelne Glied den nötigen Rückhalt finden, aber auch selbst kritisch gemessen werden kann. Auf diesen Rückhalt und diese stets wache Kritik ist der einzelne und ist die Universität angewiesen, wenn sie sich nach außen behaupten wollen. Das schwierige und vielverästelte Problem der Verantwortung der Wissenschaft in unserer in heillose Unordnung geratenen Welt kann, wenn überhaupt, so jedenfalls nicht von jedem einzelnen Gelehrten im Wege rein privater Entscheidung, sondern nur in der Gemeinsamkeit eines körperschaftlichen Zusammenschlusses gelöst werden.

III. Folgerungen für die Universitätsverfassung

Aus dem Versuch, die Selbständigkeit der Universität in Form einer genossenschaftlichen Selbstverwaltung auch und gerade für die Gegenwart zu rechtfertigen, ergeben sich einige Grundsätze für den Aufbau der Universität und ihr rechtliches Verhältnis zum Staat, aus denen sich praktische Vorschläge für eine Reform von Recht und Praxis der Universitätsverfassungen ableiten lassen. Dabei ist nicht an einen streng rationalen, radikalen Um- oder Neubau gedacht; gerade die politische Funktion, die wir den Universitäten als Selbstverwaltungskörpern zuwiesen, kann nur dann voll wirksam werden, wenn die Universitäten als geschichtlich gewachsene Gebilde erhalten bleiben. Auch lehrt die Geschichte der zahlreichen Reformvorschläge seit 1945, daß das Beharrungsvermögen der Hochschulen stärker ist als alle Generalpläne, die die örtlichen und geschichtlichen Besonderheiten und die starken Unterschiede zwischen Universitäten, Technischen Hochschulen und sonstigen Fachhochschulen vernachlässigen. Da an die Neugründung einer Universität aus neuen Bauprinzipien einstweilen nicht zu denken ist, bleibt nur der langsamere Weg von örtlichen Teilreformen. Aber auch er bedarf der Richtpunkte und Zielvorstellungen, will man nicht bloß ohnmächtig an den Symptomen der Schwäche des heutigen Zustandes kurieren. Darum sollen hier ohne Anspruch auf Vollständigkeit einige schwache Stellen gezeigt und Möglichkeiten einer Abhilfe erörtert werden. Der besseren Übersicht halber werden die Fragen, die die innere Struktur der Universität betreffen, von denen getrennt, die sich auf ihr Verhältnis zum Staat beziehen. Die beiden Fragenkomplexe stehen in engem inneren Zusammenhang miteinander und bedingen sich gegenseitig: Autonomie der Hochschule ohne genossenschaftliche Selbstverwaltung wäre ebenso fruchtlos wie Selbstverwaltung ohne eigenen, selbstverantwortlich zu besorgenden Aufgabenbereich. Unter dieser Voraussetzung sei es gestattet, hier nicht mit der Abgrenzung der Kompetenzen von Staat und Universität, sondern mit dem inneren Aufbau der Universität zu beginnen. Nur so wird nämlich klar, welche Aufgaben dieser Körper auf seine eigenen Schultern nehmen kann.

1. Nach altem Herkommen gliedern sich die Universitäten in Fakultäten auf, die in bestimmten Angelegenheiten selbständige Verwaltungs- und Beschlußkörperschaften unter dem Vorsitz eines jährlich wechselnden Dekans darstellen. Daneben gibt es, aber ohne Weisungsrecht gegenüber den Fakultäten in deren eigenen Angelegenheiten, gemeinsame Organe der Gesamtuniversität: den gewählten, periodisch wechselnden Rektor, ihm zur Seite den in der Hauptsache von den Fakultäten bestellten (kleinen) Senat und daneben als Gesamtvertretung des Lehrkörpers ein Beschlußorgan (großer Senat, Konzil oder dergleichen), dessen Zuständigkeiten freilich sehr unterschiedlich geregelt sind und sich vielfach auf die Wahl des Rektors und auf Verfassungsfragen beschränken. Meist ist die Zugehörigkeit zu den verschiedenen Beschlußorganen den Ordinarien vorbehalten, dagegen den Nichtordinarien nur ein beschränktes Vertretungs- und Mitwirkungsrecht eingeräumt. Nichthabilitierte Assistenten haben keinerlei eigenen Status in der akademischen Selbstverwaltung. Die Studentenschaft bildet einen besonderen Körper mit eigenen Selbstverwaltungsaufgaben und eigenen Vertretungsorganen; ihre Vertreter haben ein (unterschiedlich ausgebautes) Mitwirkungsrecht in den Fakultäten und im Senat.
Die Einzelheiten, die von Land zu Land, ja von Universität zu Universität mehr oder weniger große Unterschiede aufweisen, interessieren hier nicht. Die Gliederung der Funktionen des Lehrkörpers und die Ausbildung bestimmter, diesen Funktionen entsprechender Typen von Hochschullehrern war bereits Gegenstand einer Denkschrift des »Hofgeismarer Kreises«, auf die hier verwiesen werden kann. Die Stellung der Studentenschaft innerhalb der Hochschule bedarf einer besonderen Untersuchung; die Frage soll daher hier gleichfalls außer Betracht bleiben. Beschränken wir uns also auf die Grundzüge des geschilderten Verfassungsaufbaues, so stellen wir zunächst fest, daß er kaum irgendwo einer einheitlichen Konzeption entspringt, aber auch nicht nur ein altes, sorgsam zu hütendes geschichtliches Erbe darstellt. Um einen alten Kern herum — die ursprünglich vier Fakultäten, Dekane und Rektor — haben sich in alter und neuer Zeit in mehreren Schichten weitere Einrichtungen und Rechtsfiguren mit entsprechenden Macht- und Kompetenzverschiebungen gebildet. Hier wie sonst verdient also zwar das geschichtlich Gewordene erhalten zu werden, solange es seinen Zweck erfüllt und eine Reform nichts wesentlich Besseres an seine Stelle setzen kann, aber es kann nicht beanspruchen, nur der Tradition zuliebe bestehen zu bleiben.
Wer sich ein Urteil über die Bewährung dieses Universitätsaufbaues bilden will, muß klar zwischen zwei Fragen unterscheiden: ist er zweckmäßig unter dem Gesichtspunkt rationaler Verwaltung, und er-

füllt er die ideellen Aufgaben, die wir oben der akademischen Selbstverwaltung zugewiesen haben? Schon eine kurze Überlegung zeigt, daß die Antworten auf die beiden Fragen sich in vielen, vielleicht den meisten Fällen nicht einfach decken. Verwaltung wird am rationellsten geführt bei hierarchischem Aufbau, fester Verteilung der Geschäfte und der Entscheidungszuständigkeiten zwischen den verschiedenen Verwaltungsstellen und bei klarer Weisungsbefugnis von der Spitze bis nach unten. Eine Selbstverwaltung dagegen, die alle Glieder der Körperschaft zur Mitwirkung aktivieren und an der gemeinsamen Verantwortung beteiligen soll, muß alle wichtigeren Entscheidungen kollegialen Beschlußorganen zuweisen, die, wenn sie in größerer Zahl neben- und übereinander bestehen, schwer auf eine einheitliche Linie zu bringen sind, umständlich und langsam arbeiten und sich an keine Weisungen binden lassen. Die gegensätzlichen Anforderungen lassen sich nur so vereinigen, daß überall da, wo die Freiheit der Wissenschaft im Spiele ist, das Kollegialprinzip mit all seinen Schwerfälligkeiten den Vorzug verdient. Seine Leistungsfähigkeit wäre aber überfordert, wollte man es auf Bereiche ausdehnen, in denen schlicht verwaltet werden muß.

2. Danach wollen wir uns einer Reihe von Einzelproblemen zuwenden, die die gegenwärtige Praxis der akademischen Selbstverwaltung an den Universitäten belasten.

a) Der erste Punkt betrifft die Stellung der *Fakultäten* im Gesamtkörper der Universitäten. Ihre Zahl hat fast überall den »klassischen« Kanon der vier alten Fakultäten überschritten und liegt heute meist zwischen fünf und zehn. Einer überall spürbaren Tendenz, Teilbereiche aus größeren Fakultäten auszugliedern und zu verselbständigen, steht die Sorge gegenüber, daß damit die Einheit der Wissenschaft immer mehr zerrissen wird. Nun ist nicht nur die Größe, sondern auch die innere Kohärenz der Fakultäten sehr unterschiedlich. Bei den Theologen und den Juristen etwa besteht noch ein naher wissenschaftlicher Zusammenhang der Fächer, die sich gegenseitig ergänzen und auch im Studienplan der Studenten alle ihren Platz haben. Dieser Geschlossenheit steht eine breite Streuung inhaltlich nur lose miteinander verbundener Fächer in der philosophischen und mathematisch-naturwissenschaftlichen Fakultät gegenüber. Manches in der Aufteilung der Fächer auf die Fakultäten ist geschichtlicher Zufall oder Willkür und entspricht jedenfalls nicht mehr dem heutigen Bild vom Wissenschaftssystem. Bei dieser Sachlage spricht vieles dafür, ohne allzuviel Scheu vor der Tradition auch tiefergehende Korrekturen vorzunehmen. Dabei wird freilich das Bestreben nach kleineren, innerlich geschlossenen Fakultäten oder mindestens (nach ausländischen Vorbildern) nach der

Schaffung von Untergliederungen (Departments, Abteilungen) mit eigenen Zuständigkeiten die Oberhand gewinnen. Andererseits läßt sich der Zersplitterung auch im Interesse des Lehrbetriebes dadurch entgegenwirken, daß man nach niederländischem Vorbild die Querverbindungen verstärkt, indem man mehrere Fakultäten oder Teile von ihnen für bestimmte Selbstverwaltungsaufgaben zu »Vereinigten Fakultäten« zusammenschließt. Im ganzen aber hängt die Entscheidung darüber, ob diesen Aufsplitterungstendenzen nachgegeben werden darf, wesentlich davon ab, welches Maß von Selbständigkeit der Fakultät innerhalb der Gesamtuniversität zukommen soll. Solange die Fakultäten nach Art der Stammesherzöge im Feudalstaat bestrebt sind, die zentralen Organe, also Rektor und Senat, auf wenige repräsentative und administrative Funktionen zu beschränken, käme die weitere Vermehrung ihrer Zahl einer Auflösung der Universität gleich. Dann sollte der unentbehrliche Zusammenhang der Fächer und ihre Auseinandersetzungen untereinander wenigstens durch ihre Zusammenfassung in großen Fakultäten gefördert werden, die in sich ein Stück universitas litterarum darstellen. Den Vorzug verdient indessen der umgekehrte Weg, die Organe der Gesamtuniversität zu verstärken, freilich nicht nur Rektor und (kleinen) Senat, sondern auch das einer Integration des ganzen Lehrkörpers und aller Fächer besonders dienliche Organ des *großen Senats* oder *Konzils*. Das setzt den Entschluß voraus, diesem Organ eigene Selbstverwaltungsaufgaben zu übertragen, ihm insbesondere auch ein Mitwirkungsrecht bei Angelegenheiten einzuräumen, die, wie die Aufstellung von Berufungsvorschlägen oder die Vornahme von Habilitationen, heute meist zur ausschließlichen Kompetenz der Fakultäten gerechnet werden, in Wahrheit aber die ganze Hochschulkorporation angehen und von ihr mitverantwortet werden sollten. Das Tübinger Beispiel zeigt, daß das möglich und der Stärkung des korporativen Bewußtseins höchst förderlich ist[1]. Ein solches Organ, dessen Mitglieder

[1] Der Große Senat der Universität Tübingen beruht auf der bis heute maßgebenden, nur in einzelnen Bestimmungen geänderten Universitätsverfassung von 1912, die in den §§ 36—39 seine Zusammensetzung, sein Verfahren und seine Aufgaben regelt. Er besteht aus allen planmäßigen Professoren und Vertretern der Privatdozenten und ist »für die allgemeinen Universitätsangelegenheiten von grundsätzlicher Bedeutung« zuständig. Zu den ihm speziell vorbehaltenen Sachen gehört u. a. die Antragstellung beim Ministerium in bezug auf die Besetzung von Lehrstühlen, die Erteilung von Lehraufträgen und die Ernennung von Honorarprofessoren (während Habilitationen und die Ernennung außerplanmäßiger Professoren nicht vom Großen, sondern vom Kleinen Senat zu behandeln sind), sowie die Errichtung, Änderung oder Aufhebung von Stellen und

nicht wie Träger sonstiger Selbstverwaltungsämter einem ständigen Wechsel unterworfen sind, müßte darum auch soviel gesunden Sinn und soviel Autorität entwickeln, daß es im Interesse des Ganzen einer Verkümmerung einzelner Teile, aber auch einem hemmungslosen, den großen Organismus zerstörenden Wachstum bestimmter Glieder und Zellen entgegentreten kann.

b) Der Widerstreit zwischen den Erfordernissen rationaler Verwaltung und dem Wunsch, die Universität als lebendige Einheit zu integrieren, scheint auf den ersten Blick beim Amt des *Rektors* aufgehoben; aus dem einen wie aus dem anderen Grund scheint es angezeigt, seine Stellung an der Spitze der akademischen Selbstverwaltung zu stärken. Bei näherem Zusehen tritt indessen auch hier die Antinomie zutage. Stattet man das Amt mit den Befugnissen, aber auch der Verantwortung des Leiters einer großen und komplizierten Verwaltung aus, so ist ein beträchtlicher Teil seiner potentiellen Träger, die aus der Forschung kommen und bald in sie zurückzukehren wünschen, überfordert. Die meisten Universitäten Englands und der Vereinigten Staaten ebenso wie diejenigen Frankreichs und Italiens ziehen aus dieser Einsicht die Konsequenz, das Amt zum Lebensberuf eines Administrators zu machen, der darin Erfahrungen sammeln, auf lange Sicht planen und seine Pläne verwirklichen kann. Gerade auch gegenüber den eingangs geschilderten Erscheinungsformen des heutigen Staates wären Erfahrung und Konsequenz im Auftreten für die Universität von höchstem Nutzen, während Rektoren ohne Kenntnis der Vorgänge früherer Jahre und der in Regierung, Bürokratie und Parlament maßgebenden Personen Mühe haben, die Positionen der Universität zu behaupten. Aber der langjährige Administrator ist in Gefahr, die aktive Mitwirkung und Mitverantwortung aller Glieder der Universität zu lähmen; das Bewußtsein gemeinsamer Trägerschaft bleibt besser wach, wenn der Inhaber des Amtes häufiger von Fakultät zu Fakultät wechselt. Die vie-

---

von Instituten. Die Zuständigkeit der Fakultäten in den hier genannten Angelegenheiten wird dadurch nicht aufgehoben, aber in der Weise beschränkt, daß ihre Anträge an das Ministerium (z. B. Berufungsvorschläge) zunächst dem Großen Senat vorzulegen und nur mit dessen Votum dem Ministerium weiterzuleiten sind. Für die Verhandlung im Großen Senat bestimmt der Rektor einen Berichterstatter aus einer anderen als der antragstellenden Fakultät. Das dem Großen Senat damit eingeräumte Mitwirkungsrecht ist auch praktisch von erheblicher Bedeutung. Der Erfolg der ganzen Einrichtung und das Ansehen des Senats nach innen und nach außen hängen freilich, wie bei allen Institutionen der Demokratie von der Einsicht, dem Pflichtbewußtsein und der Selbstdisziplin seiner Mitglieder ab.

len Vorschläge, die in den Jahren seit 1945 zur Überwindung dieser Schwierigkeiten gemacht worden sind, beweisen wohl, daß es eine eindeutig allen anderen überlegene Lösung nicht gibt. Angesichts der starken Bedenken, die gegen den hauptamtlichen und langfristig bestellten Rektor bestehen, bleiben nur Kompromisse zwischen Wechsel und Kontinuität übrig. Sie werden nicht überflüssig gemacht, aber zugunsten häufigeren Wechsels erleichtert, wenn dem Rektor ständige Berater aus dem Lehrkörper zur Seite gestellt werden. Das kann geschehen, indem eine Reihe von Senatsmitgliedern langfristig bestellt, oder indem ständige Ausschüsse für bestimmte Fragenkomplexe eingesetzt werden.

c) Die zweite Hochschulreformtagung (Honnef 1955) hat den Hochschulen dringend nahegelegt, die sogen. *Nichtordinarien* stärker als bisher an der akademischen Selbstverwaltung zu beteiligen. Die Problematik der Stellung dieser Glieder des Lehrkörpers in der Hochschule ist hier nicht in voller Breite zu entwickeln. Die Honnefer Empfehlung kann aber nur nachdrücklich unterstützt werden. Wenn die Selbstverwaltung ihre politische Aufgabe erfüllen soll, so darf sie nicht im Gewand einer oligarchischen Privilegienwirtschaft auftreten, sondern muß sich auf einen breiten Unterbau im Lehrkörper stützen und gerade auch die jüngeren Kräfte zur Mitwirkung erziehen. Der oft gehörte Einwand, junge Dozenten am Beginn ihrer akademischen Laufbahn seien von ihrer wissenschaftlichen Arbeit absorbiert und hätten für Selbstverwaltungsaufgaben weder Zeit noch Interesse, verkennt die Bedeutung dieser Aufgaben für die Stellung der Wissenschaft in Staat und Gesellschaft. Der Dozent, der nach seiner Altersgruppe in jedem anderen Beruf mit akademischer Vorbildung schon selbständige öffentliche Verantwortung zu tragen haben würde, darf davon an der Universität nicht ferngehalten werden. Freilich muß auch in diesem Punkt die Rationalität der Verwaltung gewahrt bleiben: Beschlußorgane mit allzu vielen Mitgliedern können arbeitsunfähig werden. Dann sollte versucht werden, das Ziel wenigstens durch Entsendung von Vertretern, Bildung eigener Ausschüsse der Nichtordinarien oder ihre Betrauung mit Sonderaufgaben zur Entlastung der Ordinarien zu erreichen.

d) Besondere Schwierigkeiten bereitet es, das Verhältnis der *Universitätsinstitute* und der in ihnen tätigen wissenschaftlichen Mitarbeiter zur akademischen Selbstverwaltung richtig zu bestimmen. Diese Institute sind heute vor allem im Bereich der Naturwissenschaften die eigentlichen Stätten der Forschung und der Lehre, also nicht bloß ein Annex, sondern ein notwendiger Bestandteil einer modernen Universität. Indessen war die Tradition der akademischen Selbstverwaltung am Ende des 19. Jahrhunderts, als die Institute anfingen, sich zu ihrer heutigen Bedeutung zu entwickeln, nicht stark genug, um zu bewirken, daß diese Institute voll in den Hochschulorganismus eingegliedert wurden. Das ist bis heute nicht gelungen; noch immer bilden sie in ihm einen das Selbstverwaltungsprinzip empfindlich einschränkenden Fremdkörper. Zu Institutsdirektoren werden regelmäßig — nicht notwendig und ausnahmslos — planmäßige Professoren der Universität bestellt, aber es bedarf dazu einer besonderen Ernennung, bei der die Fakultät nicht mitwirkt, und der einmal bestellte Direktor ist in der Leitung seines Institutes weder seiner Fakultät noch anderen Selbstverwaltungsorganen, sondern nur der staatlichen Aufsichtsbehörde verantwortlich. Er ist auch in dieser Funktion in Forschung und Lehre frei, hat aber da und dort außerdem unmittelbar staatliche, außerhalb des Universitätsbereichs liegende Aufgaben zu erfüllen. Der Aufbau der Institute ist streng hierarchisch geordnet; alle Mitglieder unterstehen voll dem Weisungsrecht des Leiters, er entscheidet über Anstellung und Entlassung und bestimmt das Arbeitsprogramm.

Man übertreibt kaum, wenn man sagt, daß hier der schwächste und wundeste Punkt unserer Universitätsverfassung liegt, weil der nach geltendem Recht von den Selbstverwaltungsorganen gar nicht zu bändigende Interessenpartikularismus der Institute die Einheit der Universität völlig zu sprengen droht. Daß dieser Punkt in der öffentlichen Diskussion hochschulpolitischer Fragen meist übergangen wird, sei es aus Unkenntnis, sei es aus eifersüchtigem Bestreben, hergebrachte Machtstellungen nicht zu gefährden, oder sei es aus Resignation, macht eine offene Aussprache darüber nur um so dringlicher. Dabei gilt es zunächst, den berechtigten Kern der hergebrachten und von den meisten Institutsleitern zäh verteidigten Unabhängigkeit der Institute gegenüber den Fakultäten und anderen Selbstverwaltungsorganen herauszustellen. Das Institut ist das wissenschaftliche Instrument seines Leiters, dessen Initiative, Phantasie und methodisches Können sich hier in der Aufstellung und Durchführung von Forschungsprogrammen voll auswirken sollen. Dieser Raum individueller Freiheit darf ihm nach allgemeiner und wohlbegründeter Überzeugung weder durch staatliche noch durch Selbstverwaltungsorgane beschnitten werden. Dazu kommt, daß die in solchen Instituten anfallende laufende Verwaltungsarbeit sich ihrer Natur nach nicht dazu eignet, durch kollegiale Beschlußorgane wahrgenommen zu werden. Diese beiden Gründe genügen, um zu zeigen, daß es nicht wohl anginge, die Institute im ganzen der Verwaltung oder einer fachlichen Aufsicht der Fakultäten zu unterstellen. Aber das nötigt nicht dazu, die Selbständigkeit der Institutsleitung, wie es heute geschieht, zum unantastbaren Axiom zu erheben

und darüber wichtige Interessen der Gesamtuniversität schweren Schaden leiden zu lassen. Drei dieser Interessen seien hier genannt.
Als erstes berührt die Gründung neuer, aber auch die Vergrößerung bestehender Institute so sehr das Gesamtinteresse der Universität, daß die Entscheidung darüber nicht nur dem Institutsleiter und seinem Durchsetzungsvermögen gegenüber Ministerium und Parlament überlassen bleiben sollte. Auch das Forum der Fakultät dürfte dafür meist zu schmal sein, weil die Gefahr besteht, daß die Dinge dort oft mehr unter dem Gesichtspunkt gegenseitigen Interessenschutzes als unter dem einer gleichmäßigen und organischen Entwicklung der ganzen Universität verhandelt werden. Es geht eben nicht nur um eine Haushaltsfrage, sondern darum, mit den vorhandenen oder zu schaffenden Einrichtungen ein Optimum an wissenschaftlicher Leistung zu erzielen. Dieses Optimum ist durch rückständige, aber auch durch übergroße oder übertechnisierte Institute, wie sie der Ehrgeiz mancher Institutsleiter anstrebt, gefährdet. Nicht selten wird es sich als produktiver erweisen, statt eines großen mehrere kleinere, in ihren technischen Einrichtungen in einem Verbundsystem arbeitende Institute zu schaffen oder innerhalb eines großen Instituts mehrere Abteilungen unter selbstverantwortlichen Leitern mit eigenen Haushaltsmitteln zu bilden. In manchen Fällen wird auch zu fragen sein, ob ein Institut mit sehr spezieller Forschungseinrichtung überhaupt in den Universitätsverband gehört oder nicht besser ganz ausgegliedert werden sollte. Alle diese Probleme müssen aber unter der Mitverantwortung der ganzen Universität (am besten wieder des Großen Senats) geprüft und entschieden werden.
Ein zweites, sehr heikles Problem ist die Mitverantwortung der Universität für die Finanzierung der Institute und der von ihnen bearbeiteten Forschungsvorhaben. Soweit diese Finanzierung durch den Universitätshaushalt geschieht, handelt es sich um einen Ausschnitt aus dem allgemeineren Problem, wer über diesen Haushalt zu bestimmen hat. Davon ist später (s. Ziff. 4 c, unten, 276f.) zu sprechen. Aber die Erfahrung lehrt, daß diese Mittel nicht ausreichen, und daß die Institutsleiter sich veranlaßt sehen, sich durch Annahme von Gutachten oder Forschungsaufträgen zusätzliche Mittel, manchmal im mehrfachen Betrag der regulären Haushaltsmittel, von den verschiedensten staatlichen, halbstaatlichen oder privaten Geldgebern zu beschaffen, aus denen dann ein beträchtlicher Teil des Personal- und Sachaufwands des Instituts bestritten wird. Diese Finanzierungsweise verursacht nicht nur erhebliche Verwaltungsarbeit, sondern führt auch zu einer gefährlichen Abhängigkeit des Institutsbetriebs von den verschiedenen Geldgebern und durchkreuzt die Bestrebungen der Universität, sich insgesamt ein

größeres Maß von finanzieller Unabhängigkeit zu erringen und damit die Freiheit der Wissenschaft nach dieser Seite zu sichern. Nun kann, wie die Dinge in Deutschland, aber auch in allen anderen westlichen Ländern einschließlich der USA liegen, auf solche zusätzliche Finanzierungsquellen nicht verzichtet, oft auch die Übernahme gewisser Forschungsaufträge kaum abgelehnt werden. Aber es ist bedenklich, den einzelnen Institutsleiter, wie das in Deutschland der Fall ist, in die Rolle eines privaten Unternehmers zu drängen, der nach freiem Ermessen über die Annahme oder Ablehnung solcher Aufträge und der dafür gewährten Vergütung entscheiden kann. Seine Entscheidung an die Zustimmung der staatlichen Hochschulverwaltung zu binden, stünde mit den hier vertretenen Grundsätzen in Widerspruch. Wohl aber sollte nach dem Beispiel amerikanischer Universitäten die Universität selbst durch ihre Selbstverwaltungsorgane eine Kontrolle dieser außerhalb des Haushalts stehenden Mittel und ihrer Verwendung und damit zugleich eine Kontrolle des Ausmaßes der von den Institutsleitern übernommenen fremdbestimmten Forschungsaufträge übernehmen. Denn auch hier gilt es, das Optimum der wissenschaftlichen Leistung, aber auch das öffentliche Ansehen der Universität zu wahren.
Das dritte, dringendste Problem, das die Unabhängigkeit der Institute hervorgerufen hat, ist der unbefriedigende Status ihrer wissenschaftlichen Mitarbeiter. Die Institute sind ja nicht bloß Arbeitsstätten ihres Leiters und Lehrstätten für Studenten, sondern in besonderem Maß Ausbildungsstätten des wissenschaftlichen Nachwuchses. Nun ist es heute ausschließlich Sache des Institutsleiters, über die Auswahl dieser Kräfte, über Art und Dauer ihrer Ausbildung, über ihre Anstellung, Bezahlung und Kündigung zu bestimmen. Dafür spricht, daß sich so am besten das im geistigen Bereich so wichtige Lehrer-Schüler-Verhältnis entwickelt und erhält. Aber der schwere Nachteil dieses Systems ist die totale Abhängigkeit von dem einen, allmächtigen »Chef«, in die diese jungen Menschen oft auf lange Jahre hinaus geraten. Selbst die Habilitation, mit der sie zum ersten Male in den weiteren Kreis der Universität eintreten, beseitigt diese Abhängigkeit solange nicht, als sie Assistenten bleiben und auf die Arbeitsmöglichkeiten des Instituts angewiesen sind. Sie haben keine eigenen Haushaltsmittel, müssen sich dem Arbeitsprogramm des Institutsleiters unterordnen und dürfen oft auch nur mit seiner Zustimmung Forschungsergebnisse publizieren. Das alles hat schwerwiegende Folgen: viele wertvolle Kräfte scheuen die akademische Laufbahn, vor deren Eingangstor diese lange Periode der Abhängigkeit liegt, bei anderen treten die moralischen Schäden des »gebrochenen Rückgrats« auf, die auch die später errungene Selbständigkeit nur schwer mehr heilt. Der allgemein beklagte Nachwuchsman-

gel zeigt, daß hier ein sehr ernst zu nehmendes Problem vorliegt. Wiederum stehen also wichtige Interessen der Gesamtuniversität auf dem Spiel, die sie gegenüber den Institutsleitern zu wahren hat. So muß sie darauf achten, daß alle habilitierten Mitarbeiter, die schon Mitglieder ihrer Hochschulkorporation sind, auch im Institutsbetrieb eine selbständige Stellung einnehmen. Den übrigen Assistenten und wissenschaftlichen Hilfskräften ist kaum damit zu helfen, daß ihnen akademisches Bürgerrecht und, ähnlich wie den Studenten, ein korporatives Mitwirkungsrecht in der Selbstverwaltung gegeben wird. Das wäre schwierig zu verwirklichen und würde vor allem die Abhängigkeit des einzelnen Assistenten noch nicht beseitigen. Wichtiger wäre, die Institutsleiter für die Ausbildung und das weitere Schicksal der von ihnen beschäftigten Nachwuchskräfte gegenüber der Fakultät oder gegenüber einem besonderen, unter dem Vorsitz des Rektors zu bildenden Ausschuß aus Vertretern aller Fakultäten verantwortlich zu machen, so daß er darüber regelmäßig zu berichten hat, und daß dem Assistenten ein Antrags- und Beschwerderecht zusteht. Das klingt vielleicht in vielen Ohren revolutionär; aber was jede Handwerkerinnung für die Ausbildung ihrer Lehrlinge im Bewußtsein gemeinsamer Verantwortung für den Nachwuchs leistet, sollte auch der Universität möglich sein.

3. Alle Vorschläge darüber, wie die akademische Selbstverwaltung aus- oder umzubauen sei, um ihre Zwecke besser als bisher zu erfüllen, können nicht darüber hinwegtäuschen, daß institutionelle Maßnahmen, also Änderungen des Hochschulrechts, allein einen gesunden und seiner lebendigen Kräfte, aber auch seiner gemeinsamen Aufgabe und Verantwortung bewußten Hochschulkörper nicht zu schaffen vermögen. Die Institution kann dieses Bewußtsein in seinen Gliedern wecken und stützen, aber sie kann es weder schaffen noch, wenn es erstorben ist, ersetzen. Das auch auf der Honnefer Tagung beschworene *»korporative Bewußtsein«* befindet sich aber in einer immer wieder schmerzlich zutage tretenden Krise. An unseren Universitäten pflegt man die Maßnahmen des Staates gegenüber der Universität mit wachem Mißtrauen zu verfolgen und in der staatlichen Bürokratie, den geborenen und geschworenen Feind der akademischen Selbstverwaltung zu sehen; aber man ist oft blind für das Versagen in den eigenen Reihen, das die Selbstverwaltung untergräbt und dem Staat die Entscheidung auch in Fällen zuschiebt, in denen sie Sache der Selbstverwaltungsorgane sein müßte.

Ein selbstherrlicher Individualismus, der sich an keine Regel bindet, sich in keine Gemeinschaft einfügt und schließlich zum bedenkenlosen Egoismus erstarrt, eine politische Gleichgültigkeit, die die gemeinsame

Verantwortung gegenüber Staat und Gesellschaft nicht sieht oder ignoriert, Intoleranz, Unverträglichkeit und Mißgunst, die gemeinsame Beschlüsse erschweren oder verhindern, andererseits falsch verstandene, verschweigende Kollegialität da, wo ein mutiges, kritisches Wort die Luft reinigen müßte, die Unlust endlich, für Selbstverwaltungsaufgaben Opfer an Zeit und Kraft zu bringen — jeder kennt und fürchtet diese Laster, die selbst wissenschaftlich angesehene Gelehrte zu einem schweren Hemmnis der Selbstverwaltung werden lassen können. Äußere Einflüsse kommen hinzu: die Überlastung vieler Hochschullehrer, die große Institute zu leiten oder große Studentenzahlen zu bewältigen haben und daneben beim besten Willen nicht mehr fähig sind, Selbstverwaltungsaufgaben zu übernehmen; die nervöse Unrast unserer Zeit, die auch Gelehrte in eine ruhelose Vielgeschäftigkeit treibt, bei der nichts mehr gedeiht; endlich die auch für andere politische Selbstverwaltungskörper verhängnisvolle Atmosphäre des Wohlfahrtsstaates, die Ansprüche an den Staat züchtet, aber die Bereitschaft zur Mitarbeit und Mitverantwortung lähmt.
Fragen wir uns, was demgegenüber geschehen kann, so wird an die erste Stelle die Einsicht zu rücken sein, daß die Belastungsfähigkeit der akademischen Selbstverwaltung natürliche Grenzen hat. Sie ergeben sich aus menschlichen Schwächen, die beim Kollegialprinzip vielleicht deutlicher als sonst zutage treten, aber auch aus der für Hochschullehrer bestehenden Schwierigkeit, die Fülle der ihnen gleichzeitig zufallenden, ihrer Natur nach sehr verschiedenartigen Aufgaben zu bewältigen. Mißachtet man diese Grenze aus Ehrgeiz gegenüber dem Staat, so bringt man Leistung und Ansehen der Universität durch die dann unvermeidliche Diskrepanz von Wollen und Vollbringen in Gefahr. Die nüchterne Selbstbeschränkung heißt indessen nicht Resignation gegenüber Mißbräuchen. Es sollte möglich sein, durch bewußte Erziehungsarbeit im eigenen Kreis Mängel abzustellen, die aus Gleichgültigkeit und Unachtsamkeit entspringen. Diese Erziehung durch bessere Einsicht geschieht im Grunde an jedem, der einmal zur Mitarbeit an einer Selbstverwaltungsaufgabe gewonnen worden ist. Auch darum ist es notwendig, der Selbstverwaltung in der Universität einen breiten personellen Unterbau zu sichern und die jüngeren Kräfte frühzeitig mit heranzuziehen. Wie gegenüber aller Verwaltung, so macht sich auch gegenüber der akademischen Selbstverwaltung bei denen, die sich nur als ihr Objekt betrachten müssen, leicht ein Gefühl der Verdrossenheit breit. Deshalb ist es entscheidend wichtig, das Bewußtsein gemeinsamer Verantwortung zu stärken.
Dem Gefühl der Zusammengehörigkeit müßten auch andere Einrichtungen dienstbar gemacht werden. Nicht nur die Spezialisierung der

Forschung, sondern auch die äußeren Formen des Forschungs- und Lehrbetriebes an unseren heutigen Universitäten führen leicht dazu, daß der einzelne Gelehrte isoliert wird. Zumal an den Großstadtuniversitäten pflegen sich auch Angehörige der gleichen Fakultät bestenfalls noch bei zwei oder drei Fakultätssitzungen im Semester zu sehen und auch dann kaum zu sprechen. Häufigere Begegnungen und Aussprachen zu erzwingen wäre nutzlos, aber der Anreiz dazu müßte verstärkt werden. So sollte versucht werden, neben den oft recht wertvollen privaten »Kränzchen« die Einrichtung wissenschaftlicher Kolloquien im größeren Kreis, auch der Nachwuchskräfte, zu beleben, bei denen frei diskutiert wird. Die Colleges in Oxford und Cambridge mit den regelmäßigen Zusammenkünften der Mitglieder im common room lassen sich nicht auf deutschen Boden verpflanzen; aber die Möglichkeit, in oder bei der Universität Klubräume nicht nur für die Studenten, sondern auch für die ungezwungene Aussprache unter Dozenten zu schaffen, sollte ernstlich erwogen werden. Sie sind kein Luxus, sondern könnten der Einheit der Universität und der in ihr vertretenen Disziplinen wertvolle Dienste leisten.

Wo solche indirekte, unsichtbare Erziehungsarbeit nichts fruchtet, muß überlegt werden, wie sonst auf Störer der inneren Ordnung eingewirkt werden kann. Die kollegiale Mahnung des Dekans oder Rektors erweist sich oft als zu schwach; auch ist nicht jeder Dekan oder Rektor bereit, sie auszusprechen. Ein Disziplinarverfahren einzuleiten, wäre zu grobes Geschütz, das überdies eine Verletzung der Dienstpflichten des Hochschullehrers als Beamten voraussetzt. Hier aber geht es um die Verletzung der Standes- und Körperschaftspflichten. Was den Universitäten bis heute fehlt, ist die Einrichtung eines Rüge- und Ehrengerichts der Korporation. Es müßte in die Universitätsverfassung aufgenommen, dürfte also nicht bloß freiwilliger Vereinbarung von Fall zu Fall überlassen werden. Am besten würde es einem Dreierkollegium aus ehemaligen Rektoren oder anderen, besonders erfahrenen und angesehenen Mitgliedern des Lehrkörpers anvertraut werden. Schon das bloße Bestehen einer solchen Einrichtung würde ohne Zweifel heilsam wirken.

4. Nachdem die Gestalt und die inneren Kräfte der akademischen Selbstverwaltung deutlich geworden sind, läßt sich jetzt besser übersehen, was ihr zu eigenverantwortlicher Entscheidung und Ausführung zu belassen ist und welche Kompetenzen dem Staat zuzuteilen sind.

Auszugehen ist von unserer Feststellung, daß die Universität zwar Freiheit und Selbständigkeit für sich beanspruchen kann und muß, aber nicht eine rein abwehrende Freiheit vom Staat, sondern Freiheit im

Staat, einen Status also, der zugleich ihre Selbständigkeit wahrt und ihrer Hinordnung zum Staat und der wechselseitigen Abhängigkeit zwischen Staat und Wissenschaft Rechnung trägt. Das Verhältnis läßt sich daher rechtlich gar nicht so ordnen, daß die beiderseitigen Aufgabenbereiche möglichst reinlich voneinander geschieden werden und daß Staatsverwaltung und Selbstverwaltung je in ihrem Bereich unabhängig voneinander schalten und walten können. Vielmehr wird es neben reinen Eigenaufgaben der Universität ein breites Feld von Fragen geben, die weder vom Staat noch von der Universität allein, sondern nur im steten Zusammenwirken beider Teile sachgemäß geregelt werden können. Leitbild des Verhältnisses kann nicht die Über- und Unterordnung, aber auch nicht das beziehungslose Nebeneinander oder feindliche Gegeneinander rivalisierender Machtgruppen, sondern nur die Kooperation, die Partnerschaft von Staat und Universität sein. Ein solches Verhältnis erfordert Vertrauen, Verständnisbereitschaft und Takt auf beiden Seiten, um die unvermeidlich auftretenden Spannungen und Meinungsverschiedenheiten je und je zu überwinden. Unglücklicherweise wechseln die beiderseitigen Wortführer — Minister, Politiker und Beamte dort, Dekane und Rektoren hier - ziemlich häufig, was ein stabiles Vertrauensverhältnis erschwert und viel zu der Nervosität beiträgt, mit der die Dinge behandelt zu werden pflegen. Der Jurist muß darum bestrebt sein, den Konfliktstoff durch Ausbildung klarer Rechtsformen zu vermindern; ein für allemal ausräumen kann er ihn nicht.
Es ist nicht Aufgabe dieser Untersuchung, einen vollständigen Katalog der bei einer Kompetenzverteilung zu bedenkenden Sachfragen aufzustellen. Es muß genügen, einige besonders wichtige und streitige Gebiete zu nennen:
a) Ureigenster Aufgabenbereich der Universität ist die *Forschung* und ihre *Lehre;* sie sind unmittelbar Gegenstand der verfassungsrechtlichen Freiheitsgarantie. Sie lassen sich aber auch zum Bereich akademischer Selbstverwaltung nur in einem sehr begrenzten Sinne rechnen, denn was jeder Hochschullehrer forscht und lehrt, unterliegt nur seiner Entscheidung, nicht der der Selbstverwaltungsorgane, die sich auf die Aufstellung von Vorlesungsplänen, die Veranstaltung von Vorträgen und Gastvorlesungen, die Herausgabe von Veröffentlichungsreihen und dergleichen sekundäre Maßnahmen beschränken. Andererseits steht die Freiheit des Hochschullehrers wie der Hochschule unter dem Vorbehalt, daß die erforderlichen Mittel im Haushalt bewilligt sind. Solange diese Voraussetzung nicht erfüllt ist, kann also weder der Institutsdirektor ein für seine Forschung benötigtes Gerät kaufen, noch kann die Hochschule einen neuen Lehrstuhl für ein bisher an ihr nicht

vertretenes Fach schaffen oder ein neues Institut errichten. Freilich sollte auch umgekehrt der Staat zu solchen Akten die Zustimmung der Universität einholen müssen, was bisher leider nicht überall anerkannt wird.

b) Wenn die Universität mit der Forschung die Lehre verbindet, will sie damit junge Menschen in den Reichtum und die Vielfalt der geistigen Welt einführen, sie mit den Ergebnissen der Wissenschaft, aber auch ihren Methoden, Denkformen und Arbeitsmitteln vertraut machen und sie zu selbständigem, kritischen Denken und Arbeiten befähigen. In diesem Geschäft muß sie von staatlicher Einwirkung frei bleiben. Es ist daher nur folgerichtig, daß die Promotion, mit der der Student den Nachweis der im Studium erworbenen Fähigkeiten erbringt, ausschließlich Sache der Selbstverwaltungsorgane ist. Aber die Universität hat die weitergehende Aufgabe, eine große und ständig wachsende Zahl von jungen Menschen durch theoretische Unterweisung in den Stand zu setzen, die für Staat und Gesellschaft unentbehrlichen, geistig führenden »akademischen« Berufe anzutreten. Auch in der Erfüllung dieser Aufgabe ist die Universität frei in dem Sinne, daß sie nicht wie die Schulen an Weisungen des Staates über Lehrpläne und Unterrichtsstoff gebunden ist. Andererseits kann die Universität die Erwartungen, die Staat und Gesellschaft im Blick auf ihren Nachwuchsbedarf an diese Ausbildung knüpfen, nicht eigenmächtig ignorieren, sondern muß sich über Art, Inhalt und Dauer des Ausbildungsganges und die dabei abzulegenden Prüfungen mit dem Staat verständigen und dabei auch dem immer wieder auftretenden Egoismus der Fachvertreter, die das eigene Fach auf Kosten der übrigen überbewerten wollen, kräftig entgegentreten. Das gilt in besonderem Maße bei denjenigen Studienrichtungen und Prüfungen, die zum Eintritt in den Staatsdienst berechtigen sollen (hier verletzt der Staat nicht ganz selten umgekehrt das Mitbestimmungsrecht, das der ausbildenden Universität zukommt, durch eigenmächtige Festlegung des Studienganges und der Prüfungsvoraussetzung), aber es hat auch für die zunehmende Zahl von Studiengängen, die mit einer Diplomprüfung abgeschlossen werden, praktische Bedeutung.

Im Zusammenhang damit steht die Frage, wer den Zugang zur Universität zu regeln befugt sein soll. Nach geltendem Recht sind hier heikle, auch verfassungsrechtliche Probleme zu lösen, die hier auf sich beruhen sollen. Die Frage kann aber bald praktische Bedeutung erlangen, wenn ein »zweiter Bildungsweg« eröffnet werden soll, oder wenn der Andrang zum Studium auch von solchen Studenten, die ihm geistig nicht gewachsen sind, immer weiter zunimmt. Auch hier stehen so wesentliche Interessen beider Seiten auf dem Spiel, daß die beste Lösung im Wege einer Verständigung von Staat und Universität gesucht werden muß.

c) Im Mittelpunkt der Diskussion über das Verhältnis von Staat und Universität pflegt die Frage zu stehen, wie der *Lehrkörper* einer Universität personell *ergänzt* werden soll. Die Lösung ist durch den Umstand kompliziert, daß der Hochschullehrer zugleich Beamter und Mitglied der Hochschulkörperschaft ist. Lange Zeit hat der erste Gesichtspunkt den zweiten ganz überschattet; heute ist dagegen klargestellt, daß auch der zweite selbständige rechtliche Bedeutung hat. Die Aufgabe besteht also darin, den Anspruch der Korporation darauf, über die Aufnahme eines Mitglieds selbst zu bestimmen, mit dem Anspruch des Staates darauf, Auswahl und Ernennung eines Beamten selbst zu vollziehen, in Einklang zu bringen. Das kann in dreierlei Weise geschehen: entweder so, daß der Staat ein Organ der Korporation ermächtigt, nach geschehener Zuwahl als »Auftragsangelegenheit« für den Staat auch die Ernennung zum Beamten auszusprechen, oder so, daß er sich die Ernennung nach der Wahl selbst vorbehält, oder endlich so, daß die Korporation kein Wahl- sondern ein Vorschlagsrecht hat und der Staat sich Berufung und Ernennung selbst vorbehält.

Für die Habilitation als die erstmalige Aufnahme in die Korporation sollten die Selbstverwaltungsorgane auf ihrer ausschließlichen Zuständigkeit bestehen. Leider ist nach dem Hochschulrecht Bayerns und Baden-Württembergs auch dafür eine staatliche Bestätigung erforderlich. Das ist ein Atavismus, der verschwinden sollte. Die Ernennung zum Dozenten als Widerrufsbeamten kann, wenn man sie überhaupt für notwendig hält, von der Habilitation gelöst, mindestens aber dem Rektor als Auftragsangelegenheit übertragen werden. Das gleiche gilt für die Ernennung von Honorarprofessoren, die sich nach geltendem Recht zumeist der Staat (auf Vorschlag) vorbehält. Wesentliche Interessen des Staates sind hier nicht im Spiel; sie tauchen erst bei Akten auf, die (wie neuerdings auch die Ernennung von apl. Professoren) besoldungsrechtliche Konsequenzen haben.

Für die Besetzung freier Lehrstühle gilt, wie man weiß, überall in Deutschland nach festem, nicht kodifiziertem Herkommen nicht das erste oder zweite, sondern das dritte der oben genannten Verfahren. Trotz deutlicher Schwächen, die es aufweist und die oft kritisiert worden sind, ist es in Anbetracht der Interessen beider Teile die relativ beste Lösung. Sie vermeidet die Gefahr des zweiten Verfahrens, daß Fakultät und Universität, aber auch der von ihnen Gewählte brüskiert werden, wenn der Staat die Bestätigung verweigert. Sie läßt der Universität die Vorhand, bildet aber zugleich ein heilsames Korrektiv gegen die Gefahr der Klüngelwirtschaft, der jede sich selbst überlassene Kor-

poration ausgesezt ist. Leider gibt es Fälle genug, in denen eine Fakultät sich schon der Aufgabe nicht gewachsen zeigt, sich auf eine Vorschlagsliste mit drei Namen und auf deren Reihenfolge zu einigen. Die oben (III 2 a, 263) befürwortete Einschaltung des Großen Senats ist ein wirksames Mittel gegen solche Schwächen. Zugleich gewinnt eine von ihm bestätigte Liste größeres Gewicht gegenüber dem Ministerium. Dieser Zuwachs an Autorität ist wichtiger als der oft erhobene Anspruch, der Staat sei an die Liste und an ihre Reihenfolge gebunden. Der Anspruch liefe auf einen Ausschluß des selbständigen Entscheidungsrechtes des Staates hinaus, für das ihm ein Ermessensspielraum bleiben muß. Gewiß bedürfen die Universitäten eines Schutzes dagegen, daß die Regierung aus der Liste nicht den wissenschaftlich Besten, sondern den politisch Genehmsten oder — unter dem Druck des Finanzministers - den finanziell am wenigsten Anspruchsvollen aussucht oder gar einen von der Universität nicht Genannten dieser kurzerhand oktroyiert. Allein abgesehen davon, daß der beste Schutz in der Klugheit und Sorgfalt bei der Aufstellung der Liste bestehen sollte, ist er rechtlich nur so zu gewähren, daß an das pflichtmäßige Ermessen der Regierung strenge Anforderungen gestellt werden, ihr vor allem aufgegeben wird, Abweichungen sachlich zu begründen und vor dem Vollzug der Universität Gelegenheit zur Stellungnahme zu geben.
d) Für die *Vermögens- und Wirtschaftsverwaltung* der Hochschule haben sich bisher einheitliche Grundsätze in Deutschland nicht herausgebildet. Sie untersteht da, wo die alte Kuratorialverfassung preußischen Rechts noch gilt, ganz dem Kurator, der in dieser Frage auch die Dienstaufsicht über die Institute führt, und bildet wie der Kurator selbst ein Stück Staatsverwaltung. Anderwärts, wie zum Beispiel an den Technischen Hochschulen, ist sie voll dem Rektor unterstellt oder, wie an den bayerischen Universitäten einem aus Mitgliedern des Lehrkörpers, also als Selbstverwaltungsorgan gebildeten Verwaltungsausschuß. Bei einigen jüngeren Universitäten (Frankfurt, Köln, Berlin, Saarbrücken) liegt die oberste Entscheidung bei einem kollegialen, aber nicht nur aus Hochschullehrern bestehenden Kuratorium, nach dessen Weisungen die laufenden Geschäfte von einem höheren Verwaltungsbeamten geführt werden. Auch ohne den Überbau eines Kuratoriums kommt in manchen Hochschulverfassungen ein solcher leitender Beamter als Teil der akademischen, nicht der Staatsverwaltung vor, sei es unter dem Rektor zu dessen Entlastung, sei es neben ihm mit eigener Zuständigkeit und Verantwortung.
Schon die Vielfalt der Lösungen zeigt, wie sehr die Dinge hier noch im Fluß sind. In unserem Zusammenhang interessiert auch nicht die Fülle der Einzelfragen, die jeweils geregelt werden müssen, sondern nur die

prinzipielle Frage nach der richtigen Verteilung der Zuständigkeiten. Da die Universitäten nicht über nennenswertes eigenes Vermögen und zum Unterschied von den Gemeinden auch nicht über eigene Steuereinnahmen verfügen, kann die Finanzverwaltung nicht, wie dort, zum Kernbestand der Selbstverwaltung gehören. Überdies sind die kollegialen Selbstverwaltungsorgane zu derartigen Verwaltungsgeschäften wenig geeignet; auch der Rektor, dem die Verwaltungserfahrung meist fehlt, ist überfordert, wenn ihm die volle Verantwortung dafür aufgebürdet wird. Die Universitäten sollten darum vorsichtig sein, den ganzen Sachbereich für sich zu reklamieren. Auf der anderen Seite ist es für sie zwar bequem, aber bedenklich, wenn der Staat ihnen jede Verantwortung für ihn, wie nach dem preußischen Kuratorialsystem, vollständig abnimmt. Der unlösbare Sachzusammenhang, der bei dem ständig steigenden Finanzbedarf zwischen der Forschungsarbeit und ihrer Finanzierung besteht, bringt bei diesem System die Universität als Ganzes und jedes ihrer Glieder, namentlich die Institutsdirektoren, in eine allzugroße Abhängigkeit von diesem verlängerten Arm des Staates. Schließlich sollte nicht nur die Universität, sondern der Staat selbst Wert darauf legen, daß die Universität eine Mitverantwortung für die Verwendung der ihr zugeteilten erheblichen Mittel übernimmt.
e) Das Gesagte gilt nicht nur, aber auch und besonders für die Aufstellung des *Haushalts*. Der gegenwärtig mit wenigen Ausnahmen überall geltende Zustand, daß die Hochschulhaushalte mit allen Einzelpositionen einen Teil des Staatshaushalts bilden, befriedigt nicht. Einmal sind die Haushaltsgrundsätze des Staates, die aus den Erfahrungen und Bedürfnissen der allgemeinen Staatsverwaltung entstanden sind, für die Verwaltung von Hochschulen und wissenschaftlichen Instituten ebenso ungeeignet wie für diejenige wirtschaftlicher Unternehmungen. Sie vermögen mit ihrer Starrheit nicht den wechselnden Bedürfnissen des Universitätsbetriebs zu folgen und führen im Ergebnis nicht zu der gewollten Sparsamkeit in der Mittelverwendung, sondern zum Mangel und Überfluß jeweils am falschen Ort. Zudem kann die Universität auch dann, wenn sie an der Vorbereitung des Haushalts beteiligt wird — was nicht überall der Fall ist –, an seiner Feststellung nicht mitwirken; die wichtigsten Entscheidungen über viele Einzelpositionen fallen im Haushaltsausschuß des Landtages, der den Hochschulfragen fernsteht, und tragen daher für die Universität oft reinen Zufallscharakter. Auf diese Weise wird nicht nur die Abhängigkeit der Universität vom Staat sehr empfindlich verschärft, sondern auch das Verantwortungsbewußtsein der Organe und Glieder der Universität für die Verwendung der ihnen zugeteilten öffentlichen Mittel gelähmt.
Als Ausweg wird nicht selten die Forderung erhoben, der staatliche

Zuschuß für die Universität solle nur noch in einem Globalbetrag in den Staatshaushalt aufgenommen, seine Verteilung aber den Selbstverwaltungsorganen der Universität in eigener Zuständigkeit überlassen werden, die dafür einen Universitätshaushalt nach hochschulgerechten Gesichtspunkten aufzustellen hätten. So verlockend dieser Gedanke für die Universität ist, so ist schon zweifelhaft, ob ihre Selbstverwaltungsorgane einem ihnen übertragenen Haushaltsrecht voll gewachsen wären. Jedenfalls aber kann angesichts der Höhe der in Frage stehenden Beträge der Regierung und dem Parlament nicht wohl das Recht abgesprochen werden, den Verwendungsplan mit aufzustellen, nicht bloß die Endsummen zu bewilligen. Dafür sprechen auch sehr praktische Erwägungen: globale Bewilligungen sind erfahrungsgemäß den Parlamenten schwer abzuringen, noch schwerer im Bedarfsfall zu erhöhen, um so leichter aber auch globalen Kürzungen ausgesetzt. Sonach kommt es auch hier darauf an, für die unerläßliche Zusammenarbeit beider Partner Formen zu finden, die eine ausreichende Einflußnahme der Vertreter von Regierung und Parlament, nicht nur ein nachträgliches Veto- und Kontrollrecht sicherstellen, die andererseits aber der Universität die ihr gebührende Selbständigkeit lassen und ihr damit auch eine eigene Verantwortung für ihre Haushaltsgebarung übertragen. Das würde ihr nicht nur größere Freiheit geben, eigene Wünsche zu verwirklichen und über die Dringlichkeiten im Rahmen des Möglichen selbst zu bestimmen, sondern es könnte zugleich für alle ihre Glieder erzieherisch wirken. Dann würde es auch möglich sein, den oben (III 2 d, 265 f.) im Zusammenhang mit der Stellung der Universitätsinstitute erörterten Gedanken auszuführen, die Finanzierung der Institute, auch soweit sie aus außerstaatlichen Quellen stammt, einer Kontrolle der Selbstverwaltung zu unterstellen, um den hier drohenden Gefahren wirtschaftlicher Abhängigkeiten zu begegnen.

5. Die grundsätzliche Besinnung über das Verhältnis der Universität zum Staat und ebenso die Beschäftigung mit den einzelnen, beide Teile berührenden Sachgebieten hat immer wieder zu dem Ergebnis geführt, daß die Aufgaben und Zuständigkeiten sich nicht reinlich scheiden lassen, sondern daß beide Partner dieses Verhältnisses auf eine stetige Zusammenarbeit und Verständigung angewiesen sind. Für den Juristen ergibt sich daraus die Aufgabe, dieser Zusammenarbeit eine feste Rechtsform zu geben, die beide Teile nötigt, sich zu begegnen, sich auszusprechen und sich zu verständigen. Der Umstand, daß es gegenwärtig an einer solchen Nötigung fehlt, und daß überdies der häufige Personenwechsel auf beiden Seiten die Beziehungen auch im Menschlichen ihrer Festigkeit beraubt, hat für die Universität sehr ungünstige Folgen: wichtige Entscheidungen werden verschleppt, begonnene Pläne

unterbrochen; Mißtrauen und Taktik herrschen, wo nur Vertrauen und Klarheit über die beiderseitigen Absichten weiterhelfen könnten. Als geeignete Rechtsform, die dem Bedürfnis nach einer dauerhaften Verbindungsbrücke zwischen Universität und Staat genügen könnte, ist an ein gemeinsames Beratungs- und Beschlußorgan zu denken, in das beide Partner ihre Vertreter entsenden. Der Gedanke ist schon in verschiedenen Varianten diskutiert worden, seitdem das »Blaue Gutachten« der Hochschulreformkommission von 1948 vorgeschlagen hatte, einen »Hochschulbeirat« unter einem hauptamtlichen lebenslänglichen Präsidenten einzurichten. Was an jenem Vorschlag störte, war die übermächtige Stellung des Präsidenten, die die akademische Selbstverwaltung erstickt hätte, und die Verdrängung des Staates zugunsten von ungewissen (und schwer zu findenden) Vertretern der »Öffentlichkeit«. Die neueren Vorschläge beschränken sich meist darauf, für Verwaltungs- und Finanzfragen einen gemeinsamen Verwaltungsrat aus Staats- und Universitätsvertretern zu bilden. Ob die Zuständigkeit des hier gemeinten Organs darauf beschränkt oder auch auf andere, Staat und Universität gemeinsam berührende Fragen erstreckt werden soll, wie es sich zusammensetzen und ob ein Minister oder der Rektor den Vorsitz führen soll, bedarf gewiß sorgfältiger Überlegung. Doch braucht das Gewicht dieser Fragen auch nicht überschätzt zu werden; ist erst ein Anfang gemacht, so wird die Erfahrung noch manches lehren, und die Verhältnisse werden hier wie sonst von Land zu Land, von Universität zu Universität verschieden liegen. Wesentlich ist, daß die Einrichtung von beiden Seiten ernst genommen wird und nicht bloß beraten, sondern entscheiden kann, was zugleich voraussetzt, daß der Staat sie nicht bloß mit Referenten ohne Vollmachten beschickt. Glücklicherweise gibt es schon gute Vorbilder für solche gemeinsamen Organe in den Kuratorien der Stiftungsuniversitäten Köln und Frankfurt, ferner — mit noch weitergehenden Zuständigkeiten — im Kuratorium der Freien Universität Berlin und im Universitätsrat der Universität Saarbrücken. Diese Beispiele, die nicht zufällig an die Namen junger Universitäten geknüpft sind, weisen nach vorwärts. Sie zeigen, daß solche Kollegien gute und fruchtbare Arbeit leisten können, ohne die Prärogativen von Regierung und Parlament auf der einen Seite, die Befugnisse der akademischen Selbstverwaltungsorgane und die Selbständigkeit der Universität auf der anderen Seite über Gebühr zu beeinträchtigen. Wie jede Institution, so kann auch diese den guten Willen der Partner zur Zusammenarbeit nicht ersetzen, aber sie kann ihn wesentlich stützen und das unvermeidliche Miteinander erleichtern. Sie könnte damit zum bündigen Ausdruck für das rechte Verhältnis von Universität und Staat in unserer Zeit werden.

PROBLEME DER FORSCHUNGSFÖRDERUNG

Das System der Forschungsförderung in der Bundesrepublik ist heute so verwickelt, daß es dem Außenstehenden oder gar einem ausländischen Besucher nur schwer erklärt werden kann. Zu einem Teil ist es das Ergebnis längerer geschichtlicher Entwicklung, das respektiert werden muß, auch wo es nicht der Rationalität entspricht. Zu einem erheblichen Teil ist es die fast zwangsläufige Konsequenz gewisser außerhalb der Kulturpolitik liegender politischer Faktoren und Konstellationen, die von der Forschung als Gegebenheiten hingenommen werden müssen. Nur zum kleineren Teil kann man davon sprechen, daß eine bewußte planmäßige Gestaltung am Werk war und sich weiterhin wird auswirken können.

Diesen Sachverhalt muß man sehen, wenn man die Stellung der Deutschen Forschungsgemeinschaft innerhalb dieses Systems bestimmen und ihre Wirkungsmöglichkeiten beurteilen will. Sie ist selbständig gegenüber dem Staat — in der Tat selbständiger als die Mehrzahl der den gleichen Zielen dienenden zentralen Forschungsorganisationen in anderen Ländern. Ihr Charakter als genossenschaftliche Selbstverwaltungskörperschaft ist gerade in diesem Jahre durch zwei besondere Ereignisse unterstrichen worden: die von jeder staatlichen Einflußnahme freie Neuwahl des Präsidenten und zweier Vizepräsidenten durch die Mitgliederversammlung Anfang April, und vor zwei Monaten die Neuwahl von 292 Fachgutachtern durch die Gesamtheit der in der Bundesrepublik ansässigen Gelehrten aller Disziplinen und Rangstufen vom jüngsten Privatdozenten bis zum ältesten Emeritus. Es war ein Vorgang der Urwahl, an dem von 7094 stimmberechtigten Gelehrten 4645 = 65,5 Prozent in geheimer schriftlicher Abstimmung teilgenommen haben. Aber so stark sich in diesen Akten das Eigengewicht, die breite Vertrauensgrundlage und damit die innere Kraft dieser Körperschaft ausdrückt, so darf doch nicht übersehen werden, daß ihre Selbständigkeit ebensosehr auf der Einsicht und der weisen Zurückhaltung des Staates beruht, der ihr erhebliche Mittel zur Vergabe in eigener Verantwortung zuweist, ohne auf die Verteilung bestimmenden Einfluß zu nehmen. Zudem wird die relative Unabhängigkeit der Forschungsgemeinschaft mindestens stark erleichtert, wenn nicht überhaupt ermöglicht und garantiert durch unseren föderalistischen Staatsaufbau, der zur Folge hat, daß der Staat der Forschungsgemeinschaft nicht nur als eine einzige übergeordnete Autorität, sondern in Gestalt zahlreicher, unter sich sehr verschiedenartiger und keineswegs einhelliger Partner gegenübertritt.

Die Stellung der Forschungsgemeinschaft ist nun weiter dadurch gekennzeichnet, daß die Mittel zur Förderung der Forschung in der Bundesrepublik nicht allein oder auch nur überwiegend bei ihr konzentriert sind. Die Länder je für sich als Unterhaltsträger der wissenschaftlichen Hochschulen und anderer Forschungsstätten, die Ländergemeinschaft als Hauptträger der Max-Planck-Gesellschaft und einer Anzahl weiterer Institute, der Bund als Träger einer Reihe von Forschungsanstalten und die verschiedenen Bundesressorts als Geldgeber aus eigenen Forschungsfonds — sie alle sind mit der Aufgabe befaßt, Forschung zu finanzieren. Infolgedessen gibt es auch keine sichere Antwort auf die Frage, ob die 21,4 Mill. DM, die der Deutschen Forschungsgemeinschaft im abgelaufenen Haushaltsjahr zur Verfügung standen, für die Forschung viel oder wenig zu bedeuten haben. Ihr Wirkungsgrad hängt ganz wesentlich davon ab, wieviel den einzelnen Forschungsstätten von anderer Seite zur Verfügung stand. Dabei kann auch keineswegs von einem System kommunizierender Röhren gesprochen werden, so daß es für den Empfänger letzten Endes gleichgültig wäre, aus welcher Quelle sein Reservoir gespeist wird, vielmehr gelten für jede dieser Quellen wieder andere haushaltsrechtliche Gebrauchsregeln. Personal- oder Sachmittel im ordentlichen Institutshaushalt sind für den Leiter von ganz anderer Wertigkeit als alle außerordentlichen, unständigen Zuschüsse von außen.

Es wäre töricht, die bloße Vielfältigkeit dieses Systems und seinen Mangel an strenger Logik verurteilen und es durch ein ideales System reiner Rationalität und Uniformität ersetzen zu wollen. Tradition und politisches Kräftespiel sind stärker als Schreibtischkonstruktion. Wohl aber kommt es darauf an, wenigstens den begrenzten Spielraum an freier Gestaltungsmöglichkeit, von dem ich sprach, so auszunützen, daß die schwersten Mängel des bestehenden Systems behoben oder vermieden werden. Lassen Sie mich einige dieser Mängel nennen:

Der erste Mangel besteht in dem ungesunden Verhältnis, das bis heute an sehr vielen Hochschulinstituten, aber ebenso bei den freien Instituten der angewandten Forschung zwischen den festen, vom Institutsträger bereitgestellten Haushaltsmitteln und den aus den verschiedensten Quellen kommenden unständigen Geldern besteht. Das Einwerben solcher Gelder, die Anpassung der Forschungsarbeiten an die verschiedenen Verwendungsbestimmungen, die Erfüllung der Berichts- und Abrechnungspflichten erfordern zuviel Zeit und Kraft; die Dispositionen auf längere Sicht und die Bindung von Mitarbeitern an das Institut sind aufs äußerste erschwert, da gute Nachwuchskräfte die größere Sicherheit vorziehen, die ihnen eine Stellung in Wirtschaft oder Verwaltung bietet. Auf die Arbeit der Forschungsgemeinschaft angewandt heißt das, daß sie immer wieder auf Fälle stößt, in denen sie selbst bei vollen Kassen nicht oder wenig helfen kann, weil die Grundfinanzierung des Instituts, auf der ihre zusätzliche Finanzhilfe erst aufbauen könnte, unzulänglich ist. Die Röhren kommunizieren nicht; der Forscher erhält nicht, was er braucht.

Dieser erste Mangel wird noch verschärft durch die ganz unrationelle Art der Mittelverwendung, zu der die meisten Forschungsinstitute dadurch gedrängt werden, daß auch sie den für Verwaltungsbehörden ersonnenen Regeln des staatlichen Haushaltsrechts unterstellt werden, die sich für ihre Bedürfnisse nicht eignen. Es wäre des Schweißes der besten Finanzsachverständigen und Verwaltungsjuristen wert, hier einen besseren Weg zu finden, der, ohne die unerläßliche Rechnungskontrolle illusorisch zu machen, doch eine elastischere Verwendung der Mittel ermöglichte. Besonders wichtig erschiene es mir auch, Möglichkeiten zur »mittelfristigen«, drei- bis fünfjährigen Bindung von Sach- und Personalmitteln für bestimmte Vorhaben zu entwickeln. Die Eigenmittel eines Instituts und die zusätzlichen Beihilfen der Forschungsgemeinschaft könnten dann auch weit wirksamer ineinandergreifen.

Der dritte Mangel besteht darin, daß die Vielfalt der Zuständigkeiten im Endergebnis zu einer allzu ungleichmäßigen Verteilung der Mittel führt, bei der die Gunst des Augenblicks oder der Lage des Instituts in einem bestimmten Land und die Geschicklichkeit des Institutsleiters in der Ausnützung solcher Zufallsmomente eine zu große, die wissenschaftliche Produktivität und Dringlichkeit seiner Forschungsvorhaben eine zu geringe Rolle spielen. Die Deutsche Forschungsgemeinschaft, die vermöge ihrer überregionalen Stellung und ihres Überblicks über das ganze Forschungspotential am ehesten zum Ausgleich berufen wäre, kann ihn nur verstohlen und ganz unvollkommen leisten, weil sie mit ihren unständigen Geldern niemals die einem Institut fehlenden ordentlichen Haushaltsmittel ersetzen kann, aber auch, weil sie befürchten müßte, sich an der politischen Rivalität der übrigen Geldgeber die Finger zu verbrennen und damit der Sache zu schaden statt zu nützen.

Wenn es sich bei all diesen Mängeln, deren Katalog sich noch ganz ansehnlich verlängern ließe, nur um Wachstumserscheinungen der Nachkriegsjahre handelte, die geschmerzt haben, solange das Gesamtvolumen der Forschungsmittel allzu dürftig war, die aber jetzt in dem Maße an Bedeutung verlieren, in dem mit dem wachsenden Sozialprodukt auch dieses Volumen von Jahr zu Jahr wächst, oder wenn es nur tech-

nische Unvollkommenheiten wären, deren Verbesserung den Fachleuten überlassen bleiben könnte, so lohnte es sich nicht, hier davon zu sprechen. Aber die Dinge liegen anders. Es handelt sich um Systemfehler, deren Wirkung mit der Höhe der für die Forschung bereitgestellten Mittel wächst. Die Gefahr ihrer Fehllenkung und Vergeudung auf der einen Seite, des Zurückbleibens minder begünstigter Teile auf der anderen Seite ist heute größer als vor fünf Jahren. Dazu kommt, daß die Forschung selbst sich nicht gleichmäßig in altgewohnten Bahnen weiterentwickelt, sondern stürmisch vorwärtsdrängt und in immer neuen Eruptionen und Verwerfungen die vertrauten Einteilungen, Zuordnungen und Bewertungen der Disziplinen über den Haufen wirft. Wir stehen heute, nach Ablauf der ersten zehn Aufbaujahre, in denen wir den Weg aus den Verwüstungen der Katastrophe zur produktiven Arbeit und zum vollen Anschluß an den Stand der Forschung draußen in der Welt zu finden und zu sichern hatten, am Beginn eines neuen Zeitabschnittes. Er stellt uns Forschungsaufgaben, die mit den organisatorischen Behelfen des bisherigen Systems nicht mehr angemessen zu lösen sind, und deren Erfüllung finanzielle Mittel von einer Größenordnung erfordert, die bei der jetzigen Zersplitterung der Kräfte gar nicht erreicht werden kann. Ich nenne als Beispiel unsere Bemühungen, ein zentrales Krebsforschungsinstitut zu schaffen. Ich erinnere an das Stichwort Luftfahrtforschung, um deren Wiederbelebung man sich in den letzten Jahren gerade auch in Stuttgart besondere Mühe gegeben hat. Endlich steht Ihnen ja allen seit dem weltweiten Widerhall des Genfer Kongresses im August dieses Jahres die umwälzende Bedeutung vor Augen, die die Atomforschung im weitesten Sinne für die Menschheit erlangt hat. Hier überall und nicht nur hier, stehen wir vor großen neuen Aufgaben, die in den bisherigen Formen nicht bewältigt werden können.
Es scheint mir hiernach an der Zeit, eine Reform unseres Systems der Forschungsförderung in Angriff zu nehmen. Ihr Ziel kann, um es noch einmal zu sagen, nicht sein, eine Art zentraler Planwirtschaft an die Stelle der bisherigen Vielfalt zu setzen. Mit solchen Rezepten, die unsere geschichtliche Tradition, die heutige politische Kräfteverteilung, aber auch die gegen alle Planungen sehr empfindliche Eigenart der Forschung selbst außer Acht lassen, ist niemand gedient. Aber es kann und muß möglich sein, behutsam und vielleicht nur schrittweise über der Vielfalt auch wieder eine Einheit zu errichten und zu stärken, eine Gemeinsamkeit des Planens und Handelns von Bund, Ländern und Forschungsgemeinschaften in der Erfüllung der ganz großen Aufgaben, die jetzt vor uns stehen, eine bessere gegenseitige Abstimmung der übrigen Teilpläne zum Ausbau der Forschung auch zwischen den Län-

dern und ein gemeinsamer Versuch, die haushaltsrechtlichen Schwierigkeiten zu überwinden, die die rationelle Ausnützung der vorhandenen Mittel und das Ineinandergreifen der verschiedenen Förderungsmaßnahmen bisher so erschweren.
An solchen Reformarbeiten müßten aber nicht nur die verschiedenen Regierungsstellen in Bund und Ländern, sondern auch führende Wirtschaftskreise beteiligt werden, um das gewichtige eigene Interesse der Wirtschaft an der Förderung der Forschung und ihre Erfahrung auf diesem Gebiet mit ins Spiel zu bringen. Dabei wäre auch der Platz der Wirtschaft in dem bisher besprochenen System neu zu überdenken. Er kann nicht nur darin bestehen, daß jedes Unternehmen, soweit es nicht eigene Forschungslaboratorien unterhält, die für seine Produktion unmittelbar wichtigen Forschungsarbeiten an Hochschul- oder anderen Instituten in Auftrag gibt oder laufend unterstützt. Wir halten solche Auftragsforschung für wichtig, weil sie auch die Arbeit der Institute befruchtet, und haben uns daher an der vor kurzem errichteten »Vermittlungsstelle für Vertragsforschung« beteiligt, die sie fördern soll. Aber für die Einnahmen der Institute aus Auftragsforschung gilt das gleiche, was vorher über die zusätzlichen, unständigen Gelder gesagt wurde: sie leisten nicht das gleiche wie die normalen Haushaltsmittel, und sie werden zur schweren Gefahr für die Unabhängigkeit des Forschers und die Objektivität seiner Forschungsergebnisse, wenn sie etwa deswegen in zu großem Umfang angenommen werden, weil die Grundfinanzierung des Instituts nicht ausreicht. So liegen die Dinge aber leider recht häufig. Hier wären bestimmte Regeln über die zulässigen Proportionen erwünscht, am besten freilich nicht auf Grund staatlicher Anordnung, sondern kraft einer festen Standessitte unter den Gelehrten selbst. Für die Unternehmer dagegen sollte es zur festen Standessitte werden, zur Förderung der Forschung mehr zu tun als die eigennützige Vergabe von bezahlten Forschungsaufträgen. Es ist sehr kurzsichtig gedacht, alles, was darüber hinausgeht, dem Staat allein zu überlassen. Das gilt, wie immer wieder gesagt werden muß und erfreulicherweise auch vom Stifterverband für die Deutsche Wissenschaft nachdrücklich unterstrichen wird, für alle Forschungszweige, also auch für die Grundlagenforschung im Bereich der reinen Natur- und aller Geisteswissenschaften. Am dringlichsten aber ist das Zusammenwirken von Staat und Wirtschaft zweifellos im weiten Feld der sogen. angewandten Forschung, wo zwischen den reinen Hochschulinstituten auf der einen, den werkseigenen Industrieinstituten auf der anderen Seite eine große Zahl von halb privaten, halb öffentlichen Instituten in den verschiedensten Rechtsformen und Größenordnungen wertvolle Arbeit leistet und der Unterstützung von beiden Seiten bedarf, ohne daß es

bisher gelungen wäre, dafür feste Grundsätze auszubilden. Der von der Deutschen Forschungsgemeinschaft eingesetzte Ausschuß für angewandte Forschung hat es sich zur Aufgabe gemacht, die derzeitige Lage von Fachgebiet zu Fachgebiet zu klären und Verbesserungsvorschläge zu machen; er wird demnächst die ersten Teilergebnisse seiner eineinhalbjährigen Arbeit veröffentlichen. Ich will seinen Vorschlägen nicht vorgreifen, aber es ist kein Zweifel, daß sie in einem dringenden Appell an Staat *und* Wirtschaft münden werden.

Ich war von der Stellung der Deutschen Forschungsgemeinschaft ausgegangen und möchte zum Schluß noch einmal auf sie zurückkommen. Ihre Selbständigkeit gegenüber dem Staat und — wie wir nun hinzufügen können — gegenüber der Wirtschaft gibt ihr die Freiheit; das Vertrauen, das sie dort und in den Reihen der Wissenschaft genießt, gibt ihr die Legitimation, die Reform, von der hier die Rede war, voranzutreiben. Sie sollte dabei für sich selbst auch weiterhin kein Monopol der Forschungsförderung und keinerlei hoheitliche Gewalt anstreben. Aber sie trägt eine besondere Verantwortung dafür, daß der Forschung ermöglicht wird, sich nach ihren eigenen Bedürfnissen und Gesetzen zu entwickeln, und daß über der Vielfalt der Kräfte, die die Forschung zu tragen haben, die Einheit der Forschung selbst nicht verloren geht. Darum gehört es auch zu ihren Aufgaben, sich ein möglichst zuverlässiges Bild von der Lage der Forschung in ihren verschiedenen Gebieten zu machen, wie das für die angewandte Forschung, aber auch für andere Gebiete in Angriff genommen worden ist. Sie hat auch darüber zu wachen, daß allzu einseitige Förderungsmaßnahmen für bestimmte, aus politischen oder wirtschaftlichen Gründen gerade besonders interessant erscheinende Gebiete vermieden werden, da solche Versuche regelmäßig auf eine Vernachlässigung anderer Gebiete hinauslaufen und damit das Gefüge des Ganzen zu verzerren drohen. Sie setzt sich darum nachdrücklich für eine Gleichstellung von Natur- und Geisteswissenschaften, von Grundlagen- und angewandter Forschung ein. Auch in den Programmen, die sie zur Verwendung der sogen. Schwerpunktmittel des Bundes seit zweieinhalb Jahren aufgestellt hat, hat sie zwar einige die Öffentlichkeit besonders beschäftigende Themen, wie zum Beispiel die Luftfahrtforschung oder die Atomphysik, ihren Bedürfnissen entsprechend mit recht hohen Beträgen berücksichtigt, aber doch so, daß neben ihnen eine größere Zahl weiterer Themen aus ganz anderen Disziplinen steht, die vom wissenschaftlichen Standpunkt aus nicht weniger gefördert zu werden verdienen. Sie wird auch in Zukunft auf diesen Punkt zu achten haben, wenn es, wie wir alle hoffen, gelingen wird, für bestimmte Forschungsgebiete wesentlich größere Mittel als bisher zu beschaffen. Dabei geht es ihr, um das noch einmal zu sagen, nicht um ein bloß formales Prinzip der Gleichheit, sondern darum, den Sachzusammenhang, der zwischen den einzelnen wissenschaftlichen Disziplinen besteht, nicht zum Schaden des Ganzen zerreißen zu lassen. Nur so kann sie dem ihr aufgetragenen Dienst an der Forschung gerecht werden.

DIE AUFGABEN DES WISSENSCHAFTSRATES

Ich möchte mit einem Wort des Dankes für die freundliche Einladung zu diesem Vortrag beginnen. Die Arbeitsgemeinschaft für Forschung in Düsseldorf ist für mich keine fremde Institution. Ich habe in den Jahren, in denen ich als Präsident der Deutschen Forschungsgemeinschaft in Bad Godesberg saß, häufig und immer mit großem Gewinn an den Sitzungen beider Abteilungen der Arbeitsgemeinschaft teilgenommen. Für meine Arbeit in der Deutschen Forschungsgemeinschaft war es ungemein hilfreich, an den Referaten und Diskussionen gerade naturwissenschaftlicher Themen teilnehmen zu können, um auf diese Weise einen sehr lebendigen Eindruck von manchen wissenschaftlichen Fragestellungen zu gewinnen, die einem Juristen nicht so ohne weiteres auf seinem Schulweg mitgegeben worden waren.

Als ich dann von Bad Bodesberg nach Tübingen ging, wurde ich von der Arbeitsgemeinschaft für Forschung zu einem korrespondierenden Mitglied ernannt. Hin und wieder sage ich meinen Studenten: Das ist das hübscheste Amt, das ich habe, ich korrespondiere nämlich nicht; ich bekomme bloß die Veröffentlichungen der Arbeitsgemeinschaft und lerne aus ihnen weiter. Aber ganz so einseitig sollte das Verhältnis doch nicht sein; darum fühle ich mich verpflichtet, mich einmal auch meinerseits Ihnen zu stellen. Daher habe ich die Gelegenheit gern ergriffen, als Sie, Herr Staatssekretär Brandt, mich aufforderten, hier zu sprechen. Nur habe ich heute kein eigentlich wissenschaftliches Thema, sondern es ist ein Thema, das dem Amt entspricht, das ich gegenwärtig als Vorsitzender des Wissenschaftsrates innehabe, nämlich vor Ihnen die Aufgaben des Wissenschaftsrates zu entwickeln.

I.

Im Herbst 1957 haben sich die Regierungen des Bundes und der Länder über das Abkommen geeinigt, durch das der Wissenschaftsrat gegründet werden sollte. Ein kulturpolitisch höchst bedeutsamer Schritt, um den sich von Seiten der Wissenschaft, wie einmal ausgesprochen werden sollte, vor allem die Professoren Hess, Tellenbach und Coing besondere Verdienste erworben hatten, war damit getan.

Nachdem in den folgenden Monaten die Mitglieder des neuen Gremiums ausgewählt und berufen waren, konnte Theodor Heuss als Bundespräsident vor jetzt ziemlich genau fünf Jahren in Bonn mit einer bemerkenswerten Ansprache die Arbeit des Wissenschaftsrates eröffnen. Aber trotz der guten Wünsche, die er dieser Arbeit mit auf den Weg gab, war die Hoffnung der deutschen Wissenschaft auf die Leistungsfähigkeit des neuen Instruments nur gedämpft. Die Konstruktion eines Gremiums von 44 Stimmen, aufgeteilt in zwei getrennt voneinander arbeitende, nur drei- bis höchstens viermal im Jahr zu gemeinsamen Plenarsitzungen zusammentretende Kammern, die Wissenschaftliche Kommission und die Verwaltungskommission, mußte ungemein schwerfällig wirken. Dazu kam, daß nach dem Verwaltungsabkommen der Wissenschaftsrat keinerlei eigene Weisungs- und Gestaltungsbefugnis, sondern lediglich das Recht haben sollte, Empfehlungen auszusprechen. Nach vielen, für uns eben nicht ermutigenden Erfahrungen der vorausgegangenen Jahre mit der Zähigkeit des Verwaltungsganges und der Häufung von Schwierigkeiten, selbst bei gutem Willen der beteiligten Personen in den Ministerien und Parlamenten, war das Vertrauen darauf, daß die vom Wissenschaftsrat eines Tages ausgesprochenen Empfehlungen bald verwirklicht werden würden, nicht sehr stark entwickelt. So erklärt es sich wohl auch, daß die vom Wissenschaftsrat im Laufe des folgenden Jahres ausgearbeiteten und den wissenschaftlichen Hochschulen zugeleiteten Fragebogen, in denen sie über ihren gegenwärtigen Zustand und über ihre eigenen Entwicklungspläne berichten sollten, zwar, wie es sich gehört, sorgfältig und fleißig ausgefüllt, aber überwiegend ohne viel Phantasie beantwortet worden sind. Es fehlte offenbar an Vertrauen darauf, daß es sich lohnte, solche Phantasie zu entwickeln.

Heute, fünf Jahre später, hat sich das Bild völlig gewandelt. Der Wissenschaftsrat hat sich in der Zwischenzeit, vor allem seit der Veröffentlichung seiner umfangreichen »Empfehlungen zum Ausbau der wissenschaftlichen Hochschulen« Ende 1960, eine von den Hochschulen selbst, von den Verwaltungen und Parlamenten nirgends mehr bestrittene Autorität zu verschaffen gewußt. Die Folge ist, daß seine Empfehlungen eher zu genau als zu wenig beachtet werden. Für den Wissenschaftsrat selbst hat diese Autorität, so sehr er sich ihrer um der Sache willen freut und manchmal auch bedient, auch allerlei unbequeme Folgen. Eine ganze Reihe von Einrichtungen, die nur bei weitherziger Auslegung noch das Beiwort »wissenschaftlich« verdienen, versuchen unter diesem und jenem Vorwand eine Bestandsaufnahme durch den Wissenschaftsrat zu erreichen, um gleichfalls in den Genuß seiner Segnungen zu kommen. Auch in den Auseinandersetzungen, die sich in den letzten Wochen an die Schaffung eines neuen Bundesministeriums für wissenschaftliche Forschung angeschlossen hatten, war, soviel ich sehe, für alle Politiker jedenfalls ein Punkt außer Diskussion, nämlich daß dieses Ministerium nicht dazu bestimmt sein könne, den Wissenschaftsrat zu ersetzen, sondern daß es sich nur darum handeln könne, eine geeignete Form der Kooperation zwischen dem Wissenschaftsrat und dem Ministerium zu erreichen. Schließlich mag darauf hingewiesen werden, daß der Erfolg der Konstruktion des Wissenschaftsrates inzwischen dazu angeregt hat, auf anderen Bereichen, so in der Kulturpolitik, ein ähnliches Instrument, etwa in Gestalt eines sogenannten »Bildungsrates« zu schaffen.

So erfreulich all diese Erfolge für den Wissenschaftsrat selbst sind, so sehr muß er doch darauf achten, daß sie ihn nicht für die eigenen Grenzen und für das, was der Wissenschaftsrat innerhalb dieser Grenzen zu leisten vermag, blind machen. Schon aus diesem Grunde ist die Aufforderung, einmal hier über die Aufgaben des Wissenschaftsrates Rechenschaft zu geben, für seinen Vorsitzenden eine verlockende Aufgabe.

II.

Das Verwaltungsabkommen, auf dem der Wissenschaftsrat beruht, hat sich bemüht, seine Aufgaben in einer kurzen Formel rechtlich festzulegen. Diese Formel ist, wie es nicht anders sein kann, das Ergebnis eines Kompromisses und läßt nicht genau erkennen, was sich die Verfasser des Abkommens dabei im einzelnen vorgestellt haben. Es ist da die Rede davon, daß der Wissenschaftsrat »auf der Grundlage der von Bund und Ländern im Rahmen ihrer Zuständigkeiten aufgestellten Pläne einen Gesamtplan für die Förderung der Wissenschaften zu erarbeiten und hierbei die Pläne des Bundes und der Länder aufeinander abzustimmen« habe. Ferner ist ihm aufgegeben, »jährlich ein Dringlichkeitsprogramm aufzustellen« und »Empfehlungen für die Verwendung der in den Haushaltsplänen des Bundes und der Länder für die Förderung der Wissenschaft verfügbaren Mittel« auszusprechen.

Danach soll es sich um Pläne und Empfehlungen zur Förderung der Wissenschaft handeln, und zwar nicht nur um die finanzielle Förderung. Es liegt durchaus im Rahmen der verwendeten Formel, daß auch die Fülle anderer denkbarer Förderungsmaßnahmen mit zum Aufgabenbereich des Wissenschaftsrates gehört. Dabei sollen die vom Bund und allen Ländern je für sich aufgestellten Pläne zu einem Gesamtplan zusammengefügt werden. Diese Formulierung ist überraschend, denn es konnte den Verfassern des Abkommens nicht verborgen sein, daß auf seiten des Bundes wie auf seiten der Länder zwar eine Fülle von Einzelmaßnahmen im Gange oder beabsichtigt waren, daß aber nirgendwo schon umfassende Pläne für die Förderung der Wissenschaft bestanden. Der Wissenschaftsrat hat sich darum auch von Anfang an nicht etwa dabei aufgehalten, solche Pläne anzufordern, sondern hat sich sogleich an die Arbeit gemacht, um auf diese Weise für die verschiedenen Bereiche wissenschaftlicher Tätigkeit eigene Pläne zu entwickeln.

Will man wissen, was hinter den angeführten Formulierungen steckt, so wird es notwendig sein, auf die Gründe zurückzugehen, die die Errichtung des Wissenschaftsrates veranlaßt hatten. Man kann von einer dreifachen Einsicht in die Gegebenheiten unserer geschichtlichen Lage sprechen, die ich im übrigen hier nur kurz anzudeuten brauche, da die Fakten gerade diesem Kreis durchaus vertraut sind.

Es handelt sich einmal um die Erkenntnis, daß heute in der Mitte des 20. Jahrhunderts ebenso die physische und wirtschaftliche Existenz wie die geistige und sittliche Haltung einer großen Nation ausschlaggebend davon abhängt, daß die Forschung die Wege zur Herstellung einer gesunden sozialen Ordnung und zur Ausnutzung aller Stoffe und Kräfte der Natur erschließt und alle Wissenschaften ihren Beitrag zu der gemeinsamen Aufgabe leisten, geistige Horizonte zu eröffnen und Maßstäbe zu setzen. Dazu sind lebendige Universitäten und moderne Forschungseinrichtungen mit einem großen Stab qualifizierter Forscher ebenso notwendig wie eine breite Schicht wissenschaftlich gut ausgebildeter Kräfte in allen Lebensbereichen, in denen die Ergebnisse solcher Forschung die Grundlage des Handelns bilden. Für alle modernen Industrievölker kommt es darauf an, aus dieser Erkenntnis die notwendigen Folgerungen für die Förderung der Wissenschaft im eigenen Lande zu ziehen.

Maßgebend war zweitens, daß das deutsche Volk die führende Rolle, die es noch vor fünfzig Jahren unter den anderen Nationen auf dem Felde der Wissenschaft gespielt hatte, seitdem als Folge nicht nur der Zerstörungen des letzten Krieges, sondern mehr und tiefer noch als Folge der geschichtlichen Katastrophen und vielfachen Versäumnisse in den letzten Jahrzehnten eingebüßt hat. Heute bedarf es außergewöhnlicher Anstrengungen, um die Leistungsfähigkeit unserer wissenschaftlichen Einrichtungen wieder voll herzustellen und zu steigern. Dabei ist die gegenwärtige Überfüllung unserer Hochschulen infolge des im letzten Jahrzehnt stark gewachsenen Andrangs junger Menschen zum Studium nicht der einzige, aber ein besonders ins Auge fallender Notstand, der Lehre und Forschung an unseren Hochschulen behindert und darum dringlich nach Abhilfe ruft.

Endlich ging es um die Einsicht, daß es in dieser Lage für die Bundesrepublik nicht mehr genügen konnte, die Entwicklung wissenschaftlicher Einrichtungen der Initiative einzelner Personen, Kollegien oder Behörden und der wechselnden und unterschiedlichen Bewilligungsfreudigkeit der jeweiligen Finanzträger in Bund und Ländern zu überlassen. So kam es zu dem Ruf nach einem zentralen Organ von hoher Sachkunde, das einen umfassenden auf längere Sicht angelegten Plan ausarbeiten sollte. Die Erfahrungen, die wir seit 1949 mit unserer bundesstaatlichen Verfassung gemacht haben, lehrten auch, daß ein solcher Entwicklungsplan nur dann Aussicht auf Verwirklichung hat, wenn Bund und Länder die ihnen nach dem Grundgesetz zufallende konkurrierende Zuständigkeit für die Wissenschaftsförderung gemeinsam wahrnehmen, also ihre Kräfte zusammenfassen, um dieser großen öffentlichen Aufgabe gerecht zu werden. Das macht die politische Funktion verständlich, die der Wissenschaftsrat jenseits aller rechtlichen Konstruktionsfragen zu erfüllen hat und, wie ich glaube, bisher auch erfolgreich zu erfüllen vermochte. In ihm sind Vertreter des Staates, der Wissenschaft und des öffentlichen Lebens als gleichberechtigte Partner zusammengefaßt. In ihm sitzen Vertreter aller elf Bundesländer, meist die Kultusminister, und die Staatssekretäre der an Forschungsfragen besonders interessierten Bundesressorts an einem Tisch. Daß überdies außer den Kultusministerien der Länder und dem im Bund bisher für Forschungsfragen federführend gewesenen Bundesinnenministerium auch die Vertreter der Finanzministerien und weiterer an der Forschung interessierter Fachressorts beteiligt sind, sichert von vornherein deren Mitarbeit, deren Interesse und Verantwortungsbereitschaft für die Ergebnisse der Beratungen. Gerade unter dem Gesichtspunkt der politischen Integrationswirkung und Durchschlagskraft hat sich also die schwerfällige Konstruktion, sosehr sie im übrigen die Arbeit behindern oder jedenfalls verlangsamen mag, im Endergebnis doch als erfolgreich erwiesen. Daß der Wissenschaftsrat nur Empfehlungen und keine bindenden Weisungen aussprechen kann, liegt darin begründet, daß er nicht die Rechtsstellung einer Behörde mit hoheitlicher Weisungsgewalt hat. Praktisch hat sich gezeigt, daß die verantwortliche Mitwirkung der Vertreter von Ländern und Bund bei den Arbeiten des Wissenschaftsrates seinen Empfehlungen zwar nicht rechtlich, aber doch in hohem Grade moralisch bindende Kraft zu geben vermochte, im deutlichen Unterschied etwa zu den Empfehlungen des Deutschen Ausschusses für das Erziehungs- und Bildungswesen, die es sehr viel schwerer hatten und haben, sich nach ihrer Veröffentlichung im politischen Meinungsstreit durchzusetzen.

Auf eine kurze Formel gebracht, kann man also den Wissenschaftsrat als einen Planungsstab für die Entwicklung der deutschen Wissenschaft bezeichnen. Als solcher stellt er mehr und anderes dar als einen bloßen Sachverständigenausschuß, ohne auf der anderen Seite die Stellung eines Ministeriums oder einer ähnlichen Oberbehörde einzunehmen. Ich bin mir bei dieser Formulierung »Planungsstab« bewußt, daß das Wort »Planung« bei uns im Bereich der Wissenschaft, ähnlich wie im Bereich der Wirtschaft, ausgesprochen unbehagliche Empfindungen erweckt. Ich muß daher wohl ein wenig verdeutlichen, was es mit dieser Planung auf sich hat. Zunächst sollte klar gesagt werden, daß damit nicht die Planung der Forschungsarbeit selbst gemeint ist. Auf Ziel und Inhalt gegenwärtiger und künftiger Forschung nimmt der Wissenschaftsrat weder unmittelbar, noch auch nur indirekt durch die Auswahl der zu fördernden Forschungsprogramme Einfluß, ist auch an der Finanzierung von Einzelvorhaben in keiner Weise beteiligt. Er kann diesen ganzen Aufgabenbereich getrost der Deutschen Forschungsgemeinschaft überlassen, die ja eine wesentlich ältere Einrichtung unseres wissenschaftlichen Lebens ist und darin hinreichende Erfahrungen gesammelt und gute Erfolge erzielt hat. Planung für die Entwicklung der deutschen Wissenschaft bedeutet dagegen vom Standpunkt des Wissenschaftsrates aus erstens die kritische Überprüfung und notfalls Neufassung der Organisationsprinzipien, nach denen sich die wissenschaftliche Arbeit in der Bundesrepublik vollzieht oder vollziehen soll, und eine kritische Untersuchung der Leistungsfähigkeit aller der Wissenschaft dienenden Einrichtungen. Sodann sind all die Maßnahmen zu überlegen, die ihre Leistungsfähigkeit steigern könnten, und den staatlichen Organen Vorschläge zu machen, wo ihre finanzielle oder auch organisatorische Hilfe notwendig und wie sie am fruchtbarsten einzusetzen ist. Es sollte heute, in der Mitte des 20. Jahrhunderts, für jeden Einsichtigen klar sein, daß Pläne dieser Art schlechterdings unerläßlich geworden sind und daß sie die Freiheit des einzelnen, hier also auch die Freiheit des Gelehrten, nicht beeinträchtigen, sondern im Gegenteil erst recht sichern.

III.

Über die bisher geleistete Arbeit des Wissenschaftsrats und über die in Gang befindlichen Untersuchungen ist die Öffentlichkeit und, wie ich wohl annehmen kann, gerade auch dieser Kreis im ganzen durch die verschiedenen Publikationen hinreichend unterrichtet, so daß ich mich damit begnügen kann, nur zum Verständnis des Folgenden einen kurzen Überblick darüber zu geben.
In seiner ersten dreijährigen Arbeitsperiode hat sich der Wissenschaftsrat darauf konzentriert, sich um die Lage der wissenschaftlichen Hoch-

schulen und um die möglichen Wege zur Erhöhung ihrer Leistungsfähigkeit, faktisch also zu ihrem personellen und räumlichen Ausbau, zu kümmern. Das Ergebnis dieser Untersuchungen war der Ihnen bekannte umfangreiche Band von Empfehlungen zum Ausbau der wissenschaftlichen Hochschulen. Er enthält, wie Sie wissen, ins einzelne gehende Vorschläge dafür, wie die personelle und finanzielle Ausstattung der bestehenden Hochschulen sich entwickeln soll und welche baulichen Maßnahmen zur Erweiterung ihrer Kapazität erforderlich sind. Andererseits wurde vorgeschlagen, zur Entlastung dieser Hochschulen von dem immer stärker werdenden Andrang an Studenten eine Anzahl von neuen Hochschulen zu gründen. Am Ende des letzten Sommers hat der Wissenschaftsrat diesen großen Band von Empfehlungen durch einen kleineren Band von — wie er es nannte — »Anregungen zur Gestalt neuer Hochschulen« ergänzt und Vorschläge zur Verwirklichung von Reformgedanken an den neuzugründenden Hochschulen entwickelt. Es kann hinzugefügt werden, daß er auch abgesehen von diesen Veröffentlichungen darum bemüht ist, den Gang der Dinge an den Hochschulen, also die Art und Weise der Verwirklichung seiner Empfehlungen und die neu auftauchenden Bedürfnisse, sorgfältig zu verfolgen und Schwierigkeiten, die sich — sei es örtlich, sei es allgemein — zeigen, möglichst informell und unbürokratisch zu beheben. Er hat zwar keine Kontroll- oder Aufsichtsbefugnisse über die Hochschulverwaltungen einerseits, über die Selbstverwaltungsorgane der Hochschulen andererseits, und er vermeidet es daher geflissentlich, in die laufende Arbeit, die diese Instanzen jede für sich oder im Zusammenwirken zu leisten haben, von außen einzugreifen. Aber er kann doch immer wieder — meist in der Person des Vorsitzenden und des Generalsekretärs — durch Ratschläge und Vermittlungsversuche Hindernisse aus dem Weg schaffen und der gesunden Entwicklung die Bahn bereiten. Da es außerdem zu seinen Befugnissen gehört, Vorschläge für die Verwendung der Mittel zu machen, die im Bundeshaushalt als Zuschüsse für die bauliche Erweiterung der Hochschulen ausgebracht sind, so hat er gerade an diesem für die Beteiligten ziemlich empfindlichen Punkt ein verhältnismäßig wirksames, eben darum auch behutsam einzusetzendes Steuerungsmittel in der Hand.
Seit Anfang 1961 hat sich der Wissenschaftsrat sodann auch den sonstigen wissenschaftlichen Einrichtungen in der Bundesrepublik zugewandt. Er befaßt sich in verschiedenen Ausschüssen, die dafür eingesetzt worden sind, mit Untersuchungen über die wissenschaftlichen Akademien, wissenschaftlichen Bibliotheken, die Museen und Archive, soweit sie von wissenschaftlichem Interesse sind und Forschungsarbeit leisten, und vor allem über die große Zahl hochschulfreier Forschungs-

institute, also derjenigen Forschungseinrichtungen, die weder den Hochschulen eingegliedert sind noch als industrieeigene Institute ausschließlich von der Industrie unterhalten werden und somit wirtschaftlichen Zwecken dienen. Dazu gehören beispielsweise die Staatlichen Forschungsanstalten des Bundes und der Länder, die Institute der Max-Planck-Gesellschaft, der Arbeitsgemeinschaft industrieller Forschungsgemeinschaften, der Fraunhofer-Gesellschaft und mehrere Hundert weitere selbständige Institute aller Forschungsrichtungen und jeder Größe. Es bedarf kaum des Hinweises, daß es außerordentlicher Anstrengungen bedarf, so vielgestaltige Objekte einigermaßen zuverlässig in den Griff zu bekommen und darüber abschließend Urteile abgeben zu können, die der Sache dienen und vor der Kritik derer, die an diesen Einrichtungen interessiert sind, Bestand haben können. Ich kann daher im Augenblick auch nur von einer höchst angespannten Tätigkeit sowohl der Mitglieder des Wissenschaftsrates wie vieler in den Ausschüssen als Sachverständige zugezogener Wissenschaftler und Verwaltungsleute berichten, ohne zu meinem eigenen Kummer heute schon einen festen Termin für den Abschluß dieser Arbeiten nennen zu können.

IV.

Es läge nun nahe, meinen weiteren Bericht ähnlich zu gliedern, wie sich die Arbeiten des Wissenschaftsrates selbst vollzogen haben, nämlich nach den von ihm untersuchten Gegenständen oder wissenschaftlichen Institutionen. Ich möchte Ihnen aber vorschlagen, einen anderen Weg zu gehen. Die Empfehlungen, die der Wissenschaftsrat zum Ausbau der wissenschaftlichen Hochschulen gemacht hat, sind Ihnen ja, wie ich annehmen kann, wenigstens im groben bekannt und bedürfen hier nicht noch einmal einer Darstellung. Andererseits sind die Untersuchungen über die Lage der übrigen wissenschaftlichen Einrichtungen noch in vollem Zuge, so daß hier über fertige Ergebnisse noch nicht berichtet werden kann. Unter diesen Umständen scheint es mir richtiger, von der Aufgabe des Wissenschaftsrates auszugehen, einen Gesamtplan für die Förderung der Wissenschaft in der Bundesrepublik zu erarbeiten, und im folgenden einmal zu fragen, welche Faktoren die wichtigste Rolle bei einer solchen Planung spielen müssen. Wenn ich recht sehe, handelt es sich um drei Faktoren: einmal um die Frage, in welchen Institutionen sich die wissenschaftliche Arbeit vollzieht, zum zweiten um die Frage, wie die Finanzierung dieser Institutionen sichergestellt werden kann, und drittens um die Frage, wie der personelle Bedarf für die wissenschaftliche Arbeit am besten gewährleistet wird. Es ist selbstverständlich, daß diese Faktoren miteinander in einem inneren Zusammenhang stehen. Trotzdem scheint es mir reizvoll, sie einmal getrennt zu untersuchen. Dabei besagt die Reihenfolge nichts über die Dringlichkeiten, sondern folgt nur der Bequemlichkeit der Darstellung.

1. Was zunächst die Einrichtungen unseres wissenschaftlichen Lebens angeht, um deren Leistungsfähigkeit und um deren Ausbau sich der Wissenschaftsrat zu kümmern hat, so ist der von ihm vorgefundene Bestand keineswegs das Ergebnis einer rationalen Planung, sondern einer außerordentlich verschlungenen und von vielen Zufälligkeiten abhängigen geschichtlichen Entwicklung. Im Mittelpunkt unseres wissenschaftlichen Lebens stehen unzweifelhaft die wissenschaftlichen Hochschulen, in denen Forschung und Lehre nach deutscher Tradition bis heute vereinigt sind. Neben ihnen gibt es auf der einen Seite eine Anzahl von Ausbildungsstätten für die verschiedensten, gesellschaftspolitisch kaum minder wichtigen Aufgaben, in denen gleichfalls die Ergebnisse wissenschaftlicher Arbeit vorgetragen und zur Ausbildung verwendet, aber nicht oder jedenfalls nicht planmäßig eigene Forschungsarbeit geleistet wird. Hierher gehören vor allem die Pädagogischen Hochschulen, dann die Ingenieurschulen, die Wirtschaftsfachschulen und ähnliche Einrichtungen. Mit ihnen hat sich der Wissenschaftsrat bisher nicht befaßt, weil das über seine Kräfte gegangen wäre und weil er nach der Art seiner personellen Zusammensetzung auch kaum für ihre Beurteilung kompetent wäre. Er muß aber unzweifelhaft das Vorhandensein dieser Einrichtungen, von denen ja einige gleichfalls für die Zulassung ihrer Studenten die Hochschulreife voraussetzen, bei seinen Überlegungen über die Funktionen der verschiedenen Ausbildungstypen voll in Rechnung stellen. Er hat in dieser Hinsicht nachdrücklich darauf hingewiesen, daß eine Vermehrung der Zahl dieser anderen Ausbildungsstätten dringend erforderlich ist, um die wissenschaftlichen Hochschulen zu entlasten und um diejenigen Begabungen in unserer Jugend, die weniger auf wissenschaftlich abstrahierendes Denken als auf praktisches Handeln gerichtet sind, in einem kürzeren und für sie besser geeigneten Ausbildungsverfahren rasch zu einer produktiven Verwendung ihrer Kräfte in der Gesellschaft zu führen. Auch für jede Berechnung der künftigen Entwicklung des Andrangs von Studienbewerbern an unseren wissenschaftlichen Hochschulen spielen die Leistungsfähigkeit dieser anderen Ausbildungsstätten, das Ansehen, das ihre Ausbildungswege in der Öffentlichkeit genießen, und die Stellungen, die mit ihrer Hilfe in Staat und Wirtschaft erreicht werden können, eine große und nicht leicht zu unterschätzende Rolle.

In ihrer Forschungsaufgabe stehen die wissenschaftlichen Hochschulen andererseits in Konkurrenz mit der großen Zahl hochschulfreier Forschungsinstitute, unter denen diejenigen der Max-Planck-Gesellschaft den ersten Rang einnehmen, denen aber eine große Zahl anderer, teils staatlicher, teils halbstaatlicher oder privater Institute folgt. Als Forschungseinrichtungen sind auch die wissenschaftlichen Akademien in Betracht zu ziehen, ferner zu einem Teil die Museen und Archive und als wichtigste Hilfsinstrumente der wissenschaftlichen Forschung die wissenschaftlichen Bibliotheken und Dokumentationsstellen. Es wäre nun zweifellos verlockend und auch sehr aufschlußreich, einmal in Form eines Sandkastenspiels nach rationalen Prinzipien zu überlegen, welche Forschungseinrichtungen den Bedürfnissen der Forschung in unserem Zeitalter am besten gerecht werden. Der Wissenschaftsrat hat sich, vielleicht zum Schaden der Sache, bisher nie die Zeit genommen, ein solches Planspiel durchzuführen. Er ist vielmehr bisher bei allen seinen Überlegungen, ausgesprochen oder unausgesprochen, von dem Prinzip ausgegangen, das geschichtlich Gewordene nicht ohne Not zu zerstören, sondern allenfalls zu versuchen, ihm einen den neuen, den heutigen Erfordernissen besser angepaßten Sinn, eine neue Aufgabe oder eine veränderte Form zu geben. Ich lasse dahingestellt, ob dieser Mangel an Radikalität eine Folge der Tatsache ist, daß das Durchschnittsalter auch der wissenschaftlichen Mitglieder des Wissenschaftsrates näher bei sechzig als bei fünfzig oder gar vierzig Jahren liegt. Ich möchte meinerseits zur Rechtfertigung dieser, im ganzen mild konservativen Haltung nur anführen, daß es sich ja doch um die Organisationsformen geistiger Arbeit handelt, die sich ihrer Art nach einer strengen Rationalisierung schlechthin entzieht, ja eher steril zu werden droht, wenn man sie in die Zwangsjacke von streng rational ausgedachten Formen und Einrichtungen zu pressen versucht. Tradition ist im geistigen Leben eines Volkes, wie ich meine, zwar nicht der höchste, aber doch ein hoher Wert. Der Wissenschaftsrat jedenfalls war entschlossen, ihn nach Möglichkeit zu respektieren.

Als Beispiel dieser Haltung kann man etwa die Grundsätze anführen, nach denen die Hochschulempfehlungen entwickelt worden sind. Zu diesen Grundsätzen gehört das Festhalten an dem Gedanken der Einheit von Forschung und Lehre, auch in einer Situation, in der von beiden Seiten her die Anforderungen an den einzelnen Hochschullehrer so stark geworden sind, daß er kaum mehr in der Lage ist, guten Gewissens beiden Aufgaben gleichzeitig zu genügen. Sie alle wissen, daß es mancherlei Vorschläge, namentlich von seiten der Naturwissenschaftler, gibt, die darauf abzielen, den Hochschulen für die Mehrzahl

ihrer Studenten nur eine Grundausbildung aufzugeben und davon dann die Forschungs- und Lehraufgabe im eigentlichen Sinne abzutrennen, die nur noch mit einem kleinen Kreis hervorragender, ausgesuchter Studenten zu erfüllen sei. Die Vorschläge des Wissenschaftsrates schließen gewisse Experimente in dieser Richtung nicht schlechthin aus. Es mag auch durchaus sein, daß wir uns im Verlauf der nächsten fünf bis zehn Jahre noch einmal ernstlich mit solchen Vorschlägen befassen müssen. Einstweilen jedenfalls hat sich der Wissenschaftsrat diese Gedanken aber nicht zu eigen gemacht. Ebenso hat er bisher davon abgesehen, die in den einzelnen Fakultäten und Disziplinen geltenden Studienpläne und Prüfungsordnungen für die Studenten einer Revision zu unterziehen, etwa mit dem Ziel, diese Studienpläne, wie das neuerdings in der Denkschrift des VDS gefordert wird, klar und duchgängig in die drei Abschnitte des Grundstudiums, des Hauptstudiums und des nur für einen kleinen Kreis Studenten zugängigen Ergänzungsstudiums zu gliedern. Übrigens beruht die Zurückhaltung des Wissenschaftsrates in dieser Frage auch auf der Tatsache, daß er die schon seit Jahren in Gang befindlichen Ausschußberatungen über Möglichkeiten der Vereinfachung von Studien- und Prüfungsordnungen zwischen Rektorenkonferenz einerseits, Kultusministerkonferenz andererseits, respektieren und nicht stören wollte.
Weniger konservativ hat er sich bei der Frage gezeigt, welche Disziplinen künftig in einer wissenschaftlichen Hochschule vereinigt bleiben sollen und wie eine solche Vereinigung mehrerer Disziplinen wissenschaftlich fruchtbar gemacht werden kann. Seine Vorschläge setzen an die Stelle der bisherigen beiden Einheitstypen, der traditionellen Universitäten und der mittlerweile auch schon traditionell zu nennenden Technischen Hochschulen, eine größere Vielfalt empfehlenswerter Typen. So hat er, allerdings mit etwas schlechtem Gewissen, Vorschläge zur Gründung medizinischer Akademien gemacht. Er hat dann in seinen Anregungen den Entwurf einer Dreifakultätenhochschule vorgelegt, und auf der anderen Seite den Universitäten empfohlen, da und dort auch einmal eine ingenieurwissenschaftliche Fakultät anzugliedern. Er hat ferner angeregt, in sogenannten zentralen Hochschulinstituten der gemeinsamen Forschungsarbeit mehrerer Disziplinen feste Stützpunkte zu geben. In die gleiche Richtung geht sein Bestreben, den bestehenden Universitäten zwar in allen Fakultäten den notwendigen Grundbestand an Lehrstühlen und damit auch der durch diese Lehrstühle vertretenen Fächer zu sichern, zugleich aber doch das auf Expansion nach allen Seiten angelegte Warenhausprinzip unserer gegenwärtigen Universitäten einzuschränken und auf eine gewisse Konzentration der Kräfte mit einer verschieden ausgestalteten Schwerpunkt-

bildung zu drängen. Ich muß allerdings hinzufügen, daß gerade diese Tendenz des Wissenschaftsrates bisher auf den beharrlichen Widerstand unserer Hochschulen gestoßen ist, die keineswegs geneigt sind, sich einer solchen Beschränkung zu unterwerfen.
Aber auch außerhalb der wissenschaftlichen Hochschulen zeigt der Wissenschaftsrat im ganzen die Tendenz, das geschichtlich Gewordene nicht zu zerstören, sondern lieber behutsam umzuformen. In diesem Geiste hat er sich die Frage gestellt, ob in unserem Jahrhundert noch ein Platz für die aus dem 18. Jahrhundert überkommenen wissenschaftlichen Akademien besteht, die ja jedenfalls bei uns in Deutschland viele ihrer früheren Funktionen verloren, neue Aufgaben aber nicht hinzugewonnen haben. Soweit sich das bisher erkennen läßt, wird er nicht so weit gehen, die Existenzberechtigung der Akademien zu verneinen, wohl aber wird er darauf dringen, daß ihre Aufgabenstellung stärker präzisiert wird, als das in der Entwicklung der letzten Jahrzehnte der Fall gewesen ist. Es ist ja kein Zweifel, daß sich seit der Gründung der damaligen Kaiser-Wilhelm-Gesellschaft, der heutigen Max-Planck-Gesellschaft, zwischen den wissenschaftlichen Hochschulen auf der einen Seite und den wissenschaftlichen Akademien auf der anderen Seite ein neues Organisationsprinzip für die Forschung eingeschoben hat, das sowohl den Hochschulen wie den Akademien einen Teil der ihnen sonst zufallenden Aufgaben entzog. Man wird die in den Instituten dieser Gesellschaft seit fünfzig Jahren erbrachte wissenschaftliche Leistung ohne jeden Vorbehalt anerkennen und trotzdem die Frage stellen, ob Harnack und Althoff mit dieser Gründung den richtigen Weg eingeschlagen haben. Vielleicht erschienen ihnen damals schon die Universitäten und Akademien als zu schwerfällig für das anbrechende Zeitalter des »Großbetriebs der Wissenschaft«, wie Harnack es genannt hat. Jedenfalls waren und sind auf diesem Wege die Hürden des deutschen Föderalismus leichter zu überspringen. Daß aber die Trennung der Max-Planck-Institute von den Universitäten nicht ohne Probleme ist, zeigen die an mehreren Universitäten offen bestehenden Spannungen zwischen den naturwissenschaftlichen Fakultäten und den dort arbeitenden Max-Planck-Instituten, die ja nicht nur das Ergebnis persönlicher Rivalitäten, sondern die Folge schwieriger Sachprobleme sind. Trotzdem wird der Wissenschaftsrat auch hier nicht daran denken, an den einmal gewordenen Organisationsformen etwas Grundlegendes zu ändern. Er hofft vielmehr zuversichtlich darauf, daß die neuerdings, vor allem durch die Initiative des Präsidenten der Max-Planck-Gesellschaft, Professor Butenandt, eingeleiteten Bestrebungen dazu führen werden, die aufgetretenen Spannungen zu vermindern oder ganz zu beseitigen, um auf diese Weise die Brücke zwi-

schen den Hochschulen und den Max-Planck-Instituten fester und verläßlicher als bisher zu schlagen.
Ich kann im übrigen der noch im Gang befindlichen großen Institutsuntersuchung des Wissenschaftsrates nicht vorgreifen. Ich will nur als meine persönliche Meinung hier anfügen, daß ich auf diesem Felde da und dort gewisse Bereinigungen für wünschenswert halte. Das gilt für manche staatliche und halbstaatliche Forschungsanstalten, aber auch für manche der nur lose den Hochschulen angegliederten Institute, die allzuoft die Kraft des Hochschullehrers von seinen eigentlichen Hochschulaufgaben abziehen. Durchweg wird es gerade auf diesem Feld darauf ankommen, der Vielfalt der Forschungsaufgaben und den verschiedenen Arbeitsbedingungen wissenschaftlicher Produktivität einen hinreichend großen Reichtum an Einrichtungsformen zur Verfügung zu halten, auf der anderen Seite aber eine allzu große Zersplitterung unserer im ganzen doch beschränkten Kräfte zu vermeiden.
Einen kurzen Blick möchte ich in diesem Zusammenhang noch auf die wissenschaftlichen Bibliotheken werfen, die ja Probleme eigener Art zu lösen aufgeben. Auch hier müssen wir zunächst einmal von den geschichtlichen Gegebenheiten ausgehen, insbesondere davon, daß es weder im ungeteilten Deutschland noch heute in der Bundesrepublik eine Nationalbibliothek von der Art gegeben hat oder gibt, wie sie die Bibliothèque Nationale für Frankreich, das Britische Museum für England oder die Library of Congress für die Vereinigten Staaten darstellen. Die deutschen wissenschaftlichen Bibliotheken haben diesen Mangel durch ein höchst kunstvolles, ja geradezu geistreiches, aber zugleich ihre Leistungsfähigkeit schwer belastendes Verbundsystem auszugleichen versucht, durch das sie im auswärtigen Leihverkehr alle untereinander in Beziehung stehen. Es bedeutet eine starke Verkennung dieser Grundtatsache unseres wissenschaftlichen Bibliothekwesens, nämlich des unabweisbaren Bedürfnisses nach gegenseitiger Aushilfe, und zeugt auch von wenig Verständnis für die geistige Strahlungskraft einer großen Bibliothek über den engen Kreis der Spezialisten hinaus, wenn in der schon einmal genannten Denkschrift des VDS vorgeschlagen wird, für die neuen Universitäten gar keine zentralen wissenschaftlichen Bibliotheken mehr einzurichten, sondern sich mit Abteilungs-, Fakultäts- oder Institutsbibliotheken zu begnügen. Andererseits besteht kein Zweifel, daß gerade bei unseren wissenschaftlichen Hochschulen das Verhältnis zwischen zentraler Hochschulbibliothek und den einzelnen Instituts- oder etwa möglichen und wünschenswerten Abteilungsbibliotheken trotz vieler Anstrengungen, die zur Klärung dieses Verhältnisses namentlich von der Deutschen Forschungsgemeinschaft gemacht worden sind, bis heute noch nicht befriedigend gelöst worden ist.

2. Ich möchte nun mit einigen Bemerkungen zu dem zweiten der von mir angeführten Hauptprobleme, nämlich dem Finanzierungsproblem übergehen. Im Urteil der Öffentlichkeit, vor allem aber auch im Urteil der Hochschulen selbst, wird weithin die gegenwärtige Unzulänglichkeit unserer wissenschaftlichen Einrichtungen ausschließlich als eine Finanzierungsfrage betrachtet. Von vielen Hochschullehrern hört man, daß es doch nur darauf ankomme, diesen Einrichtungen wesentlich mehr Geld als bisher zuzuführen, um sie alsbald wieder zu ihrer vollen Leistungsfähigkeit zu bringen. Gewöhnlich wird dann hinzugefügt: in einem Land, das in der Lage sei, für seine Verteidigung einen Betrag in der Größenordnung zwischen fünfzehn und zwanzig Milliarden aufzubringen, müsse es bei gutem Willen der beteiligten Parlamente auch ohne weiteres möglich sein, der Wissenschaft jährlich mindestens ein bis zwei Milliarden mehr als bisher zuzuführen.
Ich glaube, wir sind uns im Wissenschaftsrat darüber einig, daß, wer so redet, sich die Probleme in unzulässiger Weise vereinfacht. Er verkennt, was an inneren Reformen namentlich von den Hochschulen selbst zu leisten ist, und er übersieht die politischen Realitäten, an die die deutsche Innen- und Außenpolitik, die Verteidigungspolitik und folglich auch die Finanzpolitik nun einmal gebunden sind. Aber indem ich das ausspreche, gewinne ich zugleich die Freiheit, mit Nachdruck darauf hinzuweisen, daß in der Tat die Wissenschaft in Deutschland bisher finanziell unterversorgt ist. Es gehört zu den großen politischen Zukunftsaufgaben, die finanziellen Leistungen des Staates — hier müssen wir wiederum die Anstrengungen von Bund und Ländern zusammenfassen — für Forschung und für die sonstigen wissenschaftlichen Aufgaben in eine sehr viel höhere Dringlichkeitsstufe als bisher aufzunehmen. Trotz vielen guten Willens sind die Zuweisungen für diese Zwecke bisher sowohl im Bundestag wie in den Länderparlamenten von allzu vielen Zufälligkeiten der jeweiligen politischen Lage bei Verabschiedung des Haushalts abhängig. Hier gehört es also zu den dringlichen Pflichten, nicht nur, aber auch des Wissenschaftsrates, in der Öffentlichkeit, bei den Politikern, in allen Ministerien für die Erkenntnis zu sorgen, daß alle Sozial- und Wirtschaftspolitik, aber auch alle Verteidigungspolitik auf die Dauer wertlos sind, wenn nicht zugleich die dazugehörige Forschung gewährleistet und für den wissenschaftlichen Nachwuchs gesorgt ist, ohne den die Forschung austrocknen müßte.
Einstweilen kann auch sicherlich noch nicht die Rede davon sein, daß Bund und Länder in diesem Punkt schon schlechthin an der oberen Grenze ihrer finanziellen Leistungsfähigkeit angekommen seien. Auf längere Sicht freilich, wenn die Aufwendungen des Staates für die För-

derung der Wissenschaft einmal vollends in die Größenordnungen hineinwachsen, die ein nennenswertes Stück des Volksvermögens und des Volkseinkommens in Anspruch nehmen, wird die Frage nicht zu umgehen sein, ob es dafür objektive Maßstäbe im Hinblick auf die Belastungsfähigkeit unseres Volkes gibt. Es handelt sich dabei um ein bisher in Deutschland noch wenig beachtetes finanz- und wirtschaftswissenschaftliches Problem, man kann sagen, um einen Teilaspekt der Frage nach einer volkswirtschaftlichen Gesamtrechnung. Es gibt darüber Untersuchungen in den Vereinigten Staaten und im Rahmen der OECD, die unser volles Interesse verdienen, namentlich auch zu der Frage, welchen Grad von Produktivität man den Ausgaben für Forschung zusprechen kann. Aber diese Untersuchungen sind anscheinend methodisch noch nicht so gesichert, daß sie ohne weiteres auf die deutschen Verhältnisse übertragen werden können.
Daß es sich bei allen diesen Überlegungen nicht nur um blasse Theorie handelt, wird sofort deutlich, wenn wir uns einmal die praktische Frage stellen, ob sich die Bundesrepublik etwa neben den beiden Atomforschungszentren in Karlsruhe und Jülich noch weitere Einrichtungen dieser Art würde leisten können oder, noch deutlicher, ob die Bundesrepublik in der Lage wäre, in sehr viel größerem Ausmaße als bisher in die Weltraumforschung miteinzusteigen. Ich bin sicher, daß wir in den kommenden Jahren genötigt sein werden, uns mit diesen Fragen gründlicher als bisher auseinanderzusetzen. Ihr Gewicht wächst noch durch den Umstand, daß ja nicht nur der Bereich der Wissenschaft, sondern unser ganzes Schulwesen, auf dem auch die wissenschaftliche Arbeit aufruht, im Rückstand ist. Wenn ich recht sehe, werden Milliardenbeträge benötigt, um dort die volle Leistungsfähigkeit wiederherzustellen. Ich möchte freilich gleichzeitig schon jetzt davor warnen, die Möglichkeit einer Berechnung des Wertes wissenschaftlicher Arbeit zu überschätzen. Einmal sind in dieser Hinsicht langfristige Voraussagen außerordentlich schwer möglich. Neue Forschungsergebnisse können jederzeit bisher für notwendig gehaltene Investitionen überflüssig machen, andererseits aber auch neue Produktionsquellen, die bisher unbekannt waren, erschließen. Vollends sollten wir gar nicht erst versuchen, den kulturellen Wert, den geistige Arbeit in sich trägt, oder auch den politischen Wert für das Selbstbewußtsein eines Volkes, wenn es Erfolge auf dem Gebiete der Forschung und ihrer Anwendung für sich verbuchen kann, in Zahlen abschätzen zu wollen.
Innerhalb der Grenzen dessen aber, was der Staat an Aufwendungen für die Wissenschaft zu leisten vermag und zu leisten hat, kommt es nun darauf an, die zur Verfügung stehenden Mittel so sachgemäß und so rationell wie möglich einzusetzen. Die differenzierten Vorschläge

des Wissenschaftsrates zum Ausbau der wissenschaftlichen Hochschulen sind gewiß nicht nur, aber doch auch von diesem Gesichtpunkt her bestimmt. Besonderes Gewicht hat dieser Gesichtspunkt bei den jetzt überall in Gang befindlichen Hochschulbauten, deren Gesamtvolumen ohne die Neugründungen heute schon mehr als zehn Milliarden DM ausmachen dürfte. Bei dieser Größenordnung muß nachdrücklich versucht werden, etwa durch Typisierung der Raumprogramme und der Baupläne, durch vereinfachte Bauweise und andere technische Mittel die Rationalität des Bauens zu steigern. Auch bei der in Gang befindlichen Institutsuntersuchung wird auf ähnliches zu achten sein, aber auch darauf, daß die einzelnen Institute gegen Zufälligkeiten und Schwankungen in ihrer finanziellen Versorgung besser als bisher gesichert werden.
In diesem Zusammenhang erhebt sich dann noch einmal die Frage, die wir uns schon bei der Hochschuluntersuchung zu stellen hatten: Wo sollen bei zusätzlichem finanziellen Bedarf Forschungsfonds gebildet werden, und wer soll über diese Forschungsfonds verfügen? Der Wissenschaftsrat hat die zentrale Stellung, die in der Verfügung über solche Forschungsfonds in der Bundesrepublik die Deutsche Forschungsgemeinschaft einnimmt, voll bestätigt. Dabei setzt er voraus, daß die Forschungsinstitute, namentlich auch die Hochschulinstitute, für ihren Grundbedarf hinreichend ausgestattet sind, um nicht wegen Bagatellanforderungen die Deutsche Forschungsgemeinschaft in Anspruch nehmen zu müssen, und daß andererseits diese selbst imstande ist, die an sie herangebrachten Wünsche ohne allzu großen Zeitverlust zu prüfen und zu erfüllen. Nach der Überzeugung des Wissenschaftsrats verdient dieses System unter dem Gesichtspunkt der Rationalität und der verantwortlichen Prüfung der Forschungsvorhaben eindeutig den Vorzug, sowohl vor der von manchen Hochschullehrern gewünschten Bildung von Forschungsfonds an den einzelnen Hochschulen wie vor allem auch vor der Bildung großer Fonds dieser Art bei den verschiedenen Fachministerien, die allzuleicht die Neigung haben, die Zuweisung von Mitteln etwas selbstherrlich mit Zweckbindungen und Auflagen zu verknüpfen, um die einzelnen Forscher von ihrem Wohlwollen abhängig zu machen.
3. Ich möchte schließlich noch auf die personellen Fragen eingehen, die ja bei jeder Planung der Wissenschaftsförderung auftauchen, vielleicht sogar den wichtigsten Faktor bei dieser Planung darstellen. Es geht hier einmal um die Stellung der Wissenschaftler aller Stufen und Funktionen in den Hochschulen und sonstigen Forschungseinrichtungen sowie um die Lösung der Nachwuchsprobleme, und es geht zum anderen darum, wie viele junge Menschen an unseren Hochschulen

wissenschaftlich ausgebildet werden können und sollen und für wie viele Absolventen unserer Hochschulen, also sogenannte Akademiker, in verschiedenen Lebensbereichen unserer Gesellschaft Platz ist.
Was die erste Frage angeht, so hat der Wissenschaftsrat, wie bekannt, eine kräftige Vermehrung der Planstellen an unseren wissenschaftlichen Hochschulen empfohlen, und zwar sowohl der Lehrstühle wie der neu einzurichtenden Stellen für wissenschaftliche Mitarbeiter des sogenannten Mittelbaus. Es scheint mir noch zu früh, über die Bewährung dieser Vorschläge ein abschließendes Urteil zu fällen. Im ganzen haben die Hochschulen von der Möglichkeit einer Vermehrung der Lehrstühle sehr rasch Gebrauch zu machen versucht, soweit nicht entweder räumliche oder organisatorische und damit zusammenhängende personelle Schwierigkeiten im Wege standen, während sie an die Einrichtung des sogenannten Mittelbaues wesentlich zögernder und nicht immer mit dem nötigen Verständnis herangegangen sind.
Eine nicht unerhebliche Erweiterung des Personalbedarfs wird sich noch ergeben, wenn die neuen Hochschulen ihre Arbeit aufnehmen und wenn außerdem die Vorschläge des Wissenschaftsrates über die hochschulfreien Forschungseinrichtungen vorliegen werden. Angesichts eines so hohen verhältnismäßig plötzlich auftretenden Bedarfes liegt die Frage nahe, ob der Wissenschaftsrat etwa die Möglichkeiten einer personellen Ergänzung überschätzt und letzten Endes die Grenzen der geistigen Kapazität des deutschen Volkes verkannt hat. Kritische Stimmen meinen, da ein Volk nur eine begrenzte Anzahl wissenschaftlich schöpferischer Begabungen aufzuweisen habe, müsse eine starke Vermehrung der vorgesehenen Plätze notwendig zu einer allgemeinen Senkung des Niveaus und im Ergebnis zu einer Sterilität der wissenschaftlichen Arbeit führen. Demgegenüber ist darauf hinzuweisen, daß es bisher noch nirgends überzeugend gelungen ist, den Anteil wissenschaftlich produktiver Begabungen in einem Volk zuverlässig zu bestimmen, und daß jedenfalls kein Anhalt dafür besteht, daß diese Grenze in unserem Volk heute schon überschritten wäre. Gewiß wird es nicht möglich sein, alle jetzt in diesen Jahren geschaffenen Plätze unverzüglich zu besetzen. Aber es besteht auch kein Grund zur Befürchtung, daß es etwa innerhalb der nächsten fünf Jahre weiterhin unmöglich bleiben sollte, diesen Bedarf zu befriedigen, vorausgesetzt nur, daß die Fakultäten bereit sind, die ihnen obliegende Aufgabe sorgfältiger Nachwuchspflege mit dem gehörigen Verantwortungsbewußtsein zu erfüllen. Der Wissenschaftsrat, der in dieser Frage wesentlich optimistischer ist als manche anderen Stimmen in der Öffentlichkeit und mehr noch in Gesprächen an unseren Hochschulen, hat für diese Nachwuchspflege eine Reihe von Vorschlägen gemacht, von denen er

sich eine Besserung der bisher nicht überall befriedigenden Zustände erhofft. Allein schon die Vermehrung der für den Nachwuchs zur Verfügung stehenden Stellen kann die sogenannte wissenschaftliche Laufbahn reizvoller als bisher machen. Eigene Senatskommissionen sollten nach den Gedanken des Wissenschaftsrats den Nachwuchs jeweils an ihrer Hochschule im Auge behalten und sich um seine Entwicklung kümmern. Notwendig erscheint uns schließlich eine Änderung der Arbeitsweise an unseren Instituten, an denen dem Nachwuchs in gleichberechtigter Kooperation mehr Entwicklungsraum gegeben werden muß, als das bisher in Deutschland üblich war. Ohne die Bedeutung des sogenannten Teamwork so einseitig betonen zu wollen, wie das zum Beispiel in der mehrfach erwähnten Denkschrift des VDS geschieht, bin ich doch überzeugt, daß gerade an diesem Punkt der wichtigste Schlüssel zur Lösung unseres Nachwuchsproblems liegt.
Großen Raum nimmt in der öffentlichen Diskussion und an den Hochschulen selbst die Frage ein, ob sie noch weiterhin mit einer so stark steigenden Zahl von Studentenanwärtern rechnen müssen und damit Gefahr laufen, mehr und mehr unter der Überfüllung zu ersticken. Der Ernst des Problems liegt ja auf der Hand; er drängt sich jedem auf, der an diesen Hochschulen zu arbeiten hat. Die Hochschullehrer werden in ihrer Forschungsarbeit gelähmt, und die Absolventen der Hochschulen erfüllen trotz langen Studiums vielfach nicht die Anforderungen, die Staat und Gesellschaft an sie stellen müssen. Nun sind die Studentenzahlen, so hoch sie sind, bisher noch nicht den Erwartungen davongelaufen, die sich aus den statistischen Berechnungen des Wissenschaftsrates ergeben haben. Es besteht daher auch kein Grund, an der Annahme zu zweifeln, daß der Druck von 1964 an etwas nachlassen wird. Bei richtigem Einsatz aller Kräfte müßte es ferner gelingen, das Studium so zu intensivieren, daß die in den letzten zehn Jahren in den meisten Fakultäten stark gestiegene Studiendauer wieder fühlbar gekürzt wird, um auch auf diese Weise die Hochschulen zu entlasten. Im übrigen ist kein Zweifel, daß die vom Wissenschaftsrat in seinen Empfehlungen vorgesehenen personellen und baulichen Entlastungsmaßnahmen im ganzen langsamer wirken, als man damals gehofft hatte, und daß infolgedessen auch die Durststrecke, von deren Unvermeidlichkeit wir uns damals überzeugt hatten, länger dauert als wir gehofft hatten.
Abgesehen von diesen Augenblicksnöten ist heute die Prognose von Professor Edding in aller Munde, der jedenfalls für die nächste Dekade, von 1970 bis 1980, eine ganz erhebliche Steigerung, bis auf ungefähr das Doppelte der heutigen Studentenzahl, voraussagt. Eine kleine wissenschaftliche Arbeitsgruppe des Wissenschaftsrats, an der auch

Professor Edding selbst neben anderen Statistikern, Nationalökonomen und Soziologen beteiligt ist, ist gegenwärtig dabei, diese Annahme nachzuprüfen und gleichzeitig der Frage nachzugehen, wie sich der Bedarf an Akademikern voraussichtlich entwickeln wird. Es handelt sich um methodisch sehr schwierige Untersuchungen einer bei uns bisher wenig geübten Prognosewissenschaft, für die wiederum auf Vorbilder in den Vereinigten Staaten, aber zum Beispiel auch in den Niederlanden zurückzugreifen ist. Deswegen kann einstweilen über die Ergebnisse dieser Untersuchungen noch nichts gesagt werden. Nur zwei Bemerkungen seien heute schon erlaubt. Einmal muß mit aller Entschiedenheit gerade gegenüber den politischen Instanzen darauf hingewiesen werden, daß es sich bei der Prognose von Professor Edding nicht um eine schlechthin zwangsläufige Entwicklung handelt, die wie ein Naturereignis über uns kommen wird, sondern daß sie von einer ganzen Anzahl politischer Entscheidungen abhängig sein wird, die es allerdings rechtzeitig vorzubereiten gilt. Zum anderen — und das ist im Grunde nur eine spezielle Bestätigung dieser eben gemachten Aussage — kann die von Professor Edding vorausgesagte starke Zunahme der Studenten überhaupt nur dann eintreten, wenn auch die Zahl der Abiturienten, das heißt also der Schüler unserer höheren Schulen, entsprechend zunimmt. Die Kapazität unserer höheren Schulen ist aber beschränkt. Ohne eine wesentliche Erweiterung der Kapazität, das heißt also ohne eine starke Vermehrung der Zahl der höheren Schulen und der dazugehörigen Lehrkörper, kann der von Professor Edding vorausgesagte Zuwachs von Studenten in diesem Tempo und in dieser steilen Kurve gar nicht eintreten. Damit ist zugleich gesagt, daß es sich hier, wie beim Finanzierungsproblem, nicht nur um ein Problem unserer Hochschul- und Wissenschaftspolitik, sondern unserer gesamten Bildungs- und Kulturpolitik handelt.

4. Lassen Sie mich zum Schluß meiner Überlegungen nur noch auf einen Planungsfaktor hinweisen, den ich eingangs nicht erwähnt habe, weil er, bisher jedenfalls, bei den Arbeiten des Wissenschaftsrates nur am Rande aufgetaucht ist. Es handelt sich um die Frage, wie und in welchem Ausmaß die wissenschaftliche Arbeit in der Bundesrepublik und die dafür vorhandenen Einrichtungen in die internationale Zusammenarbeit innerhalb Europas und innerhalb der westlichen Völker eingefügt werden soll und kann. Wie Sie wissen, gibt es heute schon Forschungsgebiete, auf denen wirkliche Fortschritte nur im Rahmen einer solchen internationalen Gemeinschaftsarbeit zu erwarten sind. Als Beispiele mögen Ihnen vielleicht die Arbeiten an dem großen Beschleuniger von CERN in Genf dienen, aber auch die auf der südlichen Halbkugel geplanten Sternwarten und verschiedene Unterneh-

men der Weltraumforschung. Aber auch auf Gebieten, auf denen jede einzelne am Forschungswettbewerb überhaupt beteiligte Nation noch eigene Leistungen aufzuweisen hat, ist heute die Gründung internationaler Forschungszentren im Gespräch, wie sie zum Beispiel von den Kulturausschüssen der NATO entwickelt worden sind. Hier überall muß sorgfältig geprüft werden, ob der Einsatz an Mitteln und an Menschen, den diese internationale Gemeinschaftsforschung erfordert, einen so hohen Ertrag verspricht, daß wir es verantworten können, diese Mittel und Kräfte unserer deutschen Forschung zu entziehen. Denn gerade bei diesen internationalen Vorhaben zeigt sich immer wieder mit aller Deutlichkeit, daß die Möglichkeiten der Bundesrepublik auf diesem Felde, und zwar die personellen Möglichkeiten noch stärker als die finanziellen, ziemlich eng begrenzt sind. Es wird zu den wichtigsten Aufgaben des Wissenschaftsrates, aber sicherlich auch des neugebildeten Wissenschaftsministeriums gehören, in dieser Frage den richtigen Weg zu finden, der der deutschen Wissenschaft den ihr gebührenden Anteil an den internationalen Unternehmungen sichert, auf der anderen Seite aber die drohende Zersplitterung unserer Kräfte vermeidet.

Damit bin ich am Ende meiner Ausführungen. Ich konnte mir von vornherein nicht vornehmen, Ihnen, wie sich das sonst in diesem Rahmen gehört, die Ergebnisse neuer, eigener wissenschaftlicher Arbeit vorzutragen. Es konnte sich nur darum handeln, Ihnen einen Überblick über Ihnen bereits bekannte Dinge zu geben. Ich hoffe, Sie haben aus dem Überblick ersehen, daß die Arbeit des Wissenschaftsrates in vollem Zuge ist. Ich habe mich bemüht, die Punkte, zu denen kritisch Stellung bezogen werden kann, soweit ich diese Punkte selbst zu sehen vermag, deutlich zu kennzeichnen. Es scheint mir sehr wichtig, gerade mit Rücksicht auf die zu Beginn meines Vortrages erwähnte, heute manchmal zu stark betonte Autorität des Wissenschaftsrates, daß die Öffentlichkeit und gerade die Hochschulöffentlichkeit mit echter und fördernder Kritik nicht spart. Auch die Wissenschaftspolitik verträgt keine Diktatur, sondern ist auf den Konsens der Bürger angewiesen. Im übrigen ist wohl deutlich geworden, daß an Aufgaben für den Wissenschaftsrat noch auf lange Zeit kein Mangel sein wird. Diejenigen unter uns, die ihm schon seit einer Reihe von Jahren angehören, haben den großen Wunsch, sich nach und nach daraus zurückzuziehen. Auch ich hoffe, am Ende dieses Jahres soweit zu sein. Die Institution als solche aber wird noch sehr viel länger bestehen müssen und, wie ich hoffe, zum Wohle der deutschen Wissenschaft.

DAS BILDUNGSZIEL DER HEUTIGEN UNIVERSITÄT

Mein Vorhaben, über das Bildungsziel der heutigen Universität zu sprechen, muß Ihnen wohl in doppelter Hinsicht vermessen vorkommen. Wie soll eine kurze Vortragsstunde ausreichen, in einer uferlos gewordenen Diskussion über ein höchst komplexes Thema auf festen Grund zu kommen? Und woher nimmt der in seinem Fach zur Nüchternheit erzogene Jurist die Legitimation zu solchem Höhenflug? Ich bin mir des Wagnisses durchaus bewußt, komme aber auch nicht mit dem Anspruch, als Philosoph oder Bildungstheoretiker die Idee der Universität neu zu bestimmen, sondern mit der schlichten Bitte des zu hochschulpolitischem Handeln berufenen Praktikers, ihm und seinesgleichen bei der Stellung der Aufgabe und beim Vorausdenken der Möglichkeiten und Gefahren einer Reform des akademischen Studiums mit Ihrem Rat zu helfen, damit nicht blinder Reformeifer der Sache der Universität schade. Von der Studienreform also soll die Rede sein, die jetzt in aller Munde ist und auch den Wissenschaftsrat beschäftigt, und zwar von ihrem Grund und Ziel, nicht von den vielfältig denkbaren Mitteln und Wegen einer solchen Reform, so nötig es ist, darüber auch im Detail nachzudenken, wenn eine gute Ordnung gelingen soll. Dabei nehme ich im Thema schon die These vorweg, daß es um mehr geht als darum, gewisse organisatorische oder Wachstumsstörungen im Lehrbetrieb unserer Universitäten mit den Mitteln der modernen Sozialtechnik zu überwinden. Vielmehr werden wir uns neu darauf besinnen müssen, was das Studium für unsere Studenten leisten kann und soll. Keinen anderen, anspruchsvolleren und eine ganze Ideologie implizierenden Sinn soll vorläufig auch der Ausdruck »Bildung« in meinem Thema haben; er meint zunächst einmal den in jeder Vorlesung intendierten Vorgang stetiger, die bloße Wissenschaftsvermittlung übersteigender geistiger Formung, »Bildungsziel« mithin das Leitbild des durch solche Formung geprägten, eben »wissenschaftlich gebildeten« Menschen. Ob wir dem Bildungsbegriff einen volleren Inhalt geben müssen, werden erst die weiteren Überlegungen ergeben.

I.

In der politischen Öffentlichkeit, aber weithin auch in der Diskussion innerhalb der Universitätsmauern wird heute nach einer Studienreform gerufen, um das akademische Studium von gewissen, in den letzten zehn Jahren immer fühlbarer gewordenen Übelständen zu befreien. Jedermann kennt die dafür gängigen Stichworte: »Überfüllung« und »überlange Studiendauer«. Wer die Lage genauer prüft, erkennt bald, daß die sehr komplexen Erscheinungen, die damit gemeint sind, fast in jeder Fach- und Studienrichtung ein anderes Gesicht haben, sich auch gegenseitig bedingen und darum nur mit sehr differenzierenden Maßnahmen zu bekämpfen sind. Aber solche Maßnahmen setzen einen Reformplan voraus, der sich an bestimmten Werten orientiert. Schon das Präfix »über« in beiden Stichworten schließt die Vorstellung von einem Normalmaß in sich, das gegenwärtig überschritten sei, aber künftig wieder respektiert werden solle. Woher kennen wir diese Norm, und wer hat sie aufgestellt? Der Hinweis auf die Richtzahlen des Wissenschaftsrates hier oder auf die Mindeststudienzeiten der Prüfungsordnungen dort wäre blinder Positivismus. Beide Normensysteme können grundfalsch oder jedenfalls überholt sein. Worauf gründen sie sich also? Im Falle der Verkürzung der Studiendauer geht es offenbar um das gesellschaftspolitische Verlangen, junge Menschen rascher zur Selbständigkeit im Beruf zu bringen. Auch den Andrang junger Menschen zum Studium haben wir uns nicht um der Universität willen gewünscht; er ist von außen über uns gekommen. Aber hat die Universität nicht ein eigenes Maß, das sie diesen von außen an sie herangetragenen Forderungen entgegenhalten müßte? Die Frage nach der Norm und ihrer Legitimation hat also offenbar ein doppeltes Gesicht: gibt es ein inneres Maß für ein universitätsgerechtes Studium, und wenn ja, welchen Einfluß darf und soll die Universität bei der Festlegung ihrer Norm gesellschaftspolitischen Gesichtspunkten der geschilderten Art einräumen?

1.

Um uns der ersten Frage nach dem inneren Maß für ein universitätsgerechtes Studium zu stellen, müssen wir uns an der Aufgabe der Universität orientieren. Ich kann dafür ein Zeugnis aus jüngster Zeit anführen, nämlich die Beschlüsse der Europäischen Rektorenkonferenz, die im letzten Herbst ihre Generalversammlung in Göttingen abgehalten hat. Sie hat nicht nur organisatorische Fragen behandelt, sondern unter dem Thema der optimalen Größe der Universität, ihrer Einheit und ihrer Verantwortung gegenüber der Gesellschaft eine Anzahl gemeinsam wichtiger, uns alle bedrängender Sachprobleme erörtert. Für den, der weiß, wieviel verschiedene Gesichter die Universitäten in Europa trotz ihres gemeinsamen Ursprungs heute infolge ihrer je besonderen Tradi-

tion zeigen, war es eindrucksvoll zu erleben, wie selbstverständlich und nachdrücklich sich ein Konsens darüber ergab, daß die Doppelaufgabe von Forschung und Lehre in ihrer unlöslichen Verknüpfung und wechselseitigen Ergänzung und Befruchtung das bestimmende Wesensmerkmal der heutigen Universität in Europa im Unterschied zu anderen Bildungseinrichtungen sei, und daß daher die Zukunft der Universität davon abhänge, daß es gelinge, ihre Einheit in der Bewältigung dieser Doppelaufgabe zu bewahren. Für die Universitäten in der Bundesrepublik hat sich der Wissenschaftsrat vier Jahre vorher nachdrücklich zum gleichen Prinzip bekannt, trotz der praktischen Schwierigkeiten, die seine Verwirklichung bereitet, und trotz der Kritik, die bis in die neueste Zeit immer wieder an diesem Prinzip geübt wird. Aber das Gewicht der Gegengründe und die durch sie bestimmte, wohl zuerst von Max Scheler nach dem ersten Weltkrieg auch ins Grundsätzliche gewendete Sorge, daß der Doppelauftrag den Universitäten Funktionen zuweise, die unvereinbar seien oder jedenfalls heute geworden seien, führt zu der weiteren Frage, was die Verbindung rechtfertigt und wie das Verhältnis der beiden Aufgaben zueinander zu denken ist.
Die Antwort auf diese Frage ist nun der deutschen Universität durch ihre besondere, vom deutschen Idealismus und Neuhumanismus geprägte Tradition vorgegeben, die »Bildung durch Wissenschaft« zu ihrem Ziel erhob. Während Forschung und Lehre in den westlichen Ländern erst allmählich und ziemlich spät, mehr aus Gründen der Praktikabilität und zur Befriedigung gesellschaftlicher Bedürfnisse zusammenwuchsen, sind sie in der deutschen Universität des 19. Jahrhunderts um eines philosophischen und bildungstheoretischen Leitprinzips willen zusammengefügt worden. Ursprünglich ließ dieses Leitprinzip durchaus die Freiheit, die als Bildungsmittel verstandene Wissenschaft dem Ziel der Persönlichkeitsbildung unterzuordnen. Allein eine doppelte Verengerung der Formel führte zu einer umgekehrten Rangfolge. Die eine Verengerung trat ein, als die bürgerliche Gesellschaft die Formel so verstand, als sei Bildung ein Standesprivileg, das nur durch Wissenschaft, und zwar durch ein akademisches Studium zu erreichen sei. Die andere folgenreichere Verengerung ergab sich aus dem Weg der Wissenschaft selbst. Die teils noch traditionsbestimmte, teils stark spekulative Wissenschaft, die die Männer der Berliner Universitätsgründung vor Augen hatten, als sie sich von ihr eine persönlichkeitsbildende Kraft erhofften, entwickelte sich schrittweise und unter dem zunehmend starken Einfluß der Naturwissenschaften zu der strengen, hochspezialisierten Forschung, wie wir sie heute in der zweiten Hälfte des 20. Jahrhunderts vorfinden. Damit löste sich aber die als Forschung verstandene und positivistisch gewordene Wissenschaft von

dem hochgemuten, aber mittlerweile auch der gesellschaftlichen Wirklichkeit entrückten Bildungsziel des deutschen Idealismus. Die freie, durch kein Überlieferungswissen und keine außer ihr liegende Zwecke gebundene Forschung erhob sich zum Selbstzweck. Die Lehre wird nun als Mitteilung und Diskussion von Forschungsergebnissen und als Einführung in die Methoden und Probleme der Forschung verstanden; sie ist, wie Joachim Ritter das scharf pointiert ausgedrückt hat, Funktion der Forschung geworden und ihren Aufgaben untergeordnet.
Die deutsche Universität hat das Leitprinzip der »Bildung durch Wissenschaft« trotzdem nicht aufgegeben, sondern bis heute festgehalten. Aber beide Begriffe haben inzwischen ihre Bedeutung so verändert, daß man statt dessen schreiben könnte: »Forschung mit dem Nebenerfolg der wissenschaftlichen Bildung der durch Lehre an der Forschung Beteiligten.« Das sei ohne Ironie gesagt, denn damit ist den Universitäten ein hohes Ziel gesteckt, auch wenn man feststellt, daß die Forschung inzwischen zu einem nicht ganz kleinen Teil wieder aus ihnen ausgewandert ist. Und dieses Ziel ist auch nicht nur der Forschungsaufgabe, sondern zugleich der Lehre zugute gekommen. Denn ihre Freiheit und ihr wissenschaftliches Niveau waren nun eindeutig durch die Freiheit und den Rang der Forschung bestimmt und gesichert, aus der sie lebte. Der Lehrfreiheit entspricht in der kühlen Luft der deutschen Universität auch die akademische Freiheit der Studenten, die ihnen erlaubt, in eigener Verantwortung zu entscheiden, was und wieviel sie von der ihnen angebotenen Lehre hören und annehmen oder verwerfen wollen. Insofern Freiheit die Entwicklung der Persönlichkeit begünstigt, ist damit gewiß auf mehr als nur die wissenschaftliche Bildung abgezielt. Aber den Inhalt einer Persönlichkeitsbildung vermag die positivistisch verstandene Forschung und ihre Lehre nicht zu bestimmen; folgerichtig überläßt die Universität daher diese Bestimmung anderen gesellschaftlichen Kräften. Als Ziel der Lehre kann demgemäß nur gelten, den Studenten soweit zu fördern, daß er sich an der Forschungsarbeit des Lehrers beteiligen, im Idealfall solche Arbeit selbständig leisten kann. Die Universität, die Forschung als Selbstzweck betreibt, lehrt in erster Linie auch, um dafür Nachwuchs zu gewinnen.
Erkennen wir diese Prämissen an, so läßt sich aus ihnen unsere Frage nach dem inneren Maß für ein universitätsgerechtes Studium eindeutig beantworten: die Bedürfnisse der Forschung setzen das Maß. Die Universitäten sind überfüllt, wenn die Beteiligung der Studenten an der Forschung wegen ihrer großen Zahl oder ihrer mangelnden Vorbildung nicht mehr möglich ist, und wenn die Forschungsaufgabe von der Lehraufgabe verdrängt wird, die doch erst aus jener abgeleitet ist.

Auch die Länge des Studiums muß sich dann nach dem geschilderten Ziel der Lehre richten. Da sich fast in allen Disziplinen die Anmarschwege zur Front der Forschung verlängert haben, ist eine Verlängerung des auf Teilhabe an der Forschung gerichteten Studiums die fast zwangsläufige Folge, und zu lange studiert nur der, der nicht fähig ist, dieses Ziel zu erreichen.

2.

Jedermann weiß, daß die Wirklichkeit unserer Universitäten diesen Postulaten nicht voll entspricht. Für Staat und Gesellschaft ist es nicht ausreichend, die Lehre nur als Funktion der Forschung aufzufassen. Sie benötigen wissenschaftlich ausgebildete Kräfte nicht nur für den Forschungsnachwuchs, und sie erwarten von den Universitäten den Dienst eines für solche Kräfte geeigneten Unterrichts. Das ist auch nicht erst eine Forderung des heutigen Staates und der modernen Industriegesellschaft; vielmehr ist sie, jedenfalls auf deutschem Boden, wo die Universitäten von Anfang an Fürstengründungen waren, schon immer an diese Universitäten gestellt worden. Auch für die Berliner Universität, deren Gründung sich gegen die utilitaristischen Fachschulpläne der späten Aufklärungszeit richtete und den theoretischen Wissenschaften den Vortritt vor den angewandten einräumen sollte, gaben gleichwohl die königlichen Statuten von 1816 dem Leitprinzip der »Bildung durch Wissenschaft« die praktische Wendung, die Universität habe »die allgemeine und besondere wissenschaftliche Bildung gehörig vorbereiteter Jünglinge fortzusetzen und sie zum Eintritt in die verschiedenen Zweige des höheren Staats- und Kirchendienstes tüchtig zu machen«. Humboldt selbst war es auch, der 1810 in Preußen die Staatsprüfung für das höhere Lehramt einführte. Den normalen Studienabschluß bilden an deutschen Universitäten schon im 19. Jahrhundert und bis heute für den größten Teil der Studenten nicht der Erwerb akademischer Grade, sondern staatliche oder mindestens vom Staat beaufsichtigte Prüfungen, deren Bestehen den Zugang zu bestimmten Berufslaufbahnen öffnet. Es konnte gar nicht ausbleiben, daß Staat und Wirtschaft als die hauptsächlichen Abnehmer der geprüften Absolventen sich Einfluß auf den Prüfungsstoff und die Prüfungsweise verschafften und daß die so zustande gekommenen Prüfungsordnungen ihrerseits wieder auf den Studiengang in allen für solche Prüfungen in Frage kommenden Fächern zurückwirkten. An der Notwendigkeit für die meisten Studenten, sich diesen Prüfungen zu stellen und ihren Anforderungen zu genügen, findet demgemäß auch die akademische Freiheit ihre — mindestens faktische — Grenze; wo Zwischenprüfungen bestehen, engen sie den Spielraum noch weiter ein. Das normale Studienziel ist für unsere Studenten wie für ihre Alters- und Studiengenossen in Frankreich oder England eben nicht Teilhabe an der Forschung, sondern ein Grad wissenschaftlicher Bildung, der sie befähigt, einen der als »akademisch« qualifizierten Berufe auszuüben. Ziel einer darauf abgestellten Lehre ist ein Vorgang der geistigen Formung, um dessen Namen wir uns mit einem der Sache nicht immer ganz angemessenen Pathos streiten. Aber einerlei, ob wir ihn geradezu als Berufsausbildung oder zurückhaltender nur als Berufsvorbildung bezeichnen — sicher ist, daß die Formel von der »Bildung durch Wissenschaft« durch dieses Ziel noch einen anderen Sinn erhält, der sich weder mit dem ursprünglichen, idealistisch-humanistischen Sinn der Persönlichkeitsbildung noch mit dem ihm im Lauf des 19. Jahrhunderts substituierten Sinn der wissenschaftlichen Bildung um der Forschung willen deckt.

Wer die geschilderte gesellschaftliche Funktion der Lehre, und das heißt, die Rolle der Universitäten als hohe Schulen in den Vordergrund rückt, wie das schon vor vierzig Jahren C. H. Becker getan hat, erhält auch auf unsere Ausgangsfrage nach der Norm für Studentenzahlen und Studiendauer eine andere Antwort als zuvor. Die gemeineuropäische, aber auch die besondere deutsche Tradition sieht in den Universitäten die Spitze und das geistige Zentrum eines alle Schulen umfassenden Systems der Bildungseinrichtungen unseres Volkes. Wollen sie diese Stellung auch heute behaupten, so können sie es nicht wohl ablehnen, ihre Studentenzahlen an dem Zudrang junger Menschen zum Studium und an dem voraussichtlichen Bedarf von Staat und Gesellschaft an wissenschaftlich ausgebildeten Kräften auszurichten, und müssen versuchen, dem durch Vermehrung der Lehrkräfte und räumlichen Ausbau gerecht zu werden. Andererseits nötigt sie nicht nur die Not der Überfüllung, sondern die Verantwortung gegenüber den jungen Menschen und gegenüber der Gesellschaft, die sie spannkräftig und tatendurstig zurückgewinnen soll, dazu, den Lebensabschnitt des bloßen Lernens, und das heißt auch das Studium als seinen letzten Abschnitt, nicht zu lange auszudehnen.

II.

Die Erkenntnis, daß die deutsche Universität unter einer Antinomie ihrer Aufgaben und Zielvorstellungen leidet, die durch die herkömmlichen Postulate der Einheit von Forschung und Lehre und der Bildung durch Wissenschaft nicht gelöst, sondern verhüllt wird, ist nicht neu und bildet den Ausgangspunkt vieler Reformvorschläge seit bald fünfzig Jahren. Seltener wird ausgesprochen, daß dieser Antinomie auch eine Gegensätzlichkeit im Selbstverständnis der Fakultäten entspricht. Die Humboldtsche Reform hat die Philosophische Fakultät nicht nur vor den drei alten, »oberen« Fakultäten in die erste Reihe gestellt, sondern sie zum Modell der Universität schlechthin erhoben. In ihr und in den aus ihr im Wege einer Art von Zellteilung hervorgegangenen Mathematisch-Naturwissenschaftlichen und Sozialwissenschaftlichen Fakultäten hat sich denn auch die Konzeption einer primär der Forschung zu- und nachgeordneten Lehre am stärksten durchgesetzt und bis heute am kräftigsten erhalten. Demgegenüber haben die von Humboldt in den zweiten Rang verwiesenen, weil zwischen reiner Forschung und Praxis stehenden älteren Fakultäten der Theologie, der Rechtswissenschaft und der Medizin zwar gleichfalls ihren Forschungscharakter verstärkt, aber zugleich ihre ältere Tradition als berufsbezogene Unterrichts- und Ausbildungsstätten ungebrochen fortgesetzt. Sie waren seit jeher und sind bis heute eindeutig bestimmten Berufsständen zugeordnet und demgemäß in ihren Prüfungs- und Studienordnungen, aber auch in ihrer eigenen Zusammensetzung so organisiert, daß in ihnen der künftige Pfarrer, beamtete Jurist oder Arzt seine wissenschaftliche Ausbildung in allen den Fächern erhält, die traditionell zum wissenschaftlichen Rüstzeug seines Berufes gerechnet werden, auch wenn sie der Methode und dem Gegenstand nach so weit auseinanderliegen wie römische Rechtsgeschichte und modernes Wirtschaftsrecht, physiologische Chemie und Unfallchirurgie. Das heißt nicht, daß in diesen Fakultäten nur nach Art einer Fachschule unterrichtet, nicht auch streng wissenschaftliche Erkenntnis gesucht und durch Lehre den Studenten vermittelt würde. Unter dem Gesichtspunkt der Forschung besteht zwischen den Fächern der theoretischen Medizin und den naturwissenschaftlichen Grundlagenfächern, oder zwischen Rechtsgeschichte und Rechtsphilosophie einerseits und den geschichtlichen und philosophischen Bereichen der Philosophischen Fakultät andererseits ein enger Zusammenhang, für den die Fakultätsgrenzen ausgesprochen hinderlich sind. Aber der auf die Berufsarbeit des Juristen oder des Arztes, auf die Verwirklichung des Rechtes oder auf die Heilung kranker Menschen gerichtete Sachzusammenhang in diesen Fakultäten hat sich bisher immer wieder als stärker erwiesen.

Mit alledem soll nicht behauptet werden, das Universitätsstudium der Juristen und Mediziner habe sich in seiner bisherigen Form nach Anlage und Inhalt so bewährt, daß daran nichts zu reformieren sei. Meine These ist nur, daß an diesen Fakultäten die Lehre sich nicht in gleicher

Weise der Forschung untergeordnet hat, wie dies dem im 19. Jahrhundert bei uns herrschend gewordenen Verständnis der Formel »Bildung durch Wissenschaft« entsprochen hätte. Vielmehr hat sie hier ihre gesellschaftliche Funktion als wissenschaftliche Berufsvorbildung ungeschmälert und gleichberechtigt mit der Forschungsaufgabe behalten.

Demgegenüber wirkt sich die geschilderte Antinomie bis heute voll in der Doppelrolle aus, die der Lehre in der Philosophischen und den aus ihr hervorgegangenen Natur- und Sozialwissenschaftlichen Fakultäten mit ihren vorwiegend theoretischen Disziplinen zuerkannt wird. In ihrem Selbstverständnis bekennen sie sich noch durchaus zu der Formel des ausgehenden 19. und beginnenden 20. Jahrhunderts, also zum Vorrang der Forschung vor der auf sie bezogenen Lehre, und die Entwicklung der Naturwissenschaften zeigt noch deutlicher als die der Geisteswissenschaften, daß es sich dabei nicht um ein antiquiertes Ideal handelt, sondern um eine höchst aktuelle Sinngebung. Faktisch freilich haben auch diese Fakultäten der gesellschaftlichen Funktion der Lehre Raum geben müssen und versuchen, ihr durch ihre Lehrveranstaltungen Rechnung zu tragen. Solange die Zahl der Studenten für jedes Fach übersehbar war und die Forschung nicht den heutigen Grad der Intensität und der Spezialisierung erreicht hatte, mochte die Antinomie noch mit leichter Hand zu überwinden sein. Heute dagegen ist sie die Ursache ernster Störungen im Lehrbetrieb, die mit bloß organisatorischen Aushilfen nicht mehr zu überwinden sind. In den naturwissenschaftlichen Fakultäten, die der Überfüllungsgefahr durch die Begrenzung der Arbeitsplätze oder, wie in der Mathematik, durch die Abschreckungswirkung der breiten Kluft zwischen Schulwissen und Universitätsanforderungen zu begegnen vermögen, sind die Opfer einer auf Teilhabe an der Forschung gerichteten Lehre vor allem die vielfach deutlich an den Rand geschobenen Lehramtskandidaten und die Mediziner in ihren Anfangssemestern. In den philosophischen Fakultäten, die sich der Überfüllung schlechter erwehren können, entartet das Studium zu einer Jagd nach Seminarscheinen oder zu einem Hindernisrennen von Aufnahmeprüfung zu Aufnahmeprüfung, deren Hauptzweck es ist, die Zahl der Seminarteilnehmer klein genug zu halten, damit der Sinn des Seminars, in die Forschungsarbeit einzuführen, nicht völlig verlorengeht. Die Wirkung dieses Lehrbetriebs auf die Studenten ist Verwirrung und Ratlosigkeit bei den Studienanfängern, aber auch bei den älteren Studenten, daraus folgend eine früher nie erlebte Verlängerung der Studiendauer um mindestens die Hälfte der angeblichen Normalzeit und eine beunruhigend schlechte »Erfolgsquote«, wenn man die Zahl der Studienanfänger mit der der Examensabsolventen vergleicht, weil der Abgang in den mittleren und höheren Semestern oder nach einem Mißerfolg im Examen sehr hoch ist. Dabei wirkt gewiß mit, daß der Anteil der Studentinnen in den philosophischen Fakultäten heute schon bei 45% der Gesamtzahl der Studierenden liegt, also doppelt so hoch ist als im Durchschnitt aller Fakultäten. Bei ihnen ist der vorzeitige Abgang von der Universität besonders hoch, und zwar keineswegs nur, um zu heiraten. Aber dieser Umstand wie andere, als exogen betrachtete Faktoren, zum Beispiel die Lücken in der Schulbildung unserer Abiturienten, können die Universität nicht von der Verantwortung dafür entlasten, das Studium so einzurichten, daß es den Kräften und Möglichkeiten eines normal begabten und fleißigen Studenten oder einer ebenso qualifizierten Studentin entspricht.

Es ist hier nicht der Ort, den Übelstand näher auszuleuchten, zumal eine vom Wissenschaftsrat veranlaßte statistisch-soziologische Untersuchung darüber noch nicht abgeschlossen ist. Es wäre auch anmaßend, wollte ich als Vertreter einer anderen Fakultät, die ihre eigenen Studienprobleme hat, von den hier gemeinten im Tone moralischen Vorwurfs sprechen. Ich weiß, daß in vielen philosophischen Fakultäten mit großem Ernst versucht wird, dem Übel zu begegnen. Aber ich bin nicht ganz so sicher, ob auch überall erkannt wird, daß eine Hauptwurzel des Übels in jener Antinomie der Funktionen der Lehre und der Studienziele liegt, und daß daher eine dauerhafte Besserung erst zu erwarten ist, wenn diese Spannung gelöst ist.

Max Scheler hat, wie man weiß, die Spannung zwischen Forschungsfunktion und Ausbildungsfunktion, in die die Lehre an den deutschen Universitäten oder jedenfalls ihrem Prototyp, den philosophischen Fakultäten gestellt ist, für unlösbar gehalten, übrigens auch das Ziel der Persönlichkeitsbildung mit beiden Funktionen für unvereinbar angesehen und darum vorgeschlagen, die drei Aufgaben je besonderen Einrichtungen zu übertragen. Auch Jaspers und Roßmann haben noch vor wenigen Jahren die Antinomie nur so zu beseitigen gewußt, daß sie vorschlugen, die Unterrichts- und Berufsbildungsaufgaben von der Universität abzutrennen und auf besondere Anstalten zu verlagern. Sie versprachen sich davon den unschätzbaren Gewinn, in der so von ihren gesellschaftlichen Funktionen entlasteten Universität das alte Ziel der Bildung durch Wissenschaft für eine relativ kleine Zahl besonders qualifizierter Studenten reiner und konsequenter verfolgen zu können, als selbst Humboldt und seine Zeit das gewagt hatten. Daß nicht nur der erste, seiner Zeit vorauseilende, sondern auch der zweite, eine Lösung der Überfüllungsnöte versprechende Vorschlag so wenig Anklang gefunden hat, ist fast verwunderlich: wie viele von uns wären froh, von der Last der Ausbildung befreit zu werden, und wieviel billiger wäre es

für den Staat, Fachschulen statt neuer Universitäten zu bauen! Trotzdem war es nicht nur die Beharrungskraft des geschichtlich Gewordenen, sondern ein gesunder Instinkt und bildungspolitische Vernunft, die auch diesen Vorschlag zu Boden fallen ließen. Zwar bedarf die Universität der Entlastung von allen Ausbildungsgängen, in denen es genügt, ein fertig abgeschlossenes Fachwissen zu übermitteln oder im übrigen praktische Fähigkeiten auszubilden. Die Universität braucht auch für sich kein Monopol wissenschaftlicher Ausbildung in Anspruch zu nehmen. Aber sie würde dem platten Nützlichkeitsdenken in aller Berufsausbildung bedenklich Vorschub leisten und sich selbst in eine gefährliche Isolation begeben, wollte sie sich aus jeder gesellschaftlich in die Breite wirkenden Funktion der Lehre schlechtweg herausziehen. Unser Bildungswesen braucht deshalb nicht auf das Ziel zu verzichten, eine geistige Aristokratie zu schaffen und beständig zu erneuern. Aber dieses Ziel kann, wenn überhaupt, nicht durch Züchtung von Forschungsspezialisten auf rein der Forschung dienenden Hochschulen, sondern nur auf der breiten Grundlage eines leistungsfähigen allgemeinbildenden und für alle Bevölkerungsschichten zugänglichen Schul- und wissenschaftlichen Hochschulwesens erreicht werden.
Es sei darum noch einmal an die Göttinger Beschlüsse der Europäischen Rektorenkonferenz erinnert. Wenn dort die Einheit von Forschung und Lehre als konstituierendes Prinzip einer Universität anerkannt wurde, so konnte damit nach den außerhalb des deutschen Kulturkreises bestehenden Traditionen nur eine Lehre gemeint sein, die sich nicht bloß als Funktion der Forschung betrachtet, sondern sich ihrer gesellschaftlichen Aufgabe voll bewußt ist und die in den anderen Kulturen meist schon sprachlich mit Erziehung — higher education — schlicht gleichgesetzt wird. Die Lösung unserer deutschen Antinomie sollte dementsprechend nicht in einem eigenbrötlerischen Rückzug auf unsere — richtig oder falsch interpretierte — Klassik, sondern in dem Versuch bestehen, dieses deutsche Erbe in die gemeineuropäische Zukunft der Universität als der wohl kostbarsten Frucht europäischen Geistes mit einzubringen und einzuschmelzen. Auf diesem Boden gilt es, heute neu zu bestimmen, was Ziel der durch die Universität vermittelten Lehre sein kann.

III.

Ich sprach schon eingangs von den durch unterschiedliche Traditionen geprägten verschiedenen Gesichtern der Universitäten in Europa.

Wenn ich unseren deutschen Universitäten wünsche, sie möchten sich nicht abseits vom Strom der Entwicklung stellen, sondern sich ihm im Bewußtsein ihrer Stärke zuversichtlich anvertrauen, so heißt das hier wie in dem ganzen politischen, wirtschaftlichen und kulturellen Integrationsvorgang nicht, daß sie das Eigene aufzugeben, das Fremde blind zu übernehmen hätten. Nur sollten sie, statt sich in ihrer Tradition zu verkrusten, angesichts der Gemeinsamkeit der Aufgaben und der praktischen Probleme sich ohne Dogmatismus auch fremden Lösungen offenhalten. In diesem Sinne könnte uns ein Blick über unsere Traditionsmauern hinweg auch dazu verhelfen, die Antinomie in Stellung und Funktion der Lehre, von der ich sprach, zu überwinden.

Bekennen wir uns also klar auch für die Zukunft zu der gesellschaftlichen Funktion der Lehre an unseren Universitäten, so braucht das nicht zu bedeuten, daß Forschung und Lehre künftig nur noch äußerlich, organisatorisch und räumlich in einer Institution miteinander verbunden sind, wie verzankte Eheleute nebeneinander her leben, ohne viel voneinander Notiz zu nehmen. Einheit von Forschung und Lehre ist nicht bloß ein organisatorisches, sondern ein Sachprinzip, und gilt als solches jedenfalls heute ebenso an den Universitäten Frankreichs und Englands — um nur sie zu nennen. Nur braucht diese Einheit heute auch in Deutschland nicht länger aus den alten philosophischen oder bildungstheoretischen Prämissen begründet zu werden. Sie ist jetzt die notwendige Folge des Umstandes, daß in unserem Jahrhundert auch die Forschung in allen ihren Bereichen eine eminent gesellschaftliche Funktion erlangt hat. Sie ist nicht mehr Gedankenspiel der Wenigen, reine Theorie, neben der das Leben der Vielen, also die von Überlieferungswissen, von praktischer Vernunft und menschlichen Leidenschaften bestimmte Praxis unbeirrt ihren Gang geht. Vielmehr ist sie zur Voraussetzung unserer Wirklichkeitserkenntnis und damit schlechthin zur Bedingung für den Fortgang des Lebens geworden. Diesem Vorgang, den man — sprachlich unschön — als die Verwissenschaftlichung alles menschlich-gesellschaftlichen Daseins bezeichnet, entspricht in der egalitären und mündigen Industriegesellschaft ein Vorgang der Vergesellschaftung der Wissenschaft, der abgestuften Teilhabe Aller an ihren Erkenntnissen. Das erklärt und rechtfertigt den Andrang so vieler junger Menschen zur Universität als dem Ort umfassender wissenschaftlicher Information und Ausbildung, schließt es aber zugleich aus, die Studenten mit der Vermittlung eines scheinbar sicheren, abgeschlossenen Wissens abzuspeisen. Was vielmehr nottut, ist, sie der prinzipiellen Unabgeschlossenheit und Offenheit des wissenschaftlichen Fragens, der eigentlichen Fragwürdigkeit und Begrenztheit alles Wissens auszusetzen. Darum kann gerade die den gesellschaftlichen Bedürfnissen verpflichtete wissenschaftliche Lehre sich nicht mit einer direkten Befriedigung begnügen, sondern muß den Lernenden lehren, über diese Bedürfnisse hinaus, oder hinter sie, ins Offene zu blicken, damit er den unvorhersehbaren Anforderungen an sein kritisches Erkenntnisvermögen gewachsen ist, die dieser Beruf nicht heute, aber vielleicht schon morgen oder übermorgen an ihn stellen wird. So verstanden, hat auch die Ausbildung für einen akademischen Beruf, also für eine bestimmte, qualifizierte gesellschaftliche Aufgabe nichts an sich, was dem Geist der Universität feindlich ist. Es kommt nur darauf an, daß es gelingt, an dem diesem Beruf dienlichen Wissen und Können exemplarisch zu lehren, was wissenschaftliche Erkenntnis ist und zu leisten vermag, also den Lernenden durch die auf ein einzelnes Fach bezogene Ausbildung wissenschaftlich zu bilden. Daneben braucht sich die Forschung durch diesen Zweck der Lehre nicht daran hindern zu lassen, sich ihre Ziele selbst zu setzen, also auch das geistige Fundament der jeweiligen Berufe in Frage zu stellen.

Bleibt sonach die Lehre bei aller Selbständigkeit ihrer Aufgabe auf die Forschung angewiesen, und bedarf umgekehrt die Forschung zur Erfüllung ihrer eigenen gesellschaftlichen Funktion der Vermittlung durch die Lehre, so sind zwar gewiß nicht all die praktischen Schwierigkeiten aus der Welt geschafft, die der Doppelberuf dem Hochschullehrer bereitet, aber es müßte jedenfalls gelingen, ein besseres Gleichgewicht zwischen beiden Aufgaben in der Arbeitsweise, im personellen Aufbau und in der finanziellen Versorgung der Universität herzustellen.

Noch eine zweite Einsicht kann ein unbefangener Blick auf die Universitäten unserer westlichen Nachbarländer befördern helfen. Sie haben die bei uns aus der Formel der Bildung durch Wissenschaft abgeleitete akademische Freiheit der Studenten niemals zum Dogma erhoben, vielmehr aus ihrer eigenen Bildungskonzeption heraus den Charakter der Universität als Schule und Erziehungsstätte bis heute in unterschiedlichen Formen, aber doch wesentlich stärker als wir gewahrt. Nun gilt gerade in diesem Punkt der Satz, daß wir keinen Grund haben, unbesehen das fremde Prinzip dem eigenen vorzuziehen. Es gibt auch deutliche Anzeichen dafür, daß in den westlichen Ländern das Bedürfnis nach mehr Freiheit im Lehrbetrieb, aus wissenschaftlichen und aus erzieherischen Gründen, im Wachsen ist. Andererseits sind die erzieherischen Ergebnisse der deutschen Lernfreiheit unter den heutigen gesellschaftlichen Bedingungen des Studiums so wenig überzeugend, daß diese Freiheit praktisch schon an allen Ecken und Enden durchlöchert ist, aber nun prinzipwidrig, unsystematisch und für Professoren wie Studenten gleichermaßen unbefriedigend. Wir sollten uns daher durch die westlichen Beispiele ermutigen lassen, der Universität um ihrer gesellschaftlichen Lehrfunktion willen die Aufgabe zuzuerkennen, die jungen Menschen zwar nicht zu gängeln, aber zu führen, das heißt, sie aus der Bindung, deren sie zuerst bedürfen, in die Freiheit zu leiten, die sie dann erst im vollen Sinn einer Selbsterziehung zu nutzen vermögen. Wissenschaftliche Ausbildung ist auf seiten des Lernenden ein Wachstums- und Reifungsprozeß, zu dem er das Wichtigste aus eigener Kraft leisten muß, in dem ihm aber, wie jeder Hochschullehrer weiß, ohne Hilfe die Kräfte allzu oft versagen.

Auf dieser Grundlage müßte es dann auch möglich sein, jene Antinomie der Lehrfunktionen, die unsere Universitäten beirrt, in der Weise aufzulösen, daß man das Gegeneinander in ein planmäßiges Nacheinander verwandelt. Die deutsche Universität stöhnt und erlahmt unter der Forderung, um des Vorrangs der Forschung willen alle ihre Studenten zur selbständigen Teilnahme an der Forschungsarbeit bringen zu sollen. Kein Land romanischer oder anglo-amerikanischer Kultur stellt diese Forderung an seine Universitäten. Ihr Forschungsnachwuchs ist darum nicht kleiner oder schlechter als der unsere, der geistige Rang und Einfluß ihrer Universitäten nicht geringer. Was uns nottut, ist die Einsicht, daß wissenschaftliche Bildung, also geistige Formung durch Wissenschaft, als ein schrittweise sich vollziehender Prozeß auch Stufen oder Grade der Intensität in der Auseinandersetzung mit den Methoden wissenschaftlichen Erkennens aufweist, und daß es weder möglich noch nötig ist, allen Studenten alle Stufen abzuverlangen. Ist diese These richtig, so folgt daraus die Möglichkeit, das Studium entsprechend seinen Stufen zu gliedern.

Das ist gewiß kein neuer Gedanke, aber seine Anwendung im Lehrbetrieb unserer Universitäten dient bisher fast nur dazu, durch Zwischenprüfungen Gedächtnisstoff abzulegen oder zum Studium ungeeignete Studenten auszuscheiden, was übrigens nur schlecht gelingt. Das Beispiel der englischen und amerikanischen Universitäten, die die Mehrzahl ihrer Studenten nach einem verhältnismäßig kurzen, stärker schulmäßig gebundenen Studium mit einem gesellschaftlich voll anerkannten akademischen Grad entlassen, um danach die Begabtesten auf wesentlich freieren Wegen vollends in die Forschungsarbeit hineinzuführen, braucht von uns nicht sklavisch nachgeahmt zu werden, sollte uns aber zu eigenen, unseren Bedürfnissen gemäßen Lösungen anregen. Eine solche Differenzierung der Ausbildungsziele, die neuerdings auch in Frankreich an Boden gewinnt, wäre freilich verfehlt, wenn sie dazu mißbraucht würde, den Typus der bloßen Berufsfachschule in die Universität zu inkorporieren und die Masse der Studenten mit Paukbetrieb und entsprechend geistlosem Examen zu traktieren. Auch sie müssen der Forschung ausgesetzt und im wissenschaftlichen Geist zu kritischem Denken erzogen werden. Die anspruchsvolle, große Vorlesung ist auch für sie gerade gut genug, und das Referat und Lehrgespräch im Seminar soll auch ihnen zur geistigen Selbständigkeit verhelfen. Aber es müßte möglich sein, sie mit einem klaren Studienplan und stärkerer Führung als heute in wesentlich kürzerer Zeit zum Abschluß ihres Studiums zu bringen.

Solche zeitliche und inhaltliche Differenzierung der Studiengänge bildet auch den richtigen Ausweg aus der uns so oft im Kassandra-Ton vorgehaltenen Gefahr, die deutsche Universität opfere dem Quantitätsverlangen der Gesellschaft die Qualität der Ausbildung. Zur strengen Alternative werden die beiden Postulate nur dann, wenn man, wie heute, allen Studenten das gleiche, für die Mehrzahl zu hohe Studienziel setzt. Unterscheidet man dagegen Stufen der Ausbildung, so kann man beiden Postulaten gerecht werden. Es könnte überdies sein, daß wir auf diesem Wege den ersten Schritt zu einem Ziel tun können, das heute schon vor allem in den Vereinigten Staaten viel diskutiert wird. Ich meine das Problem, eine nicht mehr als Vorrat für ein ganzes Leben ausreichende wissenschaftliche Ausbildung im Anfang zu verkürzen, dafür aber später aus der Berufsarbeit heraus in gemessenen Abständen zu wiederholen.

IV.

Die vorgeschlagene Abstufung der Ausbildungsziele und der darauf abgestellten Studiengänge ermöglicht eine erste Antwort auf die Frage nach dem damit angestrebten Bildungsziel. Die alte Formel von der Bildung durch Wissenschaft läßt sich auch mit dem hier entwickelten Verständnis der wissenschaftlichen Lehre vereinbaren, wenn man Bildung mit geistiger Formung gleichsetzt. Denn jede wissenschaftliche Ausbildung des Studenten bedingt notwendig, daß er nicht nur fertigen Wissensstoff in sein Gedächtnis aufnimmt, sondern der ständigen Unruhe der Forschung, ihren Fragen, Zweifeln und methodischen Problemen ausgesetzt wird und daran sein kritisches Denkvermögen schult, und daß er zugleich den Ort seiner Disziplin im geschichtlichen und systematischen Zusammenhang der geistigen Welt und ihren Beitrag zur Erkenntnis der Wirklichkeit begreifen lernt. Dieses Ziel, das man selbständiges, kritisches Denken im Medium der Wissenschaft nennen mag, muß die Universität auch heute allen ihren Studenten stecken. Dagegen sollte sie das weitergehende Ziel, Studenten als Partner an der Forschungsarbeit ihrer Hochschullehrer zu beteiligen und schließlich zu selbständigem Umgang mit der Forschung und ihren Methoden zu führen, einem engeren Kreis der dazu befähigten, fortgeschrittenen Studenten überlassen.

Diese Abstufung enthebt uns aber nicht der Frage, ob und in welchem Sinne das, was die hier gemeinte geistige Formung in ihren verschiedenen Intensitätsgraden zu leisten vermag, heute noch Bildung genannt zu werden verdient. Die Antwort wird durch die Unschärfe des deutschen Bildungsbegriffes erschwert, die den Juristen zu einem ungeduldigen Partner des endlosen Gesprächs zwischen Philosophen, Pädagogen und neuerdings Soziologen macht. Ich begnüge mich daher mit einigen wenigen, teils negativen, teils positiven Aussagen. Dabei setze ich ein wohl allseitiges Einverständnis darüber voraus, daß sich Bildung keinesfalls in einem Wissensbestand nach der Art der bürgerlichen Allgemeinbildung erschöpft und daß wissenschaftliche Ausbildung vielleicht ein, aber nicht der einzige Weg ist, um zu Bildung zu gelangen. Wesentlich ist dem Bildungsbegriff offenbar ein sittliches Element, das auf Formung nicht nur des Intellekts, sondern der im Charakter sich ausprägenden seelischen Kräfte gerichtet ist. Die Frage ist also, welchen Beitrag zur so verstandenen Bildung eines Menschen die Universtität als Stätte wissenschaftlicher Ausbildung zu leisten vermag.

Als erste, negative These muß gesagt werden, daß uns der ursprüngliche, volle Sinn der Formel Bildung durch Wissenschaft unwiederbringlich verloren ist. Weder hat das Persönlichkeitsverständnis des deutschen Idealismus für uns noch irgend verpflichtende Geltung, noch trauen wir der zur Forschung gewordenen Wissenschaft die Kraft zu, solche Persönlichkeiten zu schaffen. Wir denken bescheidener von der sittlichen Wirkung des Umgangs mit der Forschung, bescheidener auch vom Menschen, dessen Schwäche und dessen Angewiesensein auf mitmenschlichen Bezug wir schmerzhaft deutlich erfahren haben. Wohl kann die Teilnahme an der geistigen Welt und das Vermögen kritischen Denkens ihm dazu verhelfen, aus dem anonymen Rollenträger in der Masse zur Person zu werden. Doch ist gerade dafür der Weg durch die Wissenschaft nur einer unter vielen Wegen, und ist das nur so gewonnene Personsein unablässig in Gefahr, dem vitalen Drang nach Selbstbehauptung geopfert zu werden.

Eine zweite negative Aussage schließt sich an: wir haben kein gemeinsam verbindliches Leitbild vom rechten Leben des Menschen in unserer Zeit, keine sichere Tafel der unter uns anerkannten Werte und Tugenden. Die Wissenschaft kann einen solchen Kanon weder ersetzen noch selbst schaffen. Ihr unmittelbarer Beitrag zu einer nicht bloß intellektuell, sondern sittlich verstandenen Bildung des Menschen besteht daher nur in der Ausbildung der oft beschriebenen spezifischen Tugenden des Forschers, also der Erziehung zur Wahrhaftigkeit, zur Sachtreue und Genauigkeit, zur nüchternen Distanz gegenüber bloßen Emotionen und allem Scheinen und Meinen, zur Selbstdisziplin. Davon jungen Menschen etwas weiterzugeben, ist keine geringe Aufgabe, aber es ist offensichtlich, daß dies nur Teilstücke der Bildung zur Person sein können.

Nach einer noch immer weit verbreiteten, wenn nicht herrschenden Auffassung in der Wissenschaftstheorie müßte ich hier die dritte und wichtigste negative Feststellung folgen lassen. Wissenschaft ist wertfrei, so sagt man uns; sie kann nur zur Erkenntnis von Gesetzmäßigkeiten und Grund-Folge-Verhältnissen führen, aber niemals rechtes Handeln lehren. Wäre dies das letzte Wort, so bliebe die bildende Wirkung wissenschaftlicher Erkenntnis nach der These Schelskys darauf beschränkt, daß sie den Menschen von den Sachzwängen der modernen wissenschaftlichen Zivilisation befreit, ihn die Wissenschaft überwinden lehrt. Das ist blanke Resignation. So wichtig die Einsicht ist, daß zur wissenschaftlichen Bildung auch das Wissen von den Grenzen und der Einseitigkeit der Haltung wissenschaftlichen Erkennens gehört, so wenig ist damit zur Festigung der Person geleistet.

Zu den eindruckvollsten Erfahrungen der schon mehrfach erwähnten Göttinger Tagung der Europäischen Rektorenkonferenz gehörte für mich die unbefangene Selbstverständlichkeit, ja Dringlichkeit, mit der von den Rektoren aus den meisten westlichen Ländern der Erziehungsauftrag der Universität bejaht wurde. Gewiß müßte eine genauere Analyse erst ergeben, welche Inhalte hier gemeint sind und wie die Universitäten heute diesem Auftrag gerecht werden; immerhin gibt der britische Robbins-Report on Higher Education von 1963 einen wichtigen Hinweis, wenn er bei aller spürbaren Zurückhaltung einleitend unter den vier Hauptzielen solcher education auch dies nennt: »the transmission of a common culture and common standards of citizenship.« Hier ist nichts von der Resignation vor der wertfreien Wissenschaft und vor den einander widerstreitenden Wertetafeln einer pluralistischen Gesellschaft zu spüren.

Die deutsche Universität hat es heute nach ihrer eigenen Geschichte und nach dem Erlebnis eines totalitären Staates schwerer, sich zu einem so verstandenen Erziehungsauftrag zu bekennen, zumal das Wort »Erziehung« bei uns einen engeren Sinn und einen Beigeschmack von Unterordnung unter eine fremde Autorität hat, der es unserer akademischen Jugend verdächtig macht.

So kommt es, daß der Erziehungsauftrag der Universität bei uns von einer — aus sehr verschiedenen Prämissen argumentierenden — Minderheit bejaht, von der Mehrheit dagegen, und vor allem von den Wortführern der Studentenschaft kühl oder heftig abgelehnt wird. Es wäre fatal, wollten wir uns in dieser Verlegenheit auf das Feld abdrängen lassen, das man nach einem Worte Hermann Heimpels als »außerwissenschaftliche Erziehung« bezeichnet. Was immer man darunter verstehen mag, so sollte klar sein, daß die Universität zu solchen Bemühungen nur dann legitimiert ist, wenn sie sich zuvor in ihrem ureigensten Bereich der wissenschaftlichen Lehre zu einem Bildungsauftrag bekannt hat, der über unverbindliche Information und intellektuelles Training hinausgeht. Das setzt allerdings voraus, daß wir die wissenschaftliche Lehre von der Unterordnung unter eine als Selbstzweck verstandenen Forschung befreien und daß wir die Legende von der Wertfreiheit oder Voraussetzungslosigkeit der Wissenschaft durchschauen und damit zerstören. Lösen wir uns von diesem Bann, so sind wir weder einem unwissenschaftlichen Dogmatismus noch der vermeintlich unkontrollierbaren subjektiven Willkür beliebiger Werturteile ausgeliefert. Wohl aber sind wir als Forschende genötigt, uns die Wertbedingtheit alles wissenschaftlichen Erkennens bewußt zu machen und uns für bestimmte Werte zu entscheiden, und wir sind als Lehrende genötigt, mit unserer Person für diese Entscheidungen einzustehen. Wir bilden den Lernenden, indem wir im Ringen um die Wahrheit seine Personalität wecken und ernst nehmen und ihm nicht unsere Wertentscheidungen aufdrängen, aber ihn zu eigener, von ihm als Wissendem in Freiheit zu treffender Entscheidung hinführen.

Noch ein weiterer Schritt auf diesem Wege ist heute erlaubt und geboten. Ich wies schon darauf hin, daß auch der Forschung in unserem Jahrhundert immer deutlicher eine gesellschaftliche Funktion zugewachsen ist, indem ihre Weise der Wirklichkeitserkenntnis zur Voraussetzung alles gesellschaftlichen Handelns geworden ist. Damit trägt sie, ob sie es weiß oder will oder nicht, eine schwere Verantwortung für die Zukunft unserer Gesellschaft. Welche Folgerungen sich daraus für die Forschungsarbeit selbst ergeben, ist bisher noch nicht in vollem Umfang deutlich und soll jetzt nicht erörtert werden. In unserem Zusammenhang kommt es nur auf die Konsequenz für die Lehre an. Sie steht vor der Schwierigkeit, daß sie Verantwortung im Beruf nur beschreiben, aber den Studenten nicht, auch kaum probeweise, in die Situation verantwortlichen Handelns stellen kann; selbst der famulus in der Klinik bleibt auf Hilfsdienste beschränkt. Aber sie kann ihn auf die Situationen vorbereiten, denen er als ein wissenschaftlich Gebildeter künftig in seinem Beruf begegnen wird, und sie sollte sich das bewußter und entschiedener zur Aufgabe machen, als es der deutschen Universitätstradition entspricht. Bei näherem Zusehen erweist sich auch die Tradition als nicht so fraglos anerkannt und einheitlich, wie sie manchmal geschildert wird. Wiederum zeigt sich nämlich, daß die drei alten, »oberen« Fakultäten vermöge ihrer Praxis- und Berufsbezogenheit diese Aufgabe immer gesehen haben und sie vielleicht nur mangelhaft erfüllt, aber sich ihr jedenfalls nicht mit der Entschiedenheit entzogen haben, mit der die philosophischen und naturwissenschaftlichen Fakultäten bis heute ihre »Pädagogisierung« ablehnen. Sie sollten sich dieser Frage heute neu und ohne Vorurteil stellen. Niemand verkennt die Gefahren der Erstarrung und Dogmatisierung, die der Wissenschaftlichkeit der Lehre von einem engbrüstigen Verschulungsprogramm drohen. Aber das ist nicht die einzige Alternative. Auch in diesem Punkt gilt es, über den Schatten der vermeintlichen Wertfreiheit zu springen und die Verantwortung für die Gesellschaft und ihre Einrichtungen, z. B. auch für den Zustand der höheren Schulen, die die Universität in Forschung und Lehre trägt, bewußt zu ergreifen. Der Bildungsauftrag der deutschen Universität ist nur durch eine von der Forschung bestimmte und von der Freiheit der Forschung mitgetragene Lehre zu erfüllen, aber die auf diesem Wege gewonnene geistige Formung erreicht ihr Ziel erst, wenn sie die jungen Menschen zugleich auf ihr verantwortliches Handeln in der Gesellschaft vorbereitet.

AUFGABEN DER UNIVERSITÄT IM EUROPÄISCHEN VERGLEICH

Vorbemerkung

Erfahrungsgrundlage des nachfolgenden Berichts ist meine vor rund acht Jahren begonnene, seitdem kontinuierlich fortgesetzte Mitarbeit in den Leitungsgremien der Europäischen Rektorenkonferenz (CRE). Sie beruht auf einem bald nach dem Ende des Zweiten Weltkriegs begonnenen, schrittweise erweiterten und seit 1964 durch eine formelle Satzung befestigten Zusammenschluß der Universitäten Europas. Er ist freiwillig, daher unvollständig; es ist eine nicht-staatliche, nur aus Beiträgen der Mitglieder finanzierte Vereinigung mit einem kleinen Sekretariat in Genf. Sie umfaßt heute etwa 320 Universitäten in vierundzwanzig europäischen Ländern; ihre Aktivität besteht im wesentlichen aus halbjährlichen Diskussionstagungen über gemeinsam interessierende hochschulpolitische Fragen und einer kleinen Zeitschrift (CRE-Information). Nur alle fünf Jahre findet eine große Mitgliederversammlung statt.

Der Schwerpunkt der Vereinigung liegt in Westeuropa. Langjährige Bemühungen um eine Ausdehnung auf den vom Kommunismus beherrschten Teil Europas waren nur partiell erfolgreich: die meisten jugoslawischen und einige polnische Universitäten sind Mitglieder. Im übrigen hat sich ein deutlicher, von Moskau dirigierter Widerstand gegen den — jedenfalls von den Universitäten der »Satelliten«-Länder sehr gewünschten — Beitritt gezeigt. Nach der letzten großen Mitgliederversammlung der CRE in Bologna im Herbst 1974 gab es darüber intensive Verhandlungen mit der östlichen Seite, die aber im Sommer 1975, letzten Endes am gegenseitigen Mißtrauen, gescheitert sind. Immerhin besteht eine Verbindung zu den Universitäten Osteuropas über die *International Association of Universities,* einer der UNESCO nahestehenden Vereinigung, die alle fünf Kontinente und ihre verschiedenen politischen Gruppierungen umfaßt, und mit der die CRE assoziiert ist. Die letzte große Mitgliederversammlung dieser weltweiten Vereinigung fand im Herbst 1975 in Moskau statt; an ihr haben viele deutsche Rektoren und Präsidenten, auch ich als Gast, teilgenommen. Daher bestehen auch zum osteuropäischen Bereich viele persönliche Verbindungen.

Ich stütze mich also für meinen Bericht auf die Informationen aus den Diskussionstagungen und aus vielen persönlichen Gesprächen im Rahmen der CRE. Dazu kommt das umfangreiche, meist nur im Umdruck vervielfältigte Material des Europa-Rats, vor allem seines *Commitee for Higher Education and Research,* ferner der OECD, neuerdings auch des von der UNESCO in Bukarest eingerichteten *Institute for Higher Education* (CEPES).

Ein Vergleich mit den Verhältnissen in den USA, zu dessen Universitäten ja von der Bundesrepublik aus vielfältige Verbindungen bestehen, bleibt im folgenden ausgespart.

Die Fassung meines Themas »Aufgaben der Universität im europäischen Vergleich« geht von einer doppelten Prämisse aus, die eine kurze Überlegung wert ist. Vorausgesetzt wird damit einmal, daß es in Europa so etwas wie ein gemeinsames Grundmodell der Universität gibt, die als Institution durch ihren spezifischen Auftrag und ihre Weise der Erfüllung dieses Auftrags charakterisiert ist, zum anderen aber, daß dieses Grundmodell in der geschichtlichen Verwirklichung innerhalb der Völker Europas verschiedenartig ausgestaltet worden ist, so daß ein Vergleich fruchtbare Einsichten in die jeweils eigene Lage erbringen kann. Daran ist jedenfalls so viel richtig, daß die Geschichte der europäischen Universitäten zwar schon von ihren mittelalterlichen Ursprüngen an in Bologna, Padua und Neapel, in Paris und Oxford unterschiedliche institutionelle Formen und Verfahrensweisen zeigt, sich aber doch auf eine gleichartige Idee zurückführen läßt, die ihrerseits die wesentlichen Komponenten des europäischen Geistes in sich aufgenommen und durch ihre Verleiblichung in einer derartigen Institution zugleich bewahrt und einer weiteren Entfaltung zugänglich gemacht hat. Die Gemeinsamkeit der Aufgabe in der Bewahrung und Weiterbildung eines gemeinsamen geistigen Erbes rechtfertigt es also, über alle, in der stürmischen politischen Geschichte Europas in achthundert oder — am Beispiel Tübingens – in fünfhundert wechselvollen Jahren vertieften Unterschiede der institutionellen Ausprägung hinweg von *der* europäischen Universität zu sprechen und ihre nationalen Erscheinungsformen kritisch zu vergleichen.

Dabei gehe ich fürs erste von einem durch die Tradition vorgegebenen Begriff der Universität aus, ohne mich jetzt mit einem Versuch der Abgrenzung gegenüber anderen Institutionen der post-sekundären Stufe eines Bildungssystems aufzuhalten. Ich meine auch die Kenntnis der im wesentlichen aus dem 19. Jahrhundert überkommenen Unterschiede etwa des deutschen, französischen und englischen Bildungssystems und der darin den Universitäten zufallenden Rolle voraussetzen zu dürfen. Was uns im Rahmen einer Vorlesungsreihe über die »Universität heute« beschäftigen muß, ist die Frage, ob und wie die europäischen Universitäten den tiefgehenden geistigen, politischen und sozialen Veränderungen, die überall in Europa seit dem Ende des Zweiten Weltkriegs eingetreten sind, standgehalten und Rechnung getragen haben.

I. Die Krise der Universitäten

Man kann ohne dramatisierende Übertreibung sagen, daß sich die Universitäten überall in Europa in einem Zustand der Krise befinden, die sie in ihren Fundamenten in Frage stellt und sie zwingt, ihre Aufgaben und Ziele selbstkritisch neu zu bestimmen — soweit nicht vom Staat unter dem Druck gesellschaftlicher Kräfte über sie bestimmt wird.

Drei Faktoren lassen sich anführen, die die Universitäten in diese Krise gebracht haben.

1. Der erste Faktor ist die Überflutung der Universitäten mit Studenten. Der stark gewachsene Andrang junger Menschen zu den Sekundarschulen und von da zu einer Universitätsausbildung ist ein gemeineuropäisches — und im Welthorizont keineswegs auf die westlichen Industrieländer beschränktes — Phänomen. Ich überlasse es den Soziologen, die Ursachen dieser Erscheinung zu analysieren. Sie ist jedenfalls nicht primär durch einen stark gewachsenen Bedarf an akademisch ausgebildeten Kräften, sondern durch den Wunsch nach qualifizierter Ausbildung, aber auch durch den Drang zu sozialem Prestige und höherem Lebensstandard veranlaßt, also eine Folge (und zugleich ein Vehikel) sozialer Umschichtungs- und Egalisierungsvorgänge. Natürlich gibt es Unterschiede der Intensität und Phasenverschiebungen innerhalb Europas: In Frankreich und Italien war der Andrang noch stärker als bei uns (gemessen am Prozentsatz einer Altersgruppe), in Österreich und in der Schweiz etwas schwächer und hat später eingesetzt. Der in der Bundesrepublik jetzt aus demographischen Gründen bevorstehende sogenannte »Studentenberg« ist allerdings eine Sondererscheinung unseres Landes, die allenfalls in England eine — schwächere und weniger auffällige — Parallele hat, nicht zum Beispiel in Frankreich. Eine Abschwächung des Andrangs zu den Universitäten beobachtet man anscheinend bisher nur in Schweden. Ob die schlechteren Berufsaussichten für Akademiker den Trend auch anderwärts umkehren werden, bleibt abzuwarten.

Die gängige Formel des Übergangs von der »Elite-« zur »Massen-Universität« charakterisiert den Vorgang nicht zureichend, wenn sie »Masse« nur quantitativ oder implizit auch qualitativ in einem abwertenden Sinn versteht. Deutlich ist, daß in allen Ländern heute junge Menschen auch aus anderen als der sozialen Oberschicht zur Universität drängen. Das stellt an die Institution andere Anforderungen, darunter auch die, die Studenten nicht im Zustand der ungeformten Masse zu belassen. Die Frage ist, ob und wie ihnen das gelingt.

Die nächstliegende Antwort auf den vermehrten Andrang zum Studium ist eine Ausweitung der Ausbildungskapazitäten des Hochschulsystems, also ein Größenwachstum der bestehenden Universitäten und die Neugründung von Universitäten. Dabei zeigen sich freilich charakteristische Unterschiede im Vorgehen: In Großbritannien gab es zwar auch eine Vergrößerung der Universitäten und zahlreiche Neugründungen (Robbins-Report von 1963!), aber das Wachstum bleibt unter Kontrolle. Jede Universität bestimmt selbständig die Zahl der verfügbaren Ausbildungsplätze und braucht nicht mehr Studenten aufzunehmen — also ein System des totalen Numerus clausus (auch mit Rückwirkungen auf die Schulen!)—, aber es ist in der Öffentlichkeit akzeptiert, da es festem Herkommen entspricht. Daraus ergab sich zwar eine Zunahme der Gesamtzahlen, aber keine Überfüllung der einzelnen Einrichtungen. Vergleichbar ist die Lage in den osteuropäischen Ländern; es gibt eine feste Zahl von Plätzen und Aufnahmeprüfungen, da (zum Beispiel in der Sowjetunion) die Zahl der Bewerber die der Plätze um das Mehrfache übersteigt. Wer nicht ankommt, muß »in die Produktion«.

Anders verlief die Entwicklung im kontinentalen Westeuropa, dessen Hochschulsysteme nicht das Prinzip der festen Plätze kennen. Die Folge ist überall Überfüllung. Extremes Beispiel ist Italien, das wenig Neugründungen, auch nur in bescheidenem Maße Erweiterungsbauten vorgesehen hat mit der Folge riesiger Studentenzahlen an den meisten Universitäten (zum Beispiel Rom ca. 150000; Bologna ca 60000 — freilich zu einem großen Teil nur nominelle Einschreibungen) und chaotischer Zustände. Anderwärts gab es zahlreiche Neugründungen: BRD, Frankreich (hier aber zugleich eine Aufteilung der alten Universitäten seit 1968; jetzt mehr als siebzig staatliche Universitäten), auch Belgien, Niederlande, Dänemark, schwächer Österreich und Schweiz. Trotzdem bleibt die Überfüllung. Auswege sind in der BRD der sich ausbreitende Numerus clausus (mit deutscher Gründlichkeit und Perfektion in der Kapazitätsberechnung), in Frankreich das Prinzip des »Herausprüfens« am Ende des zweiten Studienjahres (*premier cycle*), wobei 50 bis 66 Prozent der Studierenden auf der Strecke bleiben. Ein Numerus clausus mindestens in Medizin und den anderen »harten« Disziplinen besteht heute auch in den meisten anderen Ländern (Österreich und Schweiz primär für Ausländer als Abwehrmaßnahme).

Inzwischen ist seit etwa fünf Jahren überall in Europa dieser Expansionsprozeß zum Stillstand gekommen. Heute werden nirgends mehr neue Universitäten gegründet, allenfalls bestehende abgerundet und im normalen Umfang baulich erneuert. Das hat drei Gründe: Die überall in Westeuropa spürbare wirtschaftliche Stagnation oder Rezession, die ebenfalls absehbare demographische »Rezession« und eine zunehmende Aversion der öffentlichen Meinung gegenüber den Universitäten. Diese drei, uns wohlbekannten Faktoren sind also keineswegs auf die BRD beschränkt, wenngleich sie in jedem Land ihre eigene Färbung haben. Die empfindliche Konsequenz sind überall starke finanzielle Restriktionen — auch das also keineswegs nur bei uns (zum Beispiel in England wohl noch einschneidender als in Deutschland). Das schafft sehr schmerzhafte Umstellungs- und Anpassungsprobleme. Aber schon der Blick auf die anderen Länder sollte uns vor Selbstmitleid bewahren.

2. Der zweite Krisenfaktor ergibt sich aus der Nötigung zur organisatorischen Umgestaltung der Universitäten. Bei uns und anderwärts wurde und wird sie als Hauptthema der »Hochschulreform« verhandelt. Aber diese Reform hat zwei Ziele, zwischen denen ein deutlicher Zielkonflikt besteht. Einerseits erweisen sich die herkömmlichen Formen einer Honoratioren-Selbstverwaltung den organsisatorischen Anforderungen eines Großbetriebs, zu dem die Universitäten geworden sind, nicht mehr gewachsen. Daher der Ruf nach strafferer, auf längerfristiger Planung beruhender Leitung mit höherer Effizienz. Andererseits hat die studentische Protestbewegung der zweiten Hälfte der sechziger Jahre die Forderung nach interner Demokratisierung der akademischen Selbstverwaltung in den Vordergrund gerückt, eine Forderung, die unausweichlich, zumal angesichts der emotional verstärkten politischen Spannungen zwischen den beteiligten Gruppen, eine Verringerung, wenn nicht zeitweilige Lähmung der Handlungsfähigkeit der akademischen Selbstverwaltung zur Folge hat. Um den richtigen Ausgleich zwischen diesen beiden Zielen wird heute in sehr vielen Ländern Europas gerungen; man experimentiert mit ungewissem Ausgang.

Ich kann und will hier nicht alle Lösungsversuche vorführen. Schon die Situation in der BRD ist ja heute, trotz Hochschulrahmengesetz, so unübersichtlich, daß eine genaue Darstellung des gegenwärtigen Zustands und der in Vorbereitung befindlichen Änderungen einen eigenen Vortrag ausfüllen würde. Es muß für unsere Zwecke genügen, die europäische Situation mit wenigen Strichen zu skizzieren.

Schlankweg unberührt von diesen Reformtendenzen gibt man sich bisher in den Ländern Osteuropas. Ihre Universitäten haben dem ersten

Anschein nach eine Honoratioren-Selbstverwaltung alten Stils. Dahinter steht dann freilich — von Land zu Land verschieden dosiert - die übermächtige Kontrolle von Partei und Staat, die keine Selbständigkeit aufkommen läßt. Anders liegt es nur in Jugoslawien, das, wie in der Wirtschaft, so auch in den Universitäten der Selbstverwaltung eine echte Chance gibt.

Im westlichen Europa hat man in England bisher kein Bedürfnis für tiefergehende Strukturreformen der Universitäten empfunden. Auch in der Schweiz ist man darin konservativ geblieben. In Italien ist die längst überfällige Reform nicht an konservativer Gesinnung einer Mehrheit, sondern an der notorischen Schwäche von Parlament und Regierung, vielleicht auch am Widerstand politisch einflußreicher Professoren — der *baroni* — bis heute gescheitert — mit bösen Folgen für die Universitäten. In den meisten anderen Ländern sind die Universitäten in den letzten zehn Jahren in ihrem organisatorischen Gefüge stark verändert worden. Frankreich hat darin mit seiner *loi d'orientation* von 1968 eine Art Führungsrolle übernommen, so außer in Belgien und Holland auch in den skandinavischen Ländern, obwohl gerade dieses Gesetz nur aus dem spezifisch französischen Staatsverständnis heraus ganz verständlich ist. Aber auch das deutsche Vorbild hat weitergewirkt; zuletzt vor zwei Jahren in Österreich. Überall begegnet man den beiden Zielen: der Stärkung der administrativen Effizienz, und das heißt: der Kompetenzen der Universitätsspitze, auf der einen Seite, der in vielen Variationen zur Gruppenuniversität führenden Demokratisierung auf der anderen Seite, und überall bereitet der Kompromiß zwischen diesen Zielen Schwierigkeiten. Auch wenn man die einstweilen noch ganz offene Umbruchsituation in Spanien und Portugal außer Betracht läßt, muß festgestellt werden, daß diese Reformen noch nirgends zu einer von allen beteiligten Gruppen akzeptierten Befriedung der Universitäten geführt haben. Natürlich trägt die politische Unruhe, die gegenwärtig ganz Europa beherrscht, und die Ungewißheit über die Zukunft dieses Kontinents ganz wesentlich dazu bei, auch die für solche Stimmungslagen sensiblen Universitäten in Unruhe zu halten.

3. Der dritte Faktor, der die Krise der Universitäten verursacht, ist ideeller oder moralischer Natur und betrifft ihren Auftrag, der Wissenschaft in Lehre und Forschung zu dienen. Zwar ist die Wissenschaft und ihre Anwendung in der Technik bis heute die unverzichtbare Grundlage unserer Zivilisation; auf ihre Leistungen bleiben Staat und Gesellschaft zur Sicherung ihrer Existenz auch weiterhin angewiesen. So gesehen hat sich auch am Auftrag der Universität nichts geändert, Stätte der Forschung und der wissenschaftlichen Ausbildung der in al-

len Lebensbereichen benötigten qualifizierten Nachwuchskräfte zu sein. Aber der Fortschrittsoptimismus, der vor allem die Entwicklung der Naturwissenschaften seit ihrer Emanzipation von den antiken Vorbildern im 16. und 17. Jahrhundert begleitet und ihre Arbeit beflügelt hat, beginnt heute in der öffentlichen Meinung, aber auch bei nachdenklichen Wissenschaftlern einem skeptischen Unbehagen zu weichen. Dabei geht es einmal um die seit dem Bombenabwurf auf Hiroshima und Nagasaki nicht mehr zur Ruhe gekommene, weil nicht mit einem glatten Ja oder Nein zu beantwortende Frage nach der Verantwortung nicht nur der angewandten, sondern auch der Grundlagenforschung für die Folgen der praktisch-politischen Ausnützung ihrer Ergebnisse. Angesichts der Probleme, die die Nutzung der Kernenergie und darüber hinaus die von der wissenschaftlich-technischen Zivilisation verursachte Ausbeutung und Zerstörung der Natur aufwirft, ist auch diese Verantwortungsdiskussion heute in ein neues Stadium getreten. Aber das Unbehagen greift nun tiefer. Das zweckfreie wissenschaftliche Erkennen-Wollen, die Neugier als Grundantrieb des Forschers wird hinterfragt. Dabei spielen für eine kritische Öffentlichkeit die Sorgen um die Erhaltung der für die Lebensqualität notwendigen Umwelt ebenso eine Rolle wie der finanzielle Aufwand, den moderne Forschung — nicht nur in den Naturwissenschaften — erfordert. So gerät die Wissenschaft heute, wie es der Züricher Philosoph Hermann Lübbe kürzlich ausgedrückt hat, unter einen deutlich zunehmenden Rechtfertigungsdruck. Man fragt nach dem öffentlichen Interesse und der sozialen Relevanz der theoretischen *curiositas* des Forschers und will sich nicht mehr mit der seit der Zeit, in der die Universität Tübingen gegründet wurde, bis heute vom Konsens der *scientific community* getragenen Antwort zufrieden geben, daß alles, was gewußt werden kann, auch wert ist, erforscht zu werden.

Ich bin nicht der Meinung, daß die Wissenschaft vor solchen Fragen kapitulieren muß, und würde es für verhängisvoll halten, wenn sie in der öffentlichen Anerkennung und Förderung auf die Bereiche eingeschränkt würde, die einen leicht einsehbaren, rasch zu verwirklichenden gesellschaftlichen Nutzen versprechen. Aber es ist nicht zu verkennen, daß solche Tendenzen heute aus den angeführten Gründen an Stärke zunehmen. Sie drängen nicht nur die Universitäten als Träger wissenschaftlicher Arbeit in eine Verteidigungsstellung gegenüber der Öffentlichkeit, sondern sie nötigen auch die Mitglieder der Universität zu einer, durch das Verantwortungsproblem noch verschärften Selbstprüfung, was den Sinn ihrer Arbeit ausmacht. Die einschneidenden finanziellen Kürzungen, denen die Universitäten nach dem Gesagten gegenwärtig überall in Europa ausgesetzt sind, tragen das ihre dazu bei, um auch *intra muros* das Gespräch darüber zwischen den Disziplinen wach zu halten.

II. Neubestimmung der Aufgaben?

Ich habe drei Faktoren genannt, die sich als Hauptursachen dafür ausmachen lassen, daß sich die Universitäten jedenfalls im westlichen Europa gegenwärtig in einem Zustand der Krise befinden. Keiner dieser Faktoren läßt sich mit leichter Hand oder gar aus eigener Kraft der Universitäten aus der Welt schaffen; gerade an ihnen erweist sich, wie stark die Universitäten als Institutionen in das politische und gesellschaftliche Gemeinwesen eingebunden sind, in dem und für das sie errichtet sind und deren geschichtliche Wandlungen und Schwierigkeiten darum voll auf sie einwirken. Aber wenn sie sich solchen Einwirkungen nicht entziehen können, so fragt sich, wie sie darauf reagieren und ob sie dadurch veranlaßt oder gar von außen gezwungen werden, ihre eigenen Aufgaben und Ziele im gesellschaftlichen Kontext neu zu bestimmen. Dieser Frage wende ich mich nun im zweiten Teil meines Vortrages zu.

1. Man kann es ein oft wiederholtes Postulat, beinahe einen allgemein anerkannten Glaubenssatz der Universitäten in Europa nennen, daß Forschung und Lehre in der Wissenschaft zusammengehören und daß die Universitäten gerade durch diese Doppelaufgabe charakterisiert sind. Allerdings lautet die Begründung für dieses Junktim in England, und auch in Frankreich, pragmatischer als in Deutschland, wo Wilhelm von Humboldt der Universität die Aufgabe der »Bildung durch Wissenschaft« gestellt hat. Auch kann man darauf verweisen, daß in Frankreich naturwissenschaftliche Forschungsinstitute weithin organisatorisch und haushaltsrechtlich nicht den Universitäten angegliedert, sondern dem CNRS *(Centre National de la Recherche Scientifique)* unterstellt sind. In geringerem Maße gilt Entsprechendes für Italien und Spanien. Von da führt dann die Linie zu den osteuropäischen Ländern, wo größere Forschungsinstitute nach sowjetischem Vorbild konsequent den Akademien der Wissenschaften unterstehen. Indessen kennen ja auch wir die Sonderstellung der Max-Planck-Gesellschaft, der Fraunhofer-Gesellschaft und der Bundesforschungsanstalten. Von einem Forschungsmonopol-Anspruch der Universitäten ist also nirgends die Rede, und solange auf eine enge räumliche und personelle Verknüpfung der Forschungsinstitute mit den Universitäten Bedacht genommen wird, wie das klar der Politik der romanischen Länder, weniger der Politik im sowjetischen Machtbereich entspricht, brauchen die

Universitäten unter der organisatorischen Trennung nicht zu leiden.

Ehe ich aber der Doppelaufgabe der Universitäten unter den heutigen Bedingungen weiter nachgehe, will ich wenigstens anmerken, daß uns in der heutigen hochschulpolitischen Diskussion eine dritte Aufgabe ganz aus den Augen geraten ist, die manche von uns in den fünfziger und noch Anfang der sechziger Jahre beschäftigt hat: die Aufgabe der Erziehung. In der Humboldtschen Formel der »Bildung durch Wissenschaft« war diese, auf die Person des Studenten, nicht bloß seinen Intellekt gerichtete Aufgabe enthalten. Freilich wissen wir, daß die Entwicklung schon des 19. und vollends des 20. Jahrhunderts die Humboldtsche Zuversicht nicht bestätigt hat. Die deutsche Universität hat als Institution eine Erziehungsaufgabe nicht wahrgenommen; Ansätze dazu nach dem Zweiten Weltkrieg haben sich nicht durchhalten lassen und sind spätestens mit der studentischen Protestbewegung untergegangen. Der Entschluß der Universität Tübingen, sich vom Leibnizkolleg zu trennen, lag auf dieser absteigenden Linie und war insofern von einer betrüblichen Konsequenz. Wenn ich trotzdem an die Erziehungsaufgabe erinnere — auf die Gefahr hin, mich heute damit lächerlich zu machen —, so darum, weil der Gedanke in anderen Teilen Europas noch lebendig ist. Das gilt einmal für die englischen Universitäten, die zwar auch keinen leichten Stand gegenüber ihren Studenten haben, aber in ihrem ganzen Unterrichtssystem, auch in der Beschränkung der Studentenzahlen zu erkennen geben, daß sie am Erziehungsanspruch festhalten. Es ist ja kein sprachlicher Zufall, daß dort der tertiäre Bildungsbereich unangefochten als »higher *education*« bezeichnet wird, während uns das Wort »höhere Bildung« nicht mehr von den Lippen gehen will. Das andere Beispiel eines klar bejahten Erziehungsauftrags der Universitäten bietet Sowjetrußland. Man sollte das unbefangen als Tatsache anerkennen, auch bei scharfer Kritik an den angewandten Methoden, dem zugrunde liegenden politischen Dogmatismus und der allzu einseitigen Ausrichtung auf ein Spezialistentum in einer straff organisierten Leistungsgesellschaft. Ein freiheitliches Gegenstück der Erziehung wäre denkbar — doch fehlen uns, ebenso wie unseren Nachbarländern, dazu einstweilen alle Voraussetzungen.

Kehren wir also zurück zur »klassischen« Doppelaufgabe. Sie ist im Prinzip auch in der politischen Öffentlichkeit nicht ernsthaft bestritten, aber das Gleichgewicht zwischen Forschung und Lehre ist im praktischen Vollzug heute stark gefährdet. Dabei wirken alle drei Krisenfaktoren, die ich beschrieben habe, in der gleichen Richtung zusammen. Die Überflutung mit Studenten zwingt dazu, zumal bei knapper werdenden Haushaltsmitteln, die Unterrichtsaufgabe auf Kosten der Forschung in den Vordergrund zu stellen; die mit der Demokratisierung einhergehende Politisierung der Universität und der dabei für alle Beratungen benötigte Zeitaufwand schaffen kein günstiges Klima für Forschungsarbeit, und der die Wissenschaft bedrängende Rechtfertigungsdruck engt ihren Aktionsraum ein. Die Klagen darüber sind aus der deutschen Tagesdiskussion bekannt; man hört gleiche Klagen auch aus anderen europäischen Ländern. Die Sorge ist nicht von der Hand zu weisen, daß die großen Universitäten bei längerer Fortdauer des geschilderten Krisenzustands zu Massenlehranstalten degenerieren, während die Forschung in hochschulfreie Institute auswandert. Faktisch bedeutet auch das eine Neubestimmung der Universitätsaufgabe, aber keine befriedigende Lösung für ein System tertiärer Bildung in einer modernen Industriegesellschaft.

2. Auswege aus der Verlegenheit werden in vielen Ländern diskutiert und auch praktisch erprobt. Einige davon seien hier angeführt:

a) Es liegt nahe, den tertiären Bildungssektor dadurch zu erweitern, daß neben den Universitäten Bildungseinrichtungen mit kürzeren und stärker praxisbezogenen Lehrgängen geschaffen werden, die die Universitäten entlasten könnten. Das ist die bei uns den Fachhochschulen zugedachte Aufgabe. In England hat man auf Grund der Vorschläge des Robbins-Committee ein zweigleisiges System der *higher education* angelegt, dessen zweites Gleis von den sogenannten *polytechnics* gebildet wird. Ähnliche Pläne werden in den Niederlanden erwogen. Vergleichbar, jedoch stärker an die Universitäten angelehnt sind in Frankreich die *Instituts Universitaires de Technologie* (I. U. T.). Aber das Problem besteht überall darin, daß das Sozialprestige der Universitäten höher liegt, meist auch ein Universitätsdiplom günstigere Berufsaussichten bietet als das der anderen Anstalten, so daß der Andrang zu den Universitäten, auch von Absolventen jener Anstalten, bestehen bleibt. Die deutschen Pläne, die Zweigleisigkeit durch Schaffung von Gesamthochschulen zu überbrücken, die den Übergang von einem Lehrgang zum andern erleichtern sollen, werden außerhalb Deutschlands mit Interesse, aber bisher überwiegend mit starker Reserve aufgenommen; man fragt besorgt, ob die dabei entstehenden Großgebilde nicht zwangsläufig statt zu einer Entlastung der einzelnen Teile zu einer die Selbstverwaltung erstickenden Bürokratisierung führen müssen. Einer Differenzierung des Angebots an Ausbildungsgängen sollte nach meiner Überzeugung auch eine organisatorische Vielfalt entsprechen, die den Übergang vom einen zum anderen Lehrgang nicht auszuschließen braucht. Wichtiger als der organisatorische Zusammenschluß dürfte auch nach den Erfahrungen anderer Länder eine Angleichung der Berufschancen sein.

b) Eine Entlastung anderer Art versucht man den Universitäten durch die Einrichtung von Fernstudiengängen zu verschaffen. Sie haben in den Ländern Osteuropas erhebliche Bedeutung, bürgern sich aber auch im Westen zunehmend ein. Das Tübinger Institut für Fernstudien hat dabei für die Bundesrepublik eine wichtige Pionierrolle, kann aber bis heute noch keinen breiten Durchbruch durch die vom Kulturföderalismus errichteten Wälle erzielen. Das bekannteste Beispiel in Westeuropa ist die *Open University* in England, die zugleich den Zweck haben sollte, auch Personen ohne Sekundarschulabschluß den Zugang zur *higher education* zu eröffnen. Die Erfahrungen damit sind freilich nicht gerade ermutigend; in der Praxis halten nur wenige voll berufstätige Menschen die Anspannung bis zum Ende durch, so daß es, außer einer Quelle geistiger Bereicherung für Hausfrauen und Rentner, die Hauptfunktion der Einrichtung geworden ist, Lehrern die Weiterbildung zu einer höheren Qualifikationsstufe zu ermöglichen — eine gewiß sinnvolle, aber doch im Gesamtsystem partielle Aufgabe. Die ähnlich konzipierte Fernuniversität des Landes Nordrhein-Westfalen in Hagen ist noch zu jung, als daß sich über ihre Erfahrung schon Gültiges sagen ließe.

c) Überall in Europa sind in den letzten zehn Jahren auch Pläne dafür entwickelt worden, die Weiterbildung als *permanent* oder *recurrent education* oder — wie es der Wissenschaftsrat bei uns genannt hat — als Kontaktstudium zu einer festen Einrichtung des tertiären Bildungssystems zu machen und dafür das Erststudium vor Eintritt in das Berufsleben zu verkürzen. Zur Begründung verweist man auf die Notwendigkeit, die berufliche Praxis im besseren Einklang mit der oft raschen Entwicklung wissenschaftlicher Erkenntnisse zu halten. Offensichtlich würde damit der Univeristätsunterricht als Aufgabe nicht verringert, aber sowohl in der ersten wie in den späteren Phasen eines solchen Studiums inhaltlich und methodisch stark verändert. An klugen und naiven, radikalen und behutsamen Vorschlägen dazu ist kein Mangel, und da und dort werden erste Schritte zur Verwirklichung, wenigstens in Form von kurzen Auffrischungskursen unternommen, deren Wert natürlich vom jeweiligen Programm abhängt, aber im Prinzip außer Zweifel steht. Dagegen kann man noch aus keinem Land — vielleicht mit der einen Ausnahme Schwedens, auf die ich gleich zurückkommen werde — von einem vollen Systemwechsel berichten. Der Grund liegt einmal in der Schwierigkeit für die Universitäten, zu abgekürzten Studiengängen überzugehen, solange im Beschäftigungssystem ihres Landes, wie das auf dem europäischen Kontinent die Regel ist, für akademische Berufe ein vier- oder fünfjähriges Studium vorausgesetzt oder doch erwartet wird. Ohne eine Änderung an dieser Stelle aber fehlen den Universitäten die personellen und finanziellen Kräfte, um neben dem normalen Vollstudium ein planmäßiges, nach Berufen differenziertes Kontaktstudium anzubieten, das über den Umfang von Ferien- oder ähnlichen Kurzkursen hinausgeht. Andererseits ist durch die wirtschaftliche Rezession auch vom Berufsleben her ein Reif auf alle hochfliegenden Pläne gefallen, die von wiederkehrendem, mehrmonatigem bezahltem Studienurlaub für alle qualifizierten oder qualifikationswilligen Arbeitskräfte träumen. Solange der Horizont der wirtschaftlichen Zukunft Europas so verhangen ist wie heute, werden solche Pläne darum wohl weiter in den Schubladen bleiben.

3. Die Überlegungen zum Kontaktstudium leiten über zu den Vorschlägen und Maßnahmen, deren Ziel nicht die Entlastung der Universitäten vom Überfüllungsdruck, sondern ihre bessere Anpassung an veränderte Bedürfnisse der Gesellschaft ist. Man sollte zwar davon ausgehen, daß es eine ständige Aufgabe der Universitäten ist, ihr Lehrprogramm an solchen Bedürfnissen zu orientieren; Studien- und Prüfungsreform ist ja nicht, wie es in den Diskussionen darüber manchmal klingt, ein einmaliger Kraftakt, sondern ein Prozeß, der sich neuen Einsichten und Erfordernissen stets offen halten muß. Immerhin gibt es neben einer solchen notwendigen Dauerreform in kleinen Schritten die Zeiten des großen Atemholens, in denen zu einer grundsätzlichen Neubesinnung über Ziele und Methoden des Studiums aufgerufen wird. Von zwei solchen Aufrufen ist hier zu berichten. Der eine betrifft Frankreich, der andere Schweden. Anlaß dazu gab in beiden Ländern der in der politischen Öffentlichkeit gegen die Universitäten erhobene Vorwurf, ihr Lehrprogramm und ihre Studiengänge seien nicht genügend auf die Bedürfnisse der Berufspraxis ausgerichtet. Es ist deutlich, daß in diesem Vorwurf ein Element von jener prinzipiellen Skepsis an der Wissenschaft steckt, die ich im ersten Teil meines Vortrags als einen der drei Krisenfaktoren nannte. Die Forderung nach größerer Praxisnähe spielt darum auch in der hochschulpolitischen Diskussion anderer Länder, zum Beispiel in England, eine erhebliche Rolle. Doch bleibt es dort bisher den Universitäten überlassen, wie sie sich mit solcher Kritik im Rahmen ihrer Autonomie auseinandersetzen, die sich ja in England auch voll auf die Gestaltung der Studiengänge erstreckt. Die Unzufriedenheit der Politiker mit den Universitäten wirkt sich dort allerdings spürbar in Haushaltsentscheidungen aus, die die Polytechnics auf Kosten der Universitäten begünstigen. In Frankreich und Schweden dagegen, wo die Hochschulautonomie geringeren Respekt genießt, hat der Staat die Reform-Initiative an sich gezogen.

In Frankreich hat das Staatssekretariat für Hochschulfragen durch einen Erlaß vom Januar 1976 die Universitäten aufgefordert, ihre Studi-

engänge und Prüfungsordnungen für das dritte und vierte Studienjahr, den *deuxième cycle,* unter dem Gesichtspunkt stärkerer Praxisbezogenheit umzustellen; die dafür einzureichenden Vorschläge sollten vor der ministeriellen Genehmigung durch Ausschüsse geprüft werden, in denen auch Vertreter von Berufsverbänden ein Mitspracherecht haben. Der Erlaß stieß an den Universitäten bei Professoren wie bei Studenten auf starken Widerstand. Die Professoren wandten sich gegen ein allzu utilitaristisches Konzept; die Studenten fühlten sich in ihren Studienaussichten verunsichert und riefen einen Streik aus, der monatelang viele Universitäten lähmte und selbst die Jahresabschlußexamina gefährdete. Aber gerade an diesem letzten Punkt, der dann doch für die Studenten den Verlust eines vollen Studienjahrs bedeutet hätte, brach sich der Widerstandswille. Andererseits war die Staatssekretärin klug genug, ohne Zurückziehung des Erlasses doch in praktischen Einzelpunkten nachzugeben. Das Ergebnis ist ein Kompromiß über eine gemäßigte Studienreform, die nun im Gange ist.
Sehr viel weiter greift die Reform in Schweden. Sie beruht auf einem Gesetz, das der schwedische Reichstag noch unter der sozialdemokratischen Regierung Palme nach langen Vorberatungen 1975 erlassen hat und das am 1. 7. 1977 in Kraft tritt. Das Ziel ist eine Öffnung der Universitäten über den Kreis der Absolventen von Sekundarschulen hinaus, namentlich also für solche Personen, die schon Berufserfahrung haben, sofern sie wenigstens zwei Jahre Sekundarschulunterricht genossen haben. Dazu muß gesagt werden, daß schon heute an schwedischen Universitäten ein unterschiedlicher aber insgesamt bemerkenswert hoher Teil der Studenten nicht unmittelbar von der Schule, sondern erst nach einigen Berufsjahren zur Universität kommt. Um nun das Ziel der Verbindung von Universität und Berufsleben zu erreichen, werden die Universitäten räumlich und organisatorisch durch die Einrichtung von Außenstellen dezentralisiert und werden ihre Kurse so angelegt, daß sie jeweils in ein- oder zweijähriger Dauer zu einem bestimmten Abschluß führen und vom Studenten nach einem Punktsystem in verschiedener Weise aneinandergereiht werden können. Unfreundliche Kritiker, die es natürlich auch in Schweden gibt, sprechen von einem Supermarkt mit Selbstbedienung; dem deutschen Beobachter drängt sich ein Vergleich mit dem bei uns von Ernst von Weizsäkker, dem jetzigen Präsidenten der Gesamthochschule Kassel, entwikkelten Vorschlag eines Studiums nach dem »Baukastenprinzip« auf. Dem Sinn dieser Auflockerung des Lehrangebots entsprechend sollen die Kurse zwar wissenschaftliche Anforderungen stellen und im methodisch-wissenschaftlichem Denken schulen, aber zugleich den Erfordernissen der beruflichen Praxis Rechnung tragen. An der Aufstellung

der Studienpläne sollen darum auch hier Vertreter von Berufsvereinigungen als Mitglieder der Universitätskommissionen beteiligt werden.
Da diese Reform jetzt erst anläuft, kann über Erfahrungen noch nichts gesagt werden. Es liegt ja auf der Hand, daß hier mit der Annäherung der akademischen Lehre an die Berufspraxis zugleich gesellschaftspolitische Ziele verfolgt werden, die durch eine Verschmelzung des tertiären Bildungssystems mit dem der Erwachsenenbildung erreicht werden sollen. Mir will das ein riskantes Experiment erscheinen; es kann passieren, daß auf diesem Wege beide Systeme, die je für sich wichtige Aufgaben haben, Schaden leiden. Indessen bleibt der Versuch, den die — im Gegensatz zu Schweden — unter der Überfüllung ihrer Universitäten leidenden Länder gegenwärtig gar nicht wagen könnten, für ganz Europa interessant. Es scheint übrigens, daß das schwedische Beispiel schon jetzt auf die Nachbarländer Finnland und Norwegen einwirkt und dort ähnliche Pläne befördert. Aber noch ist es zu früh, von einem neuen skandinavischen Bildungssystem zu sprechen.

III. Was bleibt?

Versuchen wir nach diesem gedrängten Überblick über einige der Auswege, die in Europa beschritten werden, um die Universitäten aus ihrer gegenwärtigen Krisensituation herauszuführen, ein vorsichtiges und unvermeidlich ganz vorläufiges Fazit zu ziehen.
Ich lasse dabei den Krisenfaktor der inneren Demokratisierung durch Einführung der Gruppenuniversität und der damit verbundenen Politisierung der Universität außer Betracht, weil diese Probleme, so bedrängend sie sind, mein Thema der Aufgabe der Universität nur mittelbar berühren. Natürlich reizt es mich zu einer Antwort auf die Thesen von Ralf Dahrendorf, dem ich zwar in seiner Kritik an dem Entwurf eines neuen Universitätsgesetzes für Baden-Württemberg aus vollem Herzen zustimme, der aber im übrigen nach meiner Ansicht den Gegensatz von Autonomie der englischen und Abhängigkeit der deutschen — und dann doch aller kontinentaleuropäischen Universitäten von der Staatsgewalt überzeichnet hat. Überall stellt sich doch das Problem, wie die Universitäten sich den gesellschaftlichen und politischen Strömungen ihrer Zeit zugleich öffnen und kritische Distanz zu ihnen halten. Auch die kontinentale Tradition ermöglicht den Institutionen, die die innere Kraft dazu aufbringen, diese Distanz. Die Gruppenuniversität, wie sie heute überall auf dem Kontinent praktiziert wird, schwächt diese Kraft. Sie kann darum — das ist meine Überzeugung und meine Hoff-

nung — eine vielleicht gegenwärtig nicht vermeidbare, aber doch nur vorläufige Lösung des Verfassungs-Problems darstellen.

Öffnung und kritische Distanz der Universität sind auch die Leitgedanken, mit denen sie den zuletzt behandelten Postulaten eines stärkeren Praxisbezugs und einer deutlicheren Berufsorientierung der Studiengänge begegnen sollte. Hier geht es um eine zentrale Frage ihres Selbstverständnisses. Wer sich in der Universitätsgeschichte auskennt, erinnert sich, daß die Universitätskonzeption, die wir mit den Namen Schleiermacher, Fichte und Wilhelm von Humboldt verbinden, als entschlossene Absage an die utilitaristischen Forderungen des ausgehenden 18. Jahrhunderts entwickelt und verwirklicht worden ist. Aber die Philosophie des deutschen Idealismus trägt und schützt uns heute nicht mehr, und die Subtilitäten der modernen Wissenschaftstheorie leisten uns in den Fragen, die hier auf dem Spiele stehen, nach meinem Eindruck keine Hilfe.

Statt philosophischer Reflexionen kann uns noch einmal ein Blick auf andere Teile Europas das Gewicht der Fragen deutlich machen. Ich meine die Stellung der Universitäten Sowjetrußlands und — mit gewissen Abwandlungen von Land zu Land — der anderen zum sowjetischen Machtbereich gehörenden Länder Osteuropas. Ich möchte die Leistungen dieser Universitäten nicht verkleinern. Das Ansehen, das sie und die Wissenschaftlichen Akademien in ihren Ländern genießen, ist verdient, und ich kann nicht anders als mit Respekt von dem Ernst und der Intensität sprechen, mit denen dort gearbeitet wird, auch mit Respekt vor der menschlichen Integrität vieler der Professoren, denen ich dort begegnet bin. Aber ihre wissenschaftliche Arbeit unterliegt einer doppelten Beschränkung. Die eine ist ideologischer Art; es ist ihnen nicht gestattet, die Welt anders als nach dem Koordinatensystem des Marxismus-Leninismus auszumessen. Die andere, in unserem Zusammenhang bedeutsame Beschränkung besteht in der strengen Bindung der Forschung und der Lehre an die von Partei und Staat vorgegebenen Zwecke. In der Forschung wird vernachlässigt, was diesen Zwecken nicht entspricht, und als Aufgabe der akademischen Lehre gilt es, Spezialisten für die Berufe auszubilden, die als ökonomisch und gesellschaftlich wichtig anerkannt sind. Maßstab für die Zulassung ist der jeweilige Bedarf an Nachwuchskräften; wer sein Studium absolviert hat und nicht für eine Postgraduierten-Ausbildung als Forscher-Nachwuchs ausgesondert wird, unterliegt für die ersten drei Berufsjahre einer Dienstpflicht an der ihm zugeteilten Arbeitsstelle. Voraussetzung für das Funktionieren dieses Systems ist die totale Planung und Verfügungsgewalt des Staates nicht nur über die Wirtschaft, sondern auch über die menschliche Arbeitskraft. Die Universitäten sind

Instrumente in einem an diesen Zwecken ausgerichteten Erziehungssystem; die kritische Distanz zu den Trägern der politischen Macht ist aufgehoben.

Wer diesen Weg nicht gehen will, wer insbesondere im Bildungsbereich dem Moloch »Staat« nicht so viel Verfügungsmacht über junge Menschen einräumen will, ist deswegen nicht genötigt, zum Elfenbeinturm einer sich selbst genügenden Wissenschaft zurückzukehren, der ja längst gesprengt ist, wenn es ihn je gegeben hat.

Er muß dann freilich den Universitäten in all ihrer Bedrängnis zumuten, Öffnung und kritische Distanz zugleich durchzuhalten. Was das für die Forschung bedeutet, brauche ich heute hier nicht auszuführen, da wir hoffen dürfen, dazu im Rahmen dieser Vorlesungsreihe den Präsidenten der Deutschen Forschungsgemeinschaft, Professor Maier-Leibnitz zu hören. Für die akademische Lehre heißt es, einen Mittelweg zu gehen, dessen Stationen im Detail nur von Fach zu Fach näher bestimmt werden können. Schon heute ist ja die Verbindung zur Berufswelt und ihren Erfordernissen verschieden eng; sie sieht aus alter Tradition bei Juristen und Medizinern, auch in allen technologischen Fächern anders aus als in den aus der früheren philosophischen Fakultät hervorgegangenen Disziplinen. Aber prinzipiell meine ich, daß die Universität in einer Gesellschaft, die keiner totalen Planung, wohl aber einem raschen sozialen Wandel unterworfen ist, nicht gezwungen werden darf und sich nicht dazu hergeben sollte, hinter Studienprogrammen herzukeuchen, die ihr, gleichfalls im raschen Wechsel, als Ausdruck gesellschaftlicher Bedürfnisse vorgesetzt werden. Nicht Spezialisten nach sowjetischem Muster, sondern — wenn man mir die etwas überspitzte Antithese erlaubt — gerade umgekehrt Generalisten auszubilden sollte ihre Aufgabe sein, Menschen also, die im Medium einer wissenschaftlichen Disziplin, sei es nun alte Geschichte oder Festkörperphysik, gelernt haben, Sinnzusammenhänge zu erfassen und kritisch zu durchdenken, und die dadurch befähigt werden, in ihren künftigen Berufen neue Situationen selbständig zu meistern. Die Spezialisierung und Professionalisierung sollte die Universität einer späteren Ausbildungsstufe überlassen, bei der sie Hilfsstellung leisten, für die sie aber nicht mehr die volle Verantwortung übernehmen kann.

Akzeptiert man diese Aufgabenstellung, so ergeben sich daraus auch Hinweise zur besseren Bewältigung des Überfüllungsproblems. Es ist nicht von den Universitäten erzeugt und nicht von ihnen allein zu lösen. Aber ihr Beitrag zur Lösung sollte — in konsequenter Fortentwicklung der verschiedenen Entlastungsversuche, von denen ich berichten konnte — darin bestehen, daß sie ihre Ausbildungsleistung für alle Studenten im Sinne des eben Gesagten inhaltlich konzentriert und zeitlich verkürzt. Daran müßte sich für die Mehrheit eine spezialisierende Berufsausbildung außerhalb der Universität anschließen, sei es sofort, sei es nach einigen Jahren der Berufspraxis, während einer qualifizierten Minderheit der Weg zu einem vertieften Postgraduierten-Studium an der Universität offenstehen sollte. Der Gedanke ist weder neu noch im Lichte englischer und amerikanischer Erfahrungen revolutionär; auch die französische Einteilung des Studiums in die drei Zyklen geht einen guten Schritt in diese Richtung. Ich sehe, wie jeder von uns, die Bedenken, die einer solchen Lösung entgegenstehen; ich weiß, daß ihr die Mehrheit meiner Kollegen und — in einer eigentümlichen Bundesgenossenschaft — die auf der linken Seite stehenden studentischen Gruppen kräftig widersprechen. Aber wenn wir noch lange unschlüssig zögern, zu handeln, so werden wir mit oder ohne Numerus clausus den Niedergang der deutschen Universität nicht mehr aufhalten. Andererseits hätte eine entschlossene, über den sterilen Numerus clausus hinausführende Lösung des Überfüllungsproblems unzweifelhaft eine starke Ausstrahlungskraft auch auf viele andere Länder Europas, die im 19. Jahrhundert die deutsche Universitätskonzeption übernommen hatten.

IV. DIE VERANTWORTUNG DES CHRISTEN FÜR DIE KIRCHE

KIRCHLICHE TEXTE

DER CHRIST IM BERUF

Die Aufgabe, vor jungen, erst am Eingang ihres beruflichen Lebensweges stehenden Menschen über Berufsprobleme zu sprechen, hat für den, der selbst die Mitte dieses Weges erreicht hat, einen eigenen Reiz. Sie fordert ihn auf, sich manche stückweise und oft mit viel Lehrgeld erworbenen beruflichen Erfahrungen einmal als ein Ganzes zu vergegenwärtigen, um sie weitergeben zu können. Sie nötigt ihn aber auch, kritischer, als es im täglichen Getriebe sonst geschieht, vor sich selbst Rechenschaft darüber zu suchen, wie sich Ideal und Wirklichkeit des eigenen Schaffens zueinander verhalten, damit den Zuhörern für ihren Weg nicht trügerische Leuchtfeuer angezündet werden. Es gibt schöne Beispiele solcher Selbstprüfung im Angesicht junger Menschen; das eindruckvollste ist wohl in seiner leidenschaftlichen Suche nach der unverstellten Wahrheit der berühmte Vortrag, den der große Nationalökonom und Soziologe Max Weber 1921 vor Münchener Studenten über das Thema »Wissenschaft als Beruf« gehalten hat. Vergleichen Sie mich nicht mit diesem unvergleichlichen Vorbild, aber betrachten Sie das, was ich Ihnen im folgenden sagen will, auch als einen Versuch, im Gespräch mit Ihnen und mit Ihrer Hilfe Klarheit nicht über ein beliebiges, Ihnen und mir fremdes Objekt, sondern über das eigene Tun zu gewinnen.

Mein Thema ist nun freilich nicht die Problematik meines speziellen Berufes, also der Arbeit des Gelehrten und Hochschullehrers, vielmehr betrifft es die Bedingungen, unter denen jede Berufsarbeit stehen sollte, wenn wir in unserem Leben damit Ernst machen wollen, daß wir evangelische Christen sind. Wir müssen dazu zunächst einmal fragen, inwiefern Christentum und Beruf überhaupt aufeinander bezogen sind, um dann die Wirkungen zu untersuchen, die sich aus dieser Beziehung für uns, und zwar gerade für uns heute ergeben.

I.

Vorweg ein Wort darüber, was wir unter »Beruf« verstehen. Wir sollten darüber nicht nur aus wissenschaftlicher Pedanterie Klarheit schaffen; vielmehr werden wir sehen, daß die Bedeutung des Wortes Beruf sehr viel gerade mit seinem christlichen Gehalt zu tun hat. Aber fürs erste genügt uns der Sinn, den das Wort in unserer heutigen Umgangssprache hat, denn so wollen Sie, die Sie alle in der Ausbildung zu einem

Beruf stehen, unser Thema ja auch verstanden wissen. Was wir also gemeinhin Beruf nennen, ist ein abgegrenzter Tätigkeitsbereich in unserem gesellschaftlichen, wirtschaftlichen, kulturellen oder staatlichen Leben, ein Bereich, dessen Wahrnehmung die Lebensarbeit dessen, der sich ihm widmet, in Anspruch nimmt. Diese Tätigkeit fordert von ihm bestimmte körperliche oder geistige Kräfte, Fertigkeiten, Kenntnisse und Erfahrungen, soll andererseits aber auch dazu bestimmt und geeignet sein, den Menschen, der ihr seine ganzen Kräfte widmet, zu ernähren, ihm also Unterhalt oder Verdienst zu gewähren. Die Einteilung der menschlichen Tätigkeiten in Berufe setzt eine Gesellschaftsordnung voraus, in der nicht alle alles treiben, wie es gerade anfällt, oder alle das gleiche, etwa den gemeinsamen Erwerb des zum Leben Nötigen als Wildbeuter, Viehzüchter oder Ackerbauer. Von Berufen kann man erst reden, wenn sich verschiedene Tätigkeitsformen, die spezielle Fertigkeiten erfordern, herausgebildet haben, wenn sich also das wirtschaftliche System der Arbeitsteilung durchgesetzt hat. Wo es Berufe gibt, stehen auch die Fachleute und Spezialisten vor der Tür, die die jeweils geforderten Fertigkeiten und Kenntnisse in sich besonders ausgebildet haben. Das ist einer der Gründe, weshalb wir die unstete, nur von der Gelegenheit des Geldverdienens abhängige Arbeit, den bloßen Job nicht gerne mit der Bezeichnung »Beruf« belegen. Andererseits ist der Begriff des Berufs heute so stark in die ökonomische Sphäre eingetaucht, daß wir vom Beruf erwarten, daß er einen Verdienst einbringt: der gleiche Gesichtspunkt, nach dem wir im Sport den »professional« vom »Amateur« unterscheiden, führt uns dazu, etwa dem Privatgelehrten oder Künstler, der alle seine geistigen Kräfte an seine Wissenschaft oder die Ausübung seiner Kunst wendet, aber von den Zinsen eines ererbten Vermögens oder den Einkünften eines sogenannten Brotberufes lebt, oder der Frau, die ihrem Hauswesen vorsteht und ihre Kinder erzieht, die Kennzeichnung ihrer Tätigkeit als Ausübung eines Berufes zu versagen, obwohl kein Zweifel an der Bedeutung ihrer Arbeit im Aufbau unserer Gesellschaft sein kann.

Also eine geregelte, auf Dauer angelegte Tätigkeit, die besondere Fertigkeiten erfordert und ihren Mann ernährt — das ist die sehr nüchterne Realität dessen, was wir heute gemeinhin Beruf nennen. Ist es dann überhaupt angebracht, diese Sache in das Licht des Evangeliums zu rücken? Genügen da als Maßstäbe des Handelns nicht die Maximen einer gängigen Allerweltsmoral — tue recht und scheue niemand — oder die anerkannten Grundsätze bürgerlicher Wohlanständigkeit in Handel und Wandel, also die Verhaltensregeln für den ehrbaren Kaufmann, den pflichttreuen Beamten, den gewissenhaften Arzt und so fort? Auch in diesen Regeln mag allerlei verdünntes, längst säkulari-

siertes christliches Gedankengut stecken. Aber lohnt es sich, solchen Wurzeln nachzugehen, da doch der Baum heute seine Nahrung großenteils aus anderem Erdreich zieht?
Wir brauchen uns jetzt nicht bei der Frage aufzuhalten, ob es für eine protestantische Ethik überhaupt Bereiche der Indifferenz geben kann und wie es damit speziell gegenüber wirtschaftlichen Sachverhalten steht. Denn ohnedies kann die Reduktion des Berufsbegriffes auf jene ökonomisch-nüchterne Realität nicht ganz befriedigen. Wir suchen mehr in dem Wort, verwenden es mit einem gewissen Pathos, dem gleichen Pathos, das auch in den Worten »Arbeit«, »Pflicht«, »Amt« oder »Dienst« mitschwingt und das zum Beispiel dann ganz deutlich spürbar wird, wenn wir den Unterschied zwischen »Beruf« und bloßem Job nicht nur, wie wir das eben getan haben, in dem Merkmal der Dauer der Beschäftigung und der durch Ausbildung erlangten Qualifikation, sondern in moralischen Kriterien zu fassen suchen: wir sprechen von einem Job dann, wenn die Absicht des Geldverdienens im Vordergrund steht und der saure Schweiß, den es möglicherweise kostet, eben seufzend als ein auf das geringstmögliche Maß zu beschränkendes Übel in Kauf genommen wird; je höher der Verdienst und je kleiner die Mühe, desto besser der Job. Aber wir scheuen uns, das gleiche vom Beruf zu sagen. Seinen Wert messen wir offenbar nach anderen Kriterien als denen der Einträglichkeit und relativen Bequemlichkeit; wir erwarten von ihm, daß er nicht nur Fertigkeiten, sondern ein Stück von dem hinter ihm stehenden Menschen in Anspruch nimmt, und wir bewerten ihn außer nach seinem finanziellen Ertrag nach der inneren Befriedigung und der äußeren Ehre, die er gewährt.
Wenn die Beobachtung zutrifft, wenn der Begriff des Berufes also vom ökonomischen Denken zwar mitgeprägt, aber nicht ganz aufgesogen ist, wenn der Beruf etwas mit dem Menschen, der ihn ausübt, zu tun hat, so dürfen wir auf alle Fälle erwarten, daß er uns ethische Probleme stellt, auf die wir uns als Christen zu besinnen haben. Allerdings ist es hier wie bei den meisten Problemen der Sozialethik nicht mit einem einfachen Hinweis auf die Heilige Schrift getan. Denn auch abgesehen davon, daß wir uns hüten müßten, das Evangelium als Gesetz mißzuverstehen, finden wir dort wenig unmittelbare Antworten auf unsere Fragen. Der Frömmigkeit des Alten Testaments gilt die Arbeit des Menschen als eine zwar unvermeidliche und darum ernstzunehmende, aber im Grunde doch als Folge der Vertreibung aus dem Paradies tief zu beklagende Last und Plage; der negative Akzent, der darauf liegt, entspricht durchaus der Stimmung, die uns auch aus der übrigen Antike vertraut ist. Das Evangelium hat daran nichts Entscheidendes geändert, es sei denn dadurch, daß es den relativen Wert aller Freuden

und Leiden dieser Weltzeit ins Bewußtsein hob. In den Gleichnissen Jesu werden mancherlei Hantierungen der Menschen nach der Wirtschafts- und Sozialordnung seiner Zeit anschaulich geschildert, aber doch immer nur in ihrer gleichnishaften Bedeutung für das Verständnis des Reiches Gottes, nicht um Verhaltensregeln für irdische Berufe aufzustellen. Auch das Urchristentum hat sich ja in Erwartung des baldigen Endes dieses Äons gegenüber allen weltlichen Ordnungen mehr oder weniger indifferent verhalten; die Auseinandersetzung damit, also die Entwicklung einer Sozialethik, wurde erst unvermeidlich, als das Christentum anfing, eine geschichtliche Macht zu werden. Dieser Entwicklung nachzugehen, ist hier nicht der Ort. Den Ansatz für eine positive christliche Berufslehre jedenfalls, auf den es uns ankommen muß, finden wir erst, nach manchen Ansätzen bei den deutschen Mystikern, in der Theologie Martin Luthers.

II.

Es sind jetzt fünfzig Jahre her, seit Max Weber in seiner epochemachenden religions-soziologischen Untersuchung über die protestantische Ethik und den Geist des Kapitalismus als erster auf den pathetischen Klang, ja die religiöse Färbung aufmerksam gemacht hat, die das Wort Beruf bei uns hat, während sie der Antike und dem Mittelalter fremd waren und den romanischen Ländern bis heute fremd sind. Webers These lautete, daß diese deutsche Eigentümlichkeit aus dem spezifischen Gebrauch stammt, den die Bibelübersetzungen der protestantischen Länder von dem Worte machen, und letzten Endes auf die Rolle zurückgeht, die der Beruf im theologischen Denken Luthers einnimmt. Webers Abhandlung, die vorwiegend dem Zusammenhang von Calvinismus und Kapitalismus galt, hat es in bezug auf die Tragweite und die geschichtlichen Wirkungen der Lutherschen Berufslehre bei wenigen Andeutungen bewenden lassen, die kaum Anspruch darauf erheben können, jener Lehre voll gerecht zu werden. Zwanzig Jahre später hat dann der Religionshistoriker und Lutherforscher Karl Holl in einem Akademievortrag über die Geschichte des Wortes Beruf die Weberschen Thesen in ihrem Kern bestätigt und vertieft. Seitdem kann es als gesicherte Erkenntnis gelten, daß die Luthersche Theologie hier in der Tat nicht nur dem Wort Beruf einen neuen, fortwirkenden Sinn verliehen, sondern eine bis heute folgenreiche sozialgeschichtliche Wendung, eine Änderung des Selbstbewußtseins und Selbstverständnisses der arbeitenden Menschen vom Sinn ihres Tuns herbeigeführt hat. Um dieser Wirkung willen müssen auch wir versuchen, uns mit Luthers Lehre vom Beruf wenigstens in ihren Hauptgedanken vertraut zu machen, um dann zu sehen, was aus ihr geworden ist und was sie uns heute bedeuten kann. Das schwierige und für den Nichttheologen gefährliche Geschäft der Interpretation Luthers hat uns neuerdings die schwedische Lutherforschung mit dem Buche Gustav Wingrens über unser Thema wesentlich erleichtert.

Luthers Auffassung vom Wesen und Sinn des Berufes findet sich in keiner seiner Schriften ausführlich und im Zusammenhang dargestellt; sie muß aus zahlreichen einzelnen Stellen Schritt für Schritt erschlossen werden. Mit Beruf übersetzt Luther — nach anfänglichem Schwanken — das Κλησιϱ, das lateinische vocatio des Neuen Testaments, beides Worte also, für die wir heute eher »Berufung« als »Beruf« setzen würden. So schwingt denn auch bei ihm stets dieser Doppelsinn von Beruf und Berufung in dem Worte Beruf mit. Er verwendet es auch keineswegs nur für die Berufsarbeit im heutigen Sinne, oder gar nur für die Arbeit, die einen Verdienst einbringt, sondern vielfach da, wo wir heute von Stand oder Amt sprechen würden; er redet also auch vom Beruf der Hausfrau, des Ehemannes, des Vaters und der Kinder. Das muß man sich zum Verständnis Luthers angesichts unseres heutigen, enger und ärmer gewordenen Berufsbegriffes sagen. Andererseits aber ist für Luther gerade wesentlich, daß er mit seinem Berufsbegriff die klesis oder vocatio gewissermaßen vom Himmel auf die Erde herabgeholt, das heißt alle äußere Stellung oder weltliche Beschäftigung der Menschen innerhalb unserer diesseitigen gesellschaftlichen Ordnung als Beruf bezeichnet hat. So deutet er insbesondere die Epistelstelle in 1. Kor. 7,20 (»Ein jeglicher bleibe in dem Beruf, darin er berufen ist«), während bis heute unter den Auslegern zweifelhaft ist, ob Paulus damit nicht etwas ganz anderes, nämlich die Berufung meint, die jeder an seinem Ort von Gott empfangen hat.

In der sprachlichen Prägung steckt bei Luther ein sachliches Anliegen. Der mittelalterliche Katholizismus hatte unter vocatio, also unter der Berufung, die Zuwendung zum Dienst Gottes im geistlichen Stand, im besonderen den Eintritt ins Kloster verstanden. Die Abkehr von der Welt, die Ablegung der mönchischen Gelübde, die Vertiefung in Gebet und Kontemplation galt als die höchste und eigentliche Form des christlichen Lebens. Nur die kleine Schar derer, an die dieser Ruf Gottes ergangen und die ihm gehorsam waren, durfte sich wahrhaft Christen nennen und stand auch in der ständischen Ordnung über allen weltlichen Ständen. Diese hatten ihnen durch ihre Arbeit dies privilegierte mönchische Leben zu ermöglichen; jene hatten umgekehrt die Aufgabe, für das Seelenheil der übrigen Christenheit zu beten.

Diese Lehre von der besonderen Heiligkeit des mönchischen Standes, die zugleich alle weltlichen Stände vom Ruf Gottes ausschloß, hat Luther mit großer Radikalität, mit einer durch seine eigenen Klostererfahrungen genährten leidenschaftlichen Abneigung gegen das Mönchtum bekämpft. Der Ruf Gottes ergeht an alle Menschen, und ihm zu dienen, bedarf es nicht des Eintritts in den geistlichen oder gar mönchischen Stand; vielmehr — und so verstand Luther die paulinische Weisung in 1. Kor. 7,20 — bleibe er ruhig in der gerade ihm aufgetragenen weltlichen Hantierung, wie gering und unscheinbar sie auch sei. Auch mit ihr dient der also Berufene Gott, weil und sofern er damit das Gebot der Nächstenliebe erfüllt, während der Mönch in seiner vermeintlichen Heiligkeit gerade dieses Gebot verfehlt. Ist der Beruf mühevoll — und Luther spricht sehr drastisch von den Plagen und Mühen zum Beispiel des ehelichen Standes und der Eltern mit ihren Kindern —, so erkenne der Mensch dankbar darin das ihm auferlegte Kreuz. Ja noch mehr: Erfüllung des weltlichen Berufs ist nicht nur Dienst am Nächsten zu Ehren Gottes, sondern Mitarbeit mit Gott, cooperatio mit Gottes sich täglich erneuernder Schöpfertat, in deren Plan auch dem Menschen in der Welt sein Platz und seine Aufgabe zugewiesen ist. Das ist ein ebenso kühner wie tröstlicher Gedanke, an dem vollends ganz deutlich wird, welcher Wandel sich hier in der Bewertung der beruflichen Arbeit vollzogen hat. Nur darf er nicht so verstanden werden, als verdiene sich der zur cooperatio berufene Mensch damit den Zugang zum Reich Gottes. Vielmehr muß auch die Berufslehre Luthers im Lichte seiner Unterscheidung der beiden Reiche gesehen werden: vor Gott zählt die Berufserfüllung so wenig wie alle anderen guten Werke; vor ihm ist der sündige Mensch allein durch den Glauben gerechtfertigt. In der Welt aber, im Reich Gottes zur Linken, ist dem Menschen die Nächstenliebe geboten, und dieses Gebot erfüllt er in seinem Beruf — in dem eingangs erwähnten, nicht bloß ökonomischen Sinne dieses Wortes, an dem Platz also, an den er gestellt ist.

Diese wenigen Stichworte müssen hier genügen, um Luthers Lehre vom Beruf und die Stellung, die sie innerhalb seiner theologischen Gesamtkonzeption einnimmt, zu kennzeichnen. Man hat mit Recht gesagt, daß sie einen Grundstein zu Luthers Ethik bildet und damit auch die im Luthertum noch immer nicht genügend gefestigte Sozialethik zu tragen bestimmt ist. Man mag manche ihrer theologischen Voraussetzungen in Zweifel ziehen, wie das zum Beispiel noch jüngst Karl Barth in seiner großen Dogmatik getan hat, etwa in bezug auf die Auslegung von 1. Kor. 7,20. Jedenfalls kann ihr die gedankliche Geschlossenheit und eine starke ethische Kraft nicht abgesprochen werden. Sie hat denn auch, soziologisch gesehen, eine gewaltige Wirkung herbeigeführt. Sie beseitigte die mittelalterliche Vorstellung von Christen verschiedenen Ranges und verschiedener Heiligkeit und verhalf der Masse der Laien zur Anerkennung eines christlichen Sinnes, einer religiösen Würde ihrer Berufsarbeit. Sie stärkte damit ihr Selbstbewußtsein und löste in protestantischen Territorien Energien aus, die bis dahin geschlummert hatten. Zwar spielte der Berufserfolg nicht die Rolle, die er im Calvinismus unter dem Gesichtspunkt der Bewährung der göttlichen Gnadenwahl erlangt hatte. Von da aus gesehen mag es auch richtig sein, daß die Mahnung, im Beruf zu bleiben, den traditionalistischen oder quietistischen Zug im Luthertum begünstigte, den Max Weber an ihm tadelt. Aber es kann doch kein Zweifel daran sein, daß Luther, indem er an die Stelle der sogenannten »evangelischen Räte« der katholischen Moraltheologie mit ihrem Lobpreis der Weltflucht die bürgerlichen Tugenden des Fleißes, der Tüchtigkeit und der Zuverlässigkeit, der Treue zum Amt und Beruf und der Pflichterfüllung gesetzt hat, wesentliche und geschichtlich höchst wirksame Züge im Charakterbild unseres eigenen Volkes zu prägen geholfen hat.

Wir brauchen hier keine Dogmengeschichte zu treiben und können darum getrost übergehen, was das Luthertum aus Luthers Berufslehre gemacht hat. Wichtiger scheint es mir, festzustellen, daß sie gerade darum, weil sie weit mehr wurde als nur eine theologische Doktrin, um so leichter dem geistigen Prozeß ausgesetzt war, den wir als Säkularisation zu bezeichnen pflegen. Der religiöse Grund, in den sie bei Luther fest eingebettet war, die Verknüpfung mit dem Gebot der Nächstenliebe und der Idee der cooperatio im Schöpfungswerk Gottes, auch der Bezug auf die Lehre von den beiden Reichen verschwand allmählich aus dem Bewußtsein. Was blieb, war eine rein diesseitige Berufsethik, nach der die berufliche Arbeit als solche, um ihrer selbst willen, nicht um Gottes oder des Nächsten willen, einen ethischen Wert darstellt, der sie über das bloße Geschäftemachen und Geldverdienen hinaushebt. Der starke Einfluß der kantischen Ethik mit ihrem Pflichtbegriff und ihrer ausschließlich an der Gesinnung, nicht am Erfolg des Handelns orientierten Wertung wirkte in die gleiche Richtung, ebenso dann das seinerseits schon aus diesen beiden Quellen genährte Vorbild des Beamtentums, das zur Pflichterfüllung und Unterordnung, zur Arbeit um einer Sache, nicht um persönlicher Vorteile willen erzogen wurde. Das Ergebnis aller dieser Einflüsse ist das schon eingangs erwähnte Pathos, das dem Berufsbegriff bei uns anhaftet, ist die uns allen wohlbekannte Haltung, die dem Beruf persönliche Opfer auch ohne die Hoffnung auf materielle Vorteile zu bringen bereit ist. Max Weber hat von der »innerweltlichen Askese« gesprochen, die seit der Reformation das mönchische Ideal abgelöst habe, um damit die Verzicht- und

Opferbereitschaft, die dieser Berufsgedanke auslöst, zu kennzeichnen. Mancherlei Anzeichen deuten darauf hin, daß auch diese säkularisierte, aber nur von ihrem religiösen Ursprung her ganz zu verstehende Berufsauffassung heute bei uns im Schwinden begriffen ist. Die Schwächung des Gemeinschafts- und Staatsbewußtseins nach seiner Überspannung im Dritten Reich, die nüchterne Skepsis gegenüber allen pathetischen Parolen, die materialistische Einschätzung der Güter dieser Welt drohen heute in zunehmendem Maße das alte Berufsideal durch das des menschlich unverbindlichen Job zu verdrängen, bei dem der Arbeitende darauf achtet, daß Kräfteeinsatz und materieller Ertrag in einem angemessenen Verhältnis zueinander stehen und daß die private Sphäre, das innere Zentrum des Lebens von den Berufspflichten möglichst unberührt bleibe. Aber während der Berufsgedanke auf diese Weise verflacht und verarmt, gewinnt er auf der anderen Seite an sozialem Prestige: unsere heutige Gesellschaft erwartet von jedem ihrer Glieder, daß es sich durch eine Berufstätigkeit als nützliches Glied des Ganzen legitimiere. Ihre eigentlichen Parias sind die, die keinen solchen legitimierenden Beruf aufweisen können: die selbst da, wo keine Not sie dazu treibt, zur Werkarbeit drängen, weil sei vermeinen, anders keinen zulänglichen sozialen Status zu haben. Denn die Arbeit an der eigenen Bildung und Reifung und die Suche nach Wahrheit gelten ja nicht als Beruf.

III.

Es gilt nun, feste Maßstäbe für unsere eigene Haltung gegenüber den Problemen des Berufslebens zu gewinnen. Wir können auch heute noch an Luthers Lehre vom Beruf anknüpfen. Man hat ihr vorgeworfen, sie habe im Grunde schon den Keim zu der späteren Säkularisation in sich getragen, weil sie jedermann das gute Gewissen verschafft habe, sich in seinem Tun und Wirken in Amt und Beruf als von Gott berufen und damit auch gerechtfertigt zu betrachten. Wer so spricht, verkennt, wie nachdrücklich Luther es abgelehnt hat, den Dienst am Nächsten und die diesem Dienst gewidmete Tätigkeit im Beruf als Rechtfertigungsgrund vor Gott anzuerkennen. Diese Warnung behält auch heute ihr Gewicht, wo die so häufig anzutreffende Überbewertung der beruflichen Arbeit eine fatale Neigung verrät, sich damit gehörige Pluspunkte im Buch der guten Werke verdienen zu wollen, und so auf eine immer neue Selbstrechtfertigung hinausläuft. Hier ist also größte Vorsicht geboten; auch die Berufsarbeit steht unter dem Gericht. Dennoch dürfen wir sie mit Luther als ein Stück tätiger Nächstenliebe, ja als Mitarbeit an Gottes Schöpfungswerk bezeichnen und uns damit seine so ungemein folgenreiche positive Bewertung des weltlichen Berufs zu eigen machen, wenn schon an der Front gegen die Übersteigerung des Mönchsideals, der Luthers Zorn galt, heute kaum mehr gekämpft zu werden braucht. Nur sollten wir uns daran erinnern, daß Luther nicht nur unseren heutigen, ökonomisch verengten Berufsbegriff im Auge gehabt hat. Auch möchte ich Karl Barth in seinem Bemühen beipflichten, künftig wieder strenger, als Luther das offenbar für nötig hielt, zwischen Beruf und Berufung zu unterscheiden. Dann ist der Beruf ein Teil der konkreten Situation, in der den Menschen, der zu hören fähig und bereit ist, Gottes Ruf zum Gehorsam trifft. Dieser Ruf geht nicht nur eine mönchische Elite an und fordert nicht Weltflucht zu seiner Erfüllung, sondern die Nachfolge Christi gerade da, wo der Mensch steht. Der Beruf im landläufigen Sinn ist nur eine der vielen Gegebenheiten, die die konkrete Situation des Menschen ausmachen können; der Umstand, daß er einen materiellen Ertrag einbringt, rechtfertigt keinerlei ethische Vorzugsstellung für ihn. Entscheidend ist der Ernst, mit dem der Mensch eine ihm in dieser Welt gestellte Aufgabe, sie sei groß oder klein, in Angriff nimmt. Überall, wo das geschieht, in der Werkstatt, im Labor, am Schreibtisch, auf dem Acker oder in der Familie, wird im Lutherschen Sinne ein Beruf ausgeübt, findet der handelnde Mensch den Ort seiner Bewährung und Verantwortung und vermag ihn darum auch Gottes Anruf, seine Berufung zu treffen.

So verstanden, gibt diese Berufslehre auch eine Antwort auf die andere, der Übersteigerung der Berufsidee entgegengesetzte Neigung mancher junger Menschen unserer Tage, sich der mit einem Beruf verbundenen Verantwortung für einen bestimmten Lebensbereich zu entziehen, statt dessen einen möglichst neutralen, menschlich unverbindlichen Job zu suchen und sich im übrigen in eine rein private Existenz zu flüchten. Als Ausweg aus schwierigen ethischen Konfliktslagen, wie sie zum Beispiel im totalitären Staat kaum einem Bürger erspart bleiben, kann diese Flucht notwendig werden; im übrigen aber widerspricht sie unserer Berufslehre, die ein Außer-Dienst-Sein des Christen gar nicht kennt und auch in dem vermeintlich indifferenten Job den Ort der Ausübung und Bewährung tätiger Nächstenliebe sieht. Wer nur privat leben will, versagt sich dem Gehorsam gegen den Ruf Gottes an ihn, der cooperatio mit Gott, und wird darum schuldig.

Alle diese Thesen setzen nun freilich voraus, daß wir auch heute noch, innerhalb unserer modernen Gesellschaft, im Beruf einen Ort tätiger Nächstenliebe zu sehen vermögen. Das ist keineswegs selbstverständlich. Es gibt in der arbeitsteiligen Wirtschaft eine Fülle unansehnlicher

Tätigkeiten, etwa des einfachen Arbeiters oder Büroangestellten, die ethisch indifferent erscheinen und auf den Nächsten allenfalls insofern bezogen sind, als sie in Reih und Glied mit einem Nebenmann zu verrichten sind. Hier ist die berufliche Arbeit allenfalls Anlaß, nicht tragender Grund für den Dienst an diesem Nächsten. Luther meinte es auch offenbar anders; wenn er im niedrigen Dienst der Magd, die den Hof fegt, mehr Nächstenliebe verwirklicht sieht als im Leben des Mönchs, so ist das nur so zu verstehen, daß jede noch so bescheidene, aber aufs Ganze gesehen sinnvolle, nützliche Tätigkeit ein Stück praktischer, gewissermaßen versachlichter Nächstenliebe darstellt. Max Weber hat diese Auffassung etwas ironisch abgetan und gemeint, seit Adam Smith, dem englischen Nationalökonomen und Vater des wirtschaftlichen Liberalismus, wisse man doch, daß die bewegende Kraft des Wirtschaftslebens, die durch die List der Vernunft zugleich das Ganze wunderbar in Ordnung hält, nicht irgendein ethischer Altruismus, sondern der nackte Egoismus der Wirtschaftssubjekte sei. Nun, wir haben mittlerweile Anlaß bekommen, am vollkommenen Funktionieren einer vom Egoismus der Individuen gesteuerten Welt zu zweifeln. Aber sei dem, wie ihm wolle: für Luther ging es ja nicht darum, die beste Wirtschaftsordnung zu demonstrieren oder den Menschen, dessen Selbstsucht und Bosheit er kannte wie nur irgendeiner, zu idealisieren, sondern um ein ethisches Prinzip: die Berufsarbeit soll dem Nächsten, dem Mitmenschen, der menschlichen Gemeinschaft dienen und findet in diesem Dienst ihre Rechtfertigung und ihre Grenze. Diese Forderung muß uns einmal davon abhalten, im Beruf nichts anderes als eine Quelle eigennützigen Verdienstes zu sehen und uns in ihm dementsprechend zu verhalten. Sie kann aber auch zum Kriterium dafür werden, welche Berufe dem Christen erlaubt sind und welche nicht. Luther ist dieser Frage mehrfach nachgegangen; er hat, wie Sie wissen werden, den Soldaten und ebenso den Strafrichtern und Henkern, die alle das Schwert brauchen, um der Gewalt zu wehren und Ordnung zu halten, das gute Gewissen in ihrem Beruf bestätigt, es dagegen nicht nur dem außerhalb der sozialen Ordnung lebenden Gesindel, sondern auch den Mönchen rundweg abgesprochen, da sie um nichts als um ihr eigenes Seelenheil besorgt seien. Wir sollten vielleicht auch heute da und dort den Mut aufbringen, einem Beruf die Eignung zum Dienst am Nächsten abzusprechen. Unsere eigentliche, alltägliche Schwierigkeit liegt freilich viel eher darin, der Zwielichtigkeit zu begegnen, die in dieser Frage über den meisten unserer beruflichen Handlungen liegt. Um so wichtiger aber wäre es, die Bereitschaft zum christlichen Dienen in den unzähligen Herzen gerade auch junger Menschen, die heute im Egoismus verhärtet sind, wieder und wieder zu

wecken. Es gehört zu den tief beunruhigenden Zeichen unserer Zeit, daß gerade die Berufe auszusterben drohen, die im besonderen für den diakonischen Dienst am Nächsten bestimmt sind.
Eine andere Grenze, die der Anerkennung des Berufes als einer Mitarbeit am Werke Gottes gesetzt ist, ergibt sich aus der deutlicheren Unterscheidung von Beruf und Berufung, die wir gegenüber Luther für geboten halten. Es ist nicht von vornherein ausgemacht und keinem von uns verheißen und gewährleistet, daß der Beruf, in dem wir stehen, genau der Ort ist, an den Gott uns ein für allemal berufen will. Es ist also nicht so, daß es nur darauf ankäme, die aus unserem Amt kommenden Forderungen voll zu erfüllen, seiner Eigengesetzlichkeit zu folgen, um damit auch Gottes Willen zu tun. Gott ist nicht in den Dingen, auch nicht im Beruf, sondern jenseits aller unserer Zwangsläufigkeiten. Das heißt nicht, daß wir uns leisten könnten, im Unernst alles und jedes anzufassen, heute dies, morgen das, und uns jeweils damit zu legitimieren, daß Gott uns jetzt eben dazu berufen habe. Jede einmal ergriffene Möglichkeit beruflichen Wirkens bedeutet zugleich eine Beschränkung, ein Ausschlagen anderer Möglichkeiten, wie die Zuwendung zu einem Menschen oder einem ganzen Kreis von Menschen eine Entscheidung zum Verzicht auf andere Möglichkeiten der Freundschaft und Kommunikation bedeutet. Haben wir einmal gewählt, so haben wir uns damit auch beschränkt und sind gehalten, der gewählten Aufgabe treu zu bleiben. Aber die Bindung ist doch nur relativ. Einmal haben wir die Freiheit der Wahl, und somit auch die Freiheit der Berufswahl. Viele, ja die meisten von Ihnen haben zwar mit der Wahl des Studiums eine erste Beschränkung schon getroffen, die Sie ernst zu nehmen haben, aber die eigentliche Entscheidung zu einem bestimmten Beruf liegt noch vor Ihnen. Das ist eine uns von Gott gelassene Freiheit, von der wir den rechten Gebrauch machen müssen. Manche werden aus ihren geistigen und körperlichen Anlagen, oder aus der Bindung an eine Familientradition oder ein väterliches Geschäft, kurz, aus einer der vielen Gegebenheiten, die nun einmal ihre konkrete Situation bestimmen, auch sichere Anhaltspunkte dafür gewinnen, welchen Weg sie selbst einzuschlagen haben. Anderen ist die Entscheidung schwer gemacht; vielleicht stehen Sie gar überall vor verschlossenen Türen, die Ihrer Freiheit spotten, und müssen Sie froh sein, irgendwo einen Unterschlupf zu finden. Das alles sind menschliche Nöte und Ungewißheiten. Wir können nicht erwarten, daß Gott uns die Entscheidung einfach abnimmt, und also so lange unschlüssig zu warten, bis er uns ein Zeichen seiner Berufung, eine innere Stimme, ein uns anrührendes Erlebnis schickt (und sei es das Erlebnis des schlechten, abschreckenden Lehrers!). Freuen wir uns solcher Zeichen, hören wir auf sie, und nüt-

zen wir sie, aber verlassen wir uns nicht ängstlich und blind darauf! Wir selbst müssen entscheiden, so gut wir es eben aus den Gegebenheiten heraus vermögen.
Aber nicht nur bei der Berufswahl, sondern auch in dem einmal gewählten und sonach von uns ernst zu nehmenden Beruf gilt es, uns der Freiheit der Kinder Gottes gegenüber allen Dingen dieser Welt zu erinnern, uns insbesondere innerlich frei und bereit zu halten, auch einen göttlichen Anruf zu hören, der uns andere Wege weist. Das kann im extremen Fall völligen Berufswechsel bedeuten, einen Bruch mit der Vergangenheit und einen radikalen Neuanfang also, wie ihn uns die Schrift am Beispiel Abrahams eindrucksvoll genug vor Augen hält. Das hat auch Luther mit seiner zum Bleiben und Ausharren mahnenden Auslegung der mehrfach zitierten Paulus-Stelle im 1. Korintherbrief gewiß nicht ausschließen wollen. Es kann aber auch, sehr viel weniger radikal, nur dies bedeuten, daß wir unseren Wirkungskreis, den Beruf im weiten Lutherschen Sinne, nicht nur in dem zu sehen brauchen, was uns unser Amt täglich abfordert. Im Lutherischen Sinn steht der Mann ja zugleich in mehreren Berufen, nicht nur in seinem Amt, sondern in seiner Familie oder unter seinen Freunden. Es gilt also in aller Hast und Betriebsamkeit des Amtes mit seinen vielen echten und vermeintlichen Pflichten zu erkennen, daß Ernstnehmen nicht Sklaverei bedeuten darf und daß der Nächste, der unser bedarf, uns unversehens an ganz anderer Stelle begegnen kann als in unserer täglichen Hantierung.
Nun ist mit allen diesen Überlegungen zwar der Grund für eine christliche Berufslehre bezeichnet und auch der Rahmen abgesteckt, in dem wir uns als Christen im Beruf bewegen können. Aber vielleicht werden Sie mir vorhalten, daß mit alledem noch wenig über die täglichen Nöte, Sorgen und Konflikte des Berufslebens, denen wir doch unausweichlich ausgesetzt sind, gesagt sei, nichts über die Kollisionen widerstreitender Pflichten etwa bei der Entscheidung zwischen Barmherzigkeit und geschäftlich gebotener Härte in Personalsachen, nichts über die vielen kleinen und großen Versuchungen, das eigene Fortkommen im Beruf durch eine kleine, kaum bemerkte Unanständigkeit da oder eine dem Schwächeren zugefügte Rücksichtslosigkeit dort zu verbessern, nichts über die rechte Haltung gegenüber Vorgesetzten, Kollegen und Untergebenen und so fort. Ich bin der letzte, der das Gewicht dieses ganzen Geflechts von Problemen, in das wir uns immer wieder verstrickt sehen, unterschätzen oder gar leugnen wollte; sie bestimmen neben den Problemen des Familienlebens den größten Teil unseres Daseins. Aber wir sollten als evangelische Christen auch wissen, daß es für uns auf alle diese Fragen keine fertigen Antworten gibt. Die Frei-

heit vom Gesetz durch das Evangelium, wie wir sie verstehen, bedeutet auch die Freiheit von einem Moralkodex, der sich darauf befragen ließe, wo wir uns noch im Bereich der läßlichen Sünden bewegen und wo seine Grenze liegt, wann für uns als Christen ein »Hier steh ich« erlaubt und geboten ist. Wer alle diese inneren und äußeren Konflikte vermeiden und in ihnen nicht unablässig Fehler begehen und schuldig werden wollte, dem bliebe nur der Ausweg der radikalen Weltflucht. Nun liegt ja aber die entscheidende Bedeutung von Luthers Berufslehre gerade darin, daß er uns vor der Weltflucht als einem falschen Ausweg gewarnt hat und uns auf den Weg des Handelns in dieser Welt verwiesen hat. Er war wahrhaftig kein seichter Optimist, der die Unausweichlichkeit des Schuldigwerdens in dieser Welt leichtgenommen hätte. Wir müssen es also mit ihm wagen, im Handeln in der Welt, im Beruf uns zu behaupten, ohne der Sünde entrinnen zu können. Aber wir wissen auch von der Möglichkeit der Vergebung im Glauben. Die Lehre vom Beruf und die von der Rechtfertigung durch den Glauben gehören also notwendig zusammen; jene wäre ohne diese Grund zu tiefer Verzweiflung. So aber können wir getrost unser Tagewerk anpakken, jeder an seinem Platz, jeder in seinem Beruf.

POLITISCHE VERANTWORTUNG DES CHRISTEN

Liebe Stiftskirchengemeinde!

Die Frage nach der politischen Verantwortung des Christen, also nach seinem rechten Verhalten gegenüber dem Staat und anderen politischen Mächten, ist unserer Zeit mit einer Schärfe und Dringlichkeit gestellt, die früheren Generationen evangelischer Laien und Theologen fremd war. Nur dieser Umstand erklärt es auch, daß das Thema für wert gehalten worden ist, hier vor unserer Gemeinde in dem hohen und hellen Raum der erneuerten Stiftskirche verhandelt zu werden. Sicher ein ungewöhnlicher Vorgang in der bald fünfhundertjährigen Geschichte dieser Kirche. Der Grund dieser Unruhe, die den Protestantismus der Gegenwart erfaßt hat, liegt, wie jedermann weiß, in den geschichtlichen Erfahrungen unserer Generation. Die Erinnerungen der Alten unter uns reichen noch in die Epoche deutscher Monarchie bismarckischer und wilhelminischer Prägung zurück, in jene Zeit einer bürgerlichen Kultur und einer engen Verbindung von Kirche und Staat, von Thron und Altar. Nur fünfzig Jahre trennen uns davon, aber fünf Jahrzehnte, in denen unser Volk zwei schwere Kriege geführt und verloren hat, in denen es dreimal neu dazu angesetzt hat, die ihm gemäße Staats- und Regierungsform zu finden, in deren zeitlicher Mitte die Periode liegt, während deren unser Volk im Überschwang nationaler Leidenschaft die Maßstäbe sittlichen Handelns verloren und vor Gott und den Menschen gefehlt hat. Aber nicht genug damit, daß wir nach alledem Mühe haben, uns im eigenen Haus zurechtzufinden, noch dazu in einem Haus, das gegen unseren Willen mitten durch geteilt und durch eine Art Brandmauer in zwei Hälften zerrissen worden ist, haben sich auch die Gegebenheiten und Voraussetzungen dessen, was man als Weltpolitik zu bezeichnen pflegt, bis tief in die Fundamente hinein geändert. Bildete vor 1914 noch das System des Kräftegleichgewichts zwischen den europäischen Nationalstaaten das Zentrum damaliger Weltpolitik, und galt das militärische Potential jedes Staates als der sicherste Garant seiner mit hoher Empfindlichkeit verteidigten Souveränität, so hat sich heute der Schauplatz weltpolitischen Handelns schier unübersehbar erweitert, hat sich sein Zentrum vom alten Europa weg westwärts und ostwärts verlagert, fordern junge Völker stürmischen Anteil am Reichtum der alten, bilden sich über historische Grenzen hinweg neue ideologisch gebundene Machtgruppen und wirtschaftliche Verflechtungen, und hat die Ausbildung der fürchterlichen

Atom- und anderen Massenvernichtungswaffen die Gefahr einer Selbstvernichtung der zerstrittenen Menschheit in greifbare Nähe gerückt, zugleich aber neue Rangstufen der Staatlichkeit und Souveränität je nach der Teilnahme an diesen Waffen oder der Wehrlosigkeit ihnen gegenüber entstehen lassen. In dieser Welt muß das deutsche Volk seinen Platz und seine Aufgabe suchen, ein zerteiltes und klein gewordenes Volk, wirtschaftlich potent, militärisch aber schwach, und schon wegen seiner gefährdeten Lage zwischen großen Machtblöcken und wegen des Mißtrauens, mit dem man ihm draußen begegnet, der politischen Anlehnung an mächtige Völker oder Gruppierungen bedürftig.

Es könnte so scheinen, als handele es sich bei den soeben mit wenigen Strichen angedeuteten Problemen um solche, die nicht das Gewissen jedes einzelnen, sondern Erfahrungen und Verstand des Politikers und Staatsmanns in Anspruch nehmen, die wohl eine gründliche, mit wissenschaftlicher Hilfe zu leistende Analyse der neuartigen Situation erfordern, dann aber nach Gesichtspunkten politischer, wirtschaftlicher oder militärischer Zweckmäßigkeit zu entscheiden seien. Träfe diese Feststellung zu, so müßte sich auch meine Aufgabe am heutigen Abend darauf beschränken, die Unruhe im protestantischen Lager, von der ich sprach, zu beschwichtigen und die Anmaßung politischer Ethik, hier mitreden zu wollen, in ihre Schranken zu weisen. Indessen entspringt diese Unruhe gerade der Überzeugung, daß politisches Handeln der sittlichen Maßstäbe und Antriebe bedarf, daß es die Vernachlässigung dieser Maßstäbe war, die uns so lange in die Irre hat gehen lassen, und daß Politik, gerade in unserer heutigen Welt, viel zu ernste Fragen an unser Gewissen stellt, als daß wir sie nur Fachleuten zur Besorgung überlassen dürften. So töricht es wäre, die Fachleute beiseite zu schieben, so dringend wir vielmehr auf ihre Hilfe angewiesen sind, um die Situation zu durchschauen und die Möglichkeiten und wahrscheinlichen Folgen des Handelns zu erkennen, so gewiß bleibt es unsere Sache, Ziele und Maßstäbe für das Handeln zu setzen und auch gegenüber dem jedem Politiker widerfahrenden Druck gesellschaftlicher oder wirtschaftlicher Interessen zur Geltung zu bringen.

Auf der Suche nach solchen Maßstäben geraten wir hinter der verwirrenden Fülle der aus der heutigen Situation sich ergebenden Einzelfragen rasch vor die alten, sozusagen klassischen Probleme der politischen Ethik, also vor die Frage nach der Rolle der Macht im gesellschaftlichen Zusammenleben und nach der Legitimation des Staates als des Trägers organisierter Macht, nach Recht und Grenzen seiner Macht gegenüber seinen Bürgern und im Zusammenleben der Völker, nach der ethischen Relevanz von Krieg und Frieden und nach dem

Recht und der Pflicht von einzelnen wie von Völkern, dem Unrecht zu widerstehen. Ich nannte sie klassische Probleme, aber sie treten in neuem Gewand auf, und es kann nicht von vornherein als ausgemacht gelten, daß auch die klassischen Antworten der politischen Ethik uns heute noch befriedigen. Gerade hier müssen wir vielmehr mit unseren kritischen Überlegungen einsetzen.

Ehe ich versuche, an einigen wenigen Teilproblemen, die ich aus dem Gesamtbereich der politischen Ethik unter dem Gesichtspunkt der Aktualität auslesen muß, die alten Antworten und die Notwendigkeit ihrer Überprüfung darzustellen, muß ich den Grund deutlich machen, auf dem jede politische Ethik des Protestantismus allein stehen kann: das Zeugnis der Schrift. Auch der Nichttheologe darf sich dem nicht entziehen — im Bewußtsein seiner Schwäche in der Beurteilung der hier in großer Fülle auftretenden exegetischen Schwierigkeiten.

Es ist hinlänglich bekannt, daß das Neue Testament nur wenige und offensichtlich für seine Botschaft nicht zentrale, sondern beiläufige Aussagen über die Welt des Politischen enthält. Da ist das Jesuswort in Matth. 22, 15 ff. über den römischen Kaiser und sein Recht auf Steuer, aber auch die Begrenzung dieses Rechts durch das, was wir Gott schulden. Ein Wort, das die politischen Gegebenheiten ernst nimmt und wohl den jüdischen Nationalismus in seine Schranken weist, das aber auch die Übermacht des Kaisers als etwas vorletztes relativiert. Da ist die Schilderung der Pilatusszene bei Joh. 19, 9 ff., wo Jesus die Macht, die Pilatus über ihn hat, als ihm von oben herab gegeben und darum zu respektieren bezeichnet. Da ist endlich und vor allem das vieldiskutierte Wort in Röm. 13, 1 ff., eine Paränese an die Gemeinde zu Rom, die wiederum zur Anerkennung und zum Dienst auch gegenüber der heidnischen römischen Herrschaft unter Nero ermahnt und das damit begründet, diese Herrschaft sei »von Gott« und führe das strafende Schwert gegenüber den Bösen als »Gottes Dienerin dir zugut«. Dieses »dir zugut« erfährt noch eine fast aufreizend biedere quietistische Ergänzung in 1. Tim. 2, 2, wo zur Fürbitte für die Regierenden aufgefordert wird, »auf daß wir ein geruhig und stilles Leben führen mögen in aller Gottseligkeit und Ehrbarkeit«.

Das alles sind, wenn wir's uns recht gestehen, nur schwache Ansätze für die Ausformung einer politischen Ethik, zumal wenn wir mit neueren Auslegern annehmen müssen, daß die Paränese des Paulus älteres Traditionsgut übernimmt. Sie wendet sich vielleicht gegen Schwärmerei und voreilige Endzeiterwartung, die die einfachen Bürgerpflichten nicht mehr ernst nehmen will. Aber sie erlaubt kaum, Paulus — und erst recht nicht Jesus — bestimmte Vorstellungen davon zu unterlegen, wie legitime politische Gewalt ausgeformt sein soll. Alle Versuche, die

Aussage in Röm. 13, 1 über staatliche Gewalt auf bestimmte Staatsformen einzuschränken, wie sie oft in der Geschichte des Luthertums bis hin zu der bekannten Obrigkeitsschrift von Bischof Dibelius vor wenigen Jahren unternommen worden sind, haben jedenfalls am Text keine sichere Stütze. Bestimmend war doch letzten Endes, auch für Paulus, der eschatologische Aspekt, der Blick auf den Herrn, der von sich gesagt hat, sein Reich sei nicht von dieser Welt. Das schloß für die urchristlichen Gemeinden bis hin zu Konstantin, die ja nur eine teils geduldete, teils verfolgte Minderheitsgruppe bildeten, jedes eigene politische Programm aus.
Die bis heute fortwirkende Bedeutung der Römerbriefstelle liegt denn auch allermeist in der die politischen Vorstellungen des Luthertums prägenden Kraft, die ihr Luthers Übersetzung und die Einfügung in seine Gedankenwelt verlieh. Die in den Territorialfürsten personifizierte Obrigkeit, wie Luther die »Exousiai« des Textes übersetzt, war die politische Realität seiner Zeit, und der Gehorsam gegenüber der mit dem Schwert ausgerüsteten Obrigkeit war für seine pessimistische Welt- und Menschensicht eine politische Notwendigkeit. Diese Obrigkeitslehre schloß gewiß tapfere Einzelkritik an Fürstenwillkür nicht aus, wußte aber von einer Mitverantwortung des einzelnen Bürgers für das weltliche Regiment so wenig wie Paulus.
Die für den Lauf der deutschen Staats- und Kirchengeschichte so folgenreiche, in der Reformationszeit geknüpfte und bis 1918 festgehaltene Verbindung der Kirche mit dem neuzeitlichen Territorial- und späteren Nationalstaat hat es bewirkt, daß diese lutherische Obrigkeitslehre das politische Denken und Handeln des deutschen Protestantismus bis in unser Jahrhundert hinein bestimmt hat. Der kritischen Frage, was sie für eine völlig veränderte politische Wirklichkeit bedeuten kann, sahen sich evangelische Christen im Grunde erst, und dann unausweichlich, gegenübergestellt, als der totalitäre Staat unseres Zeitalters, zuerst im Gewand des Nationalsozialismus, mit der Kirche in Konflikt geriet. Den daraus entstandenen Kirchenkampf und die inneren Widerstände aus traditionellem Obrigkeitsdenken zu schildern, die weithin bei Kirchenvolk und Kirchenleitungen den Kampfwillen lähmten, ist hier nicht meine Aufgabe. Es genügt als Ertrag dieser Auseinandersetzungen, die ebenso innerhalb der Kirche wie zwischen der Kirche und dem von einer Weltanschauungspartei beherrschten Staat geführt wurden, die Tatsache festzuhalten, daß sich in der theologischen Diskussion wie im Bewußtsein der evangelischen Christen die Einstellung zum Staat geändert hat. Bei einer kämpferischen Minderheit, die im Mißbrauch der Staatsmacht die Vorboten des in Offenbarung 13, 1 ff. angekündigten widergöttlichen Tiers aus dem Abgrund zu sehen

gelernt hatte, führte sie zu einer bis heute nachwirkenden radikalen Kritik an den meisten institutionellen Attributen der Staatlichkeit. Bei der weniger radikalen Mehrheit hatte sie jedoch jedenfalls die Folge, die gewohnte, selbstverständliche Unterordnung unter die Staatsgewalt in eine kritische Distanz zu verwandeln, auch das von den Männern der Widerstandsbewegung mit dem Einsatz ihres Lebens bekräftigte Recht auf Widerstand gegen Machtmißbrauch endgültig, auch in dieser lutherischen Staatslehre, anzuerkennen und damit von sehr verschiedenartigen theologischen Ausgangspunkten aus neu nach den Grenzen dieser Gewalt zu fragen. Einen ersten Ausdruck fand diese veränderte Haltung in der unter Karl Barths Einfluß formulierten These V der Theologischen Erklärung der Barmer Bekenntnissynode von 1934, die dem Staat zwar den Gewaltgebrauch im Dienste von Recht und Frieden zubilligt, ihn zugleich aber an seine Verantwortung und an die ihm durch Gottes Gebot und Gerechtigkeit gezogenen Grenzen mahnt. Diese These, die inzwischen nicht dem Wortlaut, aber der Sache nach auch von mehreren Synodalerklärungen der EKD-Synode seit 1948 wiederholt worden ist, hat zwar nicht die Autorität eines verbindlichen Lehrsatzes, kann aber doch wohl auf einen weitreichenden Konsensus rechnen und läßt jedenfalls erkennen, daß der deutsche Protestantismus angefangen hat, den im Fortgang der Geschichte zu eng gewordenen Reif der lutherischen Obrigkeit zu sprengen.

Indem ich dies ausspreche und als einen wichtigen und notwendigen Schritt zur Weiterentwicklung einer protestantischen Lehre vom Staat begrüße, muß ich alsbald dem Mißverständnis wehren, als sei damit das biblische Fundament dieser Staatslehre oder auch nur der Rahmen lutherischer Theologie schon endgültig verlassen. Vielmehr geht es darum, das zeitgebundene Gewand dieser Obrigkeitslehre abzustreifen und die Lehre vom Staat breiter zu gründen, als die Paränese in Röm. 13, 1 und ihre Deutung durch Luther dies erlaubt. Was wir suchen, ist eine Wegweisung im Gestrüpp unserer heutigen politischen Probleme, die durch eine andere Wirklichkeit politischen Lebens und der Voraussetzungen staatlicher Macht bestimmt sind. Der moderne Staat in einer industriellen, mündigen Gesellschaft ist etwas qualitativ anderes als etwa das Imperium Romanum der Zeit des Paulus oder als das mit der Obrigkeitslehre gemeinte Territorialfürstentum des 16. Jahrhunderts. Er tritt uns als hochkomplizierter Apparat entgegen, von dessen Funktionieren unser aller physische Existenz abhängt, und er ist zugleich als politisches Gemeinwesen für seine eigene Erhaltung darauf angewiesen, daß er die Zustimmung und Mitwirkung seiner Bürger, weit über einen bloßen Untertanengehorsam hinaus, zu aktivieren vermag. Seine beiden Grundtypen sind bei mancherlei Mischformen in der geschichtlichen Wirklichkeit der weltanschaulich neutrale demokratische Rechtsstaat, der die Macht zu bändigen versucht, indem er sie verteilt, und der auf Konzentration aller wirtschaftlichen und politischen Macht in der Hand der Regierung angelegte totalitäre Weltanschauungsstaat. Unsere Frage muß also lauten, ob und wie es möglich ist, gegenüber dieser Wirklichkeit Maßstäbe für das politische Handeln aus dem Evangelium zu gewinnen.

Die Antwort erfordert wohl eine Vorbesinnung über die Art, wie wir mit dem Evangelium umzugehen befugt sind. Für den Theologen geht es hier in der seit Luther üblich gewordenen Ausdrucksweise um das Verhältnis von Gesetz und Evangelium und um seine, dieses Verhältnis bestimmende Lehre von den beiden Reichen oder Regimenten Gottes, in der sich sein dualistisches Welt- und Geschichtsverständnis ausdrückt. Sie bedeutet für unseren Zusammenhang, daß wir unsere diesseitige, in Luthers Sprachgebrauch dem »Gesetz« unterworfene Welt zwischen Fall und Gericht durch einfache Unterstellung unter das Evangelium niemals zu heiligen vermögen, und daß es daher auch nicht angeht, irgendeine der möglichen Staatsformen mit dem auszeichnenden Prädikat der Christlichkeit oder Sittlichkeit zu versehen, weder die des alten Obrigkeitsstaates noch etwa die der heutigen Demokratie. Wenn Luther also mit Paulus davon spricht, Obrigkeit sei von Gott verordnet, so kann das nach seinen eigenen Voraussetzungen nicht nur den Fürstenstaat seiner Zeit betreffen, sondern muß auch für die Demokratie und totalitären Staaten gelten in dem Sinne, daß auch das Reich zur Linken Gottes Regiment untersteht und von ihm für diesen Äon erhalten wird. Die Versuche vieler, gerade auch lutherischer Theologen, nur bestimmte Ordnungen für legitime Antworten auf den göttlichen Schöpferwillen zu erklären, widersprechen diesem kühnen Ansatz Luthers. Auf der anderen Seite aber kann nach der recht verstandenen Zwei-Reiche-Lehre von einer ethisch indifferenten Eigengesetzlichkeit politischen Geschehens und damit von einer Legitimierung jeder Art von Staatsraison keine Rede sein. Der Mensch, der die gute Botschaft von der Versöhnung durch Gott mit Christus vernommen hat, und der vom Zwang des Gesetzes frei geworden ist, weiß von den Forderungen der Bergpredigt und dem Gebot der Nächstenliebe und kann sich ihnen nicht entziehen, auch wenn er in seinem Denken und Handeln weit dahinter zurückbleibt. Schauplatz seiner Bewährung ist aber nicht eine, irgendwie keimfrei sündenlose Innerlichkeit, sondern sein Beruf in dieser weltlichen, der Sünde verfallenen politischen Welt, die Gott erhalten will, und zu deren Erhaltung daher auch der Mensch als Mitarbeiter an Gottes fortdauerndem Schöpfungswerk aufgerufen ist.

Versteht man diese, hier gewiß nur ganz unvollkommen angedeutete lutherische Lehre nicht nur als tiefgründige theologische Spekulation, die ja als solche immer nur Menschenwerk und Entwurf sein kann und sich jedenfalls hier einer raschen Beurteilung entzieht, sondern als das, was sie sein soll: als Hilfe zum Verständnis und zum Durchhalten der Spannung zwischen Gesetz und Evangelium, in die der Christ in seinem Handeln in dieser Welt gestellt ist, so scheint sie mir diese Hilfe auch dem Menschen unserer Zeit und angesichts unserer politischen Wirklichkeit zu leisten. Dies auszusprechen tut not angesichts der machtvollen Kritik, der diese Lehre in den letzten Jahrzehnten durch die Theologie Karl Barths ausgesetzt war und ist, und die hinter vielen innerprotestantischen Auseinandersetzungen in der Frage der politischen Ethik und ihrer Anwendung auf aktuelle politische Probleme steht. Karl Barth und seinen Freunden geht es gerade um die Aufhebung jener Spannung und die Vorordnung des Evangeliums vor das Gesetz im Zeichen der verborgenen, aber schon gegenwärtigen Königsherrschaft Christi über diese Welt, mit der Folge, daß aus dem prophetisch-politisch verstandenen Evangelium auch unmittelbar Weisungen für das politische Handeln abgeleitet werden können und müssen. Wiederum steht es uns hier nicht an, ein rasches Urteil über diesen Systementwurf als Ganzes abzugeben. In der praktischen Auswirkung hat diese Lehre viel dazu beigetragen, durch die von ihr geübte direkte Konfrontation der politischen Wirklichkeit mit dem Evangelium die Gewissen vieler evangelischer Christen wachzurütteln und für die Notwendigkeit politischer Entscheidung und politischer Aktion schon während des Kirchenkampfes und dann in den Auseinandersetzungen seit 1945 zu schärfen. Aber über dieser großen Leistung kann nicht übersehen werden, daß das von ihr geforderte situationsgebundene Hören auf Gottes Wort und der prophetisch-politische Gebrauch des für ganz andere Situationen bestimmten Evangeliums der schweren Gefahr ausgesetzt ist, im Subjektivismus zu enden, der eigenes politisches Meinen ex post theologisch rechtfertigt. Der sittliche Ernst der Männer, die diese theologische und kirchenpolitische Gruppe anführen, verdient unsere hohe Achtung. Aber es wäre mir jedenfalls oft sehr viel wohler, wenn ich die politischen Forderungen, für die sie eintreten, nicht theologisch, sondern schlicht politisch begründet sähe nach den Regeln, die nun einmal in Gottes Reich zur Linken gelten.
Kehren wir nach dieser theologischen Ortsbestimmung zu der Aufgabe zurück, das Verhältnis des evangelischen Christen zum modernen Staat in seinen beiden vorher gekennzeichneten Grundtypen zu klären, so scheinen mir in der lutherischen Theologie alle Elemente bereit zu liegen, um die zu eng gewordene Obrigkeitslehre fortzuentwickeln. Hal-

ten wir also mit Röm. 13 daran fest, daß alle Staatsgewalt, auch in ihrer unpersönlichen apparathaften Form, »von Gott« ist, von ihm um der Ordnung unter Menschen willen eingesetzt und seinem Regiment unterstellt, und zwar gleichgültig, ob die Regierenden das wissen und wahrhaben wollen oder nicht. Wir wissen nun, daß damit heute wie zu den Zeiten des Paulus oder Luthers nicht gemeint sein kann, daß ein solcher rein weltlicher Staat und seine Machtausbildung unmittelbar der Ethik der Bergpredigt unterstellt sind. Aber das kann nicht heißen, daß ihm diese Machtausübung schrankenlos gestattet wäre, und daß ihr eine bedingungslose Gehorsamspflicht seiner Bürger entspräche. Luther, der den christlichen Fürsten und sein patriarchalisches Regiment vor Augen hatte, mochte beides auf das Gewissen des Fürsten abstellen. Wir Heutigen, mit den bitteren Erfahrungen der Möglichkeiten des Machtmißbrauchs und der Überwältigung des Menschen durch den Apparat, müssen in diesem Punkt deutlicher reden. Wir haben also offenbar die doppelte Aufgabe, die Grenzen staatlicher Macht zu bezeichnen und gegen Grenzüberschreitungen zu sichern *und* den Status des gehorsamen Untertanen in den des für das politische Gemeinwesen mitverantwortlichen Bürgers zu verwandeln. Wie das zu leisten und theologisch zu begründen ist, läßt sich vielleicht besser als mit theoretischen Deduktionen an dem Material einiger der seit 1945 von den evangelischen Christen in Deutschland zu treffenden Entscheidungen zeigen.

Ein Beispiel von eminenter Tragweite für uns alle ist die Lage der evangelischen Christen in Mitteldeutschland unter einer totalitär-kommunistischen und damit auch militant-atheistischen Staatsgewalt. Es hat viele Jahre gedauert, bis die Gemeinden und ihre einzelnen Glieder drüben zu einem klaren Bewußtsein ihrer politischen Aufgabe in dieser Lage gekommen sind. Ich kann die unter tausend Schmerzen vollzogene Entwicklung hier nicht nachzeichnen und will auch nicht schildern, wie viele Spielarten möglicher Haltung drüben bis heute vertreten werden. Sie reichen vom bedingungslosen harten Widerstand, der dann zur Abkapselung führt, bis zur weichen Anpassung, sei es unter der von Ulbricht propagierten Parole der Gemeinsamkeit von Sozialismus und Christentum in der humanistischen Zielsetzung, sei es unter der von einer überzeugten christlichen Gruppe vorgetragenen Forderung, auch dem Atheisten als Bruder zu begegnen und die Solidarität der Sünder vor Gott zu bezeugen. Ich will nur auf zwei Versuche hinweisen, auf die hier gestellten prinzipiellen Fragen politischer Ethik eine gemeinsame Antwort zu geben. Der eine Versuch war eine 1956 in Berlin-Spandau von der EKD-Synode im Blick auf die Lage in der DDR beschlossene theologische Erklärung, in der es heißt: »Das

Evangelium rückt uns den Staat unter die gnädige Anordnung Gottes, die wir in Geltung wissen, unabhängig von dem Zustandekommen der staatlichen Gewalt und von ihrer politischen Gestalt. Das Evangelium befreit uns dazu, im Glauben nein zu sagen zu jedem Totalitätsanspruch menschlicher Macht, für die Entrechteten einzutreten und lieber zu leiden als gottwidrigen Gesetzen und Anordnungen zu gehorchen.«

Der zweite, jüngste Versuch sind die von den Kirchenleitungen der östlichen Gliedkirchen der EKD im März 1963 beschlossenen »10 Artikel über Freiheit und Dienst der Kirche«, die ich leider hier nicht voll referieren und kommentieren kann, aus denen ich daher notgedrungen etwas gewaltsam den einen, 7. Artikel herausgreife, der die Überschrift trägt: »Die Obrigkeit«. Er lautet: »Die Kirche bekennt Jesus Christus als den Herrn, dem alle Gewalt gegeben ist im Himmel und auf Erden, der Herr auch über die Inhaber der staatlichen Macht ist. Nach göttlicher Anordnung haben diese für Recht und Frieden zu sorgen. Diese gnädige Anordnung Gottes ehren wir, indem wir für die Obrigkeit beten und ihre Autorität achten. Die Träger staatlicher Macht bleiben in der Hand Gottes und unter seinem Auftrag, auch wenn sie diesen verfehlen, sich zu Herren der Gewissen machen und in das Amt der Kirche eingreifen. In dieser Gewißheit haben wir der Obrigkeit die Wahrheit zu bezeugen, auch wenn wir dafür leiden müssen. Wir verfallen dem Unglauben, wenn wir die Anordnung Gottes nicht in Dankbarkeit erkennen oder aber meinen, daß ein Staat, der seinen Auftrag verfehlt, der Herrschaft Gottes entlaufen könnte und ihm nicht mehr dienen müßte. Wir handeln im Ungehorsam, wenn wir nicht prüfen, wo wir nach Gottes Willen im Staat der Erhaltung des Lebens dienen können. Wir handeln im Ungehorsam, wenn wir für die Wahrheit nicht einstehen, zu Mißbrauch der Macht schweigen und nicht bereit sind, Gott mehr zu gehorchen als den Menschen.«

Ich muß von einem genauen Vergleich und einer kritischen Interpretation dieser beiden Entschließungen absehen, so interessant das sein könnte. Aber zweierlei ist doch wohl deutlich geworden. Beide Erklärungen stehen, wie das für eine protestantische Ethik des Politischen nicht anders sein kann, in der Tradition einer auf Röm. 13 gestellten Theologie. In den »10 Artikeln« kehrt sogar, im Gegensatz zu Barmen und Berlin-Spandau, der lutherische Begriff der Obrigkeit wieder. Beide Erklärungen stimmen darum auch darin überein, daß sie selbst diesen totalitären Staat als von Gott kommend anerkennen, — wie die EKD-Synode hinzufügt: »unabhängig von dem Zustandekommen der staatlichen Gewalt oder von ihrer politischen Gestalt«. Aber in der Sache wird die mit Barmen begonnene Entwicklung über die alte Obrigkeitslehre hinaus fortgeführt. Dabei steht, wie das dem totalitären Staat gegenüber vor allen Dingen nottut, der Versuch im Vordergrund, die Linie zu bezeichnen, an der die Staatsmacht endet und der dem Christen gebotene Widerstand beginnt. Der Gedanke einer Mitarbeit des Christen an öffentlichen Aufgaben, der in anderen der 10 Artikel stärker herausgearbeitet ist, tritt in diesem Obrigkeitsartikel notgedrungen zurück, ist aber doch noch gegenwärtig; der Aufruf zum Dienst an der Erhaltung des Lebens und mehr noch, wie mir scheint, die Mahnung, der Obrigkeit die Wahrheit zu bezeugen und zum Mißbrauch der Macht nicht zu schweigen, sind Ausdruck einer recht verstandenen Mitverantwortung auch in und für diesen Staat.

Nun läge es nahe, nach prinzipiellen Aussagen zum Thema der Mitverantwortung in Erklärungen von Synoden oder Kirchenleitungen an die Adresse der Gemeinden im demokratischen Rechtsstaat Westdeutschlands zu suchen. Indessen ist die Ausbeute an Entschließungen dieser Art, soviel ich sehe, nicht groß, — vermutlich, weil der Gedanke zu selbstverständlich schien, als daß man ihn feierlich zu formulieren und zu beschließen für notwendig befunden hätte. Aber das heißt nicht, daß das Bewußtsein der Mitverantwortung für Gestalt und Auftreten unseres politischen Gemeinwesens nicht stets wach vorhanden gewesen wäre. Nur auf dieser Grundlage sind die durch viele Tagungen der EKD-Synode sich hinziehenden Auseinandersetzungen über die Wiederbewaffnung Westdeutschlands, über den Militärseelsorgevertrag und ähnliche Themen zu verstehen, auch zum Beispiel die auf der letzten Betheler Synode vom Rat der EKD-Synode abgegebene Erklärung zur Verfolgung und Aburteilung der in der NS-Zeit begangenen Verbrechen.

Im Thema der Wiederbewaffnung steckt ja nicht nur die Problematik der Friedenssicherung, von der gleich noch zu sprechen sein wird, sondern auch die Frage, ob die Verfügung über eigene Waffen zur Verteidigung von Volk und Land ein notwendiges Attribut der Staatlichkeit ist, das demnach auch der Bundesrepublik nicht verwehrt werden darf, und ob damit auch die Einführung einer allgemeinen Wehrpflicht gerechtfertigt ist. Die Vertreter einer situationsgebundenen Ethik haben diese Frage, wie man weiß, für das Nachkriegsdeutschland leidenschaftlich verneint, dabei aber doch wohl den Gedanken der Erhaltung der Eigenstaatlichkeit zu wenig beachtet. Die Vertreter der strengen, sozusagen klassischen lutherischen Obrigkeitslehre haben die Frage unter Berufung auf die dem Staat in Röm. 13 zuerkannte Schwertgewalt ebenso bedingungslos bejaht und der Kirche prinzipiell das Recht abgesprochen, dem Staat in dieser Frage dreinzureden. In Wahrheit ist gerade in dieser Frage jede Vorentscheidung aus allgemeinen Prinzi-

pien vom Übel, aber eine Mitverantwortung und damit eine Gewissensprüfung jedes Bürgers unerläßlich. Der Bundesrepublik in ihrer gefährdeten Lage am Rande eines der großen Machtblöcke jedes Recht auf Selbstverteidigung abzusprechen, ging nicht wohl an, aber für Art und Maß der dafür zu treffenden Anstalten konnte und kann nicht nur die ratio eines blinden staatlichen Selbsterhaltungstriebes maßgebend sein, sondern mußten und müssen nach sorgfältiger Prüfung der politischen Lage auch ethische Gesichtspunkte berücksichtigt werden, die demnach, wie mir scheint, mit vollem Recht Verhandlungsgegenstand von Synoden und Anlaß zu Entschließungen bilden konnten.
Das dritte Beispiel, das sich anbietet, ist das bei dem eben genannten Thema der Wiederbewaffnung mehr und mehr in den Vordergrund getretene Problem der Verwendung von Atomwaffen. Auch hier geht es insofern um die Staatslehre, als das dem Staat soeben zugesprochene Recht auf Selbstverteidigung faktisch nur noch höchst unvollkommen wahrgenommen werden kann, wenn ihm nur sogenannte konventionelle Waffen zur Verfügung stehen. Auch hier waren darum strenge, konsequente Lutheraner geneigt, die Frage mit dem Hinweis auf Röm. 13 zu beantworten, während die Befürworter eines radikalen Verzichtes auf jede, sei es unmittelbare, sei es auch nur im Rahmen eines Bündnisses mittelbare Befassung mit solchen Waffen sich darüber klar sein mußten, daß das einen vollen Souveränitätsverzicht implizierte. Aber das Problem übersteigt diese auf den Staat bezogene Fragestellung doch bei weitem. Es geht um die Erhaltung des Lebens auf dieser Erde als einer Schöpfergabe und um die Zulässigkeit von Mitteln der Kriegführung, die diesen Grundbestand zu vernichten drohen. Es geht um Verteilung, Verwaltung und Bändigung der Macht im Zusammenleben der Völker und um Recht oder Pflicht zu einem einseitigen Machtverzicht mit der Folge der Schutzlosigkeit für ein ganzes Volk. Und es geht vor allem um die Frage, welche Anstrengungen tauglich und nötig sind, um den, wie Carl Friedrich v. Weizsäcker es ausdrückt, zur Lebensbedingung des technischen Zeitalters gewordenen Weltfrieden herzustellen und rechtlich wie faktisch zu sichern. So leidenschaftlich gerade im protestantischen Lager, und zwar stellvertretend für unser ganzes Volk, um alle diese Fragen gestritten wurde, so wenig kann man sagen, daß eine Einigung über die richtige Lösung erreicht oder auch nur in Sicht gekommen wäre. Wenn es in den letzten beiden Jahren, etwa seit der Kubakrise, etwas stiller um dieses Problem geworden ist, so ganz gewiß nicht deshalb, weil wir nun eine gemeinsame Antwort wüßten, oder weil man annehmen dürfte, es habe sich von selbst erledigt. Die Lage bleibt tief bedrückend, die politische und militärische Lage in diesem Punkt und die Lage in unserer Kirche. Dennoch haben

wir, meine ich, keinen Grund, uns dieser unserer Unfähigkeit zu einer raschen Lösung zu schämen. Der Weg zu ihr ist vermutlich noch sehr lang und wird sich unserer Generation erst allmählich in vielen einzelnen Denkschritten und Einsichten aus geschichtlicher Erfahrung öffnen. Nur dürfen wir nicht nachlassen, uns um ihn zu mühen.
Kehren wir nach diesen Beispielen angewandter oder verfehlter politischer Ethik zum Schluß noch einmal zu der lutherischen Staatslehre und zu ihrer Fortentwicklung zurück. Sie kann und will nicht leisten, was die Situationsethik Barthscher Prägung erst recht nicht anstrebt, nämlich die Ausbildung eines festen Kanons von Regeln politischen Verhaltens. Eine gesetzliche Kasuistik, die dem Handelnden das Wagnis eigener Entscheidung abnehmen könnte, ist ihr fremd. Es macht, wie die Beispiele zeigen, ihre Not, aber auch ihre Größe aus, daß sie die Freiheit solcher Entscheidung jedes einzelnen respektieren muß und nicht im vorhinein allgemein festlegen kann, wo der Mißbrauch politischer Macht beginnt, und wo für den einzelnen Christen die Scheidelinie zwischen Gehorsamspflicht und Widerstandsrecht verläuft. Inmerhin müßte sie imstande sein, die Güter zu bezeichnen, zu deren Schutz solche Grenzziehung notwendig ist. Das erfordert keinen Grundrechtskatalog, dessen Ursprung ja ohnedies mehr im Zeitalter der Aufklärung als auf christlichem Grund liegt, und erfordert keine feste Wertetafel, bedarf aber doch wohl noch weiterer Klärung. Letztlich wird es darauf ankommen, das Personsein des Menschen zu schützen, nicht als Recht vor Gott, aber als Sicherung der Möglichkeiten des Menschen, den ihm gegebenen Auftrag in der Welt zu erfüllen. Ist die Obrigkeit nach Röm. 13, 4 »Gottes Dienerin dir zugut«, trägt sie, wie es dort heißt, das Schwert als »Rächerin zur Strafe über den, der Böses tut«, so darf sich der damit gemeinte Schutzzweck des Staates für die ihm anvertrauten Menschen nicht ins Gegenteil verkehren.
Schwieriger scheint es, den theologischen Grund für die Mitverantwortung des Bürgers im Staat zu bezeichnen, denn Röm. 13 gibt ihn gewiß nicht ab. Aber auch dafür bietet, wie ich meine, Luthers Theologie den rechten Ansatz, der nur der weiteren Ausformung bedarf. Ich erwähnte schon, daß für Luther der Beruf der Ort ist, an dem der Christ mitten in der Welt das Gebot der Nächstenliebe zu erfüllen hat, der Fürst, indem er gut regiert, die Magd, indem sie fleißig den Hof kehrt. Diese großartige Freiheit, das Gebot der Nächstenliebe ganz unsentimental jeweils so abzuwandeln und zu konkretisieren, daß es dem Menschen an dem Platz und in der geschichtlichen Situation, in die er gestellt ist, zugesprochen wird, sollten wir uns durch die in der Folge eingetretene Verengung des Berufs- und Amtsbegriffes nicht nehmen lassen. Daß es den Beruf des Politikers und Staatsmanns gibt, hat die protestantische

Staatslehre immer gewußt und gesagt und daraus Folgerungen für eine personal bestimmte Ethik, etwa am Beispiel der Konfliktssituationen großer Staatsmänner entwickelt. Im demokratischen Rechtsstaat zum mindesten, aber in verschiedener Abstufung auch in jedem anderen politischen Gemeinwesen gibt es heute aber im Sinne Luthers auch den Beruf des Bürgers, der nicht nur nach Röm. 13 Gehorsam zu leisten und Steuer zu zahlen, sondern auf eigene Verantwortung zu prüfen hat, was unter dem Gebot der Nächstenliebe seinen Mitbürgern frommt, und der danach handeln soll und darf. Es ist, und das ist für diese Aufgabe wesentlich, nicht ein vom Staat abgeleitetes, sondern ein dem Bürger aus eigenem Recht als Christen übertragenes Amt, das eher umgekehrt dazu bestimmt ist, zu seinem Teil den Staat mitzukonstituieren, also ein Beruf nicht vom, sondern zum Staat. Unter diesem Aspekt wird verständlich, wenn Rudolf Smend lehrt, den Staat selbst nicht — oder jedenfalls nicht nur — als Institution, sondern auch als Beruf zu sehen. Hätten wir die Kraft, damit Ernst zu machen, so brauchten wir nicht mehr zu fürchten, daß das Apparathafte des modernen Staates uns überwältigt.

Aber auch ohne diese Konsequenz, die es vielleicht noch auszuziehen gilt, ist es wohl die köstlichste Frucht der auf lutherischem Boden erwachsenen Ethik, daß sie uns die Furcht vor dem Staat in allen seinen Erscheinungsformen nimmt. »Fürsten sind Menschen vom Weibe geboren«, heißt es im alten Kirchenlied, und die »10 Artikel über Freiheit und Dienst der Kirche«, von denen ich sprach, wissen in aller Trübsal zu trösten, daß auch ein Staat, der seinen Auftrag verfehlt, dennoch nicht, wie es drastisch heißt, der Herrschaft Gottes entlaufen könne. Dieser Trost hat die Männer des 20. Juli begleitet; unter dem so verstandenen »von Gott« in Röm. 13 können und wollen auch wir handeln.

BEMÜHUNGEN DER EVANGELISCHEN KIRCHE IN DEUTSCHLAND ZUR VERSÖHNUNG MIT DEN ÖSTLICHEN NACHBARVÖLKERN, VOR ALLEM MIT POLEN

Es ist für mich eine sehr bewegende Stunde, in der ich, ein Bürger der Bundesrepublik Deutschland und ein evangelischer Christ, heute hier in Warschau vor Ihnen, einem Kreis polnischer Bürger und Mitchristen, sprechen kann. Ich möchte gleich zu Beginn meiner großen Freude darüber Ausdruck geben, daß dies endlich möglich geworden ist, und zugleich meinem herzlichen Dank an den Polnischen Ökumenischen Rat, der durch seine freundliche und großzügige Einladung die Gelegenheit dazu geschaffen und auch diesen Vortrag vorbereitet hat.

Ich bin aufgefordert worden, über die kirchlichen Bemühungen in Deutschland um eine Versöhnung meines Volkes mit den östlichen Nachbarvölkern, vor allem natürlich mit Polen zu sprechen. Dieser Aufforderung bin ich gern gefolgt, weil ich an diesen kirchlichen Bemühungen seit langer Zeit maßgeblich beteiligt bin, und weil ich überzeugt bin, daß ihr Ziel, die Versöhnung zwischen unseren Völkern, eine wesentliche, ja unerläßliche Voraussetzung für die Erhaltung des Friedens in Europa darstellt. Sicherlich erwarten Sie von mir vor allem ein klärendes Wort zur Rolle jener evangelischen Denkschrift über »Die Lage der Vertriebenen und das Verhältnis des deutschen Volkes zu seinen östlichen Nachbarn«, die der Rat der EKD im Oktober 1965, also vor jetzt sechs Jahren, veröffentlicht hat und die im Auftrag des Rates von der Kammer für öffentliche Verantwortung unter meinem Vorsitz ausgearbeitet worden ist. Ich kann aber gerade diese Erwartung nur erfüllen, wenn Sie mir erlauben, zuvor etwas über die politischen und kirchlichen Verhältnisse in der Bundesrepublik zu berichten, die diese Denkschrift veranlaßt haben. Nur vor diesem Hintergrund wird ihre Wirkung verständlich.

Das deutsche Volk ist aus dem Zweiten Weltkrieg nicht nur militärisch vernichtend geschlagen und politisch und wirtschaftlich schwer getroffen, sondern auch moralisch tief verstört und seiner Identität beraubt hervorgegangen. Noch ehe es Zeit hatte, seine geistigen und moralischen Kräfte neu zu sammeln, geriet es dann als Folge einer am Kriegsende mitten durch Deutschland gezogenen, ursprünglich nur militärischen und verwaltungstechnischen Zwecken der Besatzungsmächte dienenden Demarkationslinie alsbald in den Antagonismus der beiden großen Weltmächte, der die Geschichte der letzten fünfundzwanzig Jahre bestimmt hat. Diesem weltpolitischen Gegensatz vermochte das deutsche Volk im Zustand äußerster Schwäche und Verwirrung nichts Eigenes entgegenzusetzen; es wurde auseinandergerissen, und die beiden, seit 1949 auch politisch verselbständigten Teile entwikkelten schrittweise je für sich, aber in Anlehnung an die Führungsmacht im Osten oder Westen, eine neue Identität — leider, aber nicht zufällig mit solcher, etwas verkrampfter Vehemenz, daß die daraus entstandene Gegensätzlichkeit der beiden deutschen Teilstaaten heute den sich abschwächenden Antagonismus der Weltmächte zu überdauern droht. Ich wäre glücklich, wenn das Beispiel des polnischen Volkes, das Jahrhunderte hindurch die ihm aufgezwungenen Teilungen im Bewußtsein seiner Zusammengehörigkeit zu überdauern vermocht hat, auch unserem Volk helfen könnte, wieder besser zusammenzufinden.

Der deutsche Protestantismus, der seit der Reformationszeit in einer größeren Zahl von territorial begrenzten, zugleich auch konfessionell unterschiedlich bestimmten Landeskirchen verfaßt ist, hat sich nach 1945 durch die politische Spaltung zunächst nicht gehindert gesehen, diese Landeskirchen — in Fortsetzung früherer Einigungsbestrebungen — im Jahre 1948 zu der föderativ verfaßten »Evangelischen Kirche in Deutschland« (im folgenden abgekürzt »EKD«) zusammenzuschließen. Erst 1969 ist diese kirchliche Einheit dem von der politischen Spaltung ausgehenden Druck erlegen; seitdem ist der Arbeitsbereich der EKD auf die Bundesrepublik und Westberlin beschränkt, während die Landeskirchen im Bereich der DDR einen neuen, rechtlich völlig selbständigen Bund begründet haben.

Die EKD hat nun von Anfang an eine wesentliche Aufgabe darin gesehen, dem deutschen Volk zu helfen, daß es zu einer moralischen Grundlage zurückfand, auf der es sich selbst wiedererkennen und von neuem einen von gegenseitiger Achtung bestimmten Platz unter den Völkern Europas und der großen Welt einnehmen konnte. Nach den Verirrungen der Epoche des Nationalsozialismus, nach den im deutschen Namen vor und während des leichtfertig mit einem Überfall auf Polen begonnenen Krieges begangenen Verbrechen an fremden Völkern und an Angehörigen des eigenen Volkes war nach christlichem Verständnis ein neuer Anfang nur möglich, wenn die Schuld bekannt und der Entschluß zur Umkehr ernsthaft gefaßt und glaubwürdig in die Tat umgesetzt war. In diesem Licht muß das sogenannte Stuttgarter Schuldbekenntnis gesehen werden, das der vorläufige Rat der EKD im Herbst 1945 gegenüber den alten Freunden aus der Ökumene abgab. In diesen Zusammenhang gehören auch die frühen, gewichtigen kirchlichen Erklärungen für die Erhaltung des Friedens, wie das Wort der EKD-Synode in Weissensee von 1950, und der von breiten kirchlichen Kreisen getragene Widerspruch gegen eine deutsche Wiederbewaffnung, und erst recht gegen die Verwendung von Atomwaffen, der in den fünfziger Jahren mehrere EKD-Synoden in leidenschaftlichen Diskussionen beschäftig hat. Unvergessen ist auch, daß unser heutiger Bundespräsident Gustav Heinemann, ein überzeugter evangelischer Christ und lange Jahre Präses der Synode und Mitglied des Rats der EKD, im Jahre 1951 als Bundes-Innenminister aus dem ersten Kabinett unter Adenauer ausschied, weil er die damals von Adenauer betriebene Wiederbewaffnung nicht mitverantworten wollte.

Ich bin auf den Einwand kritischer Zuhörer gefaßt, daß seit jenen ersten Nachkriegsjahren entweder dieser moralische Elan der Kirche, der es auf eine Erziehung des deutschen Volkes abgesehen hat, erlahmt sein muß, oder daß die edlen Absichten, wie so oft in der Geschichte, offenbar an den harten politischen Realitäten gescheitert sind, da doch jedenfalls feststeht, daß beide deutschen Teilstaaten heute voll wiederbewaffnet, wenn auch nicht mit eigenen Atomwaffen ausgerüstet sind und entgegengesetzten Verteidigungsbündnissen angehören. Zwar haben diese Bündnisse auch den Sinn, die Völker Europas davor zu bewahren, daß einer der deutschen Teilstaaten noch einmal so leichtfertig wie 1939 aus eigenem Entschluß einen Krieg entfesseln kann. Aber sie bedeuten keinen sicheren Schutz dagegen, daß ein innerdeutscher Streit, sollte er gegen alle Hoffnung ausbrechen, alsbald ganz Europa mit in den Strudel ziehen wird. Folgt daraus nicht klar, daß sich die kirchlichen Bemühungen als machtlos erwiesen haben?

Wir brauchen unsere Enttäuschung über diesen Gang der Dinge und unsere fortdauernde Besorgnis über die Gefahren, die der heutige Zustand immer noch in sich birgt, nicht zu verhehlen. Die Ungeduld darüber ist bei uns gerade in den letzten Jahren, besonders in der jungen Generation, wieder stark gewachsen. Von den politischen Realitäten, die einem Fortschritt zum Frieden ohne Waffenrüstung im Wege stehen, will ich gleich noch sprechen. Zuvor aber möchte ich mit allem Nachdruck betonen, daß der Elan der Kirche, sich für den Frieden einzusetzen, keineswegs erlahmt ist. Wir haben nur aus der Enttäuschung über den Mißerfolg der ersten, vielleicht noch zu naiv unternommenen Schritte gelernt, daß eine Friedensethik, um wirksam zu sein, breiter und tiefer ansetzen und die Erkenntnisse der modernen Sozialwissenschaften mit verarbeiten muß. So hat der Deutsche Evangelische Kirchentag 1967 in Hannover seine Tagung mit vielen wertvollen Referaten dem Friedensthema gewidmet; so hat die Kammer für öffentliche

Verantwortung seit 1966 dieses Thema bearbeitet und dazu mit Zustimmung des Rates zwei Arbeiten veröffentlicht: 1968 eine der deutschen Frage gewidmete Studie über die »Friedensaufgaben der Deutschen« und 1969 eine Thesenreihe über den »Friedensdienst der Christen«. Endlich hat die Evangelische Studiengemeinschaft in Heidelberg, die schon 1959 mit ihrer von Günter Howe herausgegebenen Schrift über »Atomzeitalter, Krieg und Frieden« einen maßgebenden Beitrag zu der Diskussion über die ethische Beurteilung von Atomwaffen geleistet hatte, seitdem sich in ihrer Heidelberger Forschungsstätte unter der Leitung der Professoren Georg Picht und Heinz Eduard Tödt ganz der Friedensforschung zugewandt. Mit den von ihr seit 1969 in rascher Folge veröffentlichten, bisher 6 Bänden der »Studien zur Friedensforschung« hat sie sich in Deutschland eine führende Stellung auf diesem, erst seit kurzem allgemein als wichtig anerkannten Forschungsgebiet gesichert.
In der praktischen Politik haben alle diese Bemühungen insofern Früchte getragen, als wenigstens Europa seit mehr als fünfundzwanzig Jahren von Kriegen verschont geblieben ist, und als im Verhältnis Deutschlands zu Frankreich, das noch in den Geschichtsbüchern meiner Jugendzeit als der »Erbfeind« Deutschlands bezeichnet worden ist, schon seit den fünfziger Jahren eine Entspannung und Befriedung eingetreten ist, die einen neuen Krieg zwischen diesen beiden Völkern für uns undenkbar machen. Dagegen hat die Spannung zu unseren östlichen Nachbarvölkern, vor allem zur Sowjetunion, zu Polen und zur Tschechoslowakei die Bundesrepublik seit ihrem Bestehen schwer belastet und alle europäische Politik bestimmt, obwohl beide Seiten immer wieder ihre friedlichen Absichten beteuerten. Man kann den Grund in dem unausweichlichen Gegensatz der Weltmächte sehen, dem sich auch die Bundesrepublik und Polen umso weniger entziehen können, als der machtpolitische Gegensatz auch ideologisch verstärkt ist. Der geschulte Marxist wird hinzufügen, daß Kapitalismus zwangsläufig zu Imperialismus und damit zur Aggression führe. Umgekehrt verweisen sehr viele meiner Landsleute auf das Weltbeherrschungsziel des Kommunismus, das seinen Führern allenfalls taktische Pausen, aber keine endgültige Aufgabe dieses Ziels erlaube. Allein so groß das relative Gewicht aller dieser Faktoren sein mag, so wenig kann ich mich davon überzeugen, daß ihnen absolute Geltung und unentrinnbare Zwangsläufigkeit zukomme. Geschichte ist in die Zukunft hinein nicht festgelegt, sondern offen, und es ist in die Hand von uns Menschen gegeben, sie zu gestalten. Darum sind auch die Bemühungen um den Frieden in Europa und draußen in der Welt nicht von vornherein aussichtslos, erfordern freilich eine große, unermüdliche Anstrengung

von allen Seiten. Prof. C. F. von Weizsäcker, ein hervorragender Vertreter des Friedensgedankens auf wissenschaftlichem und auf politischem Feld, spricht von der großen moralischen Anstrengung, die der Weltfriede erfordert. Der nüchterne Politiker mag das belächeln, aber der Wahrheitsgehalt dieses Satzes wird an einem unter vielen Punkten deutlich, wenn wir feststellen, daß alle die genannten, den Frieden in Europa bedrohenden Faktoren sich in der Angst der Völker vor dem jeweils anderen auswirken. Diese, von der bösen Erinnerung an vergangene Kriegsnöte genährte Angst eines Volkes ist es, die die Politiker veranlaßt, hohe und ständig wachsende Kosten für die Bewaffnung aufzuwenden und damit in Wahrheit die Kriegsgefahr zu erhöhen. Die Angst bringt aber auch ein gefährlich irrationales Element in alle Entscheidungen über Krieg und Frieden. Solche Angst zu bekämpfen bedarf der moralischen Anstrengung, und in dieser Aufgabe hat auch die Kirche einen legitimen Platz. Die Kirche ist allerdings dieser besonderen Aufgabe im Dienste des Friedens nur gewachsen, wenn sie die ihr aufgetragene Verkündigung des Evangeliums ausrichtet, ohne sich mit den jeweils in einem Volk herrschenden Ideologien und Gesellschaftssystemen ganz zu identifizieren. Das ist ein heute wohl überall anerkanntes Postulat politischer Ethik. Aber wir wissen alle, wie schwer es ist, ihm gerecht zu werden, wenn wir als Christen zugleich loyale Bürger unseres Staates sein wollen. Es gibt eine nationalistische Vergangenheit der deutschen, aber nicht nur der deutschen Kirchen; sie hat viel Unheil gestiftet und wirkt da und dort bis heute nach. Uns davon zu befreien, gehört zum Friedensdienst der Christen, den wir dem eigenen Volk und im Zeitalter einer ökumenischen Weltverantwortung der ganzen Menschheit schuldig sind.

Ich habe Ihnen die Bemühungen unserer Kirche um eine Erziehung des deutschen Volkes zum Frieden so ausführlich geschildert, weil nur auf dieser Grundlage verständlich wird, in welchen größeren Rahmen der Versuch gehört, den wir mit der 1965 veröffentlichten Ost-Denkschrift unternommen haben. Diese Denkschrift war also kein isolierter Vorstoß aus einer in politischen Fragen sonst schweigsamen, auf Gottesdienst und Seelsorge beschränkten Kirche; er ist vielmehr ein Glied in einer langen Reihe von Benühungen unserer Kirche, der Aufgabe gerecht zu werden, die wir heute als »politische Diakonie« zu bezeichnen pflegen und in deren Mittelpunkt in der heutigen Weltsituation die Erhaltung und Sicherung des Friedens unter den Bedingungen sozialer Gerechtigkeit stehen muß. So erklärt sich auch das Bestehen einer aus etwa zwanzig Männern und Frauen, Theologen und politisch erfahrenen Laien zusammengesetzten »Kammer für öffentliche Verantwortung« als einer ständigen Einrichtung der EKD, die (neben anderen solchen Kammern für andere Aufgaben) den Rat der EKD auf dem Felde der politischen Diakonie zu beraten hat. Sie ist also nicht erst zur Vorbereitung jener Denkschrift gegründet worden und sie besteht bis heute fort.

Als wir im Jahre 1963 in den Arbeiten der Kammer anfingen, uns mit der Frage zu beschäftigen, was das Verhältnis des deutschen Volkes zu seinen östlichen Nachbarn und speziell zu Polen belastete, und ob im Sinne des Friedensdienstes der Kirche ein kirchliches Wort dazu helfen könne, den Weg zur Versöhnung zu öffnen, waren wir uns der Schwierigkeiten voll bewußt, die diesem Vorhaben im Wege standen. Konrad Adenauer hatte als Bundeskanzler die staatsmännische Leistung vollbracht, die Bundesrepublik aus der politischen Isolierung, in die Hitler das deutsche Volk gebracht hatte, heraus an die Seite unserer ehemaligen Kriegsgegner im Westen zu führen. Er und die politische Mehrheit, auf die er sich stützen konnte, waren aus voller Überzeugung bereit, für diesen Erfolg den Preis einer Verschärfung des ideologischen Gegensatzes zu den Ostblock-Staaten zu zahlen. Bundesregierung und Bundestag hatten beschlossen, die Bereinigung des Verhältnisses zu diesen Staaten und die Klärung der Kriegsfolgen bis zu einem künftigen Friedensvertrag zu vertagen.

Als im Winter 1961/62 einige Freunde mit bekannten Namen mit mir zusammen in eigener Verantwortung, nicht in kirchlichem Auftrag, das sogenannte »Tübinger Memorandum« veröffentlichten, in dem neben einer Anzahl innenpolitischer Forderungen an die Regierung auch eine aktive Ostpolitik und — als ihr notwendiger Bestandteil — die Anerkennung der Oder-Neiße-Linie gefordert wurde, schlug uns in der Öffentlichkeit ein Sturm der Entrüstung entgegen. Die Kammer der EKD konnte sich also zwei Jahre später keine Illusionen darüber machen, daß ihr Arbeitsvorhaben nicht populär war. Noch heute hat es, wie Sie alle wissen, Bundeskanzler Brandt nicht leicht, zu den von ihm mutig geschlossenen Verträgen mit Sowjetrußland und Polen die Zustimmung des Bundestages zu erlangen.

Ich sprach schon von den ideologischen Gegensätzen als einer Quelle des Mißtrauens und der Angst, die die friedliche Verständigung zwischen unseren Völkern erschweren. Aber zwischen Deutschland und Polen stehen noch höhere Barrieren als diese. Deutschland hat unter nationalsozialistischer Führung 1939 im Ribbentrop-Stalin-Pakt eine neue Teilung Polens veranlaßt, und es hat im Krieg nach der militärischen Besetzung Polens eine grausame und vielfach verbrecherische, auf die Vernichtung nicht nur des jüdischen Bevölkerungsteils, sondern der ganzen polnischen Intelligenz gerichtete Herrschaft geführt. Andererseits hat Polen nach Kriegsende auf der Grundlage der Potsdamer

Vereinbarung der Siegermächte zusammen mit Sowjetrußland rund ein Viertel des damaligen deutschen Staatsgebiets in Besitz genommen und die Millionen deutscher Menschen, die dort seit Jahrhunderten ansässig waren, soweit sie nicht schon aus Furcht geflohen waren, bis auf geringe Reste aus diesem Gebiet vertrieben. Das sind die harten Tatsachen, denen jeder ins Auge sehen muß, der zwischen Deutschen und Polen dem Mißtrauen, der Angst, dem Haß ein Ende machen und dauernden Frieden stiften will.

Es gehört zum politischen Spiel und entspricht im übrigen einer allgemein-menschlichen Neigung, daß jede Seite das erlittene Unrecht brandmarkt, dagegen das begangene Unrecht entweder leugnet oder in seiner Bedeutung zu verkleinern oder die Verantwortung dafür auf andere abzuwälzen versucht. Wir erleben das auch hier auf beiden Seiten in öffentlichen Erklärungen und in privaten Äußerungen. Als Christen sollten wir dieser Neigung nicht nachgeben, sondern auf die Klage dessen, der sich verletzt fühlt und auf die Stimme unseres Gewissens hören. Dann wird auch rasch klar, daß es im Verhältnis zwischen unseren Völkern nicht möglich ist, mit einem Achselzucken über Vergangenes zur Tagesordnung überzugehen, und nicht genügen würde, einen rein geschäftsmäßigen Ausgleich durch Aufrechnung von Entschädigungsleistungen zu suchen. Die Wunden sitzen zu tief, als daß sie sich damit heilen ließen. Was not tut, ist auch hier eine große, eine ungewöhnliche moralische Anstrengung auf beiden Seiten, die reinigend wirken könnte. Wir haben sie in unserer Denkschrift mit einem der theologischen Sprache entnommenen Begriff als den Vorgang der Versöhnung bezeichnet.

Es kann sein, daß dieser Ausdruck heute noch wie damals vielen Politikern nicht nüchtern genug erscheint. Doch macht mir dieser Vorwurf weniger Kummer als die Erfahrung, daß unserem rationalistischen Zeitalter so schwer verständlich zu machen ist, welcher innere Zusammenhang zwischen der von uns erstrebten Versöhnung und der in der Denkschrift vorgeschlagenen Anerkennung des deutschen Gebietsverlustes im Osten besteht. Unsere Meinung war, daß die deutsche Seite nach allen den schrecklichen Taten, die im deutschen Namen begangen worden waren, nun mit der Anerkennung des für uns tief schmerzlichen Gebietsverlustes ein sichtbares Opfer bringen sollte, um damit die Versöhnung zu erlangen. Lassen Sie mich diesen, für unsere ethischen Erwägungen entscheidenden Gedanken noch etwas verdeutlichen.

Der offizielle polnische Standpunkt — wenn ich ihn recht verstanden habe — ging und geht bis heute dahin, daß diese Gebiete der Volksrepublik Polen im Potsdamer Abkommen zugesprochen worden sind, und daß es sich dabei auch nicht um die Annexion fremden Territoriums, sondern um die Wiedergewinnung alten polnischen Bodens handele. Wer nur diesen Standpunkt gelten läßt, wird nicht einsehen wollen, inwiefern in der Anerkennung des Verlustes noch ein freiwillig gebrachtes Opfer der deutschen Seite liegen soll. Aber der deutsche Standpunkt ist ein anderer. Das Potsdamer Abkommen, an dem Deutschland nicht beteiligt war, hat nach seinem Wortlaut die Gebiete nur unter polnische Verwaltung gestellt, und die endgültige Zuteilung und Grenzziehung einem künftigen Friedensvertrag vorbehalten. Und der polnischen Auffassung, daß es sich geschichtlich um eine Wiederherstellung alten polnischen Besitzstandes handele, setzen wir Deutschen den Hinweis entgegen, daß diese Gebiete in ihren wesentlichen Teilen nicht nur für ein kurzes Intermezzo, sondern rund siebenhundert Jahre lang dem Deutschen Reich und dem deutschen Sprach- und Kulturbereich angehört haben. Ihr Verlust bedeutet das Ende eines wichtigen Stücks deutscher Volks- und Kulturgeschichte, auch deutscher Kirchengeschichte.

Ich erwähne das alles nicht, um den Streit um Rechtspositionen neu anzufachen, sondern um Ihnen verständlich zu machen, was das Opfer bedeutet, von dem ich sprach, und warum unsere Denkschrift auch in weiten Kreisen unseres eigenen Volkes auf heftige Ablehnung gestoßen ist.

Aber ich muß unter dem Gesichtspunkt des Opfers noch einen weiteren Punkt erwähnen, der uns unter rechtlichen und ethischen Erwägungen noch größere Schwierigkeiten bereitet hat als die Frage des Gebietsverlustes. Es ist das Schicksal der Millionen von Menschen, die aus diesen Gebieten vertrieben worden sind. Ich weiß, daß auch in dieser Frage der offizielle polnische Standpunkt von unserer deutschen Auffassung abweicht. Sie sprechen von freiwilligem Wegzug oder von Aussiedlung und berufen sich auch für diesen Vorgang auf die Gestattung durch das Potsdamer Abkommen. Wir dagegen müssen an der Tatsache festhalten, daß hier keine Aussiedlung aus freiwilligem Entschluß, sondern eine, in der neueren Geschichte beispiellose, harte und oft gewaltsame Massenvertreibung stattgefunden hat, weil das polnische Volk die neuen Westgebiete für sich in Besitz nehmen und dort keine große deutsche Bevölkerungsgruppe neben sich dulden wollte. Wir können in diesem Vorgang auch nur eine schwere Verletzung des Völkerrechts sehen, von dem das Potsdamer Abkommen keinen Dispens erteilen konnte.

Wieder bitte ich, mir zu glauben, daß ich an diese Wunden nicht rühre, um Rechte geltend zu machen, denen dann polnische Rechte aus deutschen Verbrechen gegenüberzustellen wären, oder um Vorwürfe zu

erheben, auf die Sie mit gleichen Vorwürfen antworten könnten. Es geht mir darum, die Größe des Opfers deutlich zu machen, das in diesem Falle von Millionen evangelischer Christen und treuen Gliedern unserer Kirche gebracht werden mußte und das als eine Fügung hinzunehmen ihnen unsere Kirche zumutet. Ihnen dabei seelsorgerlich und diakonisch zu helfen, gehört seit Kriegsende zu den wichtigen Aufgaben unserer Kirche. Darum hat sich auch unsere Denkschrift in ihrem ersten Teil mit dem Schicksal dieser Menschengruppe beschäftigt, und darum hat die Synode der EKD, als sie 1966 unter dem Thema »Vertreibung und Versöhnung« den von der Denkschrift behandelten Fragenkomplex besprach, gerade die geistliche und materielle Hilfe für die Vertriebenen in den Vordergrund gerückt.
Es ist Ihnen bekannt, daß diese Millionen von Vertriebenen sich in der Bundesrepublik auch organisatorisch zusammengeschlossen und damit in unserem demokratischen Staat innenpolitisch einen wichtigen, für jede Regierung beachtlichen Faktor gebildet haben. Von diesen politischen Gruppierungen, von ihren Versammlungen und von ihrer Presse ist auch der schärfste Widerspruch gegen die in unserer Denkschrift entwickelten Gedanken ausgegangen. Aber gerade weil meine Freunde und ich lange Zeit hindurch von dieser Seite sehr scharfen Angriffen ausgesetzt waren, fühle ich mich berechtigt und verpflichtet, einer in der polnischen Öffentlichkeit verbreiteten Darstellung entgegenzutreten, die sie als »Revanchisten« oder gar als »Kriegshetzer« bezeichnet und ihnen damit unterstellt, sie wollten die verlorenen Gebiete in einem neuen Krieg mit Gewalt zurückerobern. Diese Darstellung tut ihnen Unrecht. Ich kann nicht ausschließen, daß es einzelne verblendete Radikale gibt, aber die Führer dieser Verbände und die große Mehrheit ihrer Mitglieder sind anders gesonnen. Sie haben schon 1950 in einer feierlich beschlossenen »Charta der Heimatvertriebenen« auf die Anwendung von Gewalt verzichtet und diesen Verzicht seitdem oft bestätigt. Ihr Ziel ist ein Rückerwerb der verlorenen Gebiete auf friedlichem Wege und eine Rückwanderung, die zu einer friedlichen Koexistenz deutscher und polnischer Menschen in diesem Gebiet führen soll. Man kann diese Konzeption als illusionär bekämpfen, aber man sollte es im offenen Gespräch und nicht mit falschen Unterstellungen tun.
Lassen Sie mich nun noch einmal an den Zusammenhang von Opfer und Versöhnung erinnern. In unseren innerdeutschen, oft sehr heftigen Auseinandersetzungen über diese Fragen wird den Verfassern der Denkschrift und der evangelischen Kirche, die sie mit verantwortet, oft entgegengehalten, sie befürworteten nur einen einseitigen Verzicht oder eine Anerkennung der am Ende des Zweiten Weltkrieges bestehenden Machtverteilung, ohne ein polnisches Äquivalent dafür zu er-

halten oder auch nur zu fordern. Nach meiner Auffassung ist es nicht Aufgabe einer kirchlichen Denkschrift, politische Forderungen zu stellen. Auch die Bundesregierung war offenbar bei Abschluß des Warschauer Vertrages nicht der Meinung, daß er von der Erfüllung von Forderungen abhängig zu machen sei. Richtig ist für unsere ethische Betrachtung, die die Kirche angeht, nur dies, daß die von uns angestrebte und erhoffte Versöhnung kein einseitiger, sondern nur ein zweiseitiger Vorgang sein kann. Sie muß von beiden Seiten gewollt, und der ehrliche Wille der einen Seite von der anderen Seite anerkannt werden. Ich habe darum nicht die Forderung, aber die herzliche Bitte, uns dabei zu helfen. Wir bedürfen ihrer Vergebung für vieles Schreckliche, was in der hinter uns liegenden bösen Zeit polnischen Menschen von deutschen Menschen angetan worden ist. Aber wir hoffen auch auf ein Zeichen von Ihrer Seite, daß Sie das Unrecht der Vertreibung deutscher Menschen erkennen und das Opfer als solches anerkennen, das meine Kirche meinem Volk und im besonderen den Vertriebenen zu tragen zumutet.

Die Versöhnung, die wir erstreben, soll ein besonders dunkles Kapitel in der langen Geschichte der Beziehungen zwischen dem polnischen und dem deutschen Volk abschließen, und ich bin glücklich, daß der Warschauer Vertrag, auf dessen baldige Ratifizierung ich hoffe, dafür auch auf dem politischen Feld eine kräftige Bestätigung und Unterstützung geliefert hat. Ebenso wichtig aber ist es, damit einen neuen Anfang für eine bessere Zukunft in den Beziehungen zwischen beiden Nachbarvölkern zu setzen, die uns dem Ziel einer dauerhaften europäischen Friedensordnung näherbringen soll. Solche Bemühungen können an manche Erfahrungen aus der Geschichte beider Völker anknüpfen, die ja nicht nur in permanenter Feindschaft, sondern auf weiten Strecken in guter gegenseitiger Ergänzung, besonders auf kulturellem Gebiet, verlaufen ist. Zu diesen Erfahrungen gehört auch der Weg unserer Kirchen, und ich hoffe sehr, daß die wachsende ökumenische Gemeinschaft auch diese Verbindung in Zukunft enger gestalten wird. Indessen sollten wir uns im Blick auf die Zukunft einstweilen noch vor Illusionen hüten. Die moralische Anstrengung für den Frieden, von der ich sprach, darf an dieser Stelle nicht nachlassen. Ich erwähnte schon die stets latente Gefahr, daß der Unterschied der politischen und ökonomischen Systeme in unseren Ländern sich zum ideologischen Gegensatz und weiter zu Feindschaft, Haß und Angst verschärft. Die Erfahrung lehrt auch, daß das Bedürfnis nach ideologischer Selbstbehauptung eine eigentümliche Verbindung mit altem und neuem Nationalismus eingehen kann. Einen rechthaberischen und streitbaren Nationalismus aber gibt es nicht nur bei uns, wo er sich dann zum Bei-

spiel auf Tagungen von Vertriebenenverbänden Luft macht und von Ihnen vielleicht ernster genommen wird, als er nach unserem Urteil heute verdient. Es gibt ihn auch in Polen, wo er zwar als Reaktion auf die jahrhundertelange Underdrückung der polnischen Nation verstanden werden muß, aber gleichwohl im gegenwärtigen Stadium der europäischen Geschichte einer weisen Selbstbeschränkung bedarf. Und selbst wo der ideologische und nationale Gegensatz nicht offen ausgesprochen und von Demagogen zu Leidenschaften aufgestachelt wird, findet er seinen Niederschlag in den weitverbreiteten, unausgesprochenen, eben darum aber auch schwer zu bekämpfenden Vorurteilen, des einen Volkes über das andere, die das Mißtrauen nähren und die Verständigung erschweren.
Indessen will ich die Aufzählung möglicher Gefahren, die in der Zukunft liegen, nicht fortsetzen. Ich hoffe, daß es mir wenigstens gelungen ist, ein altes polnisches Vorurteil zu erschüttern: die Vorstellung vom deutschen Protestantismus als einem engen Verbündeten eines anti-polnischen Nationalismus. Was immer in der Vergangenheit zu dieser Vorstellung Anlaß gegeben haben mag, so ist sie heute, nach den für uns sehr bitteren, aber in dieser Beziehung auch sehr heilsamen Erfahrungen der Jahre 1933 bis 1945 nicht mehr berechtigt. Darum fühlen wir uns frei, gemeinsam mit Ihnen die Aufgaben anzugehen, die uns als Beitrag der Kirchen zur Bekämpfung der genannten Gefahren zugefallen sind, um die Zukunft unserer Völker zu sichern und eine europäische Friedensordnung zu verwirklichen.

TRENNUNG VON KIRCHE UND STAAT

Brauchen wir die Kirchen?

Eine Warnungstafel vorweg: Ich habe leitende Ehrenämter in der evangelischen Kirche innegehabt, schreibe also engagiert. Wer sich daran stößt, muß nicht weiterlesen. Aber kann man, darf man über heiße Themen anders als engagiert schreiben?

Das Thema bedarf der Deutung. Die Fragenden im Untertitel sind wir alle als Bürger unseres politischen Gemeinwesens in dem vor uns liegenden Jahrzehnt. Hier soll also nicht verhandelt werden, ob der überzeugte Christ die Kirche braucht, um seines Glaubens leben und in ihm sterben zu können. Die Antworten darauf lauten in der römisch-katholischen und der evangelischen Kirche — von der im folgenden allein die Rede sein soll — bis heute verschieden. Aber für unsere Untersuchung genügt es festzustellen, daß diese beiden Kirchen als gewichtige Institutionen unseres öffentlichen Lebens bestehen, mit ungefähr gleich großer und noch immer den größten Teil der Bürger unseres Landes umfassender Mitgliederzahl. Das ist das Faktum. Was bedeutet das für unser politisches Gemeinwesen? Nach welchem Prinzip soll der Staat sein Verhältnis zur Kirche gestalten: Herrschaft? Partnerschaft? Indifferenz? Feindschaft?

Die Geschichte dieses Verhältnisses durch zwei Jahrtausende muß hier beiseite bleiben, so interessant und, für den politischen Beobachter, lehrreich sie bis heute ist. Wohl aber empfiehlt sich ein kurzer Blick auf die Ordnung, die unsere Verfassung diesem Verhältnis gegeben hat. Das Grundgesetz erklärt im Grundrechtsteil in Art. 4 »die Freiheit des Glaubens, des Gewissens und die Freiheit des religiösen und weltanschaulichen Bekenntnisses« für »unverletzlich« und gewährleistet im folgenden Absatz »die ungestörte Religionsausübung«. Diese Norm hat offenbar in erster Linie die Freiheit des einzelnen Bürgers, noch nicht oder nur mittelbar die Rechtsstellung der Gemeinschaften im Blick, in denen Religion »ausgeübt« wird. Aber durch die Gewährleistung der Freiheit einer möglichen — und faktisch gegebenen — Vielfalt religiöser und weltanschaulicher Bekenntnisse verpflichtet sich der Staat zur Toleranz und darüber hinaus zur Neutralität gegenüber den von seinen Bürgern praktizierten Bekenntnissen. Staatlicher Zwang zu einem Bekenntnis ist ebenso ausgeschlossen wie es der Versuch einer gewaltsamen Unterdrückung sein würde. Offen bleibt dabei aber noch

immer, ob dem Staat gegenüber den Kirchen Indifferenz aufgegeben ist, oder ob er Kooperation mit ihnen suchen darf und soll.
Eine Teilantwort auf diese Frage gibt Art. 7 Abs. 3, der den Religionsunterricht in den öffentlichen Schulen zum ordentlichen Lehrfach erklärt, insoweit also eine Zusammenarbeit anordnet. Eine umfassendere Antwort findet sich in dem, in die Übergangs- und Schlußbestimmungen geratenen Art. 140, der kurzerhand eine Gruppe von Bestimmungen der Weimarer Reichsverfassung von 1919 (es sind dort die Art. 136—139 und 141) zum Bestandteil des Grundgesetzes erklärt. In diesen Bestimmungen hatte man in Weimar das Verhältnis des Staates zu den Kirchen geordnet, und der Parlamentarische Rat in Bonn glaubte 1948/49, auf eine Neuformulierung verzichten und sich mit der Wiederherstellung des alten Rechtszustandes begnügen zu können. Das bereitet im neuen geschichtlichen Kontext der Auslegung gewisse Schwierigkeiten, denn auch im Recht steigt niemand zweimal in denselben Strom. Doch geht es hier nur um die Kernsätze jener Normengruppe. Dazu gehört die Feststellung in Art. 137 Abs. 1: »Es besteht keine Staatskirche«, ferner die Anerkennung der Autonomie aller Religionsgesellschaften »innerhalb der Schranken des für alle geltenden Gesetzes« und die Zubilligung des Status einer Körperschaft des öffentlichen Rechts für die großen Kirchen.
Die Auslegung dieser Verfassungsbestimmungen, die in den Verfassungen verschiedener Bundesländer, sowie in Konkordaten und Kirchenverträgen ergänzt und näher ausgestaltet werden, ist Gegenstand eines vielstimmigen Juristengesprächs und hat auch das Bundesverfassungsgericht und andere hohe Bundes- und Ländergerichte mehrfach beschäftigt. Stark vereinfacht läßt sich sagen: Es bleibt bei dem Gebot der Toleranz und der Neutralität (keine Staatskirche!), aber diese Neutralität muß nicht kühle Indifferenz bedeuten. Vielmehr ist dem Staat nach dem Sinn des ganzen Normenkomplexes erlaubt, ja geboten, die Kirchen zu fördern und mit ihnen zusammenzuarbeiten. Das geltende deutsche Staatskirchenrecht führt damit die Tradition der deutschen Verfassungsgeschichte fort; es unterscheidet sich darin auch klar von der laizistischen, antiklerikalen Haltung des französischen oder des amerikanischen Verfassungsrechts, die die Trennung von Staat und Kirche radikaler vollzogen haben.
Soviel zur gegenwärtigen Rechtslage in der Bundesrepublik. Sie ermöglicht — in einer aus historischen Gründen sehr unterschiedlichen Höhe — finanzielle Leistungen der Länder an die Kirchen, die Hilfe des Staats beim Einzug der Kirchensteuer, die Einrichtung und Unterhaltung theologischer Fakultäten (bzw. Fachbereiche) an den staatlichen Universitäten, den Religionsunterricht an den staatlichen Schulen

und Staatszuschüsse zu kirchlichen Privatschulen, die Einrichtung einer Krankenhaus-, Gefängnis- und Militärseelsorge und anderes mehr. Viele Einzelheiten stehen zur Disposition des Gesetzgebers; eine Änderung der Grundlagen dieses Systems der Zusammenarbeit von Staat und Kirchen erforderte aber das schwierige Verfahren einer Verfassungsänderung.

Trotz dieser Erschwerung kann es indessen für den Blick in die Zukunft nicht genügen, den geltenden Rechtszustand als ein für allemal vorgegeben hinzunehmen. Er bedarf der politischen Legitimation, um Bestand zu haben. Die Ableitung aus der Geschichte kann diese Legitimation zwar stützen, aber nicht allein tragen, auch wenn man der Tradition alter Institutionen mehr Eigengewicht und fortwirkende Kraft zubilligt, als es ungeduldige Kritiker heute wahrhaben wollen, denen Tradition schon als solche verdächtig ist. In einer Zeit raschen gesellschaftlichen Wandels, der nicht nur viele gewohnte Lebensformen, sondern auch die in ihnen sich ausdrückenden gemeinsamen Wertvorstellungen ergreift, wird die Legitimitätsfrage gegenüber der rechtlich gesicherten Praxis der Zusammenarbeit von Staat und Kirche unausweichlich. Sie ist im Laufe des letzten Jahres auch von einer der großen Parteien öffentlich zur Diskussion gestellt worden. Nachdem im Januar 1973 die Bundesdelegiertenkonferenz der Deutschen Jungdemokraten eine Anzahl von »Forderungen zum Verhältnis von Kirche und Staat« beschlossen, und ein großer Landesverband der F. D. P. einen Vorstoß in ähnlicher Richtung unternommen hatte, hat der Bundesvorstand dieser Partei im Frühjahr 1973 einen Ausschuß eingesetzt, der sich mit diesem Problemkreis befassen sollte. Die von ihm erarbeiteten und im August 1973 veröffentlichten, aber von den Parteiorganen noch nicht als Programm übernommenen Thesen mit dem Titel »Freie Kirche im freien Staat« sind seitdem sowohl innerhalb dieser Partei als auch in der Öffentlichkeit Gegenstand lebhafter Kontroversen geworden. Die hier folgenden Überlegungen sind nicht erst durch diese Thesen ausgelöst und verzichten darauf, gegen sie in ihrer Vorläufigkeit Punkt für Punkt zu polemisieren. Aber die Grundhaltung der Thesen macht die hier zu prüfende Legitimitätsfrage dringlich, denn ihr im Namen der Freiheit und Gleichheit aller Bürger entwickeltes Ziel ist es, das geltende Staatskirchenrecht, auch soweit es durch die Verfassung oder durch Verträge mit den Kirchen garantiert ist, dahin abzuändern, daß die Kooperation beendet und der Staat auf strikte Indifferenz gegenüber den Kirchen festgelegt wird.

Eine brauchbare Antwort auf die Legitimitätsfrage erhält man allerdings nur, wenn man zuvor bereit ist, einige Vorurteile über die Kirchen als solche zu erkennen und beiseite zu legen, die das politische

Gespräch über ihre Stellung in unserer Gesellschaft zu belasten pflegen. Es geht dabei vor allem um zwei Punkte, über die Klarheit geschaffen werden sollte.
Das eine Vorurteil, das im Zeitalter der zweiten Aufklärung oder, wie man es heute lieber hören möchte, der kritischen Rationalität weit verbreitet ist, vermag im christlichen Glauben und im Grunde in aller Religiosität, die auf eine, unsere wissenschaftlich erkennbare Welt transzendierende Wirklichkeit verweist, nur vernunftwidriges Fehlverhalten oder kurz Aberglauben zu sehen. Wer von dieser Prämisse ausgeht, kann der Kirche als der Hüterin solchen Aberglaubens keinen positiven Wert beimessen. Infolgedessen muß er danach trachten, daß sich der Staat und alle von ihm getragenen öffentlichen Einrichtungen von jeder intensiveren Berührung oder gar Zusammenarbeit mit der Kirche fernhalten; der Staat hat genug getan, wenn er sie als private Vereinigungen duldet. Es ist ein Vorurteil, das zwar nicht den Thesen der F.D.P.-Kommission unterstellt zu werden braucht, wenn sie die Kirchen auf den Rang privater Vereine herabdrücken wollen, das aber erkennbar in die Entschließung der Deutschen Jungdemokraten eingegangen ist, wie das zu ihrer Begründung verfaßte Memorandum ausweist. Nun will ich mich nicht anschicken, hier ein uraltes Menschheitsproblem zu verhandeln. Mein voller Respekt gilt jedem, der sich unter Schmerzen und Zweifeln, wie sie auch dem Glaubenden nicht fremd sind, zu einem Atheismus durchgerungen hat, der dann auch menschlichen Belastungen standhält. Aber was sich heute in dem etwas naiven Stolz auf die kritische Rationalität äußert, hat meist nicht diesen Tiefgang der Reflexion, sondern klingt eher nach Übermut von Kindern einer Wohlstandsgesellschaft, die die Erfahrung von menschlichem Leid, von Schuld und Tod aus ihrem Horizont verbannt und darum auch meint, der Frage nach dem Sinn des Lebens ausweichen zu können. Es ist ein Pochen auf die Vernunft, dem die Intoleranz schon im Nacken sitzt. Der aus der gleichen Wurzel stammende dialektische Materialismus ist dieser Gefahr erlegen; wer dort nicht landen, und damit unsere Verfassung nicht bloß in wenigen Punkten ändern, sondern durch ein totalitäres System ersetzen will, sollte den Anfängen wehren. Einen Wettstreit um die bessere, um die wahre Humanität braucht das Christentum und brauchen die Kirchen nicht zu scheuen. Es bekommt ihnen auch gut, wenn sie darin von außen kritisch beobachtet werden. Aber er ist nur dann produktiv, wenn sich die gesellschaftlichen Gruppen, die diesen Wettstreit führen, in ihrem geistigen Beitrag zur Humanität gegenseitig anerkennen und ernst nehmen.
Das zweite Vorurteil, dem die Kirchen in unserer Gesellschaft begegnen, dichtet ihnen eine geschichtslose, unveränderliche Starrheit ihrer

Strukturen und Verhaltensweisen an. Das erleichtert es, ihnen nach Belieben alle Torheiten, Fehler, auch Unmenschlichkeiten, die sie — nach unseren heutigen Wertmaßstäben — im Lauf ihrer langen Geschichte begangen haben, auf ihr heutiges Schuldkonto zu schreiben. Welches Maß an inneren Wandlungen sich in beiden großen Kirchen im Lauf dieser Geschichte und allein in den letzten, für sie sehr bewegten fünfundzwanzig Jahren vollzogen hat, wird dabei schlicht ignoriert. Die Kritiker, die sich damit ihr Verwerfungsurteil über die Kirchen sehr leicht machen, lassen sich freilich nur ungern daran erinnern, zu welchem Fanatismus politische Ideologien mit totalitärem Anspruch fähig sind, und welche Hekatomben von Menschenopfern noch in unserem Jahrhundert, in dem kein Ketzer mehr verbrannt worden ist, im Zeichen des Nationalsozialismus und des Marxismus-Leninismus gebracht worden sind. Der Hinweis zielt nicht auf eine Aufrechnung von inkommensurabler geschichtlicher Schuld. Er soll nur einen Zerrspiegel wegziehen, in dem die Kirchen fixiert werden. Sie sind in ihrer soziologisch und rechtlich faßbaren Gestalt menschliche Einrichtungen und haben damit Teil an der menschlichen Geschichte mit ihren Höhepunkten und Niederungen. Aber ihr bedeutender Beitrag zur Humanisierung der vom Christentum erreichten Völker steht außer jedem Zweifel. An dieser Feststellung kann auch der heute beliebte Vorwurf nicht rütteln, sie hätten es seit jener konstantinischen Wende nur mit den jeweils herrschenden Mächten gehalten. Denn abgesehen davon, daß das Evangelium zwar zur Nächstenliebe, aber nicht zu systemverändernden Aktionen aufruft, bleibt der Vorwurf eine Antwort auf die Frage schuldig, ob eine Außenseiter- und Ghetto-Kirche jene großen humanisierenden Wirkungen durch die Jahrhunderte hindurch hätte entfalten können. Vermutlich hätte sie das Römische Reich nicht überlebt.

Für uns kommt es also darauf an, den heutigen Staat, den wir von den politischen Ordnungen vergangener Jahrhunderte klar unterscheiden, den Kirchen so gegenüberzustellen, wie sie sich uns heute darstellen. Dabei zeigt sich allerdings eine den Unkundigen zunächst verwirrende Vielfalt der Aspekte. Einmal besteht noch immer, trotz vielfacher Annäherungen, eine deutliche Differenz zwischen katholischem und evangelischem Kirchentum. Vor allem aber ist in beiden Kirchen eine Diskussion über ihr Selbstverständnis und ihren heutigen Auftrag in vollem Gang, eine Diskussion, die einen innerkirchlichen Pluralismus der Meinungen und mitunter starke Spannungen zwischen »linken« und »rechten« Flügelgruppen erkennen läßt. Die Forderung nach mehr Demokratie, die unser politisches Leben stark bestimmt, hat auch vor den Toren der beiden Kirchen nicht halt gemacht; das im Protestantismus schon lange heimische Synodalprinzip dringt schrittweise auch in die katholische Kirche ein. Von einer hierarchisch erstarrten Struktur kann also selbst in ihr, jedenfalls in ihren deutschen Diözesen nicht mehr die Rede sein, und keinesfalls im Protestantismus mit seinem beweglichen Gemeindeprinzip. Manche Beobachter wollen darin Verfalls- und Auflösungserscheinungen sehen; sie verweisen zugleich darauf, daß die breite volkskirchliche Basis beider Kirchen, die ihnen nach Kriegsende noch einmal einen starken gesellschaftlichen Rückhalt und folgeweise auch politischen Einfluß verschafft hat, seitdem zwar nicht geschwunden, aber doch deutlich geschrumpft ist, weil sie gewissermaßen an den Rändern ihres nominellen Mitgliederbestandes nicht so sehr auf dezidierte Ablehnung als vielmehr auf Gleichgültigkeit treffen, die eine Teilnahme am kirchlichen Leben ablehnt und, je nach den äußeren Anlässen, auch immer wieder einmal zu massenhaften Kirchenaustritten führt. Nun mag man darüber streiten, ob es an der Zeit ist, die volkskirchliche Konzeption aufzugeben, und welche Strukturen an ihre Stelle treten sollen. Aber jedenfalls wäre es verfehlt, aus diesen Erscheinungen auf das Ende der Kirchen zu schließen. Sie stehen offenkundig in einem starken Wandlungsprozeß, aber sie werden weiterhin von einer lebendigen Gefolgschaft, auch in der jungen Generation, getragen. Daß sie stärker als kleinere Religionsgesellschaften den Problemen und Denkströmungen unserer Zeit ausgesetzt sind und sich ihnen stellen müssen, um die ihnen aufgetragene christliche Botschaft verstehbar und wirksam auszurichten, macht wegen der daraus sich ergebenden Spannungen ihre Not, aber auch ihre Stärke und jedenfalls ihre Chance gegenüber einer sich gleichfalls wandelnden Gesellschaft aus. Eben darin liegt aber auch die Chance des Staates im Umgang mit ihnen. Die mittelalterliche Epoche eines Machtkampfs zwischen Staat und Kirche ist längst vergangen; Herrschsucht hat er von den heutigen Kirchen nicht zu gewärtigen. Vielmehr findet er in ihnen selbständige Gesprächspartner für seine Sorgen, weil diese Sorgen die Menschen betreffen, die in ihrer großen Mehrzahl und durch alle Bevölkerungsschichten hindurch zugleich Bürger ihres Staates und Mitglieder einer der großen Kirchen sind. Das ist der tragende Grund ihrer Zusammenarbeit. Er wird vollends deutlich, wenn wir im folgenden einige Felder gemeinsamer Sorge etwas näher betrachten.

Als erstes sei hier der Bereich der sozialen Arbeit genannt. Jahrhundertelang blieb sie zum größten Teil als Werk christlicher Nächstenliebe der privaten Wohltätigkeit und den dafür geschaffenen kirchlichen Einrichtungen überlassen. Erst im 19. Jahrhundert hat sich das gewandelt; die Schäden der Industrialisierung riefen nun auch den Staat und die Gemeinden auf den Plan. Heute ist die soziale Sicherung der arbeitenden, der kranken und der alten Menschen Gegenstand einer umfangreichen Gesetzgebung und vielfältiger, mit hohen öffentlichen Mitteln unterhaltener Einrichtungen. Aber auch die Kirchen haben die Tätigkeit der Caritas auf katholischer, der Diakonie auf evangelischer Seite erweitert und den heutigen Bedürfnissen angepaßt. Es gibt kirchliche Krankenhäuser, kirchliche Anstalten für körperlich oder geistig Behinderte und kirchliche Altenheime, daneben die im Rahmen der Gemeindearbeit geleistete Hilfe für unzählige Fälle seelischer oder sozialer Not. Diese Doppelläufigkeit und gegenseitige Ergänzung öffentlicher und kirchlicher oder sonst privater Wohlfahrtspflege ist heute manchen ehrgeizigen Politikern und Reißbrett-Organisatoren ein Dorn im Auge. Aber sie verkennen einmal, daß Wettbewerb auch auf diesem Felde eine für die Bevölkerung nützliche Ansspornfunktion hat. Wohlfahrtspflege als staatlicher oder kommunaler Monopolbetrieb droht bürokratisch zu erstarren oder ein Opfer politischer Experimente oder einer politisierten Personalpolitik zu werden. Sie übersehen auch die Bedeutung der religiösen Motivation für die in aller Sozialarbeit vorausgesetzte menschliche Zuwendung zu den in Not befindlichen Mitmenschen. Sie kann, wie der chronische Personalmangel unserer öffentlichen Krankenhäuser zeigt, durch kein noch so gut organisiertes Arbeitsverhältnis ersetzt werden. Es wäre also reine Torheit des Staates, die Kirchen aus dieser Arbeit verdrängen zu wollen, die für sie ein wesentliches Stück der Erfüllung ihres Auftrages in der Welt ausmacht. Der Dienst an den Menschen, die der Hilfe bedürfen, sollte politisches Macht- und Prestigedenken ausschließen. Eine andere Frage ist es, ob nicht die Kirchen selbst in Fühlung mit dem Staat oder den Gemeinden das Ausmaß ihres sozialen Engagements überprüfen und ihre Kräfte und finanziellen Mittel deutlicher auf eine geringere Zahl, dafür aber beispielhafter Einrichtungen und Aktivitäten konzentrieren sollten. Ein solcher Prozeß ist heute an vielen Stellen im Gange; er ändert aber nichts daran, daß das Gemeinwohl die Präsenz der Kirchen auf diesem Felde fordert.

Ein zweites Feld gemeinsamer Sorge, freilich immer wieder einmal auch einer erbitterten Rivalität und eines Streits um unterschiedliche Zielsetzungen ist die Jugend- und Erwachsenenbildung. Im weltanschaulich nicht festgelegten Staat unseres Grundgesetzes kann auf der Grundlage der in Art. 4 GG verbürgten Religionsfreiheit nicht zweifelhaft sein, daß Kirchen das Recht zu ungehinderter eigener Bildungsarbeit haben. Art. 7 Abs. 3 gewährleistet auch das Recht zur Errichtung privater Schulen, eine Möglichkeit, an der ja nicht nur die Kirchen interessiert sind und die nicht nur von ihnen in Anspruch genommen wird. Auch hier erweist sich das Prinzip des Wettbewerbs mit den staatlichen Bildungseinrichtungen als fruchtbar. Im Bereich der sog. Elementarerziehung, also der Kindergärten, liegt es sogar bis heute so, daß die öffentliche Hand, in diesem Falle die Gemeinden, einstweilen gar nicht in der Lage wären, diesen weit überwiegend von den Kirchen wahrgenommenen Dienst zu ersetzen. Doch stehen im Mittelpunkt der gegenwärtigen Auseinandersetzungen nicht diese Fragen, sondern die Berechtigung einer institutionell gesicherten Zusammenarbeit von Staat und Kirchen, in deren Zeichen Religionsunterricht (ohne Zwang für die Schüler) ordentliches Lehrfach ist, und der Staat an seinen Universitäten Geistliche und Religionslehrer ausbilden läßt. Eine noch weitergehende, vor allem von der katholischen Kirche gewünschte und ihr früher in Konkordaten zugesicherte Konfessionsbestimmtheit der Grund- und Hauptschulen und der auf die Arbeit an diesen Schulen vorbereitenden Lehrerbildungsanstalten ist im Laufe der letzten zehn Jahre schrittweise aufgegeben worden, was nur begrüßt werden kann und zur Entspannung der Diskussion wesentlich beigetragen hat. Umstritten sind heute auch die pädagogischen Probleme des Religionsunterrichts, also die Frage, ob er sich auf Information und Angebot beschränken muß, oder inwiefern er auch verkündigen und zur Glaubenshaltung verhelfen soll. Indessen interessiert uns hier nur die Grundsatzfrage nach der Legitimität des der Kirche im Bildungswesen geleisteten staatlichen Beistands. Sie hängt für den Staat an der Frage, welchen Dienst er sich für seine Bürger davon erwarten kann, ob er also, wie die Kritiker meinen, unter Verletzung seiner Neutralität nur fremde Geschäfte besorgt oder auch dabei das recht verstandene Gemeinwohl wahrnimmt. Auf dem Niveau der Schlagworte, Religion sei irrationaler Aberglaube oder »Opium für das Volk«, läßt sich darüber nicht diskutieren. Entscheidend ist, was der Zugang zu dieser geistigen Welt für den mündigen Bürger bedeutet, auf den sich der demokratische Staat stützen muß. In der gebotenen Kürze muß sich die Antwort auf Andeutungen beschränken. Sie müßte in drei Richtungen entfaltet werden. Die erste Richtung zeigt an, daß das Christentum zu den unablösbaren Grundlagen unserer Kultur gehört. Wer lernen will, sie zu verstehen und sich anzueignen, muß sich mit dem Beitrag des Christentums zu ihr beschäftigen. In einer zweiten Richtung geht es um den sittlichen Gehalt christlicher Lehren. Auf die Bewahrung und freiwillige Befolgung ihrer ethischen Maximen kann auch die moderne, »nachchristliche« Industriegesellschaft nicht verzichten. Kein staatliches Gesetz, keine wissenschaftliche Erkenntnis der Biologie, Psychologie oder Soziologie kann an die Stelle dieses Ethos treten, das dazu befähigt und antreibt, den Egoismus zu überwinden, Verantwortung für andere zu übernehmen und Nächstenliebe zu üben. Die dritte Rich-

tung zielt auf das hier vollends nur anzudeutende Geheimnis des Glaubens als eines Akts des Vertrauens, das von Angst und Schuld befreit und damit die ganze Lebensführung des Christen im privaten, beruflichen und öffentlichen Bereich durchdringt. Solche Bürger zu gewinnen kann auch dem Staat, der sich selbst als eine rein innerweltliche Einrichtung versteht, nicht gleichgültig sein. Der Beistand, den er den Kirchen für ihre Bildungsarbeit leistet, hat darum auch nicht den ihm manchmal unterstellten odiosen Charakter einer Prämie für obrigkeitsfrommes Wohlverhalten. Die Möglichkeit eines sittlich begründeten Widerspruchs gegen seine Politik muß dem demokratischen Staat kostbarer sein als eine durch Wahlgeschenke erkaufte gedankenlose Zustimmung der Masse. Das Ausmaß jenes Beistands muß im übrigen, auch im Interesse der Kirchen selbst, wie bei der Abschaffung der Konfessionsschulen der jeweiligen gesellschaftlichen Situation angepaßt werden. Es kann der Tag kommen, wo ihre Glaubwürdigkeit und die unverfälschte Wahrnehmung ihres Auftrages es ihnen gebietet, in einer unwillig oder ablehnend gewordenen Gesellschaft auf die Zusammenarbeit mit dem Staat im Bildungsbereich zu verzichten. Der verantwortliche Politiker kann diesen Tag nicht herbeiwünschen, denn die Folgen einer solchen Trennung könnten auf lange Sicht den Staat schwerer treffen als die Kirchen.
Ich habe für die bisher beschriebenen Formen der Zusammenarbeit im Sozial- und Bildungsbereich den Begriff der Partnerschaft noch nicht gebraucht, weil dabei eine gegenständlich umgrenzte Gemeinsamkeit bestimmter Aufgaben im Vordergrund stand. Partnerschaft bedeutet aber mehr; sie schließt eine umfassendere Mitverantwortung der Partner für einander ein. Auf das Verhältnis von Staat und Kirchen angewandt kann das heute keinesfalls heißen, daß diese Mitverantwortung, wie in der Periode des Staatskirchentums, institutionalisiert werden dürfte. Diese Art der Fürsorge des Staats für die Kirche ist dieser im Lauf der Geschichte nicht allzu gut bekommen; die Befreiung von solcher Vormundschaft liegt daher in ihrem dringenden eigenen Interesse. Die Eigenart, aber auch der Reiz des gegenwärtigen Verhältnisses besteht gerade darin, daß sich beide Partner, ungeachtet der erwähnten begrenzten Bindungen, in distanzierter Freiheit gegenübertreten. Diese Freiheit wird, wie nun nachdrücklich gesagt werden muß, auch nicht dadurch beeinträchtigt, daß der Staat aufgrund alter Rechtstitel bestimmte finanzielle Leistungen an die Kirchen erbringt und daß er ihnen, als einen Rest früher weitergehender Fürsorge, seine Hilfe beim Einzug der Kirchensteuer gewährt. Denn diese Hilfe verschafft dem Staat, entgegen manchen Behauptungen in der oft recht unsachlich geführten Diskussion über dieses Thema, keinerlei Einfluß auf die Ge-

staltung der kirchlichen Haushalte auf der Ausgabenseite. Es geht für beide Teile um ein nüchternes Geschäft; der Staat läßt sich seine Amtshilfe vergüten, und die Kirchen ersparen sich den kostspieligen Aufbau eines eigenen Einziehungsapparats. Trotzdem hat diese Hilfe für die Kirchen den Charakter eines Privilegs, dessen fortdauernde Legitimität von beiden Seiten immer wieder geprüft werden muß. Denn die Kirchen können auch den bloßen Anschein einer nahezu völligen finanziellen Abhängigkeit vom Staat nicht leicht nehmen. Was sie zögern läßt, auf dieses Privileg zu verzichten, ist aber nicht nur die Unbequemlichkeit und Unwirtschaftlichkeit eines eigenen Einzugverfahrens, auch nicht bloß die Furcht vor starken Einnahmerückgängen, die sie nötigen würden, manche der heute wahrgenommenen Aufgaben einzustellen. Vielmehr fürchten sie, daß die Beendigung dieser für beide Teile klaren Rechtsbeziehung zum Staat sie in Wahrheit erst in Abhängigkeiten bringen würde, wenn sie dann für die Finanzierung auch unverzichtbarer Aufgaben in sehr viel höherem Maße als bisher auf freiwillige Spenden angewiesen sein würden. Diese gesellschaftliche Abhängigkeit könnte sich nach den Erfahrungen der Kirchen in anderen Ländern als ungleich viel hinderlicher für ihre Arbeit, namentlich soweit sie kritische Öffentlichkeitsarbeit ist, erweisen als die Annahme der Staatshilfe beim Steuereinzug. Ihnen diese Abhängigkeit zu ersparen und die Fortsetzung ihrer Arbeit in der ganzen Breite zu ermöglichen, liegt nach dem Gesagten auch im partnerschaftlichen Interesse des Staates. Indessen gilt für diesen Punkt, wie für die kirchlichen Privilegien im Bildungsbereich, daß die gesellschaftliche Situation den Kirchen eines Tages um ihrer Glaubwürdigkeit willen den Verzicht nahelegen kann.

Umgekehrt erlaubt die distanzierte Freiheit in den beiderseitigen Beziehungen den Kirchen, ihre partnerschaftliche Mitverantwortung gegenüber dem Staat durch ein selbständiges und kritisches Mitdenken bei seinen Problemen wahrzunehmen. Zwar hat sich dieser Gedanke noch nicht voll durchgesetzt. Es gibt innerhalb der Kirche Stimmen, die von ihr unpolitische Neutralität gegenüber dem Staat verlangen, und es gibt Politiker, die eine kirchliche Stellungnahme zu aktuellen Problemen des öffentlichen Lebens als ungehörige Einmischung unterdrücken wollen. Indessen läßt sich theologisch ein Auftrag der Kirche wie zur sozialen, so auch zur politischen Diakonie — die ohnedies nicht scharf zu trennen sind — nicht abstreiten, und die Politologie weiß längst, daß es eine Illusion wäre, große organisierte Gruppen in der Gesellschaft für unpolitisch erklären zu wollen; sie verstärken damit in Wahrheit die Stabilität des jeweils herrschenden politischen Systems. Wirken kann eine politische Stellungnahme der Kirche freilich nur, wenn sie sachlich gut fundiert und in der Form maßvoll ist, auch darauf verzichtet, gouvernantenhaft aus vorgegebenen ethischen Normen zu deduzieren, sich also nicht über, sondern neben den Politiker mit seinen Verlegenheiten stellt. Wo diese Voraussetzungen erfüllt sind, kann ihr Wort als Ausdruck eines kritischen Gewissens für den Staat vielleicht unbequem, aber doch von hohem Wert sein, weil die Kirche, anders als andere große Verbände, nicht auf die Wahrnehmung bestimmter materieller Interessen fixiert ist, sondern ideelle Positionen geltend zu machen hat. So kann sie dem Politiker helfen, über den Tag hinauszudenken und über politische Ziele Klarheit zu gewinnen. Zugleich kann sie ihn mit dem sittlichen Appell an ihre Mitglieder unterstützen, wo das rechtliche Instrumentarium des Staates allein nicht zu wirken vermag oder wo neue, höhere Ziele den Abschied von alten Wertvorstellungen erfordern. So wird in der aktuellen Diskussion um die Neuordnung der strafrechtlichen Bestimmungen zum Schwangerschaftsabbruch kein verantwortlicher Politiker die Warnung der Kirchen vor den Folgen der Freigabe der Tötung noch ungeborenen Lebens überhören und leicht nehmen wollen. Andererseits würde es die Lösung des hier auftauchenden Konflikts ethischer Prinzipien wesentlich erleichtern, wenn die Kirchen ihren Angehörigen und allen Bürgern einzuschärfen vermöchten, daß ein aus kriminalpolitischen Gründen ausgesprochener Verzicht des Staates auf seinen Strafanspruch nicht gleichbedeutend ist mit einer ethischen Freigabe der Unterbrechung. Für eine Anzahl von Grundsatzfragen politischer Gestaltung haben in den letzten zehn Jahren die von der Evangelischen Kirche in Deutschland veröffentlichten Denkschriften einen gewissen Stil der Wahrnehmung politischer Mitverantwortung der Kirche geprägt und damit innerhalb der Kirche und im politischen Raum zu wirken vermocht. Auch vor uns liegen drängende Probleme riesigen Ausmaßes, die im gleichen Sinne nach einer Zusammenarbeit von Staat und Kirche rufen. Der Umweltschutz und die Begrenzung des wirtschaftlichen Wachstums, die Bevölkerungsexplosion in der Dritten Welt und der wirtschaftliche Ausgleich zwischen Industrie- und Entwicklungsländern werfen nicht nur ökonomische und technologische, sondern gewichtige ethische Fragen auf, die angegangen werden müssen, wenn eine friedliche Lösung gelingen soll. Eine solche Lösung wird aller Voraussicht nach auch persönliche Opfer und Verzichte erfordern, die kein Staat von seinen Bürgern erzwingen kann, wenn ihre Unvermeidlichkeit nicht zuvor in das sittliche Bewußtsein der Bevölkerung eingegangen ist.

Die zuletzt genannten Probleme sind nicht bloß nationale oder europäische, sondern Weltprobleme. Ihre Lösung erfordert ein Zusammen-

wirken der Staaten, im Grunde einen mindestens partiellen Souveränitätsverzicht im Rahmen der großen supranationalen Organisationen. Aber der Weg dahin ist noch immer durch ideologische Gegensätze und durch — altes und neu entstehendes — nationalstaatliches Prestige- und Machtstreben blockiert. Hier haben die Kirchen in aller Welt heute die große Chance, durch ihren ökumenischen Zusammenschluß, der seit dem Zweiten Weltkrieg im Gange ist und zunehmend an geistiger und organisatorischer Intensität gewinnt, einen Beitrag zur Überwindung dieser politischen Gegensätze zu leisten und zu ihrem Teil den heute noch kühnen Gedanken einer Weltverantwortung der Christenheit in die Tat umzusetzen. So wenig diese kirchlichen Bemühungen die großen Probleme allein zu lösen vermögen, so haben sie doch die Pionierfunktion, an praktischen Beispielen anschaulich zu machen, was ein auf die friedliche Lösung von Konflikten gerichtetes Denken und uneigennütziges Handeln bewirken kann. Es ist kein geringer Dienst, den sie damit der staatlichen, den vordergründigen nationalen Interessen verhafteten Politik leisten.
Brauchen wir die Kirchen? Vielleicht nicht zur Erhaltung der nackten Existenz unseres politischen Gemeinwesens, so wenig die Kirchen zur Erhaltung ihrer Existenz auf den Staat angewiesen sind. Die Trennung von Staat und Kirche bewirkt die beiden Teilen notwendige Distanz und Unabhängigkeit voneinander. Aber in dieser Freiheit haben sie eine Form der Partnerschaft entwickelt, die nicht nur einseitig den Kirchen ihre Arbeit erleichtert, sondern dem Staat und der in ihm verfaßten Gesellschaft soviel an praktischer Hilfe, an sittlicher Substanz seiner Bürger, an selbständig kritischer Mitverantwortung bei der Lösung der großen politischen Aufgaben einbringt, daß die Abkehr von diesem System unser gesellschaftliches und politisches Leben schwer verarmen lassen müßte. Die rechtlichen Garantien allein genügen freilich nicht, um dieses System lebendig zu erhalten. Es bedarf der steten Aufmerksamkeit, einer elastischen Anpassungsfähigkeit, letzten Endes eines auf gegenseitigem Respekt beruhenden guten Willens beider Partner, der Kritik am anderen nicht ausschließt, sondern im Geist der Mitverantwortung ermöglicht, mitunter sogar fordert, solange sie die Gemeinsamkeit nicht zerstört. Beiden Partnern sollte daran liegen, die dafür notwendige Anstrengung auch weiterhin auf sich zu nehmen.

KIRCHE UND KIRCHENGEMEINSCHAFT

Die Kirchenleitung Ihrer Berliner Kirche hat wohl daran getan, aus Anlaß Ihres Ausscheidens aus dem Bischofsamt, das Sie durch elf bewegte Jahre hindurch innegehabt haben, nicht nur Ihre nächsten Mitarbeiter und einige leitende Männer und Frauen aus kirchlichen und staatlichen Funktionen zu einem Abschiedsempfang einzuladen, sondern diesen Abschied zu einer Feierstunde in großem Kreis in diesem Kirchenraum zu gestalten. Denn Ihr Ausscheiden bedeutet mehr als einen schlichten Personenwechsel in der Führung Ihrer Kirche, so wichtig auch er für alle Glieder dieser Kirche ist. Es ist ein Ereignis, das den ganzen deutschen Protestantismus berührt und bewegt. Sie waren ja schon lange, ehe Sie 1966 die Nachfolge von Bischof Dibelius im Berliner Bischofsamt antraten, über den Wirkungskreis der Kirche von Berlin-Brandenburg hinausgewachsen, im Grunde schon in der Zeit des Kirchenkampfes als Präses des Bruderrats der Bekennenden Kirche in Brandenburg, dann nach 1945 in Ihren Ämtern als Vorsitzender des Rats der EKU und von 1961 bis 1967 als Vorsitzender des Rates der EKD, dem Sie seitdem weiterhin als Mitglied angehören. So ist auch die besondere geistliche Kraft, die Ihnen gegeben ist, die Bereitschaft und der Mut zur spontan tätigen Liebe auch in heiklen Situationen zwar in erster Linie der spannungsreichen Stadt zugute gekommen, für die Sie sich als Bischof mitverantwortlich wußten; aber sie hat weit darüber hinaus Menschen bewegt und sie in Zustimmung oder da und dort auch im Widerspruch zum Nachdenken über ihren Christenstand gebracht. Sie haben Ihre Amtspflichten mit der unvermeidlichen innerkirchlichen Routinearbeit ernstgenommen. Wie oft erschienen Sie in Sitzungen des Rats der EKD, wenn er in Berlin tagte, mit einem Pakken Akten unter dem Arm, in der meist vergeblichen Hoffnung, sie nebenher erledigen zu können. Aber Ihr Herz schlug bei den großen Themen, die die Rolle der Kirche und der ihr aufgegebenen Botschaft in der Welt betrafen, und es schlug und schlägt am heißesten, wenn Sie Menschen in Bedrängnis sehen und Sie sich — auch gegen kirchliche Konventionen und gegen die Wahrscheinlichkeit eines Erfolgs — aufgerufen fühlen, mit geistlichem Wort und praktischer Tat zu helfen. So waren Sie, wie ich vermuten möchte, Ihren Mitarbeitern ein zwar freundlicher, aber unbequemer Vorgesetzter, Ihren Amtsbrüdern und Freunden ein treuer, aber anstrengender, weil schwer berechenbarer Freund, Ihrer Kirche und der ganzen evangelischen Christenheit in Deutschland ein die herkömmlichen Erwartungen nicht enttäuschen-

der, aber immer wieder überholender, ein manchmal für manche anstößiger und darum angegriffener, aber für den vom örtlichen Streit disstanzierten Beobachter ein ungewöhnlicher, ja ein großartiger Bischof.
Für das alles schulden wir Ihnen Dank, und diesem Dank soll auch im zweiten Teil dieser Feierstunde mehrstimmig Raum gegeben werden. Ich selbst habe kein Mandat, für einen Kirchenkörper zu sprechen, und mein persönlicher warmer Dank für lange Jahre einvernehmlichen Zusammenwirkens in der Synode und zuletzt auch im Rat der EKD hat heute nur noch Gewicht als Zeugnis eines Freundes und einfachen, aus kirchlichen Ehrenämtern ausgeschiedenen Gemeindeglieds. Aber es schien mir, und schien den Veranstaltern dieser Feier angemessen, diesen meinen Dank in eine Besinnung über ein Thema einmünden zu lassen, das in engem Bezug zur Lebensarbeit von Bischof Scharf steht. Ich möchte Sie einladen, mit mir über Kirche und Kirchengemeinschaft nachzudenken und dabei, um den Begriffen ihre abstrakte Vieldeutigkeit zu nehmen, die geschichtlichen Situationen ins Auge zu fassen, in denen sie für Bischof Scharf auf seinem Lebensweg als Kirchenführer Bedeutung erlangt haben.
Kurt Scharf ist in der »Evangelischen Landeskirche der älteren Provinzen der Preußischen Monarchie«, die 1922 volle Autonomie erlangte und sich dann »Evang. Kirche der Altpreußischen Union« nannte, getauft und 1928 als Pfarrer ordiniert worden. Diese Kirche, die größte und einflußreichste unter der Vielzahl deutscher Landeskirchen, verdankte ihre Gestalt in besonderer Weise der Politik der preußischen Könige. Nicht nur, daß in ihr die Kirchen der verschiedenen Staaten der Monarchie, wie die schrittweise hinzuerworbenen Territorien noch bis zur Preußischen Verfassung von 1850 hießen, trotz unterschiedlicher Geschichte und Struktur zu einem Kirchenkörper vereinigt wurden; auch ihre kirchenrechtliche Eigenart als Unionskirche verdankt sie letztlich einer gegen allerlei Widerstände getroffenen Entscheidung des Königs Friedrich Wilhelms III. Die in Kirchenprovinzen mit Provinzialsynoden gegliederte Kirche hat dann auch den preußischen Staat nicht, oder nur als Schatten ihrer selbst überlebt. Nach dem militärischen und politischen Zusammenbruch von 1945, der das Ende Preußens und den zum mindesten faktischen Verlust seiner östlichen Provinzen bedeutete, haben sich die verbliebenen sechs Kirchenprovinzen als selbständige Kirchen mit eigenen Organen neu konstituiert. Die bisherige Gesamtkirche blieb zwar unter dem Namen »Evangelische Kirche der Union« bestehen, aber fortan nur noch, wie Artikel 1 ihrer Grundordnung von 1951/3 feststellt, als »Gemeinschaft der in ihr zusammengeschlossenen Gliedkirchen im Dienst am Evangelium«.

Diese EKU ist ebenso wie ihre nun selbständigen Gliedkirchen der schon 1945 vorläufig gegründeten, 1948 durch ihre bis heute gültige Grundordnung endgültig verfaßten Evangelischen Kirche in Deutschland als Gliedkirche beigetreten. Diese EKD aber wird in ihrer Grundordnung wiederum als »Bund bekenntnisbestimmter Kirchen« bezeichnet.

Ich erinnere an diese Fakten aus zwei Gründen. Einmal wird an dem preußischen Beispiel, dem aus anderen Teilen Deutschlands leicht ähnliche zur Seite gestellt werden könnten, besonders deutlich, wie stark in den Kirchen der Reformation in Deutschland politische, nicht theologische Faktoren die Gestalt der Territorialkirchen bestimmt haben. Zwar trat im Laufe des 19. Jahrhunderts das landesherrliche Kirchenregiment mehr und mehr zurück und entfiel seit 1918 völlig mit der Folge, daß die Kirchen im Rahmen des Staatskirchenrechts volle Autonomie genossen. Aber sie tun doch bis heute gut daran, die historisch kontingente Weise ihrer Entstehung nicht aus dem Auge zu verlieren und ihre Gestalt, namentlich auch ihren territorialen Bestand, nicht mit theologischen Gründen zu verabsolutieren, sondern sich deren Verfügbarkeit bewußt zu halten. Eben dieses nur relative Eigenrecht der einzelnen Territorialkirchen weist sie aber zugleich, wenn nicht administrativ, so jedenfalls theologisch über ihre territorialen Grenzen hinaus, weil sie isoliert verdorren müßten. Ein klarer Beweis dieser Notwendigkeit ist die Existenz und Arbeitsweise der theologischen Fakultäten, die man als den zweiten institutionellen Pfeiler des deutschen Protestantismus bezeichnen kann und die es jedenfalls seit dem 19. Jahrhundert entschieden abgelehnt haben, sich ausschließlich bestimmten Territorialkirchen, oder auch nur ausschließlich bestimmten Konfessionsfamilien zuordnen zu lassen. Die Territorialkirchen selbst hatten und haben zwei Wege, der Gefahr der Isolation zu entgehen: entweder den der Verschmelzung mit benachbarten Kirchen zu größeren, freilich wiederum nur kontingent abgegrenzten Gebilden, also der Weg, den Preußen im 19. Jahrhundert beschritten hatte, und der in unseren Tagen ohne politisches Machtwort bei der Gründung der Nordelbischen Kirche gelungen ist, oder der Zusammenschluß zu föderativen Kirchengemeinschaften, also der Weg, den die Kirche der Union nach 1945, zuvor schon die VELKD und gleich darauf die EKD eingeschlagen haben. Die Rationalität dieser drei, annähernd gleichzeitigen, sich in ihren Funktionen überschneidenden Bildungen läßt sich aus geschichtlichem Abstand bezweifeln; für unseren Gedankengang sind sie gerade in ihrer Häufung interessant als Beleg für die Stärke des Bedürfnisses, die nur relative Legitimität der aus der politischen Geschichte Deutschlands überkommenen Territorialkirchen, die auch den

Bruderräten der Bekennenden Kirche in den Jahren des Kirchenkampfes fragwürdig geworden war, durch den Zusammenschluß zu Kirchengemeinschaften zu ergänzen und zu stärken. Kirche und Kirchengemeinschaft werden so in der neueren deutschen Kirchengeschichte zu Komplementärbegriffen.
Die Lebensgeschichte von Kurt Scharf gibt uns noch weiteren Stoff zum Nachdenken über unser Thema. Er hatte, wie erwähnt, als Ratsvorsitzender für jeweils eine Amtsperiode Ende der fünfziger Jahre die EKU, Anfang der sechziger Jahre die EKD verantwortlich zu leiten. In beiden Ämtern gehörte es zu seinen Hauptproblemen, daß die bei der Gründung der beiden Kirchengemeinschaften 1945 noch als vorübergehende Folge der Aufteilung in Besatzungszonen betrachtete Spaltung Deutschlands sich seit der Gründung der beiden Teilstaaten im Jahre 1948 befestigte und die Grenzlinie zwischen ihnen so feindlich erstarrte, daß die Kommunikation zwischen den Gliedkirchen hüben und drüben und die Arbeit der gemeinsamen Organe aufs äußerste erschwert waren; Scharf selbst wurde schon 1961, bald nach dem Bau der Mauer durch Berlin, die Rückkehr nach Ostberlin und in die DDR verweigert. Das Amt eines Bischofs der Kirche von Berlin-Brandenburg, zu dem er 1966 gewählt wurde, hat er nie ungehindert ausüben können; als Ausweg blieb ihm schließlich nur der Verzicht auf die Ausübung des Bischofsamtes außerhalb West-Berlins, nachdem seine Kirche, ähnlich wie die EKU, den politischen Gegebenheiten verfassungsrechtlich durch eine Regionalisierung Rechnung getragen hatte. Faktisch vergleichbar, aber rechtlich noch schärfer war der Einschnitt bei der EKD, von der sich die acht im Bereich der DDR gelegenen Gliedkirchen 1969 förmlich lossagten, um alsbald eine eigene, von der EKD unabhängige Kirchengemeinschaft, den Bund der Evangelischen Kirchen in der DDR, zu gründen.
So schmerzlich diese, wiederum nicht theologisch begründeten, sondern ausschließlich durch politischen Druck von außen erzwungenen Trennungsvorgänge von uns allen bis heute empfunden werden, so tun wir doch auch ihnen gegenüber gut daran, uns der geschichtlichen Kontingenz und der nur relativen Legitimität der gegenseitigen Abgrenzung der deutschen Territorialkirchen zu erinnern. Mußte in früheren Jahrhunderten eine von hoher Hand verfügte Verschmelzung akzeptiert werden, so gilt uns heute die erzwungene Trennung der Kirchen zwar gewiß als eine der vielen schmerzhaften Folgen des nationalen Unglücks der politischen und ideologischen Spaltung Deutschlands, aber nicht notwendig auch als theologisches Skandalon. Zeugnis und Dienst der Kirche sind zwar an der einen Botschaft orientiert, die ihr aufgetragen ist, gewinnen ihre den Menschen treffende Konkretion

aber doch jeweils in der geschichtlichen Situation, in der sie ausgerichtet werden. Diese aktuelle Situation aber ist in den beiden Teilen Deutschlands mit ihren gegensätzlichen Gesellschafts- und Wirtschaftsordnungen und den sich daraus ergebenden Lebensproblemen der Menschen so verschieden, daß sich Gründe dafür anführen lassen, daraus auch institutionelle Konsequenzen zu ziehen. Das theologische Skandalon liegt also nicht in der organisatorischen Verselbständigung der Kirchen in der DDR, sondern in den vielfachen Beschränkungen, denen ihre Arbeit in einem militant atheistischen Staat unterworfen ist, und in den Erschwerungen des freien Austauschs von Personen und Informationen mit den Kirchen des westlichen Deutschlands. Denn auch und gerade hier bedarf eine territorial begrenzte Kirche oder, wie im Falle der DDR, eine Gruppe solcher Kirchen, der Ergänzung durch die Gemeinschaft mit anderen, wenn sie die Gefahr bannen will, in der Isolierung zu verdorren. Der »Bund der Evangelischen Kirchen in der DDR« hat das bei seiner Gründung klar erkannt, indem er in seine Verfassung, ungeachtet des Stirnrunzelns der politischen Machthaber der DDR, den seitdem oft zitierten Art. 4 Abs. 4 aufgenommen hat. Darin bekennt er sich zu der besonderen Gemeinschaft der ganzen evangelischen Christenheit in Deutschland und erklärt, er werde »in der Mitverantwortung für diese Gemeinschaft Aufgaben, die alle evangelischen Kirchen in der DDR und in der BRD gemeinsam betreffen, in partnerschaftlicher Freiheit durch seine Organe wahrnehmen«.
Auf der westlichen Seite hat sich die Synode der EKD zwar zu meinem persönlichen, nur von Wenigen geteilten Bedauern nicht entschließen mögen, die durch das Ausscheiden der acht östlichen Gliedkirchen aus ihrem Bestand eingetretene klaffende Lücke im Bestand ihrer organisierten Gemeinschaft durch eine Namensänderung sichtbar zu machen. Aber sie hat in dem Beschluß vom Mai 1970, in dem sie das Ausscheiden feststellte, zusammen mit Rat und Kirchenkonferenz auch ihrerseits die Fortdauer der »besonderen Gemeinschaft« betont, und sie hat in Art. 3 Abs. 3 der von ihr 1974 verabschiedeten, freilich aus den bekannten Gründen noch nicht in Kraft getretenen neuen Grundordnung kürzer als jener Art. 4 Abs. 4 bestätigt, sie »bejahe ihre Mitverantwortung für die besondere Gemeinschaft der ganzen evangelischen Christenheit in Deutschland«.
Die beiden, einander entsprechenden Erklärungen lehnen sich im Wortlaut an den Satz in Art. 1 Abs. 2 der Grundordnung der EKD von 1948 an, der feststellt, in der EKD werde »die bestehende Gemeinschaft der deutschen evangelischen Christenheit sichtbar«. Jedoch ist damit, daß diese Erklärungen jetzt statt von »bestehender« von »be-

sonderer Gemeinschaft« sprechen und ihre fortdauernde Mitverantwortung für sie betonen, offensichtlich mehr gemeint als eine nostalgische Erinnerung an vergangene Formen der Zusammengehörigkeit. Sie richten den Blick auf die Zukunft, in der beide Gruppen, jede zu ihrem Teil, Mitverantwortung für die gemeinsame Sache der evangelischen Christenheit in Deutschland tragen und gemeinsame Aufgaben als Partner wahrnehmen wollen. Aber was mit der hier berufenen besonderen Gemeinschaft gemeint ist und welche Folgen sich aus ihr ergeben, wird damit noch nicht hinreichend deutlich. Wir sind es, meine ich, Bischof Scharf schuldig, der wie wenige für die Erhaltung der organisatorischen Gemeinschaft in seiner Kirche, in der EKU und in der EKD gekämpft hat, einiges Nachdenken auf die Frage zu verwenden, was die verbliebene und von beiden Seiten gewollte Gemeinschaft real zu bedeuten hat.

Eine erste, aber wichtige Präzisierung ergibt sich aus dem Gedanken, daß der Hinweis auf die Gemeinschaft der evangelischen Christenheit zwar die Gemeinschaft der Gläubigen als Grundsachverhalt allen christlichen Lebens mit in den Blick nimmt, aber vor diesem Horizont, wenn von der Erfüllung von Aufgaben die Rede ist, doch nur auf die zu Gemeinden und Kirchen verfaßten evangelischen Christen bezogen werden kann. Die Gemeinschaft, um deren nähere Bestimmung es hier geht, ist also die der Kirchen auf beiden Seiten des politischen Grabens. Aber auch der Begriff der Kirchengemeinschaft, auf den wir damit wieder geführt werden, bedarf der näheren Bestimmung. Die Grundordnung der EKD von 1948 verwendet ihn noch nicht; sie spricht von einem »Bund bekenntnisbestimmter Kirchen«, und die gleiche Bezeichnung eines »Bundes« haben ja auch die acht Kirchen in der DDR 1969 für ihren Zusammenschluß gewählt. Aber schon die Satzungen der EKU und der VELKD haben den volleren Ausdruck »Gemeinschaft von Kirchen« gebraucht und diese Gemeinschaften ihrerseits auch als Kirchen bezeichnet, wobei ihnen zu Hilfe kam, daß der föderative Zusammenschluß in einem Fall nur unierte, im anderen nur lutherische Kirchen betraf. Demgegenüber hat die innerprotestantische Bekenntnisverschiedenheit, die der großen Mehrzahl unserer Gemeindeglieder kaum mehr verständlich zu machen ist, einen Konsensus darüber verhindert, ob nicht auch die beiden Bünde, also EKD und der Kirchenbund in der DDR, ebenso wie EKU und VELKD als Kirchen zu gelten haben.

Die genannten Beispiele betreffen nun freilich nur organisatorische Zusammenschlüsse, und gerade dieser Weg ist uns im Verhältnis zu den Kirchen in der DDR versperrt. Indessen hat der Begriff der Kirchengemeinschaft im Laufe der letzten zehn Jahre eine wesentliche theologische Vertiefung erfahren, die die spirituellen Elemente vor und über die organisatorischen gerückt hat. Im Rahmen der EKD hat eine Gruppe von Theologen aus lutherischen, reformierten und unierten Kirchen im Mai 1970 als Ergebnis theologischer Studienarbeit sechs »Thesen zur Kirchengemeinschaft« vorgelegt, in denen bestimmte, theologisch zu qualifizierende Kennzeichen als für Kirchengemeinschaft notwendig, andere als nicht notwendig aufgeführt wurden. Im Kern ging es um die eine Frage, ob trotz der traditionellen Lehrdifferenzen von einer Übereinstimmung in der rechten Lehre des Evangeliums gesprochen werden konnte. Gleichzeitig mit dieser deutschen Studienarbeit fanden auf europäischer Ebene vom ÖRK geförderte Lehrgespräche reformatorischer Kirchen statt, die im September 1971 mit dem Entwurf einer Konkordie endigten, in der die beteiligten Kirchen ein gemeinsames Verständnis des Evangeliums feststellen sollten, das ihnen Kirchengemeinschaften ermöglichen würde. Dieser Entwurf der sogenannten Leuenberger Konkordie wurde nach nochmaliger Überprüfung durch die beteiligten Kirchen und nach erneuter Beratung mit leichten Änderungen 1973 fertiggestellt und zur Unterzeichnung durch die Kirchen aufgelegt. Inzwischen haben sowohl die zwanzig Gliedkirchen der EKD als auch die acht Gliedkirchen des Bundes in der DDR der Endfassung der Leuenberger Konkordie zugestimmt und damit festgestellt, daß die alten, aus der Reformationszeit überkommenen Lehrdifferenzen zwar nicht beseitigt sind, aber ihre damals und seitdem kirchentrennende Kraft nunmehr verloren haben.

Die Folge ist in der Ausdrucksweise der Konkordie, daß zwischen allen diesen Kirchen nunmehr Kirchengemeinschaft »erklärt« ist. Der Ausdruck wird dann dahin erläutert, daß diese Erklärung einen organisatorischen Zusammenschluß als »Verwirklichung« der Kirchengemeinschaft zwar ermöglicht, aber nicht notwendig nach sich ziehen muß. Der Verwirklichung dient auch schon die Gewährung der nun endlich möglichen vollen Abendmahlsgemeinschaft sowie der Kanzelgemeinschaft und das Bemühen um gemeinsame Ausrichtung von Zeugnis und Dienst der Kirchen in der Welt. Im übrigen soll an der gemeinsamen Klärung und, soweit möglich, Überwindung der verbliebenen Lehrdifferenzen weitergearbeitet werden; eine Tagung in Sigtuna in Schweden im Sommer 1976 hat sich dafür bereits als fruchtbar erwiesen.

Der Begriff der Kirchengemeinschaft hat damit eine klare, zugleich noch ausbaufähige theologische Grundlage erhalten, hinter die auch der noch in älteren Dokumenten sich findende, weniger präzise Wortgebrauch nicht mehr zurückgehen sollte. Zugleich hat sich ergeben, daß es da, wo die theologischen Voraussetzungen einer so verstandenen Kirchengemeinschaft von den beteiligten Kirchen anerkannt sind, Stufen oder Intensitätsgrade ihrer Verwirklichung gibt, deren Wahl weiterhin in der freien Entscheidung der beteiligten Kirchen liegt. Sie kann sich, etwa bei räumlich, sprachlich und liturgisch deutlich getrennten Kirchen, in der fallweisen Praktizierung von Kanzel- und Abendmahlsgemeinschaft erschöpfen, sollte in der Regel aber in Formen der Gemeinsamkeit von Zeugnis und Dienst der Kirchen sichtbar werden, kann also von der Partnerschaft bei gemeinsamen Projekten über die Einrichtung gemeinsamer Beratungs- oder zweckbestimmter Exekutivorgane bis zum föderativen Zusammenschluß in einer Kirche führen.

Für den Bereich des deutschen Protestantismus liegt der entscheidende Gewinn der Konkordie, an der Theologen aus beiden Teilen Deutschlands aktiv mitgewirkt haben, in der Überwindung alter konfessionalistischer Schranken; von Kirchengemeinschaft kann und sollte nun ohne Vorbehalt sowohl im Rahmen der EKD wie in dem des Kirchenbundes der DDR, aber auch zwischen den Kirchen hüben und drüben gesprochen werden. Die neue Grundordnung der EKD, deren Art. 1 die Kirchengemeinschaft zwischen ihren Gliedkirchen ausdrücklich feststellt, ist, wie erwähnt, noch nicht in Kraft getreten. Aber für beide Seiten gibt Leuenberg keine Antwort auf die Frage, ob aus der neu bestätigten Kirchengemeinschaft auch engere organisatorische Konsequenzen gezogen werden sollen. In dieser Hinsicht hat Leuenberg keinen Durchbruch bewirkt. Das gilt für die westliche Seite, wo die 1970 mit dem Ziel einer Stärkung der Gemeinsamkeit begonnene Verfassungsreform im Ergebnis eher auf eine Stärkung der Rechtsstellung der Gliedkirchen als auf die der zentralen Organe der Gemeinschaft hinauslief, und wo der Abschluß der Reform schließlich am Votum einer Sperrminorität einer Landeskirche scheiterte, die meinte, dem Gebot praktizierter Kirchengemeinschaft die Parole selbstgerechter Provinzialität entgegensetzen zu sollen. Es gilt aber auch für die östliche Seite, wo die letzte Tagung der Synode des Kirchenbundes in Züssow im September 1976 zum Thema »Kirchengemeinschaft, Einheit und Vielfalt« nach gründlichen Vorarbeiten zwar wichtige theologische Einsichten, aber wenig praktisch greifbare Ergebnisse im Sinne einer Stärkung der Einheit erbracht hat. Ich kann die Parallelität der auf Bewahrung der etablierten kirchlichen Institutionen gerichteten Haltung, die selbst in einer Epoche fortschreitender Erosion der Volkskirche gegenüber den Versuchen einer Bündelung der Kräfte mißtrauisch bleibt, nur so verstehen, daß die deutschen Landeskirchen — und zwar ihre Synoden ebenso wie ihre Leitungsorgane — die nicht bloß auf Bereinigung der Vergangenheit gerichtete, sondern in die Zukunft

weisende produktive Kraft der Komplementarität von Kirche und Kirchengemeinschaft noch nicht erfaßt haben.
Es kann bei dieser Haltung nicht überraschen, daß auch im Verhältnis zwischen West und Ost die »besondere Gemeinschaft«, nach deren Bedeutung wir fragen, für diese auf beiden Seiten diskutierten Probleme einer besseren Verwirklichung der Kirchengemeinschaft kaum eine Rolle gespielt hat. Daß die »besondere Gemeinschaft« selbst, die ja gleichfalls Kirchengemeinschaft in dem inzwischen präzisierten Sinne ist, auf eine für uns absehbare Zeit keine bindende organisatorische Verwirklichung erfahren kann, müssen wir hinnehmen. Aber es hätte gerade nach der gemeinsamen Arbeit für die Konkordie nahegelegen, nun in einen Informations- und Erfahrungsaustausch über die Möglichkeiten der Verwirklichung der Kirchengemeinschaft innerhalb der EKD und innerhalb des Bundes der Kirchen der DDR einzutreten. Die Dokumentationen über Braunschweig und Züssow, also die beiden zuletzt damit befaßten Synoden auf beiden Seiten, lassen davon nichts erkennen. Ich stelle das — vielleicht ohne zureichende Information, jedenfalls — ohne Vorwurf fest. Indessen meine ich doch, daß die der Verwirklichung der Kirchengemeinschaft dienenden Verfassungsfragen, auch wenn sie für die beiden Seiten getrennt gelöst werden müssen, im Sinne der Formel von Art. 4, 4 zu den Aufgaben gehören, die alle evangelischen Kirchen in beiden Teilen Deutschlands gemeinsam betreffen und darum einer gemeinsamen Beratung würdig wären. Denn hinter den Organisationsfragen steht doch auf beiden Seiten das Problem, welche Formen am besten dazu dienen könnten, um das Überleben der Kirche in einer gegenüber ihrem Zeugnis und ihrem Dienst gleichgültig, wenn nicht feindselig gewordenen Umwelt zu sichern. Das ist eine Existenzfrage, die ungeachtet der bestehenden Unterschiede der politischen und wirtschaftlichen Systeme die ganze evangelische Christenheit in Deutschland bewegen muß. An diesem Problem wird auch deutlich, was es mit der »besonderen« Gemeinschaft auf sich hat, von der Art. 4, 4 spricht: das Problem ist den Kirchen nicht nur in Deutschland gestellt, aber eine Lösung kann für die deutschen Kirchen nicht gefunden werden, ohne die in der gemeinsamen Geschichte des deutschen Protestantismus entwickelten Formen volkskirchlichen Lebens zu berücksichtigen.
Es liegt nahe, im Anschluß an dieses Beispiel einen Katalog weiterer Aufgaben aufzustellen, zu deren Lösung die »besondere Gemeinschaft« zu aktivieren sein würde oder heute schon sich bewährt. Doch ich verzichte darauf aus zwei Gründen. Einmal kommt es mir nicht zu, mich der finanziellen und anderen Hilfeleistungen zu rühmen, die von den westlichen Kirchen erbracht werden, um den Kirchen der östli-

chen Seite ihre wirtschaftlich sehr viel mühsamere Existenz zu erleichtern. An solche Hilfe, so nötig sie ist, war gewiß auch nicht gedacht, als der Kirchenbund drüben in Art. 4, 4 von seiner Mitverantwortung für gemeinsame Aufgaben sprach. Zum anderen macht der ungleiche politische Bewegungsspielraum der Kirchen hüben und drüben das Planen gemeinsamer Aufgaben schwierig. Es wäre verlockend sich auszudenken, welche kritische Rolle die aus einer gemeinsamen Geschichte herausgewachsenen Kirchen heute im offenen Dialog über die Bewertung der antagonistischen Gesellschaftssysteme, in die sie gestellt sind, im Blick auf die sie verbindende christliche Botschaft spielen könnten. Es wäre ein Dialog, in dem sich beide Seiten als gleichberechtigte und mit ihren je besonderen Erfahrungen in ihrem Lebens- und Arbeitsbereich gleichwertige Partner gegenüberstünden, und mit dessen Ertrag sie ihren beiden politischen Systemen einen wichtigen Dienst leisten könnten. Aber der Gedanke an solche offenen deutsch-deutschen Gespräche bleibt leider auf unabsehbare Zeit ein schöner Traum — auch nach Helsinki!

Nun haben wir bisher eine Dimension kirchlicher Gemeinschaft außer Betracht gelassen, die eine organisatorische Verknüpfung auch zwischen den uns beschäftigenden Kirchengruppen ermöglicht, andererseits aber geeignet ist, auch dem deutsch-deutschen Gespräch einen Rahmen zu geben, der es entschärft, weil den beteiligten Kirchen darin neue, über ihre interne Beziehung hinausweisende Aufgaben gestellt werden. Ich meine die Zugehörigkeit zur Konferenz Europäischer Kirchen, die gerade nach Helsinki zu einem wichtigen kirchlichen Gesprächsforum werden könnte, vor allem aber die gemeinsame Mitgliedschaft im ÖRK. Sie hier zu nennen ist notwendig, obwohl sie bisher nicht schon als solche zur Kirchengemeinschaft in dem seit Leuenberg präzisierten theologischen Sinn führt, und obwohl man vermuten könnte, daß die Gleichstellung aller Mitgliedskirchen aus allen Weltteilen die besondere Gemeinschaft, die der uns beschäftigende Art. 4, 4 meint, ignorieren muß. Indessen würde eine so formale Betrachtung der Rolle der ökumenischen Bewegung für die Christenheit, auch die evangelische Christenheit in Deutschland, nicht gerecht. Es war der ÖRK, der die Leuenberger Lehrgespräche bis zur Konkordie von 1973 vorangetrieben und damit den beteiligten europäischen Kirchen zu einer gemeinsamen theologischen Grundlage in der Kirchengemeinschaft verholfen hat. Er hat auch in seiner letzten Vollversammlung in Nairobi Ende 1975 aufgrund langjähriger theologischer Vorarbeiten wichtige Feststellungen getroffen, um das Ziel der Einheit der Christenheit im Sinne einer konziliaren Gemeinschaft herauszuarbeiten, und er hat zugleich seine Verfassung dahin ergänzt, daß seine Aufgabe

über die alte Basisformel hinaus, die das gemeinsame Bekenntnis zu Jesus Christus in den Vordergrund stellt, verdeutlicht wird: es ist eine Gemeinschaft von Kirchen, die nach sichtbarer Einheit strebt und diese Einheit im gemeinsamen Zeugnis und gemeinsamen Dienst schrittweise zu erreichen hofft.
Die bewußt ergriffene Zugehörigkeit zu dieser ökumenischen Gemeinschaft bedeutet für jede Gemeinde und jede Kirche die Teilhabe in Zeugnis und Dienst an den großen Aufgaben, die der Christenheit heute für Frieden und Gerechtigkeit in der Welt gestellt sind. Auch unsere deutschen Kirchen werden damit radikaler, als ihre innerdeutschen Zusammenschlüsse das zu leisten vermögen, aus aller Isolierung und provinziellen Selbstgenügsamkeit herausgeholt. Die uns auferlegten Nöte der innerdeutschen Spaltung verschwinden damit nicht, aber sie verlieren gegenüber den großen gemeinsamen Aufgaben an relativem Gewicht.
Der von der ökumenischen Bewegung ausgehende Einbruch in die Selbstgenügsamkeit trifft nicht zum wenigsten auch die Grundlagen theologischen Denkens. Hier, in dem reichen Schatz an Einsichten, die in den Bekenntnisschriften der reformatorischen Väter und als Ertrag der seitdem in Jahrhunderten geleisteten theologischen Arbeit auf uns gekommen sind, liegt ja doch die eigentliche Wurzel der besonderen Gemeinschaft, die die deutsche evangelische Christenheit auch über politische Trennungen hinweg verbindet. Aber nun bewirkt die ökumenische Bewegung gerade in bezug auf diese bedeutsame deutsche theologische Tradition eine eigentümliche Verwandlung. Lange Zeit waren wir in aller Missionsarbeit ebenso wie in der Mitarbeit in der ökumenischen Bewegung überzeugt, daß wir unser Christuszeugnis so auszurichten und fremden Völkern und Kulturen so zu vermitteln hatten, wie wir es nach unserer theologischen Tradition zu verstehen hatten. Darin konnte auch ohne Zögern die gemeinsame Aufgabe gesehen werden, die der EKD wie dem Kirchenbund drüben in fruchtbarem geistigem Wettstreit gestellt war, und in zahlreichen ökumenischen Konferenzen hat dieser Wettstreit die Diskussion bereichert. Es kann auch keine Rede davon sein, daß diese Aufgabe inzwischen erloschen wäre. Aber im Fortgang der ökumenischen Bewegung ist aus der Einbahnstraße theologischer Belehrung eine Situation entstanden, in der sich die europäische, und nicht zuletzt die deutsche theologische Tradition kritischen Rückfragen aus den jungen Kirchen anderer Kontinente ausgesetzt sieht, die eigene Wege suchen, um das ihnen aufgetragene Zeugnis auszurichten. Aus der Belehrung wird ein spannungsreicher Dialog, in den einzutreten uns auch darum aufgegeben ist, weil die Unterscheidung von fraglos christlichen und Missionsländern ihren alten Sinn

verloren hat: auch Deutschland ist trotz des noch erhaltenen volkskirchlichen Rahmens von neuem ein Missionsland geworden, in dem die christlichen Kirchen zwar nicht rechtlich, aber faktisch Minderheiten repräsentieren. Das gilt für beide Teile Deutschlands, nur daß es in der kirchenfeindlichen Umwelt der DDR schon sehr viel deutlicher zutage tritt und dort die Kirchenleitungen auch entschiedener zu Anstrengungen veranlaßt hat, die brüchig werdende Gemeindebasis neu zu fundieren. In dieser Lage verspricht der ökumenische Dialog den deutschen Kirchen wichtige Hilfen — Hilfen für ein neues Verständnis ihres Verkündigungsauftrags und der Formen, ihrem Dienst am Menschen gerecht zu werden. Das setzt freilich voraus, daß sie bereit sind umzulernen und sich in den Prozeß ökumenischer Erneuerung hineinziehen zu lassen, um ihn dann auch bewußt mitzuvollziehen. Wir stehen heute erst am Anfang eines solchen Erneuerungsprozesses. Aber an der vor uns liegenden Aufgabe erweist sich noch einmal eine, nun weltweit gesehene Kirchengemeinschaft als wichtige, ja notwendige Voraussetzung für den Fortbestand unserer geschichtlich überkommenen Kirchen.

Ich breche meine Überlegungen hier ab im Bewußtsein, die Frage nach dem Inhalt der »besonderen Gemeinschaft« mehr umkreist als bündig beantwortet zu haben. Indessen ist wohl auch deutlich geworden, daß sie gar nicht durch theologische oder juristische Reflexion ein für allemal gelöst werden kann, sondern daß diese Gemeinschaft als ständige Aufgabe ergriffen und im Handeln von Situation zu Situation mit neuem Inhalt gefüllt werden muß. Sie, lieber Bruder Scharf, haben in allen ihren kirchlichen Ämtern diese Aufgabe nie aus dem Blick verloren und ihr einen großen Teil Ihrer Kraft gewidmet. Ihnen dafür zu danken ist, so meine ich, für uns alle ein schöner und würdiger Anlaß der heutigen Feier.

DIE DENKSCHRIFTEN DER EVANGELISCHEN KIRCHE IN DEUTSCHLAND ALS WAHRNEHMUNG DES ÖFFENTLICHKEITSAUFTRAGES DER KIRCHE

Mit der Reihe der unter ihrem Namen seit Anfang der 60er Jahre veröffentlichten Denkschriften ist die Evangelische Kirche in Deutschland als Institution stärker ins Bewußtsein der politischen Öffentlichkeit, aber auch mancher Gemeindeglieder in unserem Land getreten als durch viele andere ihrer Aufgaben. Sie haben wesentlich dazu beigetragen, in einer kirchlichen Landschaft, deren vielfältige institutionelle Formen für den Außenstehenden nicht leicht durchschaubar sind, die EKD als diejenige kirchliche Instanz bekannt zu machen, die ein Mitspracherecht auch im politischen Bereich für sich in Anspruch nimmt. Die mißliche Folge dieses Vorgangs ist es, daß die EKD seitdem vielfach mit diesen Arbeiten so identifiziert wird, als erschöpfe sich ihre Leistung und Bedeutung für die evangelische Christenheit in der Produktion von Denkschriften. Solchem Vorurteil Vorschub zu leisten ist gewiß nicht der Sinn des Unternehmens, die bisher erschienenen Denkschriften im Zusammenhang zu publizieren. Andererseits kann diese Einführung davon absehen, ein richtiges Bild der EKD zu zeichnen. Vielmehr beschränkt sie sich auf den Versuch, die Entwicklung des Denkschriftenwesens als eines unter vielen Arbeitsbereichen der EKD zu schildern, Verständnis für die damit verfolgten Ziele zu wekken, aber auch die ihnen gezogenen Grenzen sichtbar zu machen und so einer sachlichen Beurteilung den Weg zu ebnen.

I. Begriff und Geschichte der Denkschriften

1. Seit der als »Stuttgarter Schulderklärung« bekannten Erklärung des Rats der EKD vom Oktober 1945 haben Kirchenleitungen und Synoden häufig derartige »Worte« zu Fragen von nicht bloß innerkirchlicher, sondern allgemein-politischer Erheblichkeit verfaßt und veröffentlicht. Der Rat der EKD und ihre Synode machen von diesem Mittel, auf die Meinungsbildung zu solchen Fragen in den Gemeinden, aber darüber hinaus in der bundesdeutschen Öffentlichkeit und auf die Entscheidungen politischer Organe Einfluß zu nehmen, bis heute immer wieder Gebrauch. Die EKD ist dazu durch Art. 20 der geltenden

Grundordnung von 1948 ermächtigt; die Zuständigkeit von Rat und Synode für solche Akte regeln Art. 23 Abs. 2 und Art. 29 Abs. 1[1]. Auch die Denkschriften sind »Kundgebungen« im Sinne der angeführten verfassungsrechtlichen Bestimmungen; demgemäß werden sie durch den Rat der EKD oder jedenfalls nur mit seiner Zustimmung veröffentlicht. Wie die »Worte« von Rat oder Synode sind sie kirchliche Äußerungen zu Fragen von politischer Erheblichkeit. Sie unterscheiden sich von den Erklärungen dieser Organe nicht im Ziel, sondern durch das Verfahren, in dem sie zustandekommen, und durch die Weise ihrer Argumentation, die meist auch einen wesentlich größeren Umfang zur Folge hat. Sie sind ein Ergebnis der in Art. 22 Abs. 2 der Grundordnung vorgesehenen »Kammern« oder anderer, vom Rat der EKD für bestimmte Aufgaben eingesetzter Kommissionen, also von Gremien, in denen dazu vom Rat berufene Sachverständige die zu behandelnden Probleme mit mehr Ruhe und in größerer Distanz zu den Tagesaufgaben bearbeiten können, als den kirchenleitenden Organen zur Verfügung steht[2]. Dem entspricht ein Argumentationsstil, der sich nicht, wie die meisten »Worte«, mit einem Zuspruch an die Gemeinden oder einer öffentlichen Aufforderung zu einem bestimmten Verhalten begnügt, sondern auf Gründe und Gegengründe für politische Forderungen ausführlich eingeht und im Genus wissenschaftlicher, nicht pastoraler Rede Stellung nimmt.
Diese typischen Merkmale der Denkschriften treffen auch auf Äußerungen zu, die sich nicht als solche bezeichnen, sondern, wie neuerdings mehrfach geschehen, unter dem Namen von Thesenreihen, Studien, Gutachten oder dergleichen veröffentlicht werden. Andererseits gibt es mancherlei Übergangsformen zum Typus der Worte von Rat oder Synode, zumal es ja zur Beratungsaufgabe der Kammern oder der ad hoc eingesetzten Ausschüsse gehört, solche Worte für Rat oder Synode vorzubereiten. Über die Aufnahme derartiger Kundgebungen in die vorliegende Sammlung konnte nicht nach generellen Kriterien, sondern nur fallweise entschieden werden.

---

[1] Sammelveröffentlichungen solcher Worte und Erklärungen veranstalteten für die beiden ersten Jahrzehnte nach 1945 Merzyn, Kundgebungen, Worte und Erklärungen der EKD 1945—1959, o.J. (1959), und Heidtmann, Hat die Kirche geschwiegen? Das öffentliche Wort der EKD in den Jahren 1945—1964, 1964. Eine bis heute fortgeführte Sammlung fehlt.

[2] Die Arbeit dieser Kammern und Ausschüsse ist jetzt ausführlich dargestellt in dem materialreichen Aufsatz von H. P. Braune, Die Kammern der Evangel. Kirche in Deutschland, in: ZevKirchR, 1976, 131ff.

2. Das »Zeitalter der Denkschriften«, wie man diesen, bis heute nicht abgeschlossenen Abschnitt der Geschichte des deutschen Protestantismus und seines Verhältnisses zu den Trägern politischer Gewalt mit pathetischer Übertreibung genannt hat, setzt ein mit der Denkschrift zur Eigentumsfrage (»Eigentumsbildung in sozialer Verantwortung«), die von der Kammer für Soziale Ordnung erarbeitet und vom Rat der EKD im April 1962 veröffentlicht worden ist. Sie wurde 1964 ergänzt durch »Empfehlungen zur Eigentumspolitik«. Von der gleichen Kammer stammt aus dem folgenden Jahr die Denkschrift zur Neuordnung der Landwirtschaft[3]. Im Herbst 1965 erschien die von der Kammer für öffentliche Verantwortung ausgearbeitete Denkschrift über »Die Lage der Vertriebenen und das Verhältnis des deutschen Volkes zu seinen östlichen Nachbarn«, kurz Ost- oder Vertriebenendenkschrift genannt, die eine, zuvor und danach beispiellose Erregung in der deutschen Öffentlichkeit weckte und bis heute im Gedächtnis vieler Menschen als »die Denkschrift« schlechthin fortlebt. Nach knapp dreijähriger Pause folgen dann in dem Zeitraum von 1968 bis 1973 zahlreiche Denkschriften als Frucht der Arbeit der inzwischen eingerichteten vier Kammern (für öffentliche Verantwortung, für soziale Ordnung, für publizistische Arbeit, für kirchlichen Entwicklungsdienst[4]) und einiger Kommissionen; die Titel, die sich aus der Sammlung ergeben, brauchen hier nicht einzeln aufgeführt zu werden. Seitdem ist der Strom zwar nicht versiegt; die Kammern setzen ihre Arbeit fort und bereiten weitere Denkschriften vor, aber das Tempo der Produktion ist langsamer geworden.

Von Kritikern des Denkschriften-Zeitalters hört man, erst durch dieses Publikationsmittel habe sich die EKD in die politische Arena gestürzt und damit ihre Integrität eingebüßt. Die Behauptung verkennt das Gewicht der vielen Kundgebungen von Rat und Synode zu politischen Fragen in der Zeit von 1945 bis 1962: zur Teilung und Wiedervereinigung Deutschlands, zur militärischen Aufrüstung, zur Atomwaffenfrage — um nur diese in der Kirche heiß diskutierten Probleme zu nennen. Nicht erst die Denkschriften haben also den Willen der Kirche, in politischen Fragen mitzureden — ihren »Öffentlichkeitsanspruch« oder wenigstens »Öffentlichkeitsauftrag«, wie man nach 1945 nach ei-

[3] Alle bisher genannten Denkschriften sind abgedruckt in Bd. II dieser Sammlung.

[4] Ihre personelle Zusammensetzung (nach dem Stande von 1976) verzeichnet Braune, a.a.O., 145, Anm. 72.

nem Wort von Helmut Thielicke zumeist sagte[5] — zur Geltung gebracht. Es liegt eher umgekehrt so, daß der Gebrauch von Denkschriften als Mittel politischer Stellungnahmen eine Antwort auf methodische Zweifel war, die sich gegenüber manchen »Worten« von Rat oder Synode eingestellt hatten[6]. Namentlich Synodalbeschlüssen zu politischen Fragen haftet, bei allen Vorteilen der spontanen Reaktion auf akute Konfliktlagen oder Notstände, doch kaum vermeidlich der Mangel an, daß ihre Themen, auch die Sachkunde der anwesenden Mitglieder und Berater von allerlei Zufällen abhängen und daß bei eilig konzipierten Formulierungen Vernunft und Gefühl nicht immer zu einer glücklichen Ehe zusammenfinden. Dazu kommt die zunehmende Komplexität politischer und gesellschaftlicher Probleme, die sich nicht im raschen Zugriff auflösen und mit wenigen leicht einsehbaren Argumenten zu einer klaren Folgerung verdichten läßt. In politischen Konfliktlagen, in denen Parteien gegensätzliche Stellungen bezogen haben, und im sozialen Spannungsfeld, in dem Forderungen und Interessen gesellschaftlicher Gruppen aufeinanderstoßen, kann sich die Kirche mit Aussicht auf Gehör und Wirkung nur dann zu Wort melden, wenn sie die Situation zuvor sorgfältig analysiert, die in der öffentlichen Diskussion vorgebrachten Argumente aufnimmt und verarbeitet und ihren Beitrag darauf abstellt. Erwägungen dieser Art waren es, die den Rat der EKD nach den Erfahrungen des ersten Jahrzehnts veranlaßt haben, die Arbeit der Kammern und Ausschüsse stärker zu aktivieren, ihnen längerfristige Aufgaben zu stellen und dann auch die Ergebnisse solcher Arbeiten, wo immer es ihm angebracht schien, der Öffentlichkeit zuzuführen[7]. Was im Rückblick wie ein planmäßiger Methoden-

---

[5] H. Thielicke, Kirche und Öffentlichkeit, 1947; auch R. Smend sprach 1951 in seinem einflußreichen Aufsatz über »Staat und Kirche nach dem Bonner Grundgesetz« (jetzt in: Staatsrechtliche Abhandlungen, ²1968, 411 ff.) vom Öffentlichkeitsanspruch, allerdings mit deutlich spürbarer Distanzierung. Der Begriff wird beibehalten, aber nun in seiner Tragweite klar begrenzt von D. Pirson, Art. »Öffentlichkeitsanspruch«, in: Evangel. Staatslexikon, ²1975. Kritisch dazu jetzt vor allem W. Huber, Kirche und Öffentlichkeit, 1973, passim. Zu dieser Frage siehe unten, III 1.

[6] Zum Folgenden vgl. die Darstellung der Entstehungsgeschichte der ersten Denkschrift der Kammer für soziale Ordnung durch Eb. Müller, Evangelische Ratschläge zur Sozialpolitik, in: Festschr. f. H. Kunst, Kirche im Spannungsfeld der Politik, 1977, 119 ff.

[7] Es ist kein Geheimnis, daß dabei auch der Wechsel mitgewirkt hat, der 1961 in der Zusammensetzung des Rats, vor allem in seinem Vorsitz von Otto Dibelius zu Kurt Scharf eintrat.

wechsel zu Beginn der 60er Jahre erscheinen könnte, ergab sich damals eher als eine Folge einzelner, voneinander unabhängiger Schritte, zumal da es an einem geregelten Informations- und Meinungsaustausch zwischen den verschiedenen Kammern und Ausschüssen bis heute fehlt. Da Rat und Synode auch weiterhin von der Möglichkeit Gebrauch machen, eigene Kundgebungen — mit oder ohne interne Vorbereitung durch eine Kammer oder einen Ausschuß — zu erlassen, wird ohnedies statt von einem Wechsel besser von einer zunehmenden Differenzierung der Methoden des öffentlichen Redens der Kirche zu sprechen sein.

3. Zur Arbeitsweise der Kammern und Kommissionen, aus denen die Denkschriften hervorgehen, genügen hier wenige Bemerkungen[8]. Ihre personelle Zusammensetzung ist Aufgabe des Rates; er bestimmt auch, bei länger bestehenden Kammern auf ihren Vorschlag, den Vorsitzenden. Ein Mitarbeiter der Kirchenkanzlei führt die Geschäfte. Bei der Zusammensetzung wird Bedacht genommen auf eine Mischung von Theologen und kirchlich engagierten Laien, von Wissenschaftlern und Praktikern, von Vertretern unterschiedlicher theologischer und politischer Richtungen, im Falle der Kammer für öffentliche Verantwortung auch von Mitgliedern der drei großen Bundestagsfraktionen, bei der Kammer für soziale Ordnung von Vertretern der Sozialpartner. Es ist klar, daß dieses verständliche Streben nach Ausgewogenheit, das dem volkskirchlichen Modell entspricht, für die Effizienz der Kammern auch Schwierigkeiten mit sich bringt, die statt dezidierter Aussagen Kompromißformeln zur Folge haben; in — freilich seltenen — Fällen führt es dazu, daß dem Rat Mehrheits- und Minderheitsvoten zugeleitet werden[9]. Die Bestellung der Kammer-Mitglieder geschieht jeweils für eine Amtsperiode von Rat und Synode, also für sechs Jahre. Es bleibt den Kammern überlassen, Gäste als Referenten für Teilthemen oder als Beobachter zuzuziehen, Ausschüsse für verschiedene Fragen-

---

[8] Wegen vieler Einzelheiten sei noch einmal auf die Arbeit von Braune (oben, Anm. 2) verwiesen.

[9] Beispiel eines gescheiterten Versuchs, gegensätzliche Richtungen zu einem Konsens zu bringen, ist der 1965 auf Wunsch der EKD-Synode vom Rat eingesetzte theologische Arbeitskreis »Schrift und Verkündigung«. Die von ihm 1970 vorgelegte und mit Zustimmung des Rats veröffentlichte Denkschrift »Schrift, Theologie, Verkündigung« mußte sich darauf beschränken, unterschiedliche Voten von Mitgliedern des Arbeitskreises nebeneinanderzustellen; einige Mitglieder hatten schon vor Ende der Arbeit ihre Teilnahme aufgegeben. — Die rein theologische Schrift gehört nicht in den Rahmen dieser Sammlung.

kreise oder zur Anfertigung von Entwürfen zu bilden; unabdingbar ist aber die abschließende Beratung solcher Entwürfe im Plenum[10].
Eine zweite Stufe des Entstehungsvorgangs ist das Verfahren der Zustimmung im Rat. Er nimmt seine Verantwortung nicht leicht, kann deswegen eine Veröffentlichung im Namen der EKD für nicht opportun erklären[11] oder von Änderungen abhängig machen[12]. Dieses Verfahren als Zensur zu denunzieren, wäre unangebracht; es geht nicht um Kritik an der Meinung der Sachverständigen, die diese anderwärts zu publizieren frei sind, sondern um die Frage, was im Namen der EKD veröffentlicht werden soll. Denn die Verantwortung dafür trägt der Rat auch dann, wenn er im Vorwort, wie das häufig geschehen ist, zum Ausdruck bringt, daß er die in der Denkschrift entwickelten Auffassungen nur zur Diskussion stellt, ohne sich voll mit ihnen zu identifizieren, oder wenn er statt einer eigenen Erklärung das Vorwort dem Kammervorsitzenden überläßt. Das sind Grade des eigenen Engagements in der Sache, die der Beachtung wert sind, die aber das Ja zur Veröffentlichung nicht aufheben.
4. In einer langsam zunehmenden Zahl von Fällen hat der Rat der EKD Wert darauf gelegt, öffentliche Äußerungen, auch in der Form von Denkschriften, gemeinsam mit der römisch-katholischen Kirche, praktisch also deren deutscher Bischofskonferenz abzugeben in der Erwartung, damit die Wirkung in der Öffentlichkeit zu verstärken. Es liegt auf der Hand, daß die unterschiedlichen sozialethischen bzw. moraltheologischen Grundlagen die Gemeinsamkeit der Aussage schwie-

---

[10] Es läßt sich nicht ausschließen, daß die Präsenz bei solchen Beratungen unterschiedlich stark ist und von Sitzung zu Sitzung wechselt. Das erklärt die mehrfach — z.B. von Braune, a.a.O., 152, 181 und von W. Huber, a.a.O., 599 — gerügte Zurückhaltung in der Veröffentlichung der Namen der für eine bestimmte Denkschrift verantwortlichen Mitglieder.

[11] Ein Beispiel ist das 1972 vorgelegte Gutachten einer vom Rat eingesetzten Kommission zur Strafrechtsreform, das zur Frage des Schwangerschaftsabbruchs Stellung nahm. Es ist veröffentlicht in: ZEE, 1972, 233ff. Die dann vom Rat beschlossenen Stellungnahmen zu dieser Frage sind in Bd. III dieser Sammlung aufgenommen. Ein anderes Beispiel ist die 1975 von der Kammer f. soziale Ordnung fertiggestellte Denkschrift über »Die Beschäftigung ausländischer Arbeitnehmer und die wirtschaftliche Entwicklung ihrer Heimatländer«, die der Rat nicht der Öffentlichkeit, sondern nur den Gliedkirchen als Arbeitsmaterial zugeleitet hat.

[12] So ist die Denkschrift zur Bodenrechtsreform (1973; Bd. II dieser Sammlung) vom Rat nur unter Änderungen zur Veröffentlichung freigegeben worden. Die von der Kammer f. soziale Ordnung beschlossene erste Fassung ist abgedruckt in: ZEE, 1973, 113ff.

rig machen können. Demgemäß ist auch der erste Versuch dieser Art, die 1971 veröffentlichte Schrift über »Das Gesetz des Staates und die sittliche Ordnung« von evangelischer Seite scharf kritisiert worden[13]. Als gemeinsame Veröffentlichung beider Kirchen erschien dann 1973 die Denkschrift »Soziale Ordnung des Baubodenrechts«; auch hier war die Gemeinsamkeit nicht ohne Probleme[14]. In der Folge gelang sie besser, so in den — das Verhältnis beider Kirchen zueinander betreffenden — »Gemeinsamen kirchlichen Empfehlungen für die Ehevorbereitung konfessionsverschiedener Partner« von 1974[15] und in dem »Memorandum der Gemeinsamen Konferenz der Kirchen für Entwicklungsfragen zu UNCTAD IV« (1976)[16]. Es wäre zu wünschen, daß die übereinstimmend entschiedene Redeweise, die in der letztgenannten Arbeit auf dem Felde der Entwicklungspolitik erreicht worden ist, auch innerdeutschen Problemen zugute käme.

5. Einen ausdrücklichen Hinweis verdient noch die Verbindung, die zwischen der Arbeit der Kammern und Kommissionen und derjenigen anderer kirchlicher Einrichtungen besteht. So sind die Evangelischen Akademien nicht nur für die Verbreitung und Wirkung veröffentlichter Denkschriften wichtig geworden; sie haben mehrfach vermöge der in ihnen gesammelten Erfahrungen und Kenntnisse auch wertvolle Vorarbeit für die Entstehung von Denkschriften geleistet[17]. Aus dem gleichen Grunde hat es sich, auch abgesehen von manchen aus Doppelämtern sich ergebenden personellen Querverbindungen, als nützlich erwiesen, daß die finanziell von der EKD und den Landeskirchen getragenen wissenschaftlichen Institute Mitarbeiter in die Kammern oder Kommissionen entsenden[18]. Das schließt selbstverständlich nicht aus,

---

[13] Die Kritik galt sowohl dem Inhalt als auch dem Verfahren der Ausarbeitung in einer ad-hoc-Kommission und der Publikation ohne formelle Zustimmung des Rats (wohl aber seines Vorsitzenden). Da die Schrift darum nur als persönliche Arbeit ihrer Verfasser gelten kann, ist sie in diese Sammlung nicht aufgenommen. Vgl. zu dem Vorgang die Darstellung von W. Huber, a.a.O., 585; Braune, a.a.O., 156 (Anm. 123), 170.

[14] Vgl. dazu die Angaben oben, Anm. 12.

[15] Abgedruckt in Bd. III der Sammlung.

[16] Vorausgegangen war schon 1972 eine gemeinsame Stellungnahme zu UNCTAD III unter dem Titel »Partner in der Weltwirtschaft«.

[17] Über einen Vorgang dieser Art bei der Kammer f. soziale Ordnung berichtet Eb. Müller, a.a.O. (Anm. 6), 120.

[18] So entsendet die Forschungsstätte der Evangel. Studiengemeinschaft (FEST) Mitarbeiter in die Kammer f. öffentl. Verantwortung und in die Familienrechtskommission, das Sozialwissenschaftliche Institut der EKD in die Kammern f.

daß diese Institute ihr eigenes wissenschaftliches Programm unabhängig von dieser Mitarbeit durchführen[19].

II. Gegenstand und Methode der Denkschriften

Die Kammer für soziale Ordnung hat sich Ende der 60er Jahre, nachdem die ersten Erfahrungen mit dem Instrument der Denkschriften gesammelt waren, daran gemacht, die Voraussetzungen seiner Verwendung, seine Legitimität und seine Funktion für das Verhältnis der Kirche zur Gesellschaft wissenschaftlich zu untersuchen. Daraus entstand die 1970 veröffentlichte Denkschrift über »Aufgaben und Grenzen kirchlicher Äußerungen zu gesellschaftlichen Fragen«, seitdem meist kürzer »Denkschrift über die Denkschriften« genannt[20]. Der Inhalt dieser Denkschrift wird uns im folgenden wiederholt beschäftigen müssen; schon jetzt ist auf sie als das wichtigste Dokument einer Selbstvergewisserung der Kirche auf dem eingeschlagenen Weg hinzuweisen. Doch kann es nicht die Aufgabe dieser Einführung sein, die darin entwickelten Thesen in voller Breite zustimmend oder kritisch zu kommentieren. Was uns vordringlich beschäftigen sollte, sind nicht die dort aufgestellten Regeln, sondern ist die Frage, was faktisch Inhalt der bisher veröffentlichten Denkschriften geworden ist. Es geht dabei einmal um ihren Gegenstand, also die Auswahl der politischen und gesellschaftlichen Probleme, die in Denkschriften behandelt worden sind, sodann um die Methode ihrer Behandlung.

öffentl. Verantwortung und f. soziale Ordnung, das Comenius-Institut in den bildungspolitischen Ausschuß.

19 Ein bemerkenswertes Beispiel dafür ist die Parallelität, die thematisch zwischen den Denkschriften der Kammer f. öffentl. Verantwortung zur Friedensfrage und der Reihe der »Studien zur Friedensforschung« der FEST besteht.

20 Sie wird erläutert im Kommentar eines der Mitglieder der Kammer: H. Schulze, Ethik im Dialog, 1972. Vgl. ferner W. Huber, a.a.O., 593ff., und die wiederholten Auseinandersetzungen mit dieser Denkschrift in Arbeiten von M. Honecker, in dem Aufsatzband Sozialethik zwischen Tradition und Vernunft, 1977, hier besonders dem Aufsatz »Kriterien öffentlicher Äußerungen der Kirche«, 63ff.; ferner ders., Die Schwierigkeit, Denkschriften zu formulieren; Aporien einer evangel. Sozialethik, in: Zeitwende, 1970, 211ff.; Die Denkschriften der EKD als Paradigma ethischer Argumentation, in: Festschr. f. H. Kunst, Kirche im Spannungsfeld der Politik, 1977, 131ff. — Im folgenden beziehen sich Zitate von Honecker ohne besonderen Zusatz auf den erstgenannten Aufsatzband. — Auf die angeführten Arbeiten ist für alles Folgende hinzuweisen.

1. Zum Verfahren der Auswahl ist einleitend festzustellen, daß der Auftrag zur Bearbeitung eines Problems vom Rat ausgehen, aber ebensowohl auf einer vom Rat gebilligten Initiative einer Kammer oder Kommission beruhen kann. Dabei bleibt häufig zu Beginn der Arbeit noch ganz offen, ob das Ergebnis im Entwurf einer zur Veröffentlichung bestimmten Denkschrift oder nur in einer internen, für den Rat oder andere kirchliche Organe und Dienststellen bestimmten gutachtlichen Stellungnahme bestehen wird.

Wie die Liste der in diese Sammlung aufgenommenen Denkschriften ergibt, ist ihre Thematik breit gestreut. Ebensowenig, wie man den Beginn der Denkschriften-Periode als Folge einer planmäßigen kirchlichen Strategie bezeichnen kann, ist damals oder seitdem ein umfassender Plan der zu behandelnden Themen aufgestellt worden. Denkschriften können und sollen ja in keinem auch nur entfernten Sinn zu einem systematisch angelegten Lehrbuch der Sozialethik zusammenwachsen. Vielmehr geht es immer darum, auf konkrete geschichtliche Situationen zu antworten, die als konfliktträchtig und klärungsbedürftig empfunden werden und für die nach Kriterien, von denen noch zu sprechen sein wird, eine kirchliche Äußerung als angebracht und hilfreich angesehen wird. Das entspricht ihrem Zweck, aber auch der stets nur begrenzten Leistungsfähigkeit der Gremien, die sie erarbeiten.

Dieses Auswahlprinzip hat freilich zur Folge, daß Denkschriften immer nur Schneisen in ein schwer überschaubares Geflecht allgemein- oder gesellschaftspolitischer Sachverhalte schlagen können und jedesmal zahlreiche, rechts und links der ausgehauenen Bahn liegende Probleme unberücksichtigt lassen müssen. Dabei sind die Schneisen manchmal breit genug angelegt, um eine annähernd systematische, in sich geschlossene Behandlung des in Angriff genommenen Problemfeldes zu erlauben, wie zum Beispiel in den Denkschriften der Kammer für Entwicklungsdienst: »Der Entwicklungsdienst der Kirche« (1973) und der Kammer für soziale Ordnung: »Die soziale Sicherung im Industriezeitalter« (1973). In der Mehrzahl der Denkschriften ist die Fragestellung aber enger und bleiben darum viele Komplementärfragen notwendig unbeantwortet.

Gewisse Schwerpunkte der Themenwahl ergeben sich aus der generellen Aufgabenstellung der vier Kammern oder der langfristigen Kommissionen, wie zum Beispiel der Familienrechtskommission oder des bildungspolitischen Ausschusses[21]. Doch bleibt auf den breiten Ar-

[21] Die kirchlichen Äußerungen zur Bildungspolitik fehlen in dieser Sammlung, weil ihre gemeinsame Herausgabe aus organisatorisch-technischen Gründen ei-

beitsgebieten namentlich der Kammern für öffentliche Verantwortung und für soziale Ordnung ein weites Feld für Themen von nicht geringerer Aktualität, die bisher nicht oder nur in internen Stellungnahmen gegenüber dem Rat in Angriff genommen wurden. Auffällig ist das Fehlen von Studien zur Wirtschaftspolitik, obwohl diese doch die Innen- und Außenpolitik der Bundesrepublik, etwa im Rahmen der Europäischen Gemeinschaft, in hohem Maße bestimmt. Daß dieses Fehlen einem seit langem zu beobachtenden Defizit der evangelischen Sozialethik auf dem Gebiete der Wirtschaftsethik entspricht, und daß die Wirtschaftswissenschaften selbst sich in ihrer neueren Entwicklung gegenüber ethischen Grundsatzfragen ausgesprochen spröde verhalten, kann es zwar erklären, aber doch nicht zureichend rechtfertigen. Indessen läßt sich absehen, daß auch die Kirche Stellungnahmen zu den heute drängenden Umwelt- und Energieproblemen oder den Folgen struktureller Arbeitslosigkeit nicht wird ausweichen können.

2. Die Ausarbeitung von Denkschriften erfordert eine Tatsachenkenntnis in dem in Angriff genommenen Problembereich, in vielen Fällen auch eine Vertrautheit mit dem wissenschaftlichen Rüstzeug verschiedener Disziplinen, die jedenfalls bei den längerfristig arbeitenden Kammern nicht für jedes Mitglied, für jedes Problem vorausgesetzt werden können. Unerläßliche Voraussetzung ihrer Arbeit ist also die Beschaffung zuverlässigen Informationsmaterials, für die in erster Linie die Kirchenkanzlei oder eines der genannten wissenschaftlichen Institute sorgen können, sodann in vielen Fällen die Beteiligung von ad hoc zugezogenen Sachverständigen, nicht als verantwortliche Mitarbeiter an der Stellungnahme der Kammer, sondern als Gastreferenten, deren Beiträge dann das Ergebnis mit beeinflussen. Als eines unter vielen Beispielen diene die Arbeit der Kammer für öffentliche Verantwortung an dem Thema »Kriegsverhütung und Friedenssicherung«, die sie 1966 begonnen hat und aus der 1968 die Studie »Friedensaufgaben der Deutschen« und 1969 die Thesenreihe »Der Friedensdienst der Christen« hervorgegangen sind. Die Kammer hat im Laufe dieser Arbeit eine größere Zahl von Gastreferenten, zum Beispiel auch zu den politologischen, soziologischen und sozialpsychologischen Aspekten des Problems gehört und diskutiert. Die theologischen Referate zur Ethik des Friedens wurden 1970 zusammen mit der Thesenreihe in einem Sammelband veröffentlicht[22].

---

ner späteren Veröffentlichung vorbehalten ist. In einer Gesamtbetrachtung der Denkschriften müssen sie dennoch als wesentliches Teilstück gelten.

[22] W. Danielsmeyer (Hrsg.), Der Friedensdienst der Christen. Beiträge zu einer Ethik des Friedens, 1970.

3. Die geschilderte punktuelle, durch besondere Anlässe und nicht durch Erwägungen systematischer Vollständigkeit bestimmte Auswahl der Themen für Denkschriften hat methodisch zur Folge, daß Grundfragen der Sozialethik in den Denkschriften nicht immer mit der ihnen an sich zukommenden Gründlichkeit und Konsequenz behandelt, sondern eher beiläufig angeschnitten, bewußt oder unbewußt offengelassen oder mehr implizit als ausdrücklich beantwortet werden. Ein solches Verfahren wird nicht nur durch die gebotene Kürze und Beschränkung auf das vor Augen liegende konkrete Problem nahegelegt, sondern nicht selten auch durch den Umstand, daß die geschilderte Zusammensetzung der Kammer aus Vertretern verschiedener Denk- und politischen Richtungen eine Einigung über Empfehlungen für die Lösung eines bestimmten Problems oder allenfalls über pragmatisch verstandene und so als Orientierungspunkte verwendete »mittlere Axiome« leichter macht als einen formulierten Konsens über die hinter solchen Axiomen auftauchenden prinzipiellen Fragen[23]. Das entspricht im übrigen einer Haltung, die auch bei vergleichbaren anderen, außerkirchlichen Beratungsgremien, zum Beispiel den zahlreichen wissenschaftlichen Beiräten bei Bundesministerien zu beobachten ist. Die Gefahr solcher »mittleren Axiome« oder geschichtlich zu begründenden Verhaltensrichtlinien liegt freilich in ihrer Mehrdeutigkeit, die letzten Endes doch nur durch den Rückzug auf theologisch durchreflektierte ethische oder anthropologische Aussagen behoben werden kann.

Aus den gleichen Gründen sind die Denkschriften zurückhaltend, wenn nicht schweigsam in prinzipiellen Äußerungen über das Verhältnis der Kirche zu Staat und Gesellschaft. Was dazu zur Rechtfertigung des Instruments der Denkschriften zu sagen ist und in der Denkschriften-Denkschrift gesagt wird, muß uns noch im folgenden Abschnitt beschäftigen. Hier geht es um die Frage, ob hinter den Stellungnahmen zu einzelnen staats- oder gesellschaftspolitischen Problemen ein bestimmtes Verständnis von der »richtigen« Ordnung von Staat und Gesellschaft entwickelt oder jedenfalls als Gegenstand sozialethischer Überlegungen thematisiert wird. So gestellt, muß die Frage verneint werden. Das ist auffällig, wenn man sich vor Augen hält, daß die in der

[23] Auch die Denkschriften-Denkschrift empfiehlt (Ziff. 63) die Beschränkung auf »mittlere Axiome« oder »biblische Haltungsgrundlagen«; vgl. dazu H. Schulze, a.a.O., 133f. Die dahinter stehenden Grundlagenfragen der Sozialethik können hier nicht verhandelt werden; verwiesen sei dazu besonders auf den Aufsatz von M. Honecker in der Festschr. Kunst (oben, Anm. 20).

Bundesrepublik rechtlich und faktisch bestehende Ordnung nicht selbstverständlich ist — im Blick auf die NS-Periode, die hinter uns liegt, auch im Blick auf die radikal andersartige Ordnung in der DDR, in der unsere Schwesterkirchen ihren Auftrag zu erfüllen haben, oder auf die Angriffe, die seit etwa zehn Jahren vor allem von Teilen der jungen Generation gegen die geltende politische und sozio-ökonomische Ordnung gerichtet werden. Was die erste Blickrichtung angeht, so mag die evangelische Christenheit in Deutschland heute, ungeachtet der noch nicht bewältigten Urteilsbildung über das Verhalten der Kirche im Dritten Reich, auf die theologische Erklärung der Barmer Bekenntnissynode von 1934 verweisen, die in der Grundordnung der EKD und der meisten Landeskirchen eingegangen ist[24], oder auf die (damals für die Regierung, nicht für die Öffentlichkeit bestimmte) Denkschrift der vorläufigen Leitung der Bekennenden Kirche von 1936[25]. In der zweiten Blickrichtung war der EKD bis 1969 das offene Reden durch ihren gesamtdeutschen Verantwortungsbereich erschwert; sie hält sich auch heute mit Rücksicht auf die Schwesterkirchen zurück[26]. Die dritte Blickrichtung ist in der 1973 von der Kammer für öffentliche Verantwortung veröffentlichten Thesenreihe über »Gewalt und Gewaltanwendung in der Gesellschaft« mit anvisiert, aber

[24] Die Diskussion über die aktuelle Bedeutung der 2. Barmer These wurde 1970 vom theologischen Ausschuß der EKU wiederaufgenommen. Sein Votum und eine Anzahl von Einzelbeiträgen sind veröffentlicht im Sammelband von A. Burgsmüller (Hrsg.), Zum politischen Auftrag der christlichen Gemeinde (Barmen II), 1974. Das Votum des Ausschusses, das einer Denkschrift gleichkommt, enthält auch Stellungnahmen zur Demokratisierung und zur Wirtschaftsordnung (a. a. O., 238 ff., 253 ff., 255). Doch dürfte es über den kirchlichen Bereich nicht hinausgedrungen sein.

[25] Auf sie verweist auch die Denkschriften-Denkschrift als »den ersten großen Versuch einer evangelischen Denkschrift aus neuerer Zeit« (Ziff. 2). Sie ist abgedruckt bei K. D. Schmidt, Dokumente des Kirchenkampfes II, 1964, 695 ff. Vgl. dazu Schulze, a. a. O., 17 ff.; W. Huber, a. a. O., 555 f.

[26] Die Schwierigkeit wurde besonders deutlich in dem in der EKD-Synode, aber auch der außerkirchlichen Öffentlichkeit verhandelten Streit um die 1959 von dem damaligen Ratsvorsitzenden Bischof Dibelius verfaßte Obrigkeits-Schrift (letzte Fassung: O. Dibelius, Obrigkeit, 1963). Andererseits entwickelte schon vor der Spaltung der EKD die Konferenz der evangel. Kirchenleitungen in der DDR in ihren 1963 beschlossenen und veröffentlichten »Zehn Artikeln über Freiheit und Dienst der Kirche« ihren Standpunkt zur Rolle der Kirche in einer vom marxistischen Sozialismus bestimmten Gesellschaftsordnung. Text und Kommentar dazu von E. Wilkens, Die Zehn Artikel ..., 1964; vgl. W. Huber, a. a. O., 570 ff.

nicht voll durchreflektiert. Eine tiefergehende Auseinandersetzung haben die Kammern bisher jedenfalls in öffentlichen Äußerungen vermieden. Dabei dürfte freilich die Scheu davor, in die ordnungstheologischen Doktrinen der dreißiger Jahre zurückzufallen, ebenso bestimmend sein wie die Schwierigkeit einer Volkskirche, in Zustimmung und Kritik die richtige Mitte zwischen unvermeidlicher Anpassung in Solidarität mit und notwendiger Distanz zu dem sie umgebenden politischen Gemeinwesen zu halten[27].

Noch weiter greift der in der Denkschriften-Denkschrift (Ziff. 65) entwickelte Gedanke, Aufgabe einer christlichen Sozialethik und damit auch der kirchlichen Kammern in ihrer Themenwahl könne es nicht nur sein, sich »auf Einzelerkenntnisse und Entscheidungen für hier und heute zu beschränken«, vielmehr stelle sich »die Aufgabe, vorausschauende Konzeptionen für die künftige Gestaltung zu versuchen und sich an der Entwicklung der Grundlagen des künftigen Menschseins zu beteiligen«. Dabei wird auf die in der ökumenischen Diskussion aufgestellte Forderung verwiesen, »reale Utopien für eine weltweite verantwortliche Gesellschaft« zu entwerfen[28]. Die veränderte Bewußtseinslage, die jedenfalls in den westlichen Industriegesellschaften seit der Ölkrise und der Diskussion über die »Grenzen des Wachstums« eingetreten ist und die uns heute gegenüber fortschrittsgläubigen Zukunftsprognosen skeptisch macht, würde uns heute wohl veranlassen, diese Sätze anders zu formulieren. Aber die Aufgabe, sich nicht bloß mit zeitgebundenen Einzelproblemen zu beschäftigen, sondern Zielvorstellungen für den Weiterweg unserer Gesellschaft im Rahmen einer weltweiten verantwortlichen Gesellschaft zu entwickeln, ist damit nicht entfallen, sondern angesichts einer sich ausbreitenden Unsicherheit und Ratlosigkeit eher noch dringlicher geworden.

4. Die Anforderungen, die an den Inhalt von Denkschriften zu stellen sind, damit sie ihrer Funktion gerecht werden, faßt die Denkschriften-Denkschrift mehrfach in den beiden Stichworten der Sachgemäßheit

---

[27] In beiden Hinsichten tritt der französische Protestantismus, der aus Minderheitskirchen besteht, unbefangener auf. Beispiel ist die mit radikaler Kritik an der eigenen Gesellschaft nicht sparende Schrift »Eglise et Pouvoirs«, die die Fédération Protestante de France 1971 als Ergebnis einer kleinen Arbeitsgruppe veröffentlichte.

[28] Dazu Schulze, a.a.O., 139; auch meine, das Postulat von Zielvorstellungen aufgreifenden Bemerkungen in dem Beitrag »Kirche und Politik«, in: Festschr. f. K. Scharf, Jenseits vom Nullpunkt. Christsein im westlichen Deutschland, 1972, 221 ff., 228 ff.

und der Schriftgemäßheit zusammen[29]. Beide Begriffe bedürfen, auch um die bisherige Denkschriftenpraxis an ihnen zu messen, der Erläuterung.

Dabei bereitet die Forderung der Sachgemäßheit die geringere Schwierigkeit. Man mag sie selbstverständlich nennen; eine Argumentation, die das gestellte Problem nicht erfaßt und an den für sein Verstehen wesentlichen Sachverhalten vorbeiredet, geht ins Leere oder schafft Verwirrung. Doch ist die Warnung davor, die Ermittlung der Fakten zu vernachlässigen oder Sachverhalte einseitig darzustellen, um so mehr angebracht, als eine Rechtfertigung kirchlicher Denkschriften gerade darin liegt, daß die Kirche im Unterschied zu anderen großen Verbänden nicht an die Interessen bestimmter Bevölkerungsgruppen gebunden ist. Darüber hinaus erfordert Sachgemäßheit sicherlich eine Argumentation, die mögliche Problemlösungen mit geschulter, unvoreingenommener Vernunft, gestützt auf wissenschaftlich gesicherte Erkenntnisse erörtert. Daß dies das Bestreben aller Denkschriften ist, kann nicht bestritten werden, auch wenn sie keine Unfehlbarkeit für sich in Anspruch nehmen und ihre Redeweise nicht die von streng wissenschaftlichen Abhandlungen sein kann.

Problematischer ist die Forderung der Schriftgemäßheit. Wörtlich verstanden würde sie bedeuten, daß alle in einer Denkschrift zur Problemlösung eingeführten ethischen Argumente der Legitimation durch eine Schriftstelle bedürfen. Nur eine fundamentalistische Theologie könnte auf solchem Biblizismus bestehen. Jene Denkschrift, die Schriftgemäßheit fordert, ist weit davon entfernt; sie warnt davor, »ewig gültige ethische Normen« aus einzelnen Bibelstellen herleiten zu wollen (Ziff. 63) oder Glaubensaussagen beziehungslos neben die rationale Argumentation zu stellen (Ziff. 64). Eine Durchsicht der Texte zeigt, daß die Denkschriften solche Mängel zu vermeiden bemüht sind. Kennzeichnend dafür ist schon die äußere Anordnung. Während die erste Denkschrift von 1962 über »Eigentumsbildung in sozialer Verantwortung« mit einem theologischen Grundsatzteil über »Das Eigentum und der Eigentümer vor Gott« beginnt, um dann erst in den folgenden beiden Abschnitten die spezifischen Probleme des Eigentums in der industriellen Gesellschaft und in der Bundesrepublik im besonderen zu schildern, für deren bessere Lösung die Denkschrift dann Vorschläge entwickelt, gehen nahezu alle weiteren Denkschriften, etwa schon die

[29] Denkschriften-Denkschrift, Ziff. 32, 33 und 61ff.; dazu Schulze, a.a.O., 80ff., 128ff., 135ff. Kritisch zu diesen Postulaten M. Honecker, a.a.O., 69ff., 87ff.

Landwirtschaftsdenkschrift der gleichen Kammer von 1965 oder noch entschiedener die Vertriebenendenkschrift vom gleichen Jahr, so vor, daß zunächst der konfliktträchtige Sachverhalt dargestellt wird, ehe die Theologie mit konkret darauf bezogenen ethischen oder dogmatischen Aussagen zu Rate gezogen wird. Daß dieser Rat nicht aus einzelnen Schriftstellen abgeleitet werden kann, wird durchweg als selbstverständlich beachtet.

Was mit dem mißverständlichen Begriff der Schriftgemäßheit gemeint ist, wird deutlicher durch die von der Denkschriften-Denkschrift an anderer Stelle (Ziff. 62) gewählte Formulierung, die konkrete Entscheidung für einen sachkundig ermittelten Sachverhalt erwachse »aus einem wechselseitigen Zusammenspiel von Glaubenserkenntnissen und vernunftgemäßem Erfahrungswissen«, wobei diese Glaubenserkenntnisse dahin näher bestimmt werden, daß sie auf den im Glauben an Christus begriffenen, jeweils inhaltlich zu konkretisierenden »Aussagen über den Menschen, die Schöpfung und die Gebote beruhen«. Damit ist wenigstens in Umrissen angedeutet, was nicht nur die christlichen Gemeinden, sondern auch die nicht-christliche Öffentlichkeit von einem kirchlichen Beitrag zu einem öffentlich diskutierten Problem erwartet, nämlich daß er die spezifische christliche Sehweise und Erkenntnis in das Gespräch mit einbringt[30]. Das heißt nicht, daß der kirchliche Ratschlag im Ergebnis von den auf anderem Weg und mit anderer Motivation gewonnenen Lösungsvorschlägen abweichen muß; entscheidend ist die im Glauben verantwortete Lösung[31].

Ungelöst bleibt bei allen diesen Formulierungsversuchen die methodische Frage, wie Schriftgemäßheit und Sachgemäßheit, Glaubenserkenntnis und Erfahrungswissen zu verbinden sind, so daß sie in einer Handlungsanweisung münden. Offenbar liegt hier ein Problem der evangelischen Ethik, die ja bewußt auf eine Kasuistik nach Art der katholischen Moraltheologie verzichtet. Es ist, auch im Anschluß an die

---

[30] W. Huber, a.a.O., 605, spricht zusammenfassend, aber sehr allgemein von »christlichen Vorgaben und Impulsen«; M. Honecker, a.a.O., 91ff., begnügt sich – unter Berufung auf G. Ebeling – mit dem Kriterium der »Christlichkeit« als Aufgabe einer theologischen Begründung kirchlicher Äußerungen, Christlichkeit verstanden als »das Ganze christlicher Lehre und christlichen Glaubens«; ebenso jetzt in: Festschrift Kunst, a.a.O., 137. Die Weite solcher Kriterien beugt theologischen Festlegungen vor, aber um den Preis großer Unbestimmtheit.

[31] So auch die Denkschriften-Denkschrift, Ziff. 51, die daraus die Forderung einer Zusammenarbeit »mit allen Menschen guten Willens« ableitet.

Denkschriften-Denkschrift, Gegenstand lebhafter Auseinandersetzungen unter Theologen und bedarf sicher weiterer theoretischer Klärung[32]. In der Praxis der an Denkschriften arbeitenden Kammern und Kommissionen hat das Problem, wie es scheint, geringere Beschwer bereitet. Sie gehen der Festlegung auf kontroverse dogmatische oder ethische Grundpositionen, wie etwa der Zwei-Reiche-Lehre oder der Lehre von der Königsherrschaft Christi, lieber aus dem Weg[33] und versuchen, ohne sich ausdrücklich einer Situationsethik zu überlassen, pragmatische Lösungen für das jeweilige Problem zu entwickeln. Als Beitrag zur Begründung einer ethischen Handlungslehre könnte eine Analyse des in diesen Texten vorliegenden Materials auch für eine Theorie der Ethik von Interesse sein.

III. Zur Legitimation der Denkschriften

Äußerungen der Kirche zu politischen Fragen hat es, wie oben in Abschnitt I zur Erinnerung vermerkt, seit 1945 in Form von Kundgebungen oder »Worten« von Rat und Synode der EKD, aber auch von anderen kirchlichen Organen in großer Zahl gegeben. Doch haben sie, abgesehen vielleicht von der »Stuttgarter Schulderklärung«, zwar den ohnedies nach den Erfahrungen des »Kirchenkampfes« in der NS-Periode notwendigen innerkirchlichen Klärungsprozeß über die Stellung der Kirche in Staat und Gesellschaft vorangetrieben, aber in der nichtkirchlichen Öffentlichkeit kaum Zweifel an der Legitimation der Kirche zu solchen Kundgebungen erweckt. Erst die Praxis der Denkschriften, vor allem die Erregung, die die beiden an empfindliche Stellen im politischen Bewußtsein rührenden Denkschriften von 1965, die Landwirtschafts- und die Vertriebenendenkschrift, auslösten, hat auch in weiten Kreisen außerhalb der Kirche eine mitunter heftig geführte Dis-

32 Die Denkschriften-Denkschrift selbst spricht (Ziff. 64) von einem »Hin und Her zwischen theologischen und durch Sachanalyse geleiteten Erwägungen« — eine Verlegenheitsformel, die die Frage nicht beantwortet. Die Auffassungen darüber sind kontrovers und können hier nicht verhandelt werden: Schulze, a.a.O., 135; W. Huber, a.a.O., 600ff.; M. Honecker, a.a.O., 69ff., 96ff., sowie Festschrift Kunst, 135ff.

33 Bemerkenswert dazu die Ausführungen der Vertriebenen-Denkschrift (Einleitung zu Teil V). Zu dem Prinzipienstreit neuerdings M. Honecker, a.a.O., 9ff., 29ff.

kussion darüber zur Folge gehabt, was die Kirche eigentlich berechtige, sich in politische Fragen »einzumischen« oder, weniger emotional, was die Voraussetzungen, Möglichkeiten und Grenzen kirchlicher Einwirkung auf politische Entscheidungsvorgänge sind. Inzwischen hat sich diese Diskussion soweit beruhigt, daß man von einigermaßen gesicherten Ergebnissen sprechen kann. Dagegen hat der innerkirchliche Streit um ein politisches Mandat der Kirche und die Voraussetzungen seiner Wahrnehmung neue Nahrung bekommen, als sich in der zweiten Hälfte der sechziger Jahre theologische Richtungen und Gruppen von Gemeindegliedern stürmisch zu Wort meldeten, die eine — hier in weitem Sinn verstandene — politische Theologie vertraten, eben damit aber auch Gegenkräfte auf den Plan riefen, die darin einen Verrat am Verkündigungsauftrag des Evangeliums sehen. Obwohl die Denkschriften-Praxis in dieser Phase des Streits keine hervorstechende Rolle mehr spielt, kann ihre innerkirchliche Legitimation doch nicht von diesem veränderten Streitstand gelöst werden.
Dieser rasche Überblick zeigt, daß es sich unter systematischen und historischen Gesichtspunkten empfiehlt, die beiden wichtigsten Aspekte der Legitimationsfrage klar zu unterscheiden. Zweckmäßigkeitsgründe legen es nahe, hier den außerkirchlichen Aspekt voranzustellen, obwohl bei streng logischer Folge der innerkirchliche, der den anderen mitbedingt, den Vorrang verdiente. In beiden Richtungen kann es sich in dieser Einführung nur um Hinweise auf die wichtigsten Gesichtspunkte, nicht um eine umfassende Erörterung der gesamten Problematik handeln. Die Denkschriften selbst haben verständlicherweise die Legitimationsfrage nicht angeschnitten, sondern ihre Bejahung vorausgesetzt; in ihnen sind allenfalls Überlegungen über die Grenzen kirchlicher Legitimation erkennbar. Die Denkschriften-Denkschrift freilich hat es sich zur Aufgabe gemacht, gerade den Legitimationsfragen zusammenhängend nachzugehen.
1. In einem politischen Gemeinwesen, das wie die Bundesrepublik Deutschland als pluralistische Demokratie mit weitgehendem Grundrechtsschutz, darunter dem Schutz der Meinungs- und Vereinigungsfreiheit verfaßt ist, sind einzelne und Verbände frei, sich in Wort und Schrift an der öffentlichen Meinungsbildung zu beteiligen, sofern sie die Grenzen des Art. 5 Abs. 2 GG einhalten. In diesem allgemeinen Rahmen bedürfen auch kirchliche Kundgebungen keiner besonderen verfassungsrechtlichen Ermächtigung. Wenn gleichwohl im kirchlichen, auch kirchenrechtlichen Schrifttum vom Öffentlichkeitsauftrag oder gar Öffentlichkeitsanspruch der Kirche die Rede ist, so muß klar sein, daß damit kein Auftrag des Staates an die Kirche und kein über den Freiheitsraum des Art. 5 GG hinausgehender Anspruch der Kirche

gegen den Staat gemeint sein kann[34]. Es geht bei diesen Begriffen um die innerkirchliche Legitimation.
Gleichwohl ist damit noch nicht alles gesagt. Das Staatskirchenrecht, das seine verfassungsrechtliche Grundlage in Art. 140 GG mit seiner Verweisung auf die Art. 136ff. WeimRV hat, billigt unbeschadet des Grundsatzes, daß keine Staatskirche besteht, den beiden Großkirchen eine in mehrfacher Hinsicht privilegierte Stellung zu. Sie gelten als Körperschaften öffentlichen Rechts, ohne deshalb staatlicher Aufsicht zu unterstehen, und genießen Staatshilfe beim Einzug von Kirchensteuern, was ihre Unabhängigkeit gegenüber anderen gesellschaftlichen Mächten stärkt. Die Religionsfreiheit und die ungestörte Religionsausübung wird in Art. 4 GG nicht nur den einzelnen, sondern auch den Kirchen gewährleistet; Religionsunterricht ist nach Art. 7 Abs. 3 GG ordentliches Lehrfach in den öffentlichen Schulen, und der Staat unterhält an seinen Universitäten theologische Fakultäten (Fachbereiche). Zusammengenommen heißt das, daß dieser Staat, der selbst weltanschaulich neutral zu bleiben entschlossen ist, doch die große gesellschaftspolitische Bedeutung der Kirchen, wohl auch die von ihnen erhofften seelischen Kräfte für seine Bürger erkennt und mit den angegebenen Mitteln zu erhalten und zu fördern wünscht, aber von ihnen auch einen Beitrag zur ethischen Überzeugungs- und Gewissensbildung in der Gesellschaft erwartet. Ob man gut tut, dafür das häufig verwendete, aber das rechtliche Verhältnis verzeichnende Bild einer Partnerschaft von Staat und Kirche zu verwenden, und ob man im Hinblick auf diese Erwartungen des Staates am Begriff des Öffentlichkeitsauftrags der Kirche auch im Verhältnis zum Staat festhalten sollte, wie das seit dem Loccumer Kirchenvertrag von 1955 mehrere Verträge von Bundesländern mit evangelischen Landeskirchen getan haben, kann hier offen bleiben[35]. Nicht zu bezweifeln ist die herausgehobene Stellung der Großkirchen, auch gegenüber anderen großen Verbänden, und ihre von daher gestützte, nicht rechtlich festgelegte, aber als mora-

---

[34] Vgl. dazu und zum folgenden die oben (Anm. 5) angeführte Literatur; ferner die sorgfältige Darstellung von Kl. Schlaich, Der Öffentlichkeitsauftrag der Kirchen, in: HdwB. d. Staatskirchenrechts, Bd. II, 1975, 231ff.

[35] Ich stimme in der Beurteilung der Rechtslage und der Deutung des »Öffentlichkeitsauftrages« der Kirche im Verhältnis zu Staat und Gesellschaft im wesentlichen der differenzierenden Auffassung von Kl. Schlaich, a.a.O., 232ff., zu. Schärfer lehnt W. Huber, a.a.O., 533ff., 545ff., 632ff., den Begriff eines Öffentlichkeitsauftrags und jede Vorstellung einer Partnerschaft von Staat und Kirche ab; er sieht die Kirche in der Gesellschaft als Verband unter Verbänden.

lische Pflicht von beiden Seiten empfundene Mitverantwortung für das Schicksal des politischen Gemeinwesens, dessen Bürger bis heute zum größten Teil auch einer der beiden Großkirchen angehören.
Dazu kommt ein zweiter Gesichtspunkt, der in der Denkschriften-Denkschrift stärker als der erste betont wird[36]. Der Staat der modernen Industriegesellschaft ist, ob man es liebt oder nicht, ein Verbändestaat. Zwischen den einzelnen Bürger und den von ihm als Apparat mit Machtbefugnissen empfundenen Staat tritt vermittelnd, aber auch absperrend eine Vielzahl von Verbänden, die für die in ihrem Arbeitsbereich liegenden Interessen ihrer Mitglieder eintreten, aber auch an der politischen Macht partizipieren und gegenüber ihren Mitgliedern Macht ausüben. Auch die Kirchen sind Verbände mit eigenen, zum Beispiel, Vermögensinteressen, und mit dem Wunsch, Einfluß auf ihre Mitglieder, zum Beispiel, im Erziehungswesen, auszuüben. Aber ihr Verkündigungsauftrag und ihre seiner Ausführung dienende Arbeit transzendiert solche Interessen und gibt ihnen auch unter den Verbänden eine Sonderstellung, weil sie andere als partikulare Interessen zur Geltung bringen können[37]. Die Denkschrift betont mit gutem Grund, daß die Kirche ihre daraus stammenden Argumente nicht aus einer Position der Überlegenheit, sondern im offenen Dialog mit anderen Verbänden und gesellschaftlichen Mächten einzubringen hat[38]. Gleichwohl trägt auch diese Sonderstellung der Kirche dazu bei, ihr öffentliches Auftreten in politischen Fragen zu legitimieren.
Da es sich bei den hier in Frage stehenden Kundgebungen nicht um rechtlich bindende Erklärungen handelt, stellt sich die Frage, wer für die Kirche öffentlich zu sprechen befugt ist, im Außenverhältnis nicht als Rechtsfrage. Und wenn nach evangelischem Verständnis eine Kir-

---

[36] Denkschriften-Denkschrift, Ziff. 6, 30/31, 43, 49 und dazu Schulze, a.a.O., 75ff., der deutlicher, als das die Denkschrift tut, in dieser Frage zwischen inner- und außerkirchlicher Legitimation unterscheidet. Ziff. 30 der Denkschrift läßt allerdings vermuten, daß ihr der Verbandscharakter der Kirche nur für den Rechtsverkehr relevant erscheint. Das ist zu eng.

[37] Die Forderung der Denkschriften-Denkschrift, Ziff. 43, streng zu unterscheiden zwischen Stellungnahmen, in denen die Kirche eigene Interessen vertritt, und »Äußerungen zu gesellschaftlichen und politischen Problemen aus christlicher Verantwortung«, ist im Prinzip billigenswert, aber praktisch (wie M. Honecker, a.a.O., 83, richtig feststellt) jedenfalls da nicht zu verwirklichen, wo die Kirche aus christlicher Verantwortung eigene, gesellschaftspolitisch wichtige Einrichtungen unterhält, wie im Bereich der Bildung und der Fürsorge für Kranke, Behinderte und Alte.

[38] Ziff. 6 und 7.

chenleitung schon nach innen keine Lehrautorität für sich in Anspruch nehmen kann, so kann es erst recht nach außen letztlich nur auf die sachliche Überzeugungskraft des Inhalts einer Kundgebung, also auch einer Denkschrift ankommen. Aber im Verbändestaat spielt es faktisch eine Rolle, ob sich ein Verband mit seinen legalen Organen, oder ob sich nur kleine Gruppen öffentlich zum Wort melden. Die Neigung, auch im zweiten Fall ihre Äußerung auch dem Verband zuzusprechen, ist groß; andererseits mindert es den Einfluß des Verbandes, wenn aus seiner Mitte verschiedene Gruppen oder Instanzen mit verschiedener Stimme reden. Das alles hat zu bedenken, wer immer aus dem Raum der Kirche öffentlich reden will. Der Rat der EKD kann solches Reden nicht hindern, aber er tut jedenfalls gut daran, die Veröffentlichung von Denkschriften der von ihm eingesetzten Kammern und Kommissionen unter seiner Kontrolle zu halten.

2. Was die innerkirchliche, theologisch zu begründende Legitimation einer Kirche der Reformation zu politischen Kundgebungen und ihren so verstandenen Öffentlichkeitsauftrag angeht, so ist der Meinungsstreit darüber bis heute in vollem Gang, ein Konsens nicht in Sicht. Das Spektrum der mit Glaubensüberzeugung vertretenen Lehren reicht von leidenschaftlicher Ablehnung um der Reinheit des Evangeliums willen bis zu der nicht minder leidenschaftlichen Behauptung einer Identität von Verkündigung und politischem Handeln. Doch kann mit den Vorbehalten, die in Glaubensfragen gegenüber dem Gewicht von Mehrheitsmeinungen angebracht sind — Vorbehalten, die die alten Konzilien nicht davon abgehalten haben, über Bekenntnisformeln zu beschließen und Minderheiten auszuschließen — festgestellt werden, daß es seit den Erfahrungen der NS-Periode im Rahmen der EKD, unterstützt durch viele Stimmen aus der Ökumene, einen breiten Strom von Meinungen gibt, die jedenfalls darin übereinstimmen, daß es dem Christen und den christlichen Gemeinden nicht erlaubt ist, die Welt ihrer angeblichen Eigengesetzlichkeit zu überlassen und nur dem eigenen Seelenheil zu leben, andererseits aber auch verwehrt ist, in sozialen oder politischen Systemveränderungen und der Verwirklichung bestimmter Gesellschaftsordnungen das Kommen des Gottesreichs meinen vorwegnehmen zu können. Da Christi Versöhnungstat allen Menschen gegolten hat, sind wir in seiner Nachfolge einzeln und gemeinsam aufgerufen, nach unserer Einsicht mitzuwirken, um diese Welt lebenswert zu erhalten und so zu gestalten, daß wir in ihren Ordnungen mitmenschlich nach Gottes Geboten zu leben vermögen. Wenn die reformatorischen Kirchen der Versuchung zur Werkgerechtigkeit das Prinzip des sola fide entgegengesetzt haben, so kann das nicht heißen, daß der Christ von jeder Verantwortung für die »Werke« in dieser

Welt befreit wäre. Auch die Versuche, einen solchen Auftrag zwar dem einzelnen Christen zuzuerkennen, der Kirche aber abzusprechen, müssen scheitern, wenn wir die Kirche — ohne damit alle Aspekte der Ekklesiologie umfassen zu wollen — jedenfalls als Gemeinschaft der Gläubigen verstehen und damit ernst machen. Zutreffend ist nur, daß ihr Verkündigungsauftrag Vorrang hat vor jedem darüber hinausgehenden, eng oder weit gefaßten Öffentlichkeitsauftrag.
An dieser Stelle bedarf der Gedankengang der Denkschriften-Denkschrift zur Begründung des Öffentlichkeitsauftrags der Kirche, den wir hier in seinen einzelnen Schritten nicht nachzeichnen wollen, einer kritischen Überlegung. Die Denkschrift nennt als die zentrale Legitimation der Kirche, sich zu politischen und gesellschaftlichen Fragen zu äußern, »den umfassenden Verkündigungs- und Sendungsauftrag ihres Herrn«[39]. Unterstützend spricht sie an einzelnen Stellen vom »Wächteramt« der Kirche, andererseits von »Gruppenseelsorge«, die diese auch mit dem Mittel ihrer Denkschriften ausübe. Offenbar aber sollen auch diese beiden Begriffe, die doch wohl nur Teilaufgaben bezeichnen, in dem umfassenderen der Verkündigung enthalten sein[40]. Folgt man dieser Konzeption, die auch politisches Reden und Handeln der Kirche als Verkündigung betrachtet, so scheint die eben angeschnittene Frage des Vorrangs gegenstandslos zu sein, aber um den hohen Preis einer Annäherung an die Vermischungsprobleme und -gefahren der »politischen Theologie«[41]. Demgegenüber sollte an der bewährten Un-

---

[39] So Ziff. 10, ebenso Ziff. 4, 8, 12. Zustimmend Schulze, a. a. O., 34ff.

[40] Zum »Wächteramt« Ziff. 11 und Schulze, a. a. O., 37ff. Es soll nur da in Anspruch genommen werden, wo die Kirche überzeugt ist, vom christlichen Glauben her ein eindeutiges Nein zu einer staatlichen Maßnahme sagen zu müssen. Aber Ziff. 14 fügt mit Recht hinzu, daß sich, jedenfalls in unserer Gesellschaft, solche klaren Unrechtssituationen selten unerwartet einstellen, sondern meist das Ergebnis langfristiger, von der Kirche rechtzeitig zu beobachtender Entwicklungen sind. — Zur »Gruppenseelsorge« Ziff. 13 und 17 und Schulze, a. a. O., 42f., 51ff. Der Begriff ist in der Arbeit der Evangel. Akademien entwikkelt worden; vgl. dazu Eb. Müller/H. Stroh (Hrsg.), Seelsorge in der modernen Gesellschaft, 1961, und die daran sich anschließende Auseinandersetzung zwischen M. Honecker und Eb. Müller in: EvTheol., 1961, 544ff.; 1963, 315ff., 373ff. In der Denkschriftenpraxis ist er wohl nur da am Platz, wo bestimmte Gruppen in der Gesellschaft (z. B. Landwirte, Heimatvertriebene) angesprochen werden sollen.

[41] Die Verwendung eines so weit gefaßten Verkündigungsbegriffs durch die Denkschrift steht vermutlich eher unter dem Einfluß von Karl Barth. Kritik an diesem Legitimierungsansatz der Denkschrift übt vor allem M. Honecker, a. a. O., 76ff., 85ff., der eine »Eigenständigkeit des Ethischen neben der (qualifi-

terscheidung von Zeugnis und Dienst der Kirche festgehalten werden als zwei Aufgabenbereichen, die sich notwendig ergänzen, also zusammengehören, aber nicht vermengt werden dürfen. Dann gehört politisches Reden und Handeln klar auf die Seite des Dienstes an und in der Welt und an den Menschen; man kann sie (mit einem Ausdruck von Wendland) als »gesamtgesellschaftliche« oder, zur schärferen Unterscheidung von den karitativen und sozialen Aufgaben im herkömmlichen Sinn, als »politische Diakonie« bezeichnen[42]. Die Verkündigung legt ihren Grund, treibt sie an, setzt ihr Maßstäbe und Grenzen, aber sie kann vom Dienst nicht aufgesogen oder gar ersetzt werden, so wenig wie sie den Dienst der Kirche in sich aufnehmen und ersetzen kann.

Folgt man dieser Unterscheidung von Zeugnis und Dienst und der Zuordnung der Denkschriftenpraxis zum Dienstauftrag der Kirche, so erleichtert das auch die Antwort auf zwei Teilfragen des Legitimationsproblems, auf die noch kurz eingegangen werden soll.

3. Es geht einmal auch innerkirchlich um die oben für das Außenverhältnis berührte Frage, wer für die Kirche in politischen Fragen zu reden befugt ist. Der Hinweis auf die Grundordnung der EKD (oben I 1), die für Kundgebungen eine abgestufte Zuständigkeit von Rat und Synode begründet, beantwortet die Frage gewiß nicht erschöpfend, sollte aber auch nicht so beiseite geschoben werden, wie es vielfach, auch in der Denkschriften-Denkschrift geschieht. Diese widmet der Frage »Wer redet?« einen eigenen Abschnitt (Ziff. 28—43) und entwickelt auf der Grundlage ihres Verkündigungsverständnisses die These, Verkündigung sei, auch in der Form von Stellungnahmen zu gesellschaftlichen und politischen Fragen, ein »Auftrag an die ganze Kirche mit allen ihren Ämtern und Gliedern«; sie geschehe »überall, wo sich Christen um das Wort Gottes versammeln«. Entscheidend für die Kirchlichkeit einer Äußerung sei demgemäß »allein deren Schrift- und Sachgemäßheit«, also ihr Inhalt, nicht die kirchenrechtliche Kompetenz[43].

Dem naheliegenden Einwand, daß sich doch auch für die gottesdienstliche Wortverkündigung eine Ämter-Ordnung in der Kirche als unerläßlich erwiesen hat, brauche ich hier nicht nachzugehen; legte man sie

---

zierten) Verkündigung des Evangeliums« vertritt. Ebenso jetzt in: Festschrift Kunst, 139ff.

[42] Von Wendland übernimmt auch W. Huber, a.a.O., 465ff., 606, 623, für das öffentliche Handeln der Kirche und speziell für die Denkschriften-Praxis den Begriff der »gesamtgesellschaftlichen Diakonie«.

[43] So besonders Ziff. 32 und dazu Schulze, a.a.O., 77ff.

zugrunde, so stünden Kammern und Kommissionen, aber auch Kirchenleitungen und Synoden jedenfalls nicht in der vordersten Reihe. Für den diakonischen Auftrag der Kirche haben sich schon in den Ur-Gemeinden besondere Ämter als sachgemäß erwiesen, ohne daß damit das dem Gebot der Nächstenliebe folgende Handeln jedes einzelnen Gemeindeglieds eingeschränkt werden sollte. Das gilt erst recht für diakonische Arbeit der Kirche in den Lebensverhältnissen einer modernen, von vielfältigen organisatorischen Strukturen durchzogenen Industriegesellschaft.

Sieht man im politischen Reden und Handeln der Kirche einen diakonischen Dienst, so kann aus gleichen Gründen auf eine rechtliche Ordnung dieses Dienstes nicht verzichtet werden. Die Feststellung der Denkschrift, daß auch einzelne Christen und Gruppen von Christen zum politischen Reden und Handeln befugt seien und daß sich solche, von keinem kirchlichen Organ bestätigten öffentlichen Äußerungen, nicht selten als wirksamer erwiesen hätten als lahme Worte solcher Organe, ist unzweifelhaft richtig, aber kein die Sache treffender Einwand. Wer so öffentlich redet, handelt aus christlicher Verantwortung, vielleicht an Stelle der Kirche, wenn diese zu Unrecht schweigt, aber nicht im Namen der Kirche; es sind christliche, aber nicht, wie die Denkschrift sie nennt, kirchliche Äußerungen. Die Rechtsfrage, wer für die Kirche zu reden befugt ist, wird auch nicht entwertet durch den ebenfalls zutreffenden Hinweis der Denkschrift, daß nach reformatorischem Kirchenverständnis Kirchenleitungen keine Lehrautorität zukomme, die Wirkung einer Denkschrift darum allein von der Überzeugungskraft ihres Inhalts abhänge. Denn es geht bei einer Zuständigkeitsordnung nicht darum, schwachen oder gar falschen Erklärungen ein Gewicht zu verleihen, das sie nach ihrem Inhalt nicht haben und verdienen, sondern um die Frage, wer für das Reden der Kirche, namentlich dann, wenn es ein für Staat und Gesellschaft unbequemes, das Ansehen der Kirche aufs Spiel setzendes Reden ist, die Verantwortung trägt[44].

4. Zu den innerkirchlichen Legitimationsproblemen gehört auch die Frage, ob Denkschriften nicht einer breiteren Grundlage der Zustimmung und Verantwortung bedürfen, als sie ein Gremium von Sachverständigen und der Rat der EKD zu bieten vermögen. So ist mehrfach

[44] Auch die Denkschriften-Denkschrift weist Ziff. 35 auf die Bedeutung der Frage hin, ob kirchenleitende Organe die Verantwortung für eine Denkschrift übernehmen. Aber der Stellenwert dieses Hinweises wird durch die in Ziff. 32 entwickelte Leitthese stark vermindert.

in der Öffentlichkeit und auch im Schrifttum die Forderung erhoben worden, Denkschriften müßten, ehe sie als kirchliche Stellungnahmen an die außerkirchliche Öffentlichkeit und die politisch maßgebenden Instanzen herausgehen, in Synoden oder gar Gemeinden zur Diskussion gestellt werden[45]. Die Denkschriften-Denkschrift schweigt dazu; sie legt nur Gewicht darauf, daß in der betreffenden Kammer oder Kommission ein Konsens erreicht oder wenigstens nach Kräften angestrebt wird[46].

Die dem Zeitgeist entsprechende Parole einer umfassenden »Demokratisierung« der Kirche, die hinter diesen Forderungen steht, ist angesichts der Vielschichtigkeit des Phänomens »Kirche« zu komplex, um hier an einer Teilfrage zureichend erörtert werden zu können. Nach der geltenden Ordnung ist kein Zweifel, daß der Rat der EKD nicht verpflichtet ist, vor der Veröffentlichung einer Denkschrift die Synode, die Kirchenkonferenz oder gar die landeskirchlichen Gemeinden um ihre Zustimmung zu fragen. Es hat Fälle gegeben, in denen er die Meinung der Kirchenkonferenz eingeholt hat, und es stünde ihm frei, auch die EKD-Synode vor seiner Entscheidung anzuhören. Aber es muß davor gewarnt werden, dem Rat bei der längst fälligen, immer wieder hinausgeschobenen Verfassungsreform der EKD eine Rechtspflicht dazu aufzuerlegen. Denkschriften sollen ja innerkirchlich wie in der weiteren Öffentlichkeit den Prozeß der Meinungsbildung durch Argumente aus christlicher Sicht anregen und bereichern, aber diesen Prozeß nicht autoritativ abschließen. Verlängert und kompliziert man den Weg ihres Zustandekommens durch Einschaltung einer Anzahl weiterer Instanzen oder Gruppen von unterschiedlicher sachlicher Qualifikation, Interessenrichtung und politischer Einstellung, so ist die kaum vermeidliche Folge nicht nur, daß der richtige Zeitpunkt verfehlt wird, auf die Öffentlichkeit und die für eine Entscheidung zuständigen politischen Instanzen einzuwirken, sondern auch, daß im Inhalt der Denkschriften die vieldeutigen Formelkompromisse zur Vermeidung von Konflikten überhandnehmen. Mit vollem Recht warnt die Denkschriften-Denkschrift (Ziff. 41) davor, daß die Kirche sich »auf todrichtige allgemeine Äußerungen beschränkt, die der nahezu einstimmigen Zustimmung si-

45 Auch W. Huber, a.a.O., 599f., macht sich diese Forderung zu eigen; er stellt darum neben die von der Denkschriften-Denkschrift genannten Erfordernisse der Schrift- und Sachgemäßheit einer Denkschrift das ihrer »Gemeindegemäßheit«. Kritisch dagegen M. Honecker, a.a.O., 70f.; auch Braune, a.a.O., 171.

46 Ziff. 34; vgl. auch Ziff. 41, und dazu Schulze, a.a.O., 83f., 93ff. Daß auch diese Forderung nicht leicht zu erfüllen ist, hat sich oben, I 3, gezeigt.

cher sind, weil sie keine Konsequenzen für das Verhalten in Politik und Gesellschaft erkennen lassen«. Es hieße in der Kirche — wie im Staat — das demokratische Prinzip mißzuverstehen, wollte man es dazu gebrauchen, einer Kirchenleitung — oder einer Regierung — den Mut zu eigenverantwortlichen Entscheidungen zu lähmen.

Die Erfahrung von fünfzehn Jahren Denkschriftenpraxis lehrt, und die Denkschriften-Denkschrift spricht es offen aus[47], daß solcher Mut des Rates bei der Veröffentlichung einer Denkschrift nicht nur durch mögliche Konflikte mit der Regierung oder den hinter ihr stehenden politischen Mächten, sondern auch dadurch auf eine schwere Probe gestellt sein kann, daß die Schrift auch innerhalb der Kirche auf heftigen Widerstand stößt und damit die Einheit der Kirche bedroht, wie das 1965 bei der Landwirtschafts- und vor allem bei der Vertriebenendenkschrift geschehen ist. Keine Kirchenleitung kann und wird diese Gefahr leicht nehmen. Andererseits stellt die Erfüllung des Öffentlichkeitsauftrages, wenn die hinter diesem Begriff stehenden Vorstellungen von der Aufgabe der Kirche in der Welt ernst genommen werden, ja nicht eine Leistung dar, die man auch lassen kann, wenn sie unbequem wird. Rücksicht auf unterschiedliche Meinungen in den Gemeinden, wie sie gerade in einer alle Schichten umfassenden Volkskirche unvermeidlich sind, kann also das Schweigen nicht rechtfertigen, wo nach der Überzeugung des Rats gesprochen werden sollte. Andererseits sollte, auch und gerade nach den Erfahrungen dieser fünfzehn Jahre, die Gefahr einer Sprengwirkung nicht überbewertet werden. Eine wesentliche Aufgabe einer Denkschrift ist es doch gerade, den Meinungsstreit zwar aufzunehmen und in ihm auch Stellung zu beziehen, ihn aber zugleich zu versachlichen und dadurch von den in der Tagespolitik leicht überwiegenden, den Konflikt verschärfenden emotionalen Elementen zu befreien. Gelingt es überdies, dem immer wieder auftauchenden Mißverständnis zu wehren, als nehme die Kirche mit Kundgebungen zu politischen Fragen für sich eine die Gemeindeglieder bindende Lehrautorität in Anspruch und als sei dem Christen danach sachbezogener Widerspruch verwehrt, so hat die Leitung der Kirche das Recht und die Pflicht, es — mit den Worten der Denkschriften-Denkschrift — »ihrem Herrn anzubefehlen, wozu er ihr Zeugnis hinsichtlich der organisatorischen Einheit und Zukunft seiner Kirche gebrauchen will«[48].

5. Das Legitimationsproblem enthält noch eine, für das Außen- und das Innenverhältnis viel erörterte Frage, die hier als letzte angeschnit-

---

[47] Ziff. 41; vgl. dazu Schulze, a.a.O., 93ff., und meine Bemerkungen in der Festschrift Scharf (oben, Anm. 28), 226ff.

[48] Ziff. 41.

ten werden soll: wieweit soll und darf die Kirche sich in Denkschriften vorwagen, um zur Lösung eines politischen Konfliktfalles eigene Vorschläge zu machen? Aktive Politiker und gläubige Christen finden sich nicht selten in der These zusammen, auf ethische Prinzipien bei gegebenem Anlaß aufmerksam zu machen, möge Recht und Pflicht der Kirche sein, aber bestimmte Handlungsanweisungen für den Einzelfall zu geben überschreite ihre Zuständigkeit; hier beginne der Ermessensspielraum der zum Handeln berufenen Politiker.
Befragt man vor einer Stellungnahme zu dieser, die kirchliche Legitimation beschränkenden These die Praxis der Denkschriften, so erhält man ein differenziertes Bild. In dem Sturm, den die Vertriebenendenkschrift erregte, konnten Kammer und Rat der EKD darauf hinweisen, daß die Denkschrift bewußt nicht die bedingungslose Anerkennung der Oder-Neiße-Linie und des endgültigen Verlusts der Ostgebiete ausgesprochen, sondern gerade darauf gezielt habe, einen freien Raum für eine nicht von der Kirche zu treffende politische Entscheidung zu schaffen[49]. Auch die Thesenreihe der gleichen Kammer über den »Friedensdienst der Christen« und über »Gewalt und Gewaltanwendung in der Gesellschaft« haben in ihren Kernfragen eindeutige Handlungsanweisungen vermieden, hier freilich nicht, um nicht der politischen Entscheidung vorzugreifen, sondern weil die Analyse ethische Pflichtenkonflikte ergab, für die eine generell richtige Entscheidung im voraus nicht auszumachen war[50]. Andererseits enthalten Denkschriften der Kammer für soziale Ordnung, zum Beispiel über »Die soziale Ordnung des Baubodenrechts« oder über »Die soziale Sicherung im Industriezeitalter« vielfältige, ins einzelne gehende Reformvorschläge. Gleiches gilt für die von Kommissionen vorbereiteten Stellungnahmen des Rats zur Reform des Familienrechts oder zur strafrechtlichen Behandlung des Schwangerschaftsabbruchs[51].
Die hiernach aufweisbaren Unterschiede in der Selbstbeschränkung oder dem Vordringen zu Handlungs- oder Reformkonzepten beruhen nicht auf unterschiedlichen methodischen Theorien der beteiligten Kammern oder Kommissionen, sondern ergeben sich aus Unterschieden der jeweils behandelten Thematik. Es gibt keinen methodischen Leitsatz der (Individual- oder Sozial-)Ethik, daß sie nur Grundlagenerkenntnisse vermitteln könne und die Anwendung dem Ermessen des

[49] Teil VI der Denkschrift macht das nachdrücklich klar.
[50] Beispiele sind die Auseinandersetzung mit der Komplementaritäts-Doktrin in der Friedensdenkschrift (Ziff. 9—11), oder mit dem Problem erlaubter Gegengewalt in der Gewalt-Denkschrift (Ziff. 11).
[51] Diese Denkschriften sind in Bd. II und III der Sammlung aufgenommen.

Betroffenen überlassen müsse. Gerade die Arbeit an komplexen politischen und sozialen Problemen, wie sie den Denkschriften aufgegeben ist, macht exemplarisch deutlich, wie stark ethische Grundsätze und Situationsanalyse aufeinander verwiesen sind, sich gegenseitig erhellen und weitertreiben. Ethik ohne Konkretion bleibt blaß und kraftlos. Andererseits läßt sich nur fallweise entscheiden, wie weit eine solche Konkretion voranzutreiben ist und an welchem Punkt die Entscheidung nicht so sehr dem freien Ermessen als vielmehr dem Gewissen des zum Handeln Berufenen überlassen bleiben muß. Auch die Denkschriften-Denkschrift gibt diesem Gedanken mehrfach Ausdruck[52]. Übereinstimmend mit ihr sollte also die Vorstellung einer generellen Legitimationsschranke für kirchliches Reden fallen gelassen werden.

IV. Die Wirkung der Denkschriften

Ein verläßlicher Bericht über die Wirkung der Denkschriften würde empirische Erhebungen voraussetzen, die bisher, soviel bekannt, nirgends in der erforderlichen Breite und methodischen Konsequenz unternommen worden sind. In Ermangelung solcher Tatsachenkenntnisse beschränken wir uns im folgenden auf wenige Hinweise.

1. Jeder Versuch einer systematischen Erfassung wird einerseits nach Themenkomplexen, andererseits nach Wirkungsbereichen zu unterscheiden haben. In bezug auf die Thematik wird man schwerlich davon sprechen können, daß etwa die Arbeitsfelder der verschiedenen Kammern der EKD generell einem unterschiedlich starken Interesse begegnen. Das Maß öffentlicher Beachtung wird eher davon abhängen, ob eine kirchliche Stellungnahme ein ohnedies öffentlich stark kontrovers verhandeltes Problem betrifft — so in den letzten Jahren Fragen der Eherechts- und Strafrechtsreform oder des Bodenrechts —, oder ob es ihr gelingt, auf Versäumnisse oder Hemmungen in der politischen Diskussion zu verweisen, etwa gar, wie im Falle der Vertriebenen-Denkschrift, ein lange gehütetes Tabu zu durchbrechen.

Als Wirkungsfelder sollte man den innerkirchlichen Bereich, der schon in sich höchst vielfältig ist, und die außerkirchliche Öffentlichkeit unterscheiden, in diesem zweiten Feld noch besonders parlamentarische und Regierungsinstanzen sowie die ihnen zuarbeitende Ministerialbürokratie. Bei Kundgebungen von Rat oder Synode hat sich längst als

[52] Vgl. Ziff. 17, 61, 66 und Schulze, a.a.O., 51ff., 141ff. Sein Motto ist: »Die Wahrheit ist konkret.«

sachgemäß erwiesen, klarzustellen, welche dieser möglichen Zielgruppen in erster Linie anzusprechen sind. Bei der Mehrzahl der Denkschriften verwischen sich diese Grenzen; sie sind meist gleichzeitig nach innen und außen gerichtet[53]. Einen besonderen Hinweis verdient die Beachtung, die die Denkschriftenpraxis der EKD in der katholischen Kirche und bei den Mitgliedskirchen des Ökumenischen Rats und bei seinen Organen und Arbeitsstellen findet. Im übrigen ist die Wirkung der Vertriebenen-Denkschrift über die Grenzen Deutschlands hinaus ein Sonderfall geblieben[54].

2. Über die Breite, Intensität und Dauer der Wirkung von Denkschriften über einen nicht sehr großen Kreis sachkundiger Personen hinaus sollte man sich keine Illusionen machen. Zu diesem Kreis gehören Politiker, Ministerialbeamte und Wissenschaftler, unterschieden nach Sachgebieten. Eine Unterrichtung der außerkirchlichen Öffentlichkeit durch die Tagespresse oder andere Medien geschieht nur sporadisch und wirkt kaum nach; für die Verbreitung im Buchhandel scheinen Denkschriften bisher kein lohnendes Objekt zu sein. Aber auch im innerkirchlichen Bereich ist das Echo schwächer, als es der sachliche Gehalt der Denkschriften verdiente. Hier, wie vielfach sonst, erweist sich der Informationsweg von der EKD über die Leitungen der Landeskirchen zu den Gemeinden als lang und beschwerlich. Die Empfehlungen der Denkschriften-Denkschrift zu diesem Punkt[55] haben daran nicht viel zu ändern vermocht. Bewährt hat sich dagegen die auch von ihr hervorgehobene Nacharbeit im Rahmen der evangelischen Akademien, die zwar die Gemeinde-Arbeit nicht ersetzen können, dafür aber immer wieder auch Menschen erreichen, die am Rande der verfaßten Kirche stehen.

Die nun veranstaltete Sammlung der bisher veröffentlichten Denkschriften kann sich nicht vornehmen, die an den Zeitpunkt ihres Erscheinens gebundene unmittelbare Wirkung nachzuholen oder zu verstärken. Aber sie ist auch nicht nur eine Dokumentation kirchlicher Zeitgeschichte. Sie erleichtert den Überblick über einen wichtigen Dienst der Kirche, verdeutlicht die darin zum Ausdruck kommende sozialethische Grundhaltung und kann dadurch dazu beitragen, Vorurteile abzubauen und Verständnis für die Bedeutung dieses Dienstes zu wecken.

---

[53] Die Denkschriften-Denkschrift widmet dieser Frage einen eigenen Abschnitt: Ziff. 44—51.

[54] Vgl. darüber die Schrift von G. Scharffenorth, Bilanz der Ostdenkschrift — Echo und Wirkung in Polen, 1968.

[55] Ziff. 72—75.

QUELLENNACHWEISE

1. *Tübinger Memorandum*
   vom 6. November 1961
   vervielfältigt in: epd ZA Nr. 47 vom 24. Februar 1962.
2. *Der Wahrheitsanspruch in der Politik. Zur Begründung des Tübinger Memorandums*
   gedruckt in: Die ZEIT, Nr. 16, 20. April 1962.
3. *Über den rechten Gebrauch der Freiheit*
   gedruckt in: Veröffentlichungen der Stiftung Theodor-Heuss-Preis e.V., Tübingen 1965, 21—30, und in: liberal. Beiträge zur Entwicklung einer freiheitlichen Ordnung, Heft 1/2, Jg. 7, Jan./Febr. 1965.
4. *Fünfzig Jahre Juristenleben*
   Vorlesung aus Anlaß der Emeritierung am 12. Februar 1973 im Auditorium Maximum der Universität Tübingen; unveröffentlicht.
5. *Universität und Kirche als Institutionen im Spannungsfeld von Restauration, Revolution und Reform*
   Festrede anläßlich der Verleihung des Freiherr-vom-Stein-Preises am 19. März 1976 in Hamburg
   gedruckt in: Veröffentlichungen der Stiftung Freiherr vom Stein, Hamburg 1976.
6. *Krise der Demokratie?*
   Vortrag zur 25-Jahr-Feier der Evangelischen Akademie Nordelbien in Hamburg am 9. November 1977
   gedruckt in: Zur Verfassung unserer Demokratie. Vier republikanische Reden (rororo aktuell 4279), Reinbek b. Hamburg: Mai 1978, Rowohlt, 47—60.
7. *Der »Radikalen-Erlaß«. Prüfstein eines demokratischen Rechtsstaats?*
   gedruckt in: Zeitschrift für Evangelische Ethik, 23. Jg., Heft 2, April 1979, 106—117.
8. *Gedanken zur Verantwortung der Rechtswissenschaft*
   gedruckt in: Eine Freundesgabe der Wissenschaft für Ernst Hellmut Vits zur Vollendung seines 60. Lebensjahres am 19. September 1963, Frankfurt: 1963, Fritz Knapp Verlag, 225—233.
9. *Das Eigentum im deutschen Rechtsdenken seit 1945*
   gedruckt in: Quaderni Fiorentini per la storia del pensiero giuridico moderno, 5—6/1976—77, 753—777.
10. *Verfassungsrechtliche Eigentumsgarantie und Städtebau*
    gedruckt in: Zeitschrift für Evangelische Ethik, 15. Jg., Heft 2, April 1971, 83—98, und in: Universitas, 26. Jg., Heft 8, August 1971, 791—811.
11. *Die Rechtsgeltung der Menschenrechte*
    gedruckt in: Kirche im Spannungsfeld der Politik. Festschrift für Bischof D. Hermann Kunst D.D., Göttingen: 1974, Verlag Otto Schwartz & Co., 261—267.

12. *Soziale Grundrechte*
Referat anläßlich der Sitzung der Kammer der Evangelischen Kirche in Deutschland für öffentliche Verantwortung am 18./19. Juni 1976 in Bonn, unveröffentlicht.
13. *Das Eigentum als Menschenrecht*
gedruckt in: Festschrift für Fritz Baur, Tübingen: 1981, J. C. B. Mohr, 105—118.
14. *Wissenschaft als Beruf*
Referat anläßlich der 100. Plenarsitzung der Stuttgarter Privatstudiengesellschaft am 25. April 1964 zu Ehren von Max Webers hundertstem Geburtstag
gedruckt in: Stuttgarter Privatstudiengesellschaft (Hrsg.), Wissenschaft als Beruf, Privatdruck durch Ernst Klett Verlag, ausgegeben am 27. Oktober 1964, 10—38.
15. *Wiedereröffnung der Hochschulen — Ansätze zum Neubeginn*
Vortrag anläßlich der Universitätstage 1966 der Freien Universität Berlin
gedruckt in: Nationalsozialismus und die deutsche Universität, Universitätstage 1966, Freie Universität Berlin, Berlin: 1966, de Gruyter & Co., 174—188.
16. *Die Universität im Staat*
Referat für den Hofgeismarer Kreis
gedruckt in: Schriften des Hofgeismarer Kreises zur Lage und Reform der deutschen Hochschulen, 1, Heidelberg: 1958, Quelle & Meyer, 37 S.
17. *Probleme der Forschungsförderung*
Auszüge aus einem Vortrag auf der Jahrestagung der Deutschen Forschungsgemeinschaft in Stuttgart, 1955
gedruckt in: Deutsche Universitätszeitung, X/19—20, Göttingen 1955, 7—9.
18. *Die Aufgaben des Wissenschaftsrates*
Vortrag vor der Arbeitsgemeinschaft für Forschung des Landes Nordrhein-Westfalen auf der 94. Sitzung am 16. Januar 1963 in Düsseldorf
gedruckt in: Arbeitsgemeinschaft für Forschung des Landes Nordrhein-Westfalen (Geisteswissenschaften), Heft 111: Die Aufgaben des Wissenschaftsrates, Köln/Opladen: 1963, Westdeutscher Verlag.
19. *Das Bildungsziel der heutigen Universität*
Vortrag, gehalten am 17. Februar 1965 auf Einladung der Philosophischen Fakultät der Universität Freiburg aus Anlaß der Verleihung des Doktorgrades ehrenhalber
gedruckt in: Freiburger Universitätsreden, Veröffentlichungen der Albert-Ludwigs-Universität und der Wissenschaftlichen Gesellschaft in Freiburg, Neue Folge, Heft 38, Freiburg i. Br.: 1965, Hans Ferdinand Schulz Verlag, 24 S.
20. *Aufgaben der Universität im europäischen Vergleich*
Vortrag anläßlich der zum 500jährigen Jubiläum der Universität Tübingen im Jahre 1977 vom Fachbereich »Sozial- und Verhaltenswissenschaften, Pädagogik« im Mai 1977 veranstalteten Vortragsreihe »Universität heute — sozialwissenschaftliche Analysen«

gedruckt in: Andreas Flitner/Ulrich Herrmann (Hrsg.), Universität heute — Wem dient sie? Wer steuert sie?, München: 1977, R. Piper & Co. Verlag, 245—265.

21. *Der Christ im Beruf*
Rede auf dem 2. Villigster Studententag Pfingsten 1954
als Manuskript gedruckt für die Freunde und Förderer des Evangelischen Studienwerks, Villigst 1954.

22. *Politische Verantwortung des Christen*
Vortrag in der Stiftskirche Tübingen am 1. Dezember 1964
hektographiertes Heft »Erster Gottesdienst in der erneuerten Stiftskirche am Adventsfest, 29. November 1964 — Fünf Vorträge in der Stiftskirche von Montag, 30. Nov. bis Freitag, 4. Dez. 1964«, 41—57.

23. *Bemühungen der Evangelischen Kirche in Deutschland zur Versöhnung mit den östlichen Nachbarvölkern, vor allem mit Polen*
Vortrag auf Einladung des Polnischen Ökumenischen Rates am 6. Oktober 1971 in Warschau
gedruckt in: Wie Polen und Deutsche einander sehen, Düsseldorf 1973, 260 ff.

24. *Trennung von Kirche und Staat*
gedruckt in: Hildegard Hamm-Brücher (Hrsg.), Auftrag und Engagement der Mitte. Eckwerte der Demokratie in der Bundesrepublik, München: 1974, R. Piper & Co. Verlag, 229—242.

25. *Kirche und Kirchengemeinschaft*
Referat, verlesen bei der Verabschiedung von Bischof D. Kurt Scharf am 15. Januar 1977 in der Matthäuskirche in Berlin-Steglitz
veröffentlicht in: Berliner Arbeitsgemeinschaft für kirchliche Publizistik (Hrsg.), Evangelischer Informationsdienst Berlin, Februar 1977: Abschied von Bischof D. Kurt Scharf. Rechenschaftsbericht, Ansprachen und Grußworte, 30—36.

26. *Die Denkschriften der Evangelischen Kirche in Deutschland als Wahrnehmung des Öffentlichkeitsauftrages der Kirche*
gedruckt in: Die Denkschriften der EKD. Frieden, Versöhnung und Menschenrechte, Bd. I/1 (Gütersloher Taschenbücher, Siebenstern 413), Gütersloh: 1978, Gütersloher Verlagshaus Gerd Mohn, 9—39.

Lebensdaten Ludwig Raisers

27. Oktober 1904	in Stuttgart geboren
1922/23	kaufmännisches Versicherungspraktikum
1923–1927	Studium der Rechtswissenschaft in München, Genf und Berlin
1927–1933	Assistent an der Jurist. Fakultät und am Institut für ausländisches und internationales Privatrecht
1931	Promotion zum Dr. jur. und 2. juristisches Staatsexamen
1932	Studienaufenthalt in Heidelberg (mit Seminaren bei Karl Jaspers und Ernst Levi)
1933	Habilitation an der Jurist. Fakultät Berlin
1935–1937	Volontär bei der Magdeburger Versicherungsgruppe mit Stationen in Magdeburg, London, Genf und Paris
1937–1943	Stellv. Vorstandsmitglied der Magdeburger Rückversicherungsgesellschaft
1942	Berufung an die Universität Straßburg
1943–1945	Militärdienst
1945–1952	Professor für Bürgerliches, Wirtschafts- und Handelsrecht an der Universität Göttingen
1948–1951	Rektor und Prorektor der Universität Göttingen
1949–1973	Mitglied der Synode der Evangelischen Kirche in Deutschland
1951–1955	Präsident der Deutschen Forschungsgemeinschaft
ab 1955	Professor für Bürgerliches, Wirtschafts- und Handelsrecht an der Universität Tübingen
1957–1965	Mitglied und ab 1961 Vorsitzender des Wissenschaftsrates
1961	Tübinger Memorandum
1965	Ost-Denkschrift der Evangelischen Kirche in Deutschland
1968/69	Rektor der Universität Tübingen
1969–1979	Präsidiumsmitglied der Europäischen Rektorenkonferenz und ab 1974 Präsident
1970–1973	Präses der Synode der Evangelischen Kirche in Deutschland und Mitglied des Rates der EKD
1973	Emeritierung
13. Juni 1980	in Tübingen gestorben

AUSGEWÄHLTE VERÖFFENTLICHUNGEN VON LUDWIG RAISER

Vorbemerkung. Die folgenden bibliographischen Angaben beschränken sich bewußt auf eine Auswahl der Titel, welche die in diesem Band zusammengestellten Texte ergänzen oder weiterführen. Anstelle der durchgängigen chronologischen Ordnung ist eine systematische Gliederung gewählt worden, die den vier thematischen Teilen des Bandes folgt. Die selbständigen Buchveröffentlichungen sind vorangestellt. Die in dem Sammelband »Die Aufgabe des Privatrechts« (1977) abgedruckten Texte sind in die Auswahl von juristischen Titeln nicht noch einmal aufgenommen worden. Für weitere Angaben sei verwiesen auf die Liste der »Veröffentlichungen von Ludwig Raiser« am Ende der Festschrift zu seinem 70. Geburtstag: »Funktionswandel der Privatrechtsinstitutionen«, hrsg. von F. Baur u. a., Tübingen 1974, 727—734. Dort findet sich eine Gesamtübersicht bis 1974, die insbesondere für die juristischen Titel weitgehende Vollständigkeit beanspruchen kann.

Buchveröffentlichungen

Die Wirkungen der Wechselerklärungen im internationalen Privatrecht, Berlin u. Leipzig 1931.

Das Recht der allgemeinen Geschäftsbedingungen, Hamburg 1935 (Neudruck Bad Homburg v. d. H. 1961).

Enneccerus-Kipp-Wolff, Lehrbuch des Bürgerlichen Rechts, Bd. 3 Sachenrecht, 10. Bearbeitung (in Gemeinschaft mit Martin Wolff), Tübingen 1957.

Dingliche Anwartschaften, Tübingen 1961.

Die Zukunft des Privatrechts, Berlin u. New York 1971.

Die Aufgabe des Privatrechts. Aufsätze zum Privat- und Wirtschaftsrecht aus drei Jahrzehnten, Kronberg/Ts. 1977.

Aufsätze zu Politik und Zeitgeschehen

Das »Recht auf Heimat« als Schlüssel zum deutschen Ostproblem?, in: Zeitschrift für Evangelische Ethik, 7, 1963, 384ff.

Deutsche Ostpolitik im Lichte der Denkschrift der evangelischen Kirche, in: Europa-Archiv, 1966, 195ff.

Politik, in: Theologie für Nichttheologen, Stuttgart u. Berlin 1966, 86ff.

Versöhnung, in: Politik für Nichtpolitiker, Stuttgart 1970, 236ff.

Partnerschaft in Wagnis und Verantwortung, in: 25 Jahre Bundesrepublik Deutschland, Wien, München u. Zürich 1974, 164ff.

Umgang der Generationen, in: Universitas, 32/4, 1977, 373 ff.

Schutz vor irrender Justiz. Zur Verjährung von Gewaltverbrechen, in: Evangelische Kommentare, 12, 1979, 10 f.

Gott im Grundgesetz, in: Evangelische Kommentare, 13, 1980, 124.

Juristische Aufsätze

Artikel »Eigentum«, in: Rechtsvergl. Handwörterbuch, Bd. III, Berlin 1929, 772 ff.

Die wirtschaftsverfassungsrechtlichen Fragen der Gestaltung der Unternehmensformen, in: Verhandlungen d. 39. Dt. Juristentages, Tübingen 1952, B 97 ff.

Eigentumsanspruch und Recht zum Besitz, in: Festschrift für Martin Wolff zum 80. Geburtstag (1952), 123 ff.

Christen und Nichtchristen im Recht, in: Rechtsprobleme in Staat und Kirche, Festschrift für Rudolf Smend zum 70. Geburtstag (1952), 243 ff.

Bestandszugehörigkeit im internationalen Versicherungsrecht, in: Festschrift für Hans Lewald (1953), 349 ff.

Rechtsfragen der Mitbestimmung, Köln/Opladen 1954.

Verwendungsansprüche des Werkunternehmers, in: Juristenzeitung, 1958, 681 ff.

Kontrahierungszwang im Monopolrecht, in: Kartelle und Monopole im modernen Recht, Karlsruhe 1961, Bd. 2, 523 ff.

Das Eigentum als Rechtsbegriff in den Rechten West- und Osteuropas, in: Rabels Zeitschr. f. ausl. u. intern. Privatrecht, 26, 1961, 230 ff.

Artikel »Eigentum (rechtlich)«, in: Handwörterbuch der Sozialwissenschaften, Stuttgart/Tübingen/Göttingen 1961, 39 ff.

Die Kontrolle der Allgemeinen Geschäftsbedingungen durch die Gerichte — Karlsruher Forum 1963, Karlsruhe 1964, 1 ff.

Die Zulässigkeit des Kooptationssystems bei der Bildung von Mitgliedervertretungen großer Versicherungsvereine auf Gegenseitigkeit, in: Zeitschr. f. d. ges. Versicherungswirtschaft, 54, 1965, 3 ff.

Richterliche Kontrolle von Allgemeinen Geschäftsbedingungen, Arbeiten zur Rechtsvergleichung, Frankfurt/Berlin 1968, 123 ff.

Mißbrauch im Wirtschaftsrecht, in: Juristenzeitung, 1972, 732 ff.

Marktbezogene Unlauterkeit, in: Gewerbl. Rechtsschutz und Urheberrecht, Internat. Teil, 1973, 443 ff.

Funktionsteilung des Eigentums, in: Beiträge zur europäischen Rechtsgeschichte und zum geltenden Zivilrecht, Festgabe für Johannes Sontis (1977), 167 ff.

Entwicklungslinien im Recht des Versicherungsvertrages, in: Zeitschr. f. d. ges. Versicherungswirtschaft, 1978, 375 ff.

Der Gegenstand des Wirtschaftsrechts, in: Zeitschr. f. d. ges. Handels- und Wirtschaftsrecht, 143, 1979, 338 ff.

Aufsätze zur Hochschul- und Wissenschaftspolitik

Staatliche Subventionen und akademische Freiheit, in: Forschung und Wissenschaft, 1953, Heft 5.
Die Förderung der angewandten Forschung durch die Deutsche Forschungsgemeinschaft, Köln/Opladen 1957.
Die Empfehlungen des Wissenschaftsrates zum Ausbau der wissenschaftlichen Einrichtungen, Hannover 1961.
Die Reform des Studiums nach den Vorschlägen und Anregungen des Wissenschaftsrates, in: Studium und Hochschule, Göttingen 1963, 9 ff.
Deutsche Hochschulprobleme im Lichte amerikanischer Erfahrungen, Kiel 1966.
Der Dienst der Studienstiftung für die Hochschule, in: Deutsche Universitätszeitung, 1968.
Rechenschaftsbericht über die Rektoratszeit vom 1. April 1968 bis 30. September 1969, Universität Tübingen, 58/59, 5 ff.
Universität und Staat im Licht der Tübinger Erfahrungen seit 1945, in: Wissenschaft an der Universität heute, Festschrift 500 Jahre Eberhard-Karls-Universität Tübingen, 1977, 1 ff.
Ausländische Universitäts-Modelle, in: Zeitschr. f. Recht und Verwaltung der wiss. Hochschulen, 13, 1980, 193 ff.

Kirchliche Aufsätze

Der Beitrag der Evangelischen Kirche in Deutschland zur Wiedervereinigung, in: Froese (Hrsg.), Was soll aus Deutschland werden?, München 1968, 133 ff.
Welchen Weg geht die Evangelische Kirche Deutschlands? Ludwig Raiser antwortet Uvo A. Wolf, Düsseldorf 1970.
Kirche und Politik, in: Jenseits vom Nullpunkt? Bischof D. Kurt Scharf z. 70. Geburtstag, Stuttgart 1972, 221 ff.
Zum Thema »Opfer« im deutsch-polnischen Dialog. Antwort an Withold Benedyktowicz, in: Junge Kirche 1972, 38 f.
Die Reform zu Ende führen. Über den Sinn der Arbeit an der EKD-Verfassung, in: Evangelische Kommentare, 6, 1973, 204 ff.
Sensibilisierung für demokratische Spielregeln. Erfahrungen mit der EKD-Synode, in: Evangelische Kommentare, 6, 1973, 396 ff.

Menschenrechte in einer gespaltenen Welt. Erwägungen zum Stand der ökumenischen Diskussion, in: Evangelische Kommentare, 8, 1975, 199ff.
Probleme der Entwicklungsarbeit im Umfeld von Menschenrechtsverletzungen und Gewaltanwendung, in: Entwicklung, Gerechtigkeit und Frieden, München/Mainz 1979, 299ff.

Der Herausgeber dieses Bandes

Konrad Raiser, geb. 1938 in Magdeburg. Studium der Evang. Theologie in Bethel, Zürich, Heidelberg und Tübingen. 1963–65 Vikar in Berlin und Stuttgart. 1965/66 Studienjahr (Sozialwissenschaften) an der Harvard-Universität, Cambridge/Mass. 1967–1969 Assistent an der Evang. Theologischen Fakultät Tübingen. 1970 Promotion in Tübingen. Seit 1969 beim Ökumenischen Rat der Kirchen in Genf, ab Oktober 1973 als Stellv. Generalsekretär.
Veröffentlichungen: Identität und Sozialität, München/Mainz 1971; Konziliarität. Die Disziplin der Gemeinschaft, in: ZEE 16/6 (1972), 371–376; Prozeß für den Menschen, in: Ev. Kommentare 6/1973, 324–328; Die Wahrheit gemeinsam erkennen. Kriterien einer ökumenischen Theologie, in: Ev. Kommentare 11/1974, 671–674; Europäische Theologie und Kirche im Horizont der Ökumene, in: Theologie, was ist das?, G. Picht (Hrsg.), Stuttgart 1977, 387–402; Gerechtigkeit in der Gesellschaft, in: Ev. Kommentare 11/1977, 656–658; Frieden fordert Gerechtigkeit, in: Ev. Kommentare 6/1981, 317–319; Jesus Christus – das Leben der Welt, in: Ök. Rundschau 30/3 (1981), 275–289; zahlreiche weitere Aufsätze zu theologischen und ökumenischen Fragen.

PERSONENREGISTER